U1003024

無錫文庫

第二輯

錫金志外
錫金考乘
無錫縣志補遺
無錫志略
錫金鄉土地理
錫金鄉土歷史
無錫鄉土博物志
無錫都市地理之研究
泰伯梅里志

鳳凰出版傳媒集團
鳳凰出版社

ISBN 978-7-5506-1361-4

圖書在版編目（CIP）數據

錫金志外等 / (清) 華湛恩等輯著. -- 南京 : 鳳凰出版社, 2012.6
（無錫文庫. 第2輯）
ISBN 978-7-5506-1361-4

Ⅰ. ①錫… Ⅱ. ①華… Ⅲ. ①無錫市－地方志－清代 Ⅳ. ①K295.33

中國版本圖書館CIP數據核字(2012)第096954號

責任編輯　王　劍
裝幀設計　姜　嵩
出版發行　鳳凰出版傳媒集團
　　　　　鳳凰出版社(原江蘇古籍出版社)
　　　　　南京市中央路165號　郵編 210009
　　　　　發行部電話 025－83223462
集團網址　鳳凰出版傳媒網　http://www.ppm.cn
印　　刷　無錫市證券印刷有限公司
　　　　　無錫市揚名高新技術産業園B區75號　郵編 214024
開　　本　889×1194毫米　1/16
印　　張　38.5
版　　次　2012年6月第1版　2012年6月第1次印刷
標準書號　ISBN 978-7-5506-1361-4
定　　價　510.00圓
（本書凡印裝錯誤可向承印廠調換，電話:0510－85435666）

無錫文庫工作委員會

顧　問

黄莉新　朱克江　周和平　譚　躍　陳海燕

主　任

王國中　王立人

副主任

華博雅　曹佳中　吴小平　佘江濤

委　員

方標軍　尤文科　何承志　蔡文煜

金　政　須　儉　陳堯明　葉建興

施　展　嚴克勤　劉　川　雷群虎

李祖坤　瞿　敬　華瑞興　周興安

姜小青

無錫文庫編輯委員會

主　編　王立人

副主編　須　儉　姜小青

編　委（按姓氏筆畫排列）

王進雄　王賡唐　卞惠興　全　勤　吴　迪　沙無垢

金其楨　夏剛草　倪培翔　徐志鈞　浦學坤　陳文源

過旭明　過耀華　許墨林　張志清　程勉中　湯可可

蔡家彬　劉桂秋　錢建中　錢菲菲　顧文璧

執行編委　王華寶　王　劍　薛　飛　陳紅彦　林世田　謝冬榮

編務人員　徐憶農　陳　立　顧志堅　李躍光

無錫文庫學術顧問

（按姓氏筆畫排列）

朱玉麒　朱維錚　江慶柏　李文海
沈衛榮　武秀成　金良年　胡福明
莫礪鋒　徐中玉　陳熙中　許倬雲
張仲禮　張廷銀　彭　林　程章燦
馮　遠　馮其庸　楊天石　趙生群
劉玉才　錢　遜　錢中文　錢文忠

總序

七千年文明史，三千年建城史，江南名城無錫，襟長江依太湖，自古以來就是魚米之鄉，禮儀之邦。無錫文化自泰伯南奔以來，騰蛟起鳳，尚德崇文，在數千年的傳承發展中，教化常持，經世務實，人杰輩出，大家林立，文藻絢麗，錯彩鏤金。舍南舍北皆春水，欲與湖山作主人，數千年的人文傳統，賦予了風光秀美的無錫以獨特的文化魅力，鑄就了城市剛柔相濟、秀逸清麗的文化品格。

無錫是中國吳文化的發源地。早在商代晚期，周太王古公亶父的長子泰伯三讓王位，携其弟仲雍奔吳，定居無錫梅里，建『勾吳國』，『端委以治周禮』，施以禮儀教化；興修水利，授以農桑，不數年而『民人殷富』。泰伯帶來的中原文化與無錫本地土著文明相結合，吳文化以及作爲其重要組成部分的無錫文化就此發端。晋室南渡，北方人群大量南遷，帶來了中原的文化技術，促進了無錫農業、水利、手工業和商業的發展，中原文明再度與吳文化進行融合互滲。在本土文化與异地文化的碰撞和交融中，不斷推動着無錫這座城市的文明進步。

無錫歷史文化『追歷七千餘載歲月滌蕩，遂經四大轉折而成其廣大深厚：泰伯西來，吳文化成焉；永嘉南渡，江左文脉振焉；宋室波遷，江南文風始焉；歐風東漸，錫邑占風氣之先，民族工商文化始焉。數百代鄉彦賢達智慧與創造累積，文獻足徵，無慮百千』（《錫山先哲叢刊》重版弁言）。無錫文化以兼容并蓄多樣化的形態不斷發展。

崇文尚教，以教促文。北宋嘉祐三年（一〇五八），無錫始設縣學；北宋政和元年（一一一一），理學傳人楊時在無錫創建東林書院，此後無錫出現了喻樗、尤袤、李祥、蔣重珍等一批知名的教育家。至明代，顧憲成、高攀龍等在東林書院講學，此後又有許多書院相繼而起。古代無錫對教育的重視，促進了『崇文』和『尚教』的風氣，也造就了大量的人才。自隋朝開創科舉取士到清末廢除科舉，無錫共出了五名狀元、三名榜眼、六名探花和三名傳臚，并有五百四十名進士，一千二百多名舉人；『一榜九進士』、『六科三解元』，自古傳爲佳話。近代以來，經濟的繁榮進一步帶動了教育的興盛。無錫籍國學大師錢穆曾說：『晚清以下，群呼教育救國，無錫一縣最先起。』此後無錫的實業家紛紛出資興辦文化教育事業。教育的繁興，在極大程度上促進了無錫的文化發展，出現了空前的文化人才崛起的高峰。

文脉綿延，後出轉强。歷來『文化』的概念有廣義和狹義之分，這裏的『文脉』之『文』，用的是狹義的概念，即指經史、文學、藝術等人類所創造的精神財富的總和。在無錫的歷史文化傳統中，自古及今，悠悠文脉，如瓜瓞之綿綿。必須指出的是，從文化發生學的角度來看，早期中華文化的中心是在黄河流域的中原地區，無錫在宋元以前，雖有像顧愷之、李紳、尤袤、蔣捷、倪瓚等一批人文英才，但在整體上，無錫的文氣是自明清以迄近現代達到巔峰。在整個江南地區文教昌明和無錫經濟繁盛、教育勃興的大背景下，無錫地區在經史、文學、繪畫、音樂等諸多領域中，建樹卓越，俊才雲蒸，真正呈現出『人文之盛，冠於南國；碩彦輩出，著述繁富』的局面。

求實務本，重工崇商。無錫自古爲江南富庶之地、魚米之鄉。明代東林講學者將士商并列爲『本行』，講求經世致用；近代早期維新的思想家、實踐家薛福成提出『黜浮靡，崇實學』，大力倡揚『工商爲先，耕戰植其基，工商擴其用』的觀念，這些都成了近代以來無錫人求實務本、重工崇商的重要的思想根源；兼以明清時期，封建自然經濟解體，資本主義開始萌芽，無錫經濟日趨繁盛。鴉片戰争以後，上海開埠，由於商品經濟的發展和商業資本積累的增加，逐步形成了一個以上海爲中心的，北接江陰、靖江，西連蘇州、無錫、常州的經濟區域。有布、米、絲、錢『四大碼頭』的無錫，被譽爲『小上海』。到了十九世紀末、二十世紀初，無錫許多有識之士積極引進西方生産技術，大力興辦工廠，形成了近代六大資本系統，無錫成了近代中國民族工商業的發祥地和蘇南經濟中心。經濟的繁盛，不僅爲無錫文化的不斷發展提供了堅實的物質基礎，而且也形成了無錫文化的主流形態之一的，具有鮮明特色和豐富内涵的『工商文化』。

文化源長，文獻宏大。在歷史上，無錫有過兩次較大規模的文化整理。一八九九年，《常州先哲遺書》是包涵無錫在内的第一次區域性文化整理集成。一九一二年，《錫山先哲叢刊》是無錫真正意義上從城市角度進行的一次文化整理。當時，國家積貧積弱，社會動蕩離亂，身處亂世的有識之士高擎文化的旗幟，以縱覽千古的魄力和毅力致力於城市文化傳統的繼承與弘揚，爲無錫地方人文教育提供了文化楷模，對增强無錫崇文興教氛圍發揮了重要的作用，爲無錫躋身江南名城提供了文化動力，其意義至今爲後人感念。

滄桑巨變，天上人間。經過近一個世紀的奮鬥探索，特别是改革開放三十多年來的迅猛發展，中華民族強勢崛起。國運昌隆，盛世修典。中共無錫市委、市政府高度重視地方傳統文化的整理弘揚工作。自二〇〇七年提出『建設文明無錫，打造文化名城』以來，無錫全面深入開展歷史文化遺產的挖掘、清理、保護和修復工作，傳承弘揚優秀傳統文化，彰顯城市人文歷史底蘊，掀起歷史文化名城建設新高潮。此後，市委、市政府在《無錫市文化大發展大繁榮行動綱要》中明確要求全面整理出版地方歷史文獻，市委、市政府在《關於深化文化體制改革加快文化強市建設的決定》中再次明確要求編纂《無錫文庫》。正式啟動迄今爲止無錫地區規模最大、綜合性鄉邦文獻集成的修編工作。爲確保《無錫文庫》的編纂工作順利進行，市委、市政府專門成立了『無錫文庫工作委員會』，由市委宣傳部牽頭，設立了『無錫文庫編輯委員會』，計劃用三年時間完成編纂出版工作。《無錫文庫》的編纂，將以嶄新的學術角度和現代學科框架對城市歷史文化進行全面梳理和弘揚，站在時代的高度，充分展示城市深厚的歷史底蘊，彰顯先賢哲人的智慧創造，解讀無錫文化的獨特個性，提煉升華無錫的人文精神，光前裕後，古爲今用，以文化人，由人化文，以史爲鑒，開啓未來。

《無錫文庫》的編纂出版必將發揮重要的文化功能：首先是搶救文獻。無錫自古即有豐富的地方文獻，無論經史子集，都有重要著作流傳於世。然而無錫近代歷經戰亂，一些重要典籍已毀佚，僅有書名存留，還有一些珍貴的明清地方史籍，也以孤本存世，處於若存若亡之間。由於各種原因，一些代表無錫文化的典籍保存於國內外各大圖書館中，在無錫不易見到。從清末到民國期間，在文化上有不少重要成果，而這部分書籍因長期被忽視而處於毀佚的邊緣。《無錫文庫》的編纂就是爲了搶救文獻，保存文脈。其次是古籍整理。無錫先賢留下的載籍很多，但現存書籍，版本雜亂，良莠不齊，整體而言没有經過系統編排梳理，使用不便。《無錫文庫》的編纂，就是從版本目録學的角度加以梳理，每書皆撰提要，鈎玄指要，便於閱讀使用。第三是服務大衆。《無錫文庫》所收皆爲地方古史遺文，是研究無錫歷史沿革和文化傳承的必讀書目。《無錫文庫》的編纂出版，使這些書籍的使用更加便捷和廣泛，對無錫的文化建設、城市規劃、古迹保護、名勝開發都具有很高的學術價值和實用價值。

歷史唯物主義觀是《無錫文庫》編纂出版工作的重要指導思想。《無錫文庫》是一部具有社會主義新時代特點的典籍集成，編纂理念和選編觀念更加科學，注重學術性、實用性和經典性相結合，并且儘量收入古籍版本研究的新成果，廣泛收集流散在國内外的珍貴典籍。編纂工作中，始終堅持『尊重歷史、尊重科學、尊重規律、尊重專家』的原則，堅持『雙百』方針，對傳統文化中重要的不同學派、不同觀點的資料兼收并蓄，力求客觀、完整和全面。當然，《無錫文庫》不可能包羅萬象，而以文史哲爲主要内容，兼顧其他類别著述，整體呈現出無錫歷史文化的發展脉絡。强化編纂工作的學術規範，提倡實事求是的良好學風，對文庫的整體規模、體例框架、所收書目、版式裝幀等進行反復論證，反復比較，多方聽取意見，慎之又慎，力争使《無錫文庫》成爲一部真正代表無錫文化的綜合性鄉邦文獻集成。

編纂出版《無錫文庫》的盛舉，得到了海内外衆多著名的文史專家、學者教授的熱烈響應。許倬雲、馮其庸、楊天石、李文海、徐中玉、馮遠、胡福明等無錫籍文化名人和劉玉才、程章燦、江慶柏、張廷銀、金良年等專家學者應邀擔任《無錫文庫》的學術顧問，他們扎實的學術功底、嚴謹的治學風範、卓越的學術見識，爲《無錫文庫》提供了有力的支撑。

千年吴地文明，百年工商繁華，賦予無錫人聰慧和靈秀，創造了具有獨特品質的城市文化和城市精神。當我們手捧先哲留下的珍貴文化遺産，不僅滿懷感恩、敬畏之心，更涌動着不負前賢、勵志圖新的激情，去努力創造城市文化嶄新的輝煌，讓無錫文化大發展大繁榮的春天更加姹紫嫣紅、繽紛燦爛！

無錫文庫編輯委員會

二〇一一年一月

凡　例

一、《文庫》所收爲無錫籍作家的著述和與無錫相關的歷代文獻，分爲《官修舊志》、《地方史料專著》、《年譜家乘》、《無錫文存》和《近現代名家名著存目》五輯。

二、無錫地域範圍以現行行政轄區爲準。《文庫》立足無錫市區，兼顧江陰、宜興，適當選收江陰、宜興具有代表性的著作。

三、《文庫》所收著作，以史料價值高、使用價值大爲原則，適當兼顧其版本價值。

四、《文庫》主要采用影印方式出版，《近現代名家名著存目》收入作家小傳和主要著述目録。

五、《文庫》所收著作，其編纂年代下限爲一九四九年；《近現代名家名著存目》則不受此限。

六、《文庫》所收著作，原書如有蠹損、殘缺、漫漶不清處，原則上以相同版本予以換頁、補頁，使全書清晰、整齊。

七、《文庫》對所收每種圖書，均撰寫提要，置於每種書扉頁之背面；每册均新編頁碼，自爲起訖。

八、《文庫》編制書名索引和著者索引，以方便讀者使用。

第二輯編輯説明

本輯爲《無錫文庫》之第二輯《地方史料專著》。這些書籍皆爲個人著作，它們是官修方志之外最重要的地方史料，是對地方歷史更爲精細的記録和闡述。其中保存了官志中看不到的材料，所以也是官志極其重要的補充。無錫自古以來人文薈萃，所以歷史上存留下來的地方史料專著也非常豐富。明清以來這些著述得到了長足的發展。作爲方志體裁的史書，這些著作所述史事已細化到一個鄉村，一座寺廟，一幢宅第，一座園林，一所學府，一項工程，一個專題等，從而爲後人保存了大量第一手的史料。進入民國後，隨着社會的發展，在政治、經濟、文化、教育等方面，出現了許多專門的出版物，這些具有時代特色的文獻，爲我們保存了民國時期原生態的歷史材料。從這些文獻中可以看到當時無錫向現代都市邁進的步伐。第二輯所收書籍，不少都是孤本，彌足珍貴。特别是一些藏於外地圖書館的珍貴書籍，這次也盡了最大的努力加以搜集。由於歷史的原因，一些地方史籍已失傳，僅有書名存留，不無遺珠之憾。一些民國書籍也偶有缺葉。敬請讀者見諒。從另一個角度而言，也更説明了這次文庫編纂的必要。

目録

錫金志外

（清）華湛恩　輯

《錫金志外》五卷，（清）華湛恩輯，清道光二十六年（一八四六）刊本。

華湛恩，字孟超，號紫屏，別署沐雲叟，金匱人，清嘉慶時貢生，曾任安徽太和縣學教諭。華氏世居延祥鄉蕩口鎮，著有《金匱縣輿地全圖附金匱縣斗則簡明圖册》、《綱目質疑》、《後漢三公年表》、《憩遊偶考》、《錫山文集》等多種。華湛恩家富藏書，博覽群籍，深究史地之學。道光十八年（一八三八），華湛恩參加續修縣志，對編寫中的問題，深有感觸，認爲應該加以補、改、增等。特別是那些害民弊政，必須載入縣志，以便改正。所以他在編寫縣志過程中注意收集材料，條而識之，編成《錫金志外》一書。全書有補遺、訂訛、存疑、增輯等内容，除附言七則而外，另在卷五增輯有關虐民弊政、奸胥蒙蔽等材料，詳加揭露。後鄒鳴鶴據以上報巡撫李星沅，弊政遂改。而《錫金志外》因爲有了這些内容，害怕滑吏奸胥陷害，作者之名僅署沐雲叟而不署真名。此書所以稱『志外』，作者以是書作爲縣志之外編也。華湛恩乃會通館華燧之後人，繼承祖上銅活字印刷之傳統。是書雖非活字印刷，然而務求精美，版式典雅，頗具先世遺風，未可以等閑坊間刻本視之也。

本書據道光刻本影印。

（徐志鈞）

錫金志外

邑志外序

邑之有志所以信今而傳後也顧時代曠隔傳聞異辭採訪者非一人秉筆者非一手稍事疏略卽不免闕漏譌誤斯前人以爲可信者轉以啟後人之疑今人以爲可疑者更難取將來之信閱者病之矣間嘗徧讀前志復參稽往籍其閒有應補載者有應考正者有舛錯無可查核祇宜列入存疑者一一條記之其事闕闒疾苦昔人所未及知而流弊之極後之人不可不知之者是又救世婆心所不忍聽其湮沒

者也爰以補遺訂譌存疑增輯列而爲四而名之曰志外昔宋劉恕有通鑑外編程子門人有二程外書元吳澄有易纂言外翼乾隆間汪有典有史外之刻皆以補前人所未備則斯編也異時有重修邑志之君子出焉不以爲管窺蠡測之見而鄙棄之亦可備參考之一助云道光癸卯沐雲叟自序

錫金志外目

錫金志外卷一

宸翰

補遺上

高宗純皇帝

御題給事中臣鄒一桂所進百花圖卷詩乾隆十八年二月十七日

東風駘蕩珠斗旋女夷早識當司權探春爲使冒曉
寒垂垂雪節報韶年東郊迎春春可憐赭黃袍匆映
日暄是時紅梅方爛然暗香疎影笑逋仙曉粧學杏
鬬芳鮮九疑萼緑環珮珊不許舞蝶知因緣湘妃波

上猶躚躚雲儀霧從衣袂聯九龍爲御不須鞭一品
九命瑞香團味輸龍沈與麝蘭萬粒齊綻雪點殘詩
人漫誇紫毬般寶珠山茶出祇園楊妃焦萼空喧傳
滋蘭九畹憶屈原凌駕菉葹宊蕙荃東皇綬帶垂翩
翩管領嫣紅姹紫天南陽諸葛臥龍蟠只今遺種猶
田田玉李含桃相樛連繁英碎瓣春星攢色香不辨
孰媸妍百花領袖文杏專上林仙子名姓宣亦有行
人斷魂牽清明時節村舍邊雙雙金雀何飛翾宛同
社燕珠簾穿紫綿垂絲笑靨嫣欲綰靑陽片刻延荆

花解令昆仲歡不須更詠棣華篇光風轉處蕙叢芊
態比吳蘭差娟嬛野薇含笑美且鬈苧蘿村裡浣紗
人叶蝴蝶慣抱花心眠紫羅花鳳低枝駢海棠貼梗
種九難元都觀裏春將闌桃花人面啼闌干雪梨映
月小院偏木筆點詠芳園閒昭容紫袖俄雙搴流蘇
萬結壓井欄薔薇金朶垂籬垣如來迦葉曾示禪何
來於菟繞戒壇比邱伏後都忘筌誰將荷包名牡丹
滿貯春和露未乾輕儵出水波濺濺弱幹掩映梳烟
鬟銀絲萬縷疑珠貫叶瑤葩眞是抵金錢浴蠶初罷

豆花繁不與桃李爭春官遠蹊棠棣常偏反滿囊金
粟勝霜秈雙成上元紛騎鸞石家步幛金谷筵紫絲
十里圍芳阡沃丹九轉駐朱顏虞姬杜鵑愁滿川蕊
珠宮裏綵毬懸蘭膏微暈胭脂殷名傳西府堪吟攀
長春四季開爛熳直將春秋紀八千叢石竹擬湘妃
斑洛陽魏紫九稱尊瓊田瑤圃樊杜班沉香樂遊應
竝剛身傍小玉欺素蠻木香郁李枝連蜷玉堂佳客
揮吟箋繽紛翠羽來空山亞盆梔子麗且嫺但聞簷
蔔餘香捐忘憂最愛北堂萱豆籬花滿涼蛩喧金銀

引蔓飄溫磨蜀姬濯錦錦浪翻石榴爭似葵心丹南
中金絲五出圓盈盈黃苞襯綠盤千葉翠桃欹晚烟
連昌宮牆那能關還疑洞口尋劉阮叶玫瑰宜上美
人鈿纏枝千結芳菲魂佛國嘉種稱旃檀離垢頓悟
倒剎竿渭川遙接武陵源觀音幻柳何曾觀石菊凌
霄剪碎紈或綻砌傍施松顛海桐濛濛清露溥淥波
初日舒芳蓮亭亭翠蓋凌風軒虞妃羅襪步銀灣郎
名紫薇侍金鑾晚香未入嵇含編岸蓮紫鶴淨粉鉛
玉堦岸幘雞人冠露晨報曙瑣窗前清江紅醉雁初

還牽牛七夕鵲橋塡秋葵鳳仙簇薜磚美人綠髩映
貂蟬聞雷悟處同風旛馬蘭珠蘭爭笑嫣茉莉吐馥
髻雲鬟海棠秋染紅霞痕幽馨逸態難具論淡竹不
離僧伽肩芒鞋掛處鐵線纏漢宮秋色赤燄燁玉簪
插髻清芬噴藍菊翠梅各婉嬋桂花丹粟月窟根木
樨弄影臨清湍夜來香綻花鬢鬍桃蹊李逕委榛菅
九秋佳色東籬存當年陶令興盤桓金英落砌猶堪
餐嘉名萬壽薦壽樽月月紅糕燦朝暾芙蓉寒倚夕
陽灘江鄉一幅圖范寬纍纍天竹綴琅玕山茶豔質

名玉環香傳眞蠟薇露湔月明林下殊清便玉梅宜
殿花王銓更番風信非虛言明年芳事從頭看
賜禮部侍郎臣鄒一桂詩
懷鄉念切老年縈弗許翻嫌不近情一晌陛辭雙淚
下原猶戀闕可憐生
簪纓歸里榮依舊花鳥怡情樂正賒吳下詩人應好
在白頭相聚話烟霞
賜左都御史臣張泰開
年過懸車又一旬南旋嘉與錫恩綸飄蕭白髮三千

丈啟迪青宮二十春安得蘇仙授枚橘眞成疏傳理
歸輪梁溪水是還鄉水愈疾應知速倍神
左都御史張泰開在內廷授諸皇子書醇謹老成
茲以八旬年老且病告歸特晋禮卿並加宮傅詩
以賜餞戊子季夏下浣御筆
仁宗睿皇帝在藩邸時製
奉和樂泉先生八十自壽詩
松鶴凌霄不計年蒼然標格富雲烟氷操自與忠清
合椿壽多緣福命偏啟事封章新白簡傳經坐[illegible]舊

青瑣中朝卿相多平格無數朋游話昔前
花磚容與日扶鳩還向東華策紫騮　青瑣丹墀常
儤直綠韝紅紱許聯游年高最愛書盈手官久頻添
雪滿頭鄉夢不禁思蕙麓竹鑪茗椀傍清流
中初聽漏齊歸院子半聞鐘獨攬衣廿載賓師出或
處一身仙佛是耶非封魚節操知廉慎數馬門風謹
剌譏束髮從公將數載孝經論語獨探微
脫口爭傳白雪詩高齋吟斷幾霜絲竹看　朶殿傳
觴日重到香山入畫時秋水蘭陔環子舍春風花縣

寄孫枝期頤天與精神健莫訝先生退食遲

建置沿革

康熙志漢武帝元封元年東越將軍多軍降漢封無
錫侯子多卯征和四年坐追反寇棄軍免國除
案此嘉慶志漏載應補

泉

舊志羅漢泉在惠山寺殿後右隅山僧眞恩嘗構亭覆
之
案泉在寺後石罅歲旱不竭乾隆初楊孝元構樓

覆之曰天香第一樓後爲名山敬業堂左爲朱衣閣故易名朱衣泉秦蕙田有記顧奎光有賦

橋梁

鳳光橋嘉慶二十一年重建舊志失載

岵思橋

案嘉慶志水志香涇條下有岵思橋橋梁志漏載

樂梁橋　寺橋　吳家橋

案此三橋俱跨轉河道光九年里人趙漢侯募捐改建知縣徐家槐有碑應載入志

舊志 延祥鄉條下　湖橋　今稱老湖橋

北湖橋　在甘露鎮之北舊志漏載

蝦蟇橋

案唐鶴徵府志無錫縣境圖東林書院南七箭河上有蝦蟇橋舊志未載并圖中亦不刻此地名田雞浜正與橋名合應補載 俗稱將軍橋亦不可從

舊志 寺觀志一葉禪院在延祥鄉僧迦橋　橋梁志漏載

津渡

蔣義渡係在南延鄉蘇舍蕩西口有屋兩間工食田七畝係三七一三九二兩圖捐置應載入志

廨署

舊志 無錫縣丞署在左角門今廢

案縣丞署嘉慶年間復建舊地

舊志 急遞鋪凡九所

案九鋪之外尚有高橋至江陰一鋪見於賦役志應載入

舊志 金匱巡檢署今移駐蕩口鎮

案望亭巡檢司署於乾隆三年詳請改駐蕩口鎮借華公弼家屋作署今基糧司基戶一畝零二釐七毫仍華氏輸納

金匱接遞公文鋪所舊志漏載

案賦役志金匱有鋪兵十四名工食銀款

學校 附

舊志 前明華氏條下

案明華察蠲助役田王世貞撰文碑列三公祠內又學庫書籍

案嘉慶年間先後頒發子史精華經史子集考證

道光初年頒發　大清通禮

附

郭氏義田無錫縣民人郭文淵捐置義田三百二十八畝零其子景松遵遺命循例給帖報　部立案

命婦孫秦氏捐置義田一百五十六畝零莊房一所遺命子孫奎照循例給帖報　部立案

賦役

案賦役志俱根本兩邑賦役全書第前志有舛譌處續志指款駁改閲者須細心參核方得頭緒似乎未能簡便今以道光十八年所重纂者全冊刻入庶幾一覽而明

無錫縣賦役全書開載道光十八年重纂

分存原編續編今訂實共不等田地陸拾玖萬肆千玖百陸拾伍畝陸分叁釐陸毫陸絲玖忽柒微共折實平田陸拾壹萬柒千陸百捌拾柒畝陸分陸釐玖絲貳忽柒纖柒沙壹渺玖漠伍埃查此折實平田以後開斗則折實平田驗算計折實平田寔該陸拾壹萬柒千陸百捌拾柒畝陸分柒釐叁毫壹絲肆忽貳微肆纖貳沙叁塵玖渺捌漠玖埃壹逡壹巡上屆全書計少開田壹釐貳毫貳絲壹忽叁微柒纖壹沙伍塵肆渺貳逡捌巡今訂核計陞科冊內少開抱尾田柒微玖纖貳沙捌塵叁渺玖漠叁埃捌逡叁巡理合註明備考共科平米壹拾貳萬肆百肆拾玖石玖升肆合貳勺叁抄貳撮壹圭壹粟貳粒叁黍貳稷貳糠壹粃查此平米以後開斗則驗算計實該平米壹拾貳萬肆百肆拾玖石玖升陸合貳勺陸抄貳撮柒圭柒粟貳稞玖粒玖糠玖粃上屆全書計少闢米貳合叁抄壹撮壹圭

柒粟叁稞陸粒陸黍柒稷柒糠玖粃今訂核計陞科冊內多開抱尾米伍圭壹粟玖粒玖黍玖稷壹粃理合註明共徵本色米并麥改米肆萬壹千壹百捌拾石玖斗柒升壹合捌勺查蘇糧道起運冊造計少米壹勺實應徵米肆萬壹千壹百捌拾石玖斗柒升壹合柒勺○遇閏以增抵減外實減徵米壹拾貳石肆斗伍升陸合陸勺○共徵折色銀陸萬肆千壹百陸拾肆兩伍錢肆分伍釐隨正柒分耗羨銀肆千肆百玖拾壹兩伍錢壹分捌釐查江糧道款內應增徵丈陞增銀柒錢肆釐耗羨銀肆分玖釐共應徵折色銀陸萬肆千壹百陸拾伍兩

貳錢肆分玖釐隨正柒分耗羨銀肆千肆百玖拾
壹兩伍錢陸分柒釐○遇閏以增抵減外實加徵
銀肆百肆拾陸兩捌錢肆分伍釐隨正柒分耗羨
銀叁拾壹兩貳錢柒分玖釐內
壹斗玖升伍合平田伍拾肆萬捌千捌百壹畝柒分
陸釐伍毫陸絲壹忽該科平米壹拾萬柒千壹拾
陸石叁斗肆升肆合貳勺玖抄叁撮玖圭伍粟
壹斗伍升伍合高田壹千肆百貳拾陸畝柒分陸釐
陸絲捌忽每畝折實平田柒分玖釐肆毫捌絲柒

忽壹微柒纖玖沙肆塵捌渺柒漠壹埃共折實平
田壹千壹百叁拾肆畝肆釐捌毫捌絲玖忽玖微
肆纖捌沙陸塵肆漠該科平米貳百貳拾壹石壹
斗叁升玖合伍勺叁抄伍撮肆圭
壹斗肆升肆合伍勺低田柒萬陸千伍百壹拾畝捌
分捌釐伍毫叁絲壹忽○嘉慶拾陸年陞增低田
叁畝伍分伍釐○又轉陞低田壹畝捌分貳釐伍
毫共低田柒萬陸千伍百壹拾陸畝貳分陸釐叁
絲壹忽每畝折實平田柒分肆釐壹毫貳忽伍微

陸纖肆沙壹塵貳漠伍埃共折實平田伍萬陸千
柒百畝伍分壹釐捌絲肆忽伍微伍沙叁塵伍渺
壹漠伍埃貳逡壹巡共科平米壹萬壹千伍拾陸
石伍斗玖升玖合陸勺壹抄肆撮柒圭捌粟伍稞
肆粒叁黍伍稷肆糠陸粃
柒升伍合柒勺山灘塘蕩蘆梗壹萬叁千柒百叁拾
柒畝貳分陸釐玖毫貳絲叁忽柒微○嘉慶十六
年陞增灘蕩肆百伍拾捌畝叁分伍釐柒毫壹絲
肆忽○嘉慶十六年轉則應除蕩壹畝捌分貳釐

伍毫實存蕩壹萬肆千壹百玖拾叁畝捌分壹毫
叁絲柒忽柒微每畝折實平田叁分捌釐捌毫貳
絲伍微壹纖貳沙捌塵貳渺伍埃共折實平田伍
千伍百壹拾畝壹分陸毫肆絲捌忽叁微貳纖柒
沙肆塵伍渺玖漠伍逡叁巡該平米壹千柒拾肆
石肆斗柒升柒勺陸抄肆撮貳圭叁粟捌稞伍粒
肆黍陸稷捌粃
貳升山墩埠城塲地伍萬叁千玖百柒拾壹畝貳分
肆釐貳絲貳忽○嘉慶十六年陞增埠伍拾伍畝

捌分陸釐貳毫伍絲共山墩伍萬肆千貳拾柒畝
壹分貳毫柒絲貳忽每畝折實平田壹分貳毫伍
絲陸忽肆微壹纖貳塵伍渺陸漠肆埃共折寔平
田伍千伍百肆拾壹畝貳分肆釐壹毫叁絲肆微
陸纖玖塵捌渺肆漠叁埃叁逡柒巡該科平米壹
千捌拾石伍斗肆升貳合伍抄肆撮叁圭玖粟捌
稞玖粒壹黍玖稷肆糠伍粃
以上本縣折實平田陸拾壹萬柒千陸百捌拾柒畝
陸分柒釐叁毫壹絲肆忽貳微肆纖貳沙叁塵玖

渺捌漠玖埃壹逡壹巡共科平米壹拾貳萬肆百
肆拾玖石玖升陸合貳勺陸抄貳撮柒圭柒粟貳
稞玖粒玖糠玖粃○每畝派徵本色米陸升肆合
柒抄叁粟玖稞壹粒肆黍捌稷伍糠貳粃伍粞陸
禾共米叁萬玖千伍百柒拾伍石貳斗柒升叁合
肆勺○派徵漕贈伍米貳合伍勺玖抄玖撮伍圭
叁粟壹稞柒黍叁稷柒糠肆粃伍粞貳禾共米壹
千陸百伍石陸斗玖升捌合叁勺○遇閏之年每
畝減徵米貳抄壹圭陸粟陸稞伍粒貳稷肆糠玖
粃貳粞肆禾共米壹拾貳石肆斗伍升陸合陸勺
○每畝派徵折色銀玖分捌釐陸毫貳絲柒忽柒
微肆纖玖沙叁塵肆渺肆漠陸埃玖逡伍巡玖須
伍臾共銀陸萬玖百貳拾壹兩壹錢肆分伍釐隨
正柒分耗羨銀肆千貳百陸拾肆兩肆錢捌分○
遇閏加徵銀柒毫叁絲伍忽玖微貳纖肆塵陸渺
伍漠伍埃柒逡伍巡玖須壹臾共銀肆百伍拾肆
兩伍錢陸分玖釐隨正柒分耗羨銀叁拾壹兩捌
錢貳分○派徵漕贈十銀伍釐貳毫伍絲貳忽壹

纖叁沙伍塵叁漠叁逡壹巡叁須共銀叁千貳百
肆拾肆兩壹錢肆釐隨正柒分耗羨銀貳百貳拾
柒兩捌分柒釐○遇閏減徵銀壹絲貳忽伍埃肆
沙柒塵壹漠伍埃肆逡叁巡玖須壹臾共銀柒兩
柒錢貳分肆釐隨正應減柒分耗羨銀伍錢肆分
壹釐
每平田壹畝科徵本色米陸升陸合陸勺陸抄玖撮
伍圭柒粟貳粒貳黍貳稷貳糠柒粃捌禾共米肆
萬壹千壹百捌拾石玖斗柒升壹合柒勺○遇閏

減徵米貳抄壹圭陸粟陸粿伍粒貳稷肆穅玖粃
貳粞肆禾共米壹拾貳石肆斗伍升陸合陸勺
每畝科徵折色銀壹錢叁釐捌毫柒絲玖忽柒微陸
纖貳沙捌塵肆渺柒漠柒埃貳逡柒巡貳須伍臾
共銀陸萬肆千壹百陸拾伍兩貳錢肆分玖釐隨
正柒分耗羨銀肆千肆百玖拾壹兩伍錢陸分柒
釐○遇閏加編銀柒毫貳絲叁忽肆微壹纖伍沙
柒塵陸渺肆漠叁逡貳巡共銀肆百肆拾陸兩捌
錢肆分伍釐隨正柒分耗羨銀叁拾壹兩貳錢柒

分玖釐
每畝攤徵人丁銀叁釐捌絲捌忽叁微柒纖肆沙柒
塵貳渺捌漠柒埃陸逡伍須玖臾共銀壹千玖百
柒兩陸錢伍分壹釐隨正柒分耗羨銀壹百叁拾
叁兩伍錢叁分伍釐○遇閏加編銀壹毫叁絲伍
忽玖微壹纖玖沙捌塵貳渺肆漠貳埃玖逡陸須
壹臾共銀捌拾叁兩玖錢伍分陸釐隨正柒分耗
羨銀伍兩捌錢柒分柒釐
每畝攤征雜辦銀壹毫伍絲貳忽玖微壹纖貳沙貳
塵叁渺柒埃叁逡捌巡陸須玖臾共銀玖拾肆兩
肆錢伍分貳釐隨正柒分耗羨銀陸兩陸錢壹分
貳釐
無錫縣解支起存實徵大款
一本色
蘇松糧道衙門漕糧正兌正耗漕贈幷白糧改漕除
荒幷道冊減米壹勺實徵米叁萬叁千柒百壹拾
玖石陸斗陸升陸合壹勺○遇閏減徵米捌拾壹
石肆斗貳合貳勺

白糧正耗除改漕幷減徵外實徵米肆千壹百玖拾
捌石柒斗肆合
江興各帮改本月糧米貳百叁拾石
揚州倉米幷淮壽鎮各倉麥改米除荒實徵米壹千
伍百壹拾壹石貳斗柒合玖勺○遇閏減徵捌荒
加鐲米伍勺
江安糧道衙門漕項行月米玖拾捌石伍斗玖升伍
合伍勺
江興各帮改本月糧米壹百貳拾石

解南兵糧廾餘存恤孤新陞充餉除荒實徵米陸百
叁拾石肆斗捌合貳勺○遇閏減徵坍荒義塚加
蠲米伍升壹合叁勺○又減徵陞科米玖升柒勺
○遇閏加徵米壹拾貳石陸斗捌升陸勺
存留恤孤米陸百柒拾貳石伍斗柒升○遇閏加徵
米伍拾陸石肆升柒合伍勺
一折色
布政司衙門起存地丁雜辨等項實徵銀叁萬玖千
柒百陸拾柒兩壹錢肆分隨正柒分耗羨銀貳千

錫金志外 卷一 十六

柒百捌拾叁兩柒錢內遇閏之年應攤撥驛站閏月銀柒拾伍兩陸錢肆分伍
釐隨正柒分耗羨銀伍兩貳錢玖分伍釐○遇閏加徵坍荒減蠲銀肆
分柒釐隨正柒分耗羨銀叁釐○閏月加徵銀肆
拾捌兩貳錢陸分壹釐隨正柒分耗羨銀叁兩叁
錢柒分玖釐
起運地丁損腳銀肆百陸拾肆兩肆錢伍分隨正柒
分耗羨銀叁拾貳兩伍錢壹分壹釐○遇閏加徵
銀陸錢肆分叁釐隨正柒分耗羨銀肆分伍釐
蘇松糧道衙門隨漕輕齎各倉米麥折廾改徵加編

減編共銀捌千捌百玖拾伍兩叁分玖釐隨正柒
分耗羨銀陸百貳拾貳兩陸錢伍分叁釐○遇閏
加徵灰石銀玖拾貳兩陸錢肆分壹釐隨正柒分
耗羨銀陸兩肆錢捌分伍釐○減編漕贈十銀柒
兩柒錢貳分肆釐隨正應減柒分耗羨銀伍錢肆
分壹釐
解通由閘等項除改漕廾減徵外實徵銀陸千貳百
叁拾兩貳錢肆分叁釐隨正柒分耗羨銀肆百叁
拾陸兩壹錢壹分柒釐

錫金志外 卷一 十七

江安糧道衙門額撥漕項廾道冊應加丈陞增等項
共銀壹千伍百玖兩貳錢柒釐隨正柒分耗羨銀
壹百伍兩陸錢肆分肆釐○遇閏加徵坍荒減蠲
銀貳釐
存留支給驛站銀陸千肆百捌拾陸兩肆分隨正柒
分耗羨銀肆百伍拾肆兩貳分叁釐○又遇閏之
年於地丁正銀內撥抵驛站閏月銀柒拾伍兩陸
錢肆分伍釐隨正柒分耗羨銀伍兩貳錢玖分伍
釐○閏月銀貳百貳拾捌兩捌錢捌分陸釐隨正

柒分耗羨銀壹拾陸兩陸錢叁釐
各衙門官役俸工等銀叁千玖拾玖兩伍錢柒分玖
釐隨正柒分耗羨銀貳百壹拾陸兩玖錢柒分○
閏月銀壹百柒拾伍兩玖錢隨正柒分耗羨銀壹
拾貳兩叁錢壹分叁釐
金匱縣賦役全書開載
分管原編續編今訂通共田地柒拾叁萬玖千叁百
貳拾捌畝肆分貳釐捌毫玖絲捌忽叁微折實平
田陸拾伍萬貳千陸百捌拾伍畝叁分柒釐捌毫

叁絲貳忽玖微柒纖叁沙陸塵伍渺肆漠捌埃平
米壹拾貳萬柒千貳百柒拾叁石陸斗肆升玖合
叁勺貳抄捌撮叁圭叁粟捌粒壹黍捌糠陸粃本
色米麥肆萬叁千伍百壹拾肆石叁斗柒合伍勺
折色銀陸萬柒千捌百壹拾捌兩壹錢柒分壹釐
隨正柒分耗羨銀肆千柒百肆拾柒兩貳錢柒分
貳釐○遇閏以增抵減實減徵米壹拾叁石壹斗
陸升叁合增徵銀肆百柒拾貳兩壹錢肆分壹釐
隨正柒分耗羨銀叁拾叁兩伍分查嘉慶十五年奏銷丁田冊開

折實田地陸千伍百貳拾陸頃捌拾伍畝叁分柒釐捌毫較現在新訂全書計少田叁絲貳忽玖微柒纖叁沙陸塵伍渺肆漠捌埃緣從前折算平田有截尾抱零以致尾數較少不符今應更正以符實在田數內理合註明
壹斗玖升伍合平田叁拾陸萬貳千伍百柒拾柒畝
柒分貳釐陸毫叁絲貳忽該科平米柒萬柒百貳
石陸斗伍升陸合陸勺叁抄貳撮肆圭
壹斗伍升伍合高田叁拾伍萬捌千捌拾肆畝伍分
伍釐叁毫貳絲肆忽每畝折實平田柒分玖釐肆
毫捌絲柒忽壹微柒纖玖沙肆塵捌渺柒漠壹埃

共折實平田貳拾捌萬肆千陸百叁拾壹畝叁分
壹釐伍毫陸絲伍忽貳微貳沙伍塵肆渺玖漠玖
埃該科平米伍萬伍千伍百叁石壹斗伍合柒勺
伍抄貳撮貳圭
壹斗肆升肆合伍勺低田叁千柒百壹拾捌畝貳分
壹釐壹毫捌絲柒忽每畝折實平田柒分肆釐壹
毫貳忽伍微陸纖肆沙壹塵貳漠伍埃共折實平
田貳千柒百伍拾伍畝貳分捌釐伍毫柒絲玖忽
伍微玖纖柒沙貳塵伍漠捌埃共科平米伍百叁

拾柒石貳斗捌升壹合肆勺玖抄玖撮陸圭壹粟貳稞柒粒壹黍捌糠陸粃

柒升伍合柒勺山灘塘蕩蘆埂涇溝肆千壹百伍拾捌畝捌分貳釐柒毫伍絲貳忽叁微每畝折實平田叁分捌釐捌毫貳絲伍微壹纖貳沙捌塵貳渺伍埃共折實平田壹千陸百壹拾肆畝肆分柒釐伍毫柒絲陸忽壹微肆纖玖沙貳塵叁渺壹漠柒埃共科平米叁百壹拾肆石捌斗貳升叁合貳勺肆抄叁撮肆圭玖粟壹稞壹粒

貳升山墩垾賊塌地壹萬柒百捌拾玖畝壹分壹釐叁忽每畝折實平田壹分貳毫伍絲陸忽肆微壹纖貳塵伍渺陸漠肆埃共折實平田壹千壹百陸畝伍分柒釐肆毫捌絲貳纖肆沙陸塵陸渺柒漠肆埃該科平米貳百壹拾伍石柒斗捌升貳合貳勺陸圭

以上本縣通共田地折實平田陸拾伍萬貳千陸百捌拾伍畝叁分柒釐捌毫叁絲貳忽玖微柒纖叁沙陸塵伍渺肆漠捌埃平米壹拾貳萬柒千貳百柒拾叁石陸斗肆升玖合叁勺貳抄捌撮叁圭叁稞捌粒壹黍捌糠陸粃查該縣錢糧向遵賦役全書在于折實平田上一則起科今將現徵起存銀米按田驗派每折實平田一畝科本色米陸升肆合柒抄伍撮伍圭柒粟貳稞貳粒貳黍伍稷玖糠陸粃柒粞伍禾共米肆萬壹千捌百貳拾壹石壹斗捌升玖合壹勺〇科漕贈伍米貳合伍勺玖抄肆撮捌粟肆粒捌黍柒糠伍粃伍粞玖禾共米壹千陸百玖拾叁石壹斗壹升捌合肆勺〇科徵折

色銀柒分伍釐壹毫貳忽柒微壹纖貳沙柒漠壹埃捌逡陸巡共銀肆萬玖千壹拾捌兩肆錢肆分貳釐隨正柒分耗羨銀叁千肆百叁拾壹兩貳錢玖分壹釐〇科漕贈十銀伍釐貳毫叁絲柒忽壹微貳沙壹塵伍渺貳漠捌埃柒逡貳巡共銀叁千肆百壹拾捌兩壹錢捌分隨正柒分耗羨銀貳百叁拾玖兩貳錢柒分叁釐〇科玖釐地畝銀壹分陸毫柒絲肆忽貳微壹纖貳沙貳塵伍渺捌漠玖埃肆逡伍巡共銀陸千玖百陸拾陸兩玖錢捌釐

隨正柒分耗羨銀肆百捌拾柒兩陸錢捌分肆釐
○科徭里銀壹分貳釐捌毫玖絲貳忽叁微叁纖
捌沙陸塵貳渺陸漠捌埃肆逡伍巡共銀捌千肆
百壹拾肆兩陸錢肆分壹釐隨正柒分耗羨銀伍
百捌拾玖兩貳分肆釐○又遇閏之年每折實平
田壹畝增徵閏月米壹勺壹抄玖圭肆粟叁稞捌
粒陸稷壹粃壹糲共米柒拾貳石肆斗壹升壹合
肆勺○減徵米壹勺叁抄壹撮壹圭壹粟壹稞貳
粒伍黍陸稷肆糠貳粃叁禾共米捌拾伍石伍斗

柒升肆合肆勺○增徵折色銀壹毫陸絲捌忽肆
微伍纖叁沙貳塵玖渺壹漠肆逡捌巡共銀壹百
玖兩玖錢肆分柒釐隨正柒分耗羨銀柒兩陸錢
玖分柒釐○減徵漕贈銀壹絲貳忽肆微陸纖捌
沙肆塵捌渺捌漠貳埃玖逡肆巡共銀捌兩壹錢
叁分捌釐隨正柒分耗羨銀伍錢柒分○增徵徭
里銀伍毫陸絲柒忽叁微玖纖柒沙陸塵陸渺伍
漠貳埃貳逡叁巡共銀叁百柒拾兩叁錢叁分貳
釐隨正柒分耗羨銀貳拾伍兩玖錢貳分叁釐

每平田壹畝科本色漕白等項米井麥改米陸升陸
合陸勺陸抄玖撮陸圭伍粟貳稞柒粒陸稷柒糠
貳粃叁糲肆禾共米麥肆萬叁千伍百壹拾肆石
叁斗柒合伍勺○遇閏以增抵減外實減徵米貳
抄壹圭陸粟柒稞肆粒伍黍肆糠玖糲叁禾共減
米壹拾叁石壹斗陸升叁合
每畝科折色銀壹錢叁釐玖毫陸忽叁微柒纖肆沙
貳塵叁渺捌漠玖埃壹逡捌巡共銀陸萬柒千捌
百壹拾捌兩壹錢柒分壹釐隨正柒分耗羨銀肆

千柒百肆拾柒兩貳錢柒分貳釐○遇閏以增抵
減外實增徵銀柒毫貳絲叁忽叁微捌纖叁沙陸
塵叁渺伍漠貳埃伍逡壹巡共銀肆百柒拾貳兩
壹錢肆分壹釐隨正柒分耗羨銀叁拾叁兩伍分
每畝攤徵人丁銀貳釐柒毫壹絲柒忽玖纖柒沙陸
塵叁渺捌漠貳埃捌逡共銀壹千柒百柒拾叁兩
肆錢壹分隨正柒分耗羨銀壹百貳拾肆兩壹錢
叁分玖釐○遇閏增銀壹毫壹絲玖忽伍微捌纖
壹沙叁塵伍渺貳漠肆逡叁巡共銀柒拾捌兩肆

分玖釐隨正柒分耗羨銀伍兩肆錢陸分肆釐
每畝攤征雜辦銀壹毫伍絲叁忽肆微陸纖貳沙伍
塵柒渺玖漠共銀壹百兩壹錢陸分肆釐隨正柒
分耗羨銀柒兩壹分壹釐
金匱縣解支起存實徵大款
一本色
蘇松糧道衙門漕糧正兑正耗漕贈并白糧改漕除
荒實徵米叁萬伍千伍百伍拾伍石肆斗捌升柒
合○遇閏改折灰石減徵除荒實減米捌拾伍石

肆斗肆升叁合柒勺
白糧正耗除改漕并減徵外實徵米肆千肆百貳拾
叁石肆斗肆升
揚州倉米并淮壽鎮各倉麥改米并改本月糧米除
荒實徵米壹千捌百貳拾貳石肆斗捌升陸合柒
勺又遇閏減徵坍荒加編米貳合
江安糧道衙門漕項行月并改本月糧米貳百貳拾
叁石捌斗捌升肆合壹勺
解南兵糧并餘存恤孤新陞充餉除荒實徵米捌百

壹拾陸石肆斗叁升玖合柒勺○遇閏加徵米壹
拾陸石叁斗陸升柒合壹勺又減科米壹斗叁升
柒勺遇閏減徵坍荒加編米壹合貳勺
存留支給恤孤米陸百柒拾貳石伍斗柒升○遇閏
加徵米伍拾陸石肆升柒合伍勺
一折色
布政司衙門起存地丁等項除荒實共徵銀肆萬玖
千捌百陸兩玖錢壹分肆釐隨正柒分耗羨銀叁
千肆百捌拾陸兩肆錢捌分肆釐○遇閏之年加

徵減編坍荒銀叁分捌釐隨正柒分耗羨銀叁釐
○遇閏加徵銀叁百陸拾伍兩肆錢捌分玖釐隨
正柒分耗羨銀貳拾伍兩伍錢捌分肆釐
起運損腳銀肆百捌拾玖兩叁錢陸分叁釐隨正柒
分耗羨銀叁拾肆兩貳錢伍分伍釐○遇閏加徵
銀陸錢柒分捌釐隨正柒分耗羨銀肆分捌釐
蘇松糧道衙門隨漕輕賫各倉米麥折等項除坍荒
實徵銀玖千肆百壹兩捌錢捌分肆釐隨正柒分
耗羨銀陸百伍拾捌兩壹錢叁分貳釐○遇閏之

年加徵灰石除坍荒實徵銀玖拾柒兩陸錢貳分叁釐隨正柒分耗羨銀陸兩捌錢叁分肆釐減編漕贈十銀捌兩壹錢叁分捌釐隨正柒分耗羨銀伍錢柒分

白糧經費除改漕幷減徵外實徵銀陸千伍百貳拾叁兩貳釐隨正柒分耗羨銀肆百伍拾陸兩陸錢壹分

江安糧道衙門額撥漕項等款除坍荒實徵銀壹千伍百捌拾玖兩陸錢捌分貳釐隨正柒分耗羨銀壹百壹拾壹兩貳錢柒分捌釐○遇閏之年加徵減編坍荒銀壹釐隨正柒分耗羨銀不及壹釐

存留支給各衙門官役俸工等項實徵銀貳千壹百捌拾柒兩壹錢捌分肆釐隨正柒分耗羨銀壹百伍拾叁兩壹錢叁釐○閏月銀壹百壹拾叁兩叁錢隨正柒分耗羨銀柒兩玖錢叁分壹釐

壇廟

舊志 城隍廟條下

案縣治土地神祠春秋支祭銀致祭金匱支無錫祭應補載

靈護廟

案廟舊在嶽廟右廡與張中丞祠比皆西嚮乾隆間王氏後人改建北嚮自闢門臨繡嶂街與嶽廟並其額爲王文正公祠嗣是有司祭靈護之神在文正祠將事其舊門堵塞惟宋紹定三年敕賜廟額尚書省牒文碑石仍在故處

舊志 金龍四大王廟

案謝達爲太傅裔宋徽宗時提舉淮浙歿後爲神祀於杭州其孫緒爲謝太后戚畹建望雲亭於金龍山嶺讀書其中太后北轅緒恚憤赴水元末託夢於鄉人云當助呂梁之戰以黃河北徙爲驗後果驗明太祖取杭州大戰呂梁見金甲神空中躍馬橫槊擒賊又顯著於黃河以護漕運隆慶中封金龍四大王見杭州府志

舊志 春申君廟在錫山麓

案城中盛巷西亦有廟錫山景物略所云春申君行宮也明永樂間趙秉忠捨宅建

泰伯廟

案梅里志知縣王允謙記乾隆三年發帑重修舊
志漏載

舊志 忠佑廟條下一在延祥鄉新橋

案此廟係華察祠堂所改王穉登龔勉所撰二碑
尚在廟壁碑文今補載藝文志

舊志 晏公行廟

案元晏戌仔江西清江鎮人元初輸文綿於上都
因而尸解人以爲神立祠祀之元末顯靈江湖間

明洪武初封平浪侯後以督漕獲庇建祠祀之事
載杭州府志志中應詳載

祠墓

舊志 張長史祠在懷仁鄉

案張長史祠歲支學租有司春秋致祭志漏載

舊志 三公祠在延祥鄉

案三公祠道光十年華瑞清等重修竝蠲祭田有
司春秋致祭知縣江之紀有記入藝文志

熊節婦祠在五里街

泰伯墓

案梅里志有漢永興二年吳郡太守麋豹碑記又
云萬歷之季華節愍允誠立碑表之天啟癸亥高
忠憲紀其事於碑陰 國朝乾隆二十五年知縣
吳鉞修之嘉慶二十二年知縣齊彥槐邑人華瑞
清重建饗堂墓門築石圍牆丈得實存墓地十八
畝六分六釐墓外隙地十畝八分四釐前志未載

宋刺史贈節度使魏忠壯勝墓在忍艸庵前

案忠壯拒金殉難立廟京口賜葬惠山子孫遂家

無錫復遷江陰建祠於青暘鎮之西每年撥學租
四兩以備春秋二祭續志未詳載

靈護廟神王越祖墓在鳳凰山○錫山景物略云宋
王三太保封坵在鳳凰山足華表四祭臺二皆宋
製舊志失載 康熙志載

元承事郎蔡希逸墓在白水潭

案希逸自洞庭遷邑之板村爲蔡氏始遷祖前志
失載

元趙克光墓在惠山廟巷

案克光汴人兄克明仕元爲少司馬謫守嚴州克光從往後贅無錫吳文明員外家居盛巷洪武間卒

明廸功郎倪宗實墓在冷村西

案此爲堠陽坊前倪氏始遷祖見梅里志前志失載

明指揮使蔡孚墓在夻山南子承事郎振祔見梅里志

明鄒望墓在九曲橋見梅里志 橋跨九曲河上

明浦孝子節婦墓在石室山南孝子名劭婦過氏見梅里志

寺觀

仲庵在軍將山明翰林修撰王府長史錢仲益建

義盛庵在蕩口鎮明舉人華祖勤建

行慶道院在蕩口鎮明學士華察建僉事王問題額

文星閣在行慶道院後康熙五十年華謙益募建巡撫張伯行有記前志俱失載

古蹟

馬氏故宅見梅里志爲忠肅公故居在甘露

職官

梁天監初除劉昭爲無錫令見梁書

沈頌唐天寶間任無錫縣尉見全唐書

趙亘金字古談婺源人寶祐四年登第知無錫縣事見徽州府志

宋虞薦發以子志道追秩承務郎同知無錫州事見嘉慶志封贈

案虞薇山先生配享楊龜山先生祠記邑人談綱

撰薇山先生傳邑人談縉撰又墓誌銘山陰韓性撰皆云以子志道貴追秩承務郎同知無錫州事乃職官表元州同知無虞志道名後有修志者應補載

元設巡檢司四處甘露巡檢司在延祥鄉膠山巡檢司在膠山鄉華藏巡檢司在布政鄉新安巡檢司在新安鄉

稅務二所催茶批引局一所在城務在中市橋側甘露務在延祥鄉洪武初改設稅課局在中市橋

見謝應芳府志教授下有大學訓導一員月俸二石五斗鈔一錠小學訓導一員月俸二石蒙古字學教授一員月俸鈔一錠倉監支納一員大使副使各一員稅務提領一員大使副使各一員巡檢司一員見宏治志

明洪武初設巡檢司三處每司弓兵三十名高橋巡檢司在天授鄉望亭巡檢司在新安鄉甘露巡檢司在延祥鄉見毘陵續志 又億豐倉大使一員副使一員

明無錫縣教諭顧諒

顧諒字希武號西村上虞人洪武中以薦爲無錫縣教諭見四庫全書提要

選舉

進士

明

永樂四年丙戌林環榜 尤實 南昌府同知

成化二年丙戌羅倫榜 華秉彝

宏治三年庚戌錢福榜 徐紘 題名碑作武進人酌泉錄作無錫人徐績之孫仕至副使

正德三年戊辰呂柟榜 周鎬 辰州衛軍籍無錫人見題名碑

嘉靖二十年辛丑沈坤榜 王覺 工部主事分司徐州見徐州府志

三十二年癸丑陳謹榜 華秉中 刑科給事中

萬歷二年甲戌孫繼皐榜 王致中 陝西寧羌衛軍籍無錫人

二十三年乙未朱之蕃榜 華鈺 刑部推官恤贈尚寶卿

天啟二年壬戌文震孟榜 楊兆升 武進籍無錫人

崇禎四年辛未陳于泰榜 薛寀 見題名錄

龔可楷 武進籍無錫人

十五年壬午 俞泰交 武進籍無錫人特用出身第二名見題名錄

華廷獻 特用出身八十八名修武知縣見題名錄

十六年癸未楊廷鑑榜 陳震生 見題名錄

國朝順治九年壬辰鄒忠倚榜 楊兆魯 見題名錄

十二年乙未史大成榜 屠尚 見題名錄

乾隆二十八年癸未秦大成榜 華允彝 廣濟知縣

嘉慶二十五年庚辰陳繼昌榜 徐寶善 婺源籍金匱人

道光二十年庚子李承霖榜 秦金鑑 宛平籍無錫人

華翊亨 吳縣籍金匱人

舉人

宋嘉定十五年壬午 華兼善

寶祐四年丙辰　邵煥有
趙必曠 俱見謝應芳府志
景定三年壬戌　允棟 見舊志文苑
咸淳三年丁卯　王應龍
孫桂發
明天順六年壬午　華秉彝 成化丙戌進士
宏治五年壬子　華純 陽朔知縣
嘉靖二十八年己酉　華秉中 癸丑進士
萬歷十年壬午　華鈺 乙未進士

天啟元年辛酉　高如麟 忠憲公胞弟以讀書題字磨勘被黜
國朝順治十四年丁酉　華廷樾
康熙三十五年丙子　鄭廷標
四十四年乙酉　華謙 鉅野高苑知縣改丹徒教諭
雍正七年己酉　華鍾和
乾隆二十七年壬午　華允彝 癸未進士
三十年乙酉　華錫瑞
四十五年庚子　華應春
嘉慶五年庚申恩科　華會昌 常熟籍無錫人

道光十五年乙未　華翙亨 庚子進士吳縣籍金匱人

徵召

元楊瓛字獻可至元七年丁亥以遺逸徵至京師授無錫州同知
明李伯器兩舉孝廉不就李桓仲字確齋舉賢良方正不就二人俱見邵文莊容春堂集

封贈

國朝秦廣鈞 以姪沆貤贈江西南昌同知

遺愛

元李棠卿江西樂平縣人任無錫億豐倉使時高郵盜起浙省以便宜遷嘉興路照磨未至官張士誠入無錫棠卿抱印匿草間士誠以倉印故購棠卿急度不能脫遣人懷印間道納之行省尋被執索印誘以祿仕棠卿曰爾雖有祿吾惟有首士誠怒命縛之棠卿顏色自若士誠曰殺之成其名乃囚繫倉所發憤卒浙省昔僉事以聞贈樂平州判崇祀樂平忠義祠事載樂平縣志
明趙應元字肖鶴新會人進士萬歷二十四年任無

錫令多惠政能聲振一時擢工部郎卒張用覺有邑侯趙公寖稅紀略碑立於名宦祠之左舊志失載

宦望

王惟允明初以薦授南鄭縣丞撫綏其民不遺餘力歷盂化二州同知以鎮江府通判休老

徐淮以貢爲上高縣訓導贄物一無所問貧者願有資焉三檄之署縣皆辭母病乞致仕御史重其去淮固請而歸邵文莊爲之志

施陽德字復徵性恬雅家庭以孝鄉黨以誠操持以廉人多稱之舉嘉靖己酉鄉試授蘭谿縣學教諭陞富陽知縣戶部主事以上俱載毘陵人品記

陸平明永樂六年任浦江知縣居官廉謹訟簡賦平士民稱之載金華府志

陸清字源潔一字彥夫成化元年鄉舉任夔州同知擕二蒼頭往以去奸安良爲事一郡奸民幾空二年歿無分毫積俸僚友助之民立碑市中題曰慈惠義勇清廉貞直無錫陸公載識小録

薛理常明正統五年任蘭谿令公而能斷政平訟理嘗買地於泮池南建文昌祠以祀范香溪金仁山吳禮部載金華府志○舊志名恆字履常當從之惟所載不如此之詳耳

朱象賢正德十一年丙子舉人嘉靖間任廣東雷州府通判祀廣東名宦祠舊志失載

施學淵萬歷中歲貢授富陽縣丞子諒儒雅吏民愛服署篆錄考衛鑑得人載杭州府名宦志

曹察嘉靖己丑進士任汀州知府有政聲載梅里志

國朝

華瑞潢歷任浙江瑞安象山臨海令所至有惠政崇祀象山名宦祠西湖復有專祠孫原湘撰記載藝文志

文苑

王史直字子擎弟史鑑字子任俱好學能文嘗言士不能佐天子出政令治天下人又不能提勇敢健卒折衝邊塞便當撰述有用書使姓名彪炳列於著作之林又云宰相榮辱人於生前史氏進退人

於身後士人伏處衡茅無由成一代信史當先葺郡邑志乘以見史裁因輯無錫文獻分爲二集凡一百餘卷乾隆四年知縣王喬林尚書任蘭枝爲之序

忠節

明儲福與妻范氏○考崇禎十七年科臣李清疏請邺殉難忠臣詔贈福指揮使謚貞義妻范氏贈淑人謚孝節舊志失載

孝友

明蔡孚指揮使事節母陳五十餘年以孝聞與弟濟終身不析產築宗教學堂以收族人不能力學者教之載梅里志舊志失載

行義

元尤居敬嘗鑿池獲金悉施窮者民德之稱其地爲尤圖

明蔡歡嵩山人景泰間出粟賑饑特賜冠帶

國朝朱寅字遂之本姓徐幼繼於朱遂蒙其姓少師事江陰尹嘉賓旋居崑山博覽陰陽醫卜百家之

書善書能擊劍諸生胡甲桂再喪偶寅愛其才妻以女甲桂官江右寅往佐理福王時甲桂任廣信同知將殉死以妻及三歲子溶時屬寅寅攜入深山屢經危險至身墜崖下藉草得活間關回吳幾死者數溶時既長授之書稍儕泣施夏楚曰吾不忍負囊約也卒年七十載崑山縣志

隱逸

錢道人逸其名舊志

案道人名頴自號惠山山人

雲間道人錫山徐氏子本名鳳儀少工筆札解書翰通輕俠重志氣國變後居惠山頽然老僧更名載又曰元熙晚自號雲間道人墓在馬鞍塢

列女

許廷棟妻趙氏　高世雅聘妻方氏

舉人高如麟妾顧氏　高易繼妻吳氏

州同高芸生妾殷氏　高一范妻顧氏

高式金妻華氏　高綬妾胡氏

高士芳妻朱氏　高起鵬妻周氏

高洪妻石氏　生員高文錦妾王氏

方士昃妻華氏　華維謙妻王氏

流寓

宋敖陶孫字器之福清縣人淳熙庚子鄉薦第一下第游吳中從者雲集慶元己未登第主海門縣簿改教授漳州官至奉議郎賜緋魚袋

釋道

唐常俊俗姓張氏清河人卅歲出家年齡七十僧夏四十住鳳光寺禪宗內蘊法印心契會昌元年五月十五日示寂歿卽以其月廿六日遷柩於無錫縣太平鄉村東一里官河西八十步門人文則元通伯昌等刊磚爲誌載全唐文

國朝呂道人榭自號雲隱父貞九明太倉州學廪生明亾棄家爲道士雲隱年十七隨其父訪道終南武當金陵爲崑陽王律師法嗣授以性命元微之理隨傳隨體隨證隨徹嘗主瞟水之東原玉峯之西乾車塘之崇恩最後居鷲湖之正心道院所至以靑律設教每謂人曰知道不知律是名空悟知律不知道是名空修生平戒律甚嚴而胸無纖芥藹然春融人亦樂親之又號端虛道人所著有心印經註復元山房詩華玉淳有雲隱呂道人傳

錫金志外卷一終

錫金志外卷二

補遺下

藝文詩

宋

無錫縣春日　高九萬

吳楚新歧路江湖舊散人放船來古縣沽酒供閒身
花卸一村雨鳥啼千樹春野塘風捲地無復見芳塵

惠山　張蘊仁

石苔滑汰屋連斜第二泉邊古佛家一壑松風聽不

了卻留僧坐自煎茶

次韻謝李秘校自注無錫詩人名晦初名燧卿　敖陶孫

大雅熄自檜續經久無人中閒翰墨場名字俱已堙
江山亦何助東海揚其塵我笑李夫子缾無半合陳
人書兩俱亾何用語逼眞作詩來起予欲卜二仲鄰
依然送鴻目袞袞天機新莫欺鬢眉蒼持護應有神
狗鬚侯舞陽甁角相平津皇天信平分萬物各得春
但願閱世心孤特凜箭筠日者鶴飛書江漢起隱淪
三物論鄉國六藝程成均秋風入帝閑錯落雖駆驎
君曾讀詔否卻枕方欠伸勿驚作書面酒䌫吹微鱗
唾手洗衰陋一返姚姒純稽古不無力攻復昌其身
他時玉堂夢與聞三生因盟我艮不難欲託孫子親
賂君以黃耳附書莫辭頻再拜賦短章水石俱磷磷自注此韻字義見詩音揚之水箋

體齋詩爲梁溪馮季求作

口腹不自主來吟體齋詩三肅齋中人問體安揹辭
體卑語近拘體高語近欺耳目口鼻形人各師其師
要之天地閒當以一理推馮侯好兄弟一一淸廟姿

是家好談道脫略毛與皮一堂春愔愔詩禮相娛嬉
但愧遠客塵涴子連理枝雖然參自訣要知不磷緇
我車得國工分路有險夷君知魯叟聖妙在物不遺
當其作春秋一字如權錘越境惜趙盾斷謂此語非
俗儒無己心望道如隔紙閉門畫圓方用世多參差
千載堪一哈汝足未及蠛馮郎顧我笑坐久爐煙遲
黃花粲牆東靑山轉牆西吾言亦已費須君浮一卮

上方在膠山寺　唐皞

佛龕經閣等巖藪地在山中此最高日出四楹浮寶

氣雲開百里見秋毫登臨暫得心機靜徙倚翻嫌日
力勞究是雄飛先上者强揮吟筆繼詩豪

上方 在膠山寺　蘇　軾

疊石構巖扃僧居在杳冥澄心蟾海白縱目鶻天青
衣上煙霞色窗間草木形我來凭檻久星處恍然醒

嘗慧山泉　梅堯臣

吳楚千萬山山泉莫知數其以甘味傳幾何若飴露
大禹書不載陸生品嘗著昔唯廬谷亞久與茶經附
相襲好事人砂缾和月注持參萬錢鼎豈足調羹助

錫金志外　卷二　三

彼哉一勺微唐突爲霖澍疏濃既不同物用誠一處
空林癯面僧安比侯王趣

和慧山泉　丁寶臣

誰識澄淵萬古清濆汙擾擾縱橫出從山底應無
極流落人間自有聲江漢想能同浩渺塵沙雖混更
分明從來早歲爲膏澤安用茶經浪得名

無錫寄正之　王安石

徤孱高橋送病身亂山荒隴障歸津應須一曲千回
首西去論心更幾人

贈錢道人　蘇　軾

書生苦信書世事仍臆度不量力所負輕出千鈞諾
當時一快意事過有餘怍不知幾州鐵鑄此一大錯
我生涉憂患常恐長罪惡靜觀殊可喜脚淺猶容卻
而況錢夫子萬事初不作相逢更何言無病亦無藥

無錫道中賦水車

翻翻聯聯銜尾鴉犖犖确确蛻骨蛇分畦翠浪走雲
陣刺水綠鍼抽稻芽洞庭五月欲飛沙鼉鳴窗中如
打衙天公不見老翁泣喚取阿香推雷車

錫金志外　卷二　四

秀峯軒　焦千之

可憐均是山中寺惟有幽軒對此山雲擁秀峯來戶
外煙和濃翠入窗間迴環似疊天形曲登眺應疑地
勢慳他景縱能窮目力爭如疎靜養疎閒

滌硯池

蕭公事跡久塵泥猶有當年洗硯池世俗所傳應髣
髴僧人獨得恥頹隳小亭新構藏幽趣一水中分疊
舊基遺澤泯然無處問清風緬邈竹陰垂

題慧山寺　蔣之奇

釋子幽居遠俗氛停橈登覽日將曛湖光已歎千年
變山勢獨驚九龍分迸瀉冷噴雙沼雪煑茶香透一
甌雲偶因流落尋佳致何意聲名世外聞

遊慧山

還家豈不樂生事未應閒朝日已復去征鞍方更攀
傷心百道水極目萬重山何以忘羈旅蕭然醉夢間

同剛中適甫遊慧山　袁默

雨過山前翠欲飛水雲高下正含暉魚跳細浪千花
碎蟬倚清陰一曲微沈李浮瓜吟齒盡清風明月滿

船歸超然不負尋幽興拂得荷香在葛衣

泰伯廟　王令

古廟鬱崔嵬朱門鎖不開今人不爲讓問或乞靈來

次韻陸子泉　周邠

水自錫山出中含萬古情穿雲緣有脈激石豈無聲
鍊藥源尋遠煎茶味覺輕堪資許由飲休濯屈原纓
徹底驚澄瑩傾杯戒滿盈長流千里潤高注一巖清
篇什新傳美圖經久得名主人當鑑止劇論著莊生

訪慧山錢道人不遇

登山穿破亂雲堆不見高人眼倦開門掩水聲聞白
日路無車跡長蒼苔牆頭五柳空搖曳池上雙鳧自
往來卻掉扁舟自回去過江思上子陵臺

題眞賞亭流觴　施天任

慧山山半有飛泉甃石環亭泛酒船只任源流自高
下不緣機智得方圓夷猶小棹翻賓榻零亂浮花出
洞天六月炎蒸應戀此二松風韻更蕭然江帆遠渡
棟林外山鳥閒吟落照邊盛世正逢元祐日清歡重
繼永和年縈心難效公垂詠眞賞尤知子美賢我是

林泉自由者時時來作醉中僊

別慧山贈璋山主　蕭淵

三年愛山來幾回攜筇躡履眞悠哉片石可枕雲可
偎愆期不到縈吾懷中藉高僧還有才能與佳勝爲
良媒汲泉煑茗何歡咍松邊竹下容琴杯我嗟官滿
今還臺欲去不忍須重來慇懃慇懃勤孰與偕寒猿老
鶴聲相哀山有情兮蘊瓊瑰願泉無窮兮滋九垓他
時再賞登崔嵬約師把手忘形骸

題慧山　潘正夫

秋風蕭瑟淨巖扃寂寂澄泉可鑒形比色未饒先玉
乳試甘應合跨中泠夢回春草花猶落雪灑松窗酒
乍醒須碾月團三百片不辭來此汲泓渟

題安陽山　趙義夫

突兀當空特不羣嶄然頭角起祥氛毗陵自古多英
俊可信孤峯解主人

題慧山寺　李邦直

丙午八月朝陽暾繫舟放步來山門萬松森森殿屋
聳仰視愈覺山形尊巖深谷靜鳥獸樂麋鹿哺子猿

生孫泉生石門落石去呱呱哀響無晨昏挹之甘比
蔗漿味渟渟清照魑魅魂正性不專時節換夏如冰
雪冬還溫我知此泉本靈異養畜造化同胚渾有時
精魄應期會坐令一勺彌乾坤氣如蒸炊出山背倏
忽四面浮雲奔一洗萬里原野淨枯株蔓草沾餘恩
豈止提攜聚罌缶不獨灌溉江湖村下爲閒泉上爲
雨信哉天下雲雨根

贈慶上人　燕肅

陸羽泉邊倚瘦筇參差臺殿映疎松五天講罷春騎
虎一鉢擎來晝伏龍像閣磬敲清有韻薜庭雲過靜
無蹤相逢多説遊方話知老靈山第幾峯

水泉洞　劉遠

飛泉落巍巍湍水去漱漱赤若洞中源靜淵如得適
清潤挹千巖冷凝涵四壁幽討會有時煩襟聊與滌

繡嶺亭

絶境隔囂紛煙霞張綵繪遠目入無中高情馳物外
春田發英華秋林橫紫翠何時杖屨遊利名聊委蛻

題翠麓亭　蘇台父

山勢叢叢向北盤高僧平日爲開軒莫嫌長有車馬
到㝠愛都無鳥雀喧剩長松篁留日腳少移桃杏破
雲根十年往返未曾厭賁若嘗泉到酒樽

晚坐碧雲塢二首　翁挺

夕陽黯將沈缺月遲未吐滿眼玻璃堆翻疑夢中覩
玉樹秋益明驪珠夜方吐繞檻碧雲收塵蹤故難覩

次濟川西山避暑　建炎六月十五日　錢紳

西山蘊靈異九曲面崚嶒泉石漱鳴玉松蘿掛古藤
勢雄掀宇宙地大壓邱陵日永清陰覆朝來爽氣澄

幽尋嘉賞致結客遊歊蒸散髮喧畦畛支頤倦躡登
武陵百慮釋丹穴遠思凝度樾追退景煎茶憶若冰
土芝青削玉琓液緑如澠霜氣連蒼昊冰威鑠鈍蠅
心酣醒復醉意適寢還興蝸角徒爭觸蜂腰謾逞能
纓塵心自濯松韻響無朋自廓倚天劒愁無繫日繩
舒懷高達士得趣鄙山僧雲態幾相挽禽音似許膺
嵐姿渾欲滴秋色漸相矜籩笛涼余思衾裯樂未曾
虛閒消毒螙放曠屏牽仍高興無時盡何辭興再乘

遊慧山

拏舟到山寺詩句偶緣情山自錫無後寺因泉有名
樓陰回夕景樹色向冬榮就水別茶味全勝他處烹

吳儁朋送慧山泉并石刻　曾幾

錫谷寒泉雙玉餅故人捐惠意非輕疾風驟雨湯聲
作淡月疎星茗事成新歲綱頭須繫拂舊時水遞費
經營銀鉤蠆尾增奇麗併得晴窗兩眼明

遂初亭　葛勝仲

骯髒睎儒先夸毗畏家戒九萬鵬程賒三四狙公賣
無盃歸卻掃初服遂沖概功名付噲等登臨從湛輩
子亭襲嘉名永矢佩先誨綠筠寒脫籜蒼官老欹蓋
家儲內閣書辦與聖賢對投犢謝家國預事那可再
不學孫興公婆娑陳利害

遊慧山　汪藻

茲山定中腴秀色乃如許連峯積蒼潤嵐氣亦如雨
珍泉不浪出世俗那得取羣僊作佛供灑此玉池酤
甘寒飲天下餅盎走膏乳兒嬉供茗事雲散入江渚
當源起臺殿下瞰松柏古巍基首梁宋爽氣接吳楚
我來值佳月勝得濟稽呂聊分小蒼壁同振百年羽

躋攀興未極落日在林莽卻立望翠屏中流駐鳴櫓

過慧山皡老試茶二首　孫覿

蕭蕭阿蘭若桑苧有故家佛屋倚高寒僧蹊抱欹斜
殷勤泉下客流落瘴海涯蜑酒壓棃楂蠻烹啗蛇
光潔鏡一奩照影空自嗟老僧薦茗粥芳鮮疑露華
驅除鼻中雷掃盡眼界花飄飄思凌雲攝身上蒼霞
戰塵霾漢天獵火燃胡地一笻遺垢氛步入青蓮寺
眈眈九龍盤一壑埋老翠倚天松骨大黏碧苔髮細
道人本臞儒得法妙出世胸中萬斛泉洗盡蔬筍氣

天風吹洽洽助我鳴鼓吹名爲不二門聲音作佛事

過慧山感舊二絕

一別名山十五年宦情羈思兩茫然故人半作纍纍塚只有蒼官立道邊

髀肉消磨馬上鞍塵沙滿眼路漫漫不須更障西風扇爲酌崖前一洗看

遊慧山偶書

春到梵王家千林已着花小桃無限思竹外一枝斜

題膠山寺繡佛　蔡　載

錫金志外　卷二　十一

妙相奪天眞斜針巧入神幾多瞻禮者還想用心人

題陸子泉　王　汾

泉品舊知名澄源石甃盈甘滋飽僧飯潤澤濟農耕漱玉人誰聽囊茶客自烹久供鴻漸啜會奉贊皇羹李衛公非慧山泉不飲昨忝此邦守令無諸縣行煩醒想巖壑傳貯費缾甖夢到潺湲處吟思沆瀣清二年縈俗務一日慰幽情慚怍方堆面王翰林泉詩云聊將一掬水洗我面慚怍塵埃正滿纓臨流聊洗濯心已識蒙亭

酬外弟沈有開見寄　洪　适

我昔檇李寓君方錫山潛欲馳咫尺書駃足無飛廉相望參與商引首徒遐瞻揭來萍梗蹤遠野得茅簷獲與譚壘揆何詢龜筮占青山整煙鬟澄波開鏡奩喬松與怪柏紛如虬龍髯悠然一望間野色皆可覘范甑飛埃塵壘突寒不黔好友豈厭頻雜黍供炊爓外家三遺珠穎脫皆囊尖交情謝流俗不問涼及炎著鞭挹清風從者屢我淹高論極根源師友識所漸大略推治忽細談析毫纖皮裏有陽秋褒貶追齊殲古稱學如殖秋成觀執鎌吾匪董夫子家居下帷幨

錫金志外　卷二　十二

言經雖敗績豈防整冠嫌抽軋强成章句鄙不任拈甔畝且艱澀疵瑕費鍼砭君詩粲珠琲光焰古人兼詎覆傖父酒不道胡兒鹽陳檄愈頭疾杜詞逐寒痁輕縑邊幅富健筆鋒鋩銛語句既遒麗格律何森嚴我窮思已竭君方湧泉涤三峽爭倒流未嘗波瀾恬短才愧非正倚期膏馥沾吟龍覺夜永明窗耿孤蟾

題翠麓亭　韓正彥

寺藏山腹裏亭枕寺山腰地據三吳勝門迎九隴朝煙霞沾客袖日月轉林梢我恨登臨晚更深倚畫橈

題慧山泉　　楊　文

世治山藏錫山靈地溢泉石飴寒不滅水液暑常蠲
薦茗能全味援琴欲絕絃誰言到池盡餘響更潺湲

雲海亭　　尤　袤

亭前山色遶危闌亭下波瀾直浸山亭下漁舟亭上
客相看渾在畫圖間

潘葑同望慧山眞如龍形　　楊萬里

慧山分明龍樣活玉脊瓊腰百千折錫泉泉止吐一
珠簸弄太湖波底月蒼石爲角松爲鬚鬚裏黃金古

佛珠請君更向潘葑看龍尾激到珠南畔

酌慧山泉瀹茶

錫作諸峯玉一涓麴生堪釀茗堪煎詩人浪語元無
據卻道人間第二泉

泊舟無錫雨止遂遊慧山

天教老子不空回船泊山根雨頓開歸去江西人問
我也曾一到慧山來

寄茶與尤延之延之再寄黃檗和韻

詩人可笑信虛名擊節茶芽意豈輕爾許中州眞後
輩與君顧渚敢連衡山中寄去無多子天上歸來太
瘦生更送玉塵澆錫水爲搜孔思與周情

集趣軒　　陳　聿

宇宙同無窮景物各有趣心自要領略未始爲細故
山僧徹障蔽便得江山助遠邇入盻睞左右供指顧
千容與萬態不約相與遇何須更登眺便可休杖屨
一覽既無餘懷抱良以悟欲圖無妙筆欲詠無奇句
聊爲揭佳名於焉賞心寓

謝李侍郎琳贈御書　　王十朋

君不見西京孝武稱材雄致治欲與唐虞同詔求賢
良論關政翻取曲學公孫宏又不見文宗在唐號儒
雅制詔勤勤策羣下劉蕡切直棄不收卒使太阿歸
宦者吾皇策士親臨軒不爲故事求空言猶疑有司
效馮宿或恐前列登公孫九天使下飛奎翰照眼昭
回倬雲漢抑尙忠謨有訓詞品題高下由宸斷儒宗
被命持文衡銀鈎拜賜恩非輕歸將樂石刊聖語分
貺下及狂愚生眂敢惓惓蓄忠憤射策自慙言不盡
他日儻陪鵷鷺行願效魏公攄底蘊

過無錫見李元德祭酒　劉過

戀樹棲禽暖不飛不知弓繳有危機季膺若悟蓴鱸好應悔江東不早歸高門歸日鳴珂里吹竹彈絲暖響中寂寞一區如此宅世間却有兩楊雄

題費肅校書遺事　葉適

欲識隱居者當年費懿恭卻辭金馬直歸臥錫山峯兩詔終不起一瓢長自從兒孫盡登第勿翦舊栽松

題慧山寺　趙蕤

古木森森映綠苔嵯峨樓閣倚天開山僧不問朝天客自注冰泉浸野梅

環翠軒在膠山寺　楊介

一上十餘里攜笻始可尋山形三面合林影四邊深壁暗苔爭長堦荒草亂侵凭高獨覽處煙靄滿衣襟

雲海亭　僧法尙

亭外漁舟泊釣磯釣絲垂影弄晴暉雲連碧海潮聲遠雪壓靑山野色微絃管無音西子散尊鱸有味步兵歸閒僧不解論興廢自折松針補毳衣

題翠麓亭　僧仲殊

素虬盤屈走靈泉槲葉塗紅作畫船幡轉玉繩光影旋杯銜金鏡酒痕圓篆形綵字方傳世星落光蘸忽下天遠想螭蟠殊未若小圖河曲宛依然綏浮松釀環雲際不動蘭橈到席邊上已流觴非此日山陰盛事掩多年從歡未省向樽俎屢酒何嘗議聖賢翰墨主人今獨步雙鵝應復降飛僊

題洞虛觀

古觀多松檜幽奇近暮秋坐看新月上閒見斷雲愁

野思同花鳥鄉情隔島州輕寒披鶴氅隱几自搔頭

題慧山　僧明

妄慮散毛髮眞源生齒牙我聞甘露飯卽是慧山茶

聽松軒　僧道章

欲駐歲月晚重遊道路遐更須煩稚子再煑鼎中花山頭未吐三更月枕上惟聞萬竅風疑是怒濤聲不散夜深飛雨過寒空

元

題慧山寺　趙孟頫

南朝古寺慧山前裏茗來尋第二泉貪戀君恩嘗北
去野花啼鳥漫留連

無錫山中留題　高克恭

山深自昔無車馬道在何曾畏虎狼秖恐閒人來看
竹淋漓醉墨污新牆

詠慧山泉　楊載

此泉甘冽冠吳中舉世咸稱瀹茗功路轉山腰開鹿
苑池攢石骨閟龍宮聲喧夜雨聞幽谷彩發朝霞炫
太空萬古長流那有盡探源疑與海相通

寄無錫倅劉雄飛張景亮二使君

闕閱俱高負美名共分符竹守江城帆檣密送遮天
影鐘鼓遙傳動地聲木落西山愁歲晏禾登南畝慶
秋成知君佐政多恩惠側耳邦人頌太平

贈惠山聖長老

道人卓錫向名山路絕巖頭未易攀海上潮來風浩
浩洞中雲出雨潺潺松衲直起參天碧苔蘚旁行匝
地斑藉甚後人蒙法施有如流水注蒼灣

題慧山　白珽

名山名刹大佳處紺殿翠宇開雲霞陸羽迺事己千
載九龍諸峯元一家雨前茶有如此水月裏樹豈尋
常花奇奇怪怪心語口無根拄杖任橫斜

遊慧山　吳全節

九龍蒼翠擁青蓮天下流芳第二泉兔盞春濤浮蟹
眼驪珠夜月吐龍淵千年古佛新金殿七椀通僊問
玉川待汲一瓢馳驛去歸朝和露進君前

題慧山寺　郭麟然

疋馬西風入慧山小橋流水碧潺潺樓空雙鳳臺猶

在峯繞九龍雲共閒密藻護寒黿睡穩老松籠暝鶴
飛還自憐奔走成何事回首山靈益厚顏

錫山陸氏園亭和平江推官修亭甫韻　曹伯啟

世途平地幾褒斜古道迂迴草棘遮盈縮靜看天際
月榮枯常擬檻前花凌雲慷慨贍新句好客殷勤喜
故家咫尺勝緣無分到爲誰辛苦趁蜂衙

雨宿無錫驛有懷潘景梁

泊舟夜宿城南驛借得幽房勝鶴籠急雨響傾千澗
水薄寒聲透四簷風偶懷握手詩人面想像聯鑣御

史驄千里相思腸欲斷中堂燈影看搖紅

送焦德元同年　馬祖常

塞嶺松濤攧鳥窠歸人天際馬鳴珂冰盤丹果維摩室百斛金泥寫貝多

到家紗縠已薰香浴罷披襟對晚涼千樹碧梧陰滿地應聞賀客寫麐璋

題慧山泉　吳壽仁

九龍之山何蜿蜒玉漿迸裂爲寒泉來歸石井僧分汲流入草堂吾獨憐晴滴洞中雲細細冷穿池上月

娟娟奉乞茶經與水記俟余歲晚共周旋

題倪元鎮詩集　虞集

飽謝才情世不多手封詩卷寄江波宅邊東海鯨魚富好着輕舟一釣蓑

泰伯廟　宋无

古者吾夫子曾稱三讓名後來秦失鹿劉項死相爭

賑饑不受官賞贈華子蒼　陳旅

泰伯當年去錫山身辭大利遠人安至今邑內高風在散粟千鍾不受官

張振之招游粲山新築別業卽賦（秦少游墓在西）　柳貫

明陽觀後慧山前新營堂館貯風煙藤陰不蔽淮海墓茶井遙分桑苧泉好景正須多領略佳辰且復少留連劉伶一鍤太早計卻要冥靈受大年

虞志道和　五月八日柳道傳偕張伯雨鄭明德倪元鎮同遊伯氏西庵而約先過慧泉也久待泉上不至於是舟人取順流出溪外徑造庵所矣明日道傳有詩因次韻

順風長嘯更無前卻換青鞵踏紫煙遂與謝公期別墅空懷子厚記東泉金春玉撼千林合璧潤珠明四客連此日清遊天所借臨皐重賦是何年

贈元鎮　張雨

麗公有名言魚鳥託栖止而其遺子孫亦在安而已子有邱壑趣齟齬與時輩還梁方蛇吞貪饕亦虎噬何以犯名難適爲田業累深泥沒老象自拔須勇志連環將誰解旦暮迭興廢所以明哲徒置身興廢外賢哉遽伯玉知非復何悔

題鄒氏壽山　陸士宏

野水微茫小苑東林居窈窕白雲中一簾濕翠山川氣十里生香草木風落日放舟還載酒有時揮麈坐

騎馬西神訪遠公湛君舊宅且從容樓臺影落雙河口鐘磬聲傳九隴峯自汲清泉煎苦茗又攜美酒看眠松若冰禪洞寒流靜應是當年養壽龍

避地鳩山六言四首　王逢

舍邊新花夜合井上老樹冬青孟光齊眉舉案倪寬攜鋤帶經

三百銅錢斗酒一雙蠟屐千山莫問雲浮富貴且消天與清閒

北里戎衣袴褶南鄰墨敕斜封多我幽居水竹有誰

高臥雲松

風塵涉五六載忠孝錄數十人已判詩移白日更須藥駐青春

過蔣耿元墓　陳高

晚步出西郊透遲望邱畝松林何蕭森流水在左右孤墳隱其中斧封猶培塿剝石蒼苔深積土黃葉厚父老向我言茲墓由來久其人在前世獨擅文章手較藝多士林精光動牛斗桂折蟾宮枝名冠龍榜首祿仕軒冕貴勳業汗青有不阿時相權孤忠知自守

談空唯應安晚堂前月長照梅邊鶴髮翁

送韓仲讓都司梁溪防秋　成廷珪

今人動業古人心立馬梁溪恨滿襟兵識謾傳山有錫軍裝端信橐無金風高故壘黃雲晚霜落平原白草深南省相君方倚重區區窮寇敢相侵

聞鄭國寶將軍修錫城　張憲

疋馬拒毘陵重圍百雉城金湯從地湧壁壘亘天橫風勁雕弓急霜寒畫角清將軍正閒暇高枕亞夫營

答元鎮　楊維禎

不見古人東海迂閉門著作近何如今年已了婚兼嫁小囝能傳畫與書蠻妓索花騎騕褭番童汲水飲蟾蜍絕怜柏大寒林好與子重開萬卷餘

登慧山　張遜

淺雲蒙青山零雨暗村樹重來邱壑暮慰此清夜敘高堂開翠戶野客當檻據疎鐘越林度清嘯逾嶺去風吟松可聽石漱泉致飫景勝煩顧接心領各異趣悅此神爲清耿耿至達曙

遊慧山　楊文炳

寵榮一生前零落百年後至今存墟墓骨枯名未朽
我聞增歎息懷古思尚友生雖不同時神交或可取
落日啼歸鴉寒煙暝幽藪臨風薦秋菊灑涕酹清酒

題慧山泉　僧　山月江

陸羽曾經文崖根小小池飲從來者取味有幾人知
清影凝秋色寒腴是石滋老僧分茗好細瀹更相宜

明

華山畿　余　睦

華山畿事可悲華山之女歌有辭儂昔見君君有思

君爲儂死儂不知華山畿心相繫心繫不因生死異
牛車載柩過儂里牛不前行車卽止華山畿良可哀
君死儂生奚可哉願言玉匣爲儂開與君一處埋蒿
萊華山畿歌欲絶此情此恨憑誰說歌不成聲聲哽
咽聞之使人腸欲裂

築三里橋成　顧懋章

吾錫北塘闗路濱芙蓉湖歲潦病涉勉爲石梁名
三里橋與工掘土得一石碑上書顧港橋考之縣
志郎上祖顧長康所建越千年而懋復成之豈定
數乎述之以詩志祖德也

五里青山三里塘水深病涉可無梁千年顧港橋名
古土蝕殘碑掩路旁

雙義坊　顧榮章

昔余曾祖福五府君暨大父壽山府君故居膠山
鄉建文之一年庚辰有鄉惡俞寘兄弟三人嘯聚里
中爲暴自稱判官害無虛歲永樂元年癸未我兩
府君倡集義旅捍禦之一鄉倚全有司上其事於
朝俞懼潛奔京師誣陷我曾祖被逮四年丙戌我

祖伏闕陳冤至十年壬辰始白俞寘等伏誅其明
年癸巳奉特恩詔旌我兩府君之門曰雙義然而
田廬已廢兩府君亦相繼卒曾祖葬蘇州洞庭山
祖塋界隔波濤多年霜露子孫何心惄焉如擣因
著於篇

雙義坊人云亾膠高去後秋山長子孫愴禾黍緬焉
想居處山中故老尚能言獵獵西風破茆宇棲崩棟
折茆亂飛鄰人爲掃舊柴扉胡不抱茆入竹去昔年
蒙薇今無歸今無歸葬何所洞庭波浪一坏土我聞

此言淚如雨謹爲告曰公有孫曾十數人紆金佩玉
入天府公今在天侍紫皇昭昭雙義膠山香

葺跨塘橋成　邵　寶

橋跨東西岸道當南北衝若非今日補幾廢昔人功
風送雞驅石天全欲斷虹從茲舟騎客相顧笑談中

鴨城懷古　莫　止

養鴨鴨可蕃養兵兵可彊只有方寸心多欲難自防
千年古城已復隍但見牧豎驅牛羊姑蘇之臺遙相
望二十三君在何許開吳祖德誰繼將玩人玩物致

國亾國亾豈獨由禽荒嗚呼古今卽事感慨長酒酣
日落天蒼茫

贈郭明府邦光　華　察

共仰神明宰憂民日不寍饔飧惟啜水出入毎披星
白日靜几閤青山低戶庭時聞頌聲作爲政欲無刑

喜濬復滌硯泉　安如山

據志膠山寺舊有寶乳滌硯二泉今惟寶乳尚存
而滌硯湮沒已久余嘗訪之寺僧罔知陳跡所在
然余濬復之心居常耿耿歲癸亥秋八月命鄉夫
循古潭深濬之而舊砌方池宛然如昨新來活水
淵然可掬色味甘白不減寶乳千年廢跡一旦復
顯亦吾膠勝事也喜而賦此并記歲月云

束髮山間訪廢泉茫然衰艸與寒煙今朝試向源頭
問古脈原從地底穿未必中泠眞冠絕合將寶乳共
流傳硯池幸啟千年閟誰繼鍾王筆似椽

苦雨行　錢　高

江南春半雷雨劇二月轟雷走風伯翻盆注甕未移
時簷溜丁丁幾朝夕水溢大澤沈龍蛇草際鳴蛙蚤

跳躑階前沒踝數尺泥上逕几筵下礎石中庭老樹
蕊不花頓覺陽和變蕭索不見青帝首成功翻令朔
風潛代易氤氳氣候同薄殊萬彙萌生那得頑舉頭
太息彼蒼仁胡爲故與窮黎厄昨聞司會下征符水
衡鹽榷皆增額操販鬻蒠成畏途寄語東村歸種麥
可憐麥隴漬泥沙縱饒肥沃同磽瘠荷鉏戴笠伊何
人熒熒對泣東西陌

團兵行　王　問

銷鑯鑊鑄刀兵佃家丁男縣有名客兵貪悍不可制

糾集鄉勇團結營盦知縣官不愛惜疾首相看畏占籍奔命疲勞期會繁執戟操場有飢色星火軍符到里門結束戎裝蚤出村將軍令嚴人命賤一身那論亾與存保正同盟衞鄉里何期遠戍吳淞水極目沙堧白骨堆向來盡是良家子

小像箴　葉茂才

人生宇宙間第以形論與動植之物等耳惟有超乎形者在乃能參三靈萬不死不生與造物相終始余懼鬚眉徒具至道罔聞軀殼如存性靈靡著

異日無面目見諸友於東林也爰系之箴箴曰

爾貌甚臞爾性易蔽志在破愚業因病廢甲子既周望洋未至何以圖終夙夜自艾日暮問途難容緩轡飢食渴飲勿等兒戲龜山一脈稟承不二俗學浮靡人趨爾避思過省譽涵泳道味友朋切劘日新月異何論顛沛何論造次壽考福澤惟天所畀恭敬溫文惟爾自治形匪委形天性乃備庶其全歸無忝厥志

讀白雲怡 有序　高攀龍

許侯同生之令吾錫也期月而錫大治其政多可法於百世其人不能悅於一時卒以謫去侯去而入冷局閒局無不樂也余得其白雲怡玩之不能去手或曰子何嗜之深乎曰是世間安樂法也敢之世者至儉用之身者至裕可貴可賤可貧可富可夷可險無不可樂得此如白雲在太虛中物不得而干之矣爲賦白雲之章

爲蓋爲車幻不同如羊如虎變無窮都將成壞千秋事看入閒雲一片中碧漢卷舒常捧日青山來去只隨風至人自解浮雲意一笑人間萬慮空

許氏雙旌詩 有序　馬世名

許明雋割股療親辛丑六十其嫂趙氏二十一而寡無子年八十臺憲兩旌孝子節婦敬賦是詩

昔人廢蓼莪哀哀夫如何昔人賦柏舟之死矢靡他維孝本庸行毀傷失其正不忍不毀傷乃出於至性維節從一終無子如飄蓬獨立天壤閒冰雪凌孤松吾思許法慎刲股看游刃又閔許善心寡母九十訓靈芝豈無根醴泉豈無源何意覩景慶孝節萃一門頻年寇盜交訌止有江南一塊乾淨地崇禎庚

辰六月吾邑亢旱變起眉睫晝夜燒搶民之
活焚者不可勝數煨燼之骨盡𢀖於河感而
賦此　　過林盈
百里關河遶雉城頻看羽檄下神京烽連絕塞烟迎
戟血滿潢池盜弄兵人病鐵衣思少臥馬疲金甕怯
長征如何一片芙蓉水流入欃槍萬鬼聲
年來歎　　顧杲
回首三載閒水旱雜然作石粟二千錢民脂僅升勺
老稚忍死居壯行亦多弱父子苟兩全相飢不相渥

是以憐生人賣子如棄藿或者貪强梁漸就焚與掠
白日未及黃道路亾其槖能吏復催科縱橫遣雕鶚
加賦屢自天官隸雨爲薄額外有三苛以民入湯鑊
犖犖莫可伸加手呼冥漠但得一歲豐使我稍聯絡
今年晴雨兼果然慰耕鑿婦無致饁傾男有機杼樂
雖然負前苦得與天相託大運乃不然將登始參錯
有蟲小於蚉斷穗而遺穉臨晚聚如盤早來滿邱嚼
嘉禾既無心根節俱蕭索大小皆狂號淚與空秕落
誰向官長言今年又如昨

讀茹氏三節錄貽巽叔表弟四十韻
我之曾祖母爾之曾老姑吾祖壻茹時茹族尚敷腴
高堂列錦綺姻婭兩歡娛晚樂暨節菴晚樂公玉由明經授四川新淦令玉子鑾號節菴宏治庚戌進士福建參政署布政使司鑾生太學鳳溪公彩實生吾曾祖母陸節母之元孫也奕葉驟天衢迄乎鳳溪公慷慨猶文儒簪纓
映槐柳綽楔纍門樞時鳴玉鳴鳳鳴金兄弟皆登科甲茹氏一時稱盛皆三節婦之後袖中紫羅囊腰下青珊瑚孰知是先世舊德培榮
敷巍巍三節坊皪日曜冰壺事變各異時守貞均弗
渝百年一銜恤三身同撫孤猗嗟壽光婦千里歸其

夫陸氏夫仲宏壽光縣令卒于官指孫璿謂氏曰善視此氏泣受命扶櫬歸仲宏廉官貧無槖織紝訓讀撫其子有成氏生洪武乙丑夫亾年二十六壽五十有九正統庚申建坊旌節截髮誓貞
信幽明靡異途亦惟闗夫人大耋餐辛茶處士茹賢妻賢亾年甫三十闞氏食貧撫孤以終身焉家克以起生永樂辛丑卒宏治乙丑壽八十有五奉詔旌建坊東河
教訓其子孫使之植頭巔康年拜天錫星使騂驪驅
悲哉尤氏髮綠鬟餔嬰雛夫茹萬鍾幼孤孝事繼母年未三十夭子相始五齡繼姑自愛其所生女欲奪婦志而贅其壻氏截髮誓死營雙穴以見志姑知不可奪乃厚遣其女後以族人挾重役相脅氏僦居窮巷織紝自給撫其子成立壽踰六十巡按南昌劉公以事聞于朝詔旌其門
堂上呼去聲鵂鶹戶閒飛鼪鼯卒能保其孤後代曳翬

褕赫赫三婦女形管添眉鬢先後映節烈乃自一門
趨天子爲之起三坊巽路隅郡騶走旌詔縣官貤脯
朐我聞茹之先大壽傾皇都茹之先有諱文中者永樂間以壽一百十歲召見文華殿上世祖悅欽賜以官錫五品服命百官陪宴馹驛歸後四年卒生建百歲坊家有寵壽堂御
庖出羞醞玉墀天語紆貞德萃一門宜乎華膴殊夫
何再百歲子孫遂無禠爾今守詩書亦頗無沾濡我
窮在溝壑拙老須人扶不能兩中表匍匐相有無飢
寒各異趣此心則合符所畏在嘷蹴所防在廉隅凡
百愼失墮得喪分須臾曠懷古人心堅正如盤盂況

錫金志外 卷二 丰

吾丈夫子豈遂如秋蒲愼守三節風庶足明區區前
人裕其後或者非金珠劫風吹豺腥會當有唐虞爾
我同派流相勉不相謏一請安賤貧再請韜悃愚

眞士夫　錢　仲

點昜臺荒廢遺址猶憶前朝邵夫子入而橫經出而
仕宦寺王門無片紙觸忤權奸早挂冠兩江盡說淸
如水君不見大慶法王坐皇都嚾比憸壬厭腐儒成
宏老臣貶逐無盜竊國柄皆刑餘門下小斷登宦途
廊廟誰容眞士夫自注明正德中有大臣投刺劉瑾稱門下小斷者

國朝

弔何參軍有序　秦　詔

何以培字曰厚宏光時授兩淮鹽漕參軍乙酉爲
兵備道張公儉所執諭降不從慷慨就義

寵章三世錫先朝忍把君恩付弁髦駿馬有心嘶日
月丈夫無計洗弓刀提軀天下尋知己懸首東門長
怒濤竊意將軍猶未死英魂應自賦同袍

一門四節詩　華毓琮

四節者族諸生樹聲室鄭氏樹聲兄樹德長子燿
室黃氏樹德女字葉之蕃之蕃死女過葉守貞姑

錫金志外 卷二 圭

死無依復歸華樹德妾許氏德亾亦勵志守節

正氣各有鍾鍾之在鬟髻靑娥一寒門嶽嶽見四烈
分鸞二十五鴈聲砧際滅琴瑟纔六月倏爾成離抉
亦有靜女賢幽閨中結未識公子顏矢隨北邙穴
妾許本寒微乃亦勵苦節貞烈萃一門閭里休聲徹
芳樹竝摧秀繐帷共相閱曉月照孤懷窮壑蔭古雪
立志則維均幽情更無別勤作同苦辛淸淚亦交冽
至今過里居凄宵成悲咽秋草沒荒原何處尋殘碣

道旁歎　周　宏

三月四月麥未熟餓夫扶攜領官粟得粟村墟起爨煙嫠婦何爲道旁哭自言幼本名閨姝父母衣我紅羅襦十七嫁作儒家婦足跡不出門中梱夫亾十指難餬口連歲凶荒斷升斗縣帖紛紛催樂輸大兒枵腹被枷杻小兒呱呱懷抱中身死奚恤悲兒從昨聞詔書發粟賑飢匍匐哀告含羞容安得有錢買胥吏賑籍無名長官詈躑躅中路不得歸以此辛傷灑血淚我聞斯語愁心神彼司牧者獨何人方看嫠婦泣東

陌又聽悲怨來西鄰

閨女詞　劉　齊

南金何事忽相貽漫說深閨有麗姿攬鏡自知容質陋使君莫信蹇修詞

九龍山歌贈成孝子民望　王雲錦

君不見九龍山麓馬鞍塢下有孝子廬於墓結茅爲蓋土爲垣不蔽風雨雪霜露短衰百結穿不溫黑燈黯黯凝青燐白楊枯松斂陰氣山鬼晝嘯驚心魂此時呼天天弗聞獨呼父母遠新墳亾何芝艸生墓側

烏巢覓戲集墓門成君成君眞孝子尊公軼千億毋死君今伴母眠陰房骨立後先能濟美方今聖主求賢良孝弟力田重表章君家孝行積累世世德豈久湮幽光　鑾輿早晚西狩回　翠華拂天來未來安得採風九龍畔辟取孝子登蘭臺嗚呼辟取孝子登蘭臺大起末俗荒陬榛壤循南陔

賑饑之役濟民少府勞勩兼至次公眉韻　司馬龍藻

繪圖猶未達長安發粟何人瀝肺肝大邑宰官勞日

昃遐陬赤子獲晨餐壞牆春雨蜂衙散塵釜朝煙鳥語歡爲問溝中皆已溺可堪袖手倚闌干

輓高節母李孺人（高聖培先生以諸生死義澄江賴孺人撫孤成立）

世事滄桑過隙駒乾坤正氣衆誰扶布衣慷慨眞男子巾幗操持儼丈夫彤管歲寒懷往烈青燈漏永課遺孤　國家全盛嚴修史孟母芳聲不可無

王孝子詩　秦道然

忠孝本庸行盡之或成奇卓哉王孝子遺躅誰攀追阿翁離故鄉孝子方孩提雖仰阿母慈少長乃自疑

羣兒有翁嫗我翁獨何之再拜問阿母阿母涕漣洏
而父因徭役家貧豈能支三人不相保盍爲長別離
孝子聞母言慟哭肝腸摧人生不識父何以徒生爲
兒當別離母求翁走天涯天涯終有盡會合盍無時
阿母牽兒裾而父誓不歸兒去死道路阿母將何依
孝子心彷徨阿母言堪悲去留俱不可吾計將安施
儻屋大道傍茆簷颺青旗飢者供壺漿勞者贈屨綦
過客問所欲稽首詳致詞他鄉遇阿父爲言兒在玆
父子或相合生死答恩私忽忽十餘年音書眇難期

孝子別阿母兒去志不移兒今已有婦足以備晨炊
兒卽死道路阿母當無飢脫身走四方險難豈所知
朝哭青山巓暮哭白水湄青山草木變白水波濤哀
蒼茫田橫島孤絕海東陲從死五百人靈爽此中栖
孝義足相感魂夢通先機隱語指迷途令向南方馳
蘇門嘯臺畔寒餓僵庭除忽有白髮僧鄉音動聾疲
各將姓名道慟絕相抱持扶擕還故鄉阿母鬢成絲
相看不相識聲是面目非鄉人助悲酸行路亦嗟咨
綽楔表門里薦紳投詞詩爲善必有後子孫盛簪綦

嗚呼孝子心所志贍庭幃高名與厚福何嘗計毫釐
絃歌俟采風用作後人師

挽旌節高母二十四韻 并序 舊志已載呂莊頤

節母姓李氏年十九適諸生高聖培先生生子四長綿士次伯常次季常又次幼常乙酉之夏先生偕綿士死節江陰母守節二十六年未嘗一窺中庭教三子皆成名士事載錫山志中

烈女添新傳騷壇續舊辭地因梁案著名共柳凡垂
閨昔禧初結相依日正遲鹽虀儒素味櫛縰大家儀

世忽桑田改人驚堠火馳棄繻知已矣擊楫悵何之
濟否從吾力行乎仗子隨斷魂啼杜宇歸夢絕喻麋
鬢署憑誰解城崩未可期牛衣零獨淚馬革失雙屍
鏡破鸞悲影巢空燕認絲餘生惟十指惜死爲諸兒
乏砌看三秀萱堂借一枝移忠仍作孝以母卻兼師
荻畫鈎如鐵羊埋舌在瓮輓車桓氏婦扃戶狄家姨
菽水貧堪辦蘭膏讀自支譽推元季竝節表郝鍾宜
此父還生此斯人不媿斯夜臺雲寂寂華表鶴翾翾
薤露歌難挽冰霜報有時清風江上嶺明月井邊祠

豈羨鶯鶯塚偏須常肆碑賦詩遥再拜酬酒問湫湄

須邑侯曾公子駒　顧鏊

古人爲吏稱專城政教號令以次行今人爲吏如傳舍簿書鞅掌徒營營我侯初試經綸手竹馬歡迎員父母誰過閭閻窺隱微侯呼父老行杯酒東南力竭愁追呼吏胥作奸無地無況復頻年遭水旱鄭俠難繪流民圖三年預積常平粟萬戶均蒙恩養福赤子應憐乳下兒青天難繫雲中鹿雙鹿來時夾轂鳴雙鹿去時聽頌聲龔黃卓魯今誰是風浴詠歸無乃情

送侯江上人千里野店山橋早鶯起

三艮詩　俞玉局

惠來林公濤

惠來衆所母心地清而和詎罹耻擊斷幾欲廢譴訶因之成歡笑老稚呼林婆校士極精嚴愼重童子科根莠痛翦除培植必嘉禾甲乙竝妙選盛事永不磨（壬辰童試首顧太史贊文趙秀才汝瑚）寬猛兩調劑善政何偏頗謂余言失實盍聽輿人歌

新鄉殷公元福

新鄉令南蘭吏治本經術兼綜古梅里希聖情彌切下車便東林勤學信無匹儀封忘勢位民病咨曲折首陳海洋禁次及煎熬物肝膽救瘡痍米鹽籌瑣屑（張清恪伯行撫江蘇時嚴海禁平鹽價皆致書白公）清剛招衆忌陷穽竟誰脫舊雨來高安延公課帖括春風風講堂多士傳衣鉢（朱文端軾撫浙時聘主敷文書院）何如交儀封性命成膠漆談心無昏晝幕府參機密歸歟返初服遺編追往哲慚余頑鈍貲竊附門牆末飽閱儒術醇惠政難縷述歌此借箸功循良識萬一

孟縣武公承謨

孟縣死事繁把筆淚珠落發願迴狂瀾懲奸先賭博犯則破其巢何處容著腳徵輸絕追呼士民爭踴躍上官詫鐵肝緘書餽銀雀問俗及僧尼微行徧城郭婚葬諸穢習次第竝芟卻（婚葬轎車舊各畫地勤厚直公下令革之）性尢嫉强禦志在扶孱弱政成恰三月四郊歌極樂食少忽長逝茲土福何薄掛漏吾敢辭哀吟祇約畧

白茆行庚寅十月　楊泰

白茆浚河七邑俱（長洲元和無錫金匱江陰常熟昭文七邑）誰其主者山

陰朱三江舊例置弗問只論土方不論夫計田兩邑
一百一十萬計夫兩邑萬有一千餘每夫土方分十
二限日四十程工紓錫金兩邑田除僧啚圩岸免派外錫邑五十餘萬金邑六十萬
無錫九十六畝派一夫金匱一百四畝派一夫共一萬一千夫有零然一丈二尺爲一方每夫挑土十
二方限四十日完工計每日一夫挑土三分吏胥啚保欣覬覦夫單票檄
紛墨硃戶首董事名目多張牙鼓舌肥其軀每一甲田多者
爲戶首每一啚田多者爲董事戶首集錢董事領給官帑大戶畝錢五六十小戶
畝百誰齟齬田多者每畝出錢五十六十不等田少及奇零碎戶或畝百錢或畝七十錢現
年五六十兩一啚斂錢包工奇貨居肩荷擔負流汗趨道旁

敢言莫敢怒擾擾社鼠兼城狐何人大聲攘臂呼具
呈大吏駭且吁三江水利有成例傷財害民胡爲乎
滅夫核半民其蘇奸胥捺示仍模糊臨期赴工大張
論嗟已散漫飛青蚨三江例每夫挑土七分依四十日限每夫減半有零應每夫
挑土二十八方比出示曉諭而出錢者已十八九矣憶昔疆圉協洽歲開浚錫
金十五夫一啚輪年獨辦費相等安堵似覺今不如
雍正五年丁未始開此河每啚祇派夫十五名現年總甲獨辦田上出錢與今現年等而散甲安然也
澤門邑中黔皙殊七邑詛祝徒區區朝三暮四空喜
怒狙公一笑羣狙愚論夫不論方副使或人說也滅夫不滅土啚保或人說也實則名曰滅夫而減價無多也

藝文　文

漢

泰伯墓碑記　　　　麋豹

考古史周太王生三子長泰伯次仲雍次季歷季歷
生子昌有聖瑞太王欲傳位季歷以及昌泰伯豫知
之偕仲雍託採藥而之荆蠻荆蠻人義而歸者千餘
家立爲君長號曰句吳於是築城郭以爲藩衛穿澮
瀆以備旱潦尙端委以治周禮數年之間人民殷富

教化大洽東南禮樂實始基焉則泰伯之德光昭宇
宙猶如日月固不待祠而顯塚而存者但體魄歸藏
之處正吾儒報本追遠之地苟不於是而加意焉其
何以棲在天之靈致後人如在之誠哉予幼時讀魯
論之暇每思泰伯之風徬徨而不可企洎乎受命南
邦詔建泰伯墓廟於梅里皇山乃率羣僚各屬鳩工
庀材四方人士子來如雲不數月而就其規模宏遠
霞駿雲蔚巍然肖皇山之宮焉凡官師庶長暨宗子
里士南北使軺四方游旅駿奔對越咸肅且訢瞻廟

貌之日新慶鴻構之不偶共敦禮讓舉蒸嘗登俎豆
陟降周旋各主𢈔乎皇山之墓升其堂愾然如有聞
入其室僾然如有見望其陵而孝弟廉讓之心戚戚
如有動焉嗚呼至德之感人有如是乎斯舉也不惟
皇上尊崇古聖有關於當世之教化亘多卽萬代之
後其功德寍有盡耶吾願後之人時加補葺永爲守
護則至德之墓因聖朝敕建而愈著卽聖朝敕建之
功亦與至德而彌光矣

宋

益齋藏書目序　楊萬里

余在朝雖與天下之俊英並遊然閱三數月識其面
未徧也既未徧識其面未能徧交其人一日除書下
遷大宗正丞尤公延之爲祕書丞吾友張欽夫悅此
除也曰眞祕書矣余自是知延之之賢始願交焉然
亦未始解欽夫之云之意也既與延之還往且久既
同爲尚書郎論文討古則見延之於書靡不覩覩書
靡不記至於字畫之叢殘月日之穿漏歷歷舉之無
竭聽之無疲也余於是始解欽夫之云之意然於延
之有未解者焉蓋延之每退則閉戶謝客日計手抄
若干古書其子弟亦抄書不惟延之手抄而已也其
諸女亦抄書不惟子弟抄書而已也且延之之於書
腹之矣奚所事於手之乎此余之所未解者也雖然
又有未解者焉今年余出守毘陵蓋延之之州里也
延之持淮南使者之節而歸 日入郭訪余余與之
秉燭夜語問其閒居何爲則曰吾所抄書今若干卷
將彙而目之飢讀之以當肉寒讀之以當裘孤寂而
讀之以當朋友幽憂而讀之以當金石琴瑟也余益

疑焉蓋若延之者記之强不必抄之富學之就不必
讀之劬彼其渟之爲道德流之爲文章溥之爲事業
深矣而猶脫腕於傳寫焦唇於誦數此余之所疑而
愈不可解者也蓋彼其不可解也祇其爲不可及歟
延之屬余序其書目余既序之且將借其書而傳焉
然使余盡傳延之之書傳猶不傳也蓋世有得易牙
烹飪之方者欣然以易牙自信也且得其方不若治
其飪治其飪不若嚌其胾治其飪而不嚌其胾飪猶
不飪也而況得其方而未嘗治其飪者耶余老矣每

觀一書曰誌而心忘意未完而目告病矣使盡傳延之之書其曰餁之云爾未可知也餁之矣其曰嚌之云乎未可知也則亦得易牙之方而已余以是媿延之亦以是服延之顏曰益齋延之所云益友也

吾邑尤延之先生有遂初堂書目傳世余閱其目之所載猶存乎見少疑非其全目也今觀此文乃知更有益齋之藏世知有遂初堂而不知有益齋則先生藏書之所原非止遂初堂也從益齋而推之或更有所藏之處亦未可知宜當時推爲藏書

之冠而今尤氏之書無一卷存者可歎也遂初堂集亦不存遂使先生無一文之傳真梁溪之不幸也王史直跋

明

修縣治記

邵寶

無錫古望縣也嘗爲州今爲畿縣治居城西隅高爽整嚴稱其爲望自有縣以來徵諸志凡幾修矣乃宏治丁巳進賢姜侯文魁以進士來知縣事師古循吏施於有政越明年戊午侯以政暇覩于治考敝議修曰聽事有堂既修于前人無庸予力惟堂左右有房前有儀門門之側有獄敝而宜修者三爰謀諸僚延問于師生至于民耆皆曰惟侯所爲侯上其事于郡于巡撫都御史彭公禮巡按監察御史袁公經皆如侯議于是節經發羨勸義于畐量費計工擇日興事先門次房次獄拓地而廣之房加靚深門加軒宏既各就緒復因餘力濬二井于門屋而覆之以待役且訟者終事于戒石申明旌善三亭其未宜修者仍之縣丞張君立表妻君倫郭君琮主簿章君文典史劉

君寘播和宜勤義官龔太朱琳各祗厥事始于己未二月再以農輟迄今年秋乃大告成時寶有江西之命便道謁侯相與達觀之侯指戒石曰訓銘于斯及房曰吏于斯及獄曰囚于斯及門曰出入於斯斯吾修之寶曰然出入于斯者是惟民瞻其儀不可不肅也囚于斯者是惟民命其繫不可不慎也吏于斯者是惟民計其防不可不密也訓銘于斯者是惟民明畏其顧諟不可不敬也敬民以從訓銘不忽所狎不虐所忘而飭于所由君子覩厥修可以知政矣若夫

井以濟暍屋以廣蔭申明以令旌善以風政之不可
廢也而皆修之政其可知哉實於是賀侯侯遜弗居
教諭陳君世傑訓導何君繼周余君彪請書于碑乃
作頌曰
天不遠民有戒斯石維石疑疑維亭翼翼我侯闢之
靡朝靡夕左右維吏有遂其房有籍以載有牘以藏
不愆不忘民之紀綱矧兹庶獄或怙或眚漢令戒瘐
周刑就屏求死于生敢弗重省斯井斯屋非僑乘輿
我飲我庇甘棠之餘樹聲我榜宣令我鐸我新斯亭

非自我作作非自我自我振之禁以吾斷撫以吾慈
政吾汝令教吾汝師朝躋于堂夕降于庭協恭于民
惟史簿丞傾我斯持腐我斯易如新我德惟盤銘是
則其則惟何自新新民刻碑于門頌者邦人

儒學先賢祠記　　徐有貞

古者學官有事則釋奠於其國之先師今學校之祠
先賢蓋繇斯義以起禮也然其祀事興舉與否則繫
乎爲政之人焉錫山儒學之祠創自宋季中祀龜山
先生文靖楊公中立而以玉泉先生中丞喻公子才
遂初先生文簡尤公延之小山先生肅簡李公元德
實齋先生忠文蔣公良貴配歷元至國初而中廢至
是同知郡事河中謝君時芳迺復興之使來請記其
事於麗牲之碑夫道於天地間無所不在也而學之
於人則有所在因其人之所在學之所在而曰道之
所在自古已然中立閩人也而其學得自雒之二程
程伯子於中立之歸閩也有吾道南矣之歎豈非以
其人與學之所在而云然乎然吾道之所在雖以人
亦以天故文運之所在即天運之所在初二程之學

乎濂溪周子也宋運方盛於北吾道亦從而北及楊
氏之學乎程子也宋運將徂于南吾道亦從而南此
其所關係豈偶然哉道之南也自龜山傳之豫章羅
氏豫章傳之延平李氏延平傳之考亭朱子考亭因
是而集大成則斯道之有傳於今也實自龜山始揆
其功化雖天下之學祠焉可也獨錫山哉然中立之
寓於錫山至十有八年之久是猶錫山之人也矧錫
山之人之學夫道也亦自中立始繇是祠焉以爲其
國之先師夫豈過哉喻氏來自南昌尤氏來自閩粤

而並家錫山延之學乎子才子才學乎中立所謂見
而知之者若李若蔣固皆錫山之人也生乎喻尤之
後而學則並駕楊氏所謂聞而知之者楊氏之傳雖
不如考亭之盛而其人與學之正蓋無異焉迺若中
立力斥安石熙豐更張之邪說子才力贊鼎浚炎興
恢復之正論延之力陳道學之爲是以釋孝宗之疑
元德力辯汝愚之爲忠以祛寧宗之蔽艮貴力抑彌
遠之惡而揚德秀了翁之善以啟理宗之明是皆有
功於其國有功於吾道當時雖不能盡用其言然天

下後世之公論不可沒也繇是而並祠於學又豈過
哉時芳斯舉其用心亦至矣吾斯與之蓋其人吾道
中人也以明經起家裒然舉首而倅是京圻之大郡
所爲所守有古循吏風其學得之其世父侍御公德
潤德潤之學得之其師蒲州文學曹月川先生理性
之明厥有源委宜其能然嗚呼世有古今道無古今
人有先後道無先後道唐虞而世唐虞也道孔孟而
人孔孟也剟其餘者哉周子不云乎士希賢賢希聖
聖希天斯道也吾將與時芳及錫山之士勉之且以
勉夫天下之學者

東林書院沿革考　　嚴毅

東林者宋楊文靖公龜山先生講學之所也攷邑乘
東林在城東弓河上宋政和間龜山先生寓是講學
十有八年名東林書院歲久頹圮元至正間僧秋潭
于東林左偏建禪院名東林菴國初朱子華捨宅廣
之境最幽勝郎王學士耐軒公遂于此一夕賦梅花
百詠者也然書院原址尚未復至正德間邵文莊寶
讀書保安寺寺在城南二里許中有精舍亦稱東林

時華比部補菴公雲爲文莊門人以文莊學宗龜山
因構一堂亦曰東林書院而乞王文成爲記記中所
述之東林乃文莊授業處實非龜山講堂也嘉靖十
三年督學聞公人詮始有光復故址之議隆慶元年
督學耿公定向萬歷元年督學謝公廷傑又允博士
盛公斅元鑿之請累議修舉而卒不果行至萬歷三
十二年甲辰顧端文公憲成倡始偕高忠憲公攀龍
等重建書院十月落成事聞撫按道府州縣又各捐
金增修道南祠于是龜山講堂復還舊觀矣端文公

主盟歲集吳越士一大會月一小會時中丞周公孔
教直指楊公廷筠觀察蔡公獻臣皆移檄授餐而四
方來觀者上自名公卿下迨布衣莫不虛己悚神執
經以聽東南講學之盛遂甲天下至四十年壬子端
文卒忠憲公主盟癸丑冬偕吳觀華先生桂森延毘
陵錢啟新先生一本講易東林易道大著迨天啟中
逆閹竊政鈎黨禍興乙丑八月拆毀天下書院東林
首被其毒然止撤依庸堂若燕居廟暨左右長廊書
室賴忠憲保護獲存明年丙寅三月忠憲殉難五月

初旬撫按檄邑令某盡毀聖廟書室繇是東林遂爲
瓦礫區而道南祠以格于邑乘所載得不毀又明年
戊辰崇禎改元二月御史劉公士佐請復天下書院
奉旨這所奏崇正闢邪朕已知道各處書院宜表章
者着提學官盡行修復時吳觀華先生得旨大悅乃
亟請諸當事捐貲重建麗澤堂偕先師鄒經畬先生
期楨輩奉講堂舊約互爲主盟已又遇直指祁公彪
佳中丞張公國維雅意作人東林不絕如綫然所望
以昌明斯道克復端文忠憲之盛者實在忠憲門人
華選部鳳超公允誠也不意生非其時至戊子四月
鳳超公亦殉節自是東林舊人凋落殆盡道南一脈
蓋不能無所俟云

延祥鄉役田記　王世貞

今天下財賦獨江南最大江南常州部邑獨無錫最
大無錫諸區又獨南延最大其長賦者又最猷區之
田可十餘萬畝無他姓皆華氏田而嘉靖間華之老
有遊大人者與余遇燕中云屬當長歲賦矣諸大人
有右我爲請郡邑得省無名徭若干然度其費不千

金不止也問所以費狀則曰苦虛糧問所以虛糧狀
則曰區之人積逋而貧者廢箸而鬻于他區豪豪取
其穫而遺其賦以責田主度不給則跳匿長賦者不
能跡田主所又不敢問豪取賦歲歲爲代償不給則
亦跳蓋久之而至不能跡田與豪所亾論田主矣余
既已心識其言而會學士鴻山華公致其事歸公故
延祥人乃歎曰余何以吾宦達食吾鄉豐而瘠其餘
哉乃倡爲役田家及役者出百畝之三畝不及役者
五畝進士不應役而稍優之如役者三畝鄉進士稅

不及役者一于是公之兄弟當出田共八百畝以先諸華通出田二千四百畝得米若干石麥若干石以歲助虛糧及收運之費長賦者稍稍寬矣而公又曰是尚未可繼也奈何瘠吾鄉以肥他區豪乎而公門人翁公孺參以參政至乃具疏請于朝下御史御史下翁公翁公下邑王令其勤畊度畝計他區豪不得復匿糧其糧存者田與俱歸田往者糧亦俱往盡無錫之虛糧八千石而延祥獨得二千石長賦者業益寬而公又以子叔陽成進士捐腴田且百畝以輔其

瘠者而公又謂諸田散佃不易收也俾易價更置田如其數即不得託消落故有所廢損而公又令易米麥而銀米石爲銀四鐶麥石三鐶之半以爲程穀貴則有餘糶旁斥產益羡葺世墓贍貧族婚喪于是乎取給蓋三十年而延祥之華非有大故毋廢箸外徙者不佞蓋少時聞大父輩言成化宏治間鄉賦三老鮮衣怒馬平亭里訟庚釜之羨多挾以起家至不慕好爲吏此無他田歲入恆饒而官取恆儉故也今縱不能復故奈何日削損其饒而靡之使同于蔀屋蓋

東南者國根本也富民者東南所恃以雄者也今縣官幸稍稍減中外資吏奉爲廉平無非時不經之額矣藉令他區悉如延祥他州邑又悉如無錫歲計之十稔而後餘糧有不棲畝哉不佞公門人獲一再游公鄉而竊覯華之室多潤者不至如燕中所聞異之問于公而得其說公謂不佞子爲我記將樹之豐碑以戒夫後之嗣延祥役者公名察字子潛鴻山其別號嘗爲德于國未竟歸而爲德於鄉此亦其一也

華學士先生祠堂碑

王穉登

在昔世皇朝學士華子潛先生以文行高受上知幾當爰立之命會讒者阨之遂家食以老弗竟其施而施于其鄉者獨役田均田事爲德甚鉅鄉之父老子弟人人願尸祝公公謝弗居而割地建祠祀三公三公者御史中丞大立直指使者愼無錫令其勤也夫役田均田之議公倡之三公者奉上德意踵而行之功不得出公右祀三公者公意祀公者父老子弟意也公旣歿鄉人德公益深上其事于郡邑大夫大夫下文學博士議議曰故翰林學士華公釋褐登朝讀

書中祕既補含香之署復直燃藜之館典試南服士稱冰鑑奉使朝鮮遠人嚮風南金東箭之琛不漏於網羅元菟樂浪之廛率歸于鼓舞簡自上心將登政府讒人罔極拂衣雲臥使才猷結約弗光于世而特彰念桑梓興惠里閭捐膏腴助踐更而後族人無破產搜伏稅給公帑而後窶者無流亡築城之役微公輸金孰俾寇來不得上乎斬關之盜微公投鑰孰俾翁危竟無恙乎疏泉蓺石不過消其壯心飯糗衣布莫非稟于至性易簀之頃私語不及蓋棺之後公論

益定夫有功于民則祀有德于民則祀載之彝典陳之方策于功于德公靡不有而使鐘虡闕然烝嘗乏主何以稱陛下崇報之意慰鄉人思慕之情況三公有祠公獨未建是先河後海不稽於古訓甚非所以尊事往哲風勵元元也議上郡邑大夫皆報可然後里人率金買地鴛湖之濱若干畝蓋屋若干楹門廡堂寢之制俎豆鐘鼓之設無不燦然大備與三公之祠竝垂不朽矣祠成而虛其石之文以屬不肖不肖不習功令讀公癸卯歲所爲程書當世無兩其所取士當世亦無兩無論其他卽官尙書者七人矣既乃習爲聲詩讀公所著巖居稿蕭寂簡淡不事紛澤若禪家三昧仙家九還每置一編以代衡論既又習其仲子祕書君時一過其家畛隰必耕耨堂宇必掃除花竹必溉培圖書必庋列倉庾囷簏必注籍牛羊雞豕必蒔笠米鹽醯醢竹頭木屑必蓋藏封識子弟視客猶視父兄也僮奴視客猶視主人也祕書君父子竝折節爲恭儉彬彬善文修長者之行于是歎學士先生之貽謀不可及哉江左自六代以還人尙風流

蘊藉以文采聲華相誇競而無當于世務泰者縱酒臛肉鮮車怒馬哀箏急柱以聾其耳紛黛柔曼以盲其目卿士大夫之子孫不再世而輿臺厮皁矣惡覩夫王謝崔盧者哉蓋公以司馬德操法鑒士以計然法起家以鄭曼容法居官以東方生法玩世以柴桑襄陽公法爲詩以萬石君法遺子孫而其爲德于鄉之人卽仲弓彥方未易優劣也系之銘曰

於赫先生英挺天植爲雲爲龍光止王國始登石渠既卽粉署何謂詞臣而善吏事銅龍復入白虎再召

五經異同百氏讐校郡國上計儒林交須臣不爲讖
訣言安用奉詔元菟褰裳鳴絲御書把賂遠人胥服
典文南省得士實多鄹玗珊瑚不遺網羅射工在前
貝錦在後黃閣竟阻青宮不授未究于國爰施于家
陶朱養魚邵平種瓜周急賑貧散金發粟親疏罔間
睦我邦族堅堞禦倭無戕我民厚橐予盜無傷我親
里有大猺流亾相繼乃割膏腴奕世永利邦有匿賦
豪右眈眈乃議畫一宴人孔安爲德則那而不自有

雖不自有播于衆口衆口不約衆心不謀宜示尸祝
百禩千秋博士上議大夫下檄新廟有嚴俎豆是飭
鵝湖之陂其水泱泱采藻采蘋于筥于筐霓旌爰降
鶴馭戾止吹簫伐鼓婦子咸喜南齊顯孝皇明顯功
華兩先生異代同風

真賞齋銘 有序　　文徵明

眞賞齋者吾友華中父藏圖書之室也中父端靖喜
學尤喜古法書圖畫古金石刻及鼎彝器物家本温
厚甾畬所入可以裕欲而於聲色服用一不留意惟
圖史之癖精鑒博識得之心而寓於目每併金懸購
故所蓄感不下乙品自弱歲抵今垂四十年志不少
怠家坐是稍落弗恤而彌勤余雅同所好歲輒過之
室廬靚深庋閣精好讌談之餘焚香設茗手發所藏
玉軸錦褾爛然溢目法書之珍有鍾太傅薦季直表
王右軍袁生帖虞永興汝南公主墓銘起草王方慶
通天進帖顏魯公劉中使帖徐季海絹書道經皆魏
晉唐賢劇蹟宋元以下不論也金石有周穆王壇山
古刻蔡中郎石經殘本淳化帖初刻定武蘭亭下至
黃庭樂毅洛神諸帖則其次也圖畫器物抑又次焉

然皆不下百數於乎富哉今江南收藏之家豈無富
於君者然而眞贗雜出精駁間存不過夸視文物取
悅俗目耳此米海岳所謂資力有餘假耳目於人意
作標表者嗚呼是焉知所好哉若夫緹緗拾襲護惜
如頭目知所好矣而賞則未也陳列撫摩揚搉探竟
知所賞矣而或不出於性眞必如歐陽子之於金石
米老之於圖書斯無間然歐公云吾性顓而嗜古於
世人之所貪者皆無欲於其間故得一其好翫而老
焉米云吾願爲蠹書魚遊金題玉躞而不爲害此其

好尚之篤賞識之眞孰得而閒哉中父殆是類也銘
曰
有精齋盧翼翼渠渠爰宬用儲左圖右書牙籤斯縣
錦標斯飾迺緹斯襲于燕以適適如之何維術以遊
金題玉躞瑄璧琳璆品斯騭斯允言博雅誰其尸之
中父氏華維中父君篤古嗜文雋味道腴志專靡分
斷縑故楮山鐫野刻採賾討論手之弗釋亶識之眞
亦臻厥奥豈無物珍不易其好維昔歐公潛志金石
亦有米顛圖書是癖豈曰滯物寓意施斯迺中有得

弗以物移植志弗移寄情高朗弗滯弗移是曰眞賞
有賢中父奇文是欣少也師古老而彌勤新齋翼翼
圖籍祁祁後有考德視我銘詩

防倭要策　　顧炎武

無錫南據太湖北距大江東隣于海其險要有二焉
伯瀆小渲雙河高橋東亭五丫浜內一險也四河口
五牧斗山蕩口宛山顧山望亭獨山白茆山閶江山
外一險也戰守有方水陸有備攻掠之患吾知免夫
獨山在無錫西南三十里梁溪之水至此入太湖盜
艘必走處也謂宜添設巡檢嚴其守禦太湖內外之
寇可以無患矣
雙河口在縣治西北五里南通太湖北達高橋爲武
進江陰要道賊自江陰來者必出高橋過雙河自太
湖來者必由西溪過雙河雙河者四塞之衝也高橋
雖設巡檢而羸脆之卒僅足以供巡邏之用若多壘
之日而不以重兵于雙河控扼非萬全之策也
望亭在縣南五十里與長洲分界巡檢司在焉其地
東通蠡湖西通太湖號爲賊藪嘉靖甲寅倭自滸墅

來過此聞新安有土兵以爲苗兵也轉而南縣城賴
無恙謂宜加增備禦以遏賊北行之衝
團保之法每家三丁則出一丁十人爲甲甲長統之
五甲爲保保長統之而皆聽于團長書爲一牌懸于
團長之家自備器械註于名下在鄉則各村各鎮在
城則一坊一街擇有材勇爲衆所推者爲團長于寺
觀場圃之閒習爲戰鬬擊刺之法分番較覈無事則
農工商賈有事則鞭弭櫜鞬其臨事畏縮者治之以
法大約一鄉一團或大市雄鎮居民稠密者結爲大

圍偏坊僻聚村墟曠遠則自爲一保倭夷往來要害
之地或十里五里而一圍當關喉舌之路跨河襟帶
之區爲一圍星羅棋布脈絡相聯一圍受敵隣保相
率以合圍官兵出勦各鄉因之而嚮導城鄉聯絡庶
有備而無患矣

國朝

周忠介公祀道南祠記　高世泰

明天啟六年丙寅吳郡周公順昌忤閹下詔獄拷死
越二年崇禎改元予祭葬賜謚建祠又八十有五年

爲今　上御極五十二年大中丞張伯行檄祀無錫
道南祠祠故宋龜山先生遺址而顧高兩先生所修
復以講學者也錫人士咸謂公固賢者然第以氣節
自任於道爲過且未嘗與東林講習祀之非宜余昌
言於衆曰孔子有云不得中行而與之必也狂狷乎
昔人謂屈原之忠忠而過當原之已疏不復在位卒
至遷死呼天罵鬼離騷天問之作豈嘗合於中庸之
道哉詭激于不得已焉也余嘗覈而論之公與先忠
憲公同死丙寅之難忠憲之忤閹也以劾呈秀彼死
於其職盡道而死宜也若公非有官守言責之寄徒
以締姻大中痛罵逆賢似類于好勇而賈禍然此皆
從道之極至言之也孔子之論道也從其極而言之
雖閔冉不得與顏曾竝若從道之大防言之則如仲
由之勇原思之介而聖人未嘗不亟取之世衰道微
人心糜爛之時士之繩趨尺步者率皆媕阿苟容望
風狗鼠不有奇傑之士如公者振臂一呼懾奸臣之
膽而作義士之氣則道將陰雲薄蝕晦昧終古余酒
酣耳熱讀公遺事英風襲人毛髮爲聳豈非百世而

下頑夫廉懦夫有立志者乎世人好議論者類多刻
求于公以狂狷爲矯激而以鄉原爲中庸道之障防
日就潰決而無所止中丞祀公之意夫亦區明風烈
激揚士氣以爲如公者而後可以言道論道者必將
有取於公其猶吾夫子取狂狷之意也夫公性至孝
嘗爲福州推官有稅璫縶監司欲得公以贖公毅然
曰此身許國非許上官則公之生平蓋亦揆於義者
非徒一往任氣之士也衆咸起曰善由前之說而道
之論嚴由後之說而道之論廣若公者差可以無愧

矣遂綴其語以爲記

重修三公祠記 道光庚寅 江之紀

縣令一官秩卑而任重任重則一方之內興利除弊之事無不當爲秩卑則雖有欲爲之心能爲之才而常至於不得爲一事也由縣而上之郡由郡而上之監司而藩臬而督撫層累往復動經年月委曲難盡之情一一能上達者固已鮮矣而部民之豪强者抗之以勢奇衺者敗之以謀譸張爲幻者沮之以無情之嚚訟上游之胥吏賓友求利而不得者又乘閒而

持其短長讒言孔多中傷叵測居其上者卽明知其令之能爲與其事之當爲而積漸之餘不能不爲之搖惑往往抑之使不得行或行焉而中止而利終不可興弊終不可除如是而歸咎於令之不才於虖豈皆令之不才乎哉余讀華鴻山學士三公祠記而慨然矣王公令也清糧一事邑之大利大害當爲而不容不亟爲者也然而一時之豪强者奇衺者譸張爲幻者乘閒而持其短長者蠭起於其閒雖王公之賢足以取信於上下固不得而禁之也然其事終底於成而民終被其澤者則巡按御史孫公督糧參政翁公之力爲最鉅王公令也事關民瘼任勞任怨雖終於獲戾有不得辭巡按督糧受質成焉耳而能俯察邑令之情不奪於浮言不怵於威勢同心勠力相與共成其事至陷于禍患而不顧非有愛民之實心有知人之灼見有任事之定力其能若是哉然則王公雖能有爲而二公之所以翼而成之者其賢尤不可及矣迄今幾三百年民之合而懷者猶如一日不亦宜乎不亦宜乎三公之祠獨建於延祥鄉鵝湖口者

清糧之舉鴻山先生首啟其議而分任其勞是鄉之人也

國朝康熙中祠經修葺載於邑志歲久復多哆剝祀典亦曠不舉今先生族裔與其鄉之賢者醵金重修鳩工庀材不日而就凡所爲遺愛堂致齋所思泉亭望月樓學海書院統還其舊觀棟宇穹隆度程工緻又捐置田若干畝藉其入以爲春秋享祀歲時修理之需條約周詳皆可垂久遠以余爲宰於斯請記其事予於王公愧無能爲役慕孫翁二公之賢恨不爲

之執鞭又嘉諸君子之褒賢好義敦厚成風能追崇數百載以前之賢上司良邑令俾傳諸弗朽遂不辭而記之至淸糧之難爲與其爲之之功效前記已道之詳毋庸贅

重修三公祠記　顧皐

除弊難除積弊尤難事之難者非一人所能爲也必有主事者以總其綱任事者以專其責親事者以赴其功本精心毅力以立斯民之命而後浮議不能淆豪强不能沮而仁愛之政以成曩嘗至鵝湖謁三公

祠讀華鴻山先生所爲記退而考之載籍知吾鄉虛糧之積弊痼而除弊之難也夫以三公之賢共爲一事幾不能終卒得其成功則當時之强有力者變亂典章營私骫法前明嘉靖間政事之弛見於此矣余承乏戶部仰見今
天子勤求民瘼凡水旱偏災無不蠲租賑粟由大吏檄行郡縣務使實惠及民無一夫不得其所是三公者其不幸而不生於斯世以與民悠游化日也而出其精心毅力剔釐除弊百折不回斯民至今猶食其德則其功爲不朽矣三公爲誰巡按御史武安孫公愼主其事者也督糧蘇松餘姚翁公大立任其事者也吾錫縣令松滋王公其勤親其事者也三公爲民禦災捍患如築城備倭水荒請粟諸事尤昭灼在人耳目而茲祠之建則不在此而在彼故不具書舊祠建於明嘉靖丁巳重脩于今道光十年四月祠之東爲堂奉三公神像孫公號聯泉故建思泉亭翁公號見海故有學海書院而堂後爲望月樓則以王公號少月也其他亦悉如舊制圮者立廢者舉祭器具備

田數增加焉舊以羽流住持今亦仍之凡捐貲若干緡司事者爲某某皆延祥鄉人是能表著前徽不忘舊澤者故不辭而爲之記

豐樂橋銘　惲敬

金匱分無錫地自城北高橋竝運河東岸南下五十里極于望亭有橋焉明萬歷中所建也以形家言名之曰龍匯
國朝康熙時復建焉後圮于水橋基幷仆石漫水中舟行利風多觸石損壞漕艘益堅重難行而橋之西

岸盱無錫兩縣之民車徒往來以望亭爲津要縣大夫及都人士欲爲力于是橋蓋十數年矣嘉慶十有九年江左大旱婺源齊君彥槐涖金匱奉
恩旨賑貸貧民核戶計口弗濫弗私全活無算復謀所以推廣
皇仁者縣凡百有九十三啚令啚中富者出貲先賑其鄰里然後推其餘於他啚之不足者貲皆籍數于官而富者自理之以逮於貧民吏胥一斂手奉法度人情大勸積貲至十三萬兩有畸凡爲賑之口若干

賑之日若干賑之錢若干爲粥爲醫藥之費若干事竣大府念其勤奏請加職得
俞旨齊君合計所餘得六千兩有畸方是時涖無錫韓君履寵與齊君同官合志于是韓君以無錫所餘益募之建城北高橋齊君以金匱所餘益募之建城南龍匯橋橋成而歲適大穰士頌于庠民歌于野齊君易龍匯之名曰豐樂志歲事也昔歐陽永叔守滁爲豐樂亭記追言五季之亂以揄揚宋之盛可謂善矣

本朝承平及二百年較宋初至仁宗之朝已倍而逾之常州亦非如滁之險阸特以偏災小告上勤宵旰不旋踵而風雨以時江左數千里之地殷盛如昔若是則齊君之慶幸較永叔之時不更盛歟然齊君惟與民籌其歉故能與民享其豐與民共其憂故能與民同其樂蓋不獨是橋之爲德于無盡也橋之司事者爲封君華瑞清其佐爲國子監生徐熿公慎而能勤以始終其事例得並書銘曰元枵北舍東啟豐祥析木在中是成天梁浮浮舳艫熙熙負載曉色迎塵

宵光臥水全開月勢盡起龍身三時載績萬禩延恩

啚賑法

齊彥槐

嘉慶十有九年江南大旱金匱分無錫地地勢視無錫爲高被災尤劇八九月間某嘗以事赴鄉竊見赤地數十里民間炊無米爨無薪汲無水惻然憂之夫官發常平倉穀平糶於民便矣然遠在數十里之外者不能爲升斗之米來也故官平糶但能惠近民安能惠遠民殷富之家以其餘米平糶於其鄉遠近咸便矣然無升斗之資者不能糴也故民平糶但能惠

次貧不能惠極貧天恩浩蕩極次貧戶悉與之賑而
靡不徧德矣然賑者賑災也於例但及無業之貧民
而不及有業之貧民故欲推廣
皇仁不使一物不獲其所惟邑之殷富捐貲接濟乃
救荒之大者夫惻隱之心人皆有之殷富之家幸足
於衣食目擊鄰里鄉黨之人飢寒以死孰不欲解衣
衣之推食食之者顧上勸捐而下或不應何也則經
理不得其道不能使人無所疑惑無所瞻顧也且人
情之所甚不忍而急欲救之者亦第於其親者近者

耳其目所不及見耳所不及聞者固非情之所甚迫
者也向之捐者大抵設立公局令一邑之錢悉入局
中彼殷富者以爲吾既捐矣不知是錢也官將發之
於何人之鄉董事者將散之於誰氏之里而我鄉我
里之貧乏無賴者猶不免於我乎擾也而吝不捐者
遂妄生議論曰是特以飽官之囊橐供董事者之侵
漁而已以故願捐者少而不願捐者多今也定爲啚
賑之法以各啚所捐之錢各賑本啚啚有貧富以富
啚之有餘協濟貧啚之不足令啚自舉一人焉以經

理之其錢卽存於捐者之家而不必入於公局官於
公局之董事者第紀其數爲之調撥而已某啚飢口
若干捐銀若干數協濟若干數各書一榜於其啚內
使貧富見之曉然明白施者知其財之所由往食者
知其食之所自來則捐者無所遲疑不捐者無所藉
口且以富稽貧其戶口必淸以貧核富其捐數必實
於恤貧之中寓保富之意則事易集而官不勞矣是
說也某嘗謀之鄉先生言之上游皆以爲可自十月
初旬捐廉以倡至今歲三月計捐錢十有二萬四千

餘緡矣而殷富之家好行其德復於其閒爲粥以賑
城鄉設廠十餘處計所捐又不下萬數千緡飢民賴
以全活者無算嗚呼孰謂人心之淳風俗之厚今不
若古哉賑旣畢尚有餘錢六千餘緡而無錫之賑亦
有餘錢於是復謀之鄉先生言之上游以所餘錢留
爲修建南北二橋之費亦以工代賑也邑之人樂其
事之集刊爲成書用垂永久某旣不能善政及民使
歲不饑又不能使民儉且勤皆有蓋藏雖饑而不至
於困其起死人而肉白骨者鄉先生之謀邑之殷富

之力也某則何功雖然人各有樂善好施之心而能不阻之使其無所疑或無所瞻顧則啚賑之法良也用是書之以告後之官斯土者

重修泰伯墓碑　　秦瀛

南徐記稱泰伯宅東九里有皇山泰伯所葬地皇山即鴻山其地爲無錫古梅里今析隷金匱縣山去縣城三十五里舊制冢高一丈四尺周三十五步晉太寍元年詔祀泰伯用王者禮殷師爲晉陵太守嘗表其墓置守冢一家唐宋以來興替無可考人或相傳

爲吳王墩明宏治間國子監丞楊文作亭表之無何又廢萬歷之季邑人有事輿舉忠憲高公爲文立石康熙中

聖祖時巡江浙親題扁額揭諸廟乾隆二年復奉

特旨須帑修治增建饗堂墓門我

國家尊禮往聖推崇至德厥典茂焉越今嘉慶戊寅已八十年金匱令齊侯謁墓見墓荒穢謀治之先釐其界址而後從事鳩賞召工共縻金若干兩有奇規制加廓閱數月告蕆侯親致祭聿觀厥成粵惟泰伯三讓天下民無得稱孔子發微闡幽而泰伯之所以讓者卒未明言之後儒注釋遂多穿鑿讓商讓周紛如聚訟要之孔子一稱周之德一稱泰伯之讓有周數聖人知天事天其心事不獨文王與泰伯無以異即太王季歷武王亦與泰伯文王無以異而釋者謂太王有翦商之志泰伯不從夫詩言實始翦商乃太王肇基王迹之謂不從云者亦謂泰伯犇荆蠻不從侍太王寢膳而非謂不從翦商之志也余故不具論特以吾邑習尙澆漓日遠於古仁讓之風邈然忠憲

記中已有慨於人心風俗之衰方今士大夫貪利忘義天倫骨肉間貿侮賤少陵長錐刀之末動相訴厲流失敗壞更有甚於忠憲記中所云者侯之爲治更化善俗思有以革其涼薄之行後之人仰

聖朝之盛典緬平墟之遺跡亦當於侯是舉有所觀感於無窮也侯名彥槐婺源人己巳進士由庶吉士改今官墓縱橫脩廣丈尺與夫添置旁舍及種植松柏之屬宜見于侯自爲記勒諸碑陰辭曰

於惟泰伯端委治吳梅里啟疆古稱平墟宅斯葬斯

皇山之陽孔碩孔厖有堂有皇久而弗治乃卽于荒豐草蕪茀我心曷降我侯蹷然爰舉是役是究是度是畚是築藿彼疆土禁彼樵牧山陵崇隆鎭是巖谷告成于伯伯其歆只潔爾牲牢暾爾酒醴惟侯之誠妥靈揭虔桓碑有屹於昭萬年

西湖建華秋槎司馬祠堂記　孫原湘

杭西湖有白蘇二公祠創自阮芸臺中丞而經營締造之者金匱華秋槎司馬也湖自乾隆四十九年後崇臺飛觀金碧駢闐而兩祠獨水木明瑟雜花繽紛

則司馬之整葺而扶植之也于是司馬歿矣同人過祠下低徊慨惜謀以蘇祠西廢屋三楹葺而新之設栗主以奉公祀昔漢朱邑爲桐鄉吏臨歿戒其子後世奉嘗我不如桐鄉民葢自信有遺愛于桐鄉也司馬初令瑞安繼官象山調繁臨海所至有惠政祀之者宜在三邑不于其所治于其窮老無歸流寓之地于以歎司馬之留心于國是民瘼不以用舍移其志者其感人深也公罷官後僑居西湖二十年先後大吏慕公之才事多倚辦履勘溫州水災日行汙澤中至脛浮股腫不以爲病海寍饑公監賑峽川經理獨善他邑以爲法南沙地斥鹵民多私販鹺使徵入官衆洶洶公爲立煎法竈戶便之公狀短小視之書生耳而膽略過人嘗行段橋見兩僧搏其一被按伏地呼盜公直前擒其按者果太平盜亾命淨慈爲僧發寺中菜地贓在中焉以畀錢塘令而不居其名嘗隨中丞吉公剿賊寍波大風賊舸驟至公方立鷁首一賊躍過手刃之賊稍卻繼至者遽發礮礮擊于桅離頂纔數寸公不爲動也中丞將上其功辭曰此行以

報知己也如欲得官前畀錢塘者可矣其恬退如此公居西湖久孰悉湖中水利阮中丞至尤倚之再濬湖仿兩堤意以所挑淤實湖心亭西雜植桃柳與兩堤偏俗呼阮公墩是也公之歿阮公欲祀公湖上會去不果今諸君子猶承阮公志也公諱瑞潢字涇暘秋槎其號由鹺官擢令遷同知代台州知府事被論去官遺書有葆雲山館詩草海寇紀略湖山泉石錄北山小志

著述

宋

鑄錢故事 杜鎬　杜尚書文集 杜杲

張忠文節義錄 李綱　奉迎錄

近世厚德錄　四書性理窟 喻樗

全唐詩話 尤袤　經子法語 洪适

隸韻　壺郵

訂正史記眞本 洪遵　皇族登科題名錄

楚東唱和集　鄱陽志 洪邁

琴譜正傳 楊嘉森　翠微南征錄北征錄 華岳

元

東皋詩集 周履道　聽雪集 王實

翠屏筆談 王應龍

明

綠苔軒詩 錢子正　寒狂齋集 錢百川

中解編 尤文　寶彝堂帖跋語 秦爾基

耐軒集 王達　確軒集 王惟允

古名文集 浦坦　九峯老樵詩文集 余原

書畫傳習錄 王紱　友石先生詩集

瓜廬集 茹湜　蓬萊集 成始終

觀光集　靜邊集 朱夏

草堂集 浦鼎　梅花書屋全稿 尤謙

牧雲草 尤誠　復民詩文集 吳謙

蛙鳴集 余睦　管窺集 吳翀

牡丹百詠　犨龍吟稿 范穆

蚓鳴集 徐壽　中齋集 秦夔

筠軒詩草 顧榮章　杏軒詩集 黃祿

錫谷詩文集 陳公懋　窺豹集 過鶴

東崖類稿 陳周　山海圖記 顧可久

杜詩註　宋文選

勿藥集 邵寶　大儒奏議

詩傳闡闡餘 鄒忠允　二禮集解 李黼

詩經廣大全 黃夢白 陳會　蛙吹集 楊稷

螾竅餘音 張愷　九邊圖論 尤瑛

書經日抄 王問　祇役集

崇文館稿　寶界集 王鑑

禹貢山川郡邑考　書義卓見 龔勉

語録 尤文　文府滑稽 鄒迪光
明詩圓雅 顧起綸　句漏集
赤城集　素臣翼 顧起經
竈觚餘談　五星元珠 華善繼
三命珠鈐　詞式 施夢龍
崇正文選 施策　自反編 顧憲成
酒史 尤鏜　定保録 趙元祉
襄陽外編 顧道洪　顧端文年譜 顧與沐
無錫縣志 無名氏　大學知本大義 高攀龍

錫金志外　卷二　圭

二程節要　高子藏稿
天完録　家訓
戴記纂疏 華允誼　眞儒一脈 吳桂森
通惠河志 王金　曹縣志 陳策
考正古易十三篇 嚴福孫
吟篷卷 華澤　叢藻
補毘陵人品記 吳亮　九居士傳 顧冶
疑聞畧 鄒初基　史說節畧 秦雲
楚越記 王鑑　雙桂集 徐輿

射書 顧煜　漢上集 王瑛
雪菴集 厲昇　澤西文集 杭濟
鈍軒集 張遜　雪江集 吳肇
尚書講義 蔡璋　紫陽通志録 高世泰
國朝
教學淵源録 楊慶徵　啟禎野乘 鄒漪
明季遺聞　周易象訓 姚球
明季北畧 計六奇　東林書院志 高崖 高塏 高廷珍 高陛 許獻同編
易例舉要 吳鼎

錫金志外　卷二　圭

東莞學案　徵緯堂集 顧貞觀
鑪塘詩　宋詩刪
嶦橋小志 王史鑑　集政備考 嵇永仁
論世八編 華慶遠　禹貢約義 華玉淳
孝經通義　春秋論 嚴瑴
六書辨通 楊錫觀　六書例解雜說
八分書辨　從龍譜 李澤長
廿二史紀事提要 吳綏　楊文靖年譜 張夏
錫山宦賢考　浙江通志 嵇曾筠

吳中水利通志無名氏 書畫續錄嵇承咸
梁谿書畫徵嵇承咸 孝經通纂十三經稿二十
一史稿華維新

雜識

華淑惠山名勝志云有僧言京師昊天觀一眼井與惠山泉脈相通李德裕不信因取惠泉昊天泉二瓶雜以他水共十瓶暗記出處使僧辨析僧獨取惠山與昊天二泉裕大奇之因罷水遞應補入舊志李德裕置水遞一條下

元時有州守某稅泉以供州費不月餘泉涸稅解泉復如初見惠山名勝志

宋尤袤父時亨與闓僧友善僧精風鑑爲覓吉壤於吳塘之山囑曰葬此發福三百餘年及卒葬之袤盧墓始葬十日月夜忽見湖中紅燈萬盞袤懼隱喬松之下聞空中語曰此地發福三百年彼人子何德而畀之又聞空中語曰尤時亨累世積德袤又純孝子也空中又曰世德純孝可當此地矣其善護之湖燈應聲而滅事載舊志廣事類賦引之今舊志多逸故補載於此

錫金志外卷二終

錫金志外卷三

訂譌

宸翰

乾隆二十二年丁丑
賜南河副總河臣嵇璜扁
奕世宣勤

敬案此載於文恭公年譜嘉慶志誤刻在籍吏
部侍郎道光續志載五律詩一首與此扁同時
所賜應改正官銜合在一處

建置沿革

舊志永建四年無錫侯國
案嘉慶志卷十八世家封邑志多軍武帝時降漢
封無錫侯康熙志亦同不應列入順帝
舊志嘉靖三十二年癸丑知縣王其勤築無錫城
案明王其勤無錫縣城記作三十三載歲在甲寅
於仲春九日約以始期而告畢者孟夏二十日也
可見築城是三十三年甲寅非三十二年癸丑

疆域

舊志分縣疆域自五牧至高橋五瀉口屬無錫五牧下
塘自西閘壩起東南行繞西城外至南上塘抵望亭
龍匯橋俱屬無錫自高橋五瀉口沿運河繞東城外
至南下塘抵望亭龍匯橋東岸俱金匱界
案黃埠墩在運河中流蓉湖尖石鋪頭南尖小尖
俱在運河西城河之間志竝失載當云北岸自五
牧驛道至五瀉口南岸自西閘壩起經社壇折而
東過小尖繞西城至南門外循驛道抵望亭屬無
錫自五瀉口循驛道至慈雲寺前越黃埠墩蓉湖

尖石鋪頭南尖繞城北行又東南行至南禪寺前
循運河東岸抵蠡河屬金匱

山

舊志錫山下有春申祠分注漢書地理志春申君歲祀以
牛
案分注十二字見壇廟志專條此贅
舊志華藏山其陰爲青山分注乾隆庚午志青山一名華
藏山非陽爲華藏陰爲青山也存疑俟考
案乾隆志所載是

舊志 歸山在縣西北四十五里分注 唐鶴徵府志歸山在縣西

案歸山實在縣西當從府志

又山之前有平墖山分注 康熙庚午志平墖山在安陽西南甚小舊志名苦奄者疑卽此山

又安陽山條下安陽山在長腰山之西苦奄山在安陽山旁

案苦奄山實在安陽山之旁非卽平墖山也分注疑卽此山一條宜刪

舊志 西高山在縣東北二十五里東有膠山土音高與膠同故加西以別之

案高山在縣北偏西非東北也高與膠口音相同字體不同不應加西字宏治志無西字亦云在縣北偏西

嘉慶志 石室山在嵩山東俗名石脊山出青石舊志云石室山前連漆塘案漆塘山在五里湖西前臨太湖西南境之山也石室在東北境相去將百里舊志疑誤

案舊志誤以石塘爲石室康熙庚午志已削其語可不必引

舊志 橫山在崋峲西

案橫山在崋峲之南非西也

舊志 閶江山亦名天井山西麓有泉二一湮爲民居一尙存山下有閶江闕里許今湮爲田僅通舟

案此山因有二泉故名天井山下之閶江旣湮爲田居人卽以閶江名所湮之地非以閶江名山也康熙庚午志天井山亦名閶江山梅里志云伍員

築闔閭城於此故江以閶名山輿地卽以閶江名子胥浮之江中卽此

嘉慶志 管社山分注 康熙志管社卽鎭山之東面萬歷志有西管社山

案管社自是一山非鎭山之東面康熙志誤○管社之西又有一山是謂西管社萬歷志載之不應節入分注

舊志 白射山一名白石面湖上有白射廟漢僕射劉昌葬地訛僕爲白訛射爲石故名

案既云訛僕爲白訛射爲石當云僕射訛白石不當云白射

舊志 漆塘山一名寶界又名漆泮布政陳策僉事王問俱作別墅

案王問別墅在山中名寶界山居歸太僕爲作記亦曰寶界山不云漆塘漆泮高子水居在五里湖濱忠憲自爲記謂漆湖之干然則五里湖亦名漆湖湖濱曰漆泮山下濱湖之地曰漆塘其山則自名寶界非可以地名水名加之山也又案古蹟志二云寶界山居宋錢紳築後屬明布政陳寶乾隆庚午志亦作陳寶錫山景物畧亦作陳寶惟康熙庚午志作陳策明邵儒榮撰南陽郡守世涇陳公墓志云墅葬公生五子次蓉湖公策官江西左藩子孫世居漆塘

（水）

舊志 北水門條下九箭河在盛巷今河形已沒

案盛巷橋與秦定橋斥濱相對東行過縣前興隆橋折北入盛河即所云倉前新河是也

舊志 運河條下五牧以下其西岸爲東開鄉爲志公港花渡港又南爲小雙河

案五牧雖云在城西北其實偏西爲多運河兩岸宜云南北故下塘爲開鄉相並稱東開西開王圻水利考言雙牌港北抵運河唐鶴徵河渠說以兩岸分南北康熙志亦然此志五牧以下至雙河凡東西南北字皆不的

又案語運河自五牧至高橋五瀉口東西岸俱屬無錫高橋至北門塘西屬無錫東屬金匱北塘以南在城西者屬無錫城東者屬金匱自南門塘至望亭以東西岸爲兩邑界腹裏支河隨界分屬東西岸

案此首著運河一字以下皆言兩邑分管地界而兩邑管轄運河各分段不分兩岸似應詳查案卷載入

舊志 徐漓涇條下注分吳中水利全書作徐陶涇

案此志別卷作徐陶涇者不少即今涇上有徐陶庵涇口有徐陶橋皆作陶不作漓

舊志 烏角溪在縣東南四十五里東接望亭運河西入

太湖

又太湖條下在新安鄉者曰壬子港曰湖西棣曰溪橋港曰張橋港曰沙墩港南入湖

案入湖之水向有烏角溪此處漏載

舊志 高橋五瀉河

案邑無兩五瀉河此高橋二字賸

舊志 芙蓉湖在縣東北興道鄉

案以芙蓉圩爲主則湖在東北若以縣城爲主則在西北

舊志 閭江在富安鄉其水自毘陵戚墅堰至白石山乃漸大横亘天井山下近江之烏如錢家嘴之屬凡十有五

案嘴隸於山非隸於水十五嘴已見盤螭山分注此不必贅

又東行轉南入太湖

案閭江山條末句云今湮爲田僅通舟應移在此句下

舊志 鵞湖西接伯瀆

案伯瀆自分流口東北行爲張塘河又東爲蘇舍蕩又東爲鵞湖鵞湖與伯瀆相去十四五里此云西接伯瀆誤當云西接蘇舍蕩

泉

舊志 靈泉在錫山東嶽廟西廡之前

案嶽廟北嚮泉在右廡之前屬東

水利

舊志 邗溝自北控江門入至出望湖門長五百九十丈

又冉涇河長四百二十丈

案城中直河曰邗溝即茲河也其長數倍於冉涇河今所云是邗溝之長較冉涇河僅多百七十丈必有譌謬

舊志 北邗溝條下有香涇河

案香涇河已見蘇匯河下此重出○又徐陶涇兩見於北邗溝條下係重出

鄉都

舊志 富安鄉十九都條下分注龜山

案龜山在五浪山屬開化鄉此當作歸山

街坊

舊志街坊未甚明晰應從宏治志分作兩門

街

自大市橋西至無錫縣門爲東大街縣西爲西大街

沈家巷 俗譌沈果東大街轉北在宣應堂巷南

營橋巷 沈家巷內西至營橋卽舊志西察院巷○舊志脫一橋字

石皮巷 營橋巷北西至王帶橋明志馮司法巷

州巷 卽和豐坊街無錫縣治前

廟巷 縣治西城隍廟昔在此故名北通匯龍橋西北爲迎龍街舊志漏載

城中上塘街自大市橋南經水礎橋虹橋出南城門

毛桃巷 大市橋南西通藥王廟街

城隍廟街 毛桃巷南

新街巷 廟街南稍西爲七尺埭俗稱七尺大

睦親坊巷 七尺埭轉南拔學街東爲竹素園○前志并入新街巷應分載

北禪寺巷 新街巷南西通睦親坊巷

學前街 北禪寺巷南

虹橋巷 橋南址轉西通嚴家池

籬篠巷 虹橋巷南一名余綠士宜之譌

昇平巷 籬篠巷南一名卞家巷

茄郎中巷 昇平巷南舊志茄作徐○以上四巷皆
西通嚴家池頭及花園衖

教場巷 茄郎中巷南一名南市橋巷舊名忠節坊

水關巷 南門內西通教場

西橫街自西大街西口轉北至城門

石灰巷 北接橫街南至西溪下

裏城腳 城門內北至北水關橋

和豐坊街自縣治南經茅梓橋觀橋至堰橋

魚腥巷 州巷內西通石灰巷

西溪下 茅梓橋西通石灰巷

陳打鼓巷 觀橋東卽七尺埭西段

前西溪 觀橋西

鑄冶巷 兩西溪之間北至迎溪橋南至社學橋

鎮基四郎君廟巷 七尺埭南東接學街

城隍廟街自水礎橋北址西經藥王廟至後西溪

藥王廟街 有二皆通毛桃巷

虹蜺橋街 有二皆通新街巷

學前街自虹橋北址西至西水關

學街 北接睦親坊巷
湯巷 學橋南
冬卿巷 堰橋南轉東接湯巷
教場街
繡座司廟巷 教場巷轉北通嚴家池
孫司徒衕巷 湯巷南
章巷 青蓮庵東
毛場一區 即教場舊專七十二灣瑣細不盡載
北門內下塘街大市橋北經迎迓亭胡橋太平橋酉

郎橋至北水關橋
眞應堂巷 東大街北西至玉帶河東
聯元街 胡橋北址
縣後街 胡橋西通駐驄橋
大成巷 聯元街北卽打繩巷
搖八巷 大成巷北
西河頭 斥瀆上
道長巷 西河頭北西至酉郎河
北門內上塘街自大市橋北經盛巷橋打鐵橋至北

城門
大婁巷 大市橋東接小婁巷
矮巷 大婁巷內北至寺前舊名定花板巷
清甯巷 大婁巷北東至矮巷
寺巷 清甯巷北
新縣前街 倉橋東東接盛巷
書院衕 縣署後東至捕衙街
打鐵橋街 東至東城門
金匱縣前街自倉橋至虹蜆橋東

捕衙街 縣東轉北至書院街
錦樹里 虹蜆橋北
盛巷 縣東轉南至韓脩橋
安仁巷
化成巷
銷皮巷
楊巷 俱盛巷內東通映山河
東門街自寺巷東經觀前街過韓脩橋營前華德橋
出城

八兒巷觀前南至大婁巷舊名新通巷
顧家衕城守營署東舊名泥巷
蘇家衕環秀橋東衕之東有箬葉巷
城頭衕城門内北至打鐵橋
駁岸上卽第八箭河上東有環秀橋西接觀前街
映山河西通盛巷舊名闇窑廟巷
南城下塘街自大市橋南經鳳光橋稅務前承賢橋
至便民橋
師古河上鳳光橋東接斜橋河

正巷師古河南
中市橋巷中市橋東康熙志名倉橋巷一名敬義坊
歡喜巷中市橋巷南東接東河頭康熙志名邵家巷
旱橋衕歡喜巷南舊名烈帝廟巷
新開河承賢橋東舊名郁家巷康熙志爲邵尚書巷
樊家巷新開河南今塞
沙巷新開河南東接南倉廳巷
養濟院巷南市橋東俗稱孤老院巷東接大井頭
希夷道院巷養濟院巷南

三下塘街自韓脩橋南經斜橋冉涇橋出大井頭
福田巷東門街南舊名都子巷東爲田雞浜卽第七箭河上
小婁巷福田巷南舊名戴墓巷又朱知軍巷在其北
斜橋河六箭河北岸東至城隍廟
東河頭巷舊名董家巷亦名茹家巷卽五箭河南通鳳仙巷今名東甯巷北通張花木巷
劉芳聲巷又名集賢坊巷東卽第四箭河康熙志舊名楊家巷
槐樹巷冉涇橋轉東卽第三箭河
南倉廳巷槐樹巷南舊名泥巷
朱賣煠浜舊名莊巷第二箭河

大井頭花園街舊名邊巷東循弓河至便民橋卽第一箭河故址
以上止載城中不分錫金地界但改正舊志譌
處

坊

愛民坊在無錫縣前街東
平政坊在縣前街西二坊並元至治元年立達魯花赤道童書額明正統十三年知縣談清重立國朝康熙間重修易名
牧愛坊卽上愛民坊知縣吳興祚書
狀元坊在大市橋西爲宋蔣重珍立

和豐坊在縣前街
睦親坊在新街巷
繡衣坊四
一在婁巷明爲御史成始終立
一在戴墓巷明爲僉事談泰立
一在沈家巷卽興仁坊舊址明爲御史周清立
一在縣西明爲御史呂卣立
芳桂坊在大市橋西南明爲舉人陸清立
利賓坊在南門明爲舉人高政立

叢桂坊二
一在第六箭河上明爲談氏世科世第立
一在南門館驛前明爲莫驄莫息莫同立
以上俱本宏治志其或存或廢不及詳載此外
尙有無關緊要而久廢者亦不備載以下所載
俱本嘉慶志
解元坊明爲華鎗立
天卿學士坊明爲周子義立○以上東大街
探花及第坊明爲吳情立

宮諭殿讀坊明爲吳情立○以上西大街
尙書第坊明爲顧可學立在泰定橋
忠諫坊明爲顧可久立在迎迓亭
內史第坊在聯元街
都諫坊明爲俞泰立在南市橋西
忠節坊明以張選得名在教場巷口
父子進士坊明爲王問王鑑立在虹橋北
一榜三魁坊明爲顧彥夫喻義華金立在虹橋西北
旌節坊十

一爲明唐士奎妻張氏立在梁溪橋南
一爲明胡倖妻虞氏立在梁溪橋東
一爲明吳鈇妻秦氏立在婁巷
一爲嵇永仁妻楊氏立在學前街
一爲秦文然繼妻顧氏立在南門上塘街
一爲錢宛森妻朱氏立在春申里
一爲李源泉妻高氏立在中市橋
一爲趙鎬妻孫氏立在萬安鄉
一爲孫國顯妻陳氏立在石塘灣

一爲華文彪妻侯氏立在東河頭
冬卿坊 明爲秦金立在州巷
奎英坊 明爲馮泰馮夔立在虹蜺橋
學士坊 明爲華察立在學橋東
三世大參坊 明爲賈應璧立在學宮東
崇正書院坊 在學宮東
學宮狀元坊 宋蔣重珍以下元魁列名
會魁坊 明爲華泉立在學宮右
歷代進士坊 在學宮左

榮祿坊 明爲秦金立在西水關
宮保坊 仝上
尚書坊 仝上
都憲坊 仝上
御書人倫坊表坊 乾隆初爲贈光祿大夫嵇承仁暨妻封夫人節婦楊氏立在學前街
首藩方岳坊 明爲龔勉立在舊館驛左
重恩坊 明爲龔勉立在陽春橋
天垣首諫坊 明爲秦燿立在舊館驛前
熙朝鼎甲坊 明爲吳情立在南馬頭

百歲坊四
一爲盧昌宗妻顧氏立在西門街
一爲黄善妻金氏立在揚名鄉
一爲劉浩成妻張氏立在城頭衖
一爲黄嵩來妻陸氏立在南倉廳巷
貞節坊二
一爲明邵璘妻談氏立在梁溪橋南
一爲侯世美妻王氏立在環秀橋東
貞節總坊三
一在寺塘涇貞節祠前康熙間立
一在香花橋貞節祠前雍正間立
一在聽松坊左貞節祠前嘉慶間立

貞孝節烈坊 在二泉亭南道光間立
九龍峯坊 明僉事王問書在五里街
觀泉坊 明王問篆書鄒箎隸書在惠山寺右
聽松坊 明王問篆書陳淮隸書在惠山寺左
人傑地靈坊 明爲鄒迪光立在惠山寺塘涇即康熙志巖壑夔龍坊
御書忠節流芳坊 雍正中爲贈光祿大夫嵇承仁暨妻封夫人節婦楊氏立在惠山祠

前

御書孝友傳家坊 爲秦瑞熙立在寄暢園右

浦氏旌門坊 爲孝子浦㑭暨妻節婦過氏立在繡嶂衕

華氏四牌坊 在惠山華孝子祠前乾隆間立華氏忠孝節義科第仕宦皆列焉

北四牌坊 明爲秦金立在倉橋東

南四牌坊 秦氏忠孝節義科第仕宦皆列焉在鳳光橋

節烈坊 爲朱子遠妻陳氏立錫邑令吳鉞題女中鐵漢四字在繡嶂街

孝女坊 嘉慶間爲貞女書素立在惠山寺右

昇平人瑞坊 雍正間爲百歲老人陸昌運立在招義鄉

節孝坊 此僅照嘉慶志所載其各鄉或尚有應載者俟後人查補

一爲浦顯瑞妻沈氏立在開化鄉

一爲明進士錢爾登妻薛氏立在垂慶鄉

一爲王希裕妻呂氏立在磚橋

兩沐貤恩坊 明爲施教立在寺後門大街

少司徒坊 明爲楊璿立在書院衖南

大方伯坊 仝上

大中丞坊 明爲盛容立在倉橋南

進士坊

一爲明盛容立在倉橋南

一爲明俞泰立在南門下塘街

世進士坊 明爲俞泰俞憲俞謹立

總憲坊 明爲俞憲立

榮節坊 明爲俞暉妻楊氏立

登科坊 明爲趙紳立○以上四坊並在稅務前

旌貞坊 明爲秦漢聘妻熊氏立在鳳光橋

雙孝坊 明爲秦永孚仲孚立與上旌貞坊合

孝子坊 明爲陸爻立在鳳光橋北

尚書第坊 明爲邵寶立在新開河

旌孝坊

一爲成達立在承賢橋南

一爲張寅孫立在北門外南尖

諫議坊 明爲張選立在冉涇橋

兩浙文宗坊 明爲秦梁立在針橋北

少宰第坊 明爲孫繼皋立在第六箭河上

錦樹坊 明爲錢普錢會立在金匱縣東倉浜

洛閘中樞坊 在東林書院前今易爲後學津梁

表善坊明爲侯清侯祖德立在環秀橋東

父子進士坊明爲王表王立道立在蓮蓉橋

孝友貞節坊蔡氏爲蔡元銳元鐸立在北塘

狀元及第坊明爲孫繼皋立在北塘

儒紳坊明爲楊盛立在北門外

藩相坊明爲楚王府官王惠立在江陰巷

齒德兼優坊明爲嚴一鵬立在南禪寺前

風憲坊明爲僉事安如山立在安鎮

孝節齊芳坊明爲浦孝子劭暨妻節婦過氏立在硐西街

錫金志外〈卷三〉 丰

【補】

敬義坊見嘉慶志古蹟○在中市橋迴溪里朱文公書

【橋梁】

舊志錫金公界條下北倉橋

案億豐橋在金匱縣西縣署舊爲億豐倉故址故

橋以億豐名俗稱倉橋並無北字

舊志高橋列金匱縣界

案五瀉河爲兩邑分界高橋爲兩邑公管應列入

公界下

舊志開原鄉下虞橋

案此橋爲夏虞二姓所建誤作下

舊志泰伯鄉十房橋分注沈瀆口

案十房橋跨沈瀆當去口字

又曹澤橋

康熙志梅里志俱作曹宅

舊志梅里鄉犁尖橋分注周涇河口

案犁尖橋在犁尖河口犁尖在伯瀆北岸周涇在

伯瀆南岸分注誤

錫金志外〈卷三〉 圭

舊志津渡條下義莊渡分注陽春橋東

案義莊渡即羊腰灣在陽春橋東北

【附】

懷仁鄉石灰橋

梅里鄉石塘橋

興道鄉九頃橋

景雲鄉孫道橋　後宕橋跨周涇

垂慶鄉西陳橋　後楊橋

泰伯鄉太平橋　王家橋　西莊橋

延祥鄉 麻塘橋 師姑橋 蔡師橋 仁德橋 黃塘橋 宅圩橋

以上十六橋康熙志所載嘉慶志未載後有修志者無論橋之存廢俱應詳考補入

廨署

舊志 無錫縣署條下實帶河環之

案康熙志橋梁下作玉帶廨署志誤作實帶

又分注 今邑人善惡榜移列樓外井亭中

案善惡榜已久廢

又分注 不知何以云中位豈其城有變移耶

案宋元舊城東接運河昔之運河今之弦河也縣治正在舊城中位與聶記合

舊志 皇華亭卽今錫山驛

案館與驛雖在一處究係兩項當云皇華亭在試泉門外距梁溪橋數武錫山驛在皇華亭右又考驛南北各於交界處爲腰站北在五牧南在豐樂橋右志未載

舊志 急遞舖

案舖兵遞送詩常公文挨舖交接一日行八時一時行十里夜不遞送此云急遞名不稱實當是接遞口音之譌耳

舊志 金匱縣署條下川堂三楹中設木柵寘救火水龍諸具

案川堂前接大堂後接宅門官吏出入門阜坐立處別無設柵之地寘救火具

又 兩旁角門東向通寅賓館西向通獄室後五行又云左爲土地祠寅賓館右爲獄室

案土地祠寅賓館獄室已見於後上文東向西向

等語重出

舊志 養濟院在南市橋巷

案南市橋西爲教場巷俗稱南市橋巷橋東爲養濟院俗稱孤老院巷志當作南市橋東

學校

舊志 除解學餉外存留爲零貼酬勞卷資賑貧修學之用

案學租解司額數若干支放祭銀若干及各祠名目應一一詳載

舊志學舍前爲狀元坊入爲學門稍折而西爲泮池池
有三橋中橋有亭曰騰蛟起鳳
案此亭舊有進賢亭額至今仍在騰蛟起鳳兩額
係後人所設不應漏去正額
康熙志鄉賢祠條下錢允昇
案允昇乃錢仲益字應載其名爲是
舊志忠孝祠
案各府縣志俱稱忠義孝悌祠
舊志二泉書院在惠山寺右末云後人即書院地爲祠祀

寶
又祠墓志邵文莊公祠在惠山寺左即二泉書院舊
址
案左右二字宜改正不可矛盾
舊志二泉書院又名尚德書院
案尚德書院作於正德庚午以祀李忠定超然堂
作於庚辰文莊皆自爲記超然堂在點易臺之前
堂後爲二泉精舍今精舍雖廢點易臺固在臺與
尚德書院雖相竝卻非一所此云二泉書院又名
尚德書院恐非是顧端文重修二泉書院記云文
莊嘗於中建忠定祠今亦并加重葺曰并加知尚
德二泉是二非一也點易臺前之二泉書院已廢
今所存者舊祀忠定之尚德耳

附

續志安氏義莊前後捐田千畝市房兩所
案藁杏冊內安汝諧捐義田七百三十六畝零又
祠墓祭田一百三畝零共計祭義田八百四十畝
零義莊市房三所

又華氏義莊條下
案道光年間華進思曾孫文標等續捐田二百九
十畝族墓八畝又元孫湛恩建祠莊內陽湖李兆
洛有記前志所載數目不符
又周氏義莊條下
案周憲武捐義田一千九十八畝零莊房一所義
塚一所未遂而終伊子周安基承先志於道光六
年給帖報部立案前志不應但載周安基
又錢氏義莊條下

案錢振鐸捐義田二百八十五畝零又祭田十六畝零莊房一所未成而歿伊子錢雲龍承父志循例給帖報部立案前志不應但載錢雲龍

又余氏義莊條下

案余逵海捐義田三百九十四畝零又房屋兩所伊子余大貞承父志循例給帖報部立案前志不應但載余大貞其房屋兩所前志亦漏載

又顧氏義莊條下同族廷果等集捐廣義田

案廷果應是廷棵載明顧氏所刻義莊規條

兵防

舊志 湯和傳常州既下以湯和守之張士誠間諜百出和再擊卻之進攻無錫大破吳軍於錫山走莫天祐鹵其妻子〇又元末天祐保無錫士誠攻之不克士誠既受元官天祐降平江既困他城皆下惟天祐堅守胡廷瑞急攻之乃降

案胡廷瑞攻無錫莫天祐固守張翼說天祐降請往議廷瑞許之約三日率妻子來降翼歸報天祐自縛詣軍門廷瑞乃入城不戮一人語在二十五卷張翼傳明史所載湯和擊走天祐在廷瑞攻降天祐之前廷瑞攻天祐時尙約率妻子來降則湯和擊走天祐未嘗鹵其妻子也

又嘉靖三十三年甲寅倭自滸墅過望亭將趨邑城聞新安有土兵以爲苗兵也轉而南苗兵卽邑人苗子易曾率義兵斬倭首閶三等數人

案倭至焚掠邑人張守經募鄉勇奉苗生子白爲謀主與賊戰斬閶三等賊氣奪去嘉靖三十五年事也此云倭聞新安有土兵以爲苗兵也轉而南

則其事當在苗兵斬閶三之後舊志取三十五年之事引以證三十三年殊屬不合 苗子白一作子易

王史直作潘海凝傳云苗子白張守經張鸞潘海率何五路等渡西溪擊賊賊大至何五路三十六人殲焉當勦寇時一賊特趨捷我兵以銃破其頭賊黨奪屍燔之後始知其賊首閶三云時嘉靖三十五年五月初八日也

壇廟

舊志 先農壇內附立八蜡神位

案八蜡神位今無之○松江府志先農壇附祀八蜡之神乾隆初年奉文罷

舊志 劉猛將廟舊傳神爲南宋金壇人劉宰或又以爲名將劉琦弟劉銳歿爲蝗神祀之蝗不爲災

案袁太史枚隨園隨筆載宋坤靈泉筆記云宋景定四年封劉錡爲揚威侯天曹猛將有敕書云飛蝗入境漸食嘉禾賴爾神靈翦滅無餘是則劉猛之神爲中興四將之一可謂尊矣隨園所載如是可以爲據

舊志 金龍四大王廟分注載會典

案會典文應大書祠山行廟五顯靈官廟條下引明會典文猶用大書也

舊志 顯忠廟

案張中丞廟初在獄廟右廡祀唐眞源令巡宋崇寧中建稱張中丞祠後稱忠靖王廟元倪瓚撰忠靖王廟迎享送神詞碑在舊祠北壁明成化間建今廟在嶽廟之右舊廟之後榜曰張中丞廟邵文

莊有記刻宏治諭祭碑築亭覆之萬虞愷題其額曰顯忠此碑亭額非以名廟也

舊志 水仙廟

案劉公廟在城西太保墩祀明知縣五緯順治初建先是湖溪漁人祀水神於此謂之水仙明季嘗祀禦倭諸義士於水仙廟萬歷間移諸義士於惠山王公祠而太保墩義士之祀遂廢見高忠憲公記以此三十六人爲仙誤矣

舊志 南水仙廟

案王公廟祀明知縣其勤其始亦漁人祀水仙之所故沿舊稱

祠

舊志 王文正公祠其右卽靈護廟

案王文正祠卽靈護廟改建右爲浦烈女祠墓此云其右卽靈護廟誤矣

舊志 李忠定公祠邑人安國重建邵文莊移祀惠山尚德書院

案安國重建膠山祠在文莊建祠之後兩祠文莊

俱有記此云文莊移祀惠山誤矣〇膠山祠應入
金匱
舊志 邵文莊公祠初在冉涇里第萬歷間按察使蔡獻
臣知縣劉五緯重修之
案顧端文公重修二泉書院記文莊歿後嗣子煦
女夫秦汶共守之肖像其中萬歷丁未按察蔡公
新之是蔡按察所新乃點易臺前之二泉書院也
舊志 過郡馬祠在惠山寺門內
案郡馬祠在寺門外與錢武肅王祠相對當云在

寺門右
舊志 嵇忠節祠條下 賜忠節流芳額
案門額爲嵇留山先生祠 御筆忠節流芳四
字刻於坊非祠額也

墓

舊志 漢丞相司直虞俊墓在朱山王莽逼爲司徒不從
死之葬此光武即位以朱旛表其墓故名朱山
案王莽以下七句已詳山志此重出
舊志 吳東定侯孫必興墓在縣西夏墓山

案山志章山分注云前庚午志夏墓山孫權族弟
東定侯必興贈夏侯者葬此故名〇元明志無此山
此墓史亦無此人故附夏墓以備考〇夏墓山既
附分注則孫必興墓亦應如華荃周應二墓之例
附錄卷末
舊志 明御史施武墓在大池
案忠節志本傳武死謫所有衣冠墓在大池衣冠
二字當著於此且大池有東西二處亦應載明
舊志 吏部員外郎華允誠墓在惠山石門

案允誠墓在惠山擔鈞塢與贈尚書周子義墓並
道光續志所載尚未明晰恐與嘉慶志視爲兩歧
故特標焉
舊志 國朝贈大學士嵇永仁衣冠墓在軍將山
案流寓志本傳云事聞賜鑼歸葬此衣冠二字衍
舊志 專諸墓
案專諸墖已載入古蹟志可不必重載左氏傳稱
專設諸設字亦不可刪
舊志 處士浦振墓在石室山西麓

案浦振墓在金匱北延鄉石室山嘉慶志卷二山志辯前志之誤改列石室於金匱而此墓仍列無錫當改列金匱倪高士瓚墓之次

舊志 工部喻楞墓條下工人掘地得一石高二尺上有篆書玉泉二字

案雜識已載掘地得石事惟多邵文莊詩二句宜合併載於此

寺觀

舊志 永安院在縣西南冠山之東俗稱石塘

案嘉慶以前志無冠山之目訪之鄉人亦無此名

舊志 東林庵在城東箬葉巷

案東林庵在東林書院之東箬葉巷在其北巷僅十數武之地耳

舊志 樂音庵一名藥師庵在縣東俗名安鎮之西街

案樂音庵在懷仁鄉之安鎮非縣東也

舊志 禪悅庵卽今牧雲庵在二泉亭右

案牧雲庵在二泉亭之南俗稱塔院卽碧山吟社舊址禪悅庵在錫山之南俗稱雙塔寺舊有三塔今存其二錫山景物畧詳載之〇查康熙乾隆志俱不載牧雲庵談修惠山古今考云白石塢北曰南隱房南隱左曰龍泉房後有龍縫泉故名今爲碧山吟社是牧雲之名尙不古故前志不及而龍縫泉今在牧雲庵內嘉慶志以禪悅當之是又將錫山南之禪悅庵漏去矣故特正之

舊志 青山寺在縣西青龍山下中多古松明王僉事問題額

案照天鑾山西爲雞籠山亦名青龍山山下素無

青山寺又案華藏寺亦名青山寺華藏與照天鑾山相近王僉事所書額在惠山西南章璨兩山間有五百多羅漢之青山寺

舊志 東田精舍僧際輪創建亦曰墖影莊

案秦文恭作塔映莊記顧奎光作桂輪明禪師塔銘僧姓糜氏名際明字桂輪今墨跡及圖尙存鷲湖華氏志作影作際輪皆誤

舊志 有恒道院條下康熙中道士徐道廣獨力創建

案道院爲鄒氏天鈞堂遺址後爲何氏園亭康熙

三十九年邑人胡華馮祝岳五姓合購之爲焚修之地至康熙四十二年捨爲道院延徐道廣爲住持並非獨力創建其捐捨文卑承管各據尙存胡氏

古蹟

舊志 闔閭城條下梅里鄉亦有利浦及黃土瀆

案梅里志及康熙志俱云黃瀆並無土字

舊志 又麋城其蹟無考

案麋城橋載槜李志泰伯鄉注云舊傳吳王養麋

鹿處又唐鶴徵府志云在縣東二十里元王仁輔縣志所云亦同惟越絕書云麋湖城者闔閭所置麋也去縣五十里細繹越絕書所載去縣若干里非指無錫而言如婁門外雞陂墟去縣二十里胥門外九曲路去縣三十里皆非自無錫計里也然王唐兩志必有所據未可竟爲無考也

舊志 碧山吟社條下康熙志謂署碧山堂名嘉慶志謂署碧山二字於門

案碧山吟社四字文徵明隸書刻石字方六寸意是當時棄置道光辛卯歲華孝子祠重甃池岸獲此石今陷諸祠壁顧學博翃作跋刻石附焉

續志 聽松石牀

案石牀舊志俱載寺觀志未列古蹟道光續志以無錫知縣會承顯築亭覆之特載其事考石牀舊在大樹下唐皮襲美詩云殿前日暮高風起松子聲聲打石牀明邵文莊詩云惠山石牀古有之聲聲松子金風時今築亭覆之全失前賢詩意

職官

舊志 明永樂間知縣陳序字仲倫爲水利丞攝知縣事

案元人王賓文集元至正五年同知無錫州事仲倫公秩滿代行王賓作去思頌據此則陳序當列於元州同知爲是

舊志 明永樂十五年高澤二十二年楊逸名 彭克誠年次無考

案彭克誠爲永樂九年舉人張思安立攀桂坊據此應列於高澤之前

舊志景泰五年知縣顔肅縣丞張拱主簿蕭文典史唐
進
案張中丞廟景泰六年碑知縣顔肅縣丞邢隆張
拱董儀主簿藍謙典史唐進
又宏治六年縣丞田俊九年劉節
案府志田俊之後有李通李通之後爲劉節志失
載
又正德元年知縣馮應奎縣丞胡溥主簿趙昺典史
何友德

案張中丞廟碑正德元年知縣徐海縣丞蕭俊張
淵徐廷佐主簿趙昺
又正德五年知縣齊璿縣丞王弼主簿趙昺典史羅
瑰
案張中丞廟正德五年碑知縣齊璿馮應奎縣丞
王弼尹清典史何友德
舊志元至元教授孫桂發
案學署教授題名碑孟潼撰文無孫桂發名康熙
乾隆兩志首名虞薦發

又朱振孫
毘陵續志作李振孫
徐一得
題名碑毘陵續志俱作徐一清
余鎮卿
題名碑毘陵續志俱作余眞卿
翁廷序
題名碑作翁廷瑞
王容英

題名碑作王國英
訓導郁一卿萬歷三十五年郭藩三十八年
案府志郁一卿後有薛鼎臣
又張一本萬歷四十二年鄒洪道四十三年
案府志張一本後有張衍
訓導陸銑
案陸銑以歲貢授無錫教諭除廣西潯州府推官
升養利州知州
選舉

舊志洪武人材科徐恆
案徐恆應作徐恆韡○康熙志無徐恆而有華德
基華允迪
舊志明洪武四年辛亥吳伯宗榜錢裳
考明宏治志作洪武三年庚戌徐自全榜錢裳又
明談修縣學筆記亦作三年徐自全榜今查明沈
德符野獲編卷十五云洪武四年辛亥始開科取
士得吳伯宗等此世所知也不知先一年庚戌以
明經薦至京師者上俱親策問之賜徐大全等出

身有差見黃泰泉佐所爲李德傳中則庚戌實開
天第一科又蘇州錢氏世譜云洪武庚戌狀元安
大全則又徐字之誤也云云據此則作四年者誤
卽作徐自全者亦誤當作洪武三年庚戌安大全
榜錢裳爲是至分注云太學題名碑亦不載其實
太學題名始於洪武四年今錢裳出身在洪武三
年宜乎不載於四年也
邵煥文
宏治志作邵煥有

鄒懋昭盄波知縣
當作盄陵知縣
鄒是訓懷安知府
當作懷安知縣

封贈

舊志華時濟以子珏贈戶部主事
案時濟名澤志應用名
又華棟以子麟祥封錦衣衛指揮僉事
案華龍原名麒祥任錦衣衛指揮僉事載華氏發

獻表

宦望

舊志杜杞字偉長鎬之孫
案杜詔宗譜原始云宋史本傳鎬字文周無錫人
杞字偉長仕至天章閣待制今觀歐陽文忠撰偉
長公墓誌則云世爲金陵人其曾伯祖昌業仕江
南李氏爲江州節度使江南國滅杜氏北遷今爲
開封府人夫墓誌作於皇祐六年去公之卒不過
四載宋史成於易代之後自當以墓誌爲準雲川

先生謂杜之遷錫當在靖康亂時且謂史氏徇其
後裔指爲錫人乃宋史之誤其言良是

嘉慶志 元孟栻條下

案明志康熙志皆載其致仕後改名主一藝文志
惠麓小隱記云越己未主一自括歸云云可見作
此記時已改名矣宦望小傳應照前志補載爲是
○又宦望志孟栻列於元藝文志列於明亦屬兩
歧應歸一

舊志 張有譽自其曾祖佐卿由邑玉祁村徙居江陰之

錫金志外 卷三 里

靑暘而世居世墓並在無錫

案張有譽載江陰縣志政績傳今無錫北禪寺碑
張公自書江陰張有譽款似不應入無錫

舊志 嵇曾筠傳云生平勞績治河爲大與靳齊蘇勒並
稱名臣

案靳文襄名輔靳字下脫一輔字

文苑

舊志 高彪傳云後遷內黃令

案宋紹興中吳郡取土於郭外得古碑額題云漢
故外黃令高君碑宋洪适隸釋詳載其始末是內
當作外爲是 東漢書作內字亦誤

舊志 杜鎬

案鎬係河南開封人已載前名宦杜杞條下

忠節

舊志 王亨字仲理祖安節

案王實字安節卽辟召門元明經王實官臨江路
同知志當作實不應稱其字

行義

錫金志外 卷三 里

舊志 安國字民泰本遷珠里黃氏從母姓

案鄒元標作安桂坡先生墓誌云其先黃姓蘇州
懸珠里人洪武中有茂者贅於安明善氏因以安
爲姓當從此爲是

方技

嘉慶志 吳騆堵兆麟嗜奕而遜於嚴李二八

案吳騆字與駿乾隆丙午舉人父熙進士伯父鼐
鼎皆以經學著述名世騆品學純粹爲邑中名師
嗜奕乃其餘技續志入文苑極得

列女

舊志 錢季子理妻鄒氏本姓華

案華氏文獻表華津子名鉦出繼姑錢氏錢氏晚舉一子撫愛逾同產卒以廬墓六年今此支已歸宗又云邑志稱錢季子妻句吳續聞見錄云實華氏婦後有修志者宜改華爲是

道光庚子邑中所刻續志列女姓氏舛誤重出者二十二條

華日宣妻鄒氏 第九頁已見第十六頁應作錢氏誤作鄒氏

陳廷輔妻錢氏 第十六頁已見二十一頁重出六十一頁未旌項下又誤載

俞墉妻陶氏 第十八頁已見二十一頁重出

顧振宗妻吳氏 第十九頁已見二十九頁重出

陳子興妻周氏 第十九頁已見三十頁重出

張文德妻陸氏 第十九頁已見四十六頁重出

楊茂先妻馮氏 第十頁已見四十九頁重出

朱宏煜妻王氏 第五十頁已見五十五頁重出

殷彙占妻馬氏 第四十四頁已見五十五頁重出

孫楹妻雷氏 未旌五十九頁

華嶽妻滕氏 未旌六十頁

華燦妻浦氏 未旌六十一頁

諸生錢燕妻楊氏 同上

華朝棟妻錢氏 同上

以上俱載總旌録內誤入未旌

周鼎繼妻李氏 已旌二十八頁未旌六十一頁

周仁均妻蔡氏 已旌五十二頁未旌六十一頁

華明倫妻王氏 已旌五十頁未旌六十二頁

以上已旌未旌兩載

孫曾西妻季氏 第九頁 總旌録作李氏

安定瀞妻蔡氏 第五十頁 總旌録作安廷評

華士章妻許氏 第三頁 總旌録作士昌

華鏞妻嚴氏 第十二頁 總旌録作錢氏

章玉基妻華氏 第十四頁嘉慶志作童玉基

以上名氏互異

流寓

舊志 陳周蘇州人建文中進士與姚廣孝善靖難兵起廣孝薦辟之周避居無錫終其身

案王鏊姑蘇志建文年間無進士名陳周者毗陵
人品記陳周字文美嘉定人徙居無錫正德辛巳
進士爲河南參政舊志選舉門載陳周成化辛丑
進士官河南參政又查陳氏家譜始祖名公實與
姚少師善文皇靖難兵起徵召不赴自嘉定避跡
於梁溪之宅仁鄉遂世居焉子昱宣德五年例貢
仕同安知縣孫周成化辛丑進士是流寓志應載
嘉定人陳公實而非蘇州人陳周也又考題名碑
錄成化辛丑二甲四十七名陳周無錫縣人毗陵

錫金志外　卷三　四十五

人品記作正德辛巳進士亦誤公實號耕隱公實
子昱字景輝號足庵昱子周字文美周子鳳字鳴
岐鳳子以忠字貞父見宦望志

釋道

舊志宋宗本管氏子哲宗即位加號圓照禪師
案神僧傳圓照諱宗本姓管氏宋元豐中驛召入
朝賜紫號淨照禪師今垂慶鄉祈禰庵中有像及
碑記世傳爲第十七尊者管羅漢

著述

舊志韡齋詩集
案宏治志列朝詩集小傳俱作韡齋周翼字子羽
號韡齋作韡字誤
又靜安詩集
案宏治志作靜庵安字誤
又雲峯樵唱十卷
案雲字當作靈字
又三經澤書堵允錫撰
案經義考作堵維常撰即允錫父允錫爲湖廣提

錫金志外　卷三　四十六

學副使時輯父遺書黃虞稷有序志作允錫誤
續志長生檜蘇紳
案宏治志蘇紳此詩題作香山寺續志易以長生
檜爲題誤

雜識

舊志尤莊定公婿夫人事姑孝
此條應入列女志
又宋許月卿追賦暮遊詩
此條應入藝文志

又孟來魯精天文子孔文應入材拜會稽長
又張養浩還金
又黃毛三廣西殉節
又鄒叔介兌金設金山救生船
又鮑震西性至孝
以上五條應載入列傳爲是
又虞道滋室薛氏
此條應入列女傳
續志朱沛席宗玉二條應入行義志

又慧雲居士一條應入釋道志
又嵇國斌一條應入行義志
又過虞封一條應入孝友志
道光十年兩江總督陶文毅公入覲請假歸湖南善化縣修墓　上垂詢里居山水　御書印心石屋四大字俾歸磨崖時無錫令曾承顯撫此四字刻石嵌於惠山若冰洞之東面不知此係爲陶澍之別業而書也昔范文穆築農圃堂臨石湖壽皇御書石湖二大字以賜之宋崇陵御書遂初二字以賜尤文簡未聞其移刻他處也如曾某所爲凡大僚建別業得賜　宸翰者以後豈無其人將盡撫刻於茲山之麓乎名山勝蹟屢經　御筆留題豈可移花接木妄自添設以淆後人之耳目耶
文衡山待詔所刻停雲館帖中有唐人所摹萬歲通天帖係元季華栖碧翁所藏後其裔中父刻入眞賞齋帖相傳待詔之女嫁於某氏乞以停雲館碑版爲奩中物後輾轉歸於弇山畢尚書家嘉慶初爲馮太史集梧所得其石不全邑人華某訪知毘陵劉氏藏有數十石乃爲介紹彼此互換搨本數十部俱成全

璧今馮氏所藏不知流落何處矣續志載此事未甚詳悉故及之并以岳倦翁跋語暨　御刻三希堂石渠寶笈釋文附刻於左俾覽者知其中唐摹晉帖實爲吾邑華氏之故物焉
右唐人摹王方慶萬歲通天進帖眞蹟一卷金輪御朝始製十三字今帖歲月皆用其體唐紙精古此又獨最他帖唐史天后嘗訪右軍筆跡於方慶家方慶進者凡二十有八人惟羲獻見於此帖后

命盡搨本畱内更加珍飾錦背歸還王氏人到於今稱之建中靖國刻歸祕閣續帖淳熙己亥先君在郎省以一端石四畫軸易之韓莊敏家 倦翁岳珂書

右唐人雙鉤晉王右軍而下十帖岳倦翁謂即武后時所摹畱内府者通天抵今八百四十年而紙墨完好如此唐人雙鉤世不多見況此又其精妙者豈易得哉在今世當爲唐法書第一也此帖承傳之詳已具倦翁跋中但宋諸家評品畧無論及

者蓋自建隆以來世藏天府至建中靖國入石始流傳人間宜乎不爲米黄諸公所賞也此書世藏岳氏元世在其從孫仲遠處不知何時歸無錫華氏華有栖碧翁彦清者讀書能詩多蓄古法書名畫帖尾有春草軒審是記即其印章今其裔孫夏中父者襲藏惟謹恐一旦失墜遂勒石以傳其摹刻之工極其精妙視祕閣續帖不啻過之夏其知所重哉嘉靖丁巳長洲文徵明題時年八十有八

此跋刻入石渠寶笈釋文後半與停雲館帖所刻稍異蓋刻石爲嘉靖十七年此跋乃嘉靖三十六年也

嘉慶志中諱字應改

祠墓志 松滋王侯祠 注 吴章一本作胡章　梘松當作倪松

選舉志 嘉慶甲子舉人何肯堂應作景堂

庚午舉人顧瀚應作翰

封贈志 華公輔以子瑞璜應作瑞潢

道光庚子續志諱字應改

壇廟志 邑令免糧碑記　行道場嗟應作傷嗟　尤伋伋蔫應作汲汲

祠墓志 元魏郡公尤圯墓應作尤玘

選舉志 進士條下道光十三年癸未應作癸巳

又恩歲貢條下秦樑應注金匱　華黎照應作藜照

封贈志 龔汝直貤贈南州吏目應作路南州吏目

又華文標平遠知縣應作知州

謚典志 尤袠應作尤袤

耆頌志 華景輝條下左祖應作左袒

方技志 華淞諸生王禮部尚弟子應作吏部
又黃鐘條下手葺解圍元藪葺應作輯
列女志 貞節丁氏注吳鈇妻秦氏之勝鈇應作鈇
風俗志 契賣者另給銀雨應作銀兩
藝文志 邵寶滴露泉詩注天槳應作槳
又顧可久詩窈窕應作窈窕
又高攀龍詩合簪應作盍簪
又邵名世詩漪蘭堂應作漪瀾
又孫爾準詩管社山麓應作麓

又邵寶修泰伯廟記吾邑應作吾郡
又華雲重建七賢祠記蔣文忠應作忠文　末云牓
其名應作牓其門
又嚴彀兩東林辨柏瀆之上應作伯瀆
又水居記慄遭瑞禍應作慘遭　末行杳靄之見應
作之間
又孫爾準游黃公澗記沮洳不可止止應作上
又吳錫麒重修泰伯墓碑粗安彊理應作疆理　欒
水相望應作欒水

雜識 華霞峯泉與兄瀚弟潛　霞峯名學泉兄學瀚
弟學潛不應減去一字
續志通部凡候選之候俱誤作侯謚法之謚俱誤作
謚布政使鹽運使俱誤作司此擇其斷不可譌者畧
舉如右其餘尚不可枚舉

錫金志外卷三終

錫金志外卷四

存疑

山

舊志 橫山周十四丈高九十丈

應是高十四丈周九十丈

舊志 南照天灣山又名狀元山宋蔣芾葬此故名

案蔣芾宋紹興二十一年辛未趙逵榜一甲二名進士狀元則嘉定十六年癸未蔣重珍也葬謝堰似與此山無涉惟考狀元爲進士第一人之稱起

於唐代而周益公省齋文集有回姚狀元穎啟回第二人葉狀元適啟回第三人李狀元寅仲啟又魏了翁鶴山集有回蔣狀元重珍蔡狀元仲龍趙狀元發三啟於蔡則云擢亞倫魁於趙則云名列魁三是第二三人皆可稱狀元也舊志所稱不知以此爲據否

寺觀

舊志 香山禪寺在縣東六十五里香山一名顧山亦名顧山寺

案府志香山寺列江陰縣界江陰縣志香山寺在顧山乾隆五年江陰知縣蔡澍重建昭明太子文選樓○顧山跨金匱江陰常熟三縣地

選舉

舊志 萬歷十七年己丑進士八人堵維垣不在內二十年壬辰進士二人吴海鼇堵維垣

案學宮前一榜九進士額堵維垣列於己丑堵氏家譜亦載己丑進士若係壬辰補殿試則鄒忠倚順治己丑進士壬辰補殿試志中兩科並載如查

係補殿試亦應兩載爲是

水利

舊志 崇禎六年濬無錫城內河自北大橋至南跨塘橋長四百九十五丈

案城河自控江門至望湖門已長五百九十丈今志云自北大橋至南跨塘橋僅長四百九十五丈大不合或就其所濬淺者而言然亦須載明也

城郭

舊志 無錫之城係下知縣王其勤築之七十日而城成

周一十八里

案宋元舊城東接運河即今之弦河也西距梁溪張士誠廣其制東抱弓河今城形不異士誠所廣王公倉卒備寇七十日而城成蓋因士誠舊制而築之未嘗變易舊城舊城周九里此云十八里不合且與一千七百八十三丈亦不合周一十八里五字似可删

又計一千七百八十三丈六尺一寸無錫界內分城計長九百九十八丈六尺五寸金匱界內分城計長

八百五十六丈三尺一寸

案錫金所分城共得一千八百五十四丈九尺七寸較原數浮七十一丈三尺五寸不合俟考

兵防

舊志國朝馬步戰兵守兵共一百七十二名分注康熙雍正間裁去十四名

又乾隆年間三次添補六十五名抽撥一名共實額二百零四名在馬兵內添拔外委一員又於嘉慶十一年裁撥六名統計兵一百九十八名

案原額兵一百七十二名添六十五名裁去十四名抽撥一名該二百二十二名志云二百零四名其數不合既云實額二百零四名乾隆嘉慶年間裁去六名又於馬兵內添拔外委一員應減兵一名共裁減七名該一百九十七名志云一百九十八名其數亦不合

又馬十五匹乾隆三十七年添補馬五匹統計馬十九匹

案原額馬十五匹後添補五匹應二十匹志云十

九匹其數不合

又本營分防望亭新安十里亭清寧黃埠墩潘葑洛社五牧塘汛墩臺八處每處防兵五名內汛二處西定橋雙河口每處防兵五名

又接遞公文新安三里橋洛社三處每處馬兵二名新安清寧三里橋洛社四處每處步兵二名塘汛馬步撥共兵六十四名實存在城一百二十四名

案志既云統計兵一百九十八名今各處分防兵六十四名在城一百二十四名共計一百八十八

名其數不合西定橋雙河口今竝無汎志云內汎
二處亦不合

墓

唐白太傅居易墓在鵞湖之新橋居民未之知也明崇禎年間樵者鋤其隙得劍一鏡一寶光射人碑覆其上姓氏列焉鄉人始立石以表之

呂陽曰樂天自江州至武林必往還於梁溪慧水之間而以鵞湖吉壤爲掛劍脫簪之地封土爲臺預營寂穴如司空圖故事亦未可知則其設塚於

鵞湖宜也見呂全五初集錫山誌備採

藝文

秦瀛重修松滋王侯祠記云閱三月工竣而倭猝至知城有備不敢窺而義士何五路等爭先禦寇多以身殉倭遂退

桀城築於嘉靖三十三年見王其勤無錫縣城記無城成而倭至是三十三年甲寅歲也爲倭寇第一次到無錫何五路三十六人死事是嘉靖三十五年丙辰歲五月八日見識小錄爲倭寇第二次到無錫秦記併作一事似誤

錫金志外卷四終

錫金志外卷五

（增輯）一

現年總甲

竊惟保甲之法本於周官原爲禦暴詰奸而設例應士民公舉承充蘇省自國初相沿明季輪役弊政按甲輪充或曰保長或曰里長或曰地總雖各處名目不一大約總名爲現年康熙二十三五等年前兩江總督于清端前江蘇巡撫湯文正先後以里役輪充大爲民害通行

出示禁革于總督之禁文載入江南通志湯巡撫之告示碑在郡中班班可考自經禁革以後徵調無聞閭閻樂業各縣至今遵守惟錫金二縣此弊未除每歲押令甲內田多之戶充當地保名曰現年總甲始則責令領催公事近年以來凡派養流徒人犯緝捕兇盜盤川官司相驗踏勘等費悉令支值而最難受者啚內小戶銀漕押令墊完倘完墊稍遲卽借情催之名按限血比其不諳差徭之戶責令出錢由戶書倩人代辦名曰包總每田一畝索費數百至數千不等寫立包議仍將正戶花名登入卯冊每遇比墊難堪往往逃匿仍拘正戶嚴比是以大戶一當此役卽變爲中戶中戶一當此役無不傾家甚至生監向來不准充當總甲而前任金邑胡令官名兆蓉拘拏生監押墊刑比人人髮指邑中紳士目覩心傷於道光十七年呈請兩縣革除以蘇民困乃縣批不准反以爲萬不可除之良法竟以墊完有禁自封有例之條盡成虛設紳士等復上控府藩臬轉因循又上控巡撫陳批蘇

藩司查詳經前署司李查照戶部則例議請照例由各啚士民公舉誠實明幹之人報官充點地保不准勒令殷戶輪充再有現年總甲名目啚內錢漕責成糧差協同地保往催不得勒捆包墊其派養流徒人犯等事飭府出示禁革詳經巡撫批結飭府行縣兩邑民人如獲再生詎蠹書閟知以爲於民雖便於官吏大爲不利聳令兩縣率牽本府面求巡撫密遞稟函飭司大翻前案經藩司牛以紳士所呈重在弊政之除而不在現年之革應如

該二縣所請仍令現年田多大戶充總催糧詳覆
完案一府兩縣竟如傀儡爲蠹書所用而不覺迄
今錢漕捆墊之風如昨書役勒索之勢日張小民
呼籲無門吞聲飲泣試思絶流應塞其源除惡務
去其本撫藩大吏既知現年之弊自應查明康熙
年間歴禁成案立即革除以甦民困乃顯違定例
以曲徇知縣之請啓此厲階若謂不如此恐催科
有礙則通省各縣均無此弊政未聞徵解不前徒
令書役魚肉鄉民良善既苦累難堪刁棍轉因而

錫金志外　卷五　三

抗欠是不惟有害於民生抑且無益於　國計不
有恫瘝在抱之君子出而拯之誠不知流弊伊於
胡底也所有從前各憲禁碑及控案撫批司詳備
載於左

總督于成龍（官名）禁革里排碑（康熙二十三年　文載江南通志）

里役之設原屬明季陋規設立里長編爲十甲而
一甲之中立排年一人輪流充當催辦似乎任輕
役小而奸豪恃頑抗納每累賠墊於是經承有費
差役有費科派雜項有費以及站櫃脩倉解餉兌
漕種種有費大半入官胥之橐而小民傾家敗産
甚且流離死徙矣更有劣衿蠹棍包攬代充議貼
銀一二百兩不等此輩竟爾中飽且包納錢糧多
勒耗費不肖官吏倚爲腹心指一派十通同分肥
故鄉愚視里役爲畏途而衿蠹以里役爲生涯也
夫充當里長之累不過一里一人猶係一家哭而
衿蠹包當魚肉花戶則係一路哭矣年深歲久長
此安窮前已通行禁革幷須限串之法令花戶自
封投櫃完即給串歸農如有抗欠始行摘比一應

錫金志外　卷五　四

錢糧幷漕鳳米豆悉令官征官解永禁里排催交
領解之弊但此法利於民而不利於貪墨之官吏
利於急公之良民而不利於包攬之棍蠹再行嚴
示刻石立碑永永禁止此後如有仍踵陋習者本
官即行嚴參胥役立拏處死

巡撫湯斌（官名）永禁現年里長碑（康熙二十五年　碑立武進縣前）

江南常州府武進縣正堂賈爲遵旨抗憲等事蒙
本府正堂祖信牌開奉江南布政使司章信牌開
奉巡撫湯批據江南糧道詳高淳縣衙蠹衿棍私

派累民請革里長勒石永禁緣由奉批現年里長
㝎民當之賠累之苦必至傾家刁棍當之科斂之
弊不可勝計此地方大害久經禁革何高淳悍然
不顧猶踵而行之雖該縣令民自封投櫃而現年
里長因而不革烏能辭咎至於每石加費二錢明
係私派以每石二錢計之一縣當派至八千餘兩
何人大膽敢行此事明係巧餌縣官一中其計劣
衿豪棍把持到底究之名爲二錢就中又加私幫
官居其名民受其累而利歸若輩縣令稍知功令

者當不出此仰布政司嚴飭該縣勒石永禁現年
里長再通飭各屬一體勒石嚴禁如仍敢陽奉陰
違及借名私派等弊一經發覺官聽題參蠹吏人
等按里長所費計贓照例問擬不貸此繳等因到
司奉此爲照各屬徵收錢糧俱令糧戶自封投櫃
其現年總甲里長啚書扇書糧書等役雖各屬名
色不一然久已盡行革除恐有不法官胥陽奉陰
違仍行害民故奉院批通行勒石永禁合急飭行
爲此仰府官吏查照來文事理立卽嚴行各屬卽

便勒石將前項名色永遠革除如有不肖官胥違
禁僉民充當現年總甲總書啚書糧書扇書等役
許被害之人卽赴司控告官聽揭參役拿杖斃等
因到府備行到縣奉此相應遵照憲行勒石永禁
須至碑者給常州府武進縣知縣賈國棟
巡撫官名岳起永禁差役藉端詐擾碑嘉慶七年
無錫縣正堂沈爲民累難安等事蒙常州府正堂
安憲牌蒙署按察使李憲行蒙巡撫岳批無錫縣
民蔣朝德等呈控縣差賀欽巡典差役倪雲等恃

票詐擾閭閻大干法紀仰按察使卽飭府親提究
報一面嚴飭該府出示查禁毋任仍前滋擾干咎
抄粘並發等因業蒙府憲出示嚴禁并提集人證
訊擬詳蒙憲示批允發落并勒石永禁等因下縣
蒙此除現遵照外合行勒碑永禁爲此碑仰闔邑
書差軍民人等知悉所有後開各條款如應官辦
者卽官爲辦理不許苛派民間如有差查造册者
永禁差役藉端詐擾倘敢故違一經訪聞或被告
發定卽照例從嚴究辦決不姑寬其各稟遵須至

勒石者
計開
一飭總巡查水柵撥夫看守港口示禁差役藉端
許擾地總亦不得日久廢弛
一清查壓轉田地及坍荒公捐義冢該地總隨時
實力辦覆示禁差役藉端許擾
一查造戶口河形各冊籍各該地總隨時趕造當
堂投遞示禁差役許擾
一查看水利一切船隻費用俱官為備辦示禁巡

典差役藉詐地總
一小戶錢糧漕米協總拔局催輸示禁押總整完
及分釐小戶毋許勒索串錢
一每年巡河弭匪應捕役巡緝毋許藉擾地總
一每年運河撈淺動支義租變價銀兩毋許派擾
地總
一屍場船隻供應地方官自行捐備
一漕糧駁船運動支漕費毋許擾累鄉農船隻
龍衣飾船經過應汛兵支更示禁派擾地總

嘉慶七年七月二十四日　知縣沈映楓

布政司慶保旨名示禁地保整完錢糧碑　嘉慶十五年碑立武進縣前

瑗籲洪恩等事查接管卷內奉護撫院慶批武進
民人齊示安等請禁地保辦整完錢糧一案等緣由
奉批查該邑向設滾單催完辦理本屬便民地保
代納久經前部院批飭示禁在案茲據齊示安又
以府縣經承捺不示禁情詞具控是否該府縣並
不遵循辦理據詳畸零小戶仍令地保代納之處
殊未妥協飭蘇州布政司卽遵照批示先行出示禁

革一面確查例案妥議具詳無許仍令地保代納
限比致擾閭閻仍卽擬具示式送查此致等因到
司奉此查徵納錢糧理應散給由單聽民自行完
納向設滾單催徵本屬便民如有頑戶臥碑不完
以及持符抗欠自應差拏花戶分別詳革究比從
無責令地保墊納之例至於畸零小戶更不便着
合地保代納致滋民累前據武邑詳請選充地保
催糧經前司核查以糧該保催徵歸限勒捆整完
久奉禁革是着保催徵不便於民該縣所請僉選

地保催糧之處未便准行詳明撫憲飭禁在案茲
復據武邑民人蔣永安等赴院司衙門具控以差
押地保墊納等情叩禁前來合行給示嚴禁爲此
示仰武邑軍民人等知悉自後徵納錢糧聽各糧
戶自行完納倘該糧戶逾限不完飭差協同地總
領催如有恃符包攬抗欠立拏詳革究比毋許仍
前着令地保代納致滋民累自示之後倘敢陽奉
陰違或經訪聞或被告發定卽嚴行究辦不稍寬
貸凜之愼之無違特示

巡撫部院陳官名鑾批常州府詳文道光十八年六月
據詳錫金兩邑紳士呈請革除現年各條既經該
府查明確實自應分別禁革第查該紳士所呈前
部院湯禁革現年總甲之案雖因高淳縣地方有
刁棍巧餌縣官向各糧戶加徵米費把持漁利起
見而示禁現年里長凡各屬徵收錢糧俱令糧戶
自封投櫃係屬通行碑禁與現在呈請查辦之案
情事相同該府自應秉公核議重申禁令若率據
生員姚元熙等具呈遽行更張竟將闔邑田制朝
令暮改更恐仍啟訐訟且滋吏役操縱之弊查該
屬各縣既有衿耆舉保之案各歸本啚舉辦應否
仿照辦理之處仰蘇州布政司查案悉心核議詳
奪務使官民各得其平無礙催科而於閭閻不致
滋累爲要此繳縣府詳文篇幅冗長故不具載

署布政司李官名彖鯤詳文六月二十三日
爲遵批議詳事道光十八年六月初十日奉
巡撫部院陳批常州府具詳錫金兩邑紳士汪士
佩等呈請革除輪充現年捆勒比墊等情一案由

奉批批卽上所云云等因到司奉此遵查戶部則例開載
地保一役應由士民公舉報官點充不特該紳監
等請由戶書舉充係屬違例卽每啚按年計產輪
當亦無此辦法如該府屬武進陽湖宜興荊溪江
陰等縣承辦催徵本啚條漕之人或曰地保或曰
保書歷由本啚田多大戶或由本啚衿耆自行議
舉惟錫金二邑地方據該紳監等呈明係每啚分
爲十甲輪年當役分別正次以啚內田多者爲正
戶凡業戶不諳差徭衿監例不充役出錢雇人代

辦遇有公事責令正戶賠墊立有現年總甲包總等名以致有產之戶視爲畏途將本啚地畝詭寄別啚冀免當役受累則提避之弊與訐訟之端皆由此起急宜力除錮習以示整飭嗣後地保一役應請照例仍由各啚士民公舉誠實明幹之人報官點充不必一正一次一年一換并不准勒定股戶輪充再有現年總甲包總名目如值徵收錢糧之時有抗欠不完者責成糧差協同地保分別往催提比不得勒捆包墊至於啚中一切公事應令地保秉公妥辦亦不准公然議及津貼致啟挾制詐擾之漸如此則公舉之議行大戶無須規避包賠之累祛地保不致畏充庶積弊可除而訟端可息矣其餘該紳監等呈請禁革派養流徒人犯以及緝捕命盜派辦工程各事宜應如該府所議辦理除飭府查照成案重申禁令出示曉諭并須發該二縣徧貼遵辦外所有奉批核議緣由是否有當相應詳候憲臺鑒核批示飭遵爲此備由另冊呈乞照詳施行

撫院批　據詳已悉繳

布政司牛官名鑑　札常州府

爲遵批轉飭事奉蘇撫部院陳批前署司詳錫金二邑紳監汪士侃等請革現年改着戶書舉充地總等情一案核議緣由奉批據詳已悉繳等因到司奉此合就抄詳轉飭札到該府即便轉飭遵照並卽由府查照成案重申禁令出示曉諭并須發該二縣徧貼遵辦具報仍將示式送查毋遲　七月二十六日到府

布政司另詳督撫憲　九月初二日

本司伏查紳士請革現年名目由於弊政滋多如所控兵房扇差勒索捆墊勒完銀漕包總每畝索費數千戶書花分戶名致田少者賠累愈重若兇惡正戶包總所收墊項數倍於櫃價供應相驗踏勘協緝盜賊兇犯派養流徒兵差工程運河撈淺橋梁水柵等費甚至監牆茨棘亦派及通縣言果有因則爲民設想誠有不可堪者李署司遵照戶部現行則例議由士民公舉誠爲除弊起見第立

法固期無弊而因革宜權重輕如該紳士所控各弊此不過有司奉行之不善而流弊至是耳誠能設心整頓實力稽查則令行禁止何難弊絕風清若併其法而更張之將現年名目一併裁革則成規一弛萬難復合勢必紳衿殷庶袖手旁觀而欲舉欲充大都無賴或剝民入己或侵虧遁逃誠如該縣所稱形勢渙散官民交困催科毫無把握貧富均受其累將該二縣年清年款之錢糧且盡化爲差總之侵欠當是時也雖欲仍復舊章辦理能

乎否乎是李署司前議意在刈艸除根究未免因噎廢食於錢糧重務大有關係且本司檢查舊卷道光十五年奉到豁免民欠案內而金匱一縣獨無絲毫蒂欠是該縣之年清年款未必盡由於催科之善亦誠如該縣所稱本啚田多者爲地總既能悉其戶名復不慮其侵吞一年一輪互相推擠得以年清年款然則現年之成法斷斷不可改也明甚至於戶書得賄舞弊或提避花分搬移寄附致田數愈少賠累愈重一節乃致累之由今應責成該二縣於推收則認眞追溯於控案則隨事稽查如有詭寄照律嚴懲數多者按例予以遠戍俾民不煩而弊漸絕竊念百姓幸際

聖朝食毛踐土諸徭悉免諸弊悉蠲於　國家維正之供煩其領催當不致有所推諉且大戶亦士民也縱革現年之名亦難置身事外是此時重在弊政之除而不在現年之革似可俯如該二縣所請仍令現年田多大戶充總催糧如衿監或不諳啚務即舉一人代辦報充悉聽其便亦不准公然議

及津貼致啟挾制詐擾之漸自古有治人無治法全在縣官約束書差催科與撫字並行小民具有天良諒亦樂於從事倘仍聽需索擾累有如紳衿所控一經告發則惟執法嚴參不得以詳定現年爲辭矣是否有當相應核議具詳伏候憲臺鑒核批示飭遵再紳士所呈條款及府縣各詳篇幅煩冗茲不備錄合並聲明

撫院批　所議甚爲明透如詳飭遵仍候督部堂批示錄報繳

增輯二

清糧

道光九年錫邑辦理推收金邑辦而未成十六年金邑辦理均田爲調劑難啚起見離啚當役之苦不堪悉數而墊完小戶爲害尤深小戶錢糧非盡抗欠一由於賣買收除及改戶過糧舛錯貽誤得業者未收出業者未除本戶故絕則地總賠納一則開徵時先將小戶串發交現總而現總與小戶所居遠隔無從歸討銀米墊完串即束之高閣本戶欲完而無從故墊完二字係書差朦官之美名即地總賠賦之實累也其有得業已收而出業未除者則爲一産兩糧是以通邑溢額之糧不少夫田不加增糧何由溢此乃積久流弊所致耳邑令因控案紛紛聽從胥吏掩弊卸咎之計辦理均田不開細號模糊撥戶田糧愈擾愈紊十七十九等年先有大戶當役小戶津貼之議繼又擬辦清糧章程徧送業戶剋期辦理詳司被駁中止至二十三年五月縣主着戶書舉啚董徧發告示邑中人

錫金志外 卷五 圭

以糧之不可不急清而又恐清之未能盡善也因臚列錫邑辦理諸弊與十九年總書所擬章程竝指陳利弊各條呈縣備採其能否洞澈底藴不致爲蠹胥劣衿營私射利自有官長之才識與業戶之福命存焉姑以前縣之稟牘暨所呈縣者備載於左

清理田糧章程稿此係道光十七年署金邑蕭[illegible]名稟上憲者

呈爲順洽輿情等事謹將卑縣查辦清理田號糧數章程造冊呈送查核施行須至冊者

一查辦清理田號糧數首先嚴禁吏役需索以杜擾累也查田糧冊籍向歸戶區書執管歷年收除糧數又係該書等經辦此時查辦清糧窮源追本不得不藉資熟手若專責戶區書清理難免隱射朦混從中滋弊現擬諭飭各啚大戶中每啚選舉公正耆老一二人督同查辦如有舛錯不符應向糧書查問者俱由公舉之人面向各該業戶清理不許區書與糧戶交接以杜索擾仍先給示此次查辦清糧首先嚴禁需索如

錫金志外 卷五 夫

有假公斂費許即指稟究辦分繕多張發給各該地總於要隘之處實貼曉諭咸使聞知而區書藉索弊端不禁自絕矣卑職仍不時查察倘敢仍蹈前轍輕則責革枷號發交本邑示眾重則照因公科斂律治罪

一糧書專司田號責任綦重應令各地總保舉着充以免滋弊也查各邑田畝千號向歸糧書經管其查踏地畝亦由該糧書等指丈在在均關緊要應着地總選舉誠實可靠之人具結保充

現在清糧須先飭令糧書將各本圖田畝千號細數確造草冊同乾隆六十年清糧田細冊一併抄出交付戶書會同該糧書覆核無錯發交耆老由各業戶按號查注如有田界不清須得查丈者糧書會同耆老指田清丈總不准與業戶交通藉滋索費如敢故違即照區書前條分別懲辦仍將保舉之地總一併究懲

一各邑宜先選舉公正耆老一二人督同區書以免訐訟而杜需索也查卑邑田糧自乾隆六十年清理以後迄今已歷四十餘年之久民間轉輾賣買更過不清或業田一畝內將一塊分賣與人當時並不丈實田數即以七八釐或一分或二三釐均作一分立契買戶照契過糧遂致過後以越界僭佔爲詞并有賣出甲號田畝悞收乙號田單交執田糧兩不相符甚至有糧無田有地無糧似此者此時逐加清理恐彼此爭執藉以纏訟應令各邑大戶中集議舉出素稱公正明白眾所推服耆老一二人伊等切近鄉

里底蘊易知責令督同區書逐戶查糧較爲妥速如有田糧不符之處隨時擺界秉公理明其應查丈者督令糧書丈實歸正毋使成訟如耆老實有不能清理之勢聽本戶具詞由縣查辦如有未經耆老理處先赴縣呈控者仍批着耆老協同糧書區書清理明白取結稟覆銷案倘稍偏袒扶强抑弱許受抑之人稟究

一各按本邑就近設局清理以免業戶往返跋涉也查清理田號糧數若統歸城局辦理則鄉戶

路途寫遠未免跋涉滋累今既有各啚公舉耆老清理之議自可各按本啚各設一局由耆老同區書查辦統限一月內對注清楚不許稍事宕延似此各啚就近辦理糧戶既免往返之勞則公事亦得妥速矣

一查對田糧數目宜驗明各戶契單印串毋許草率遷就也凡各業查對田糧由縣先行示諭令其自持契單印串赴局以免差弔滋擾其核對之法以糧書造出千號細冊爲底本驗明各戶

契單糧串參核乾隆六十年清糧田數冊底各于冊內逐一註明現業戶名如有舛錯亦卽隨時根查明確分別歸正務須針孔相符毫無糾纏方准註冊其原單之田有數人管業者卽令邀集各業戶于老戶下三面逐細分註不得絲毫舛混查出究治所有驗過契單印串仍隨時給還各業收執俟新單造齊由各該戶帶同舊單繳換不得掯匿違犯必懲

一單契不全應查糧註冊也查清釐田號糧數總以單契印串爲憑如單契實有遺失及被火被竊等事若不許註冊補單不特田糧無着該戶亦情難甘服如無單契應令開出完糧戶名檢出歷年印串查明糧冊的係該戶完納卽令出具契單實係被火被竊並無另行轉賣揑混切結准其註冊註冊之後如有他人執持是號單契赴局註者着耆老追問原戶並查單契賣與何人卽爲清理如係田實契賣揑失圖註者照例究辦

一抵押田單應令出借人邀同原主呈驗糧串核明更換也查阜邑民風有以田單立契押借銀錢註明如有原銀隨時回贖字樣歷年包租作利並不過糧此等抵借契單現在清糧自應一併註冊更換應令收執單契之戶邀同原借人檢出糧串一齊赴局查註其換給新單仍列原業戶名歸出借人收回俟將來歸本交還以杜爭執如有抵單並不會同原借人赴局混請註冊換給者定提嚴究

一田單原存田數先已分賣混執原單全註宜查糧清理也查乾隆六十年原給糧單假如田數一畝原戶業已賣去二三分買戶業經過糧倘原戶藉執全單全號請註買戶赴局爭執應查歷年糧冊驗明賣契着耆老清理分註仍將混請全註之戶提案究懲

一一田兩業應着賣人清理也奸刁之徒有將業田重疊契賣代完銀漕井有自種田畝認還兩業租籽此等巧詐平日被其隱瞞此時清糧俱

各赴局查註必致水落石出兩相爭執着耆老妥爲清理以先買者得田後買者歸價如有不遵聽其稟縣訊明究斷

一田單改多賣出應着耆老查明理處也查阜邑乾隆六十年原給田單字號畝分均係細字小寫奸刁之徒以少改多重價契賣現在逐細查註其弊立見應照冊查明將改多田價着耆老清理令原賣人酌還如賣戶業已身故無追卽照實田數目換單給發此次新單田數字號一體俱書端楷大數不准再有小寫以絕流弊如違必究

一田糧查註清楚先令糧書彙造坵領戶戶領坵細冊核準後再行換單以免日後糾纏也該糧書匯書等隨同耆老按啚會辦一俟查明清楚實無絲毫牽纏卽將各本戶彙造坵領戶戶領坵細冊呈送核明後按戶照依坵領戶冊籍換給新單執業以昭信守

一均田均役應分別繁簡定田數以均苦樂也查

阜邑通計一百九十三啚除義祭等田併僧道田畝歸僧道啚辦照例優免差徭外實計輸役額田六十三萬三千九百畝零上屆乾隆六十年清糧後無論啚務繁簡每啚一體均裝田三千三百畝零均分十甲按年輪役其沿塘各啚差務較繁併有原定簡區今則變繁迥非昔比又有啚大田少原撥本有不敷之處各糧戶輸役畏難遂生巧計串通區書臨役花分提避以致各啚田數均與原額不符甚至役簡之區倍

增額數役繁之處九形虧短值役原屬苦累此次清糧之後應須分別啚務之繁簡定以田數之多寡另立一定不易之章程永遠遵循查皁邑極繁者四三三四五一四六四四四二五三一四七一等六啚次繁者五一五六五八三等三啚中簡者共一百七十啚最簡者四一五五五十東北五東北四一十一東北一東北二東北三東北六東北七東北八東南一東南二東南三等十四啚極繁之啚裝田四千二百畝次繁之啚裝田四千畝中簡之啚裝田三千二百畝零最簡之啚裝田二千八百畝各俟裝定後仍照舊章按啚勻分十甲之中田數最多者爲正戶亞於正戶者爲次戶正次戶協同認役俱以十甲通辦散戶悉皆津貼按甲數之次序挨輪值總十載一週如近五年內甫經當役之戶若派在五甲以內則又啟推諉之漸自應酌派之六甲以下以示公允至均裝田畝亦照上屆順莊均派如甲啚田數盈餘應收多餘之田分

出撥入附近乙啚如乙啚亦復有盈無虧先儘甲啚之田撥入乙啚再以乙啚之田裝入隣近兩啚總須以近就近遞相接裝不得過糧戶住啚十里以外以杜寫遠跳裝之弊而免糧戶認役爲難再盈之中分撥田數如有推諉不肯撥出者着令耆老督同該啚各糧戶秉公拈鬮如拈得提出者照章撥入鄰啚則一勞永逸可期經久而杜藉口

一清糧後凡推收過戶應查對契單印串定於上忙造串更過以絕流弊也查皁縣戶糧雖經前縣徐令詳定章程輪役三年期內不准更過乃各區書疲玩性成每將戶數忽分忽併更有通串外啚私行提撥調換甚至銀串內甫經更戶而漕串又改戶名此等弊竇皆爲巧避認役索費之計不得不設法嚴行禁止凡此後過戶仍照舊章輪役三年之期不准更過以杜詭避如實係賣買應須過戶者應令現業向棄主將應過戶糧田數書推收字據併檢印契田單糧串

赴區註冊註單如係析產花戶亦檢分書呈核區書另設收除總簿按戶逐細登明夾同契單糧串各據送署驗明印契後核加戳歸於每年上忙串內照簿過戶辦糧如契未投稅不准更過仍只許一年一過如糧戶交來推收在已造上忙銀串之後仍隨登簿呈核即收單契糧串先行發還統俟來年辦造上忙串數內更過不准於漕串內改戶免致一歲銀米戶名兩異此後查有更改戶數不在收除簿之列即係該區

書私行花分定照書吏舞文作弊知法犯法照平人加等例治罪似此明定章程永杜糧役花分提弊而驗契推過兼可清理漏稅矣

一編定均田均役嚴禁不准再有提撥以杜流弊也按啚按甲派定田糧數目永不准增減更動將來造送徵冊啚甲田糧總數俱用木戳刊版不得書寫滋弊即有棄賣更過仍在原啚原甲分戶毋許撥出外啚如違照前條例治罪

清糧不易辦者有七

一前明知縣王公諱其勤與邑紳丈踏通邑田畝清出有糧無田有田無糧數千畝其時豪強積佔賄通大吏百般陷害幸而官紳一體至公虛心察訪然亦經十餘年之久方能澈底澄清享其利者數百載至今尸祝此乃實在清糧之標準固非限定時日而辦者可比其不易清者一也

一田地形勢更變無常或沿河坍瀉或墝埆開墾或昔爲屋基而今已播種或昔爲畎畝而今作

廬墓在在皆有既云清糧自應勘明現在情形使田與冊符冊與單符單與糧符否則一味糢糊任人指鹿爲馬李代桃僵安得謂之清此不易清者二也

一舊時坵形冊魚鱗冊有田之家皆可查考近來民貧產售此等啚冊大半爲戶書奸民收買藏匿甚或移坵換段雖有啚冊丈尺不符一遇爭差豪橫者强詞僭佔懦弱者爭辯無從此不易清者三也

一錫金山糧半無細號單上但載上節中節下節字樣其價買山地者半皆補糧業戶並無印單

一經奸佃盜賣當官以印單串爲憑無者卽葬已多年硬斷遷葬是侵佔田畝禍止奪其租籽盜賣山糧禍且及於枯骨若論清糧首應將此澈底查明然而奸佃勾串糧書非官府明察如神必爲朦混此不易清者四也

一平日賣買推收業主賢奸不一奸者賄通戶書於售出之產多推幾分使買者糧重租輕於置

錫金志外　卷五　卅七

買之產少收幾分使售者產去糧在然此猶與通縣糧額尙符至於收者已收推者未推以致日漸加溢總書了然於胸恐人告發因於串上加一戳記云詳明上憲加有錯誤隨時更正字樣歷來串票無此款式有此戳記卽大頭小尾亦不任其咎也業戶豈能人人查核乎是明明官府代擔不合若輩遂放膽溢徵爲總書者飽吞有年恐日後有人舉發不得不借清糧以爲灑槼之巧計卽官府業戶亦無根究之妙方只好誘爲旣往不咎夫旣往如此則將來亦何樂而不爲此不易清者五也

一平日收除戶書舞弊一經告發隨時隨事弔查勘丈官府尙易根究奸徒亦知畏懼今設局通邑舉動奸民蠹書乘此紛紛無考之時因緣爲奸百般欺隱卽或控告而爲時甚暫豈能終日僕僕於阡陌之間只得一概擱煞使强者得計弱者飲泣官府深居衙署豈能周知此不易清者六也

錫金志外　卷五　卅八

一民間賣買過割官府先要呈契以防匿稅似難逃遁不知戶書得賄何嘗不可收除徒爲戶書居奇地步更有一種奸民設計埋根將僞契故意投稅迨數年之後控案發覺官以印契爲眞而不知其僞以白契爲僞而不知其眞也此不易清者七也

無錫縣已辦推收諸弊　道光九年

一給單費縣中告示定數每張二十四文其在城及鄉間大戶雖有加增尙不相懸恐人告發也

至於鄉愚小戶每張一百文至五百文不等若山糧每張以洋錢一圓兩圓爲率少則揹單不給有遲至數年不得已如數付給者計通縣所費不下十餘萬官府知之而若不知也

一田糧舛錯在縣具呈者指不勝屈乃一概顢頇批示無論是非曲直不爲清理至今沈擱之案未領之單甚多奸民得計良民受累無窮矣

一鄉間刁棍謀佔墳山暗囑糧書於所給新單將同號相近之荒塚互裝千百號業主稍不經心

數年之後卽便發掘盜葬如孔山九文簡公之墓係朱代名臣昭然耳目尚被張姓暗通糧書作弊幾乎弄假成眞幸而控府嚴訊得實押遷十餘塚得以至今保守是未推收時無從作弊一經推收諸弊百出此外未發覺者正復不少也

一推收設立局董原欲將田糧舛錯之處秉公察訪有啚董所不能告之官府官府所不能深知底蘊者代爲傳述使無屈抑方爲董事乃全然諉卸於官專以分肥染指爲事惟親族請託搬啚撥甲暗囑縣書所謂董事如此而已

清糧章程 此稿係道光十九年縣書所擬

一首禁需索冊費陋規概行革除並無絲毫滋擾戶糧二書議明咸願自備紙張飯食協同查造順號白冊潔已奉公聽各業戶印對齊全徑卽核造正冊送印事旣簡便公歸核實但糧書一役攸關一巡田地舛錯爭差丈踏查覆事宜非止現辦清糧造冊印對事務故是役斷不可缺

少上屆六十年清糧一六兩甲戶首輪當今屆應輪二七兩甲戶首認辦設有未諳應聽倩人代辦總以縣結認役的名爲准所有糧書項下向有賠累逃亡故絕墳基荒坍錢漕名曰存啚今次清糧換冊以後地總一役議明十甲通辦常年津貼役費此項存啚歸入地總一併完納與糧書無涉

一啚董選舉有人必先自行稟明註冊倘啚中或有重疊盜賣差號差糧轇轕舛錯互相爭執各

事以便啚董調處排解息訟
一各戶書每啚自願捐出足錢五百文存於公所以備清糧案內設有詞訟傳差下鄉盤費飯食卽以此項逐起酌量付給不取於民
一產棄糧存一項皆由當時棄賣田產糧未推收因循自悞致有賠累今次清糧必有就號印收然其中轉輾轇轕未清一時難以溯清在賠糧者止能脫累是幸不得妄冀追補賠糧反致糾訟不休故今列議不准追補

一該號田畝數戶分業設有印剩幾分自應均攤印收足數不致再有宕糧名色
一此次清糧以後或仍照上屆均田均啚抑就字號原丈田數儘裝本啚以歸啚大役繁啚小役簡之處且俟臨時再請城鄉各業衿耆公議平允爲定總以板啚板甲一勞永逸爲主凡有賣買除收止准改戶不准移啚易甲以杜趨避之端而免盈虧之漸
一各啚義祭田畝另立附甲不貼不役外其餘田畝每啚均分十甲議明十甲通辦常年津貼役費每甲議舉甲長以便按甲挨年收取津貼彙交現甲値役辦公遞相輪流輾轉以昭平允所有常年津貼役費多寡各就該啚情形定議至地總一役應歸本啚及附近花戶充當遠隔外啚花戶止准津貼倘該啚除去外啚大戶其餘俱係零星小戶應歸甲長議舉充總
一如照字號原丈田數儘裝本啚而在城各啚田少役繁難以辦公應俟臨時酌議在三千畝以

外大啚貼補以歸平允
一此次辦理清糧換冊給單事宜不另諭經承凡豫其事者俱係自備資斧潔己秉公辦理至若上房使費俟給單之際請憑城鄉各業衿耆公同酌議湊給
公擬章程呈縣 道光二十三年五月
一十甲通辦常年津貼此法須革去現年無有多寡大小之分方可謂之通如古人之通力合作也今既仍有現年又復各甲津貼是十年之中

無一年不當役也從前不過一年受害九年免
苦今乃九年小累一年大累雪上加霜何以堪
此
一向來存畱錢糧不過住基荒墳逃亾死絕之戶
各縣皆有此等遇有
恩赦歸入豁免項下今乃云着地總完納與糧書無
涉既爲糧書脫卸又勒令現年地總賠墊殊欠
公允
一糧書本係官役理應官爲簽點辦理畱務今乃

着戶首認辦是明知其不諳辦理使不得不出
重價亦未爲允協
一議舉甲長收取九甲津貼歸於現甲此乃爲甲
長生財之道試思一畱一甲輪值現年所墊銀
漕俱係
國課尚難歸討今乃欲收九甲津貼其中業戶之拖
欠甲長之侵吞雖使當現甲者化身千百豈能
稽查是卽逐戶收淸而甲長總以爲拖欠也況
舉充甲長究屬何人如謂現甲應舉則收費時
既不能按戶認識亦未必取之如攜且拖欠後
豈可控官追比如謂戶書議舉則所收貼費盡
入其橐徒耗民財而於現甲毫無益也
一産去糧存係由戶書作弊所謂買者已收賣者
未推之故伊所藏底簿生涯所託萬無遺失之
理既有底簿何難追溯今乃云難以溯淸止能
脫累是迴護戶書明欺糧戶也若溯淸戶書作
弊免其責處則猶可言然已受累多年矣
一云該畱除去外畱大戶其餘俱係零星小戶應

歸各甲長議舉充總等語地總例應本畱士民
公舉今乃云各甲長議舉又云每甲議舉甲長
究竟甲長舉地總抑係地總舉甲長況現年業
戶既當總甲則當甲長者又是何等人一片含
糊純是愚弄百姓之語
一云此次或照上屆均田均畱抑就字號原丈田
數儘裝本畱以板畱板甲爲主等語從前均田
已非一次如照胡前縣所均純是任意跳裝已
蒙各大憲弔銷在案豈可再用至儘裝本畱原

是歷來舊章他縣無不如此但此事係緊要關頭乃云臨時公議到得臨時一任局董縣書私意所爲豈許外人參酌耶

一云在城各啚田少役繁難以辦公議將大啚貼補等語似乎截長補短辦法甚妥但各大啚與城啚有無苦樂之分其業戶或有不願裝入城啚者或有情願裝入者其弊甚多如欲裝者則戶書索賄方准裝入不願裝者則戶書索賄卽不裝入是既暗開日後搬啚之弊且先啟目前

得賄之端似應酌一至公辦法

一云不准以後移啚易甲此論甚正然未議及如何禁止之法仍屬空言無補從前均田清糧時何嘗無此議論乃一轉瞬間搬移紛亂豈非前車之鑒耶

一冊費上房費卽出在給單費內豈眞能潔已秉公然云俟給單之際衿耆酌議是顯然出錢者無一定之價得錢者有無窮之利也試思錫邑定價出示尚然多至十餘倍今不預定而臨時

勒捐使民不得不遵所謂潔已秉公者意卽在此至衿耆酌議者則竝無其人衿則但顧一己總之既欲舉行自應先將一切章程悉心彙議詳明上憲榜示各啚猶且陽奉陰違諸弊百出若一概臨時酌議又何必先將議款示人至於限期迅速使人措手不及則欲清而勢不能清更非政體

署金匱縣張（官名銘曉）批　金邑按田輪役本係久定章程迨日久弊生每有奸刁糧戶串通區書提避花

分區書因而高下其手從中舞弊以致田糧舛錯混淆前據各紳士呈請清糧本縣因係興利除弊起見業經出示曉諭各啚議舉誠實公正董事經理其事以冀澈底澄清一勞永逸兹查閱抄呈章程尚有未盡妥協之處但事關合邑田糧各宜和衷商辦其中何弊應除何利應興仍卽會同各董事妥議經久章程呈候核明詳請各憲立案毋稍各逞已見是爲至要抄粘發還

增輯三

柵座巡船

錫金居滸關上游設立柵座巡船稽查偷漏法至密也然柵座有定數巡船有定界詳載戶部則例及滸墅關志其地處腹裏河道淺狹客船不到並非要津向無巡查口岸乃蠹胥以偷漏聳朦關憲徧處設立稅房水柵丁役把守詐害百端小民隱忍切齒歷考前賢奏牘條陳已痛切言之前志未載不知此實爲殃民之大端也

請革濫設巡船疏略　御史舒赫德

爲密陳稅務騷擾之弊以清關政以惠民生事伏查江蘇滸墅關爲貨船往來之地稽查收稅期於裕課通商仍慮近關之處不無支河小港私行偷漏故於三十里之內量設巡船以資偵緝載在關志原不許越界擾民自後關蠹與土棍勾通射利遂於離關百里及二百里之常熟無錫江陰等縣地方如羊尖顧二房廊港下橋陳墅南角北角等處無不差人盤查紅船之外佐以白船肆橫無窮按定例土貨土卸自無錫江陰以至常熟本與滸關遠不相及而一遇巡船即小民纏田之餅換布之花辦官之糧實當之穀亦俱指爲私貨百般刁蹬稍不遂意即牽挽到關人則牢阱班房貨則倍罰數料而以所罰之料給與巡船充賞故巡船愈樂肆其强橫南角北角之巡船聞曾經前部臣張鵬翮飭逐有案撫臣張伯行嚴禁有碑乃近年以來全無顧忌竟將碑文毀滅更於南角北角前往常熟

必經之路離關一百五六十里王莊地方創立一柵每一米船不得出三四石之外每石使費勒出四五分不等又必另取米穀或數升或斗許名爲雞鴨食而後許過有不依允將船戶責以籌片以致小民怨毒無可申訴於雍正十三年秋間海保進京之際該地方小民有拆毀柵座打毀巡船事案拘拿無錫江陰金匱常熟昭文等縣案犯多至二百餘人並非客商俱係百姓該督撫將爲首者問擬立決經法司向該部

咨查其王莊等處柵座巡船俱屬近來私設故復行駁審現在未結此違例害民之實證也夫小民敢於身捍法網其罪固有應得然情屬憤激非該關違例擾害何至若斯以上事件該地方大臣豈俱漫無覺察臣用敢據所風聞冒昧上瀆等因具奏旋經戶部議奏滸墅一關於雍正二年欽奉

上諭各關將應上稅課遵照現行則例刊刻木榜張掛各口岸不得任意苛索行據蘇州織造兼管滸

墅關稅務胡鳳翬冊開額設口岸有崇福等三橋望亭等七港共十處報部在案其王莊羊尖廟二房廊港下橋陳墅南角北角等處從前並未報部乾隆元年准都察院因金匱等縣拆毀柵座巡船一案以前項口岸咨查臣部臣部將未經達部緣由咨覆在案今該御史舒赫德奏稱海保於離關百里及二百里之常熟無錫江陰等縣私立柵座濫設巡船以致雍正十三年秋間地方小民有拆去柵座打毀巡船之案牽連二百餘人爲首者問擬立決經法司駁審現今未結等語除此案應聽刑部審擬完結外其管關官越界擾民之處該地方大吏例有稽查之責但該御史所奏係屬風聞是否情實臣部難以懸擬應密行該省督撫詳查具奏并令將該關私設柵座巡船之楊尖各口岸相度情形果係實在可以偷漏之處止設役巡查令貨船直赴正關上稅不許違例私收如非該關要隘不應設立生事擾民者卽行拆毀報部可也

上督撫各憲請裁滸墅關口岸摺稿

金匱縣知縣 王允謙

謹案滸墅關之設所以榷南北商貨之稅欲使南貨不得遠關而北北貨不得遠關而南須先明此關坐落之所東西南朔商貨往來必經之地庶可論各口岸之去留難容漫焉寘議也查滸關在蘇州郡城西北三十里常州郡城東南二百里關之南爲長洲元和吳縣三邑所屬境地關之西北爲無錫金匱正北爲江陰再西爲

宜興再北爲武進爲陽湖東北爲常熟爲昭文此滸關四境之大概也夫東北一隅則逼處海濱恐北貨由海而越出關南故於常昭兩邑特設福山港徐六涇等口岸以扼其出西境則逼近太湖與浙省嘉興湖州諸郡邑相聯故於宜興武進陽湖無錫濱海處所設有烏溪大渲下埠等口岸以攔其西渡而太湖之內又設有紅白船以防越漏若由運河南下欲取道內河走蘇郡而直達關南者則有金匱之北柵（即俗名老人關）

又即額設之轉水港及伯瀆望亭三處均可入口經內河走曹河長蕩而出虎邱桐橋楓市此北柵望亭所以特爲建房設柵以制其出入而無金合界離城五里之黄埠墩近又奉關添設巡船一處以扼其要會是關北之東由海西由太湖中由運河三道來南者已皆稽查有地設守有人矣若南貨欲遠關而北者必由蘇城之東偏從虎邱後湖長蕩曹湖而北達無金東走常昭無所不屆是以特設蠡口龍華二柵并新塘巡船截其要道西則有竹青橋張公橋兩柵以通無貨小船之行并稽偷越之貨而沿塘南北又皆設有巡船遊巡不懈以杜提關之弊則關南之貨亦可無虞偷越南之貨不得越關而北北之貨不得偷渡而南而猶添設王莊六市羊尖嚴塘等處口岸者其端不起於關而誤於常昭兩邑之原議（某）請得詳言之雍正七年有常熟民姚成之等因巡船在常熟縣境內河借巡滋擾起而請禁奉前藩司趙轉奉督撫兩院批行常昭

查議昭文縣勞令攝篆常熟奉行議詳於關之南北境地未常深考輒以常熟昭文爲坐落滸關之南謬將蘇常兩府分界之處劃分爲關之南北請於江陰常熟金匱交界處所設柵置守前此司府各上司亦以常昭爲關南屬邑以常昭民船土產往來蘇郡者免其征榷爲請關部由是檄委吳塔司巡檢彭光裕帶同關差沈文往來金匱常熟會同各縣典史查勘水道情形該員役等即請江陰金匱常熟交界坐落金匱

之王莊六市顧二房廊下坐落常熟之羊尖及
金邑內河之毛塘橋許賣布橋南塘九里柵常
邑離縣城不遠之大義橋等處設巡申覆關部
轉咨前　撫院尹除在金匱各口如王莊等處
不更委勘外其常熟大義橋等處又委員會勘
改於嚴塘橫塘等口設柵巡查紛紛更置大非
滸關舊制矣其時設柵既多關北二三百里以
內民居生齒日繁積終歲辛勤血汗所出之米
麥豆糧花布雞豕完租辦賦養老育幼之貲以

有易無此往彼來熙熙攘攘無日蔑有而舟楫
所至非關船卽關柵動多犯禁更有婚喪船隻
婦女探親延醫喚穩必須經行之處而各柵以
啟閉有時一如大關之制民船之不及過者卽
其家相違不過二三里或數里之近每致停以
待旦在　關部雖條約嚴明無如在關人役嗜
利忘命往往勒索生事鄉民吞聲側目自八年
至今已非一日究之起禍之源實起於常昭之
原議妄指關北之邑爲關南之地不以滸墅近

境截分南北以征貨稅而以常昭江陰無錫金
匱交界之處爲南北其初意似屬爲民而不知
失於稽考罔加詳議坐貽民生無所底止之累
也今某仰奉檄行平心體察應去應留之端厥
惟有二若以常熟昭文兩邑在關北百有餘里
之地必欲指爲關南以常熟江陰無金等邑東
西交界之處分爲關之南北則王莊等處皆屬
滸關絕守之所當此課額綦重之時無可議棄
此一說也若以常熟仍歸關北於常邑由關之

地如蠡口龍華新塘諸處加謹守禦不令南北
貨船於此偷渡則扼吭拊背卽在關之近境稽
查易而耳目周商貨不致偷漏而民生之累爲
之一旦豁除此又一說也執前一說則易於議
詳執後一說恐或者又慮常熟既已向屬關南
常民往蘇販易者甚多恐一日阻截大不便於
常民必有起而爭之者創一說以相持則某又
有說以折之查常熟居民往蘇販買零星貨物
向來設有便民船二隻經由蠡口往來採之輿

論設此二船亦向關納有常例其往蘇郡楓市
糴米者該商給以原領關票船回蠡口守口人
役驗明截角放行蓋以甫經上稅免其重疊科
征耳若常邑所產花布等物零星者由便民船
載往成蕩者卽從蠡口押至大關上稅是常熟
本居關之東北而强屬之東南究之所利者止
向有之便民船而已此外毫無加於從前而常
昭產米甚少每患不敷民食前此居民日食所
需不貲於蘇郡已經過關上稅之米客卽貲於

常郡所屬不必過關上稅之土產晚稻今在南
則蘇郡之米過關轉運水脚有加其價不能不
稍稍昂貴在北則添設各口處處稽查土產米
穀往往不能相濟坐貽艱食之虞則改關南利
不加於前而艱食之患實有加於後常昭八年
之議似愛其所屬之民而置其鄰屬於不問其
實貽小民之害而墮術於不覺也 某身任地方
稟奉飭查旦夜祇懼深思切慮爲今之計者惟
有將常昭兩邑坐落地方改屬關北嚴蠡口龍

華及金匱之北柵伯瀆望亭武陽宜興無錫之
大渲烏溪下埠常昭之福山港徐六涇諸口以
杜遠商巨艦南北之偷越其餘內河船柵如王
莊等處應請掣回稍弛關北東西土民土貨往
來之禁以循南貨南交北裝北卸不必稽稅之
例雖常金等邑一二土民土產之稅自不能不
稍減於前但躬逢
聖明深仁厚澤蠲租除額動逾千億百萬卽今天津
鈔關又

俞允 大部議准長蘆鹽政准請豁免東安等六縣
離關遙遠各處口岸則此些微土產所應仰請
慈鑒一例除免民生日厚而
國課永遠不缺此萬世之計非目前一日之計也更
有陳者王莊一口在滸關今日直視爲北門鎖
鑰者其故亦有二端一恐北貨從運河南下由
陽湖之戚墅堰一折入口而至江陰達常熟從
運河輾轉銷售也一恐小商小販從江陰對渡
如靖江通州等處由黃田港輸稅進口經江陰

而南達常昭各邑於支河小港提關轉運巡船耳目所不及則於稅額不無少損今爲賦稅起見義當加謹伏查福山港白茆諸處滸關海關兩關均設有守巡之役分稽出入而戚墅一處在滸關向來亦設有差船巡守 某竊謂設於下流內河之王莊以累民生不若循照福山白茆之例移此柵於黃田港與海關分司其事使由港入口散入內河者不致漫無稽考而於戚墅堰上遊仍舊設一巡船使北貨南來者一從運

河南下不令折入私港掣堂奥之禁而守藩籬則民困既蘇而關政似亦加密矣

憲臺忠誠貫金石愛民若保赤子用敢敬抒千慮之愚以瀆 明聽伏望畧其愚昧宥其越俎俯賜批示俾得一舉而更張之以蘇民困以廣

皇仁以昭 憲德於不朽則民生幸甚吏屬幸甚

呈江蘇巡撫許公關柵條陳 浦起龍

條陳關勢情形僭論攔柵存撤敬效芻蕘仰資博採事竊按滸墅一關係吳會南北襟喉摧課

甲于天下慮有支港錯出越漏外商而土著懸僻原非所問故檢閱之法貴嚴支口而不在腹心請畧言之滸關上塘一面環繞太湖現設專員無庸置議惟東北西三面延袤二百餘里內則運河沿塘港口守柵宜周外則沿海沿江港口盤查宜密誠令藩籬加謹卽不須堂奥刬防再按關舊例止於近境設巡其地界懸僻土貨土卸不掛榷政科條今自雍正八年專在腹裏內河紛紛置柵無補課額徒吸民膏雖關部嚴

防蠹役而耳目難周坐致物價高騰尤于僉歲非便通盤籌算無一而可恭逢

皇上軫恤商民革浮減額仰荷我大憲公忠體國至仁至明現在諮訪柵座去留謹據管見條舉利弊以備蒭採

一謹內口以充課額

內口者何運河沿塘之港口也最在上游者爲陽湖之戚墅堰一折入口可達江陰之常熟者也其在金邑者爲轉水(卽北柵口)伯瀆望亭三口並

可抵蘇而會於新口者也其在近關者則龍華竹青張家等三橋也今則近關三橋及金邑三口現在柵巡謹密控扼罔疏惟戚墅一處去蘇甚遠而北貨越入恆必由之向來滸關設有差船而巡差入槖不肥尋以委廢所宜仍舊駐防使北貨南來東歸一線則外商無漏卮之隙而正課皆掌握中物矣

一嚴外口以緝散商

外口迢遙東北西三面距江距海今除東境劉

河另設海關外其自東而北則常熟之福山白茆爲要自北而西則江陰之黃田港爲要謹查福山白茆諸處滸海兩關均有專役守巡分稽出入而黃田港對渡每多揚泰通靖小商往來貪販相應循福茆之例撥委滸關管轄嚴設巡攔與海關分司稽察則北門鎖鑰呼吸相連而越漏之虞萬無遺慮如此而猶患課額之虧者無之

一靖腹地以惠土民

內口外口既經四面周防則凡在腹地與關無涉之境如常昭金匱江陰四邑二百餘里間皆聽民裝卸土物從無置柵例者也由常昭而達金邑則有王莊陸市半尖顧二房廊下等由江陰而達金邑則有嚴塘橫塘北角南角等是爲三交界之內河其在金邑界內一曰九里橋是卽轉水之內河一曰毛塘橋是卽仁讓之內河一曰南河橋一曰許賣布橋是皆望亭之內河總之曰內河矣總在二百里間矣總皆土民裝

卸土物與關無涉者矣而自雍正八年則到處布滿新柵其密如網其擾如蜂致使自物如偷自鄉如販將謂舊迹有可因則關志何無成迹將謂課程藉以足則歷來具無羨程竊以爲一切宜刪者此也

一定巡界以嚴越詐

滸關舊例向於附近塘橋口柵量設巡船以貲偵緝不許在不應抽納去處越界擾民按關志康熙年間督部院于撫部院余檄禁紅白拉越

詐一案內開錫邑之高橋等則連及王莊又開江邑之華墅等則連及南北角竝云俱係內河例不巡查據此則尢在內之內者其不得巡越斷斷如也奈日久禁弛一切小港支河橫行截詐無處無之急宜勒定界限過界卽許商民協拿而舊禁重新矣夫巡且越例則柵之贅設可知而柵旣議剛則巡之勒禁難緩惟兩害相勾而稔禍須兩法竝舉而飭行哀此小民出門觸網一除百除正在此日

一通利害以均鄰邑

從來都邑相竝貴于相卹茲緣內柵疊添徧擾常昭金邑各境在愛民長吏各爲其邑因而不暇顧及其鄰如常昭具詳極言縣處南偏不應添柵江陰續詳又言縣界隔遠不應添柵於是姑持要口在金之說全以柵累萃於一邑而金邑署令疊換未及查詳殊不知金邑與常昭江陰犬牙錯壤所有支港均屬路不由關之內河四縣同形豈有彼此去留之別故言三縣之柵可删卽金邑之柵亦可删詎以詳文後先藉爲鄰壑設邑當事起而爭之勢必協同會勘勘必協議會詳竊謂四縣同形一語實非掠影遊談

一平物價以資儉歲

洪範八政食貨居先況當儉歲減收尢賴土物平價而本地編民仰給于客產者十之四近取于土產者十之六乃今多柵層攔米麥過則索之糲荳過則索之雞豚六畜過則索之鄉店用物過則索之花布營生薪蔬零雜過則竝索之

索旣多端則售必滋貴周禮荒政十二條其五曰舍禁凡禁在著令者猶將舍之況乎添贅之厲禁豈可仍而不舍切時之務莫此爲先

一援汛例以備宵儆

竊思立柵之始一以託言查稅一以藉口夜防然此可以飾聽聞而實不足以備先事者也彼小竊夜行必趨僻徑手挾背負不須操艇若多夥撈駕械船方且不畏鬧衢豈畏二三柵役有時突過正恐匿避不遑誰敢挺身出拒伏見蘇

屬長蕩本非運河即于最野曠之三家村許家灣新設塘汛今金邑近柵等處多有曠野相類者若毛塘以東之外莊口再東之羊港蕩若九里柵以上之新塘橋及以下之羅家港諸如此類不一而足合援長蕩非官塘設官汛之例酌立守汛易柵爲營即移柵料蓋搭所費不繁而就而塘兵口糧與柵夫飯食亦畧相當似于地勢時情不無小補書生愚戆隱切杞憂用參末議

此編所載現年清糧闕柵三案俱有關於民間疾苦而前志未及者故備載顛末後之修志者止須撮其要領固毋須若此之覼縷也

增輯 附

鄉會試卷資路費

吾邑自吳公伯成作宰斯土禮賢愛士凡所取寒畯前列而未成名者雖已升任總制兩粵猶且爲之援例入監此種高誼近今以來誠罕覯矣道光二十年前撫憲裕公諱謙捐廉倡率札飭各屬廣爲勸捐以作鄉會試卷資路費適兩邑有充公罰項八千千文詳明大憲發典生息以體憲意繼又仿照武陽兩邑章程稟奉憲批飭令認眞辦理乃未幾裕公督兵赴

浙此項遂冰擱不發屢經呈催而邑令輾轉交卸彼此推諉延宕幾使兩邑寒士有向隅之慮迨兩載之後再四呈求各憲檄催竟以兵差過境開銷稟覆幸而藩憲文官名柱嚴檄申飭剋期交出始得於二十三年鄉試之前陸續解淸現已分存各典生息並舉紳董經管所有詳憲章程尚有不合之處亦已另議刊刻布送是役也多士奮臂出力不避斧鉞誓不使此項化作鯨吞其義心果力固爲難得然苟非藩憲實心愛士秉公嚴斥雷厲風行亦恐終歸烏有也此不

特目前兩邑士子之幸其永永利賴正復無窮所期董斯事者至公無私始終弗懈能使日漸贏餘俾士子均沾實惠斯更盡善盡美矣此案文卷冗長董其事者自必刊刻布送茲特撮其大略附載於此亦以見吾邑之一大公案爲前此所未有云

贅言

鄭夾漈云房元齡董史冊故房彥謙擅美名虞世南預修晉書故虞荔虞寄有嘉傳晉史黨晉而不有魏忠於魏者目爲叛臣齊史黨齊而不有宋忠於宋者目爲逆黨傷風敗義莫大乎此修史尚然何論修志今觀歷次人物志傳或前志入文苑而後志改入儒林者或前志入宦望而後志改入忠節者或前志入孝友行義而後志竟不載者其孰得孰失自有淸議

居官者公正廉勤乃其本分如棐卓然有所建樹方

不愧爲宦望然必鄉評允協始免指摘若其夤緣升擢卑鄙貪淫居鄉問舍求田徵逐飲博而於桑梓毫無裨益秉筆者輒以廉介有政聲諸詞褒之幾乎無宦不望矣酌泉錄云或徇於子孫之請囑或震於權位之煇赫嚴中允云墓銘家傳不無溢美之詞雖敘述事蹟猶必斷以理與勢之所有而參之見聞則庶爲實錄二公亦有慨於徇私者之多也

文苑一門未易濫厠若祗云工於詩文或云講求實學或云長於考訂或云少有文譽而畢生聲望平平

著述一無表見即載其所著某集亦止爲其家覆瓿之用甚至聲律稍明即云有唐人風調字畫稍習即云有晉人規模豈不可哂

鄉賢祠尊賢祠及各專祠多由於私家之陳請前人亦已議之凡人子孫欲表揚其祖父原是美意然亦應自知分量不使祖父有溢美之名方可爲孝否則賢否並列祖先亦踧踖於其間先賢有靈且欲揮之門外矣何待公論之譏彈耶

藝文志所載前賢詩古文詞或陳利弊或紀廢興皆

有關係之作即其游覽贈答形諸篇什亦必人品學問爲世欽崇翰墨出羣士林膾炙方可不至磨滅若其倖獲微名斯文有玷本非作手妄思續貂多見其不知量而已

以上各條所望後之脩志者秉公陶汰不使賢否混淆眞贋雜處斯堪傳信矣

邑中風俗關係人心酌泉錄所載者如居官不知氣節士人嗤笑迂拙衣服以布爲恥居喪七七外即不衣白賭博城鄉靡間乾隆間已然近則更甚而最爲患者更在乎各廟糜費夫殷人尊神吴人尚鬼不過禱祀之誠而已今則開拓地基廣建華屋園亭重複壘石濬池煽動游民男女紛集冶容豔服畫舫輕輿導淫傷財莫此爲甚而土豪奸蠹假鬼神之威靈爲斂財之妙計或廣捐累萬而土木不休或假託興修而勒派糧戶甚至多年駁築而尚欲募緣丹艧煥然而拆卸改建以小民有限之脂膏供此傷風敗俗之用安得不日即於貧乎若夫選妓徵歌停橈艤次華燈似晝絲竹終宵北郭外自端午至中秋風雨無間

一夕之需不翅數十家中人之產轉瞬間避債無臺妻孥凍餒又正不知凡幾矣

邑中驕奢淫泆之事無代無之而傷風敗俗最易導人淫者莫如攤簧戲三十年前每於鄉僻深邃之家更闌人靜偶一爲之醵錢者猶有諱飾之意今則官廨中公然以此爲侑觴之具甚至稱爲乾女而不自恥無怪城鄉白晝演唱斂錢誘賭誨淫舟航雲集有心者以爲鴉片流毒不過一身一家此則到一方則喪盡廉恥深望良有司嚴行禁止庶其可以整飭風

俗歟

錫金志外卷五終

錫金考乘

（清）周有壬 輯

《錫金考乘》十四卷，（清）周有壬輯，光緒二年（一八七六）無錫秦氏世瑞堂木活字。

周有壬（一七八八—一八五九），字佩安，無錫人。少好讀書，不事舉業。既冠，即以橐筆遊公卿間達四十年。平生編著有《梁溪文鈔》、《勾吴金石録》、《名山祀典録》、《香珊瑚書屋詩文集》等。後兩種今已不傳。《錫金考乘》爲周氏一生心血所萃，其遊幕多年，凡所見史籍文字有關錫地文獻掌故遺文者，隨手抄録。遊幕歸來，即編成《考乘》一書，然無力刊行，藏稿於家。清咸豐九年（一八五九）周去世。第二年，周有壬次女周毓芳（秦賡彤妻），爲避太平軍陷無錫之難，携父稿走京師，其時秦賡彤官於翰林院。同治九年（一八七〇）秦氏回錫，任東林書院山長。周毓芳屢謀刊刻父書，卒不果。至同治十三年周氏病重，招秦賡彤侄秦寶璣至，以自己存款及稿本付之，囑其刊行。此書當日因絀於財力，僅印數十部，流傳極爲有限。《錫金考乘》一書意在補縣志之不足，援引賅博，考證精詳，叙事簡當，論斷持平，引用之書，皆標書名，具載原文。於舊志所不載之材料，如第宅園林、失載人物、捐賑助役之類，皆可補舊志之缺。書前有秦賡彤所撰周有壬傳，書後有跋，歷述成書經過。

本書據清光緒二年（一八七六）秦氏世瑞堂木活字本影印。

（徐志鈞）

錫金攷乘

世瑞堂藏

周佩安先生傳

一代掌故之傳曰文曰獻然文尤賴獻而存一邑亦然不有博聞之士出於一邑之往蹟遺文蒐羅散失補缺訂譌何以傳之信且久吾錫之有佩安先生其邑之獻歟先生姓周氏諱有壬佩安其字系出宋周元公迨我

朝有康熙甲辰一甲三名進士諱宏者其五世祖也少聰敏於書無所不窺不屑爲制舉業壯歲以才名動公卿間陶文毅林文忠皆器之延爲上客大江南北無不知有周佩安者及倦遊歸發篋出所著手自

編訂有錫金考乘十四卷則爲邑志證其疑漏也錫山文鈔八十卷則以鄉先生譔著有關風教及足備考證者薈萃成編而免於湮沒也勾吳金石志六卷則凡通都僻壤巉巖絕壑廢寺古墓斷碑隻字罔不搜采以存古也名山祀典錄六卷則尊賢祠祀所繫以爲後人觀法也邑有故事士大夫皆必就先生而諮之以徵信焉先生貌修癯目炯炯喜譚古今事娓娓無倦容晚若風痺然常兀坐握管歷寒暑不輟家無儋石儲泊如也所著尚有香珊瑚書屋詩文若干卷年逾七十卒書藏於家其次女余婦也咸豐庚申

2001058

四月粤賊陷無錫先期奉遺稾來京師其書多闕一邑掌故亟宜梓而存之俾後之徵文考獻者有所折衷云

秦賡彤曰無錫自南宋以來應千年未罹兵革九峯二泉間名流勝蹟故家志乘爲多庚申之亂燬廢略盡先生生未遘世變得從容蒐輯以成其書先生之幸歟抑亦一邑之幸也雖然先生抱用世才觀其與邑大夫書地方利病往復數千言以申其議捐基建節孝祠於惠麓以彰風化固非拘守一編者而僅以著述見惜哉

錫金考乘目錄

錫金考乘　目錄

二

錫金考乘　目錄

三

錫金考乘卷首

高宗純皇帝

宸翰

謹案前後庚午志嘉慶新志卷首

宸翰未載

巡幸詩章道光續志始載

御賜諸臣之詩近于揚州文滙閣恭讀

御製詩全集凡詩之關涉無錫者敬謹抄錄查對各

志卷首

宸翰不特

御賜諸臣之詩尚有遺漏郎

巡幸詩章前志亦未全備謹爲編錄以補闕畧

璇毫炳耀悉載無遺益足爲志乘增榮也

辛未

倣惠山聽松庵製竹茶鑪成詩以詠之

竹鑪匪夏鼎良工率能造胡獨稱惠山詩禪遺古調

騰聲四百載摩挲果精妙陶土編細筠規制偶倣傚

水火坎離濟方圓乾坤肖詎慕齊其名聊亦從吾好

松風水月下擬一安茶銚獨苦無多間隱被山僧笑

題沈周碧山吟社圖

招提卜築背崚嶒靈竅中虛玉乳澂十老高風餘古

木百年故蹟付溪籐琳池聽講看魚慣雲徑延賓記

鶴能阿那松庵依左側所欣我亦品泉曾

壬申

惠山歌題張宗蒼畫

惠山之泉人所聞惠山之山我亦欣來往惠山纔兩

度清興足共千秋存往往林巒入静觀（去聲）筆不能寫

徒云云宗蒼畫伯亦吳人經營慘淡其傳眞薪來九

龍在吾目烟舟艤待梁溪曲白足僧人若可呼我獨

何爲在書屋春雲如滴山如洗品泉在事徵纖紙寄

暢園法雲寺由來不隔彼與此

乙亥

擬皮日休懷錫山藥名離合體二首

錫山曾遊憇處也今見日休此作不覺神往

暗寶明亭之間適獲我心一依彼體

九重憶得春光淡竹徑僧房有路通草色鋪茵香蒻

鬱金輪頂禮法雲中

上方結搆靈山半夏日何當坐聽松香界現前心獨

遠志依雲水鎮重重（錫山有聽松庵）

擬前題縣名離合二首

惠泉名久擅東吳橋外烟光有若無極目拈毫得句
秀水鄉遊與幾年孤
一棹梁溪徹底清平時登岸訪山行唐時逸少人如
玉山寺依稀有泐名
丁丑
麋城
吳王豢獸處麋城名以留豈識胥臺上終教鹿豕遊
聽松庵竹罏煎茶疊舊作韻
惠山泉名重天下而聽松庵竹罏為明初高
僧性海所製一時名流傳詠甚盛中間失去

錫金考乘 卷首 三

好事者倣為之已而復得其倣其復胥見諸
題詠聯為横卷者我朝巡撫宋犖為之裝池
識以官印俾寺僧世藏之自是而竹罏與第
二泉並千古矣乾隆辛未春二月南巡過錫
山念惠山為東南名勝
皇祖聖祖仁皇帝數臨其地有品泉二字
賜額爰命舟瞻仰坐山房煨罏酌泉啜茗小憩並用
前人原韻成二律題王紱畫卷仍歸寺僧永
垂世寶而紀其緣起如此
布惠行時擬漏泉未蘇元氣我心煎老扶幼挈難如

昔室飽家温究逐前長吏勗哉其善體山僧饒爾氣
高眠間庵小試筠罏火消渴安能澤被仝
第一吾曾品玉泉箋編鼎彝就泉煎到斯那得忘數
典於此何妨偶討前從諗茶存誰解輿宗耆圖補竟
長眠了知一切有為法泡影空花若久全
謹案乾隆二十二年
高宗純皇帝
御題竹罏圖詩前列
御製記一篇邑志
宸翰有詩無記今遵

錫金考乘 卷首 四

御製詩集敬謹考補
己卯
賜鄒一桂
懷鄉念率老年榮弗許翻嫌不近情一晌陛辭雙淚
下原由戀闕可憐生
簪纓歸里榮依舊花鳥怡情樂正賒吳下詩人應好
在白頭相聚話烟霞謂沈德潛
戊子
左都御史張泰開在內廷授諸皇子書醞謹老
成茲以八旬年老且病告歸特晉禮卿並加

宮傳詩以賜餞

年過懸車又一旬南旋嘉與錫恩綸飄蕭白髮三千丈敵廸青宮二十春安得蘇仙授枚橘眞成跳傳理歸輪梁溪水是還鄉水愈疾應知倍速神

甲辰

過無錫縣

得句九龍騁暢觀梁溪順水下清瀾徘徊困命甕維舫鬢鑠依然迷據鞍踵接肩摩眞是庶衣豐食足爲思難古稀天子猶乘馬老幼就瞻詎忭歡

舟過無錫縣

舟過無錫勿艤岸去時策馬已覲民茲來露冕坐閭閻夾岸跪覲數萬人因思皆賫衣食者自當物貴生計貧幸遇有收尚可活水旱那無饑溺頻以是祈歲廛宵旰大吏並飭諱災請展義時遄政因此我豈山水徒遊翫

錫金考乘卷一

勾吳周有壬佩安著　次女毓芳敬刊

建置沿革

商武乙二十一年泰伯君於勾吳

吳越春秋古公卒泰伯仲雍歸赴喪畢還荊蠻國民君而事之自號爲勾吳案竹書紀年武乙二十年周公亶父薨泰伯君於勾吳當即是年

周武王封周章少子贇於安陽鄉爲安陽侯

元王仁輔無錫志周贇墓下引周處風土記武王封周章少子贇於安陽鄉爲安陽侯其地在今無

錫縣安陽山下安陽鄉見諸此

敬王六年闔閭徙都姑蘇

吳越春秋泰伯築城梅里平墟傳二十三君至王僚皆都此闔閭弑僚自立遂徙都姑蘇

赧王四十三年黃歇城故吳墟

史記楚考烈王徙封黃歇於江東城故吳墟以自爲都邑

秦置無錫縣

新舊郡邑志俱以無錫爲漢縣余考漢書地理志凡秦置之郡屬縣有漢置者必註出漢某帝某年

置以分別之無錫縣隷會稽郡會稽郡下註云秦
置無錫縣下並無漢某帝某年置之文其與郡同
爲秦置可知余有舊作無錫非漢縣論附錄於左
無錫縣始見於漢書故元和郡縣志指爲漢舊縣
陸羽惠山寺記亦有漢興[illegible]爲無錫縣之語余謂
無錫實秦縣非漢縣也秦分天下爲三十六郡郡
各以縣屬之漢書地理志會稽郡下註云秦置註
秦置於郡統乎所領之縣而言之也又河南郡下
註云秦置而所領之新成縣下則云惠帝四年置
潁川郡下註云秦置而所領之崈高縣下則云武

帝置南陽郡下註云秦置而所領之冠軍縣下則
云武帝置可見郡由秦置其屬縣之由漢置者必
註出以分別之明乎其爲此外之同郡各縣皆秦
置也無錫縣隷會稽郡郡凡二十六縣惟毗陵縣
下註云舊延陵漢改之是秦郡所領之縣有漢爲
改名者史志且有註明無錫縣下既無漢某帝某
年置之文其與郡同爲秦置無疑余又考吳縣置
於會稽置郡之時而毗陵舊稱延陵見於史志無
錫介於其間既未併於吳縣又不附於延陵非別
爲一縣而何越絕書載春申君時立無錫塘治無

錫湖無錫之名本非起之於漢而況泰伯都之於
前貲歇城之於後秦不於此置郡必當於此立縣
向以無所引據未敢斷爲秦縣今卽史志反覆尋
繹而後知縣爲秦置註義甚明以此類推恐紀載
之以秦縣爲漢縣者不獨一無錫也漫論數言以
質之考方輿者

漢高祖五年將軍灌嬰定會稽郡

是年封韓信爲楚王

項羽旣滅高祖以齊王韓信習楚風俗徙爲楚王
六年有告信反執之分其地爲二國將軍劉賈爲

荆王王淮東弟交爲楚王王淮西是荆國未封時
無錫先爲韓信封地

十一年黥布反劉賈爲布軍所殺無後國除

景帝前三年吳王劉濞反誅之國除

已上四條並見漢書

漢書地理志會稽郡注景帝前四年屬江都咸淯
郡志元無錫志荆國吳國後並載有江都國盖本
諸此明宏治志萬歷志康熙府志康熙邑志江都
國後又有廣陵國余考漢書江都易王非傳景帝
前四年徙封皇子汝南王非爲江都王治故吳國

武帝元狩二年謀反自殺國除地入于漢爲廣陵
郡又廣陵厲王胥傳武帝以廣陵郡封皇子胥立
六十四年坐祝詛自殺國除各志以會稽郡爲吳
王劉濞封地濞都江都而易王非厲王胥相繼治
故吳國遂以會稽郡爲會屬江都廣陵兩國耳惟
地理志于廣陵國廣陵縣下注云江都易王非廣
陵厲王胥皆都此併得鄣郡而不得吳是會稽郡
不惟不屬廣陵并未屬江都也史志紀載兩歧要
當以廣陵縣注爲正嘉慶志已將江都廣陵兩國
刪削而未申明其說故爲考論于此

武帝元封元年封多軍爲無錫侯延和四年國除
漢書功臣表無錫侯多軍以東粵將軍漢兵至棄
軍降侯千戶子卯嗣延和四年坐與歸義侯趙文
王追反虜到宏農擅棄兵還贖罪免宏治志謂原
闕國除之年愚謂既有罪矣安得復侯以國贖罪
卽國除也
東漢光武帝改有錫復爲無錫
新莽改無錫曰有錫陸羽惠山寺記云自光武至
孝順之世錫果竭順帝更爲無錫縣咸湻郡志謂
莽之所名東漢中興自當亟改恐亦不俟順帝余
考東觀漢記明帝永平元年四月癸卯封陰盛爲
無錫侯明帝爲光武子永平元年卽其嗣位之年
可見光武時有錫已復爲無錫矣惟年分仍無考
明帝永平元年封陰盛爲無錫侯
詳見上條盛帝舅興子並見東觀漢記後漢書郡
國志無錫侯國卽陰盛侯國也是郡邑各志建置
沿革無錫侯國應作永平元年
獻帝建安三年封孫策爲吳侯
七年割無錫爲朱治奉邑
吳赤烏口年分無錫已西爲屯田置典農校尉

三國志不志地理吳省無錫縣置屯田典農校尉
見于晉書地理志年月仍闕咸湻毘陵郡志載于
嘉禾三年吳事後元明各邑志卽以作爲嘉禾三
年未可爲據余考吳志赤烏八年使校尉陳勳將
屯兵三萬人鑿句容中道校尉當卽典農校尉屯
兵當卽屯田之兵勳又于無錫導長廣溪一時屯
政大興分無錫已西爲屯田置典農校尉疑在赤
烏時
晉武帝太康二年省校尉置毘陵郡
郡邑各志俱稱分吳郡置毘陵郡余案晉書地理

志吳分無錫已西爲屯田置典農校尉太康二年省校尉置毘陵郡是典農校尉卽分吳郡之地毘陵郡又省典農校尉而置故晉志言省校尉不言分吳郡

宋僑置杼秋縣

宋武帝僑置杼秋縣治無錫歷永初庚申辛酉壬戌凡三年見永初圖經李兆洛地理韻編亦載宋置杼秋縣于晉陵郡在今常州府無錫縣境案杼秋縣漢屬碭郡晉屬彭城郡宋武帝僑置南兗州并僑置十二縣以屬之杼秋其一也惟杼秋治無

錫金考乘　卷一　六

錫宋書州郡志不載余謂史標一代之大綱隨置隨廢可從簡畧志載一邑之故實立縣雖暫亦繫建置因補錄之用備徵考

齊晉陵郡領縣七

邑志沿革表齊晉陵郡領縣六表首總敘亦稱南齊書州郡志同宋書余案宋書州郡志南徐州晉陵郡領縣六晉陵無錫延陵曲阿暨陽南沙齊書州郡志南徐州晉陵郡領縣七晉陵無錫延陵曲阿暨陽南沙海陽咸湻郡志亦稱齊晉陵郡凡七縣視宋志增海陽

陳大建初賜張種無錫縣侯秩

案武王封周賁爲安陽侯楚考烈王封黃歇于江東漢武帝封多軍爲無錫侯獻帝割無錫爲朱治奉邑與陳賜張種無錫縣侯秩新舊郡邑志所載門類閒有歧異余案漢書侯所食縣曰國後漢書侯國與郡合志周賁多軍朱治張種位皆列侯卽黃歇食采江東亦與建國無異已上五事似可並載建置沿革

陳書後主紀禎明元年割吳郡置吳州蘇州府志亦載陳禎明元年于吳郡置吳州是吳州割吳郡

錫金考乘　卷一　七

而置與無錫無涉舊毘陵誌謂無錫縣陳禎明中改吳州元楊蔚無錫縣題名記李晦無錫升州記並引用其說俱未可據

唐元宗天寶元年改州爲郡常州爲晉陵郡

肅宗至德二載復諸州名以晉陵郡爲常州

乾元元年置浙江西道節度使

二年廢浙江西道節度使置浙江道觀察使

德宗建中二年升浙江道爲鎮海軍節度使

已上五條並見唐書

昭宗天復二年壬戌封楊行密爲吳王

志表于昭宗天復二年下標題楊吳余謂朱温簒位淮南諸州得爲楊氏專據與三國孫氏初封江東漢亡地遂專屬孫氏局勢相同惟在昭宗天復二年行密封地向仍統屬于唐譬之孫破虜之在漢獻帝朝不得稱爲孫吳也則一統志書淮南爲楊吳亦指朱梁簒唐以後而言耳唐書帝紀天復二年封楊行密爲吳王應從帝紀

楊吳

唐昭宗天祐四年朱温簒位淮南諸州專屬楊氏是爲楊吳時行密已卒子渥立仍用天祐年號渥卒子隆演立天祐十六年隆演稱帝改元武義見五代史

志引南唐書建國譜自江以南昇潤常歙十五州楊行密專據以建吳國余考馬令南唐書建國譜行密專據江南北二十八州以建吳國

南唐

志表後晋高祖天福二年徐知誥受吳禪復姓李國號唐余考馬令南唐書吳天祚三年徐知誥受吳禪國號齊改元昇元昇元二年復姓李改國號日唐是復姓改號均不在禪位之年陸游南唐書

復姓改號作昇元三年

周世宗顯德五年南唐歸附于周

是年唐主去帝號稱國主去交泰年號稱顯德見陸游南唐書縣自朱梁簒唐以來專屬楊吳南唐者五十二年至是奉周正朔

宋太宗雍熙四年詔常州屬江南道

神宗熙寧七年五月分兩浙爲東西路常州屬西路

九月詔毋分路

九年復分兩浙爲二路

十年復合兩浙爲一路

高宗紹興元年復分兩浙爲二路

已上五條並見宋史

元世祖至元二十四年改江浙行省爲江淮行省

二十八年改江淮行省爲江浙等處行中書省

武宗至大二年改江浙等處行中書省爲行尚書省

已上三條並見元史

順帝至正二十七年明師取無錫州

志表順帝至正二十六年明師取無錫州余案明史張士誠傳明師取無錫州在至正二十七年

分野考

邑志引史記漢書無錫屬禹貢揚州北境星紀爲牛女分無錫當女之辰案周禮鄭注劉安天文訓皇甫謐世紀晉書天文志隋書鄭樵通志明清類分野書明史諸書所載大畧相同古人盖以中國九州已當周天列宿之全分野卽以測之數千百年相沿其說自西法一行言星學者謂地之所載皆天之所覆天下萬國中國一隅彼中國以外之地亦皆有天有星併而測之其分野較爲眞確穆尼圖天步眞原薛儀甫天學會通皆主此法

聖祖仁皇帝深取其說遣欽天監官分測各省之北極高度東西偏度量分測杪詳繪地圖經緯井然其後李崧林著星土釋張作楠著揣籥小錄復本此法推爲北極經緯度分表江南常州府無錫金匱兩縣北極出地三十一度三十七分四十杪以地之經緯度應天之經緯度盖在赤道之北三十一度三十七分強黃道立夏線之北一十五度弱偏京師之東三度二十四分偏大地中線之東五十四分胃宿之北天大將軍之東其野有度無星

山水考

錫山

陸羽惠山寺記山東峯當周秦間大產鉛錫漢興方殫案越絕書春申君時立無錫塘治無錫湖春申君正當周秦之間既以無錫名塘名湖其時錫已不產可知陸羽記未知何據

惠山

古名歷山前見坊本漢書地理志會稽郡無錫註云歷山有春申君歲祠以牛邑志以此載之春申君廟余總謂史志文義不順懷疑有年後覽越絕書吳地傳云無錫歷山句春申君時句盛祠以牛

句據此則是春申君以牛祠歷山非漢時以牛祠春申君也近又購得校正漢書評本會稽郡無錫註云有歷山句春申君歲祠以牛句合之越絕書所載相符始知前見之本誤以歷山二字上之有字刻於歷山二字之下耳余又考地理志註常山郡蒲吾有鐵山上郡高奴有洧水南陽郡魯陽有魯山與無錫有歷山之註文法皆同春申君封於江東城故吳墟以爲都邑山爲故吳墟城屏障故特盛祠以牛當時之尊崇歷山已可概見志又載惠山晉宋時曰歷山據漢書越絕所載歷山之名

非起于晉宋時也

獨山

萬歷志言天下之水皆東流而邑之水獨注于西南地理家以爲不宜縣此山横當其衝縈廻紆徐風氣凝聚吳晉湖程紀畧言獨山有三峯一峯東接五里湖爲上獨一峯西近三山爲下獨中獨居中最低小余案獨山東爲五里湖西爲太湖兩湖本不相通自獨山鑿爲二渠五里湖遂通太湖而獨山便形如川字萬歷志所謂横當其衝湖程紀畧所謂中獨者盖卽川字之中一直也山之北與

管社山似斷而續楊氏園在其麓西望湖中諸山如十洲三島出沒天際實濱湖一勝概云

大屼山

山爲太湖七十二峯之一上有居民二十家皆朱姓有田百畝共耕而食桑麻掩映雞犬閒散有桃源氣象

拖山

震澤編作馬拖山在太湖中馬蹟山之東北亦七十二峯之一武進縣志作錢堆磯向爲武進無錫交界處上有居民十餘家皆葉姓卽石幢葉氏分

徙于此

東鴨　西鴨　三峯山

在太湖中邑志總稱爲三山王鏊震澤編云東鴨西鴨中爲三峯七十二峯記云有若三鬼相向者曰東鴨西鴨中爲三峯案中一山自古無名具區志據王鏊所述卽以三峯山名之東鴨西鴨之名則各書記載皆同余考太湖中别有三山在東洞庭西南並見王鏊七十二峯記

大雷山

小雷山

案太湖中别有大雷山在長興縣小雷山在烏程縣與此二山名同而地異分見長興烏程兩縣志

流福山

舊志不載嘉慶志稱吳塘山之東爲倉前山又名爲流福山案開化志流福山與倉前山分立二條流福山東面倉前浜倉前山東望南山似流福山别爲一山

斗山

開元占經引二十八宿山經云斗山在吳陽羡山之南斗星之神常居其上案吾邑斗山方位似在

陽羨山之南而少偏于東志稱山有土邱七象北
斗開元占經所載疑卽此

巳上山

太湖

太湖又名五湖史記正義顧夷吳地記俱稱太湖中菱湖游湖莫湖胥湖貢湖爲五湖貢湖東南長山西北連無錫老岸周廻一百九十里邑志據此以湖之在無錫者皆貢湖附論于太湖之後余案金友理太湖備考謂五湖偏于太湖東北隅不入西太湖南太湖界貢湖跨連吳縣長洲無錫三縣

湖岸自吳縣所屬之游湖口三洋坟背起折而北沿㳇山馬山過長洲所屬之龍塘金墅諸港口歷無錫老岸至竹山劣背止是吳地記所稱無錫老岸者指竹山劣背以南屬于無錫之湖岸而言也是竹山劣背以南之湖爲貢湖非湖之在無錫者皆貢湖也自竹山劣背轉北爲吳塘門自吳塘門至獨山門復折而西至閭江港沿湖皆山無隄岸其非貢湖明矣

開化志丙子夏秋旱湖涸數里見石岸綿亘盖昔時居人所築塘岸及垣墉基址未知何時傾陷余考石柱記䥴康熙三十八年
聖駕南巡幸太湖東山有吳縣百姓奏水東地方產去糧存
上問扈駕守備牛斗太湖幅員廣狹對八百餘里
上云爲何具區志上止五百里對積年風浪衝坍隄岸故今有八百餘里
上問去了許多地地方官何不奏聞開除對非但水東一處卽如烏程之湖漊長興之白茅觜宜興之東塘武進之新村無錫之沙灣長洲之貢湖吳江之七里港處處有之

上曰朕不到江南民間疾苦焉得知道謹案開化鄉濱臨具區有地名沙頭者卽宋王越祖所居之處沙灣似沙頭之相近地方開化鄉志所言石岸傾陷之處疑卽此

蠡湖

寰宇記蠡湖范蠡伐吳所開余初謂蠡自南來據言伐者吳尚未入湖在吳之北境蠡安得開之後覽吳越春秋越王聞吳王伐齊使范蠡洩庸帥師屯海通江以絕吳路轉襲吳是蠡湖卽蠡轉襲吳時所開也

芙蓉湖

邑志載芙蓉湖一名上湖又謂之無錫湖案越絕書無錫湖周萬五千頃其一千三頃毘陵上湖也吳地記亦稱無錫湖周一萬五千三百頃其一千三百頃爲晉陵上湖南徐記云横山以北爲上湖南爲芙蓉湖以各書紀載證之上湖屬毘陵芙蓉湖卽無錫湖屬無錫各爲其湖各有其名非芙蓉湖一名上湖也寰宇記謂上湖一名芙蓉湖於是志芙蓉湖者亦謂一名上湖矣論水之頃數無錫湖視上湖寛廣至十餘倍今兩湖俱湮爲良田

田之畝數則又毘陵多於無錫余謂横山已北爲上湖南爲芙蓉湖南徐記載之甚明今毘陵圩田之多于無錫者安知非因上湖一名芙蓉湖之牽混致横山以南之湖指爲毘陵所屬田亦隨湖入于毘陵耶南徐記世無傳本横山北爲上湖南爲芙蓉湖之說采于咸湻郡志及元王仁輔志今五牧北之横林鎮卽與横山相望而名元志視爲無錫横山誤

長廣溪

志載長廣溪陳勳所導案吳志赤烏八年使校尉陳勳將屯兵三萬人鑿句容中道以通吳會船艦吳分無錫已西爲屯田置典農校尉導長廣溪當卽赤烏時（互見建置沿革職官）

泰伯瀆

元王仁輔志瀆開于泰伯所以備民之旱澇民德泰伯故名其瀆以示不忘（互見廟制）

梁絃塘

咸湻郡志無錫館驛各條下載五里亭在縣北五里西臨運河梁絃塘通梁溪直抵惠山新舊邑志惟明宏治志本咸湻志錄之餘皆不載余謂五里

亭當在今之都城隍廟左右梁絃塘疑卽今之寺塘涇中有河可達大德橋以通梁溪又直抵惠山與咸湻志所載適符梁溪一名梁鴻溪相傳梁鴻寓居于此而名志載梁大同中繞惠山瀉溪故名梁溪是梁溪卽梁鴻溪溪繞惠山寺塘涇本卽梁鴻溪也絃與鴻同音疑絃卽鴻字之訛

陽湖

南徐記陽湖以近陽山故名

弦河

城中直河曰弦河卽古運河案宋單鍔吳中水利

書暑云竊觀無錫縣城內運河之南偏有小瀆南透梁溪有小堰曰單將軍堰（亙見古蹟）熙寍八年大旱運河皆涸不通舟楫錫自武林過無錫語邑宰焦千之率民車四十二管車梁溪之水以灌運河五日河通又元志南市橋中市橋大市橋北倉泥橋俱注云跨運河今東西兩岸民居沿河最下一層稱爲宕下之處有石駁岸一條極堅固而爲古運河岸舊迹

已上水

附考

咸淳毘陵郡志無錫夫椒山在縣西太湖濱九域志無錫縣有大湫山大湫與夫椒字形相似當是寫刻之誤左氏春秋吳夫差敗越於夫椒卽此康熙志夫椒向隸無錫後割入武進余謂是山載咸淳毘陵郡志無錫縣下而不載元王仁輔無錫志割屬武進當在元初

南史宋江夏文獻王義恭善騎馬解音律游行或二三百里孝武恣其所之東至吳郡登虎邱山又登無錫烏山以望太湖案烏山在太湖中今屬吳縣當是劉宋時是山屬於無錫後割入吳縣耳邑志疆域載南抵烏山吳縣界卽此

錫金考乘卷二

勾吳周有壬佩安著　　次女毓芳敬刊

兵事考

邑志于兵防後附有紀事一門載列東晉以來戰爭削據之事甚詳年來披覽書籍遇兵事之關涉無錫而爲志載之所未及者凡得若干條彙而錄之用補紀事之闕

吳越春秋越王聞吳王伐齊使范蠡洩庸帥師屯海通江以絶吳路轉襲吳

案無錫在吳之北境據言通江轉襲則是抄越姑蘇無錫先被兵矣

史記秦二世元年項梁舉兵會稽郡

梁與兄子籍避仇吳中殺太守殷通遂舉吳中兵徇下縣案會稽郡治吳中無錫隷會稽郡卽其下縣也

史記高祖十年黥布反東併荆王劉賈地

晉書王舒傳蘇峻反吳國內史庾冰棄郡奔舒舒移告屬縣以吳王師虞駿爲軍師御史中丞謝藻行龍驤將軍監前鋒征討軍事率衆一萬與庾冰俱渡浙江前義興太守顧衆護軍參領顧颺等皆起義兵以應舒舒假衆揚威將軍督護吳中軍事颺監晉陵軍事于御亭築壘舒率衆次郡之西江爲後繼冰颺等遣前鋒進據無錫遇賊將張健等數十人交戰大敗奔還御亭

邑志紀事一門載有庾冰御亭失守一條見顧衆傳事在咸和三年二月此條見王舒傳事在五月冰卽因二月之敗而奔舒耳

吳郡圖經續記大業中楊元感反吳人朱燮晉陵人管崇起江南兵應之兵十餘萬隋將討之不能克帝遣江都贊治王世充發淮南兵三萬討之世充

渡江三戰皆捷至毘陵開城以迎卽日進軍賊據潘封柵斷路世充運薪數萬闍柵縱火焚之賊潰死者十四五餘衆保無錫世充又拔之

案隋書劉元進傳楊元感起于黎陽元進舉兵應之會元感敗吳郡朱燮晉陵管崇亦有衆七萬迎元進奉以爲主據吳郡稱天子毘陵東陽會稽建安豪傑多殺長吏以應之卽此

通鑑唐僖宗乾符二年浙西突陳將王郢反攻陷蘇常三年七月討平之

通鑑昭宗大順元年閏月孫儒遣劉建鋒攻拔常州

十二月拔蘇州二年十二月孫儒焚掠蘇常
通鑑昭宗乾寧四年錢鏐遣顧全武取蘇州乙未拔
松江戊戌拔無錫辛丑拔常熟華亭
孫覿泉亭記建炎末羣盜嘯聚惠山
常州府志元順帝至正十五年盜起無錫平章慶童
撫之旋平
宋謝應芳龜巢集至正乙未常多盜省府調兵捕
之浙東宣慰司元帥嚴公來總軍未幾無錫平移
軍武進乙未即十五年
明史張士誠傳至正十六年二月士誠陷平江及常

州路
常州府志至正二十三年明將湯和破安陽山莫天
祐退保無錫二十四年湯和破陽山水軍
已上兵事考
祥異
宋元嘉二十一年木連理生晉陵無錫南徐州刺史
南譙王義宣以聞
二十四年七月壬子晉陵無錫穀櫟樹連理南徐州
刺史廣陵王誕以聞
二條並見宋書劉宋無錫縣屬晉陵郡故云晉陵

無錫
明宏治己酉楊文凡上肇忽羅起是年應鄉試果魁
榜弟二人見二申野錄
隆慶六年壬申宅仁鄉陳幼學受分田內麥穗四岐
見陳鎔塘先生行實
自天啟四年至七年無錫二年大水一年赤旱一年
蝗蝻又有異蟲叢生田間非爪非牙潛鑽潛嚙從
禾根禾節以入禾心觸之必斃由一方一境以徧
一邑靡有孑留其時或夫婦臨田大哭攜手溺河
或哭罷歸閉門自縊或父子磨薪作餅食噎而亡

或咬樹皮吞石粉枕藉以死痛心慘目難以盡陳
太尊申文云五邑惟靖江無災江陰雖有蟲而不
甚爲害若無錫宜興武進三縣則無一處無蟲無
一家田禾不被傷太尊曾姓名櫻江西峽江人萬
歷丙辰進士時入覲三日一哭於戶部必求改折
以甦民困而總督倉塲郭允厚戶部尚書王家楨
堅執不從見計六奇北畧
崇禎癸未江南自京口至江陰無錫民曉起或見黑
圈記其門或見釜底畫梅花一夜殆偏見吳偉業
綏寇紀畧

已上祥異

廟祠

城隍廟

志載無錫縣城隍廟在縣治東南其先在縣治西元至大中州同知宋澤建明洪武二年知縣熊懋徙今地案咸淳郡志無錫城隍廟在縣城內是無錫城隍宋時已有廟祀非自元時始也

劉猛將軍廟

錢大昕金石文字目錄吳縣靈巖山豐盈莊猛將堂有宋時敕書石刻余曾得其搨本神爲宋淮南

江東西浙制置使劉錡景定四年敕封揚威侯天曹猛將之神謹錄其碑文於左

皇帝敕曰國以民爲本民實比於干城民以食爲天食猶重於金玉是以后稷教之稼穡周人畫之井田民命之所由生也自我皇祖神宗列聖相承迨茲數葉朕嗣鴻基夙夜惕若邇年以來飛蝗犯境漸食嘉禾宵旰懷憂無以爲也黎民惢惢未如之何民不能祛吏不能捕賴爾神力掃蕩無餘上感其恩下懷其惠爾故提舉江州太平興國宮淮南江東西浙四制置使劉錡今特敕封爲揚威侯天曹猛將之神爾其甸綏黎庶血食一方故勅景定四年三月

呂祖師廟

邑中舊無呂祖師廟嘉慶十一年姜晟等奏准呂祖師廟加封尊號

欽定燮元贊化四字加於原銜之上通行各省邑人遂於錫邑城隍廟殿後塑像供奉並奉部示各省禦災捍患諸神均用羊豕惟眞武廟係用果實今呂祖師廟應仿照眞武廟祭品用核桃荔枝圓眼棗栗各一盤饅首五盤蒸糕五盤餠四盤高頂一

盤聽於每歲春秋二仲自行諏吉致祭

忠佑廟

志載忠佑廟在中市橋南祀隋司徒陳杲仁明宣德間知縣唐泰安建案咸淳郡志無錫忠佑行廟在中市橋南是此廟建於宋咸淳以前非建於明宣德年也又考東嶽廟舊在中市橋南唐莊宗同光初移建錫山之麓按其方位似忠佑廟即東嶽廟故址南唐書柴克宏傳保大十三年吳越攻常州元宗使克宏帥師救之常州有陳杲仁祠杲仁見夢於克宏曰吾與陰兵助爾及戰有黑牛二頭

衝突越兵克宏繼之大敗越人遂奏封果仁爲武
烈大帝無錫屬於南唐當是武烈帝崇加封號時
同郡皆爲立廟故以東嶽廟舊址建作忠佑廟耳
案果仁唐書作果仁南唐書本諸此

金龍四大王廟

神姓謝諱緒會稽人南宋理宗時舉文學晉太傅
安之裔少有壯志以太后椒房親不樂仕進隱於
金龍山築望雲亭以自娛咸淳中浙大饑捐家貲
以飯餓人所活甚衆元兵入臨安以太后少主北
去神日夜涕泣一日與其徒訣赴水死洪濤鼓怒

高湧丈餘若虬龍相搏狀屍僵不流人咸異之郎
其舉葬於金龍山之麓立廟祀焉後明兵下徐州
將軍傅友德與元兵戰於呂梁元兵順流直衝傅
軍幾潰太祖忽見空中有三將披甲執鞭擁黃河
北流元軍大敗太祖因禱天示姓名是夕夢一生
儒冠青衿披帷入告曰吾宋時會稽學生員謝緒
也祖名達父叔三人兄弟四人紀綱統緒余次第
四元滅宋憤力不能討赴苕溪死葬金龍山麓銜
恨百年今特爲擁河北流以伸生平志也太祖曰
旁二將爲誰對曰此緒欲報主僇幽冥結義兄弟

楠木二將也言已而出太祖驚悟卽傳諭封爲金
龍四大王建廟祭祀天啟間加封護國濟運龍王
通濟元帥
國朝順治二年
特封昭靈效順金龍四大王康熙三十九年
加封顯佑通濟昭靈效順黃河金龍四大王春秋二
仲並九月十七日誕辰官爲致祭見南工廟祠祀
典謹案神行四非兄弟皆成神今廟中塑奉四神
像未知何據

泰伯廟

南巡盛典載歷代聖賢名臣忠烈祠墓離
御道三十里內者遣官致奠無錫縣泰伯廟得
旨並邀遣祭案寰宇記泰伯開瀆以備旱澇百姓利
之爲立廟于瀆側咸淳郡志無錫泰伯廟在縣東
南五里臨泰伯瀆元王仁輔無錫志亦稱瀆上至
今有泰伯廟明張籌有泰伯祠送張守詩云可憐
有廟附南郭社鼓鼕鼕歲時樂卽此後廢今梅里
平墟之泰伯廟及城內婁巷之至德祠皆瀆上之
廟廢後所建也

徐偃王廟

張華博物志徐君宮人妊而生卵棄之水濱獨孤母有犬名鵠蒼獵於水濱得所棄卵銜以歸獨孤母以爲異覆煖之遂蝸成兒生時正偃故以爲名徐君宮中聞之乃更錄取長而仁智襲君徐國仁義著聞欲舟行上國乃通溝陳蔡之間得朱弓矢因名爲弓自稱爲徐偃王江淮諸侯服從者三十六國周王聞遣使乘驅一日至楚命伐之偃王仁不忍闘言其民爲楚所敗逃走彭城武原山百姓隨之以萬數遂名其山爲徐山譙周古史考稱徐偃王與楚文王同時而韓昌黎衢州徐偃王廟碑

則稱周王爲穆王未詳孰是

春申君廟

邑志春申君廟下引坊本漢書無錫歷山有春申君歲祠以牛余案汲古閣校正漢書本無錫有歷山春申君歲祠以牛是春申君以牛祠歷山非漢時以牛祠春申君也互見山水郊祀志亦無特牲祠春申君之文晉書地理志亦祇載歷山有春申君祠不言歲祠以牛

吳許二長官廟

志載吳許二長官廟在開化鄉今富安鄉亦有廟余案咸淳郡志晉陵縣吳許二長官廟蕭梁時晉陵無錫二令以陽湖泛溢親視堤堰遂溺焉邦人爲之立祠陽湖屬邑之富安鄉二長官廟當先建於富安志以陽湖泛溢改作湖水泛溢土人遂誤爲太湖之湖開化濱湖故亦立此廟耳

已上廟

尊賢祠

舊名陸子祠祀唐逸士陸羽宋楊萬里有陸子泉上祠堂歌擬建當在南宋以前宋末吳人王彬附祀劉宋湛長史挺唐李文肅公紳名三賢祠載元

王仁輔志明宣德間廢正統五年巡撫周忱重建仍專祀陸羽天順間知縣李葉縣丞邵性捐俸修葺仍進湛李爲三賢見餘姚戚瀾所撰賢孝祠記正德間邵文莊公增入宋焦邑侯千之錢御史裒行顧泰國史觀南書尤文簡公袤元倪高士瓚明張義士翼王舍人紱合三賢爲十賢堂嘉靖間邑人秦瀚增入封武昌知府秦旭邵文莊公寶更名尊賢萬歷二十四年知縣趙應元增匾三孝子木主題其額曰賢孝流芳三孝者晉孝子華寶劉宋薛天生南齊劉懷允也天生懷允俱晉陵人南齊

建元三年與華寶同旌南齊書南史並有合傳王
彬既建三賢祠復郎寶故居建三孝祠以祀寶及
天生懷允三人後改爲華孝子專祠至是遂並祀
於此事具談修惠山古今考
國初續入明華學士察龔節愍公廷祥康熙初知縣
吳興祚又進明鄒副使廸光沈通參應時載康熙
庚午志旋又陸續進有明孝子浦邵
國朝邑侯吳興祚副使顧鏞宮諭秦松齡翰林學士
周宏官允嚴繩孫前後合二十五人學使尹會一
請盥祀典撰贊立石詳見乾隆庚午志以後栗主
日增又進有漢高士梁鴻明封戶部員外郎安國
封通參秦瀚太學生安紹芳文學秦德洪
國朝推官侯巘吏部員外郎王澍貢生高愈辰州同
知潘果侍郎贈尚書鄒一桂教授浦起龍大理寺
卿王會汾教諭鄧愷貢生潘望齡封侍郎秦鴻鈞
通判王游訓導孫開濟舉人潘木如教諭侯助按
察使邵磨王霖訓導顧樹本南澳同知侯之翰二
十一人遷龔節愍公木主於報忠祠余以客游日
久罕至祠堂道光二十三年暫理歸裝獲與春祭
見諸賢位次錯亂遂爲考覈時代更定次序邀同

祠裔重爲奉安其間宋監察御史裹行錢公牌位
以裹行作爲名諱塡寫紅字應即更正隨將諸賢
事蹟及建祠進位緣起逐加查考撮爲名山祀典
録六卷擬付諸梓二十七年又進淮安教授鄒麟
書三十年又進兵部郎中廉志勲今祠中牌座前
後合四十八人

漢
梁鴻
晉
華寶
劉宋
湛挺
唐
陸羽　李紳
宋
焦千之　秦觀　錢顗
尤袤
元
倪瓚
明

張翼　王紱　秦旭
邵寶　安國　華察
浦邵　秦瀚　鄒廸光
安紹芳　沈應時　秦德湛

國朝

吳興祚　顧鏞　秦松齡
侯曦　周宏　嚴繩孫
高愈　王澍　潘果
鄒一桂　浦起龍　王會汾
鄧愷　潘望齡　秦鴻鈞

鄒麟書　王游　孫開濟
潘本郊　侯昉　王霖
龐志勳　顧樹本　侯之翰

華孝子祠

祠即孝子華寶葬華坡故址後人即其地以祀孝子華燦宋王彬創復之并祀郡人華天生劉懷允名三孝祠明景泰間知縣顏肅重建遂專祀寶天順已卯知縣李葉縣丞邵性刻像增葺仍併祀天生懷允後復爲寶專祠分見王仁輔志談修惠山古今考嚴繩孫康熙志

御賜光霽祠

祀宋儒周子敦頤舊名周濂溪先生祠以遷錫四世孫鮮元應祔乾隆二十二年
高宗純皇帝南巡裔孫汝遠接
駕道旁呈遺像求祠名蒙
賜今額並
錫詩章今志仍標題周濂溪先生祠乾隆四十年裔孫易請於當事以公二十三世孫
詔旌孝子奕清就享堂右偏置龕設位官爲致祭

周文襄公祠

祠在惠山者今爲四中丞祠邑志已載余考文襄別有祠在芙蓉圩公撫江南治芙蓉圩悉成良田圩人德之爲建是祠

鄧侯祠

在芙蓉圩祀明無錫知縣鄧繼曾案邑志遺愛傳侯嘗仿巡撫周文襄法重修圩堤民德之肖像祀之芙蓉圩文襄祠右

周陳二公生祠

周公名如斗字允文餘姚人嘉靖甲寅以御史巡按蘇松諸府時倭患方亟並值歲祲公疏請蠲常

稅十五調遣官兵設法禦倭民賴以安濤歲以吳
民乞留復任丙申改督學南畿不肯請托士服其
公壬戌進右僉都御史巡撫應天諸府值吳中大
水與巡按御史陳瑞力請奏免被災田糧凡已納
於官者皆還之民尋移撫江西陳公名瑞字文峯
閩人請蠲災賦疏辭懇切人多傳誦期滿當代士
民詣闕請留一年召入歷官兵部尚書　案周陳
二公請蠲災糧一事惠及全吳民不能忘建祠崇
祀理應永遠保守以報豐功顧是祠傾圮已久其
基址何在三百年來絕無過問即二公以何政績

民爲建立生祠邑中亦鮮有知者余考之蘇州府
志得其按吳事蹟故爲敘其大畧祠在惠山毘姬
祠左見談修惠山古今考

四中丞祠

談修惠山古今考小洞橋西曰柏庭房香積廚在
焉正統間住持道裔退居今作文襄祠案周文襄
公祠即今四中丞祠祠中池橋具在西即饗殿其
爲柏庭房故址無疑也

鄒李二公生祠

惠山古今考邑士大夫建祠文襄祠右特祀前任
邑侯餘姚鄒公墀豐城李公復陽貳尹王公好義
附焉案文襄祠右今爲劉猛將軍廟其地疑即鄒
李二公生祠故址好義邑志有傳二公祠邑志不
載余特表之以誌遺愛

四侯祠

志載四侯祠在惠山周文襄祠左祀明無錫知縣
鄒繼會萬虞愷王其勤李復陽今廢余案惠山古
今考四侯祠尚有邑丞伊陽張公時慶口口陳公
口口枝江鮮公廷相皆有惠政不忝民之父母亦
肖像附焉張鮮二公志傳可考陳公則有水利丞

繼洲者爲高忠憲所稱賞見於高子遺書邑志亦
有傳然其時已在鮮公後似不應名在鮮公前其
在張公時慶以後鮮公廷相以前則有陳公器陳
勢鵬陳芹陳善謀陳九齡五人皆官邑丞見邑志
職官表然皆無所建白似不應肖像附祀古今考
陳公上下各二字皆墨釘未詳孰是文襄祠左今
爲白衣庵庵始見於康熙志據載菴中佛像製是
宋時果爲宋庵元明各志何以不錄古今考九龍
山圖文襄祠左何以不稱白衣庵而稱四侯祠宋
像之說近於裝點疑今之白衣庵即昔之四侯祠

也余謂周陳二公生祠四侯祠鄒李二公生祠三祠皆爲報功而立萬公慮愷王公其勤李公復陽已祀名宦王公已有專祠姑不必論其御史周公如斗陳公瑞邑侯鄧公繼曾鄒公墀四公皆有功德於民既已祠祀於前難任墮廢於後余擬謀之同志即就白衣菴中靜室爲周陳鄧鄒四公立龕補祀而以張公時慶鮮公廷相祔祀於旁此亦後世直道之公不可謂之多事也

節孝祠

惠山貞節祠有四見嘉慶新志道光續志余以各

祠渠主灑擠而已旌表祀者尚多因以所購孝友傳家坊左廢菴基地捐出營建凡貧苦無力已旌表祀之人起自前明以至國朝嘉慶年間止查出五百餘人爲之設立總位報明院司分撥祭品銀兩春秋官祭進祠日兩邑侯備具職事鼓吹官紳人等送者三千餘人稱盛舉焉

已上祠

寺觀考

惠山寺

寺于宋靖康間賜李綱爲功德院案忠定既謫鄂州尉者復奏綱旣罷黜不當迂路歸無錫且與縣官飲宴惠山遂又遷謫瓊州公與許崧老書云建炎秋八月丐罷相而歸至十一月始有落職居武昌指揮之命當其未謫數月間不歸其家將安歸乎惠山乃靖康間所賜以爲功德院一詣飯僧初未嘗與縣官飲宴也見梁溪集

崇慶庵

西高山崇福庵載于明志前庚午志書爲崇慶庵

今志因之當是避廟諱也

萬善禪院

在試泉門外新板橋西俗名萬壽庵寺頭楊氏捨基邑人集貲公建庵與三義庵相望有過街亭八楹爲行人憩息之所過此則綺塍街矣

古觀音殿

元達魯花赤禾羅思彌既建市橋復搆殿供奉大士並塑巳像于其中孟潼記之見宏治志

嵩山寺

邑中佛寺惟嵩山寺見于明史案明史袁珙傳珙精相術嘗遇姚廣孝于嵩山寺謂之曰公劉秉忠之儔也幸自愛

香山寺

寺爲梁昭明太子讀書處見江陰縣志

鐵山寺

在皇山東麓相傳爲梁鴻故宅見梅里志

福慧庵

在泰伯鄉周打鼓橋北堍列柏修篁一塵不染見金匱縣志

已上寺

洞虛宮

邑志載洞虛宮舊在膠山名青元宮後廢徙今地宋大中祥符間改賜今額余考洞虛宮舊在膠山名青元觀後廢徙今地宋祥符間賜額洞虛觀元天歷間易稱宮見王仁輔志並張愷重修洞虛宮昊天殿記

元聖觀

在董家巷今廢見宏治志董家巷即今東河頭巷

沖和道院

在道堂巷宋楊稅院建宋道堂巷在蓮蓉門內元至元間巷與道院並廢爲倉基見明志

清微觀

在錫山麓今張中丞廟即其故址

水濂道院

在試泉門外其地舊名水濂衖故名

已上觀

錫金考乘卷三

勾吴周有壬佩安著　次女毓芳敬刊

古蹟考

甘露市
風土記泰伯未至此時一夕有甘露降其地乃置市王仁輔志古蹟門甘露市在延祥鄉

柯相治
風土記柯山吳仲雍六世孫柯相所治之處故山以柯名邑志見山水

安陽鄉
風土記武王封周章少子贅于安陽鄉爲安陽侯毘陵志云其地在無錫縣安陽山下今邑志鄉都村莊下載有安陽名目當即其處

鱄設諸塔
相傳爲鱄設諸墓邑志互見冢墓古蹟愍謂吳都梅里平墟專諸既刺王僚被殺葬此事或有之惟當時釋教未入中國後人造爲浮圖不古已甚冢墓既志古蹟可刪

龍尾陵道
後漢書郡國志（志作地理志誤）無錫侯國注縣西龍尾陵道

春申君封吳時所造余案越絶書吳古故陸道出胥門奏出土山度灌邑奏高頸過猶山奏太湖隨北顧以西度陽下溪過歷山陽龍尾西大決通安湖是龍尾陵道實爲吳古陸道

無錫塘
春申君立越絶書春申君時立無錫塘去吳百二十里又云無錫湖春申君治以爲陂據言立者是塘岸之塘非蓄水之塘可知疑無錫塘即無錫湖之隄岸

陸墟市
風土記寶宇記並載陽山出石堪作礲曰始民未知開斵漢大夫陸端設肴醴以祭取以爲器江東數州皆藉其用由是置市（互見職官）以端姓名之不忘本也元志古蹟門陸墟市在富安鄉

漢陶穀隱居處
在五步塘萬歷志五步塘即漢陶穀隱居處

杍秋故治
宋武帝僑置杍秋縣治無錫歷永初庚申辛酉壬戌凡三年其故治今無可考

齊江淹遊封處

在惠山旌有無錫縣歷山集詩刻于石壁今無考
梁昭明太子讀書處
在顧山江陰縣志顧山香山寺梁昭明太子讀書處有古榦山茶尚爲梁時故物顧貞觀有梁溪詠花詞十闋顧山山茶其一也山爲江陰常熟無錫三縣交界處香山寺載邑志寺闕
六朝松
在惠山寺相傳爲六朝時植元王仁輔志惠山寺大同殿下石床側有大松二唐寶歷二年飭造競渡牛尾舟將伐松爲之是夕松忽哀鳴遂奏免陳迦陵有惠山寺六朝松詞

單將軍堰
在將軍堰橋側舊臨梁溪祥符圖經無錫單將軍堰唐將軍單雄信提兵道此以鎗止水爲堰故名宋單鍔吳中水利書無錫運河西岸有瀆南透梁溪有小堰曰單將軍堰兩書紀載相符命名必有可據愚謂以鎗止水者當是用鎗排插爲樁以殺水勢便于施工耳
石床
王仁輔志惠山寺大同殿下有聽松石床唐李陽冰篆聽松二字于上錫山志云惠山寺有石床在殿前月臺下長可五尺廣厚半之上平可供偃仰故名石床皮日休詩殿前日暮高風起松子聲聲打石床即此明正德間移置松風閣閣廢仍徙還殿前道光十七年知縣曾承顯築亭覆之案石床聽松二篆字右有宋政和四年張同仲題名其平面爲嘉熙三年趙希袞題名
唐張祜題詩處
在惠山聽松坊左明談修惠山古今考考論其地甚詳曾爲補刻小澗穿斜竹重階夾細莎二句于石今猶存

西亭
唐李嘉祐有晚春宴無錫蔡長官西亭詩今其地無可考
北樓
在惠山唐王武陵有暮秋登北樓望遠詩皇甫冉有登惠山北樓詩今其地無可考
宋蘇軾題詩處
在惠山頂軾有惠山謁錢道人烹小龍團登絕頂望太湖詩今山頂猶有石路縈廻九龍青水光翻

動五湖天二句詩石
參寥題名
在南禪寺宋許月卿追賦暮游詩序舟泊無錫日已暮與王希聖微服遊南禪蓋訪古也參寥題名壁無慮據言題名壁者當是墨迹非石刻今無考
梨花莊
緣起未詳康熙庚午志稱爲沈萬三别圃廣五十畝中有天繪樓最勝萬三有妾名貞香者性愛梨花徧植焉余案咸湻郡志古蹟門已載有梨花莊則是其蹟甚古或後爲萬三别圃耳

宋喻工部樓讀書處
在開原鄉玉泉庵邑志見寺觀
宋蔣侍郎重珍讀書處
在横山雪浪庵邑志見寺觀舊有蔣子閣後圮道光丁未邑人何學鴻倡捐修復
三偏門
元志載無錫城四正門外又有三偏門一爲董家門通南禪寺前一爲顧橋門通南門下塘一爲新橋門遍新橋門巷案董家門當在今望湖門之東南隅南禪寺在董家門內寺之北有董家橋門即以名顧橋門又在董家門之東今羊腰灣冷漬口之興隆橋即昔之顧橋顧橋門當與顧橋相近新橋門在今望湖門之西南隅新橋跨菰瀆橋河在今火街之西新橋門巷即今教場巷舊無城濠間隔直通新橋去新橋百武今杜氏宗祠之右舊有圈門一座即新橋門也余至南郊常親見之近亦毁爲平地矣
望亭堡
邑志古蹟載新安城張士誠築爲屯兵之所余案王逢有重過望亭新安二堡詩自注丙申冬張氏築新安城當即新安堡志遺望亭因考補之

竹罏
舊在聽松庵明洪武間僧性海命湖州竹工爲之制古而雅王紱爲繪圖賦詩諸名人相繼題詠篇什甚富永樂初性海之虎邱罏遂留爲潘克誠所成化間潘之孫某又以贈楊孟賢孟賢殁之三年秦中齋夔自武昌報政還求訪舊物白諸孟賢之兄孟敬仲還庵中一時海內名流俱爲詩文贊美先是盛冰壑寀之姪舜臣雅慕兹罏仿製爲二携至都中一呈冰壑一贈吳文定公輩下名公鉅卿

題詠盈夥後亦付之庵僧于是仿鑪諸篇與製鑪
復鑪諸作合而爲一焉歲久鑪壞庵亦廢卷遂淪
失　國初有以此卷鬻于京師者遂爲滿洲成容
若所得邑人顧貞觀與容若善乞以歸是時圖已
有四貞觀乃更製一鑪併歸寺中貯之大同殿右
彌陀殿巡撫商邱宋公裝爲四卷識以官印
高宗純皇帝南巡至惠山試鑪酌泉賦詩疊韻並
賜竹鑪山房額時四圖又失其一
特命張宗蒼補之
聖駕回鑾

命工仿製别建竹鑪山房于玉泉山以貯之知縣邱
漣取卷至署重裝燬于火事聞
御筆親仿九龍山人意爲補竹鑪首圖
命皇六子弘旿等分作二三四圖補錄前人題詠于
其後乂取
內府所藏王紱溪山漁隱圖償之甲辰春再
幸惠山
命大學士梁國治書辛未以後
御製詩于卷中永爲名山世寶云
謹案惠山竹鑪久已著名海內兹復恭邀
睿鑒益爲泉石增榮志載未能全備敬遵
御製詩集並無錫知縣吳鉞編刻之竹鑪圖詠各記
序合參邑志所載叙其緣起如此

點易臺

在惠山寺左明邵文莊寶築文莊既建二泉書院
復于泉齋後壘石爲臺臺前置圖石一象太極闕
石二象兩儀又闕石四象四象築以八角象八卦
遂以點易名之

迎潮館

在蓮蓉門外與孫繼皐狀元坊相對明萬歷二年

春潮水入西關至學宮之前是歲繼皐大魁天下
遂築迎潮館于此後廢
國朝咸豐初元繼皐裔孫應穀敦穀等于狀元坊之
東數十武建樓五楹即以迎潮館顏之

第宅園林

邑志不志第宅僅有甘羅陸摯兩故宅見于古蹟
他不及焉園墅雖有專門亦尚未能全備緣就志
載所遺及志之已載而尚有參訂之處并新志所
創而舊志有可考者别爲一門標其目曰第宅園
林蓋亦仰止前賢之意云爾

商

泰伯宅

在梅里劉昭後漢書註無錫縣東皇山有泰伯冢去冢十里有舊宅井猶存

漢

高士梁鴻宅

在鴻山明莫止有鴻山十八景詩梁鴻宅其一也梅里志云鴻山東麓鐵山寺相傳爲梁鴻故宅余考李紳泰伯井詩至德今何在邳墟井有泉梁鴻重濟後又歷　年泰伯井旣爲梁鴻所濟鴻之

曾居于此可知矣

晉

王右軍宅

即今崇安寺新舊邑志俱載崇安寺或前王右軍故宅咸淳毘陵志直云寺爲王右軍宅

孝子華寶故居

在第二泉側今爲僧廬見明志

劉失

司徒右長史湛茂之宅

即今惠山寺唐邛丹有題湛長史舊居詩茂之十三世孫貢有題歷山司徒右長史祖宅詩張祜惠山寺詩舊宅人何在空門客自過即指此也邑志作湛長史草堂見古蹟

梁

蕭侍郎宅

即今膠山寺見邑志寺觀

隋

吳郡刺史陳子邁宅

開皇中子邁徙居邑之東山見邑志寺觀邑以錫山爲東山見宏治志此云東山疑即指錫山也

唐

金壇令李晤宅

在梅里邑志李紳傳父晤任晉陵令因家邑之梅里余考唐書宰相世系表紳父晤金壇令

陸羽寓居

在惠山唐顧況有送陸羽歸惠山詩見邑志藝文惟所居何地今無可考

宋

許顗讀德之宅

待制蔣瑎

侍郎施垌寓居
尚書尤文簡公祖居
並在許舍山康熙庚午志德之與瑨垌裘並居于
此四家世爲婚姻裘祖居許舍山並見尤玘萬柳
溪邊舊話
左司郎中王冋宅
在貫山見元志
胡德煇先生寓宅
在甘露見元志
鄒公宅

新開河上舊名鄒家巷以邑令鄒漸居此而名陳
彖有縣宰鄒公德化記
淮海周煇寓宅
在惠山案煇所著清波雜志云余家惠山泉石皆
几案間物知煇亦吾邑寓賢也
袁州知府戴達先侍郎戴幾先宅
在東城見元志
趙禥王莊
尚書李琳宅
並在楊家巷見宏治志

遂初堂
在東帶河上尤文簡莊定祖孫所居文簡晚年取
孫綽遂初賦以自號崇陵御筆賜之遂名其堂志
載文簡致政歸居東帶河大第莊定自序全唐詩
話末署咸湻辛未書于遂初堂是額既爲光宗御
書當在大第無疑
蔣狀元重珍宅
在湖埭獅子巷有一梅堂萬竹亭忠文奉祠家居
築爲養疾之所巷內舊有殘缺石獅相傳爲蔣狀
元宅中故物

體齋
馮季求所居敖陶孫有爲梁溪馮季求作體齋詩
季求何人體齋何地俱未詳余考馮多福與陶孫
同時詩云自求多福似季求爲多福字
賜寶章閣待制陳炤宅
在縣北天授鄉舊志稱炤殉節後其家捨宅爲招
提即今普濟庵
元
蔣子中別墅
在夏陰山曲有凌波堂落暉亭俱面湖見王永積

錫山景物畧

陸氏園亭

不詳何人所築曹伯啟有題錫山陸氏園亭詩伯啟元人

昭先堂

翰林修撰陳顯曾所居顯曾以其曾祖炤死節顯末走三千里上之史館得爲立傳遂以昭先顏其堂有昭先堂稿

種德堂

處士錢裕有義行趙文敏顏其堂曰種德并爲書之

貞節堂

堂爲處士華幼武奉母之所幼武少孤事母至孝扁其室曰貞節堂遂昌鄭元祐爲之記又有樓碧軒亦幼武所居

明

尚書張籌宅

在胡橋南今爲茶肆

長春園

在魚腥巷尙書俞溥築今無可考

御史葛桓故居

在泰伯鄉葛家橋御史贅于中橋秦氏後因住居中橋其葛家橋舊宅今猶存

學士王達宅

在控江門外江陰巷學士生于芙蓉山祖居弱冠負盛名城中高才宿學多與交遊遂遷徙于此今爲王氏世居

布政使陳禮宅

在中市橋南有後門在北禪寺對巷見李兆洛跋邵文莊題陳謙齋早朝圖

御史倪敬宅

在虹橋梁溪雜事載御史家居虹橋隣人久瘖公書花押于其門瘖遂愈

都御史盛容宅

在盛巷有別業在江陰巷嘉靖間廢爲鐵索觀

橫山草堂

在南橫山僉事成始終別業

僉事成始終宅

在六箭河上始終歿屬秦氏傳至都御史燿更爲營治扁其堂曰弘緒

國朝避
御諱改爲鴻其堂後即金匱山有金匱山房子姓今
猶居之
挺秀堂
封武昌知府秦旭所居在六箭河南岸
國朝裔孫蕙田重爲營建更額嘉會今屬山陽李氏
布政使秦夔宅
一在鳳光橋北堂曰壽安今屬顧氏後裔所居僅
倉房典基耳一在挺秀堂西夔爲其父旭稱壽所
建邵文莊公顏其堂曰寍壽今猶存

西野草堂
在陸墟楊禮部琛築有重恩樓琛歷仕兩朝故云
又有文崖水心二亭
旣翕堂
在六箭河上秦布政夔同其諸季所卜數傳至布
政梁榜其門曰文獻之家夔與梁先後纂修邑志
故云
尚書第
在冉涇橋西邵文莊公所居中有十二景曰晉侍
堂曰容春精舍曰燕居亭曰存一齋曰嘉樹亭曰

八角臺曰蘭畹曰思濂沼曰光霽橋曰翻深徑有
二石取其形似曰圭曰冕又一石來自西蜀種蒲
其上曰雪浪菖蒲石爲地無幾取名繁多公殁門
人莫同華雲即地肖像祀之後廢祠徙惠山
秦端敏公宅
在西水關內端敏舊宅在張舍通籍後徙居于此
今半爲菜圃餘基亦屬他姓余幼時猶見舊墻門
一座有漆 門聯云九轉三朝太保兩京五部尚
書今亦燬
西園

在嶂山處士錢華築有待月窩爛柯洞蓬萊峯白
玉峯瀑布巖凡五景見梅里志
徐府莊
在鎭巷前明無錫有魏國公府官田此其莊舍也
後臨六箭河地不甚廣有亭榭樹石位置都宜今
屬秦氏
顧洞陽先生宅
一在槐樹巷有海忠介公所書抗疏名臣額一在
大市橋南一在新街巷南
金粟嶺

在隆亭華學士察築察旣治東西二園復于此疊石爲山廣植桂樹名之曰金粟嶺後屬倪氏今桂樹猶有存者

都御史談愷宅

在六箭河上愷解組歸築園宅之東偏亭臺樹石結構精雅有萬佛堂爲城中第一勝處

玉鹿元耶

在惠山顧同知起綸別墅王漁洋山人論詩絕句云詩好官卑顧九華梁鴻溪畔弔殘霞錘嶸去後殷璠死玉鹿風流自一家自註顧起綸號九華山

人所居惠山別墅曰玉鹿元耶鄒氏愚公谷即其地志稱愚公谷顧同知起綸墓地旣葬而遷乃屬鄒副使迪光蓋起綸生以此爲別墅殁以此爲墓地也

通政張選宅

在槐樹巷今屬虞氏

太僕黃正色宅

在教場巷太僕世居斗山後徙于此中有小書巢郎晉陵先賢傳稱公獨居一室吟咏自適處今廢爲菜圃正門舊有明忠臣第額今亦圮

綠雲窩

華戶部雲讀書處在望湖門外鐵柱橋舊址在瑗陽雲五世祖所建後雲徙居鐵柱即以顏其書室今爲僧居

眞休園

華戶部雲築雲翰墨之富幾甲江左園即其萃古法書名畫處也

探花吳情宅

在閶江

芹野草堂

在試泉門外陳沂州籌別業邑志載芹野草堂陳沂州籌讀書地屬金匱余案陳迦陵詞梁溪西郊外有芹野草堂吾宗沂州公別業也公子某豪情斯在冶習未忘乃以李氏之平泉用作井公之博進千金一擲園屬他人迄今已三易主矣公四世孫集生暇日扁舟經過此地臨風感舊惆悵絕多作詩紀事同人俱有和章余亦塡詞一首詞云過西定橋有芹野園崢泓坦迤記花闌藥嶼島何灣灣烟汀雨瀨水太羅羅樂去爽鳩愴深鋤狄牧笛吹風夜起波憑高望悵舊家光景邈若山河小樓

一棹經過奈三度亭臺易主何縱王孫無恙東風認否主人重到燕子知麼笑說當年楊浦一擲絕似名姬換馬䭾君休恨較臨春結綺博進誰多池圃春案西郊外屬無錫境

白雲高隱

在泰伯鄉龍涇處士唐詩築

讀書圃

獨行圃

並俞按察憲築憲營第烈帝廟南拓第右地爲兩圜繞廟後越廟巷架旱橋以通往來重樓邃閣極

一時觴詠之盛

周文恪公宅

在營橋巷今屬蘇州汪氏

大觀察第

在學宮東買按察應璧所居

太僕施策宅

在崇安寺巷北今其地有墻缺處卽其正門基址士人猶稱爲施墻門裏

少宰第

贈尚書吏部侍郎孫繼皐所居卽都御史談愷宅也繼皐先世自丹陽徙居邑之雙河後遷于此孫氏子姓繁衍今猶聚族而處惟宅左一隅已分屬秦氏圍及萬備堂則又割屬王氏矣

天官第

在懷仁鄉張涇橋顧端文公所居弟贈尚寶司丞允成宅在其

司寇嚴一鵬宅

在養濟院巷北一鵬予告家居詔賜存問敕使至第宣讀詔旨卽此宅甚廣有書室花圃不事華麗而自有城市山林之致人以方之綠野平泉今屬

華氏

贈都御史侍郎萬象春宅

在田基浜後臨熙春街象春幼居安家墳前通籍後建第于此今在田基浜者正門廳事已屢易姓改造僅存破簷數椽一二後裔居之其在熙春街者輾轉質之鄒氏今爲秦氏所居

天全堂

在懷仁鄉贈光祿少卿安希范所居

高忠憲公宅

在望湖門內宅久分屬他姓惟宅後止水一隅僅

存今爲公祠
司空第
在石幢侍郎葉茂才所居玉劍尊聞云葉元室骨
法清削于世泊無所嗜衣服樸整而庭宇修潔堂
懸緯楔榜日三世無訟
太常卿陳幼學宅
在宅仁鄉後徙居試泉門外新板橋東見陳筠塘
先生行實年譜
光祿劉元珍宅
在時郎中巷後裔今猶居之

世宗伯第
在營橋巷周文簡公炳謨所居門北向與文恪公
宅偏對有書室顏曰學易草廬
馬文肅公宅
在延祥鄉
華節愍公宅
在蕩口鎮
龔節愍公宅
在冉涇里後裔徙居楊木橋
塚墓考

劉宋
司徒右長史湛挺墓在惠山
唐邱丹洪長史舊居誌云年世雖邈塋隴尚存是
挺墓因在惠山也惜久失考
唐
尚書左僕射李紳墓
志載唐尚書左僕射李紳墓在縣東五里紳父晤
官晉陵令家于梅里鄉父子並葬于此余考金石
錄李紳墓碑在嘉興府父子並葬于此之說未知
何據

宋
國史院編修贈龍圖閣直學士秦觀墓
邑志稱觀卒于藤州貶所余考宋史觀自雷州放
還行至藤州出遊華光寺爲客道夢中長短句索
水欲飲水至笑視而卒蘇軾聞之歎曰少游不幸
死道路哀哉是藤州乃道中非貶所也咸淳郡志
載秦龍學墓產紫藤一本圍盈尺盤錯古松狀如
偃蓋或以爲醉卧藤下詞讖云
右文殿修撰贈太師李夔墓
夔以子綱贈太師故邑志標題贈太師李夔墓余

考夔元豐三年進士仕終右文殿修撰見楊文靖
公誌銘本身官職例得並書
元
尚書魏郡公尤玘墓
續志載玘墓在西禧里余考西禧里在鵞湖南鄙
長洲縣境
明
行人俞德惠衣冠墓在惠山
洪武中廣西土司知趙宗壽搆兵拒命德惠賫敕
往諭逼降不屈被殺以道阻骸骨未歸塟衣冠于

惠山繡嶺之下見邑志本傳余案德惠死節與御
史施武同在一時又同以衣冠爲塟武墓旣志德
惠不及因爲考補
御史葛桓墓在中橋
桓贅中橋秦氏歿即葬于其地其後裔爲余言之
鴻臚通事舍人張存墓
存死建文之難俠士吳太熙收其骸骨歸塟堠山
事蹟詳下人物考
給事中葛嵩墓在龍山嶂㘭之原邵文莊寶誌銘
布政陳策墓在漆塘山邵文莊寶爲撰神道碑

參政俞泰墓在惠山李相讀書臺下
談修惠山古今攷李相書堂在媧皇行宮右俞氏
墓後俞氏墓卽泰墓也
孝子浦劭墓在石室山
劭以救父救兄爲倭所殺葬石室山見邑志劭傳
贈尚寶司丞顧允成墓在開化鄉北象山
允成先葬陽郡圩天啟四年遷塟于此見顧忠清
公年譜
太常卿陳幼學墓
志載太常卿陳幼學墓在懷仁鄉邑人又相傳幼

學墓在城內沙盆潭蓋沙盆潭臨河有古塚向由
陳氏祭掃故遂指爲幼學塟處余訪得住居盛巷
之陳　者爲幼學嫡裔特詣詢之據言太常公
墓在龍山梢崇禎初年所塟因出示龍山梢坟圖
且云沙盆潭乃太常公父塋地兩墳皆其祭掃言
之鑿鑿識此備考
孝子邵天祿墓在興道鄉六都一圖
副使謚節愍王孫蘭墓在新安鄉徐陶涇吳偉業誌
銘見梅村文集
殉難臨安訓導過俊民墓在青山灣土地堂後

俊民子姓式微訪得書院衖口有一製領爲業者
實俊民的裔余往詢之得悉其墓之所在
國朝
修撰鄒忠倚墓在照天灣
旌孝許培元墓在嶂蜊灣
孝子邵可學墓在興道鄉七都一圖
錢塘知縣周宜振墓在芙蓉山孫　旌孝奕清祔
編修周金簡墓在毛道橋
庶吉士杜詔墓在惠山仙人塢祔塋
工部主事吳璸墓在蕭家灣

錫金考乘　卷三

學士吳鼎墓在惠山朱家塢
武義知縣吳熙墓在舜柯山
戶部員外郎周曰贊墓在馬鞍塢
侍郎杜玉林墓在蘇慶灣今布政孫藩墓後
丞昌知府周際清墓在歷村
靖安知縣孫濂墓在　鄉庄村蕩祔葬

錫金考乘卷四
勾吳周有壬佩安著　次女毓芳敬刊
官制考
漢　侯國相一人
漢書百官志列侯所食縣曰侯國每國置相一人
[illegible]如令長無錫在前漢爲多軍侯國後漢爲
陰盛侯國
吳
典農校尉
吳分無錫已西爲屯田置典農校尉見晉書互見建置
宋宋車屬官
縣丞一員
邑志官制宋無縣丞余考咸淳毗陵郡志宋秩官
下無錫載有縣丞一員又李彌正縣學碑記有右
承直郎平江府吳江縣丞主管學事對移縣丞袁
延綸右通直郎知縣丞主管學事賈邈二人繫銜
又按宋史宋初天下縣置令簿尉闕丞至熙寧四
年縣二萬戶已上乃置丞王仁輔無錫志紹聖初

錫金考乘　卷四　一

2001058

二萬三千三百一十四戶熙寗在紹聖後縣戶總
在二萬已上置丞嘗卽其時咸淳志又載建炎初
詔罷諸縣丞惟萬戶處存留無錫二萬戶已上故
得置丞如初也

主學一員
景定三年詔天下縣置主學一員以特科人充見
咸淳郡志

元

倉監支納一員
倉大使副使各一員

稅務提領一員
稅務大使副使各二員
原註在城甘露
水馬站提領二員
原註洛社新安
巡檢司巡檢四員
原註甘露華藏膠山新安
蒙古字學一員
已上俱見明志
無錫縣儒學教授　員

邑志官制元世祖朝不設教官余考尤棟五先生
祠堂記云虞君薦發出而教授生徒已而增博論
師長之員會孫君桂發居之是世祖朝設有教授
明矣惟一縣不應有兩教授所言增設博論師長
疑是教諭附識備考

職官考

漢

令

陸端
周處風土記陽山出石堪作礲曰始民未知開斲

漢大夫陸端設肴醴以祭取以為器江東數州皆
藉其用愚謂大夫邑宰之稱設祭取石邑宰之事
漢令陸端似無疑義

三國吳

典農校尉

陳勳
新脩邑志俱載長廣溪陳勳所導案陳勳孫吳時
人吳志赤烏八年使校尉陳勳將屯兵三萬人鑿
句容中道吳分無錫已西為屯田置典農校尉導
溪典農官之事勳官校尉卽典農校尉可知

唐
尉
寵昚
咸淳郡志引忠佑廟石刻無錫尉寵昚余案萬姓
統譜無寵姓疑龐字寫刻之訛
宋
縣丞
袁延儒
賈遨
志表宋無縣丞余考李彌正紹興十六年無錫縣

學碑記有右承直郎平江府吳江縣丞主管學事
對移縣丞袁延儒右通直郎知縣丞主管學事賈
遨兩人繫銜（詳上官制）
主簿
蔡奕
劉摯忠肅集直龍圖閣蔡君墓誌銘君名奕以進
士除常州無錫縣主簿
陳方
章望之無錫縣學碑記有將仕郎守主簿陳方繫
銜（嘉祐三年）

縣尉
范伯玉
章望之無錫縣學碑記有將仕郎守縣尉范伯玉
繫銜（嘉祐三年）
趙公禮
李彌正無錫縣儒學碑記有右廸功郎無錫縣尉
主管學事趙公禮繫銜（紹興十六年）
元
無錫縣達魯花赤
忽魯敦

無錫縣題名碑至元十二年忽魯敦達魯花赤十
九年就陞武畧將軍管軍民千戶
別古思
無錫縣題名碑至元十四年別古思從仕郎達魯
花赤
潤潤出
無錫縣題名碑至元十八年潤潤出達魯花赤
麻合馬
無錫縣題名碑至元二十年麻合馬忠顯校尉達
魯花赤

縣丞

錢奎

無錫縣題名碑至元十二年錢奎縣丞十四年就陞縣尹

侯濟民

無錫縣題名碑至元十四年侯濟民將仕郎縣丞

吳旺

無錫縣題名碑至元十七年吳旺進義校尉縣丞

薛思齊

無錫縣題名碑至元二十年薛思齊將仕郎縣丞

楊蔚

無錫縣題名碑至元二十一年楊蔚將仕郎縣丞

蔚南陽人題名碑記即蔚所撰

主簿

李輝

無錫縣題名碑至元十二年李輝主簿

王鈞

無錫縣題名碑至元十九年王鈞將仕郎主簿

孫世英

無錫縣題名碑至元二十一年孫世英將仕佐郎

主簿

縣尉

劉天澤

無錫縣題名碑至元十二年劉天澤縣尉十七年離職改充常州路錄事判官

張德林

無錫縣題名碑至元十七年張德林縣尉

李茂

無錫縣題名碑至元二十一年李茂縣尉

典史

孫珝

霍文

無錫縣題名碑有典史孫珝霍文二人銜名

無錫州達魯花赤

麻合馬

無錫州重建譙樓碑有奉議大夫常州路無錫州達魯花赤兼勸農事麻合馬繫銜

案無錫縣題名碑至元二十年麻合馬達魯花赤姓名與此相同譙樓碑爲大德八年立距至元二十年計已二十一年豈前爲縣達魯花赤後爲州

達魯花赤耶抑別有麻合馬其人耶併識備考

玉連赤都魯彌實

無錫州官題名碑玉連赤都魯彌實註云武德將軍達魯花赤至治元年九月二十一日禮任

廉可安凱牙

無錫州官題名碑廉可安凱牙註云宣武將軍達魯花赤泰定元年八月二十二日禮任

阿思蘭

無錫州官題名碑阿思蘭註云奉政大夫達魯花赤泰定四年七月初九日禮任

玉古倫赤海牙

無錫州官題名碑玉古倫赤海牙註云奉議大夫達魯花赤至順二年七月二十五日之任

不顔不花

無錫州官題名碑不顔不花註云宣武將軍達魯花赤元統二年十二月初三日之任至元三年十二月二十四日得代

達理悅實

無錫州官題名碑達理悅實註云前省理問授朝散大夫本州達魯花赤至元三年十二月二十四日之任六年十一月初六日得代

哈兒沙

無錫州官題名碑哈兒沙註云奉直大夫達魯花赤至正三年十一月初二日之任六年十月二十日得代

知州

袁闕名

宏治志碑目載有錫山賢守道袁二公德政碑道爲道童袁無考

禾速嘉闕名

志表載達魯花赤禾速嘉余按元史禾速嘉爲元人氏族宏治志碑目載有知州禾速嘉公德政碑禾速嘉而下繫公字其爲氏族無疑李晦升州記云今知州禾速嘉榮甫是禾速嘉公乃知州非達魯花赤也晦州人必不直稱州尊名榮甫疑字號名無考

楊伯要兀歹

志表元大德七年知州楊　註云逸其名重建州譙樓余考縣堂無錫州重建譙樓碑有奉訓大夫常州路無錫州知州兼勸農事楊伯要兀歹銜名

丁奕祖

志表至順二年知州王克敬三年丁奕祖註云常州路總管董糧事是奕祖既非達魯花赤又非知州今以列於達魯花赤知州一排之王克敬下似至順三年知州已易丁奔祖非王克敬矣余案重建忠靖王祠碑知州王克敬撰文至順四年四月立石是至順二年至四年知州王克敬未嘗更易也奕祖董糧於錫力掃積弊民不能忘陳適億豐會記詳述其事採入藝文職官似不必志

同知

忻都

無錫州重建譙樓碑有修武校尉常州路同知無錫州事忻都繫銜

海山

無錫州重建譙樓碑有忠顯校尉常州路同知無錫州事海山繫銜

虞志道

韓性虞薇山先生墓誌銘述志道所遺書云先人力學厲行抱志以歿不肖孤承乏官使蒙恩追秩承務郎常州路同知無錫州事

倒刺沙

宏治志載中市橋元至治元年同知倒刺沙倡洛社李氏建

烏馬兒

無錫州官題名碑烏馬兒註云昭信校尉同知至治二年七月初二日禮任

劉威

無錫州官題名碑劉威註云承務郎同知至治三年八月初二日禮任威南陽人並見題名記

捏古伯

無錫州官題名碑捏古伯註云承德郎同知泰定二年六月初二日禮任

秦世英

無錫州官題名碑秦世英註云忠顯校尉同知泰定二年七月二十八日禮任

張也先帖木兒

無錫州官題名碑張也先帖木兒註云□□郎同知泰定□年六月二十二日禮任

阿里

無錫州官題名碑阿里註云承務郎同知至順元

年七月二十七日之任

桑哥答思

無錫州官題名碑桑哥答思註云承務郎同知至順四年七月十二日之任至元二年六月初六日得代

也先不花

無錫州官題名碑也先不花註云承務郎同知元統二年六月初八日之任至元三年五月二十六日得代

周宗仁

無錫州官題名碑周宗仁註云忠武校尉至元三年五月二十六日之任六年四月二十四日得代案州官題名碑周宗仁一條雖未註出同知然其名次既在同知也先不花之下同知山壽之前則其同爲同知可知且周宗仁之任之日適也先不花得代之日是宗仁爲也先不花接任之人無疑並識備考

山壽

無錫州官題名碑山壽註云承務郎同知至元四年八月二十八日之任至正元年八月十一日得代

陳序

序字仲倫至正初官無錫州同知邑人王實有去思頌

通判

燕從周

無錫州重建譙樓碑有從仕郎常州路無錫州判官燕從周繫銜

王居仁

無錫州官題名碑王居仁註云承事郎州判至治二年二月初八日禮任

張友一

無錫州官題名碑張友一註云承事郎州判至治二年閏五月二十八日禮任

魏諒

無錫州官題名碑魏諒註云承事郎州判泰定元年二月十八日禮任

李秃堅不花

無錫州官題名碑李秃堅不花註云承事郎州判泰定二年四月十五日禮任

和尙
無錫州官題名碑和尙註云承事郎州判泰定三
年正月二十八日禮任
都思脫因
無錫州官題名碑都思脫因註云承事郎天歷□
年五月十六日禮任
余天錫忠翊
無錫州官題名碑余天錫忠翊元統□年□月初
八日上任
案都思脫因余天錫忠翊題名碑雖俱未註州判

余以兩人名同在州判一排定爲州判錄之
忽都海牙
無錫州官題名碑忽都海牙註云承事郎判官至
順二年三月□□日禮任
延仲誠
無錫州官題名碑延仲誠從仕郎州判註云至元
三年十一月初四日之任六年十月二十日得代
劉善慶
無錫州官題名碑劉善慶承事郎州判註云至元
五年四月十五日之任至正二年四月二十四日
得代
馬馴
無錫州官題名碑馬馴徵事郎州判註云至元六
年十月二十日之任
魏秃普申
無錫州官題名碑魏秃普申從事郎州判註云至
正二年四月二十四日之任
兀都蠻
無錫州官題名碑兀都蠻從事郎州判註云至
八年三月十八日任十一年三月十一日得代

劉雄飛
張景亮
楊載有寄無錫倅劉雄飛張景亮二使君詩雄飛
景亮疑是字號
提控案牘
申居宜
無錫州重建譙樓碑有提控案牘申居宜繫銜
朱有德
無錫州官題名碑朱有德註云提控案牘
陳

無錫州官題名碑陳　註云提控案牘泰定二年
十一月二十四日禮任
韓奎
無錫州官題名碑韓奎註云提控案牘天歷元年
四月初口日禮任
徐文瑞
無錫州官題名碑徐文瑞註云提控案牘至元口
年口月口口日之任至正元年口月十四日得代
施瑛
無錫州官題名碑施瑛註云提控案牘餘字殘損

不可辨
鄭又新
無錫州官題名碑鄭又新註云提控案牘至正口
年二月口口日之任十年九月二十九日得代
吳直
無錫州官題名碑吳直註云提控案牘字德剛縣
人也出口口完出身至正廿三年之任至正廿六
年春得代
按至正爲順帝年號無錫州於至正十六年陷於
張士誠碑云至正廿三年之任似吳直爲張氏之
官惟士誠於至正二十年曾受元封直既刻名於
碑附於元官之末且不以張氏僞號紀年而仍用
至正年號則竟謂之元官可也元升無錫爲州不
曰州人而曰縣人疑入明復州爲縣後補題耳完疑
是既字
都目
蔣實
無錫州重建譙樓碑有都目蔣實繫銜
章甫
無錫州官題名碑章甫註云都目年月磨滅無考

梅忠
無錫州官題名碑梅忠註云都目泰定三年口月
二十三日禮任
趙茂
無錫州官題名碑趙茂註云都目天歷二年三月
二十一日禮任
案州官題名碑提控案牘與都目題名錯雜尚有
趙口方泰亨二人註字磨滅不可辨
教授
徐一清

志表元教授徐一得儒學教授題名碑作徐一清

俞眞卿

邑志職官表元教授俞鎮卿註云本州人有州官題名記余考州官題名碑末題無錫州儒學教授吳門俞眞卿記是俞眞卿非俞鎮卿俞眞卿爲吳門人非本州人也教授題名碑亦作眞卿

翁廷瑞

志表元教授翁廷序儒學教授題名碑作翁廷瑞

王國英

志表元教授王容英儒學教授題名碑作王國英

朱瓊

蘇州府志載長洲教諭朱瓊字廷玉邑人由無錫教諭改任至順二年卒於官余案元時無錫有教授無教諭此云教諭疑即教授之訛第爲教授題名碑所不載錄之備考附於教授後

明

知州

王和

萬歷志稅務局在中市橋東國朝吳元年知州王和建是時明祖尚未建元洪武無錫亦未復州爲縣也

知縣

范澤

正德十二年以貳守攝縣事見邵寶重修城隍廟記澤字汝霖盩厔人

雲升

正德十二年縣丞署任見邵寶重修泰伯廟記

王好義

縣丞署任今城隍廟儀門東壁婁巷財神廟廟門東壁砌有萬歷十八年無錫縣署縣事縣丞王好

義捕盜禱神碑

詹在廷

萬歷季年署任見康熙志雜識

縣丞

奚起賢

天台縣志奚起賢洪武二十六年以生員薦授無錫縣丞

董儀

邑志職官表成化三年縣丞董儀余考景泰六年張中丞廟碑已有縣丞董儀繫銜

主簿

藍謙

邑志職官表天順四年主簿藍謙余考景泰六年張中丞廟碑已有主簿藍謙繫銜

國朝

訓導

徐廷錫

蘇州府志徐廷錫常熟人順治四年貢無錫訓導

職官補

元

同知

野仙

邑志職官表至元二年同知野仙承務余考郭嘉五先生祠堂記云至正壬午阿里罕太傅魏國忠懿公之孫野仙承務同知是邦又無錫州官題名碑桂仙註云承務郎同知至正二年四月二十四日之任至正五年四月初七日得代案至正壬午即至正二年桂即埜埜通野宋制外官各有帶銜野仙以承務郎同知無錫州事非名承務也

錫金考乘卷五

句吳周有壬佩安著　　次女毓芳敬刊

選舉考

進士

宋

蔣之奇

蔣之美

案蔣氏世居宜興待制蔣瑎始徙無錫之奇爲瑎之祖之美爲瑎諸祖選舉毋須引載

李夔

邑志選舉表李夔集賢修撰余考楊文靖公誌銘夔官右文殿修撰

孫庭筠

孫近

庭筠宜興人見府志選舉表近庭筠子邑志選舉並應删

袁正功

志表袁正功建炎甲戌詞學註云建炎無甲戌年當是庚戌余考咸淳郡志建炎二年詞學兼茂科朝奉郎袁正功是年爲戊申非甲戌亦非庚戌也

尤著

蘇州府志紹興二年壬子張九成榜進士尤著長洲縣人案尤玘萬柳溪邊舊話著爲煇之子贅於蘇州黄氏以長洲籍舉進士

陳之茂

陳之淵

志表陳之茂秘書修撰陳之淵吏部侍郎余案志傳之茂仕終吏部侍郎之淵仕終秘書修撰

許琮

宋郭彖睽車志錫山許宗美琮紹興巳卯隨計吏試禮部與同舍禱太一宫默以所見爲得失之讖矚目一牌云竺落黄茄天宗美以犯落字大惡之是歲果被黜後入太學爲諸生以壽皇登極恩赴省復詣宫如前禱焉禱已周行廊廡間才舉足則見二神位云河魁從魁宗美大喜而出洎南宫揭榜河自然爲省魁而宗美以詩賦魁前場蓋讖二魁之姓名云余案咸淳毘陵郡志乾道二年蕭國梁榜進士許琮字典無琮字當是琮字之訛乾道孝宗年號後以禪位光宗故稱壽皇也康熙府志乾道二年丙戌進士武進許琮必因咸淳貢舉志

概不載出某人某縣字樣許琮又爲無錫舊志所失載遂以意指爲武進耳郭彖以南宋人言南宋時事似可爲據又案邑志選舉表細與十八年進士許璹紹興乾道年代相近琮與璹似屬伯仲

明

錢蒙

康熙志選舉表洪武四年進士錢蒙嘉慶志以明志府志太學題名碑皆不載註出存考余考儒學進士鄉科兩題名碑蒙中洪武三年庚戌徐士全榜進士康熙志誤作四年吳伯宗榜進士而太學題名適無庚戌一碑致難稽考今觀儒學兩題名碑其爲庚戌進士信而有徵矣（張有譽荊埜記亦稱蒙曾舉進士）

楊文

志表載楊文國子監丞余案志傳文由國子監丞遷壽府長史

鄧洹

大同中屯衛籍見萬歷志

周鎬

題名碑錄正德三年戊辰呂柟榜進士周鎬湖廣長沙衛軍籍直隸無錫縣人志表闕案楚紀鎬字宗化辰州衛人正德戊辰進士知湯陰縣時蘇賊煽衆作亂吏多棄城遁鎬誓衆死守城獲全以功擢刑部主事終貴州參議（洪武閒吾宗曹集支有名士龍者以事戍湖廣疑鎬其後也）

楊僎

雲南臨安籍見萬歷志

黃正色

張履正

題名碑錄俱作江陰縣籍無錫縣人

施雨

蘇州府志嘉靖壬辰進士施雨字潤之常熟人廣東僉事案萬歷志是科進士浦應麒尤魯王瑛無施雨康熙志始載入

夏子開

武城中衛軍籍無錫縣人見題名碑

吳嶽

武進縣籍見萬歷志

何汝健

何湑之

何淇之

何棟如
俱南京留守左衛軍籍無錫縣人見題名碑
黨緒
錦衣衛旗籍無錫縣人見題名碑
楊成
鄒龍光
周子文
華允誠
曹荃
題名碑錄俱作長洲縣籍無錫縣人龍光字彥爲

子文字岐陽並見蘇州府志
黃學海
廣寧左屯衛官籍直隸無錫縣人見題名碑學海
父正色以直諫戍遼陽當是隨父戍所登第耳
龔勉
志表龔勉江西副使余案志傳勉仕終浙江布政
王致中
題名碑錄萬曆二年甲戌孫繼皐榜進士王致中
陝西寧羌衛軍籍直隸無錫縣人志表闕
嵇應科

王國賓
吳之鵬
吳之龍
唐士嶸
題名碑錄俱作武進縣籍無錫縣人
趙一鵬
吳縣籍無錫縣人見題名碑
王之麟
蘇州府志選舉表王之麟無錫籍常熟人又之麟
傳云之麟字汝楨常熟人萬曆丁丑進士授刑部

主事晉郎中遷撫州知府丁艱服闋補廣信知府
歷湖廣僉事山東參政所在多惠政
賈允元
志表賈允元浙江按察使余案志傳允元仕終山
東按察使
楊兆升
題名碑錄天啟二年壬戌文震孟榜進士楊兆升
直隸常州府武進縣軍籍無錫縣人志表闕
王問卿
題名碑錄作無錫縣籍長洲縣人

龔可楷

題名碑錄崇禎四年辛未陳于泰榜進士龔可楷直隸常州府武進縣民籍無錫縣人志表闕

徐調元

江陰縣志選舉表徐調元無錫縣籍

呂陽

志表崇禎十三年庚辰進士呂陽湖廣僉事余考大清一統志呂陽無錫人順治中爲湖廣江防道僉事駐黄州平劇盜李有實等力行保甲以清盜源民以寍息

俞泰交

題名碑錄崇禎十五年壬午賜特用出身俞泰交直隸常州府武進縣民籍無錫縣人志表闕

華廷獻

題名碑錄崇禎十五年壬午賜特用出身華廷獻直隸常州府無錫縣人案邑志選舉表舉人下華廷獻註云壬午賜特用出身余謂旣賜出身卽是進士太學非甲科不得題名因與志表未見同賜特用出身之俞泰交並錄於進士後

國朝

陸朝瑛

顧鏞

劉惠恒

朱瑛

賈曾

王澄

題名碑錄俱作吳縣籍蘇州府志選舉表俱稱吳縣籍無錫人

蔡瓊枝

蘇州府志選舉表蔡瓊枝無錫籍吳縣人案太湖

備考蔡瓊枝字皖森西山人順治乙酉舉人丁亥進士無錫縣籍歷官浙江溫處道（瓊枝自太湖西山徙居邑之億豐倉河南岸卽今金匱縣治之下塘舊宅猶存）

李瑛

蘇州府志選舉表順治四年丁亥呂宮榜進士李瑛字希古本姓鄒崑山籍無錫人漳縣知縣邑志選舉表闕

諸豫

諸保宥

諸定遠

題名碑録俱作崑山縣籍豫字震坤保宥字六在
定遠字西侯並見蘇州府志
范龍
張允欽
秦鉞
鄒象雍
顧開陸
湯萬炳
題名碑録俱作長洲縣籍
楊兆魯

題名碑録順治九年壬辰鄒忠倚榜進士楊兆魯
江南常州府無錫縣人案兆魯字凋生世居邑之
安陽山自其曾祖始徙郡城兆魯由刑部主事歷
員外郎中擢江西督學僉事移福建僉事道晉參
議以名宦稱見錢陸燦楊少參傳兆魯雖徙郡城
仍以祖籍登第也
張輔
嘉定縣籍見題名碑
朱謨
蘇州府志選舉表朱謨吳縣籍無錫人

黃鼎
題名碑録作吳縣人蘇州府志吳縣志皆不載
顧岱
嘉定縣籍見常州府志並沈德潛
國朝別裁詩註
施佩鳴
劉治
題名碑録俱作武進縣籍
屠倚
題名碑録順治十二年乙未史大成榜進士屠倚

江南常州府無錫縣人志表闕案江西通志屠倚
字渭綸常州人性溫氣和有經濟才知靖安縣兩
遭寇亂布策畫算逾月盡平在任三載黜浮華汰
冗役絕竿牘尤加意學校課試諸生人文蔚起致
政歸士民有誰嗣之歌焉
張光第
題名碑録作江陰縣籍
唐泓
題名碑録作太倉州籍
郁世焜

題名碑錄作吳縣人蘇州府志常熟縣志俱作常
熟縣人

秦學洙

題名碑錄作長洲縣人蘇州府志吳江縣志俱作
吳江縣人

王一元

邑志選舉表吳一元復姓王題名碑錄王一元奉
天府鐵嶺縣人

黃天球

蘇州府志選舉表黃天球長洲籍無錫人

顧仔

安東縣籍見淮安府志仔父焴官安東教諭就父
任所應試登第顧氏後裔爲余言之

鄒升恒

榜名登恒鄒氏後裔嘗爲余言升恒以兆升名入
泮以登恒名領鄉薦舉進士
特旨改名升恒

孫濂

蘇州府志選舉表孫濂長洲籍無錫人

舉人

宋

沈煡

葉適水心集朝請大夫直龍圖閣致仕沈公墓誌
銘子煡鄉貢進士

唐駿發

元

元至元間常州路教授見常州府志

尤艮

邑志選舉表尤艮名下不註官職孝友傳又稱艮
太常少卿余考萬歷志選舉門元舉人尤艮註云

國朝主事嘗從明志

錢允昇

都穆都公譚纂無錫錢仲益允昇號錦樹山人元
末年十六中江浙省鄉試爲杭州路錄事國朝以
字行高皇帝怒其不爲已用取入京釘其右手於
木日是得疾以左手作字平生天質甚高書過目
即背誦如流洪武末起爲本縣訓導後御史薦入
太常以爲博士與修高皇帝實錄升翰林修撰卒
於漢府長史後漢府謀叛事敗帝閱其啟大加歎
賞其家得免於難

明

錢棠

志表錢棠洪武庚戌舉人余考儒學鄉科題名碑棠中洪武已酉舉人

茹鳴玉

志表茹鳴玉順天均州知州余考大明會典均州隸湖廣非隸順天襄陽府志亦載有均州知州明茹鳴玉

黄鎧

錢貴

常州府志宏治十一年戊午科鄉舉無錫黄鎧蘇州籍錢貴長洲籍余考蘇州府志是科舉人吳縣黄鎧長洲錢貴又宦績傳錢貴字元抑宏治戊午鄉薦選太常寺典簿時太常用羽流爲卿貴上言秩宗之任典司禮樂祇和神人不宜以異類參時論韙之嘉靖初論劾中官蕭敬貪饕不法大禮議起貴因明職掌籩豆之數乘間論列會議禮者皆得罪遂乞致仕貴學務綜博文詞爾雅既官中朝與應良鄒守益諸人遊講求性命之學所著有易通乾坤纂遺檀天解太常都編諸書據蘇州府志所載二人雖皆無寄籍之語要非無因載入常州府志者錄之備考

周鎬

見上進士湖南通志鎬中宏治甲子科舉人

尤可仕

吳縣籍見常州蘇州兩府志

吳之城

常州府志萬歷癸酉科鄉舉武進吳之城無錫人吉安通判乞休杜門與物無競時論賢之

王致中

見上進士鄉舉科分俟考之陝西通志

楊紹程

武進籍見常州府志

楊大潤

劉陛 字晉暘

王新政 字濟人

秦欽翼

俱長洲籍見常州蘇州兩府志

陸雲龍

蔣元敬 字季修

浦爾涵 字公容
顧柄 字其謙 憲成孫
俱常熟籍見常州蘇州兩府志
楊兆升
見上進士常州府志兆升天啟元年辛酉科舉人
龔可楷
見上進士常州府志可楷天啟七年丁卯科舉人
俞泰交
附見上進士考後常州府志泰交崇禎七年癸酉
科舉人

錫金考乘 卷五 十五

國朝
李瑛
見上進士蘇州府志瑛順治三年丙戌科舉人
楊兆魯
見上進士常州府志兆魯順治三年丙戌科舉人
胥尚
見上進士常州府志尚順治十一年甲午科舉人
湯樂 字伯梁
秦淵 字緘三
湯梁 字宵宏

蘇州府志選舉表俱作長洲籍無錫人
陳臻
常州府志康熙八年己酉科鄉舉無錫陳臻四川
中式邑志闕
黃鍾全
蘇州府志選舉表黃鍾全無錫籍吳縣人
華宗源
秦朱干
蘇州府志選舉表俱作吳縣籍無錫人
嚴煜

錫金考乘 卷五 十六

華湘
蘇州府志選舉表俱作吳江籍無錫人
鄒洛
蘇州府志選舉表鄒洛本姓秦字大來順天榜吳
縣籍無錫人
副榜
嵇瑛
蘇州府志選舉表嵇瑛長洲籍無錫人
周原溥
志表周原溥鳳陽教諭余案家乘曾叔祖原溥國

子監肄業期滿選靈璧教諭
恩歲貢
明
陳昱
邑志選舉表陳昱同安知縣余考昱由同安知縣
陞廣安州同知見萬歷志陳士名傳
陳壯
豐城訓導見豐城縣志
俞寅
邑志恩歲貢表俞寅教諭余案高中憲公撰寅八

十壽序寅歷官衛府長史寅入成均在嘉靖四十
三年虹洲志修於萬歷初年寅官衛府長史已在
修志後當時寅官教諭志即以其現官載之以後
修志相沿未改故耳
鄒菁
邑志恩歲貢表嘉靖四十五年楊坡朱孔揚余考
常州府志是年歲薦無錫楊坡鄒菁朱孔揚錫案志見優貢
表
秦滂
劍州州判見四川通志

秦延黙
常州府志萬歷二十年歲薦無錫秦延黙邑志闕
錫案志見拔貢表
錢用延
蘇州府訓導見蘇州府志
秦鏞
常州府志崇禎元年無錫恩貢秦鏞
強國柱
定海訓導見常州府志
浦羲升

常熟籍見府志
邊彥昌
邑志恩歲貢表邊彥昌訓導余案蘇州府志長洲
教諭邊彥昌註云陞建昌教授
張雲鸞
常州府志崇禎四年雲鸞進呈經正錄准貢錫案志見優貢
表
施匪躬
秦鈜
俱長洲籍見府志

顧與演
邑志恩歲貢表天啟七年顧與演余考常州府志
崇禎十二年顧與演南雍貢
國朝
華鍾
吳縣籍見蘇州常州各郡志
吳延祉
邑志作順治十一年拔貢府志作是年教習貢
堵紀朝
顧維翰
蘇州府志選舉表崑山縣學堵紀朝順治十一年
貢顧維翰康熙三十一年貢俱註無錫人志表闕

呂懿
嘉定籍見府志
王棨
顧民協
蘇州府志選舉表吳縣學王棨康熙元年貢顧民
協康熙十一年貢俱註無錫人志表闕
劉雷恒
吳縣籍見蘇州府志

丁啟茲
府志歲薦表康熙九年無錫丁啟茲
康熙二年至八年停止歲貢九年復貢載府志
華瓊
吳江縣志貢士表李瓊本姓華無錫人康熙二十
三年貢
秦錦
長洲籍見常州蘇州各郡志邑志作拔貢蘇州府
志作歲貢
呂簡材

王祿字子王
蘇州府志選舉表長洲縣學呂簡材康熙四十三
年貢王祿本姓錢雍正四年貢俱註無錫人
黃兆麟
蘇州府志選舉表昭文縣學黃兆麟雍正七年貢
註云無錫人
辯召
宋
詞學兼茂科
貢植

志載植以崇慶二年進士舉余考咸淳郡志植以
奉議郎舉崇慶當是崇寍
袁正功
志載建炎間正功以大觀三年進士舉官朝奉郎
余考咸淳郡志建炎二年戊申正功以朝奉郎聚
官右司郎中
明
人材
薛阿靈
豊城縣志職官表薛阿靈無錫人由人材薦授豊

城知縣洪武六年任志表闕
經明行修
余樞
常州府志景泰朝無錫余樞以經明行修薦授楚
府伴讀
封贈考
宋
蔣南金
以子重珍贈奉議郎見尤犢宋故刑部侍郎蔣公
壙誌

蔭襲考
宋
杜渥
以父禮部侍郎鎬蔭授大理寺丞
杜植
以祖禮部侍郎鎬蔭任累官少府
杜樞
以祖禮部侍郎鎬蔭任官比部員外郎　案宋史
杜鎬傳鎬卒錄其子渥爲大理寺丞及三孫官三
孫杞植樞也邑志蔭襲門載杞而不載渥及植樞

因考補之
元
强可大
以父湖廣儒學提舉以德蔭授縣尉　案黃溍仁
壽菴記云無錫鄉先生强君以文學起家歷官五
品年未及謝即上懸車之請朝廷欲寵嘉之以奬
成廉退之俗遂如所請而官其子時君長子可仕
從事師閩成賁而待調于銓曹乃任其仲子可大
尉一縣
國朝

周萬清

以父太學生鳳山從殉蓮邨蔭雲騎尉　從祖太

學生鳳山從殉佩芳公名蓮志作濂應更正

錫金考乘卷六

句吳周有壬佩安著　次女毓芳敬刊

人物考

晉

顧悅之

晉書載顧悅之爲晉陵人子愷之爲無錫人故邑志人物有愷之傳而無悅之傳余謂悅之父子本未異籍也何也晉陵一郡之統稱也無錫隸於晉陵不曰晉陵無錫人而曰晉陵人晉書之省文也按愷之本傳曰顧愷之字長康無錫人父悅之歷尚書右丞史于無錫人下直接其父悅之明明父子皆無錫人也邱淵之文章錄曰顧愷之晉陵人是愷之亦以無錫而稱晉陵悅之之稱晉陵人其爲省文無疑傳介子北地義渠人也漢書稱爲北地人史家敘事往往有此舊志相沿悅之嘗爲無錫令嘉慶志以不見紀載遺愛不爲立傳余謂悅之本非邑令實即邑賢祀典亦列鄉賢而不列名宦遺愛既刪宦望應補

金匱縣志鄉賢傳顧悅之字君叔少有義行與簡文同年而髮早白帝問其故對曰松柏之姿經霜猶茂

蒲柳常質望秋先零帝悦其對嘗爲殷浩吏浩坐廢卒將抗表爲浩訟冤浩親故多謂非宜悦之决意以聞又與朝臣爭論衆無以奪浩得追復本官悦之爲州別駕歷尚書右丞

唐

李紳

邑志李紳傳父悟任晉陵令余考唐書宰相世系表紳父晤金壇令

宋

杜鎬

邑志鎬入文苑傳余案宋史鎬入名臣傳鎬舒傳謚文正見玉壺清話鎬遍達政體持論公正藝祖甚眷倚之歷官右諫議大夫龍圖閣直學士進禮部侍郎卒錄其子渥爲大理丞及三孫官論其位望似可得謚史闕書耳玉壺清話元豐間餘杭沙門文瑩撰文瑩好著述即輯江南逸事者

杜樞

邑志杜杞傳弟樞亦强敏爲比部員外郎余案蘇轍龍川別志京城舉人張彥澤事温成皇后私作告身事收陳升之鞫之事連温成母及公卿家升之不敢窮治朝臣杜樞請録問洽之特旨不録問殺彥澤公議枉之未幾張堯佐除樞密副使御史中丞包拯言其不當未决留百官班爭之樞出班問曰樞欲聞中丞所言何事而後敢面以實告之樞曰以此留樞可也人益壯之宋公序頌亦預彥澤事疾樞奏言小臣不合越職妄言出監江寧酒稅未幾而死識者哀之

陳之茂

之茂裔九世孫以經學爲諸儒倡見咸淳郡志嘗守湖州値金人入冦之茂修城垣治器械聚糧食東南士大夫挈家依之見浙江通志

尤焴

焴字伯晦（潢志作伯海誤）袁孫以蔭授山陽法曹復舉嘉定元年進士會蕭德慶犯鹽城焴奉檄撫諭事定就畀邑宰旋倅海陵參東淮制幕端平初入爲軍器監簿遷太府丞檢詳編修權右司將漕西淮升農少總餉淮西再入除理卿出爲福建帥漕改沿江制副尋擢秘監侍講登從橐兼直院知太平州不赴以內祠奉朝請復貳春官兼修史擢工書錄禮書升內翰拜爲端明學士擢舉秘書省提綱史事開國毘陵郡歷中外踰三十年時朝事日非焴與參政楊棟口口盧鉞

俱負重望棟鉞相繼論罷熗亦抗疏丐閒自號木石年八十三卒於家謚莊定著有端明日歷全唐詩話祀浙江名宦祠

咸淳郡志元明邑志本有熗傳前庚午志始去之愚謂熗生封郡侯歿祀名宦有何指斥而不立傳當是編次脱漏必非有意刪削續志雖已補立惟所稱度宗幸第賜聯事乃採之尤氏家乘他書不見紀載尤氏家乘稱袤祖煇官觀文殿大學士并知建康府故其聯云五世三登台輔奕朝累掌絲綸即指煇袤及熗也惟煇官觀文殿大學士宋史

宰相年表不載景定建康志載北宋郡守甚詳亦無煇名所言三登台輔似未可據宋史熗不立傳余偏爲蒐考畧見之於李伯玉傳中有此熗亦可以不朽爰就咸淳郡志并李伯玉傳合參梗概如此　宋史李伯玉傳伯玉由觀察判官召試館職懸試貴戚大臣直聲暴起改校書郎奏言臺評迎合上意論罷尤熗楊棟盧鉞三人忠袤不辨乞同罷帝不允

明

張籌

明史崔亮傳後稱張籌牛諒答祿與權朱夢炎劉仲質之屬各有論建籌傳稱籌更議合社稷爲一壇罷勾龍棄配位奉仁祖配饗（明史洪武元年追尊皇考曰淳皇帝廟號仁祖）遂以社稷與郊廟祀並列上祀識者非之愚謂以明祖之英明獨斷此何事而籌敢輕議更張乎推原其故必由明祖授意於籌籌爲請而定之史則歸過于籌耳然傳中言籌與宋濂定諸王妃喪服之制在禮曹久諳於歷代禮文沿革是敗詞止指一事籌總不失其爲名臣也當日籌與俞溥以同鄉而同官尚書位業相埒明史籌有傳而溥無傳邑志溥宦望而籌文苑準情

酌理似有未協如謂籌載文苑本諸明志不知前代修志時明史猶未出也明史既出籌不列文苑而與當時定禮諸名臣合卷同傳則是史家已有定評志應從史未便仍循明志舊矣

尤實

邑志尤實傳稱實永樂四年進士余考太學題名碑儒學進士題名邑志選舉志永樂四年均無尤實名

盛容

容令東鹿多善政百姓歌之曰東鹿令錫山盛清如水明如鏡見康熙志東鹿徭役不均容爲立九則法

繼者莫能易見明史

般貫

續志貴傳逸其字余考邵寶所撰誌銘貴字南金

苗澗

澗字時雨（見萬曆志）成化四年貢知合江縣有政聲卒祀名宦見合江縣志

錢憲

常山縣志名宦傳錢憲無錫進士正德十一年任年少才高遇事立辦時宦官用事往來驛騷憲駕馭有方使輒斂不敢犯

秦坤

常山縣志名宦傳秦坤直隸無錫縣人由例貢授紹興衛經歷嘉靖十四年署縣事潔已恤民節使客供應謗議譁然巡按御史張公敬廉其情特變任之時衢州興惠庫庫子暨廣盈倉斗級常民值役者俱破產坤申請罷免士民德之勒碑白龍洞以紀其績

吳情

邑志吳情傳情典試應天被劾左遷歸余案口口掌銓題稿內載看得原任右春坊右諭德兼翰林院侍讀調廣東市舶司提舉吳情性資狷介行履清修官至論德晉無過舉祇緣典試南畿偶遭浮議被人論劾謫官其後事迹已明並無干涉而本官向未赴任抱病家居且其時同典試同被論者侍讀胡杰也今杰久昭雪官至太常卿而歿矣杰已白而情獨未白實有覆盆之冤杰已伸而情獨未伸豈無向隅之歎本部每擬奏薦起用以其年紀向衰而止伏望皇上念其昔也久參侍從非有敗於官箴今也久蒙點汚尚未明其心迹特賜昭雪准以原職論德致仕凡在儒臣同切感戴奉旨吳情准以原職致仕

舊曾購得掌銓題稿五本此即其書中所載惟殘

闕不全竟不知作者爲誰後于

欽定四庫全書提要查得其人惜朱筆之于書年久不復記憶吳情典試被劾見于志傳復官昭雪邑志失載得此而情之心迹始明余甚快焉

胡雲

松陽縣志吳雲無錫人（邑志選舉表作胡雲當從邑志）嘉靖間知縣秉性剛方不畏强禦勤政勵行文士貧而無力者助之娶時採冶務劇使軺旁午日不暇給王內監魏千兵咸以命使督征坐困一邑雲不爲屈民賴以安

華廷詔

龍泉縣志華廷詔無錫人進士知縣豈弟和平治多善政尤以教化爲先務談經課藝竟日不倦建尊經閣復稽聖橋以挽回文運自奉寒素冰操凛然入覲道經梓里鬻家田以充路費後卒於官士民如喪考妣相與立祠肖像於金鰲峯左春秋祀之惠山華氏四面牌坊載廷詔官四川巡按似非卒官於龍泉者并識備考

吳之鵬

處州府志宦績傳吳之鵬武進人進士司理處州存心仁恕聽斷敏決上臺委勘人犯多所株連片言剖斷平反甚多公餘課士衡文人服其鑑以給諫徵

邑志選舉表萬歷五年進士吳之鵬處州府志則以之鵬爲武進人余考太學題名碑錄吳之鵬直隷常州府武進縣籍無錫縣人互見選舉表是之鵬仕籍雖作武進本籍實則無錫也志未立傳錄此備考

韓文

文字元質萬歷十四年進士授豐城縣學優行潔重士撫民官終建昌知府見豐城縣志

華元禔

邑志華元禔傳元禔官新鄭知縣調任商邱擢御史卒余考元禔擢御史後以母老告養歸其陳情一疏情詞惻怛不啻令伯當年又曾祀新鄭商邱名宦並見薛宋華侍御陳情疏跋

胡之竑

之竑字翼在崇禎元年進士仕至山東副使嘗榷稅九江以例得羨餘三千金賑恤饑貧民咸德之見長洲徐枋所撰誌銘著禹貢註解刊行於世

國朝

周宜振

先五世叔祖宜振字子詵以進士宰錢塘縣多惠政去官日百姓爲建生祠於吳山今猶存

侯文熺

蘇州府志侯文熺字浴日無錫人康熙甲子科舉人授長洲教諭爲人廉正肯任事四十八年歲饑郡中設廠施粥分曹董其事各廠就食少而米常不給文熺所董就食獨多而常餘米明年大疫民死相枕籍時知府陳鵬年循行四境惟文熺從每戶親問至手調湯藥全活無算辛卯同考浙江鄉試所薦拔皆孤寒竟以勞成疾卒

嵇曾筠

嵇曾筠字松友康熙四十五年進士改庶吉士授編

修歷中允侍講督學山西雍正元年擢都察院左僉
都御史署河南巡撫充河南鄉試正考官旣還朝上
貯穀防河理漕三事遷兵部侍郎河決中牟
命往河南督築決口時豫省隄工在在危險曾筠親
歷相度北隄起滎澤縣訖山東曹縣界南隄亦起滎
澤縣訖江南碭山縣界勘明最險處計工十二萬三
千丈有奇請動帑興工得
旨允行授副總河奏言祥符縣黃河南岸有淤灘直
出河心河勢南趨近逼省城請於北岸舊回回寨至
王家店一帶舊河身濬引河一道以衛隄工又奏儀

封北岸水勢衝急雷家寺上首灘崖刷成支河請築
土壩堵斷勿使掣溜侵隄
詔俱從之歷吏部侍郎擢兵部尚書轉吏部尚書七
年授山東河南河道總督八年以吏部尚書總督江
南河道會秋汛異漲東省山水暴發滙歸駱馬湖浮
黃溢運南注洪澤湖河決山陽沈家圩安東陳社又
決中河劉家灣等子隄九處曾筠親歷要害先啟山
陽天然南北兩壩使洩洪湖逆流以殺水勢繼塞安
東決口使黃水歸槽築禹王臺竹絡壩工使潒沂山
水不侵運河闢六塘河故道使駱馬湖異漲不致旁

溢修建高堰石工下河州縣承賫保障加太子太保
授文華殿大學士丁母憂有
旨在任守制曾筠籲懇再三始准回籍仍
命就近往來淮浦與署河督高　商確經理服闋奉
旨仍赴總河任
高宗純皇帝登極
特命總理浙江海塘石工乾隆元年兼任浙江巡撫
並兼鹽政遂成沿海魚鱗石塘七千四百餘丈一律
高堅寬厚俾無潮患加太子太傅值浙東諸郡歲歉
曾筠籌撥米石運赴溫台平糶民感德之三年九月

召入閣以疾請就近回籍調理
御製七律詩一首賜之十二月卒于里第贈少保謚
文敏著河防奏議十卷浙人祀之西湖范公祠四年
特旨入祀賢良祠並
敕於清江浦與靳輔齊蘇勤建祠合祀
文敏勳業彪炳載在史編第以事閱百年其仕履
行實桑梓鮮有能道之者爰就公所著奏議參以
南工廟祠祀典及墓誌銘節要錄之以資其覽其
賜詩
御衘

特祀諸傘典志本失載並爲考補仍掛一漏萬也

鄒一桂

鄒一桂字元褎雍正七年進士改庶吉士授編修典試廣西擢雲南道監察御史奏不法官媒私養婦女局姦呑騙無所不爲請
敕步軍統領順天府五城各衙門訪拏嚴禁並定地方官失察處分下部議行十三年督學貴州乾隆三年奉
旨留任黔省漢苗錯處雍正三年學臣王奕仁奏准歲科兩考于定額外加進苗童一名卷面塡寫新童

字樣一桂奏歸化已經百年之苗俗尚文風與漢無二請准入漢童內應試其歸化未久者照例歸入新童又奏科案幇增補廩向例鄉試前科冊解部日即停得缺至少請改于下屆行文歲考日停止部議均從之七年疏言刑部人犯向例秋審結案者歸北監現未審結者羈南所蓋以結案之犯
恩旨初二十六兩日許家屬入視家人在監者每日准出入買辦而未結之犯案情未定槪不許入出入以杜傳信串供今臣查視南所北監已未結雜收不無滋弊請
敕部分禁得
旨照所請行遷禮科給事中疏言奉
旨發議之件科道于部議未上之先攙越瀆陳徒滋繁擾應請申飭從之又奏樂舞生定例令州縣官會同教官選補現經禮部覆准河南學政林枝春條奏改由學臣録取此法一行恐不肖學臣藉以罔利請照舊例選補下部議行又疏劾革職巡撫許容不宜仍署湖北巡撫
上嘉納之遷太常寺少卿疏言直省監獄另俯新側囚徒無分多寡概令排頭仰卧于腳鐐手靠之中橫

穿長木鎖逼兩端壓其手足不能屈伸轉側搔抑痛癢獄囚多緣斃命請
敕督撫臬司諸臣嚴禁部議從之遷大理寺少卿歷僉都御史大理寺卿晉內閣學士擢禮部右侍郎轉左侍郎仍調補內閣學士二十三年疏請致仕
允之
陛辭
御製詩二章賜之二十六年入都恭祝
皇太后萬壽
恩預九老會

賜遊香山
聖駕南巡
賜畫禪頤壽額三十六年復入都恭祝
萬壽預會
賜遊如前
命加禮部侍郎銜在籍食俸三十七年歸里道卒
贈尚書
賜祭葬如例一桂工繪事供奉
內廷所作山水花鳥恭邀
御題者先後一百數十首著有小山詩鈔小山畫譜

謹案小山宗伯立朝謇諤有古大臣風黃印識小
錄謂其無所建白未免偏見此余考乘一書亟欲
爲宗伯表白者也至于
賜詩
賜額及加銜在籍食俸均爲
朝廷盛典並考補之

王會汾

王會汾字蓀服乾隆二年進士選庶吉士授編修
御試翰詹第一超擢侍讀學士進少詹事旋擢內閣
學士兼禮部侍郎典試浙江充明史綱目副總裁官
先是總裁周學健奏纂明綱目前紀二卷會汾甫至
局即奏元綱目終於順帝二十七年丁未今所纂斷
自洪武元年戊申始此編年之舊例也朱子綱目序
注云凡正統之年歲下大書非正統者兩行分注晉
隋唐創業之初並用分注今案戊申閏七月以前天
下未一統宜遵此例將至正二十八年洪武元年兩
行分注於甲子之下入洪武二年後始得將明記年
號大書此乃古今之通義無可疑者固不必別生端
緒創立前編且前編所載事蹟已盡見元綱目中複
書無謂臣愚竊謂前紀二卷必不可留應請削去

上從之會汾又以原纂洪武一朝之書中多旁摭稗
說事蹟繁猥不合體裁建文以後又多失中詳覈史
文援引紫陽綱目條例重加編纂書成
溫旨褒敘補兵部右侍郎京察屆期會汾循例自陳
並薦齊召南自代奉
旨照舊供職尋改大理寺卿以母老告養歸起復仍
補大理寺卿在五阿哥師傅上行走旋卒會汾以文
學被
高宗純皇帝特達之知一年之間由編修擢至侍郎
朝廷有大著作多出其手

賜宴聯句諸盛典必邀
特派時推館閣名臣居官恪守廉潔歿後門人梁同
書經紀其喪始得歸櫬云會汾有恭進明史綱目凡
例并請删前紀二卷疏余採入梁溪文鈔
謹案新舊邑志以翰林立宦望傳者甚多會汾曾
任侍郎志傳立于文苑似未平允爰爲蒐羅徵考
叙其事狀如此

張泰開

張泰開字履安雍正十三年舉人授内閣中書舉乾
隆七年進士選庶吉士入直

尚書房庶常館用兹職盖異數也散館授編修歷中
允侍讀都察院左僉都御史晉内閣學士擢禮部侍
郎以保舉同部侍郎鄒一桂之子爲國子監學錄奉
旨以贍徇同官革職旋奉
特給編修銜在
尚書房行走復以胡中藻逆詩案牽涉助貲作序奉
旨逮問泰開本中藻門生助貲訊由被勒序文訊由
托名蒙
恩寬釋仍在
尚書房効力游升通政使充
尚書房總師傅庚辰會試副考官督學順天晉刑部
侍郎調禮部侍郎奏言宣化府向來歲科並試邊方
文風樸陋士子試後即各營别業三年再考始理舊
業文理荒疎學臣歲試甫竣復接科試竭力披羅難
于足額請兩年兩次分考勤加訓勵文風士習均有
裨益得
旨允行授左都御史充
經筵講官擢禮部尚書兼左都御史尋專任左都御
史因病乞休
溫旨褒奬以太子少傅禮部尚書銜致仕並

御製詩餞之時三十三年六月也三十九年卒諡文
恪
賜祭葬如例
昔疏廣疏受俱以東宮師傅年老辭位公卿設帳
祖餞都門千古傳爲盛事余觀文恪因病乞休
賜詩
賜餞
純廟明以疏傅故事施之文恪遭際之盛朝野榮之
志傳簡畧謹爲考補

杜玉林

杜玉林字寶樹乾隆十九年進士授刑部主事歷員
外郎中除南康知府擢吉南贛寧道丁憂起復授四
川鹽茶道時大軍征金川玉林派辦糧餉招徠販賣
茶商即以向來運茶民夫照給米石運價令其運米
并准順帶茶觔小民奉公之餘兼資謀利倍加踴躍
於軍糧大有裨益提督桂林具疏以聞
上嘉之升四川按察使累官刑部侍郎典試順天
欽差四川湖南湖北江蘇直隸審辦案件緣事遣戍
上知玉林在刑部久熟諳律例
特用刑部郎中卒于道

邑志玉林附見先叔祖際清傳　國史玉林立有
事傳因補之

顧皐

顧皐字晴芬嘉慶六年一甲一名進士授翰林修撰
視學黔中嚴關防去積弊士心允服永從學額多而
應試人少開泰黎平學額少而應試人多皐奏今昔
情形不同請裁減永從學額分撥開泰黎平下部議
行洊升翰林院侍讀學士奉
命在上書房行走
上以四阿哥熟習經書和詩穩妥皆皐認真教授
特旨褒獎擢詹事府詹事道光元年遷內閣學士兼
禮部侍郎累官戶部侍郎以疾歸卒皐負文望被
兩朝眷遇嘗兩主順天及陜西浙江秋試得士甚盛
以文衡稱
定例二品大臣　國史得立專傳續志皐傳列文
苑因爲改立宦望傳

薛玉堂

續志玉堂入文苑傳余案玉堂由進士授中書出爲
廬州同知歷權郡篆有政聲以卓異擢慶陽知府三
載考績爲激揚大典玉堂既得卓異宦績當有可稱

志傳所載開河便民一事其治行已可概見似未可
以文學掩其政事

儒林

元

虞薦發

薦發入元當路交辟不就強起爲師不受稟祿勅授
興國路教授拜命不赴謂之宋季逸民似亦志例所
許惟薦發撰無錫州重建譙樓記末署大德八年歲
在甲辰夏五月日郡人虞薦發記倪瓚入明題畫不
書洪武後世以此定爲元高士記以大德紀年又署

郡人郡卽州也州陞于元而以郡人自稱薦發之爲元人卽此可以論定譙樓碑猶在縣堂班班可考也又韓性虞薇山先生墓志銘述薦發子志道貽書云先人力學厲行期見于用維卒不施抱志以歿不肯孤承之官使蒙恩追秩承務郎同知無錫州事是薦發曾受元封州陞于元同知無錫州事又元官也邑志儒林傳稱志道幼承家訓踐履篤實如果其父心不忘宋必不肯背謬先志遽請追贈元官盖薦發强起爲師不受廩祿其時方在元初未免戀戀于宋故以薇山自號迨後歷年既久亦已習而相安計其歿

時入元已三十六年謂之元人未可遽爲白璧之玷舊志傳列于元應從舊志

明

高世泰

國史儒林傳高世泰攀龍從子少侍講席晚年以東林先緒爲已任葺道南祠麗澤堂于梁溪一時同志恪遵遺規祁州刁包等相與論學學者有南梁北祁之稱大學士熊賜履講學出世泰門下儀封張伯行平湖陸隴其亦嘗至東林講學歙人汪學聖者援儒入禪既至東林乃悟前非徽州汪知默陳二典胡淵

汪佑吳慎朱宏施璜輩講朱子之學于紫陽書院因汪學聖以問學東林于是更定紫陽通志錄

顧樞

國史儒林傳顧樞江南無錫人明顧憲成孫天啟舉人從高攀龍講求性命入
國朝屏居斂跡不入城市不赴講會淹貫五經尤深書易晚爲易稿折衷衆說不尙文辭心體躬行而已嘗論明儒服膺薛胡而謂陳王未免少差又曰端文主無欲忠憲主格物並直接宋儒其議論皆醇正

國朝

張夏

國史儒林范鎬鼎傳鎬鼎采辛全孫奇逢熊賜履張夏黃宗羲諸家之說著理學備考三十卷夏于 國史雖無專傳其人實足與孫奇逢輩並傳者有此附見亦堪不朽矣邑志以夏爲前朝遺老傳列于明余案康熙三十三年重輯常州府志卷首纂編姓氏有無錫縣生員張夏一行是夏傳應入

國朝

高愈

國史儒林傳高愈江南無錫人明高攀龍之兄孫也

十歲讀攀龍遺書卽有向學之志旣壯補諸生日誦遺經及先儒語錄謹言行嚴取舍之辨嘗曰士求自立須自不忘溝壑始晚年窮困饘粥七日矣方挐其子登城眺望充然樂也儀封張伯行巡撫江蘇延愈主東林書院講會愈以疾辭平居體安氣和有忿爭者至愈前輒媿悔鄉人素好以道學相詆諆獨于愈僉曰君子也顧棟高嘗從愈遊說經娓娓忘倦年七十八卒同縣有顧培者遵攀龍人譜靜坐法朱澤澐寶應人嘗講道錫山皆以東林爲宗主江陰向璿始爲姚江之學繼讀攀龍年譜遂幡然從之嘉定錢民

以宴坐反觀爲學題所居爲存養廬亦從攀龍靜坐法入也

案朱澤澐字止泉今祀道南祠錄備考

鄒組綬

鄒天目先生名祖綬志傳作組綬誤

顧棟高

國史儒林傳顧棟高江南無錫人康熙六十年進士授內閣中書雍正時引

見以奏對越次罷職乾隆十五年

特詔內外大臣薦舉經明行修之士時所舉四十人惟大學士張廷玉尚書王安國侍郎歸宣光舉江南舉人陳祖范尚書汪由敦舉江南舉人吳鼎侍郎錢陳羣舉山西舉人梁錫璵大理寺卿鄒一桂舉棟高此四人論者謂名實允孚焉尋奉

旨皆授國子監司業棟高以年老不任職

賜司業銜

皇太后萬壽棟高入京祝

嘏

特旨召見拜起令內侍扶掖棟高奏對首及三吳歛俗請以節儉風示海內

上嘉之

陛辭

賜七言律詩二章曰老不中書尚著書皤然鶴髮被簪裾瀹辭待詔來金馬榮爲通經到玉除詎曰宸嚴常穆若欲諮民隱便傷如題屏合倣王家例一語還滔足起予文章風雅數東吳誰似沉潛味道腴爲慕談經虛左席用宏錫類慰慈烏從教馬鬣榮光賁要使蓬門義路趨不是沉香呼學士貂璫扶掖重醕儒

二十二年

南巡

召見行在加祭酒銜
賜
御書傳經耆碩四字二十四年卒于家年八十一所
學合宋元明諸儒門徑而一之援新安以合金谿爲
調停之說著大儒粹語二十八卷又著春秋大事表
百三十一篇條理詳明議論精核多發前人所未發
毛詩類釋二十一卷續編三卷采錄舊說發明經義
頗爲謹嚴

吳鼎

國史儒林傳吳鼎江南金匱人乾隆九年舉人以薦

舉經學授司業洊擢翰林院侍講學士轉侍讀學士
大考降左贊善遷侍講旋休致所撰有易例舉要二
卷十家易象集說九十卷衷宋俞琬元龍仁夫明來
知德等十家易說以繼李鼎祚董楷之後其東莞學
案則專攻陳建學蔀通辨作也兄鼐亦通經深于易
三禮

謹案 國史儒林梁錫璵傳鼎錫璵同蒙
召對面奉
諭旨云汝等以經學保舉朕所以用汝等去教人大
學士九卿公保汝等是汝等積學所致不是他途倖
進復奉
聖訓云窮經爲讀書根本但窮經不徒在口耳須要
躬行實踐汝等自已躬行實踐方能教人躬行實踐
鼎錫璵頓首祇謝

錫金考乘卷七

勾吳周有壬佩安著　　次女毓芳敬刊

文苑

漢　高彪

彪明于左氏桓帝時嘗上言請立左氏博士光祿勳宏農楊□嘗表于帝遷外黃令並見外黃令高彪碑後漢書作內黃當以碑文為正彪在東觀又嘗與蔡邕等奉詔共定石經見謝承續後漢書

唐

李濬

濬字無考紳從孫初官渭南尉擢秘書省校書郎乾符四年以宰相鄭畋薦入直國史院工文辭嘗刻所撰惠山寺家山記于正殿

王象之輿地碑目李相家山碣在無錫縣惠山寺唐相李紳嘗肄業于此乾符六年孫渭南尉直史館濬立此紀事碑久失文載文苑英華其畧云無錫縣有佛寺曰惠山乃濬家山也又云已亥歲夏五月過家覩舊石刻墮年遠不得布聞于人謹以史筆條叙于寺之正殿既云家山又云過家其為

錫人確而有據記稱儀鳳中中書令敬元為高祖叔余考唐書宰相世系表敬元為紳曾祖紳孫亦無名濬者碑稱為孫乃從孫也又云濬自秘書省校書郎為丞相滎陽公獨奏狀入直史館時在乾符四年考之唐書宰相年表滎陽公當是鄭畋

宋

袁正功

正功字無攷大觀三年進士建炎二年又以朝奉郎舉詞學兼茂科與兄默黜植進有名當世歷官右司郎中見元志

張公尚

公尚字思齊紹興戊辰預特奏召試補和州助教有學行尤工于詩惟海周煇盛稱之見清波雜志

孫近

舊志俱有孫近傳惟萬歷志無之黃卬識小錄謂近依阿秦檜而傳與李忠定相聯幾乎薰蕕同器又云近長于內外制詞不沒其長列于文苑可耳嘉慶志從萬歷志復將近傳刪削續志又本黃卬說立傳文苑近本宜興人爻廷鈞宜興進士有郡志選舉志可攷吾邑不少人物而必以宜興棄而不收之人搜之

立傳不足爲志榮適足爲志玷識小錄列于文苑之
論未免遷就近傳似應卽削

元

李晦

嘉慶志以晦爲宋人余考白雄飛惠泉散吏李君墓
誌銘晦卒于至大辛亥計其時入元已三十一年元
升無錫縣爲州升州記卽晦所撰文載邑志元代藝
文似晦傳應列于元

顧常

常字無考工詩嘗與范致大鄭元祐高啟王逢諸名

士二十餘人分賦吳中古蹟常得夫椒山一時推爲
風雅事載鐵網珊瑚

明

徐伯樞　徐允

明志徐憲傳子伯樞好古博雅洪武中舉明經任江
陵縣孫允亦能詩錢公治刻伯樞及允詩爲雙桂集

俞海

明志俞溥傳從弟海能詩有一瓢集

丁至善

明志丁信傳子至善以才舉授夏縣丞陞知稷山縣
亦能詩

王默

默字無考九龍山人紱子工詩萬歷志附紱傳
案王兆雲揮麈詩話王孟端子默工詩善畫能繼
父志嘗爲所親題行樂像云溪繞山迴松竹長小
橋流水渡芳塘得詩便去又回首猶有餘情戀夕
陽時稱二王

盛恂

明志盛容傳從弟恂博學能文所著有廣陵年稿

陳公懋

明志陳勉傳弟公懋博學好著書

應行

行字無考正統十三年舉人修蘩通敏任蜀府長史
見萬歷志選舉註

李珵

珵字汝璧忠定公裔孫成化元年舉人性至孝工文
辭歷官刑部郎中見萬歷志選舉註並邵文莊墓誌

李望

望字宗文嘉靖三年貢博學善文見萬歷志選舉註

俞實

襄字汝立憲弟諸生博學工詩著藥庵漫稿時倭患方急義兵何五路吳章等三十三人擊賊歿陣倭亦奪氣遁去襄倡義立祠不果廼設木主于城東濠之左偏主以張翼而以五路章等三十三人祔邑人義之見萬歷志軼事

顧道洪

道洪字嗣圖副使可久孫篤學力行博覽羣書生平著述甚多有襄陽外編一種採入四庫全書見
欽定四庫全書提要

國朝

堵廷棻

金匱縣志堵景濂傳從子廷棻順治丁亥進士歷城知縣以詩名棻廷棻字伊令秦松齡有懷顧華封貞觀在堵伊令署詩云濟南茂宰亦名士十年一官垂白翁訟庭無事日吟咏高懷落落與爾同

秦松齡

國史文苑傳秦松齡江南無錫人順治乙未進士改庶吉士授　國史院檢討罷歸康熙已未由內閣學士項景襄李天馥湖廣總督蔡毓榮薦試博學鴻詞科列一等授檢討充　日講起居注官典江西鄉試官至左春坊左論德所著有毛詩日箋六卷蒼峴山人詩集五卷微雲詞一卷蒼峴山人文集六卷松齡官庶常時
世祖章皇帝召試詠鶴詩有高鳴常向月善舞不迎人之句
指示閣臣曰此人必有品置第一及擢論德歸里二十餘年專肆力于毛詩倣黃氏日鈔之例取歐蘇王李程呂輔嚴之家以及明郝敬何楷近時顧炎武之言互相參校而以已意斷之不專主小序亦不專主集傳凡有疑義乃爲疏解亦不盡解全書故曰日箋云

邑志本傳松齡典試江西磨勘落職余案宋犖迎
鑾二紀康熙四十二年
聖駕南巡
御舟自浙回
諭大學士馬齊張玉書朕至浙省將浙省原任京堂翰林官員有因公詿誤革職年六十以上接駕者俱着給還原品今至蘇州着將原任京堂翰林官員內有因公詿誤降級年逾六十以上者查明具奏內閣查有原任左論德秦松齡檢討馮勗潘來徐紈等

四人具摺開列付奏事存柱等轉奏奉
旨着各給還原品
嚴繩孫
國史文苑傳嚴繩孫無錫人布衣明司寇一鵬孫康
熙己未由刑部主事俞陳琛薦試博學鴻詞列二等
授檢討辛酉典山西鄉試尋遷中允請假歸著有秋
水集詩八卷文七卷詞二卷繩孫十歲能作徑尺大
字以詩古文詞擅名蚤歲應試日因目疾僅賦一詩
已不錄
聖祖特命授檢討蓋異數也與修明史纂隱逸傳予

泓曾亦善畫工詩
過珙
金匱縣志過松齡傳子珙名諸生傾心汲古有古文
覺斯初刻二刻行世案珙字商侯錢肅潤採其文入
文瀫初編
忠節
南唐
陳喬
馬令南唐書陳喬傳喬世爲廬陵玉笥人祖岳仕大
唐爲南昌觀察判官著唐書自高祖迄於穆宗爲統

紀一百卷父濬仕吳爲中書舍人翰林學士撰吳錄
二十卷邑志喬傳稱其先自廬陵徙居無錫喬遂爲
無錫人與南唐書所載不符旣云其先徙錫喬之祖
岳父濬皆表表人物著作名家何以志俱不載咸湻
毘陵志陳喬傳喬廬陵人徙居錫山是喬傳當從咸
湻毘陵志
宋
袁植
郡邑各志袁植傳植直言忤宰相出守岳州余案宋
史建炎元年詔郎官以上言闕政左司諫袁植請誅

黃潛善及失守者權邦彥等九人罷知池州當是先
知池州徙知岳州也
楊宗達
邑志忠節楊宗達傳宗達祖邦乂父璿屬其弟再興
於岳少保收復西京戰歿臨潁璿始居邑之鴻山宗
達於德祐元年募義兵進援常州與元兵死戰力竭
偕其子濟艮同時遇害余案有宋之亡常州兩罹重
兵當時死節諸人之湮沒不傳者何可勝數宗達父
子殉國事隔數百年至乾隆修志始爲表彰亦可憫
矣惟據載璿於岳少保時居邑鴻山德祐距彼時百

有餘年不應其子倘在楊氏宗譜世系表宗達爲璿
曾孫似屬可據

明

周衡

徐禎卿翦勝野聞太祖下詔免江南諸郡稅秋復稅之右正言周衡進曰陛下有詔已蠲秋稅今復徵之是示天下以不信也上曰然未幾衡告歸省假衡無錫人去京畿甚近與上刻六日復朝參衡七日失期上怒曰朕不信於天下汝不信於天子遂命棄市余謂省假失期罪不至死明祖顯提前事以殺之是衡

仍死於前日之直諫非死於省假之失期也此事明史不載翦勝野聞一書亦人所罕見乾隆中無錫知縣吳鉞議定祟祀報忠祠者十一人衡未得與後於嘉慶間邑人秦瀛請於學使凡有明一代之以直諫殉節皆者皆祀焉衡亦得在其列然吳邑侯原定祀典之議不及衡者安知非因衡之直諫被殺志載之外別無他書可證之故禎卿爲一代文章作手其書當可爲據特采錄之用備徵考

張存

張存字元禮梅村人父秉恒處州龍泉縣尉存有夙慧工文詞年十三補諸生溧水齊泰奇其才薦爲鴻臚通事舍人與聯姻好館之京邸倚如左右手戊檄多存代草使燕又與偕行燕兵入金川泰族誅言者謂泰啟諸藩之釁存實贊之指斥諸藩之檄皆出存手遂逮存繫詔獄鐵帚刷膚銅箸烙骨旬餘潰爛死隣友吳太熙罷龍江關大使居京師收存骸骨歸子應龍其姊適安氏名貞素誌其墓

華希閔金匱縣志立有張存傳嘉慶志從康熙乾隆兩誌仍以姊志弟墓收之雜識余嘉存之佐泰効忠而悲其死禍之慘因爲補立傳云

案明史齊泰溧水人初名德洪武十七年舉應天鄉試第一明年成進士歷禮兵二部主事雷震謹身殿太祖禱郊廟擇歷官九年無過者陪祭德與焉賜名泰誌言十三爲諸生十六應鄉試又言生於洪武五年壬子是洪武十七年乃張存十三爲諸生之年既於是年補諸生必於是年應鄉試代完試卷當即十三誌言十六者當是撰誌時相隔幾二十年追憶之誤耳德以陪祭賜名鄉僻何由知悉誌言改名登第者當是以意度之耳余謂誌文必非無因忠義不容湮沒代完試卷本無足重

重在削藩與謀未可因文出闈閣之小疵而掩其
死於國難之大節也

錢振先

錢振先字其若家貧篤學顧涇陽先生識之於童子
中登崇禎四年進士歷官金華知府以憂歸申酉之
際避地吳興
大兵至死之振先力學東林與馬世奇龔廷祥俱以
氣節自負聞世奇廷祥殉節怏怏若失至是卒成其
志焉

案龔廷歷續勾吳聞見錄

王師下江南有某藩避亂至湖州爲地方起義者推
戴振先亦與焉舟出菱湖猝遇
大兵父子兄弟盡行屠戮止有第四子字星客不在
舟倖免吳偉業梅村文集廣東兵備副使王公睕
仲墓誌銘亦云余同年進士無錫錢公凝庵以兵
死惟顧貞觀涇皋淵源錄云錢振先字其若家甚
貧先端文識之於童子中登崇禎四年進士歷官
金華知府以憂歸在東林與馬世奇龔廷祥其以
學問名節相砥礪申酉之際避地吳興聞世奇廷
祥先後殉節遂赴苕溪自沉死與續勾吳聞見錄
梅村文集所載不同余謂無論死水死兵其死國
難則一也故爲之立傳

顧杲

邑志顧杲傳
王師徇江南杲盡散家財糾鄉里敢死士千人援江
陰行至砂山兵潰爲下所殺余案邵儒榮所撰顧子
方傳初巨盜顧三麻子流刼江濱江陰被禍尤劇至
是土人訛言顧三麻子來大集鄉兵圍之舟中猝起
不意其呼噪格鬭土人遠近蟻集力不敵乃收諸客
張君寬等死者六十餘人子方身中十餘創謂土人

曰我顧子方也念汝城久困故欲入與計事我何負
此土乃殺我衆始大驚曰誤矣然已不可救子方曰
飲我酒衆飲之酒及數升而殺二子熊蒸皆被創死
獨仲子麃無恙土人欲脫之號慟罵曰汝等殺我父
兄矣何不速殺我欲奪刀自剄土人不與乃抽簪自
刺其喉枕父屍死是杲之死死於沙山土人之誤殺
非死於兵潰爲下所殺也

堵允錫

邑志堵允錫傳後有雙行小字識語謂允錫世家宜
興而生長無錫居邑之南郭外明史本傳稱爲無錫

人梁溪詩鈔錄入流寓非余案堵文忠公年譜堵氏世居宜興前亭里允錫之祖諱隹徙居武進夾山王氏別業名十房衕允錫以萬曆二十九年辛丑生於夾山庚申允錫二十歲七月遊無錫依族兄知白家辛酉執贄於馬素修之門壬戌冬徙居無錫族兄知白之中橋莊別業辛未徙歸宜興前亭里太學題名碑錄堵允錫直隸常州府無錫縣人是允錫祖籍宜興生長武進徙居無錫而以無錫縣籍登第也　允錫子世明原名孫驥年十五補諸生丙戌偕其從兄正明間關至楚改今名示不忘明也永明王授爲江

南道監察御史允錫屢遣之歸世明不可允錫曰父殉封疆子延宗祀亦各得之宜也世明泣曰兒縱偷息人間要不若父子兄弟死生同在一塊乾淨土因痛哭　不肯去己丑五月允錫遣世明賫疏詣行在以病卒於道並見年譜

堵正明

堵正明字寅叔父大建字知白卽於崇安寺識族弟允錫於患難中者也正明原名天正大建歿正明方七歲允錫挈歸教食之視如己子遂爲改名孫正才忠英敏工制舉業年十三應里選面試學使宋前文立就補諸生爲人溫溫儒雅顧獨喜觀兵書精騎射善運槊能平地躍丈餘有立關僧拳捧罕敵正明以寸木擊其母指立破遂以藝勇聞會鼎革允錫奉唐王命撫湖廣正明婚甫數月卽決意入楚告廟訣母妻偕允錫子世明間關數月達於軍前允錫遂又改孫正名爲正明命督君子營正明能固結士心與同甘苦士皆樂爲之用又選其少壯年二十以內者爲親兵每戰正明當先身冒矢石親兵競奮咸致死力隨允錫克復常德辰州諸郡以功累官右都督留守錦衣衛事馳驅五載身經百戰己丑四月守永興爲

我
大清兵所破巷戰力竭死東郭門內年二十四事聞王贈太子太保左都督予祭妻沈氏生一女事姑孝謹備歷艱苦不變其志又三十餘年卒人以方范孝節云

余以邑志堵孫正傳尚有闕略爰本文忠年譜及錢肅潤文澈所采張夏寅叔子傳并志傳參訂如右

孝友

明

邵應奎

邵應奎嘉靖十九年貢以孝友稱見府志選舉註

過聞詩

過聞詩嘉靖三十四年歲薦有孝行母老不仕以明經終其身見府志選舉註

丁明俊

丁明俊字彥超邑諸生仲兄士豪嘗以事罹法其父懼禍甚明俊左右保持釋父之憂以全其兄

案邑志行義載有　國朝丁明俊字樹滋事蹟與此不同當是兩人

俞奎　俞貫

常州府志孝友俞紹祖傳自其曾祖鏜祖奎父貫並有孝行鏜志有傳

國朝

朱國棟

朱國棟字有懷前旺里人幼失怙恃過邛隴輒痛哭不去哀慕終身如一日家故貧侍養祖母必豐必謹祖母歿更鬻產治喪致家徒四壁立不顧也既又建立家廟歲時拜獻一遵紫陽家禮而家業亦漸以裕人以爲純孝之報崑山徐元文爲作朱孝子傳

唐全

蘇州府孝子唐全墓在虎邱山註云全無錫人

周永陞

周永陞字月生家貧孝養值歲歉永陞夫婦子女俱以野菜雜豆屑煮食奉親必治甘旨父病禱天割股和丸以進病得瘳邑令徐永言表其里曰純孝格天

袁成學

袁成學字習之同母兄弟四人成學居長獨膳其母冬月必先以身暖衾而後母卧母病稽顙北辰割臂肉調羹進之病立愈母歿成學哀毁成疾亦卒

案周永陞袁成學附見邑志許國詢國芳傳余以永陞純孝格天嘗奉縣旌成學哀慕以殁情殊可憫因本開化鄉志爲立專傳

吳璣

吳璣字衣若達從子父戍瀋陽璣鬻妾治裝走戍所侍父十餘年父殁負骨歸葬僑居江陰之祝塘以殁子金書並有孝行見江陰縣志

邑志吳達傳達爲言者所中戍鐵嶺璣父即以達事牽涉被戍余詢之吳氏後裔知之

王某

王某葺章長子南横山人性孝友父母相繼歿傭工
營葬備極艱苦撫養諸弟成立並爲娶室已身盜鰥
見開化志

行義

明

吳太熙

吳太熙逸其字洪武末爲龍江關大使𣲖謝事僑寓
金陵會成祖入繼大統同里張存爲齊泰姻戚又曾
代草檄株連被逮慘死詔獄一時人莫敢過問者太
熙獨爲收尸歸葬以義俠稱

錫金考乘卷八

勾吳周有壬佩安著　次女毓芳敬刊

隱逸

明

倪瓚

[illegible]谷畫有做雲林小景畫幅自題云倪高士初名
珽字泉[illegible]年更畫與晚年如出兩手余客嘉禾見其少
作摹之載翁方綱復初齋詩集

唐詩

唐詩字子言泰伯鄉之龍涇人志行高潔杜門讀書
專意著撰有二豆志善善惡惡時稱博雅爲詩沖和
古淡列朝詩集明詩别裁皆采之詩嘗扁其所居曰
白雲高隱今爲龍涇庵

鄒式金

顧光旭梁溪詩鈔稱式金以崇禎庚辰進士入
國朝官泉州知府鄒氏後裔藏有式金於隆武時官
泉州知府敕文是式金可以定爲明人惟隆武敕文
出之鄒氏論者恐尚不能無疑余考吳偉業綏寇記
畧有式金所爲序末署逸民鄒式金五字此可爲式

2001058

金未仕
本朝之確據矣
者碩
國朝
周公謨
先封公學術品行爲湯文正公所契重文正撫吳時
始終未嘗通片牘及去吳日造廬相訪握手言別識
者兩賢之見顧棟高等請祀鄉賢事實册
方技
宋

陳昱
陳昱逸其字敏之子官寺丞工書嘗於史杭屏書杜
甫詩一日米芾過見而驚焉因令出見授其提筆法
盌極神妙仿芾書人莫能辨
元章志林稱昱爲伯修子伯修陳敏字芾官博士
敏官學正本在同時
欽定佩文齋書畫譜昱入書家傳昱爲伯修子考之
郡邑各舊志俱無其名而元章志林則又言之鑿
鑿豈當時別有陳伯修其人邪既見紀載姑采錄
之以備徵考

明
盛虞
盛虞字舜臣都御史容姪畫仿雲林筆意高古嘗得
雲林秋亭野興一圖畢力摹之因取秋亭以自號性
倨傲不輕與人作故傳世者少虞嘗摹惠山聽松庵
竹爐仿制爲之一時名流如吳文定李文正輩皆爲
賦詩紀其事見六研齋二筆並竹爐詩卷
欽定佩文齋書畫譜虞入畫家傳
王性
王性善山水兼精醫見無聲詩史虞謙傳

吳寵之
吳寵之隆萬時人居邑之菲慶鄉工書法有鏞美堂
帖行世見梅里志
鄒仁基
鄒仁基廸光子善畫見無聲詩史廸光傳
何湻之
何湻之字仲雅萬歷丙戌進士司李中州召授御史
工書得晉人意亦善畫山水蘭竹饒有清趣見
欽定佩文齋書畫譜
陸寬

陸寬字宗仁由儒士補鑄印局副使授臨江照磨工
篆法嘗校刊薛尚功歷代鐘鼎彝器欵識考訂精博
鄧文莊極稱譽之分見萬歷志容春堂集

過承瞻

過承瞻儀子善畫松得家傳見府志儀傳

袁楷

袁楷字雪隱繪事爲張復入室弟子見畫史會要

潘璿

潘璿字在衡花卉翎風承露綽約鮮華寫生姿態百
出見無聲詩史

殷自成

殷自成字元素花鳥工緻步謙志伊後塵見無聲詩
史

國朝

張遠

張遠字子游曾鯨弟子少學畫於冥南黃谷故移家
海鹽寫眞逼肖見畫徵錄

華謙

華謙字子卜皆弟善畫見畫徵錄

邵曾復

邵曾復花鳥如惲格見江南通志

韓雲俊

韓雲俊字仲湘一字雲卿諸生畫爲鄒之麟入室弟
子每爲代筆能亂眞見梁溪詩話

俞琨

俞琨原名璟字企塘又字更生號是齋善山水樹石
人物花卉幾入元人之室所爲詩賦均入妙撰論畫
三篇又著題畫瑣存見大雅堂續稿並梁溪詩話

鄒士騊

鄒上騊士隨弟工寫生見墨香居畫識

章逸

章逸字赴仙畫筆蒼秀嘗遊京師與同里華冠同爲
賀邸稱賞人亦直諒多聞見墨香居畫識

呂茝

呂茝字芳生工畫山水秀潤筆參五峯石門之間見
耕硯田齋筆記

曹元俊

曹元俊字偉君號柳溪乾隆庚午舉人官中書工畫
師心獨運有宋元人意見梁溪詩話

袁宮桂

袁宮桂字阮山諸生以鐵線篆名於時性豪飲博覽羣書嘗采集諸史兵家言分類編輯題曰洴澼百金方自署惠麓酒民有刊本行世

蔣煜

蔣煜字鼎堂畫古松大石有石田意見墨香居畫識

秦儀

秦儀字梧園善山水楊柳尤擅長人稱爲秦楊柳工詩子寶字漫郎亦工寫柳見墨香居畫識

蔣太元

蔣太元畫青綠山水學李昭道法見耕硯田齋筆記

賈季超

賈季超字雲裝善畫蘭吳中人甚貴重之稱爲賈蘭花工詩與同里嵇天眉馬雲隄程韻篁諸人相唱和著護花鈴語

章于

章于居邑西郊之梓樹巷故自號梓村善畫猴見耕硯田齋筆記以上書畫

明

潘克誠

潘克誠逸其字志趣高潔精通岐黃與王舍人紱僧性海結泉石交紱嘗繪已與性海及克誠行樂之像曰三士圖三士者紱自謂儒士性海開士克誠醫士也見惠山古今考以上醫

圖刻

章仲山

章仲山以字行精形家術名噪一時江浙士大夫家招延無虛日官署有不吉者仲山一爲更作遷擢可立致以故當道尤稱譽之署知縣曾承顯邀仲山看視廨宇會有巨盜夥刼案未獲仲山言須於署後廉

宿墩建一亭盜可得承顯從之果獲盜魁以上術數

列女

貞烈唐文烜聘妻高氏　節烈王開宣妻孫氏

節烈張建昌妻沈氏　節烈殷炳南妻丁氏

張寀升妻吳氏　劉洽妻吳氏

余維鎬妻華氏　監生余㦤彤繼妻沈氏

顧桂大妻余氏　顧德裕妻韋氏

鄒魁奇繼妻王氏　顧謙生妻臧氏

顧日昇妻芮氏　顧啟元妻楊氏

顧昭妻沈氏　顧燦□妻張氏

顧尚軾妻衛氏　顧洪祖妻王氏

劉鵬占聘妻丁氏
孝女華氏源泉長女
范章椿妻方氏
陳文秀妻華氏
馮常江妻虞氏
査錫鳳妻吳氏
諸生張家昌妻袁氏
薛璇妻屠氏
王全妻胡氏
知府周鎬妻芮氏
鄒凝度聘妻任氏
孝女華氏源泉次女
蔣儲鰲妻鄒氏
曹君佐妻談氏
馮秉中妻寅氏
過毅然妻朱氏
高國樹妻華氏
馮庭芳妻朱氏
顧莫妻華氏
宋榮禧妻王氏

顧汝濟妻殷氏
石明揚妻諸氏
吳仲達妻朱氏
劉晉求妻秦氏
孝女馮氏金鳳惟隆女
浦壽田妻黃氏
朱福壽妻錢氏
李德妻許氏
趙煒妻朱氏
王聖元妻魏氏
顧汝明妻唐氏
石尚行妻蔣氏
朱日暉妻薛氏
丁振濂妻陳氏
陸鳳綸妻榮氏
薛佩蓮妻蔣氏
周鑑妻趙氏
沈雲錫妻李氏
成元常妻陸氏
諸生華廷燮妻錢氏

強貞忠妻鄧氏
高昊沖妻陶氏
吳鎬基妻沈氏
沈德明妻許氏
孝女顧氏榮秀敦仁女
節烈職員俞鈞妻秦氏
節烈薛維發繼妻馬氏
鄒穀貽妻竇氏
劉元良妻陸氏
劉雲祥妻陳氏
蔣某妻劉氏
華文鈞繼妻王氏
秦炳仁繼妻張氏
張振勝妻盛氏
孝女彭氏世[illegible]女
節烈薛廷柏妻潘氏
劉國良妻曹氏
華國順妻魏氏
劉廷來妻華氏
周伯麟妻陸氏

張文起妻胡氏
查藝徵妻任氏
周海若妻鄒氏
周錫桂妻秦氏
薛大榕妻李氏
徐懋仁妻強氏
薛[illegible]華[illegible]氏
趙廷彌妻張氏
嚴[illegible]福妻劉氏
強汝楫妻濮氏
趙貞觀妻馬氏
查爾康妻任氏
周廷棟妻馬氏
張倫田妻施氏
薛來儀妻毛氏
王恒豐妻強氏
趙燦峯妻朱氏
江承觀妻薛氏
李文瀾妻馮氏
強中興妻朱氏

強建善妻陳氏　強亭延妻高氏
強培墉妻劉氏　強振彩妻劉氏
強亭興妻馮氏　徐尚渭妻強氏
劉廷瑞妻汪氏　葉允晟聘妻蔣氏
吳壽發妻劉氏　朱朝旭妻強氏
呂萬福妻吳氏　錢官桂妻趙氏
孝女周氏少華女　孝女查氏方臨女
周公廉妻華氏　王保綸妻華氏
知府秦流妻胡氏　馮玉林妻周氏
惠佩蘭妻朱氏　馬二觀妻啓氏

監生華滌溥繼妻朱氏　王其聘妻尤氏
節烈朱柏妻蔡氏　節烈過晟妻張氏
節烈曹慶觀妻錢氏　孝女薛氏[illegible]夫卒後以母殁一慟而絶
孝女蔣氏父名無考　陳鎣妻錢氏
顧儻生妻華氏　倪企東妻朱氏
薛旦華妻陸氏　顧欽宜妻周氏
嵇棟妻張氏　張明中繼妻王氏
安章妻過氏　顧喬林妻徐氏
張廷璋妻榮氏　王文蘭妻秦氏
薛芝廷妻楊氏　殷世隆妻查氏

馮常淮妻李氏　丁沛元妻陳氏
吳昌年妻丁氏　華恒足妻強氏
劉培元妻楊氏　孫成三妻徐氏
馮聯芳妻王氏　馮德裕妻趙氏
唐錫僖妻張氏　單德海妻沈氏
楊斯際妻朱氏　吳祥安妻賈氏
顧萬和妻高氏　薛元鉁妻袁氏
楊隆寶妻王氏　楊世健妾嚴氏
馮常清妻張氏　顧廷倫妻周氏
吳文鏕妻丁氏　過永順妻何氏

查錦章妻王氏　張思宰妻蘇氏
何錫五妻唐氏　何廼昀妻朱氏
何鍾秀妻陳氏　鄧聯奎妻徐氏
王清照妻孫氏　馮庭桂妻朱氏
鄒宗浴妻倪氏　監生楊圻妻吳氏
同知鄧墉妻孫氏　鄧圻妻秦氏
于企虔妻蔣氏　諸生王鳳培妻張氏
監生侯成德妻呂氏　馮錦昌妻顧氏
曹荷裳妻周氏　周錦昌妻徐氏
浦瑞興妻袁氏　陸廷桂妻錢氏

鄒開先妻陸氏
張克明妻孟氏
秦官槐妻蔣氏
蔡作霖妻馮氏
薛滈妻劉氏
薛雲虎妻魏氏
馬爵蕃妻高氏
唐鴻興妻華氏
徐如清妻顧氏
華均妻陳氏

薛裕林妻周氏
薛洪祖妻劉氏
繆惠豐妻趙氏
糜松年妻徐氏
王天富妻李氏
楊眉川妻鄒氏
張洪文妻唐氏
賈千里妻華氏
許光照妻張氏
王洪妻胡氏

張維泰妻孫氏
諸生錢芸寧妻華氏
顧制英妻諸氏
顧鴻餘妻李氏
顧瀛洲妻王氏
華春林妻曹氏
錢瑞林妻楊氏
殷士祥妻費氏
莊思連妻王氏
趙雲龍妻龔氏

趙乾元妻施氏
顧濟川妻馮氏
華茂芳妻黃氏
胡元長妻高氏
周伯翔妻袁氏
胡象武妻蕭氏
施鎮豐妻陳氏
張鈺妻許氏
王錫文妻徐氏
項萬豐妻費氏

闕繼祥妻李氏
華增妻唐氏
華開瑞妻顧氏
蔣士珍妻過氏
監生尤昭音繼妻華氏
蔣遐昌妻鄧氏
華佩恩妻衛氏
鄒慶時妻周氏
蔡德咸妻陳氏
黃濬源妻方氏

徐士培妻陸氏
嚴錫標妻徐氏
倪孝先妻嚴氏
顧元范妻華氏
鄧惠源妻沈氏
吳德培妻鄒氏
鄒宏貞妻白氏
周國祥妻張氏
王希孟繼妻盧氏
鄒大潮妻黃氏

陳宏基妻鄒氏
陳龍福妻康氏
徐國臨妻汪氏
俞馥聘妻陳氏
惠[illegible]賢妻王氏
[illegible]妻顧氏
諸生秦[illegible]祠妻薛氏
王榮濂妻秦氏
濮恒[illegible]妻趙氏
高文霖妻強氏

陳福基妻朱氏
盛紹濂妻馮氏
劉國良妻曹氏
鮑應甫妻馬氏
薛爾周妻陳氏
薛應洽妻宋氏
王增慶妻鄒氏
薛浩妻姚氏
沈月原妻陳氏
高煥章妻程氏

錢鈺妻朱氏
杜壽觀妻鄭氏
王樹棠妻黃氏
侯宮逸妻吳氏
張厚培妻馬氏
劉秀峯妻朱氏
侯開揚妻杏氏
浦瑜光妻劍氏
薛永隆妻朱氏
强汝樸妻施氏

錢文玉妻吳氏
沈雲龍妻蔣氏
張一鵬妻秦氏
沈棠妻張氏
程蔭涵妻袁氏
丁邦顯妻蘇氏
蕭鴻烈妻許氏
薛永豐妻張氏
薛宏聚妻過氏
强溥升妻朱氏

錫金考乘 卷八 十四

强貞[illegible]妻鄧氏
監生强濟川妻薛氏
强秉正妻薛氏
劉振南妻徐氏
鮑文燮妻鄒氏
吳源[illegible]妻錢氏
顧[illegible]錫[illegible][illegible]氏
丁以垣妻經氏
孝女秦氏[illegible]教女
顧斗柄妻俞氏

强貞則妻華氏
强梓材妻管氏
徐綸孫妻王氏
丁樹妻毛氏
秦師程妻孫氏
强岐妻[illegible]氏
胡宗珍妻徐氏
孫承猶妻胡氏
孝女金氏秀甫女
顧廷瓚妻嚴氏

嚴丹陛妻徐氏
顧玉海妻過氏
華詔基妻李氏
監正蔣和妻任氏
華景耀繼妻楊氏
過藹霆妻沈氏
鄧文元妻丁氏
知縣秦湘繼妻丁氏
秦雲椒妻繆氏
秦晉林妻孫氏

陸堉妻朱氏
過連元妻 氏
王鳳詔妻華氏
王雲慶妻顧氏
宣廷樑妻呂氏
鄧炳縉妻顧氏
朱以誠妻楊氏
諸生秦炳衡妻卜氏
秦巽林妻舒氏
翀邦才妻陳氏

錫金考乘 卷八 十五

孝女姜氏炳文長女
孝女朱氏推龍女
孝女蕭氏燦女
孝女高氏瑞錦女
孝女徐氏松年女
孝女邱氏桂月
華之照妻秦氏
華邦燮妻莊氏
許鑾妻周氏
鄒雨山妻嚴氏

孝女姜氏炳文次女
孝女徐氏兆元女
孝女姚氏玉冰天宜女
孝女秦氏兆玉女
孝女秦氏鳳楨女
錢若源妻劉氏
過讃揚妻秦氏
孫慶元妻都氏
鄒敬中妻白氏
李玉庭妻杜氏

顧錦堂妻鄒氏
李鳳儀妻强氏
陶恭吉妻張氏
戴璉妻過氏
施鑽妻張氏
楊炳坤妻何氏
詹湝妻程氏
知縣華希高妾聞氏
巡檢秦鼎鈞妾徐氏
陸粲照妻丁氏

鄒廷俊妻孫氏
姚裕章妻喬氏
秦洪泉妻蔡氏
王廷徵妻周氏
姚溶妻徐氏
王珝妻甯氏
袁大倫妾張氏
程在高妻張氏
戴玉堂妻姚氏
沈玉堂妻方氏

欽永發妻鄒氏
陶庚吉妻王氏
陸坤元妻邵氏
王秀甫妻許氏
許泉妻蔡氏
黃湧潆繼妻楊氏
知縣秦湘妾張氏
縣丞許祥丰妾李氏
過三慕妻張氏
楊棟妻華氏
劉堯年妻張氏
高國梁妻朱氏
陳廷樑繼妻費氏
王廷齊妻許氏
姚裕阜妻李氏
姚際慕妻馮氏
袁敦倫妻倪氏
華清瑞妻陸氏
胡恩錫妻朱氏
沈熙妻張氏

徐壽觀妻孫氏
丁廷柏妻戴氏
李金相妻陸氏
蔡滙繼妻金氏
錢維祥妻黃氏
監生劉天璧妾汪氏

錢福保妻周氏
張永壽妻趙氏
過寶印妻陸氏
徐煥文妾路氏
糜佑曾妻周氏
殷七妻杜氏

流寓

宋

蔣瑨

蔣瑨字夢錫宜興人父之奇觀文殿大學士事具宋

史瑨登元祐三年進士以明經薦除大司樂與梁師成議樂舞不合師成怒瑨答曰一代禮樂當[illegible]經不顧而去燕雲初復廷臣請上尊號瑨曰裕陵却徽號爲萬世法奈何諛悅以虧盛德知興元府軍卒于靖作亂瑨禽戮之曉諭餘黨咸帖服引疾歸遭兵難徙無錫子及祖宣和三年進士鎮江知府孫蕃志有傳宋咸淳郡志元王仁輔無錫志合參

姜夔

姜夔字堯章別號白石道人鄱陽人爲詩自出機杼清婉拔俗楊誠齋賞其歲除舟行二絕以爲有裁雲

繼月之妙思敲金戛玉之奇聲南宋詩人首推尤蕭
范陸夔實起而繼之詞尤精妙善吹簫多自製曲率
意爲長短句按以律呂無不協者所著白石詞黃叔
暘謂其高處有美成所不能及嘗寓無錫與尤袤講
論詩派其友張平甫欲割錫山膏腴以貲之分見白
石道人詩集自敘白石詩詞評論夔有華藏寺雲海
亭望具區詩又丙辰之冬予留梁溪諧淮不得丙辰
臘寓新安溪莊舍（溪在縣南新安鄉）丙辰冬自無錫歸諸詞並
見姜白石集

錫金考乘卷九

句吳周有壬佩安著　次女毓芳敬刊

藝文考

詩

唐

五瀉舟　皮日休

何事有青錢因人買釣船潤容兼餌坐深共蓑眠
短好隨朱鷺輕堪繫白蓮自知無用處却寄五湖仙
案皮日休有贈魏不琢五瀉舟詩此其一也原序略
云江南秋風時乘短艓載觴酒加以隱具由五瀉
涇入震澤穿松陵抵杭越日休嘗聞道于不琢敢
不求雅物成雅思乎于是買釣船一謂之五瀉舟
又華頂杖一太湖硯一烏龍養和一訶陵樽一皆
寄于不琢爲詩五首目之曰五貺案五瀉涇即邑
之五瀉湖邑志亦載有皮日休與陸龜蒙魏不琢
乘五瀉舟載酒共遊事因錄是詩

宋

無錫道中賦水車　蘇軾

翻翻聯聯銜尾鴉犖犖确确蛻骨蛇分畦翠浪走雲
陣刺水綠鍼抽稻芽洞庭五月欲飛沙鼉鳴窟中如

打衙天公不見老翁泣喚取阿香推雷車

贈錢道人　蘇軾

書生苦信書世事仍臆度不量力所負輕出千鈞諾當時一快意事過有餘怍不知幾州鐵鑄此一大錯我生涉憂患長恐長罪惡靜觀殊可喜脚淺猶容却而況錢夫子萬事初不足相逢更何言無病亦無藥

訪慧山錢道人不遇　周邠

登山穿破亂雲堆不見高人眼倦開門掩水聲聞白石路無車迹長蒼苔墻頭五柳空摇曳池上雙鳬自往來却棹扁舟自悶去過江思上子陵臺

寄無錫諸蔣　朱翌

夜帆起犇牛烏竿鳴五兩百年幾寒暑兩歲五來往竟不到惠山閒日真難享聞道山中泉煮茗嘗珍賞當年京浙遞不洗牛李黨故人在邑中乃漢三逕蔣欲擊月下門正想真雷響茲山君常到此約吾又爽且復卜後來歸程一陽長

諸公遊惠山　汪藻

茲山定中映秀色乃如許連峯接蒼灈嵐氣亦成雨珍泉不浪出世俗乃得取羣仙作佛供醴此玉池股甘寒冠天下瓶壺走脩乳兒嬉供茗事雲散入江渚

當源起臺殿下瞰松柏古巍基首梁宋爽氣接吳楚我來值桂月勝倚得稽留聊分小蒼壁同帀百年羽躋攀興未極落日在林　却立望翠屏中流注鳴櫓

贈惠山慶上人　燕肅

陸羽泉邊倚翠節參差臺殿映疎松五天講去春騎虎一鉢擎來晝伏龍像閣磬敲清有韻薜庭雪過靜無蹤相逢多說遊方話知老靈山第幾峯

與剛中適甫遊惠山　袁默

雨過山前翠欲飛水雲高下正含暉魚跳細浪千花碎蟬倚清陰一嘒微沉李浮瓜吟齒潔清風明月滿

船歸超然不負尋幽興拂得荷香在葛衣

次通城送季言弟還錫山　李綱

半載相逢作遠遊物華荏苒又新秋江南山水共清賞湖外風烟成獨留家遠爲傳安穩信時艱增重別離憂渚宮此去無多路悵望猶登黃鶴樓

送季言弟還錫山省先壠　李綱

記離南牧浙河空多幸依然馬鬣封勞汝遊傳一掬淚霜前爲灑萬枝松

年憂吳會大繁雄虜騎憑陵掌股中若到新經兵火地哭將有限悼無窮

連年瘴海髩邊絲多荷君恩特放歸迢遞故人相問
訊爲言蘧瑗久知非

遊惠山　張栻

衮泉幾歲月復此慰渴心諒惟獨鍾秀源委來何深
在昔抱幽獨邂逅逢賞音希聲聽者難至味乃可尋
兀坐正亭午凉風度清陰于焉有深悟三歎復微吟

題膠山寺繡佛　蔡載

妙相奪天眞鍼鍼巧入神幾多瞻佛者還相用心人

題雲海亭　尤袤

亭前山色遶危欄亭下波濤直浸山波上漁舟亭上

客相看渾在畫圖間

體齋詩爲梁溪馮季求作　敖陶孫

口腹不自主來吟體齋詩三薰齋中人罔體安措辭
體卑語近拘體高語近欺耳目口鼻形人各師其師
要之天地間當以一理推馮侯好兄弟一一清廟姿
是家好談道脫畧毛與皮一堂春愔愔詩禮相娛嬉
但愧遠客塵泥子漣理枝雖然參自訣要之不磷淄
我車得國工分路有險夷君知魯叟聖妙在物不遺
當其作春秋一字如權錙越境惜趙盾斷謂此語非
俗儒無已心望道如隱紲閉門畫圓方用世多參差
千載堪一哈汝足未及蠟馮郎顧我笑坐久爐烟遲
黄花粲墻東青山轉墻西吾言亦已贅須君浮一巵

無錫縣春日　高翥

吳楚新岐路江湖舊散人放船來古縣沽酒供閒身
花卸一村雨鳥啼千樹春野塘風色地無復見芳塵

過無錫見李元德祭酒　劉過

戀樹棲禽暖不飛不知弓繳有危機季鷹若悟蓴鱸
好應悔江東不早歸
高門掃日鴨珂里吹竹彈絲暖響中寂寞一區如此
宅世間却有兩揚雄

題安陽山　趙義夫

巽兀當空特不羣嶄然頭角起祥氛毘陵自古多英
俊可信孤峯解主文

眞賞亭流觴　施天任

惠山山半有飛泉甃石環亭泛酒船只任源流自高
下不緣機智得方圓夷猶小棹翻寘榻霽佩浮華出
洞天六月炎蒸應變此二松風韻更蕭然江帆遠渡
疏林外山鳥閒吟落照邊盛世正逢元祐日清歡重
繼永和年榮心雖效公垂詠眞賞尤知子美賢我是
林泉自由者時時來作醉中仙

惠山寺　趙葵
古木森森映碧苔嵯峨樓閣倚天開山僧不是朝天
客自注冰泉浸野梅

惠山　張蘊
石苔滑汰屋連斜第二泉邊古佛家一壑松風聽不
了却留僧坐自煎茶

惠山泉　林德暘
第二名泉在深雲護石闌九峯靈氣洩三伏細流寒
遠脉松常潤餘香苔欲残荒祠懐陸羽一掬酹空壇

元

梁溪留別虞彦高　李元珪
野人情曠達志不在輕肥夜雨三更夢秋江一棹歸
神駒雖並駕鷙鳥不羣飛老去慚聞道吾生漸覺非

題趙蒙山悟空精舍　張雨
濯濯嘉樹色肅肅紫殿陰崇岡既延矚寒泉復洗心
節物士女繁而我得孤吟枝者足易跛移舟指烟林
龐公豈無家魚鳥不厭深適辨芳春月就子碧山岑

題惠山寺　趙孟頫
南朝古寺惠山前裹茗來尋第二泉貪戀君恩當北
去野花啼鳥漫流連

送韓仲讓都司梁溪防秋　成廷珪
今人勳業古人心立馬梁溪恨滿襟兵識漫傳山有
錫軍裝端信橐無金鳳高故壘黃雲晚霜落平原白
草深南省相君方倚重區區窮虜敢相侵

賑饑　陳旅
泰伯當年處錫山身辭大利遠人安至今邑內高風
在散粟千鍾不受官

遊惠山　楊文炳
騎馬西神訪遠公洪公舊宅且從容棲臺影落雙河
口鐘磬聲傳九隴峯自汲清泉煎苦茗又携美酒看

眠松若冰禪洞寒流靜應是當年養毒龍

題惠山寺　郭麟然
疋馬西風入慧山小橋流水碧潺潺樓空雙鳳臺猶
在峯遶九龍雲共閒窖藻蓑寒黿睡穩老松籠暝鶴
飛還自憐奔走成何事回首山靈益厚顏

重過望亭新安二堡（原註丙申冬張氏築）　王逢
憶昔扁舟自西下二堡相望無一舍吳藩刲樞翻覆
兒窄衫小弓矜騎射歸人重經但流水豆隴滑灣低
復起長途遺庶數十家三四酒旗風靡靡君不見邪
人遷岐山衛人城楚邱外患內修古所倅成同敗異

嗟世口

題孟宗振惠麓小隱（原注宗振孟后之齊） 高 明

汴水東邊楊柳花春風散入五侯家繁華一去江南遠聞汲山泉自煑茶

登溪山第一樓有懷倪元鎮 陳汝言

清晨獨倚樓秋色淨如洗山奇雲弄姿江白風初起心隨沙鳥閒日送征帆駛對景每懷人相看隔千里明

與華景彰遊惠山 馬 治

華陂春水綠漪漪二月西山雪後時舊宅重尋孝子

傳新年又赴故人期鶴鳴竹日當牕滑僧定茶烟出閣遲我欲同修清淨業泉頭來記四賢祠

邑志以馬治詩入于元代余案治于洪武初知內耶縣終建昌知府

爲志學聘君題惠麓秋晴圖 朱 芾

第二泉頭坐晚晴滿林松籟雜彩聲滌煩老去盧鴻一謝俗歸來衛叔卿未必茶經隨火化擬尋茅屋待春耕卧遊畫裏違清賞裏茗他年不上京

爲惠機長老題徐幼文惠山圖 呂 敏

天寒埤表鶴歸遲隔世令人起遠思偶見漪瀾堂上畫猶看悟淡卷中詩（原注幼文爲惠機長老寫惠山圖肆筆道麗淸潤而帶古法幼文已矣而畫猶存感歎賦此幼文詩錄題悟淡集漪瀾即惠山堂扁也無錫縣庠呂志學題）

約潘元飛遊惠山 孫 作

錫谷名泉誇第二江水由來勝山水中泠天畔隔蒼烟九龍眼中差可喜我夢臨此鑒眉鬚豁茗烹煎擷綠珠老僧毵毵妙而臞忽來說禪坐跏趺三生豈是舊緣法明日買船當下牖共君烏紗一裹頭野岸春洲看晴鷗

題惠麓秋晴圖 瞿 莊

清遊嘗飲惠山泉客裏披圖思惘然倘憶舊安祠外

柳蕭蕭條猶帶汴堤烟

遂初書院 葛 桓

少從洙泗入眞門老戀玆山學益深悟到太初忘六籍春來靑草是天心

送王孟端隨駕之北京 王 璲

龍馭時巡幸北京屬車侍從會諸生周廬未徹黃茅起磴道初開輦路平星拱紫垣嚴宿衛天臨華蓋肅行旌馬卿素抱淩雲志應有詞章頌聖明

題王學士所藏王孟端老椿蒼崖圖 曾 棨

王郎工畫妙入神平生強項世所嗔有時興至自盤礴睥睨已喜旁無人忽然放筆作古檜白日烟雲倏暝晦淋漓盡帶雷雨垂慘淡長髯鬼神會古藤纏絡枝相繆屈鐵磔砢騰蛟虯左挐右攫飛不去崖石欲裂山精愁王郎一生何不遇五十得官嗟已暮胸中時吐氣崢嶸半落蒼崖化爲樹知君愛此長蕭森藏之愿比雙南金秋來恐有乘槎客泛入天河無處尋

吳塘門　史鑑

一水遙遙與海通舟行渾似入虛空三江共接朝宗勢萬里常懷底定功錫麓人烟帆影外洞庭山色淚

花中蓬瀛有客頻來往欲駕雲濤趁便風

李相書堂　周忱

丞相當年未第時讀書曾向此棲遲水邊行徑空遺跡竹外荒臺有古基老憶家山詩尚在夢嘗丹桒事尤奇老僧知我懷賢意料引憑高慰所思

前題　戚容

青山寂歷草萋其一度登臨一愴思泪說夢蛇千載事空留弔古五陵詩天荒地老臺猶在花落春殘鳥自悲燈火禪林風雨夜依然丞相讀書時

前題　聶大年

水邊臺榭已荒涼此日登臨倍感傷遺事尚傳唐宰相斷碑還載宋文章林塘地僻禽魚樂澗谷泉甘草樹香閑與高僧訪陳迹夕陽秋葉滿迴廊

渠南一老亭　趙鳴秋

幽人荷衣蕙爲帶幽居笑指秋雲外碧水青山意自長壘綬朱輪心不愛富貴高卧絕華軒木葉紛紛猶閉門籬落鳥鳴山火夕江村人語薜蘿昏瓜田藥圃歸來晚月色蒼蒼朧猿斷列鼎無論浮世榮一尊長對詩暉滿林下相逢獨有君鹿門谷口俱無聞羨爾草堂慎終始莫令山鬼空移文

惠山十賢堂成有作　邵寶

萬古名地諸賢合有堂雲龜藏舊影水鑑發新光國史千對筆鄉評一瓣香煩僧語遊客到此肅冠裳

黃埠墩　談一貫

中流地不盡花木隱方墩早暮霞光合江湖水脈分青天墮鶴影碧障皺龍文日晚歸舟近鐘聲送客聞

酬錢水部錫山之招　李夢陽

無錫錢少陽招我棲錫山江上千萬峯嵬嵬陵江關下有震澤湖旁有太伯灣昔時蘇公幕陽羨陽山錫山對相見我獨何爲阻茲遊西風吹心落吳甸我問

錢少陽汝今在何所振轡金馬門看花曲江滸徐庶竟辭劉張翰憶吳州鴛湖雲嶼間鴻山林樹秋我今放浪黃河隅遥憶白粲心鬱紆幾時彈劍賦歸來與爾共醉芙蓉湖

秦丈爲武昌公重建開利寺觀鷺亭　李攀龍

江上新亭接梵臺風流重憶右軍才相携變馬高僧過自許籠鵞道士來池水如披霜練出烟霞猶傍彩毫開使君暇日多延眺可爲南樓興已哉

過無錫　羅欽順

好山如畫隔蒼烟洗耳空懷第二泉要識太平涵育久古城爲路牛無壚

寶界六首　王問

太白峯

登高送落暉流光滅遠水同看七十峯峯峯暮雲起

桃花塢

桃葉晴溪津似入武陵去田田春水流家家鳥鴉樹

萬松徑

松蘿晝長陰連山結秋色一逕入幽深惟有獨行跡

蘆灣

黃蘆鳴水曲蕭瑟湖上秋朝朝風色換去住任漁舟

漁隱

日暝得魚歸妻子懽自足繫船湖水邊上山伐黃竹

朝陽臺

山氣漸覺開花露時時滴禽鳥悅晴光飛鳴紫巖下

閭江伍相祠　瞿佑

一過荒祠淚滿襟英雄自古少知音江邊敵國方嘗膽臺上佳人正捧心入郢共知仇已雪臨吳誰識恨尤深素車白馬終何益不及陶朱像鑄金

鄒園天鈞堂讌集　程嘉燧

黃公澗畔木千章映帶鳴泉百步廊簷蔔花飛天女室紅蓮客滿衛軍堂風前舞燕輕宜障谷裏嬌鶯轉聽簧貪坐冰壺消永日知君應未厭清狂

獨山

太湖湖西第一峯中流兀立勢且雄千峯萬峯不可並上許一老盧其東形如龍虎自盤踞朝雲暮雨相冥濛山翁出入無停蹤芒蹊踏徧山花紅

秋晚宿獨山門　王叔承

掩映湖山界孤峯結水門帆檣千里國楓火百家村鳥影星辰白人聲薜荔昏隣船蝦易買沽酒月當罇

施冏卿新園社集得刪字　嚴一鵬

結構城南風日閒又尋佳約共追攀堂開綠野芳池合坐挹青山粉堞環苔徑參差從緩步菊杯酩酊任酡顏懸車廿載神仙客吟罷新詩手自刪

閶江城　丁鏞

霸業已云古荒城空草萊可憐城上月曾照越人來

天井　曹時中

石甃何年物淸流萬丈深越人移不去留照伍員心

宿菰川僑居有感　諸允錫

湖山不改舊風流萬頃波光照荻洲聽我好禽當日句懷人芳草接天愁半生蕉葉難爲夢一樹梧聲忽到秋大笑開顏原不易傾尊莫負故人留

國朝

報唐采臣戶部時自宦夏還朝　宋琬

使君書札勸加飡又報征車發賀蘭秦塞亂山留庾信漢家鹽鐵問桓寬飛鴻夜度朱弦冷邊馬晨嘶白草寒還客隴頭憔悴甚故人傳語到長安

秦留仙寄暢園三詠（原注同錢門淇瞻燕友顧伊人作）　吳偉業

山池塔影

黛色常凝雨溪堂正早秋亂山來衆響倒影漾中流似有一帆至何因半塔留眼前通妙理斜日在峯頭

惠井支泉

石斷源何處涓涓樹底生遇風流乍急入夜響尤淸枕可穿雲聽茶須帶月烹只因愁水遞到此暫逃名

宛轉橋

斜月掛銀河虹橋樂事多花欹當曲檻石礙折層波客子沉吟去佳人窈窕過玉簫知此意宛轉采蓮歌

飲秦留仙山園二首　尤侗

無邊春色至締束在名園楊柳方乘戶桃花亦近源亭臺隨地設裙屐逐人喧豈識幽居意攤書獨閉門

主人雖避俗客至竟開尊餔啜皆精妙文章共討論坐花春晼晚岸幘月黃昏車馬長安陌誰憐芳草繁

短歌贈秦對巖　陳維崧

故人幾載不相見短裘捲髁塵滿面乞食簫吹東臺非秋作客邯鄲縣歲云暮矣風颼颼張帆仍作東吳游旁人拍手笑不止野夫掉頭歌不休品泉因訪陸桑苧填詞爲尋秦少游得詞與泉興便足此外紛紛非所求

舟中望惠山口號　王士正

芙蓉江上廻鼉鼓漁具簑衣一夜還眞得蜻蜓小如

葉推篷看煞九龍山

題顧宸杜律註解　顧景星

洛陽杜甫眞漂泊身歷三朝竟可憐百歲亂離都强半一生恐懼向誰宣虚傳雲夢吞吳句實有風騷當史篇（原注：遂人王洙題杜集曰詩史）辛苦梁溪顧修遠千秋心事與昭然

梁溪道中懷周緘齋先生　彭定求

九龍山下水瀰瀰正是霏霏小雪時爲羨閉門高臥客圍爐展卷獨支頤

送周緘齋還錫山　曹貞吉

歸及維揚八月湖西風落葉過金焦從來雲影三秋淡不盡蛩聲兩岸涯往蹟依依黄歇浦舊遊歷歷伯通橋明年一棹凌雲去夜話横林慰寂寥

中秋過梁溪與十峯節培燈巖諸子夜話　惲格

一條帶水三年隔八月浮槎到客遲把酒正逢蟾闕滿桂花香裏說相思

懸惟藜火夜從容曉露研朱點易濃別後龍鱗應共長庭前重問著書松

遊明陽觀閱諸前輩弔盧眞君詩次韻　周宏

盧君結廬居洞陽丹井源通洞酌長雲隈封斷大觀詔驂鸞一去秋颼涼我來陟巘訪遺跡伊人不見歌葭蒼烟　湖水蕩虛白嘯引天風問妙香梁松隋柏宋檜下坐餐石髓眞瓊漿當年丹訣人間絶星斗臨壇互明滅碧蘿深處金鼎開沉疴沾滴春融雪前賢紀述分琳瑯宮徵雅音更超越展對移時思邈然极龕幽景肯輕別化鶴歸來知幾時空山長照千秋月

顧梁汾舍人自製竹爐攜至都下客爭賦之余亦爲詩二首兼道別意卽用原韻

吳雯

竹爐活火夜猶然夢繞吳淞水石邊塞上風塵逢舊製江南榆柳憶新烟山移明月空猿鶴洞改桃花幾度年認取廬山眞面目天涯隨處谷簾泉

高館閒過蜡燭然濤聲小沸菊花前空憐紫塞冰霜候可有藍田暖玉烟紅雪徵歌違此日詩　賭茗訂他年蘿休蔓王官谷待酌煮瓢頂上泉

贈顧梁汾和韓慕廬　歸允肅

蕭蕭微之與牧之天然才藻擅徽辭西園明月樽前興寒食東風苑裏詩落拓江湖容客傲留連文讌愜

逡坐擁清泉洗碧桐

舟過錫山　彭孫遹

山水有實理豈必高且深曠遊貴神遇不在登且臨
茲山信幽麗遐矚亘可尋川原蕩晴暉水木媚夕陰
沙蟲喧草際薪條滌衆音吾生亦何擾歸思方離任
無復棲遲興徒懷向往心

無錫縣　陳鵬年

最憐無錫縣面對九龍山紫翠千門裏玲瓏一水間
興來思卜築秋老不知還落日黃墩畔鷗眠得暫閒

張衎王墓　陳倫

六丁不下驅天驕宮車碾雪夜度遼白頭烏啄大冢
屋衣錫王孫路旁哭一馬代龍浮渡江臨安王氣于
斯卜烽火江淮草木殘中原血戰腥風寒揮戈誰洗
靖康恥屈指英雄岳與韓區區子英奚爲者片紙覆
書背人罵風波萬里壞長城三字翻冊廷尉平北人
歌舞南人哭賀蘭鐵騎仍縱橫兩宮魄冷冰天月聖
饕反旋讒諂骨麒麟墓道枕蒼烟御筆淋漓灑碑碣
墓門高揭對晴湖松栝深深叫訓狐金陵城外蒼茫
處龍纓堂封千載汙
是詩採入

錫金考乘　卷九　五

新知多情莫恨山陽笛滿把花枝泛酒巵

題顧粱汾積書巖用唐人宿惠山詩韻　梁佩蘭

茲巖斂西神合沓盤鬱蒼上有松柏桐森列俎豆堂
歲時紫瓊枝絳氣相縈翔祀德爲鳳儀文孫亦龍光
芙蓉灼流水采薦流芳香丹蘿在衰栭膺拜以不忘
積書滿石室君本金華人自從休沐歸學問隆日新
上智辨黑白大道無淄磷積陰變圖畫騁轡悲遊塵
意氣生虹霓顧盼凌蒼我願合故山來結君子隣
石壁延高蘿陽林耀修樾馳花鳥影墜飲澗鹿迹絕
莓莓雲片生纚纚烟景滅九峰列晴漢萬古秘日月
人幽草木靜山響笙簫發緬想黃農前後先豈殊轍

寒食夜飲寄暢園留別吳明府　徐乾學

名園當令節密坐必深更酒碧濃于柳歌清囀似鶯
新詩吟夜館纖月落春城歲歲逢寒食難忘此夜情

吳令君重修二泉亭　宋德宜

爲政心閒清似泉一亭突兀瞰山烟風流未許蘭亭
擅碑碣新鐫經理年

前題　徐秉義

一眼京師水脈通曾煩官驛遞瓊公李公何似吳公

錫金考乘　卷九　六

國朝別裁詩倫字遜其無錫人諸生

無錫望惠山　史夔

九峯天半落一棹夕陽過客爲遊山試船因載水多

溪邊高士宅月下榜人歌好趁樵風便輕船採芰荷

大虮山　吳莊

紅樹村莊白板扉廿家同井飯牛衣羨他一姓能偕

隱不出桃源話是非（自註：胡氏二十家皆宋姓山間有畝共耕而食）

邵文莊公溫硯爲西疇作　厲鶚

梁溪江左勝山水淸且幽扶輿磅礴氣多產賢達儔

邵公早解組吾道困幽憂北寺毒朝亡南陔樂林邱

後來高顧輩公先導其流東林事孔棘不及公優游

觀公溫硯制脈物非珂璝讀公自造銘寓意深可求

漫學水火爭當效變理謀彼鼎或時覆我硯常有收

範以金從革湯沐合賜休貯以石虛中郎畢行封侯

功成在構炭文出如蒸餾耐寒此故交附熱豈足侔

安氏邑大姓膠山理蒐䔥重祠李忠定公諷迎神謳

（自註：硯爲安國所製文莊制銘于上同里趙適山李忠定公祠公爲作記）侍公超然堂艮冶爲工鳩

率連宜得書捧硯欒全牛方公雅好事什襲比琳球

拓詞費題推徵詩遍遐陬當與竹爐共永永傳千秋

（自註：惠山有王近時竹爐詩卷）

書顧瀝芳集後　張夔

人在龍山第一峯天然逸致匹喬松三緘每卷翻瀾

舌五斗常澆磊塊胸自有名山傳著作不勞空谷歎

遭逢把君詩卷消長夜恍聽寒巖度曉鐘

暑雨夜過錫山未得與稚撝修宗伯把晤承贈

詩扇格老情深揮汗挑鐙勉酬來韻　尹繼善

夜半風催畫舸還幽齋獨羨夢初安年衰已覺知心

少室邇何堪見面難感舊多情偏對雨烹茶無伴共

觀瀾（時撝伯濟瀾堂未果）蓬窗剪燭頻揮汗笑我眞成一熱官柳

拂長橋綠映溪平分活水隴東西豐年景象歸新詠

高士園林憶舊題（曾其題倪筆獅子林畫卷）詩筵終朝風肆好看山

何日手重攜征帆已遠仍回首驛路雲深月影低

遊惠山　趙翼

曉緣梁溪行波滑一枝艣忽聞溪流聲知是夜來雨

舍舟入林麓霽色淡天宇空翠霏濛濛孤烟起縷縷

葉落風自掃山缺雲或補言尋漪瀾堂寒碧見太古

邱訪尺許深汲綆萬人取始信一眼泉中涵滿腹乳

臨流澄水觀毛髮朗可數翻嫌塵網身到此成傖楚

日斜歸路促勝游歎蹔暫回首蒼山顚新月上高樹

題馬雲隱艷雪樓詩雲隱爲文肅公之後夫人及文公子皆能詩　張問陶

倦寮笑語隔風塵一卷詩傳蘊藉人際世昇平求志
遠起家忠孝讀書眞鬚眉軒朗明如畫詞賦紛綸提
有神舉酒頓忘寒夜永捲簾霜月滿松筠
相看無計遣詩魔且把毛錐受墨磨火色似君騰上
易白眉從古得名多風前詠絮誇嬌女月裏簪花倚
素娥艷雪樓中吟興徹仙音一片叶雲和

遊梁溪秦氏寄暢園　石韞玉

綠水紅橋小榭深叢生桂樹碧成陰我來欲入維摩

室天雨新花地布金
堞粉墻平被荔蘿臨溪署杓自横波山重水複無窮
處留得雲林畫意多
門外秋山翠蜿蜒故家喬木自蒼烟
先皇翰墨飄然在應有榮光夜燭天
百尺廻廊窈窕通松宜明月竹宜風幽棲大似逍遥
谷巢許夔龍在此中

錫金考乘卷十

勾吳周有壬佩安著　次女毓芳敬刊

藝文考

春申君碑　唐　皮日休

士以知己委用於人報其用者術苟不王要在强其
國尊其君也上可以霸霸次可以忠烈無王術而有
霸略者可以勝人國無霸略而有忠烈者亦足以勝
人國春申君之道復何如哉憂荆不勝以身市奇計

不曰忠乎荆太子既去歇孤在秦其信刑待禍若自
屠以當餓虎不曰烈乎然徒都壽春失郢塞之固去
方城之險捨江漢之利其爲謀已下矣猶死以吳爲
宫室以魯爲封疆春申之力哉當斯時也苟任荀卿
之術廣聖深道用之期月荆可王矣卒以猜去士以
謗免賢鳴呼儒術之道其奥藏天地其明燭鬼神春
申君且不悟况李園之陰謀豈易悟哉豈易悟哉

案是文見唐文粹忠節類廟建何地碑立何年文
俱不載余嘗徧考江南郡縣凡有春申君廟之處
皆無此碑近覽王世貞撰尤叔野惠山續集序云

文自春申君碑冢山記詩自江文通李文饒而下凡事與人之有係於茲地者亦附著焉乃知是碑即惠山春申廟碑也龔美與陸魯望魏不琢爲五湖烟水之遊惠山本所常至廟嘗狄梁公奏燬後故文中愿敘許脫太子於秦而身自留爲太子請死事以示忠烈應祀之意弇州精於攷古且以所作和唐詩俞氏園記貽叔野采入惠山續集苟非信而有徵安肯以已作並列哉（見原序）

惠山寺冢山記　李濬

金陵之屬郡毗陵南無錫縣有佛寺曰惠山乃濬家

山也貞元元和中先丞相太尉文肅公心宦色養家寓是縣遂肄業於惠山始年十五六至丙戌擢第歸爲朱方强留之辭公竄畏常嚮切於旦夕之間李庶人以反狀聞嘗召公草不順章檄公語以君臣父子忠孝誠節別白自古道理者約千餘言言既勁勇庶人畏敬又逼以　卒圍以兵刃促公下筆振叱數四髮皆見怒狀庶人因令閉之于別所命許縱成之是夜張子良裴行立共義公忠赤果相與易圖庶人兵敗公以忠節聞于天下新帥李公元素欲具事表於朝廷公三讓之遂退歸惠山寺僧房猶孜孜勤經史泊十年手寫書籍前後約五百軸寺山之泉獨稱奇能發諸茗顏色滋味公僻居含飲雖崇貴未嘗輒自優奉惟輦載惠山泉數千里不問其費耗公文學官業功德濬謹纂敘制詔章表堂狀類例其間不敢輒以文飾表至敬也爲上下卷今藏史閣我家之盛嘗二爲相三爲史官高祖中書令謚文憲儀鳳中爲中書令如意中爲鸞臺左相（即濬高祖叔）先公丞相贈太尉謚文肅會昌中爲左僕射門下相儀鳳任相監修國史會昌在相監修國史乾符四年濬自秘書省校書郎爲丞相滎陽公獨奏狀入直史館今已亥歲春有

事白相府乞假出函關數千里夏五月癸卯過家出視舊刻石詩題別無碑版敘錄懼年祀寖遠不得布聞于人謹以史筆條敘於寺之正殿內時乾符六年夏五月十六日甲辰書

龔見王象之輿地碑目引晏公類要載有李濬惠山家山碣一條考之多年碑既無存文亦搜求不得近閱文苑英華及

欽定全唐文獲覩是記記云無錫有佛寺曰惠山乃濬家山也又云先丞相太尉文肅公心宦色養家寓是縣遂肄業於惠山始知元明各志及景物畧

識小錄俱以李文肅上家山詩指爲梅里皇山非也碑立於乾符六年五季壘遭兵燹隨立隨燬邑中遂爾失傳董文敏跋顧虎頭所書女史箴謂自氽始拈出千載快事余於此記亦然

宋

重修淮海先生墓記　　戴溪

淮海先生秦少游建中靖國初卒藤歸瘞高郵政和中遷瘞於常州無錫縣惠山之原子孫因家焉墓故有亭刻建炎四年追贈龍圖閣告并山谷送秦少章詩置之亭中秦氏仕不顯諸孫貧窶墓四旁地皆爲

豪右所得亭亦毀壞不存山谷詩石歸邑好事者獨贈碑荒蕪榛杞中樵蘇不禁墓祭幾絶開禧丙寅永康應純之以州判官攝邑事訪問遺蹟慨然興念封殖其墓取旁近地還之率邑士大夫合錢建亭乃立贈碑且贖還詩石擇秦氏諸孫知學者使耕學職得月給使具祭祀倉臺黃公常守湯公皆助其凡費應君故從余學余自澄江召歸道出無錫應君首及茲事且請余記之余嘉其志不待再請然行役未及作也至吳門會淮東漕孟頁夫因論少游醉卧古藤陰下人謂卒於藤之讖也獨未知一事少游墓後古松一株直幹高聳有巨藤自墓穴中出周匝數四已乃施於松上盖覆其墓此眞古藤陰下也松爲人斫去藤芽蘖今僅存爾頁夫倚安孫惠山寺功德院也故知其事詳應君來索記因併及之四月朔日永嘉戴溪撰

是記撰人姓氏元志卽闕記中有余自澄江召歸道出無錫之句記尾署永嘉口口撰知爲永嘉人而官於江陰者遂考江陰縣志宋嘉泰四年知江陰軍戴溪永嘉人歷開禧元年至二年二月始易呂祉卞墓修於開禧丙寅丙寅卽二年也年分仕

籍里居一一相符是記定爲戴溪所撰無疑又江陰縣志名宦傳戴溪字肖望浙江永嘉人少有文名舉省試第一嘉泰四年以宗正簿知江陰軍多惠政仕至龍圖閣學士卒謚文端

無錫縣學田記　　薛師魯

古者設學莫重於教而立教之方必使學者無饑寒困苦之累而後教易行則士以待用田以養士二者不可偏廢也國朝踵昔成規剏設學校迨慶歷四禩乃詔諸縣立學由是教養之澤布滿天下錫山爲今巨邑彬彬多文學士貢秋賦上春官視他邑爲最掄

魁接踵英賢輩出比年以來學舍頹圮田租虧先生徒解散誦習不聞獎抑甚矣淳祐三載師魯被命來宰斯邑目擊其弊領事之初未克支首荷鄉達尊側使秘撰尤秘監昆仲終始扶持吾道篤意興修殿齋堂宇廊廡序舍煥然一新雖欲誘掖後進作成人材夫何學糧之在舊籍者十僅三四皆繇前此職錢糧者與吏並緣爲姦多借逃亡戶絕之名肆隱占詭挾之弊致併去其籍而業淪於私家故一歲所入不足以贍一歲之需弊痼而不可攻掇邑職者不暇問也師魯一日因會諸友而語之曰古之爲教者一今之

爲教者三彼釋老氏假禍福語誘齊民乃克侈大廬舍拉食以聚其徒今吾儒獨不能崇庠校尊聖人可乎且庠者養也非徒以養口體也校者教也非徒誦說云也今諸友誠能以詩書之澤疏瀹其身心禮樂之教磨礲其術業達則充所學以治國平天下否則隱約自養以啟廸其後昆此其爲福豈不踰於緇黃遠甚何忍覬升斗之微肆其侵漁之欺而不思爲淑後計乎癸卯之春偶自本邑吏攙尤梓役官租三百斛有奇歸之州郡師魯遂率學職闔詞以請蒙知事秘閣章監丞有意作成慨然備申於臺部給憑改撥入學以助養士伐其朶頤無恥者之謀自是歲廩日豐士類雲集悉有弦誦盈耳之樂絕無甑塵釜魚之歎子衿之刺今可逃否乎雖然吏有時而更籍有時而泯將何以壽其永遠乎遂命鑱諸石以垂不朽淳祐五禩七月吉日奉議郎邑令薛師魯謹題

鄉貢進士司計尤有大錢會龍李觀國唐夬揚待省進士縣學長直劉當侯陳滑王祖洪蔣金極立石

元

常州路無錫州重建譙樓記　虞薦發

古者兵車所次必築居於其上以觀敵譙門之設蓋

昉諸此考之史傳已見於秦漢郡縣時其來遠矣無錫古壯縣今爲常之支郡郡非縣比也陞改初邦治嘗一撤而新之獨譙門仍舊貫因陋就簡人多識其未稱廼龍集壬寅秋七月朔海颶闔淮浙間官署之漂毀者什九以致併其陋且簡者一覽不復存値年儉重於勞民越嗣歲癸卯州長率乃僚相爲謀曰譙門一郡政令所自出而千里之觀望係焉闕而不理過矣然必策不靡於官不漁於民計乃善會州尹湯公以寬民急務入覲中朝而長貳治辦歲終事塡委唯州倅杜公視職專督捕就董焉先是隣郡僻工

土未在在以田籍計畝而衰於民吏弄滋張侈大踰度卒致徵呼勞午人不堪之杜公之作郡敏而熏乃召吏於庭以謂無門之說斷無宅拔捐官吏半期之俸司得千五百緡不給則斂公田以繼之爾其度村於買傭夫於市毋奪人毋妨農吏奉示唆既成既備遂以是歲仲冬之七日始事歲除而告成於是近者悅遠者來行者譏於道更相告語以爲郡所者吾生聚事育之所倚賴今獨護之於官若吏設人情哉一日衆環堵於前或貫而鍛或觴而消引而肅衆求沒言而公遂諭之曰若謹欲何爲耶是役也吾官吏力

足以辨此毋溷汝爲也衆懽以人歟委之吏令而去以紓計者七千五百有奇吏因衆志上送官爲用不足矣大學曰有諸己而后求諸人書曰民情大可見是衷烝蘷于古不畏謂民風之邁不足以勸戚之將厚誣吾民也向使有一毫强拂於其間則怨汝訾汝者至矣況望其應之而不去哉昔孔門高弟有問如斯可以從政之問吾夫子薦之以尊美而屏惡因民所利而利之擇可勞而勞之美也不求而成慢令致期惡也聖人之言嚴矣哉世率以備者之論多泛濶於事皆余觀錫山之政非聖言之一驗哉杜公徵余記

興造之歲月因以爲役之從政者之戒云時大德八年歲在甲辰夏五月日郡人虞薦發記

五先生祠堂記　郭嘉

先生龜山文靖楊公也先生學以入道以道居於毘陵之錫山錫山之士其聞而知之者吾得三人焉曰尤文簡遂初曰李肅簡小山曰蔣文忠實齋其見而知之者吾得一人焉曰喻工部玉泉得續論孟大學中庸之傳三子者乾道慶元端平間各有樹立具載前碑賢者至此有益於人者如此夫初先生之東南也又安知有紹興之時哉迨夫紹興之正論茭決微

玉泉一言誰主是發東南之作者纖璞而名儒讚出使聖賢傳㳂如日星于千萬世之下者豈伊非先生有以啟之于前乎先生學出二程二程絜聖賢中原不傳之緒先生得之遂退而修于延陵季子之墟季名能謂昔者吾夫子亦嘗稱之而先生留是居焉意者亦微因其流俗遺風以齊魯其邦歟不然濡滯蓋十易其久也凡十有八年而後去道太原之天集大成于吾夫子夫子心天地天地之化益分北南吾師人之道亦猶是也師之所存道斯存焉傳曰有功於民則祀之又曰禹聞善言則拜之矧先生心傳而

授動靜云爲昭著于其耳目滲漉于其心胷肺腑哉幾三百年于茲矣而其土之耆舊若孫朝斯夕斯羹墻不倦尊先生之化于今若存既而成就居多俗爲易治而地志乃慧名其山水果山水邪抑亦先生之教漸濡熏蒸而使之然邪嗟夫好是懿德民之秉彝也朝廷化治天下明詔六事學校其一固司牧之首至正壬午阿里罕太傅魏國忠懿公之孫野仙承務同知是邦覩楹桷之摧腐丹青之漫漶遂協謀僚佐一撤而新之可謂知治理之本者矣堂成尊先生于中禮也四子配位鄉先生也蓋亦古之所謂沒而祀于社者義舉也

明

賢孝祠記　戚瀾

君子施政于天下垂教于後世無非欲人賢與孝也賢以重名教孝以勵風俗名教不淪風俗不偷則政成于天下教垂于後世豈無所補哉無錫爲江南巨邑風俗醇厚尤重名教邑有山曰惠山山之麓有三賢三孝二祠三賢湛茂之李公垂陸鴻漸湛爲長史有聲南朝李爲相國嘗讀書山中陸爲隱士品泉爲天下第一人皆以賢稱三孝薛天生劉懷允華寶薛以母遭喪茱食未免喪而死終身不食魚肉劉十歲遭父喪不衣絮帛不食鹽菜華奉父一言終身不冠娶齊建元間咸旌其門以名教所重風俗所繫故邦人祀之祠廢于宣德正統間巡撫周公忱命建祠祀陸以其品泉也知縣顏肅重建孝子祠祀華重孝也天順己卯大尹豐城李公葉二尹餘姚邵君性相繼來蒞邑政訪前賢遺蹟致仕教諭馮善告以二祠之詳乃相與慨然曰賢與孝同一稱也何湛李薛劉之不與焉遂刻像增建以備其觀進湛李于陸祠以申尊賢之義復薛劉于華祠以爲錫類之勸邵君與余

有舊好馳書徵文記其事惟道在天地間亘萬古而不湮其或顯或晦皆由人之行不行耳蓋賢孝是道也二君子推是道以及於錫民而民心其心感其化景前人之賢跡前人之孝使道晦而復顯澤流而盌遠名教豈小補哉風俗豈小補哉於是乎記

觀德堂記　馮善

堂以觀德名志射也古者射以觀德故諸侯歲獻貢士於天子天子試之於射宫乃由材藝以觀其德而可否也然有大射有鄉射大射者諸侯之射必行燕禮以明君臣之義鄉射者卿大夫士之射則行鄉飲

酒之禮以明長幼之序無非養人之德使之明禮樂以達於用也國朝稽古爲治天下學校皆設射圃所以明教育才其道傳矣錫庠射圃舊有觀德堂歲久隳廢鞠爲蒿藋鄉射亦從而廢識者病之宣德壬子歲邑大夫協建學宮百廢皆復獨斯堂未舉時貳尹王公本適分構學門問諸之曰堂之不復固已如鄉射何貳尹立然諸經營不月而就乃相與試射於堂陛降有階揖讓有所觀者偉之君無何諸生吳清輩請曰謀復堂者先生志也今創建者貳尹力也藉貳尹之力充成先生之志微先生言詎彰貳尹功哉盍

刻堅珉以紀貳尹之功以識興建歲月余惟一堂之微固不足記鄉射之禮不可不彰與建歲月亦何必書貳尹之功不可不述貳尹之功非建堂之力也所以興射彌教者大也鄉射之禮非宴遊之樂也所以成德達材者重也自時厥後繼爲邑者繼職教者繼弟子員者術轍永行修舉勿墮由長幼之序達君臣之義何患賢才不盛哉若惟以堂視其堂而不以觀德訖其義乃付此堂爲宴遊之所則所就者虛名所失者實事名浮於實徒費貳尹今日創堂之力勞則有矣功其謂何雖然予固是重有感焉昔虞薦發倅

學時葺五賢祠事見祠記厥後混祀先哲殊乖本意予將紹其意復舊規未克遂願以憂去職今其祠祀文昌而五賢傳道之祠擺其久而湮也茲諸生請記觀德堂喜其知所自并寓愛禮存羊之意於是乎書

尊賢祠碑銘　楊循吉

賢者將以規物必祀以勸禮也矧乎名山懿舉何代無人先詳後畧君子病諸此惠祠所以益三爲十而不容已者有以也夫蓋常之邑五錫爲大錫之山百惠爲秀秀而邇郭實多考槃是故俎豆之設厥有盛典自宋司徒長史洪唐尚書左僕射李及桑苎翁陸

此三君者咸以高蹤賁於山泉其南面列食行年矣自是以降茂焉無聞豈哲人之生獨嗇於後乎哉無亦陝而弗修也於是今戶部侍郎邵國賢往歲築室山中既宰同志疏瀹湲剔忠定乃以餘力相與搜故豈之破殘按往牒而稽考又得表表宜祀者七人焉在宋曰無錫令焦國史編修秦禮部尚書謚文簡尤御史蔡存錢在元曰雲林子倪在明曰義士張中書舍人王合前後爲十賢廣厥堂構肖像其中議以歲之二仲合邑縉紳行事而推其一人爲獻凡所躋升皆昔之名鉅游處是山與其葬焉者也不然雖賢弗

列禮固有相沿者歟工始於正德庚午春越明年落成凡風俗之厚必以化化有默行視政爲速則惟賢是賴表章崇祀其機也繫此諸賢或奮肩帝載既公既卿或盤桓澗阿亦隱亦文以至惠孜義取亙舉間出莫不同萃一堂師我錫士是雖羣衆之志非公其孰能與之猗歟盛哉敢刻兹銘其詞曰坎坎擊鼓新堂之下我祀我歆思古賢者俎豆是崇金石是寫陟降有儀以聲大雅厥賢維何伊錫衣冠異代同流隱顯具完道不一足式責林藝廟貌爰陳爍此衆觀昔也攸祀三爵孔宿今也亦祀十像如覿有泉如水下

邊庭城言釀酒旨藏韵啟幕塞風洋洋神降春秋孰司獻豆鄉拔其尤邵公作之龜筴協祺楙哉拜人無忽前修

重修邑侯楓潭萬公生祠記　　王　問

令之爲佚徵而其責事以繫其政與民爲最親令之才不才呼吸變動於上則利害及民者最速且大而民之好惡亦不能違道矯情而反其真令有賢而澤民至深厚者民必廟而祀之以食於其土追思慨慕愈久而不能忘此其政可考於下者也國家惠養元元俾無失所則又慎其人屬之府臬蒞之監司周察可否每歲上其課曰某廉善吏也某廉能吏也而某則否者銓司會而書之以稽黜陟此其政可考於上者也然上之考最者多據其跡而未必能盡得其心下之人日暮服習其號令教化與之淪浹而不可飾於其跡故才智便給稍善事於奔走應對淨獄之間則雖人情未盡協者或幸與最舉若其民追思慨慕於既去之日而樂祠於其土此必其德真有以及民者不可以僞而取也然齊民之情或能感激於一時不能使之久迨於歲去且遠其邑之故老視其澤之所遺思親其人而不得則又相率子弟以新祠神欲

與其澤同久則民之思愈切而德教入人之深爲益可徵噫是豈可以聲音笑貌爲哉楓潭爲公來令吾錫時錫之風氣澆薄賦役繁急里中巨豪往往怙勢桀驁不可羈以法民且病之公至即辟去可衛箠楚之隸務盜親近其民勿使間阻真若慈母視赤子飢寒苛癢日不能道而心所獨解者閭閻一便利一疾蠹與屈抑不伸之狀公盡廉得之遂與之興利剔蠹窮除强梗遏其湮鬱民情有不堪甚者躬晝夜力爲處分否則以身捍之不自顧慮奸民猾胥一舉手輒洞見五內毫不可文以辭皆相顧惕息不敢動一二

巨豪亦畏公嚴明惴惴帖帖不待繩以法而斂戢不
敢犯未幾月而政成邑內大治賦省刑清俗尚丕變
蓋公以博大居體不務爲矯矯好異之政以自別白
而廉介之操精明之識自有迥出尋常之外者凡所
措置無一不切民膏髓足爲成規故其政之報於上
者著而德之洽於下者深遠不可一二數也未幾遷
以諫議擢去民遮道涕泣留之不可得乃圖惠山尙
書故祠左貌公像而祀焉以識思也嘉靖壬戌距公
蒞治日凡二十餘年矣民之思公如公始去時病其
祠之庳偪爰擇地而廣之棟宇翬煥廟貌聿新邑侯

甄津及丞胡明巔既樂觀厥成乃圖記言於余余邑
人也服公之德而識其大者久矣不敢以蕪陋辭然
嘗謂古循吏如文翁之在蜀卓太傅之在密狄梁公
之在彭澤不惟一邦之民思慕其教化惠利刻石立
祠卒能使豐功偉績可以銘彝鼎而垂俊世公昔日
之政在民心者已不可忘由此而論道左右調贊元
化必能舉錫之政以達於天下溥廣聖天子惠育元
元之心則三公之賢有不足多而民之心誠愛慕欲
生祠公者豈獨錫之民爲然哉若公者眞可謂古之
遺愛也已公名虞愷字懋卿江西南昌人與余爲同

年進士

九龍山賦　　鄒廸光

夫縣圃具茨姑射灊霍不周疏屬方壺員嶠之類
胥神僊元窟靈怪幽墟標名域內託跡象外武陵
不及評騭何由若乃終南太一天孫酉陽宛委仇
池嫏宮祝融二華之屬秩視三公號崇萬禩　縣
事備縈望數殊自昔炳烜無煩揚詡至于崇都作
鎮術邑爲表合符受瑞鍾異鍾英要屐勝流罔藻
藝苑其在域中庳可殫悉然或疆里寰而昭蘊無
倪或載籍缺而詢咨先覈或名存而實左或覽者

而今湮其于頌紀將非實錄惟我九龍山者爲觀
一邑擅勝三吳瑞氣日以駢禪人文精而肬輔圖
牒具在故老聞知游日有餘寄心無盡備在操觚
能已敢引云爾賦曰
夫何茲山之離奇窮糾兮嶜芙蓉而仡九屹巉嵲崛
岉撐日月而瞰星斗兮冠諸岠岊嶕嶢以爲首遠則
禹岕鄧尉夫椒金庭穹窿元墓天平支硎香蘭唐貢
離墨甑荊輪衷茵伏君屢若蹲近則月脾石盆西顧
南橫路畒嶂蝲白擔黃文雞坑鹿頂五泯七雲屈體
列峙若兒若孫敬能翕欲旬始拂踰氣祲播莫浮歀

歆扱倒景任彼赤霄樧乎太清跐厥白榆蹐于紫冥巖讙緷而弁冒嶠獝翻而夭慅罔襧䄄以卑屬岑蕭硊以區眇砦砢劃劃岁崱阽砐崢嶸磈礧磋碣硉矹若䖘虎礊豐奮距虓擊朋悲而逞譁不怵惕佴石堯堯紛乎岨峿糅糅恔猾竇陳雜置若斧若鎌若莒若鑴若簣若籠若敦若盂盩螣枳足不可以趨郎侹偄以謀再實夂亍而踦蹴吐氣爲雲五色繽紛訧訧媄媄翾翾翯翯霱霱鑣鑣斯斯䨻䨻或藂霞岞嶢旎或貴月而㷀娙或含水而瀏漻或抱石而絪緼莫不覃爍蘊茂蕭索輪囷冠玔千呂如綫如纓爲裔爲郵而

迟泥于擔鉤白石之塢瀰漫于梁溪蠡澤之濱時或谽谺頌洞劃然中楞箕伯扇之萬籟齊號颯颷颾謌謌刁刁若叱若吸若激若謞若䜣若詨若䜘小者笅篚鉅者鼓鼙大陸卷浪修岡鼓濤藂鼓斧鬐而起舞雲陽㨗臂以招搖爾其山脈窩遠有淮者泉仄沸而沈隱現而讖合出而濮噴瀑而懸瀆淪滲濯輸而滙焉託于一潭許水方域此爲二泉覈實定品治莫之先夫其囦泫汪洸澮冽澄鮮若秋雲之在天其混瀚灝渙㳥㳥揚光若西子之臨粧其泓泫洞潒霮潪汜浸若冰綃之曳影其幽馨清馥襲肌撲鼻若

天花之馝馞雖大浸稽天而不溢即焦煙爍石而不涸又若恒河之繩繩如昨而銀漢之盈盈自若于是陸羽杜育盧同王肅之倫周容阮籍劉伶孔顗之列軿彼瓊滋䑛此玉液用以煮月團烹雀舌釀麯生洗竹葉磁甌傾乳銀釭漬雪歡之而塵慮悍飲既而愁城滅又若帝臺之漿三危之滮可以蠲疾延齡而消煩解渴其餘若寶乳松苓滌硯惺惺龍縫滴露慧照若冰皆二泉之別派將一本而支分縱同出而異號亦避濁而遜清遂使西蹌白下東越閶閭南浮江界北軼海虞人欲之廿家計而偹莫不小刂箴編日載

且馳千夫擔荷前唱後喁若裹蹄之貢少府黍米之祀天尉而晝日夜以委輸若夫廣衍延袤旁潤素處包絡囬墜囊括陝阻畈畹壚墟廔垅阪隥仍仍橡柃猝猝揖搶康莊椔錯崇期交會屋室隱賑羅肆列隊亦有貿貫墆鬻騈坒鈲䂓兼呈喤呷鼎沸野橋白板朱樓對踞官道緣槐青旆歆翥有河閒之數錢多臨邛之滌器負𤲞而處爰有良田香塍畇畇纁阪漫漫源泉潗濆灌注陌阡陰不虞旱陽不慮澇青陽聿莩皐陸土埏春鍤雲集鎑餉星連以穮以蓘載芟載薅維彼山農少習不遷及菑畬熟種稑滋埸既滌穫已

秺錄社長集閭師雞豚時薦壺觴橫至定一爲十拘五作二譴譊藪澤唏欷壁隝夕陽在麓傞傞而舞若其瞿曇金舍蒲伽琳宮鳳刹瑰瑋龍池玲瓏健陀爟燦阿蘭蒙茸旃檀百尺盤盖千重層欒枅承浮棟交幪精藍翹鑁儼若附庸皆踦靈鶩以駊騀轢仙驚而辣踊中閒紺園發醱金像騰光藰葡菴羅叶葩垂芒迦陵頻伽韻竹嗲簧赤髭踉蹡白毫焜煌踏杯合沓杖錫忽悅白日雨花青山蓮掌珊瑚舌動而經韻海潮珠火肩高而人欽寶相當夫佛日常齊僧辰布法則有優婆娑羅門之輩衆息股弁(?)摩訶嚼離離魚

貫條條揉攝蹀皶揄摑盤跚勃窣揮汗淋淋舉袂風揭相與穿軋芴破蒙窖踉金緪珷雁塔搏搢鐘槃寶鏵千炬烜蔥蒨衆香熏碧落信慈氏之兜率而如來之極樂也兼有洞元內觀上清邃宇烈僊攸館明神所處樒葩傑僻棟蓋穆禮玉題金榜觚次樹旗旐長懸郅偈不徒青鳥翺集白鳳戾止疏闡闔之可叩閬玉女之瞖嘘薌咲盻乎九天步虛聞于百里彼謝羅之羽室三千白岳之元廬百二茲焉亦足以比擬至于數里之內不乏名園依薌倚阜背壑面樊涼臺湍石水榭通川檀欒茂樹蕙畹芝原左隣佛苑布幾

仙壇陰磴無地修廊迄天重櫨妖嫋黝洞蜿蜒石苔駮蝕寶溜時泫濃翠茹日深碧吐烟不風木鼓未雨條眠橘柚垂實桃李不言或藉資荆牧而河陽館築或肥橐使越而好時居遷或類陶公解綬而園開三徑或學支遁買山而家無一錢此其人雖異而皆有平泉之綺麗辟疆之精嚴可以當山林之樂事而畢考槃之餘年碧巒路盡陘谷已窮杳然太古絕無人踪古蘚如石千年一封白雲自在碧澗淙淙桃花流水宛然可通誅茅其間數椽以容植石爲床架壑而居麋鹿與友雞豕自牧不知晦朔罔識寒燠龐眉皓

首雖對不俗鼓腹而嬉山涯水澳日遲飈飄皋隴初沐放杖相遭邂逅匪速偶與之徘徊焉聘矚焉歎城郭之回換悲陵谷之反覆數人物之興替較年歲之凶熟出瓢卷衆苑盈罝菽藉草蔭樹折荆代燭蝌蚺不設禮數任朴又何啻宅華胥畏壘而家太蒙栗陸也祇桓之旁清都之隙附以隹城牛眠馬鬣金鳧內躍石鯨外踢草木象山魚膏爲澤黃泉之下亦有白白自謂千秋永不磨滅誰知青草迷離白楊蕭瑟山鶚夜啼燐火晝出荆棘參霄翁薨競入狐兎竊伺腰臘不食信人代之有盡而山川之無極既速朽而易

化郎厚葬其焉岔將不免於牛山之淚而雍門之泣木則松柏栟櫚棠棣甘棠含桃來禽核櫪槐楊楸梧棘棗枇杷柘桑榧楠榛栗澤蒲天香族延曲阜宗孕山岡結木屈詰挺柯高張岡砢杈枒藍藹嬋媛塙壚綢繆攢立偃仰崔錯燮氋縝分流泉餐霜飽雪千齡而往披雲霧以舒蔭合飂飀而振響郎斧斤之暫入胡樣枿之不長草則葳莎菅蒯菩葛岔茏戎葵蔄臺蒼蘇芘蓁蘘荷射干游冬留夷王芻女蘿蒟蒻茱萸茉茇茹蕙葒蕪蔞藜彌原匝阜陰燮陽愉菲菲入鼻郁郁薰穠膿蟲川燦藿食所須中訓蔄陳草薛地榆

大紛免絲菖陽防已苗屏又能殘擊蠅騙二豎扶痿痺澤憔悴沃肉翅欲飛煉朱顏久駐此皆山祇之所嘿相而滋培與嶽靈之所陰施而溉注竹則篥簩柚梧射筒䉈於篔簹簵簬篁篾篠箹箕籠孤管苍篔孫枝淇澳之種渭川所移節挺青琳筍抽碧玉婀娜蓊茸澹漫蕭瘳從風傾欹梢雲上矗能使貞士比節而友酒人摘葉而釀山客裁籜而冠林叟劚竿而杖此君可對素封不讓鳥則鶇鵲鷗瑪鸞斯鳧鷗隹其倉庚鳩鴒鵻鳩鴐鵞煩鷖戴鵟鳴鳩鶡鴿鴉鶴鴻鵠鶡鷄嚶嚶喈喈關關啾啾營巢拮据啄食鉤輈集若星

聚散若雲收聯䎆翩翅便僊自由朝游岬岫夕返河洲獸則麕麞麌麚麡麖麏狐兎狼獐貙貜猬獱牛羊之屬鼷鼬之羣躪踏角掎狉狉獉獉眠雲石路鸕草松根夕醮其下朝霞與屯填岡盈麓或俟或犇雖則毛羣之穢質亦助山澤而成文於是青祇屈白藏變條風媚洪露高日景麗月貌嬌氣駘蕩時閑寥溫涼適人意謂則有顧陸右族猗頓富人游冶少年貴介王孫踈龍劍服魚文蹤珠履振華纓乘駿駮鑣珋輪擁翠袖挾朱唇車轔轔人殷殷搽絲竹吁𨷖笙歌白紵理陽春落木葉動梁塵畫地分曹因阿作屆泉

爲酒池山爲肉林陂陀上下方圓雜并男女非坐于陵于京幕丹崖兮紫絲障飾翠微兮石榴裙傲山色兮笑靨答谷響兮懽聲念爽鳩之無死何余樂之可經亦有名流逸侶騷人墨客搴引縈節跳躍蠼展提攜友生擔舉歡伯佩有錦囊亦懷不律對山月而抽黃擬嶺嵐兮浮白宛伊人兮山阿倚薜蘿之可宅亦有姬姜妙質陽蔡名姝娥眉曼睩膩理柔靡香車歷遂露紛葳蕤甃而留步壚壓差池纂履不任轉盆其儀語笑花間從空霏微蘭膏瀼淳于櫳峭香氣蘊靡於蠓嬠貿爲泉石綠染而生色非土風摧泆而貽識

亦有九州四海八方六合之內如淵潭逐臣皇華重
使巴蜀名賈江湖蕩子燕趙俠游吳菁奇士或凌風
駐轍或犇星挽轡慕勝而來戀奇忘去廿泉一歡萬
慮滌矣亦有獠人獵徒狙猲馳騁狂趫獷猨㑦佻埊
並布罠施罻設機置阱青骹志厲韓盧力𠣻蠡翮鳥
羅離合不定于以突棘藩扤藜薄掩廣澤轔長鬣鳥
不及避獸譴驌愕脅血汚毛羽落不獨攙必雙捎研
雉盡觳卵竭郎鹿無虞從禽而轉洌鐵既淵積刃以
染稱技巧弱較獲多鮮列鮮野酌舉僣沉酒餘勇未
涼旣反盤桓他他藉藉老稚聚看此雖閒巴俊鄙之

風尚亦山川壯盛之觀乎嗟乎人物挺秀維山之靈
效珍獻瑞自昔而徵故長康才致擅三絕竹鄉拒莽
表奇節安道抗疏詆新法日休扁舟弄水月元鎮福
心好淨潔焚香掃書清閟閣此皆千祀流芳清修卓
犖前既不逝後豈無作意者必有心跡雙恬龕枕苏
作以承以歌一邛一壑爲之砥狂瀾而振寥廓者矣
亂曰岞岞峉峉表巘崿兮沉沉窈窕藏霄罙兮緜緜
㠥㠥嵌嵌岩岩衍兮芔芔薿薿繁草木兮獮獮矗矗育鳥
獸兮犇犇版版備游覽兮濟濟鏘鏘出高艮兮麗麗
隱隱保蓄盛兮符今援昔永不失兮

錫金考乘卷十一

勾吳周有壬佩安著　次女毓芳敬刊

藝文考

重修錫山二泉書院記　張能鱗

書院之設非古也三代盛時海內之教皆由學校天
子有太學諸侯有國學以及黨庠術序閭巷之間莫
不有學其主學校之教者卽國之卿大夫其人而受
教者卽元子適子與凡民之俊秀道德一風俗同六

德六行六藝非其道莫與敎也小學在公宮南之左
國學在郊非其地莫與建也歷秦漢唐宋先王之意
既失而學校之制浸衰于是唐李渤有白鹿書院之
設而宋諸儒者因之以是名山水間輒有書院亦
學校之變風也然自書院既設而當世之君相往往
助山賜額而書院中一時敎育之人才其功每過于
學校于是書院因以不廢而先賢過化之地雖一草
一木莫不可敬以至廢而屢復絶而更興非以其地
實是爲先賢精神之所存也錫之有二泉書院其來
久矣余視學三吳未嘗過問一日讀陸子道威詩集

見所謂二泉書院者在惠山之麓余曰嗟乎是所謂文莊邵先生者乎陸子曰然何其頹廢榛莽若斯之極也陸子曰公無後人其嗣微賤而卑殺息弱不足以振也余曰嗟乎願爲鄉士大夫不願爲假道學此公之言也充公之言君相爲眞君相士民爲眞士民幾何而不爲三代也而崩壞衰落一至于此同一方人心風俗之所關不可以不復且吾聞公嘗視學江西矣公能修白鹿書院建宗儒祠以興古學而余不能余實愧焉承分俸餘檄縣官爲新其祠以右月之朔望謁祠澄之子與之奉祀俾世世守勿替也重其役

錫金考乘　卷十二

者爲吉訓蕩天助任其勞者爲諸生顧宏烈施揚僧邑惟楨何劭義率先則高學憲彙輸孫孝廉彥章也工將成□記于余余惟修建之所以必重夫記者爲其工力之鉅不可以不書而治化所關不可以不誌□余聞書院之來中遭頹圮御史祁公太守陳公兩廣德鄒張公合詞助者五百金而院不能竟今余不文　百金耳堂雖立檻戶弗能飾楹垣之繚弗能竟也書院之憂須爲道耳而勉勉行弗克詒二三子爲德問業一日于斯何以記雖然天下當爲之事豈非一人之心之力之所成也文莊不與祁張諸公謀而祁張諸公爲之繼祁張諸公不與余謀而余又爲之繼則安知後來者不與余謀而又爲余之繼更起而益昌大之乎是又不可以無記也

梁溪惠聲集序

宮夢仁

伯成吳邑侯令錫之三年政通人和化流澤洽司銓衡者謀奏最例應遷擢代者已至而邑民擁護遮攀謂奈何奪我慈母去車轍至不得行

天子嘉其得民命代者他調公治如故至九載考績已晉秩民復罷市留

朝廷復降旨從厥請俾公仍前視事今且十二年所

錫金考乘　卷十二　三

而民之安其教者不啻弟子之服從其父兄余嘗聞其風而慕之壬子秋舟過梁溪始識荆公暇則相與泛鷁縱論若山圍幾匝月旣喜相知之深又恨相見之晚也錫故繁劇邑先是官此者率以督責從事民愈益擾公以無事治之三征兩稅小民擔負輸將莫恐後時案牘山積坐琴堂半晌數語剖判立得其情諸如修廢舉墜釐剔奸弊如照乘觀火公餘輒揖士子談經義賦詩文海內鉅公高士至者輻輳日捐俸錢燕衎於是錫之人若紳若士若旅若民歌詠功德者且比戶矣吾友顧子蓉樵以所徵同人贈言郵

咨燕邸題曰惠聲集夫江以南淮以北未沾公賜而聲稱洋溢如此此正如東坡所云病者得藥吾爲之體輕飲者霑醉吾爲之口適其歡欣讚歎有莫知其然而然者于此可以知人情之不甚相遠而君子實心任事其澤霈之滂流固不以方隅限也漢制郡守縣令治行有異績者得徵入爲卿相亦或即其地賜爵至公侯若公今日者即其人也哉

梁溪應求錄跋　　秦松岱

聖學自姚江夫子倡明之後繼其盛者莫如東林東林雖爲敝邑諸先生講學之區而師友之感實關乎

天下一時豪傑之士勃然興起共以綱常名教爲己任者蓋吾鄉端文顧子忠憲高子與吉水鄒南臯先生更倡迭和之力爲多云夫一人爲之二人從而翼之已而翼之者益衆焉雖有難爲之事其勿就者鮮矣然則師友之助其可少哉明之衰也典型凋喪風俗日頹維先叔祖弱水先生與彙翁高先生砥柱波流於人心剝復之交而斯道之不絕者如綫然而吾儕小子猶知嚮學者以早遊先叔祖之門及聞先正之緒論也先叔祖既歿吾道益孤幸同門同志之友數十人惕焉追念教澤相與遡其統緒而表章之既

私謚文孝而祠之于休館又以先叔祖之學原本忠憲上接程朱宜嗣道南之統今二月朔遂從祀東林書院越三日盩厔中翁李先生應駱郡公之聘倡道東南而至吾邑與彙翁高先生歡若平生假館于東林之來復齋家伯兄對嚴先生命松岱偕諸弟輩因晉陵賢從徐斗一張子還兩尊兄請于李先生延講先淮海祠會於友善堂同志之臨斯會者爲介夫陳君時晉王君帯南邵君存華施君從叔天乳清聞從弟一原次裴凡十有六人自陳君而外皆先叔祖之及門與子姓而存華則易學名家歸祀先生友之高

弟也質疑問難各罄所懷李先生答決如流推誠接引臨別尤以會講切磋興復東林遺緒三致意焉諸同人既推明道統以先叔祖繼東林之後夫舉尊師之禮必續道統之傳而李先生適遠自西土來會一堂也機立決沛若江河於是交相慕悅翕然心許易曰同心之言其臭如蘭又曰同聲相應同氣相求其彌信矣乎李先生去錫之六日家伯兄訂同門四十餘人釋菜于休館遂定朔望會講之約又數日同門子壎談君出所與李先生問答書貽示蓋李先生之論學也以默坐澄心爲悟入之功而子壎方由博返

約專事靜坐深相契合又數日時晉王君邀讀介夫陳君節錄答語并賦贈詩昔橫渠張子撤虎皮而使其子弟從講于二程百世而下稱之蓋非天下之大勇無我者不能也今陳君與王君推服之勇何以異此又數日子盈張君貽書致李先生別語命與松岱𠏉兩地同志之會岱也謬承印可獲訂久要又得從兩地諸君子之後行見羣倡百和斯文蔚興正宜力肩重擔共報師恩敢不黽勉以從棨復書議以春秋二仲亙主姚江夫子釋菜之禮爲講習砥礪之地遂述其會合之奇取陳君所記答語并詩題曰梁溪應求錄而付之梓辛亥季春天泉後學梁溪秦松岱敬跋

御書閣記

皇帝御極四十有四年愷澤旁敷聲教淪浹朝野清謐海內乂安顧猶
軫念民依不遑暇逸是歲中春
允大臣請申命南巡河海晏如臣黎額手乃踰淮濟江省耕問俗三吳之士賦詩屬文歌盛德頌太平接踵輦下
上閱稱

旨者
命以四月某日試
行在得若干人而無錫太學生杜詔與焉先是詔獻
迎鑾詞
上覽之稱善傳示左右隨召見舟次詢世家年甲及治何經詔奏訖而退
上在行宮數問杜詔安在至是
駕旋詔伏謁南郊獻梁溪望幸詞并回鑾詞
上悅慰問至再
命尾
御舟以行詔家近郊父老子弟奔走瞻矚備聆
玉音轉相告喻是日靈雨微零和風淡沱雲水澄鮮舟行容與既次北郊內侍披詔上
御舟
諭令隨
駕來都玉應綈几爐香郁然從容問答
恩意欵洽尋
御書宋人詩一章以賜詔叩頭謝捧戴以歸及里門詔父芳以下伏道左迎至中庭設几案北向行禮畢展示老幼懽欣忭舞于是裝潢奔藏而摹勒副本于

石建閣崇奉焉閣成之明年楊墨本屬同邑進士臣
劉學洙示臣俾爲之記臣竊觀唐宋之君留神翰墨
惟一二輔臣間被特賜寸縑尺幅世爲奇珍未有輝
煌爔日月浩瀚麗江河龍翔鳳翥莫可端倪山野草
茅咸被梯接如我
皇上今日之盛者也詔一介儒生片言見賞躬承
顧問
宸章煥然口手相授遇合之隆亘古罕覯今詔參預
內廷之選褒賞有加自茲以往益務爲有用之學備
聖朝任使以仰副

皇上特達之知憫念蒼生之意非徒娛文墨陪燕間
遨一時之榮爲宗族交游光寵而已學洙私語臣曰
詔有親年八十矣未得奉觴斯閣之下似有不能釋
然者臣應之曰此
皇上所以知詔者也詩不云乎有憑有翼有孝有德
以引以翼詔勉乎哉臣嘗奉視學之命夫稱
上德意以忠孝風勵士乎臣之職也謹書以爲記

尊賢祠贊　　　　尹會一

聖皇御宇明禋禮陟古蹟巖扃名賢廟食
欽釐典祀編給牲帛俎豆前模堂階載葺莪莪九峯
滙宇明瑟洽洽二泉陸經品隲南齊孝子華披棄葉
晚唐哲輔李帷居業宋令焦公沃溉通漁臺謙錢公
圻賜似鐵淮海文章繼蘇珥筆述初理學來朱接席
元季高士清閟孤潔明初義士生靈全活曰王舍人
竹爐烹雪曰秦封公碧山吟月曰文莊邵石臺熙易
曰嘉遯華　　曰奇孝浦國史芳烈曰愚公鄒
楚材彙吉曰遇政沈汲甦遺直曰中翰龔彰咸遺則
嚮我
皇朝業陰首列緬彼吳公紘歌敵績副使則顧廊氣
功積宮諭則秦編詩義的鼎甲有周漢家萬石鴻詞

有嚴林水一邑永錫爾類維劉與薛同傳衍祠殊疆
合祀猗歟郡公顯允備德儒術才名豐功亮節高山
仰止先民在昔體
國表賢學臣劬職

蘆政灘蕩議　　　　鄒乾樞

錫邑異時止有灘蕩而無蘆課蓋蘆課因蘆地而設
江渚之間蘆葦彌望錫故無蘆地也灘蕩原數一萬
五千一百八十七畝零屢經丈增共一萬九千七百
七十一畝零每畝科銀二分共科銀三百九十五兩
零順治二年設有蘆課銀一千三百四十二兩零連

灘蕩銀共一千七百三十八兩零此因查出前明有不起科魏莊田八千三百六十一畝零分高低蕩埒四則奉文照蘆課科銀于是有蘆課名色而當時與無錫同有莊田之宜興查出一萬七千五百二十畝零歸入蘆課武進無莊田亦無蘆課江陰靖江雖無莊田而江陰將沿沙新舊江田及沙灘田二萬四千九百八十八畝零爲蘆課靖江將新漲沙田三萬一千九百四十六畝零爲蘆課此無錫及江宜靖始設蘆政之大畧也而無錫蘆政之弊獨異于三縣順治二年蘆政工部清查蘆地一概丈增錫之蘆課本莊

田所改原隰畇畇無一葦之植亦何蘆地可以加增乃邑令李某誤聽蠹吏陸從龍居有羨之言竟將五則內灘蕩一萬三千九百四十一畝零編作蘆課于原額外每畝加徵二分夫明係灘蕩何必改作蘆課既作蘆課或鐫去灘蕩之銀或即以灘蕩之銀准作蘆課之賦總之一地未嘗生出兩地則一賦豈能變作兩賦今也既輸灘蕩之賦復充蘆課之銀則於櫛比縣次之田鑿空增出一萬三千九百四十一畝之地此居何說乎康熙四年知縣吳興祚二十八年知縣徐永言俱具文詳請總爲部議所格惟靖邑亦以

一田兩賦事申詳部覆有云該縣新漲蕩田已歸蘆課民糧相應豁除獨錫邑久輸額外不能邀驥沙一視之仁此增丈之弊從來未經豁免者也至民間完納之累更有難以一言盡者錫邑田賦十年一歸戶二十年一丈糧田之圖冊有定而阡陌步址間有盈縮故丈以明之人之授受無定而戶名甲分時有更移故歸以一之其法至明密也乃蘆課則有戶名而無的號無作落有圖分而無甲分且自康熙六年歸戶以後今七十年矣從未整頓從未清釐問其戶名猶是七十年以前之戶名也無號址之戶名張冠李

戴誰萌厭之詢其圖分猶是七十年以前之圖分也無甲分之統圖西疇南畝誰能辨之年代久遠傳之子姓授之他人茫然不知欠數之符合與否在巳之應認與否差役里總亦茫然不知其人之狀貌何似其田之坐落何鄉欠者未必完完者非真欠胥役之嚇詐欺朴之枉濫含悲茹痛莫可名言剜肉輸納賁串歸農已爲萬幸完數之爲一倍爲兩倍爲蘆課爲灘蕩民何自知知何敢問問之復將何如乎每逢五年胥役持票赫然丈量蓋蘆課灘蕩之丈量向獨以五年爲率十甲之中一，六執弓五十造冊蘆課灘蕩履熟而稽問其從何處履試而稽糧戶不知也圖正憒然也徘徊隴上瞪目而視頤之闃然以撒指東畫西曰履官府而酒食使費都啓于壽常蓋鐍冊坵形流水一切皆無何怪其捕風捉影而什襲藏秘至死不肯以底冊示人者則戶書經承渠留中非不賺然而聽糧戶 吾迷鬼國之中斯得上下其手此蠹吏奸胥積年惡弊從來未經釐剔者也愚以爲如前之獘權不在下非執事念切民瘼具詞入告不能除窮簿百年以來相仍之累如役之弊非有立者底冊拔圖清丈現今何人承種何人辦糧舊欠新徵毫釐不混飭令謬匿按田歸戶以後逐旬請藉不得隳弛便可永絕諸弊此目前救標之急着而亦非有所甚難行也倘蒙執事指示規則飛檄下頒則州縣之遵循益慄然于平昔蓋本有澄清之雅志而復仰體憲慈也謹議

卓行碑 彭紹升

金匱陶里黃氏年十九歸里人吳德星之子希言德星性疏曠不治生黃偕姑以織績爲活三年生一子逾二月希言死而子亦殤姑以哭子及孫相繼卒當是時黃年方二十一德星果遭喪益困益自放不顧家黃既治斂畢仰天哭曰烏呼吳氏之祀斬矣縱然翁在可爲也則盡斥賣嫁時簪珥衣裝買妾進之妾入門有身甫五月而翁又死黃治斂畢復仰天哭曰烏呼天尚憫余志願以男畀吳氏彌月妾生子男也黃大喜告於翁主名之曰鑄居二月妾委兒以去黃自兒殤後乳絕適已二年矣日抱鑄於懷哺以糜饘則以乳就之亡何而遭忽生黃復大喜曰今知天之不絕吳氏也終乳之鑄年十歲將入學或以無錢難之黃曰居可賣也人不讀書豚犬耳鑄學五年賣居江淵錢易者吳氏之戚也館鑄於家從之學既冠運文理爲童子師黃乃以乾隆二十四年買地陽山之西厝其舅姑及夫之喪旋爲鑄納婦而黃年垂五十矣易之族子俊選爲黃立傳余讀之歔欷歎曰烏呼黃氏一女子耳能使吳氏之嗣既絕而復延使鑄也獲延而不死於翁爲忠臣爲孝子於希言爲貞婦於鑄爲慈母出孤力冒九死肩五倫完獨志冊書所傳親記所及如斯人者豈不卓哉于是揭而文之碑銘曰

山可夷海可竭緘厥志兮不可奪紆曰程嬰此其匹

梁溪文鈔自序 周有壬

客有言于周子曰康熙間吾鄉王子孿子任兄弟璉

數十載心力輯爲錫山文獻二集獻集惜佚文集則鶖湖華氏近爲刊刻先輩遺文賴以傳世是眞可與嚴陵集中州集成都文類吳都文粹諸書並垂不朽者予曷爲又有梁溪文鈔之輯耶余告之曰僕初無意於此也自錫山文集出而梁溪文鈔遂覺不容已於輯焉何也集名錫山則凡集中所收必皆錫山之人之文不應雜以寀官流寓之文而所收寀官流寓之文又非盡關錫山故實之文而文之已載邑志者又不入集其意見實亦不免於偏至我
朝人文鼎盛著作家不可枚舉即謂予攀于任時去

明未遠　國初諸人尚有存者未便濫採其文然而增訂考補責在後進既爲重編付梓即應並及
皇朝若謂
昭代文章須俟續刻則邵儒榮劉齊皆
本朝人也其文何以收之入集耶此其體例之不容已於重訂者也吾邑自漢迄今名賢接踵即有明以前名著正史而其文不見於錫山文集者如袁植李祥蔣重珍張籌王紱尤文倪敬盛容顧可久談愷萬象春侯先春顧允成周炳謨張有譽堵允錫龔廷祥顧樞顧杲諸公其著作或有專集或有家藏或散見

史傳諸書無難博採廣搜未可竟任闕略此外名未著於史偏文實有可傳世者明以前挂漏猶多
國朝之文更無論矣此其家數之不容已於考補者也宋許德之與郎中唐作求咨德之舉紹聖元年進士歷官太常少卿以顯謨閣學士知婺州坐方臘寇起貶賓州高宗即位復官奉祠卒作求嘗詣婺州謂德之曰知我莫若君明年君誌吾墓及期而卒其事分載元無錫志集中錄有尤輝所撰許德之傳謂德之隨父扈蹕南遷年十九登紹聖元年進士知婺州爲朱勔糾童貫誣奏貶賓州宣和乙巳卒高宗紹興

十八年御史唐作求上疏訟德之冤詔贈上柱國賜謚文懿余案北宋諸帝從未南幸所言扈蹕似有錯誤作求歿在德之前上疏訟冤亦未可據贈官予謚咸淳郡志元無錫志皆所不載尤輝登政和甲戌進士邑志選舉表輝名下不註官職集首姓名總目則稱輝官兵部尚書贈少師謚文獻則談縉潛心理學不求仕進集目則以邑志附於縉傳之東陽訓導張綬官職加之於縉呂暘以崇禎十六年進士八
國朝官湖廣僉事
大清一統志名宦有傳不得謂之明人集中於呂暘

名上悉題明字若此之類俱未可信今傳後此其并譌之不容已於刪正者也統計錫山文集宰官流寓邑賢三門文凡三百三十五首余輯梁溪文鈔得文不下二千首刪之又刪存文九百二十餘首釐爲七十八卷又附錄二卷其間錫山文集並有之文不過一百三十餘首耳自愧學識荒陋四十年來槧筆泯遊無一著錄可貲當世蹉跎志業忽忽向衰今者倦游歸來無以自遣漫成錫金考乘勾吳金石志名山祀典錄各若干卷甫卒業又以梁溪文鈔不得不附竊不自量勉事搜羅既無可與朝夕討論之儔又鮮

可爲抄寫分勞之輩一篇一葉無不出之手定而收藏先世遺稿者每每遠居鄉僻余不惜跋涉辛苦必買舟躬自訪求之其世無刊本僅傳之於官廨廟祠寺觀墳墓各碑石者余不憚嚴寒盛暑必攜紙筆親往摹錄之且有見於書肆書賈不能假以一抄者雖典質服物必併其全書以購之伏案埋頭幾忘寢饋愛我者謂余年踰周甲未免過勞宜善自珍衛毋自苦自擾乃爾余則樂此不疲自若也玆幸矗有就緒將與前訂考乘各稿本就政于博雅諸君子倘有以余之指摘錫山文集者即以指摘梁溪文鈔俾正其訛以成完璧是又僕所甚幸也子其以僕言爲然否耶客笑而退余即敍其所以編訂之意書諸簡端

書道光續志後　　周有壬

此續志十二卷道光戊子纂修捐賑議敘諸人出貲所刊刻也舊志本無捐賑議敘一條此特爲之有出貲者載其名不出者不載愚謂吾邑素稱聲名文物之邦纂修邑志縉紳之家有何不可集費而必計及於此如謂籌費從長載之足以風世勵俗其說亦近于正然必令其出貲則不正有載有不載則尤不正此議原非起於執筆諸君執筆諸君何嘗以此爲可

而主其議者以爲非此無可籌款殊不思志中所載鄉賢道南兩祠題名皆何等人物至於出賑議敘諸人出厚貲以壽梓桑者將來行義立傳自有定評其捐數在二三百緡者

朝廷給予職銜已足報其義行刊刻徵信錄亦足表揚善舉乃必與鄉賢道南諸名賢諸大儒一體題名志乘參之公論殊未允協余所慮者數十年後再議修志此項議敘削之乎存之乎削之則彰前志之失存之則事歸畫一庶足服人前乎此之闕略者補之後乎此之邀獎者續之其人數勢必十倍選舉未免

有傷大雅嗟乎志例貴乎謹嚴經費不容濫取嫌疑之間安可不熟思審處哉書此以告後之主持志事者

無錫城考

周有壬

吾鄉鄒莘坨撰有無錫城考其言有未盡處故爲此篇

越絕書云無錫城周二里十九步高二丈七尺門一樓四其郭周十一里百二十八步墻一丈七尺門皆有屋新志謂其城不詳所在未必卽今之城愚謂城名無錫必無錫立縣時所築之城南徐記云縣舊城

基也（宋咸淳郡志元無錫志明宏治志並採錄之）有縣卽有城縣爲舊城之基城必于此重築是今之城之所在卽越絕所載之城之所在無疑自是以來迭有興廢修于何代拓于何時五季前無可考至宋邑令李晉卿重築舊子城始見紀載咸淳郡志云無錫城門關有四東熙春徑膠山南朝京徑平江西梁溪徑惠山北蓮蓉徑郡城莘坨謂建炎初辛道宗叛兵南來陳彙碑記明云外無城堞而志于德祐知縣阮應得率其子華戰死傳又云城陷是無城而忽有城定爲禦元倉卒而築愚謂高宗建都臨安江東諸郡縣皆爲屏蔽是時無錫城必已大加繕治不然朝京之名何以見于咸淳郡志耶元王仁輔無錫志云城有七門四正門東爲熙春南爲陽春西爲梁溪北爲蓮蓉三偏門曰顧橋曰董家曰新塘莘坨謂楊吳南唐時無錫隣接吳越尤要于常州故有七門之城愚謂三偏門皆在縣之東南隅五季列國紛爭錢氏據有蘇州無錫實爲重鎮故獨于東南隅加築外城以備吳越而以顧橋董家新塘以名其外城之三門莘坨知以七門之城禦錢氏而不知此三偏門專爲禦錢氏而設也不然何以有東南而無西北耶准三偏門爲咸淳志所不載豈郡志

貴簡志其正而遺其偏歟今顧橋門董家門遺址久湮顧橋卽今羊腰灣洽濱口之興隆橋顧橋門當在其地東河頭巷舊名董家巷董家橋在希夷道院東今廢並見新舊邑志董家門當與董家巷董家橋相近新塘門向存圈門一座在今城南杜氏宗祠之旁往時余嘗見之今年春偶至城南見圈門已爲平地詢之住居附近之王植三會亭昆季言其地本吳氏産吳氏家日貧而其賦向編城租項下完納較重將之將爲菜圃植三又言與隆橋直通陽春巷道旁有出一區地形高于他田名曰高田上亦完城租近余

暇未遑訪也咸淳志又載度僧橋蓮蓉橋在縣城度僧橋即今南禪寺南之塔橋一名南津橋蓮蓉橋即今北門大橋江陰巷在其北此可爲蓉埕文中引浦志賦役書南禪寺江陰巷地租猶號城租之一證梁溪橋跨梁溪即今西門吊橋舊在縣城並見咸淳郡志宏治志載南津橋蓮蓉橋梁溪橋俱在城外蓋宋以前縣城較廣至元至正十三年築城規制始爲收縮今之城乃明嘉靖間邑侯松滋王公重築大畧循元至正舊也余又見梁溪橋之北壩橋之南有舊城一方高與檐齊厚約四五尺詢爲惠氏執業相傳

西倉左右半亦城基訪之雖無所得然惠氏執業之舊城一方則固行人所共見者宋犨厚載無錫縣治記謂縣治自西南隅移就中位以今城視之縣治實偏于西以舊城視之西隅地亦甚廓此又可爲梁溪橋舊在縣城及縣治記移就中位之一證也邑之先太伯所都吳越春秋云太伯起城周三里二百步外郭二百餘里註云太伯所都謂之吳城在梅里平墟今無錫縣境寰宇記云太伯城在無錫縣東四十里城內舊宅及井猶存太伯端委開吳千百世下猶令人仰其遺蹟今則荒烟蔓草不特舊宅及井無復可考即其城之基址亦杳不知其所在矣余因考無錫城而併及之蓋不勝感慨係之云

錫金考乘卷十二

勾吳周有壬佩安著　次女毓芳敬刊

藝文考

著述

漢

漢書獨行傳

高岱四庫全書無錫縣志高彪傳高岱亦知名

著漢書獨行傳

晉

晉文章記

顧愷之撰見劉孝標世說新語注

啟疑記三卷

顧愷之撰鄭樵通志藝文小學類顧愷之啟矇記

三卷啟疑記三卷

啟疑

顧愷之撰見唐書藝文志並鄭樵通志藝文文字

類邑志於啟矇記下注云唐書藝文志作啟疑愚

謂唐志本未載出啟疑即啟矇記通志載啟矇記

啟疑記於小學一門而載啟疑於文字類中是啟

疑別爲一書不特非啟矇記并非啟疑記也

2001058

唐

元祐制集二卷

李紳撰舊志本載嘉慶志引馬端臨文獻通考李

紳追昔游詩三卷別無他書元祐非年號又非文

肅別字藝文削之余考鄭樵通志載有元祐制集

二卷樵去唐未遠通志既採似可爲據又文肅從

孫濬惠山寺家山記云公文學官業功德濬謹纂

敘制誥章表堂狀爲上下卷今藏史閣元祐制集

豈即濬編之上下二卷耶以管見參之元祐即指

元和貞元兩朝而言貞避宋仁宗諱故用祐字陳

後主貞明年號宋版書籍概刻作祐此可證也

元稹制集註

李紳撰見崇文總目唐書元和二年稹以禮部郎

中知制誥稹與紳及李德裕當時號爲三俊稹所

撰會貞記紳有題辭其制集亦必紳爲註之耳

崧蘊錄一卷

李濬撰見崇文總目

摭異記

李濬撰見唐代叢書

惠山留題詩一卷

不著撰人姓氏見鄭樵通志
宋
鑄錢故事一卷
杜鎬撰見鄭樵通志
宣撫荆廣記
制置江右錄
李綱撰並見宋史本傳
靖康行紀
李綱撰公于靖康二年奉湖南兵入衛凡所經歷
所見聞所施爲所會遇日著于篇爲靖康行紀门

爲序之序載梁溪集
乘聞志
李綱撰志凡三門曰夢志曰災異志曰讖兆志每
志皆有自序而總其名曰乘聞序載梁溪集
預備志
李綱撰志分書儆事宜人物三門每志公自有序
左光先選刻梁溪集跋預備志序謂諸志皆經亂
大佚而僅存其序知是書已久佚矣
中興至言
李綱撰綱有中興至言自序見梁溪集

漢唐三帝紀要錄
李綱撰綱取漢高祖光武唐太宗三帝之行事可
爲鑒法者撮其大節彙編進呈名曰漢唐三帝紀
要有自序見梁溪集
奉迎錄
李綱撰見公弟綸所撰行狀
李忠定公行狀三卷
李綸撰讀書志載李忠定公行狀三卷公之弟綸
所述也太常博士實錄院檢討官葉適所撰謚議
附于後

舊本無錫志
撰人無考咸湻毘陵志長廣溪下引無錫志云陳
勳所導是宋咸湻以前邑已有志非始自元王仁
輔也惜其本不傳
全唐詩話
尤焴撰舊志作尤袤嘉慶志作焴案全唐詩話序
云歲在甲午奉祠湖曲專意吟事大槩於唐人詩
詞之又習聞又裒話錄之纂記益朋友之見聞彙
而書之名曰全唐詩話余考宋南渡後有兩甲午
一爲孝宗湻熙元年一爲宗理端平元年宋史袤

在孝宗朝並未奉祠殉於端平初曾知太平州未
赴以內祠奉朝請藏咸淳毘陵志是全唐詩話撰
人當從嘉慶志序又云邇來三十有八年矣因理
故篋復得是編末題咸淳辛未書於遂初堂是此
書作於端平甲午序於咸淳辛未志稱作於咸淳
辛未則又非矣舊帳分上中下三卷近刻或作十
卷或作六卷見孫星衍平津館藏書記

扣角集

尤冰寮撰冰寮袤曾孫咸淳中官臨安别駕著扣
角集宋詩紀事選其句

陳寶章遺稿

陳炤撰炤死節常州其孫協蒐訪遺文纂錄成編
元牟應龍書陳寶章遺事稱其文博而工
近年河帥潘公錫恩訪求死節諸人遺文彙刻爲
乾坤正氣集余與陽羨徐寶菴侍御搜羅堵允錫
遺搞編次付刻寶章遺文竟以無由訪覓不得同
刊入集良可慨也

元

昭先錄

陳頫曾撰嘉定錢大昕採入補元史藝文志邑志
錄有危素昭先錄序著述則統載題曾昭先堂稿
余以是錄既有危素專序卽屬專書且爲炤死節
事蹟所繫因標出之

無錫志二十八卷

千頃堂書目無錫縣志二十八卷元王仁輔撰嘉
慶志本而錄之余考仁輔流寓無錫依其門人倪
瓚以居是時縣久陞州不應以無錫縣志標題舊
志本稱無錫志應從舊志

明

語錄二卷

尤文撰見明史藝文志

昭鑒錄

張籌奉敕撰洪武六年詔儒臣采歷代諸王事蹟
可爲勸懲者撰錄爲書禮部尚書陶凱等秦州府
右傅文原吉等各有撰錄籌會萃衆論合爲一編
太子贊善大夫宋濂承詔序之見皇明泳化續編

叢桂集

徐伯樞徐允同撰邑志以是集列元代著述余考
伯樞洪武初舉明經授江陵知縣是書應列于明
志以允作衎並誤

東海生集四卷

浦源撰邑志作舍人集王士正東海生集跋云此集四卷梁溪浦源著康熙癸酉冬張夏秋紹所寫寄也余與秋紹未相識然聞其以理學鳴東南者數十年矣聞余訪長源集不靳藏本三千里鈔錄見寄余深愧之題數語以識緣起知古道猶在人間也甲辰三月三日侍
經筵于 文華殿歸邸書此

書畫傳習錄

九龍山人王紱撰錄中論書論畫居十之二書事

叢談居十之四畫事叢談又居十之四書事叢談凡六門曰道德曰事功曰風節曰文章曰遺逸曰雅韻畫事叢談凡六門曰全藝曰精敏曰風教曰知幾曰靈異曰樂遇歷敘古今來書畫名家事蹟法派蓋王氏家藏寫本未經傳世之書近爲邑人嵇承咸所得校訂付梓

竹軒雜錄五卷

問津集一卷

通書發明一卷

古今孝子讚

梅花百詠

王達撰五書並見永樂元年王孚所撰天游集序

望江志

馮善撰見萬歷志本傳

長垣志

農事機要

劉宏撰見萬歷志本傳

秋雲集

祠堂考

談綱撰見康熙志

科甲錄

邵寶撰見萬歷志

大儒奏議六卷

邵寶編讜案

欽定四庫全書提要是編取二程子朱子奏議彙錄成於寶督學江西時所刊也

鴻山樵歌

錢文撰見萬歷志

書補釋

楊文撰見梅里志

誌夷雜識

貴陽燕談

張愷撰見萬歷志

鈞軒錄

葛嵩撰見邵寶工科右給事中葛君墓誌銘

登科考

俞憲撰見

欽定佩文齋書畫譜

勝游集

華鑰撰見萬歷志案蘇州府志流寓著述華鑰吳

中紀勝一卷疑即此

佳巖集

浦瑾撰見朱彝尊靜志居詩話

祗役集

崇文館藁

王問撰見朱彝尊靜志居詩話

二卯軒詩稿

殷一鵬撰見朱彝尊靜志居詩話

惟此四字編

顧允成編宋儒朱子嘗入奏事或要于路曰正心誠意之論上所厭聞慎勿復言朱子曰吾平生所學惟此四字豈可隱默以欺吾君乎因輯朱子奏議與其書牘之論及于治道者彙次成帙即以惟此四字編名之有擬上惟此四字編疏見允成小辨齋偶存

諫草存笥

侯先春撰先春在萬歷間以直言著此其奏疏也疏凡三十六又抄參九先春自識云迺年以來科道參本概多留中不若抄參過部部中尚可調停小則竟寢不行大則據參奏止藉此寢閣不一而

足蓋其所裨益者多矣

唐山人詩集

二泉志

唐詩撰見錫山景物畧並梁溪詩鈔

襄陽外編

顧道洪編謹案

欽定四庫全書提要道洪字嗣暹無錫人是編首繪孟浩然像並錄史書本傳暨諸家贈答題詠之作復以古今詩話附列于後

東坡遺事十二卷

顧道洪編是書蒐羅東坡遺事凡見諸紀載者采錄無遺分類編輯有刊本其弟道淯序之

惠山續集

尤叔野撰王世貞為之序

太元元言

許世卿撰見嚴㲄許靜餘先生傳

歷垣奏疏

楊應文撰嚴一鵬序之

中牟縣志

陳幼學撰案吳彥芳中牟縣志序云一修于正德

九年再修于陳幼學先輩為萬歷二十三年吳序見文瀫

文衡

劉元珍撰見高忠憲公劉本孺先生傳

勾吳名賢記

衡齋偶論編

劉弘翰撰見金匱縣志

梁溪雜事二卷

尤鏜撰是書于邑中舊聞軼事紀載頗詳惟傷于過刻嘉慶志謂鏜好詆時賢卽指是書也

眞儒一脈

吳桂森編是書采薛文清胡敬公陳恭公王文成四先生與顧涇陽錢啟新高景逸三先生語錄合為一編題曰眞儒一脈桂森自為序之

何太僕集

何棟如撰案是書已奉奏燬見奏燬書目

經畬遺稿

鄒期楨撰案是書已奉奏燬見奏燬書目

禹貢註解一卷

胡之竑撰有坊本是書于九州水道源流考據精

切論禹貢者咸以胡註為宗

白賁集

吳為霖撰為霖天崇時人見朱彝尊靜志居詩話

定保錄

趙元祉撰謹案

欽定四庫全書提要是書以明諸帝事蹟仿貞觀政要分類編集自題錫山草莽臣而又有師鄒期楨讜訂一行

空山唄

華淑撰見蘇州府志流寓著述

堵文忠公集六卷
堵允錫撰道光丙午潘芸閣河帥蒐羅刻代死節
諸人遺稿刻爲乾坤正氣集元和顧湘舟上舍主
其事余商之賜表徐實庵茂才告其同鄉潘卓齋
明經訪求文忠著作凡得奏議雜文若干首釐爲
六卷介余以訪湘舟俾登梨棗實庵跋尾記其事
堵文忠公年譜
堵允錫撰譜中甲申二月以前公所手訂其後則
邑人任源祥所續張夏合而編次賜表潘氏舊有
校正本恐有避忌不敢傳世近已付梓余得讀之

錫金考乘 卷十一 十三

明史綱
堵允錫撰案堵文忠公年譜崇禎九年丙子三十
六歲九月史綱成于舟中識云會試北行舟中無
事因纂洪武至天啟朝事蹟以綱目書法書之
長沙府志
堵允錫撰案堵文忠公年譜崇禎十五年壬午四
十二歲官長沙知府修長沙府志
春秋說義五卷
堵允錫撰邑志著述載有允錫詩禮春秋三經擇
書案年譜詩禮兩經擇書皆公未第進士時作春
秋則僅有說義五卷公督師湖廣時成于軍中
孔庭神在錄八卷
胡時忠撰謹案
欽定四庫全書提要是錄以祀典爲主故先列位次
而于聖賢諸儒各爲著錄第八卷則考證辨論之
辭凡十五篇
顧端文公年譜二卷
顧與沐編志作顧樞謹案
欽定四庫全書提要顧端文公年譜明顧與沐編
國朝其孫樞曾孫貞觀續成之前冠崇禎二年誥命

錫金考乘 卷十一 十四

文及誌銘行狀復附憲成殁後奏請贈謚諸疏于
後文皆刪節存畧視他家較簡核有體
嚴祺先文集
嚴繩孫撰崑山歸莊序之
西疇剩稿二卷
顧樞撰邑志所載西疇日抄乃樞所編語錄此其
詩也其六世孫志熙有家藏本
春秋論二卷
嚴穀撰吳江楊復吉著昭代叢書五編題跋其例
言內稱本朝人著作苟未經寓目者數百種彙列

其目以識歆羡嚴敎春秋論二卷其一也
杜律註解
　顧宸撰顧景星白茅堂集有題顧宸杜律註解詩
三朝列傳
　顧宸撰傳凡百餘篇李贊元稱其筆力直追龍門
　見贊元撰宸宋文選序
辟疆園雜記
　顧宸撰揚復吉昭代叢書五編題跋例言謂昭代
人文蔚起觸目琳琅即剞劂已入梨于川覩者亦
更僕難數顧宸辟疆園雜記亦其一種也

道南正學編三卷
　錢肅潤撰見
欽定四庫全書提要
詩序言言
　錢肅潤撰肅潤詩序言言自序云余是書一本子
夏言詩之意子夏之所已言者余言之子夏之所
欲言而未盡言者余亦言之書成名之曰言言蓋
言子夏之言也
重輯高士傳
　錢肅潤撰肅潤本皇甫氏阮氏薛氏各本間出已
見或刪或補輯成是編自爲序之
史論
　錢肅潤撰論凡數百篇成梁與錢礎日書稱其議
論閎偉皆發前人之所未發吳其馴亦有錢礎日
史論題辭
易經通義
天泉續響
闕里詩選
泰山詩選
　錢肅潤撰肅潤自序闕里詩選泰山詩選余並採

入梁溪文鈔其易經通義天泉續響並肅潤已成
未梓之書見肅潤子廣梧跋家大人著書後
國朝
楊文靖公年譜二卷
　張夏撰謹案
欽定四庫全書提要楊文靖公年譜二卷
國朝張夏撰夏以舊本詳畧失宜乃參稽史冊語錄
　文集訂爲上下二卷
道南列傳
　張夏撰夏追敘文靖門庭步趨如一者得十六人

爲道南列傳高世泰序之

五經四書述朱解

孝經問業

張夏撰並見秦松齡撰張菰川先生傳

百首宮詞

張夏撰顧夢麟顧有孝序之

錫山宦賢考畧三卷

張夏胡永禔同撰謹案

欽定四庫全書提要永禔字鴻儀與夏同里趾編取

無錫名宦鄉賢二祠及崇正書院所祀諸先儒起

宋迄明皆詳其仕履撮其事實彙爲一編

夢蝶集

顧龍裳撰潁州府志顧龍裳字稚龍無錫貢順治

四年授蒙城訓導涇陽之後理學名家而天資亦

復高邁有夢蝶集留于蒙

宣平縣志

侯杲撰杲有宣平縣志告成詩見梁溪詩鈔

明季遺聞

鄒漪撰見邑志漪傳

啟禎野乘十六卷

鄒漪撰案是書已奉奏燬見奉燬書目

南畧十二卷

北畧二十四卷

計六奇撰六奇興道鄉人諸生二書並見坊本

類書纂要三十三卷

周魯撰魯字南林諸生時制舉改用策論是書足

備考覈黃文僖公序之有刊本

蒼峴山人詩集五卷

徵雲詞一卷

秦松齡撰邑志統作蒼峴山人詩集六卷今本

國史文苑傳分錄之

廿二史紀事提要八卷

吳綏撰謹案

欽定四庫全書提要廿二史紀事提要八卷吳綏撰

綏字韓章無錫人

六書辨通五卷

楊錫觀撰謹案

欽定四庫全書提要六書辨通五卷楊錫觀撰錫觀

字文若無錫人是書分韻編次每字各標出處而

於其誤通者一一辨正之

淨緣居文集八卷年譜一卷
周宏撰先學士淨緣居文集八卷久未付梓後裔各有抄本藏于家今嘉慶志錄公李文肅讀書臺遺址記續志錄公李忠定祠堂記皆在集中年譜有刊本秦松齡序之
易通廣義八卷
周宏撰先學士邃於易學尤愛濂溪子通書反覆參究廣其義而輯是編彭定求序之
明史隱逸傳
嚴繩孫撰謹案

國史文苑傳繩孫入史館獨成隱逸傳
西神脞說
嚴繩孫撰楊復吉昭代叢書五編題跋例言謂是書已付剞劂顧于目覩余並有書癖頻年購求不得錄其名以待細訪
藕漁筆記
嚴繩孫撰見秦瀛巳未詞科錄
瀛臺侍直詩一卷
嚴繩孫撰朱彝尊高士奇序之分見曝書亭集高江村集

涇皋淵源錄
顧貞觀撰是書貞觀晚年所作未及謀梓而歿而又別無傳抄故鮮有知者今涇皋顧氏有家藏本
纑塘集
顧貞觀撰王士正序之貞觀少壯時才名籍甚詩詞頗事藻繢歸林後一洗綺麗是集簡樸古淡直入晉魏人閫奧沈德潛別裁詩注云梁汾臨歿時自選詩一卷授門人杜雲川太史雲川付梓人以傳不滿四十篇皆味在酸鹹外者即謂此詩也貞觀嘗築積書巖于惠山纑塘之旁故以名集

正巳堂詩集
王畿撰初編二編先有刊本最後所編魏禧序之
篆法簡
秦棗撰宜都魏禧爲之序
尙書講義
倪坊撰見梅里志
麟經梓旨
沈烈撰見梅里志
考工記後定一卷
集唐詩一卷

朱襄撰並見蘇州府志流寓著述

和倪堂巵言

劉應選撰有刊本應選字彙升諸生

蜃樓集

凌雲集

蕉雨集

王一元撰邑志稱一元好爲詩詞富于篇什續志載一元徙松亭詩集芙蓉舫歲寒詞兩種余案一元族孫芝林所刻芙蓉舫歲寒詞附錄同里侯中采跋語稱其所著有蜃樓凌雲蕉雨諸集名目並附刻一元家書二則自言生平作詩一萬三千餘首詞一萬四千餘首四六一百五十餘篇其著述似尚不止此也

勾吳識畧四卷

王一元撰其稿本今屬丁暢之氏

問草軒文集十二卷

鄒祖綬撰是書未見刊本且亦絶少抄傳其族孫允成近得其殘闕原稿數十葉裝訂收藏余爲跋其尾云鄒天目先生著問草軒文集若干卷邑中罕有見者其族孫允成近得其殘闕原稿數十葉重爲襯紙裝訂適余編輯梁溪文鈔假歸展讀文氣磅礴書法蒼古其丹黄處亦皆先輩手蹟目錄尙全據載文凡二百五十餘首此所有者不過論十五首書二首而已然亦吉光片羽也邑志儒林傳稱先生爲經畬先生曾孫少即有志于學歷事宜興湯之錡武進金敞與同縣顧培顧鏊同主講席間爲古文寗都魏禧亟稱賞之余案川錄載有先考幼圃府君行狀幼圃諱陞經畬先生孫績學工文辭錢肅潤文瀫采其文可見先生理學文章淵源有自來也集題另有覺坤成有容汝和編次

訪之鄒氏則云予姓今甚式微未審是書別存全璧收藏否余就其中選得五論一書梁溪文鈔又多一家皆作誠大快事先生諱祖綬集中凡數見志傳作組綬當以文集爲正允成好古有癖得此奉爲世寶爰書數語歸之

大儒粹語二十八卷

顧棟高撰見

國史儒林傳

萬卷樓筆記

顧棟高撰見巳未詞科錄

劍光閣筆記

華希閔撰見巳未詞科錄

象數圖說一卷

邵瑚撰瑚字商六侍御璘弟隱居不試博學工文尤精于易著爲是說其曾孫涵刻近巳付梓

地理元宗

秦蕙田撰案吳鼎地理元宗序云少司寇味經先生葬其先人心疑術士之說因盡蒐地理家言百十種反覆參究憬然有得既著天玉解義復撮其事實彙爲圖說題曰地理元宗有刊本

天玉解義

秦蕙田撰見地理元宗序

易例舉要二卷

吳鼎撰見

國史儒林傳

東莞學案

吳鼎撰是書專攻陳建學蔀通辨而作見

國史儒林傳

字類標韻六卷

華綱撰有刊本

瀘溪縣志二十四卷

桑植縣志四卷

顧奎光撰並見湖南通志

金詩選

元詩選

顧奎光編有刊本其自序並採入梁溪文鈔

會心草堂詩集

吳培源撰有刊本

漁洋說部精華十二卷

劉堅編有刊本

國朝六家詩選八卷

劉執玉編有刊本六家者宋琬施閏章王士正趙執信朱彝尊查慎行也

題畫瑣存

俞琨撰見梁溪詩話

蓉湖泛櫂歌一卷

鄒儀撰有刊本詩凡百首詠錫山風俗自正月至十二月挨次編輯于邑中名勝古蹟考注頗詳

絅論虛草

俞模撰有刊本秦瀛序之

書畫續錄

梁溪書畫徵

嵇承咸撰承咸既得王毓書畫傳習錄重加校訂又以毓錄止于元代乃集有明一代書畫名流考論編次題曰書畫續錄復考錫邑自漢迄今工書工畫諸家各爲著論題曰梁溪書畫徵並以附刻于書畫傳習錄後蓋欲藉毓以傳也

篠緣館吟稿

周暻撰暻刻意苦吟篇什甚富而境遇多蹇無力付梓晚年編其一生得意之作爲二卷將以謀諸

同人未果而卒其稿本今爲余從弟叔辰收藏擬爲集貲刊刻焉

李靑蓮集註

周暻撰見續志暻傳

古桐書屋文集

鄒導源撰導源字蓉坨諸生以古文名于時其族人鳴鶴爲刻其稿

張端甫遺稿

張岳駿撰岳駿字端甫諸生力學砥行詩文高古有奇氣惜不永年友人秦緗業侯楨梓其遺稿以傳

學易反隅

邵涵初撰書凡三編曰稽古曰繩武曰會意所云繩武者首解康節先天圖次註文莊簡端錄易說次闡其曾祖瑚象數圖說也

堪輿指原八卷

邵涵初有刊本

禹貢古今注通釋六卷

侯楨撰楨取歷代史地理志山經輿圖辨其異同凡郡縣沿革川瀆變遷一覽了然有本有據洵有

自出新意處亦足豁人心目

詩經箋雅八卷譜二卷

侯楨撰是書專釋鳥獸草木蟲魚以詩爲經而緯以爾雅考訂詳明足補孔氏正義之闕而于邢氏毛氏所釋諸本亦多有訂正焉

侯給諫年譜

侯楨撰楨九世祖先春明萬歷朝官給事中以直諫聞著諫草若干卷楨以其中所論諸疏并家傳誌銘以及舊聞軼事之見諸紀載者分年編次得詳一卷余謂先世著述修史時例許上之史館以

備采錄先春諫草所載先後陳奏三十六疏又抄
參九件皆當時極大朝政修史不至後裔之過也
明史先春事蹟僅有散見而無專傳是譜出而先
春忠言讜論千古昭垂亦足爲史書補闕也

錫金考乘卷十三

勾吳周有壬佩安著　次女毓芳敬刊

雜錄

古今樂錄泰伯既與虞仲逃去被髮文身托爲王採
藥聞太王卒還奔喪哭於門季歷謂泰伯長子也
當立番弟而留之終不肯止遂委而去

吳越春秋壽夢十七年以巫臣子狐庸爲相任以國
政

吳越春秋專諸者堂邑人也伍胥亡楚如吳時遇之
於塗專諸方與人鬭將就敵其怒有萬人之氣甚
不可當其妻一呼卽還子胥怪而問其狀何夫子
之怒盛也聞一女子之聲而折道寧有說乎專諸
曰子視吾之儀寧類愚者也何言之鄙也夫屈一
人之下必伸萬人之上子胥因相其貌碓顙而深
目虎膺而熊背戾於從難知其勇士陰而結之欲
以爲用遭公子光之有謀也而進之公子光光曰
天以夫子輔孤之失根也

蘇州府志梅李在無錫縣東三十里者是古梅李今
在常熟縣東三十六里者五代時吳越使梅李二
將駐兵于此以禦南唐故名

吳錄高岱隱于餘姚孫策命出使會稽丞陸昭逆之策虛己候焉聞其善左傳乃自玩讀欲與論講或謂之曰高岱以將軍但英武而已無文學之才若與論傳而或云不知者則其言符矣又謂岱曰孫將軍爲人惡勝己者若每問當言不知乃合意耳如皆辨義比必危殆岱以爲然及與論傳或荅不知策果怒以爲輕己乃囚之知交及時人皆露坐爲請策登樓望見數里中填滿惡其收衆心遂殺之

歷代名畫記興寍中瓦官中初置僧衆設會請朝賢

鳴刹注疏其時士大夫莫有過十萬者既至顧長康直打刹注百萬長康素貧衆以爲大言後寺衆請勾疏長康曰宜備一辟遂閉戸往來一月餘日所畫維摩詰一軀工畢將欲點眸子乃謂寺僧曰第一日觀者請施十萬第二日可五萬第三日可任例責施及開戸光照一室施者塡咽俄而得百萬錢

楊升庵丹鉛錄南平王劉鑠過歷山湛長史草堂詩云茲山蘊靈詭憑覽趣亦贍九峯相接連五渚逆迎浸層阿疲且引絕巖暢方禁溜泉夏更寒林交畫長蔭伊予久淄涅復得咮苦淡願逐安期生于焉愜高枕聯音愼淡枕與浸蔭皆相叶爲韻蓋用古韻也

戲鴻堂法帖跋虎頭與桓靈寶論書夜分不寐此女史箴風神俊朗欲與感甄賦抗衡自余始拈出千載快事也其昌

全唐詩話李紳赴薦嘗以古風求知于呂温温謂員外郎齊照及弟恭曰吾觀李十二秀才之文斯人必爲卿相果如其言詩曰春種一粒粟秋收萬顆子四海無閒田農夫猶餓死鋤禾日當午汗滴禾

下土誰知盤中飧粒粒皆辛苦

神仙傳拾遺李紳在華山時山齋糧盡徒步出谷迨暮方還忽遇暴雨避于巖下見一道士艤舟石上一青衣童擁檝而立與之揖道士笑曰公亦曾識京口刺史唐若山乎荅曰嘗覽國史見若山得道事每景仰焉恨未識面道士曰即我便是將遊蓬萊偶值江霧維舟于此與公本屬故交即攜紳登舟凌空泛泛而行山峯如畫月光皎然俄頃即至金樓玉堂森列天表神仙數人皆舊友也內一人曰公運方欲佐理國務數畢乃還因命若山仍送

錫華山

案惠山卽古華山唐相李紳嘗讀書于此讀書臺今猶存

雲溪友議李紳讀書惠山後徙剡川天宮精舍一日熟寐舍前丹柰方實有蛇據其上老僧驅之蛇入紳懷中忽不見及覺問紳紳曰適夢在樹間食柰甚美僧陰異之延至院中肄業數年去赴舉僧餽金助其行後紳貴修建剡川天宮精舍改寺額曰龍宮

宋史杜鎬傳神放告歸上宴餞于龍圖閣賦詩命侍

錫金考乘 卷十三 四

臣皆賦杜鎬辭以素不屬文詔引名臣歸山故事鎬誦北山移文譏之

墨客揮犀杜學士鎬博聞強記凡有檢閱先戒小吏某事在某書第幾行取視無差士大夫有所著撰詢以古事無不知者雖晚學卑品亦應答不勸時號杜萬卷性和易有懿行士君子推之

王銍默記先公言劉莊恪公平初及第爲常州無錫尉時有巨盜在境上未獲會歲旦日入謁縣宰是時循國初故事多用老儒鄙朴經生爲縣令而無錫令又昏老之經生也令聽吏贊傳尉廷趨而端坐于廳事受之平素尙氣不能堪徑趨廳事捽而奮拳毆之踣于座下左右挽引而去一邑喧傳尉毆令死矣平亦不顧歸而痛飲至醉羣盜聞尉毆令死大喜乘節日至邑之草市飲酒會有密報平者乘大醉亟呼弓手往捕之諸盜俱醉且不虞尉之遽至也平手殺數人擒得者二十餘人凱還歸邑會令家灌藥救之得蘇功過俱奏上詔改大理評事知鄞城縣由是知名

江隣幾雜志蘇才翁與蔡君謨鬭茶蔡茶精用惠山泉蘇茶劣改用竹瀝水遂能取勝

錫金考乘 卷十三 五

益公題跋喻公子材邃于經學敏于詞藝紹興初館閣多英俊視題名可考也乾道壬辰余自小宗伯奉祠過無錫子材老矣用兩夫肩輿迎勞于塗議論灑灑使人聽之忘倦其謂自天子以至於庶人皆有朋友三代而上每措之父子兄弟之間後世此道殊廢余至今紳書之汪季路其外孫也出示公遺墨因題于後

庚寅奏事錄戊子次無錫己丑午攜家遊惠山住持法皞七十八矣同上南北閣酌陸子泉冰泉龍淵泉憩水陸池檻觀黿戲而歸

浩然齋雅談蔣重珍伯文能禪其亡也重珍祭之以詩云不必輕生前以爲空不必重死後以爲實此語極有味

都公譚纂滕某者宋學士元發之後家于無錫元季楊鐵崖維禎將訪倪雲林舟泊其門滕富而禮賢知爲鐵崖請至其家鐵崖曰有紫蟹醅醪則可主人曰有乃入門滕設盛饌出二妓侑觴且命索詩鐵崖援筆成詩云颯颯西風秋漸老郭索肥時香晚稻爾螯盛貯白瑤璃牛殼微含紅瑪瑙惜憶當年蘇子瞻較脐咄咄論圓尖我今大嚼不知數況

有醅醪似蜜甜

張端雲林墓表元鎮友張伯雨後伯雨至其家會釋山莊得錢千緡元鎮念伯雨老不再至推與不留一緡

雲林遺事元鎮爲張士誠所辱抶之幾斃終無一言人有詰之者曰開口便俗

徐渭文長集倪瓚書從隸入輒在鍾繇薦季直表中奪舍投胎古而媚密而疎

明史駱楊茂者無錫人天祐部將也嘗没水天祐使與士誠通問邏卒獲之縛送徐達軍達釋茂縱使出入往來得其彼此所遺蠟書悉知士誠天祐虛實

徐應聚國朝典彙侍讀學士王達侍皇太子進講乾九四爻舉儲貳爲對講畢皇太子召楊士奇問曰經旨于此恐無儲貳之說達不含譏否士奇對曰講臣非正道不陳豈敢含譏此宋儒胡瑗之說也皇太子曰對我言此常人得此爻亦舉此說乎士奇曰殿下此問最好乃舉程子云凡卦六爻人人有用聖賢有聖賢用衆人有衆人用君有君用臣有臣用無所不通又舉王昭素對宋祖之言以對

皇太子悅

魏裔介儒林續筆王學士達字達善別號耐軒居士常州無錫人洪武中以明經薦爲縣學訓導改大同府學遷國子助教未踰年進侍讀學士居四年終于官所著有筆疇一書太倉陸之箕敘之以爲其書多主柔伏退遜雖若出于老氏之緒餘然而聖經賢傳良多輔翼時情物態每加鍼砭其文藝則固濂洛關閩之流實欲附麗儒林匪慕優游文苑故當時士大夫多諷誦之余嘗觀其書言之當理者頗多采而錄之近世士大夫罕有見者卽知

其書之名目者或鮮矣
宏治志許篪詩專工近體其送倪汝敬赴謫詩云皂囊朝捧入承明夕泛孤槎萬里行補袞有才人共惜出關無節吏還迎夜郎月白猿啼夢銅柱雲深薄宦情別後陰晴殊未卜好從江郭聽鳩鳴尤為人膾炙
皇明世說邵寶督學江西李西涯臨行贈以詩曰職在文章官在憲政宜嚴肅教宜寬邵語人曰某在江西深得其力
明史程敏政傳宏治十二年程敏政與李東陽主會

試舉人徐經唐寅預作文與試題合給事中華昶劾敏政鬻題時榜未發詔敏政毋閱卷其所錄者令東陽會同考官覆校二人卷皆不在取中東陽以聞言者猶不已敏政昶經寅俱下獄坐經嘗贄見敏政寅嘗從敏政乞文黜為吏敏政勒致仕昶以言事不實調南太僕主簿
鄭曉端簡公文集華鑰別號水西嘗筮易得賁白之明夷因更號白賁子博學明諸經文章精健古詩似漢晉律似杜書法似虞柳
眉公秘笈徐文貞報鄭文峯書云初四日寓無錫楓潭張黃門靜思邀登惠山攝衣至絕頂南望太湖如衣帶循山東下湖中諸峯隱隱天際如晨星昏鴉乍有乍無眞異境也
常州府志華察世以貲甲于縣有巨盜闌入室執其父察聞之亟挺身而出曰我華察也汝欲得財須索之我第釋吾父吾將飽汝因投之莞鑰盜乃釋其父恣所取而去盜歸其魁問所擄掠曰過望矣問殺其主否曰既慨然飽我何剸刃哉魁曰爾罪悉分之毋累我也眾愕然魁曰爾以為頑與爾乎計在脫父姑與之以待捕也捕者在門矣時有兩

家奴沒而隨之以往具得諸盜姓名棲止而歸語其主盜者不移時即得之
明史王愼中傳四方名士唐順之陳束李開先趙時春任瀚熊過屠應峻華察陸銓江以達曾汴輩咸在部曹愼中與之講習學大進
吳中人物志楊莊簡未遇時專心力學嘗行道上默誦所業誤落水中一嫗出之送至家忽不見人以為神
廣輿記王問字子裕無錫人常願屏居三十年讀盡天下有字之書擢第後歸里讀書六年然後廷試

歷仕至廣東僉事卽投劾歸杜門却掃者四十年辛酬其志嘗書屏曰訓吾以道德者拜而師之授我以文藝者敬而愛之貽我以清言者洗耳以聽之求我以書畫者量巳以應之告我以家事時事者厭聞之語我以公府事者隱几不應絶之

弇州續集王子裕先生玉芝翁歌婉潤飄逸置之坡集中惟烟江疊嶂贈畫御容師二歌可具賓主餘皆避舍嗚呼先生往矣所謂仙而謫者非耶

明史別紀王問作丹青變雲林子久體別具神巧所積宦資盡給抒軸家織絹供畫瀟灑之韻不可一

世

常州府志常州府基後舊有河形萬歷癸酉施觀民爲郡守復浚之因避民居稍迤邐于東南民間言大魁當出無錫在郡東南也甲戌無錫孫繼臯果爲殿元咸謂浚河之應云

狀元圖考孫柏潭先生生時父夢前甲戌狀元唐臯至其家遂名繼臯年二十六亦以甲戌魁天下其祔符亦奇矣臯在庠時郡守福清施公觀民奇其文章氣宇常會考臯屢居首隱然以大魁許之矣癸酉舉鄉薦公曰吾所望不至此也聯捷公又曰吾所望不止此也及廷試施公盛服坐堂待報俄而報至公不覺大笑曰吾所望于臯者今果酬矣令諸吏酌酒賀之是日公大醉

懶眞草堂集鄒彥吉使君畫稱一代名手此卷作溪山平遠之勢白水翠巖互相映發人物蕭散往往有山澤間意披之者何異入山陰道中邪吳中圖繪家競傳石田衡山衣缽此卷獨出入輞川伯虎而窈窕幽深更在筆墨蹊徑之外非胸中具一邱壑者未易及此也燚蒸中對此毛骨冷然乃知創爲畫北風圖見者覺寒畫雲漢圖見者覺熱畫之

元徵能移人意非虛語也

鄒漪啟禎野乘鄒學憲傳公督學湖廣七越月周十五郡二州試事丹鉛甲乙不假他手其試案出前拔一等有縣止一二人者有縣至數十人者甚或一等竟無人者凡列前茅必連取科第楚人至今稱人倫冰鑒云

靜志居詩話錢東之豪放不羈不習進士業弱冠學琵琶半日度四十曲人以爲神

明史萬象春傳眞人張國祥乞三年一覲象春言左道無民社寄不當在述職之列時詔許后丈永年

伯王偉乘肩輿象春言勳威不乘輿祖制也固安
伯陳景行武清伯李偉太后父衰白封始賜肩輿
定國公徐文璧班首重臣嗣爵久故亦蒙殊典今
偉非三人比乞寢前命皆不許
明史葉茂才傳東林八君子顧憲成允成高攀龍安
希范劉元珍武進錢一本薛敷教及茂才也
明賢蒙正錄同知張夢時早頴進止若成人七歲工
對偶九歲能詩侍塾師坐一書樓手題云上此樓
去一動一念務遵聖訓下此樓去一事一念務慊
親心

明史曾櫻傳無錫高攀龍江陰繆昌期李應昇被逮
櫻助昌期應昇貲而經紀攀龍死後事爲文祭之
出其子及僮僕于獄
明詩綜崇禎戊寅南國諸生百四十人具防亂公揭
請逐閹黨阮大鋮顧子方杲實居其首有云杲等
讀聖賢之書明討賊之義事出公論言與憤俱但
知爲國除奸不惜以身賈禍大鋮飲恨刺骨而東
林復社之讎在必報矣
計六奇南畧　大清兵入南京遣劉光斗安撫常鎮
士民討州縣戶口糧役冊光斗素與貢生王玉汝

善貽以劉日師至而抗者屠棄城而乏供應者火
嘗爲桑梓圖萬全玉汝乃與邑人具肉一百擔麵
一百擔牛三頭以迎
大兵
明儒學案華鳳超吏部居恒未嘗作詩嘗難之春爲
二律云緬思古則企賢豪海外孤臣嚥雪毛眼底
兵戈方載路靜中消息不容毫默無一事陰逾惜
愁有千端枕自高生色千秋青史在自餘誰教却
勞勢振衣千仞碧雲端妖壽由來不二看日月光
華背又且春秋遷革歲方寒每爭毛髮留詩禮肯

逐波光倒履冠應盡只今期便盡不堪回首問長
安是亦知死之一證也
明史外塔文忠公之翁初無子禱于神夢神予以冠
進賢襴袍束帶者翁不願儒衣巾者又不願一牛
欄牧牛兒翁願之神固靳不與翁固願得之神言
得之當減算翁即減算固願得之遂生公豈冠進
賢襴袍束帶儒衣巾者世之所貴神之所賤耶所
貴者乃反在牧牛兒牧牛兒即忠且孝不忠不孝
乃反在冠進賢襴袍束帶儒衣巾者耶此神之好
惡取舍與人世異也翁即減算願得牧牛兒不願

得冠進賢襴袍束帶儒衣巾者此又翁之好惡取
舍與人世之爲翁者殊也
堵文忠公年譜崇禎十三年莅北新鈔關任內使崔
璘督察鹽漕關使謁之例用銜帖予用侍生不受
閽者曰須改官銜予曰是奚難但慮過倨耳援筆
簡額作欽差戶部督理北新鈔關分司堵允錫頓
首拜十八字璘嫌字太高不受予曰欽差二字可
書下予官有內外敕無尊卑予不敢辱君命也璘
無如何相見而不受帖璘求騶從直至堂上予往
如之璘爲氣阻

康熙庚午志堵允錫七歲喪母十一喪父登進士陳
請歸里廬墓三年然後就職墓有枯桐再華人以
爲純孝所感
粵西實錄堵文忠公納浙紹葉氏女公卒有三月遺
孕因囑部將常萬善審視之後竟負托及孫可望
至粵迎駕執萬善數之曰堵制臺眞天人以嗣續
見托而庸奴敢爲此泄泄態耶命鞭之至百其子
因得不死今聞尚在滇中云
池北偶談無錫秦甾仙從軍荆州雨泊仙桃鎮中夜
聞琴聲甚淸越跡之乃一老書生也破篷數椽風

貌樸野秦賦憶秦娥詞贈之
江南通志周宏字子重無錫人康熙甲辰進士廷試
第三人官侍講學士有才學居家敦孝友尙廉讓
杜門讀書不驚聲譽人無賢愚共推爲長者
乾隆庚午志周宏家世孝謹通籍四十餘年乞假奉
親之日居多人比之萬石君家
惲格甌香館畫跋錫山舟次一望山水林壑舟輿橋
梁豆草黍稷爭相位置八月旣望水之宜落時也
而迷迷離離猶如此邪
國朝詩話館閣相贈詩極難淸新嚴中允繩孫贈顧

舍人貞觀詩曈曈曉日鳳城開纔是仙郎下直回
絳蠟未消封詔罷滿身淸露落宮槐直仙品也
國初別裁詩註梁汾臨殁時自選詩一卷投門人杜
雲川太史雲川付梓人以傳不滿四十篇皆味在
酸鹹外者前輩嗜古淡不自足如此
黃邛識小錄松陵吳兆騫字漢槎以事戍寧古塔得
生入關顧梁汾中翰力也漢槎旣還頗與中翰參
商中翰初不自明也一日相國明珠招漢槎飲飲
畢復延入書室見粉壁大書云顧梁汾爲吳漢槎
屈膝處漢槎慚恧汗流浹背

畫徵錄嚴繩孫字蓀友自號勾吳嚴四舉鴻詞科以
布衣授檢討遷春坊善書法工繪事山水人物花
木蟲魚無所不能尤好畫鳳歸田後號藕蕩漁人
杜門不出有堂曰雨青草堂亭曰佚亭以稟石小
梅方竹逍遥宴坐以爲常著有秋水集

蘭村筆乘嚴藕漁中允以布衣入詞館年六十一投
牒將歸

敕錄所撰詞以進蓋異數也嘗侍讌
乾清宮依漢元封柏梁臺故事
上親賦昇平嘉讌詩首倡麗日風和被萬方之句中

允同九十人繼和
御製序文勒諸石

梅里志宅基周氏世居明周後子淑孫懷忠並以孝
友聞今周氏登科入仕者皆後之裔也

王一元勾吳識畧形家言黄埠墩爲天關太保墩爲
地軸舊有木橋名顯應橋爲通縣文風所關丙午
邑令吳興祚以不利于縣官毀之從此科甲漸衰
丁丑始建石橋科甲復盛不意一橋之廢興乃關
係至此

案一元勾吳識畧向未刊刻其原本近爲丁暘之

氏所得余曾假觀一過

顧棟高萬卷樓筆記姜西溟先生嘗寓吾邑與秦嚴
兩公相唱和詩多見于葦間集尤與黄夏孫瑚善
先生父相佚與其母孫孺人壽夏孫爲壽序云四
明姜子西溟以古文名天下歲戊申來吳中吳中
之士皆交驩姜子姜子與其友遊處甚樂也母夫
人年六十明年尊人先生亦且六十姜子念無以
爲親歡告于其友索爲詩古文以歸爲壽而意若
有慽焉者自傷其貧也文通首皆悲西溟之貧而
夏孫亦隱以自寓夏孫古文得史漢八家之神而

不顯于世世無知有夏孫者蓋夏孫視西溟更爲
不幸矣

國朝別裁詩註芥軒天眞未漓視天下無不善人人
有機械者對芥軒亦無所施生平在春風和藹中
也（芥軒李崟字）

王澍竹雲題跋雍正五年夏五月余與同里蔣拙存
衙華州王十千有年其弟寅生履始武林王青渠
潭同遊惠山甃聽松庵見壁間所張書畫惡不可
耐盡爲裂碎扯扱擺燒之以唐六如幽人燕坐圖
付山僧石泉松泉俾與王孟端竹鑪卷世守勿替

拙存語余君爲補畫吾當爲補書遂大書心經一
卷付之書雖臨歐時露顏法拙存書實兼晉唐諸
家之長靑渠畫筆妙一世他日自當別作一紙與
心經並峙此大快也
吳
會湖程紀畧出金墅港北行二十里至無錫縣之
沙墩港寬深可泊汛兵曰自此至吳塘中間惟大
溪深澗湖西埭次之餘悉淤淺案無錫志大溪卽
赤城溪蠡瀆水自曹王涇分支南行過八字橋爲
赤城溪廣數十丈長五里出溪橋入太湖港口不
淤上流勢甚也湖灘既淺不能逐港艤舟西行過

竹山劣嘗而北有小阜曰米山過米山吳塘門矣
吳塘門西向太湖兩山夾峙水出其間內皆平壤
河港四通其上流之最大者東爲新安溪北爲長
廣溪自吳塘而北左湖右山湖甚深山綿亙三十
餘里至充山始斷其斷處爲獨山門獨山之北爲
管社從此迤北轉西歷陽灣而至大雷嘴復連亙
皆山與吳塘至充山同第吳塘一帶列如屏陽灣
一帶兜若箕斗過廬江入陽湖縣境
昭
代叢書顧棟高春秋地形口號題跋本朝人經史
之業其足以不朽者凡九納蘭容若之九經解宦

波萬充宗之經學五書萬季野之歷代史表鄒平
馬驌御之繹史錢塘吳志伊之十國春秋厲太鴻
之遼史拾遺杭大宗之三國志補註金史補闕及
復初春秋大事表是也是皆宇宙間不可闕之書
而前人不爲留以待諸先生亦異矣大事表卷帙
頗繁而口號則另爲一卷故採登叢書俾好古者
得嘗鼎中之一臠耶
大雅堂續稿吳逸泉精繪事嘗作竹雲圖自詡天機
所到直奪造化
續圖繪寶鑑堵霞字綺齋號蓉湖女士梁溪進士伊

令堵公女同邑庠生吳元音室善讀父書博通經
史游情繪事凡作花木禽魚蟬蝶蔬果之類不用
落墨并無粉本隨意點染皆臻神妙喜吟咏兼工
蠅頭小楷遂安毛鶴舫先生評云綺齋之詩淸婉
韶秀高出晚唐有煙霞想無脂粉氣畫法宋人深
造徐黃沒骨化境而艷麗幽雅勝之至其寫生入
微處翩翩韻致出自天然非優柔軟媚鈎描形似
者比眞近代所罕覯傳世之珍玩不意于閨閣得
之宜乎四方推重爲第一也所著有三到堂稿詩
最分編含烟閣詞行世

南野堂筆記梁溪堵進士文綺齋工詩善塡詞有燒
殘燈一點數到月三更之句其如夢令月夜云如
醉如醉怪殺海棠先睡十六字令春望云愁幾片
飛花上小樓春歸否倘在柳梢頭
詞苑叢談無錫顧文婉自號避秦人詩詞極多頗與
王仲英相倡和有浣溪紗云獨坐無聊對簡編閒
題恨字滿花箋夕陽西去轉悽然掩淚低回妝閣
畔掀簾私語瘦梅前此時試問阿誰憐又云曉日
凝妝上翠樓惱人春色徧枝頭湘簾風細蕩簾鈎
燕子未歸寒惻惻梅花初落恨悠悠重門深鎖一
天愁句極悽婉

錫金考乘〈卷十三〉　二十

錫金考乘卷十四
句吳周有壬佩安著　次女毓芳敬刊

續識

邑志並有雜識一門是編則統爲雜錄皆採諸各
書照本抄寫其有故實可徵往蹟可考與夫臆見
之所及并近事之不可不識者得若干條題曰續
識用備徵考

康熙四十四年
聖駕五次南巡放生池戲樓黃埠墩寶善橋河塘上
俱搭燈棚結綵報德坊綵綢紮牌樓覆蓋寄暢園門
首燈棚結綵園中鋪設絕盛泉亭恭設
御座徧地皆紅單大雄寶殿禪僧禮懺
聖駕臨幸僧奏樂鄉紳文成躧接
駕貢監生員恪祗接
駕六房書吏妻尼姑伴婆青童裨婦養濟院俱在惠
山迎接
御舟由東河赴吳下漁婆之艾者衣五色衣划棹清
吹船尾
御舟奏樂見葛霽日記
高宗純皇帝

錫金考乘〈卷十四〉　一

御題惠山園八景詩序云江南諸名勝惟惠山秦園
最古我
皇祖賜題曰寄暢辛未春南巡愛其幽致摹圖以歸
肖其意于萬壽山之東麓名曰惠山園一亭一徑
足諧奇趣得景凡八各繫以詩見
御製詩集圖爲秦氏世業三百年來久稱名勝今邀
九重眘意仿築尤徵非常榮幸
聖諭煌煌不可謂之江南第一名墅哉
高宗純皇帝
御製詩集中與諸臣聯句詩甚多丙寅八月二十七

錫金考乘 卷十四 二

日瀛臺
賜宴後甃流杯亭集臣工四十五人聯句用十一眞
韻吾邑嵇璜王會汾鄒一桂張泰開咸奉
派列洵稱盛事
道光十九年余客蘇州張筠村廉訪幕中廉訪出示
所錄 國史大臣儒林文苑名傳因得假讀一過
吾邑以大臣立傳者嵇曾筠秦蕙田張泰開鄒一
桂嵇璜杜玉林孫永清鄒奕孝嵇承志鄒炳泰秦
瀛顧皋孫爾準以儒林立傳者高世泰顧樞顧祖
禹高愈蔡德晉顧棟高吳鼎附兄鼐以文苑立傳
者秦松齡嚴繩孫附子泓皆
邑中人物科名之盛往往萃于一門余嘗畧爲考之
父子薦舉漢高彪高岱明丁信丁至善祖孫尙書
得謚宋尤文簡袤尤莊定焴父子侍郎得謚明周
文恪子義周文簡炳謨父子宰相得謚
國朝嵇文敏曾筠嵇文恭璜四世詞林
國朝秦松齡秦道然秦蕙田秦泰鈞三世詞林
國朝嵇曾筠嵇璜嵇承謙父子詞林明王表王立道
國朝周宏周金簡兄弟詞林
國朝鄒升恒鄒一桂秦潮秦泉父子封疆

錫金考乘 卷十四 三

國朝孫永清孫爾準三世進士宋沈復沈松年沈有
開明何汝健何淇之何棟如五世科第明顧憲成
顧與沐顧樞
國朝顧貞觀顧開陸四世科第明成始終成繪成周
成憲
國朝王雲錦王興洛王日杏王光顯父子進士宋陳
象陳翥尤袤尤槩明王問王鑑黃正色黃學海呂
㮚呂元夫安如山安希范華察華叔陽華舜欽華
啟直秦禾秦燿侯鼎鉉
國朝侯瀛鄒象雍鄒奕鳳秦源寬秦見龍顧仔顧維

鈁鄒升恒鄒永綏顧奎光顧敏恒鄒夢皐鄒炳泰
孫爾準孫慧惜兄弟四進士宋袁默袁熙袁植袁
正功兄弟三進士宋許德之許衍許佛兄弟同榜
進士宋沈初沈礽李尚行李端行陳之茂陳之淵
國朝周日萬周日贊兄弟進士宋戴達先戴幾先川
王召王問何湝之何湛之茹鳴鳳茹鳴金顧憲成
顧允成吳之龍吳之鵬王孫蘭王孫蕙王永積王
永吉
國朝周宏周宜振吳竈吳熙馮埴馮培兄弟薦舉
國朝吳雞吳鼎其餘祖孫科第伯叔姪科第父甲科

錫金考乘　卷十四　四

子鄉科兄甲科弟鄉科者更指不勝屈也
偶學鼎甲坊左有一榜九進士扁專爲明萬歷巳丑
科葉茂才周繼昌華士標楊應文陳幼學高攀龍
何湛之華國榮堵維垣九進士題名余考崇禎癸
未楊廷鑑榜秦汧强恂黃鍾諸許學華游吉龔廷
祥馬瑞錢爾登
國朝乾隆丙辰金德瑛榜秦蕙田吳雞買霈華恒泰
侯陳齡顧維鈁華栻鄒永綏王雲萬皆一榜九進
士學坊供未題名又
國朝順治丁亥呂宮榜鄭應皐陸朝瑛劉德炎堵廷

棻蔡瓊枝劉果遠許襄劉惠恒張塤顧鏞鮑鳳仞
又己丑劉子壯榜諸豫諸保宥范龍沈在湄薛信
辰朱瑛顧煜侯杲費國瑄鄒忠倚張迎禊皆一榜
十一進士益見吾邑科名之盛也
十世遊庠一綫相傳者孫繼皐孫源文孫秉禾孫維
孫褒仁孫錫信孫開濟孫應虞孫肅孫元超九世
遊庠周淑周懷忠周公謨周宏周金聲周永禱周
曰萬周承甲周福均八世遊庠周淑周懷義周嗣
殷周允益周豐周師湝周掞周綸照
鄒殿撰未第時禱夢錫山之于忠肅公祠夢公倚于

錫金考乘　卷十四　五

其身遂名忠倚字于度忠肅爲前明狀元倚于其
身蓋示科名與並之意後果及第
康熙四十七年廣東巡撫范時崇以生員嵇永仁隨
其父忠貞公承謨同殉耿逆之難疏請褒䘏部議
生員無贈銜例
特敕追贈國子監助教永仁子曾筠總督河南時揚
太夫人卒于官署
世宗憲皇帝
特旨賜祭一壇生員䘏贈職銜大臣親喪賜祭皆異
數也

高純宗皇帝
御製詩集中
御題鄒一桂畫詩先後一百數十首詩中有直呼小
山者儒臣遇合之隆可云千古無兩此外邑人如
元倪瓚明王紱二人畫幅仰邀
睿賞賜題者亦復不少
天章數藻炳耀藝林倪王兩家翰墨益增貴重矣
錢香樹司寇借鄒小山宗伯同遊盤山時杏花盛放
司寇出藏紙索寫盤山杏花圖宗伯即于花下點
染屋宇垣墉山嵐花氣一一入妙人皆知其花草

之工不知其山水之兼長也畫徵續錄紀其事
乾隆十四年
詔舉經學調京候試者四十人
上命廷臣覆核務取名實相符如果共信即可不必
考試于是諸大臣公同會核于四十人中爲衆所
推服品行端方經術湛深者得四人吾邑實居其
二顧棟高吳鼎鼎所呈經學各書奉
特旨派翰林二十員中書二十員在　武英殿各繕
一部進呈
命大學士梁詩正劉統勳董理其事禹被

高宗純皇帝特達之
知以舉人而官學士與嚴繩孫之以布衣而入詞林
並爲藝林佳話
內廷書籍向有供事繕寫此獨責成翰林中書尤見
儒生稽古之榮也
本朝會試知貢舉向以甲科出身之侍郎等官充之
秦瀛以舉人
欽賜中書出身嘉慶己巳官內閣學士奉
特旨充是科知貢舉又嘗
簡放四川學政以非甲科辭免

江寧鄉試舊例江蘇安徽兩省巡撫輪流監臨道光
壬午輪屆安徽時巡撫爲孫文靖公以本省人入
闈監臨士林榮之
邑中廢蹟甚多不能悉錄今錄其見諸舊志者蓮蓉
閘在縣北二百五十步五里亭在縣北五里並見
咸淳毗陵志魯班亭在惠山寺製作甚古退學齋
在儒學元初教授虞薦發建尤棟記並見元志三
登會在中市橋南虹橋北故中市橋舊名倉橋中
市橋巷舊名倉橋巷見元志宏治志瑞像閣在惠
山寺南唐保大間建仁風亭在南市橋北稅務局

在中市橋側元時設稅于此明太祖吳元年知州王和重建駐麾亭去縣尉廳事行二百步所以駐使臣者俗稱行衙亭並見宏治志夏氏義井在控江門外江陰巷元延祐六年夏氏鑿宋氏報親義井在沈家巷口元延祐六年宋氏鑿井作亭亭後有樓以憩行人爲報親也憩節堂在縣南五里明正德間邑令侯位建都穆記並見萬歷志

試泉門外新板橋河側鄭氏魚池中有古墓年久塚坍棺木畢露魚池每年必戽水令涸收拾池底其棺人皆見之前和有門可開中隔以板供鐵小香

案如龜式中刻顧氏二娘之柩旁刻保大二年盖南唐時所瘞也鄭氏懼有所累報于官知縣邢璉詣勘立碑題曰顧氏二娘之墓旁鐫南唐保大二年六小字堆以塼堀碑覆其上余嘗徙居西郭外鄭氏魚池即在宅右收拾池底時常往視之

陽山楊氏墓有石碣上刻樂哉斯邱四字相傳楊氏先世與一堪輿者善館之于家爲其先人擇葬地數年而後得此葬有日矣掘穴觸巨石楊氏擬不用堪輿者曰石下必有眞穴命工人起除之果得土遂葬焉復驗起出石上有樂哉斯丘四字即以樹于塚後余聞其事已久今年春偕汪獻仲家季卓有事張舍距陽山甚近相約共往舟至陸墟橋登岸行二里許抵墓所墓極宏敞四圍皆丈許巨石雕鑿光細排列爲墻主塚前有碑題曰明贈都察院左副都御史楊公原振之墓旁塚纍纍各有題碣不能悉記主塚後別有一石在焉高二尺餘濶約一尺五寸厚約一尺苔蘚剝蝕細加拂拭始得之乃隸書也字分二行每字約方三寸樂字下半截略糢糊餘字皆完好古氣磅礴體似曹全碑必非唐宋以下物石質甚堅四面無規矩字偏左

必因掘起時石遭殘闕字正則石偏不能不如此安設字旁字下依稀似有小字不可辨識有土人過詢石來歷所言與所聞同山中無由覓搨碑具不能搨一紙歸以示同好頗爲恨事已倩居近陽山之新瀆橋錢子搽初代搨數紙以寄當可得也楊氏墓後科名特盛都御史楊璿儀部楊琛太僕楊應文並以甲科起家後有徙居郡城者明季給諫楊兆升　國初參政楊兆魯皆其苗裔誰謂風水渺茫耶昔郭景純偏視江南地脉凡吉壤必有鈐記埋于其中是碣意即所爲鈐記歟

明萬歷間三翁河通建承賢橋立四面豐碑刻邑侯許令典及邑人顧憲成高攀龍劉元珍諸名賢各記文于其上築亭覆之今尚存惟亭頂已圮石柱亦日剝削前賢遺蹟亟應修葺勿使湮廢此亦吾鄉賢士大夫之責也

康熙間有僧涵碩者精形家術卓錫至吾邑邑侯吳公興祚甚敬禮之嘗令看視通邑形勢據言西門外壩不宜築橋宜毀邑人胡王賓送涵碩師之閩序言之甚詳壩之緣起無考橋猶存惟是橋爲新舊邑志所不載豈卽以其不利于邑歟王賓送涵

碩師之閩序余採入梁溪文鈔

惠山泉自漪瀾堂下池石鯨吻流出見于元志此物不識何年何人搬造數百年來不聞有重爲更製者蓋尚元以前物也余考惠山石鯨首有九其在漪瀾堂下池及寺塘涇者遊人共見之尚有在華孝子祠二秦氏寄暢園二形質較小此外一在邵文莊公祠砌入駁岸此必文莊建造二泉書院時所製一在黄公澗叢莽中其地本鄒副使廸光鄒園舊址園廢而此物獨存耳一在蔣氏纍圃當是康熙時欽玉蔣翁一梅亭前故物也

距小渲淤二里有土城相傳爲莫天佑所築是時明將湯和守常州數以舟師由太湖水道犯境天佑屯兵于此禦之案小渲淤屬開化鄉毗連揚名元王逢有往揚名開化二鄉掩遺骼詩鄉人隨殁隨埋有何遺骼意卽當時所傷士卒也

明史于莫天佑無一貶詞其附張士誠傳後云莫天佑者元末聚衆保無錫州士誠攻之不克招之降不從及士誠受元官乃附爲士誠表天佑爲同簽樞密院事是天佑實元官也又云天佑至金陵太祖以其多傷我兵誅之無錫自元順帝至正十八

年明祖取常州至二十七年邑士張翼說天佑降于明此九年中幾于無日不有明師天佑卒能堵禦保守且又多傷明兵是其謀勇兼備有尋常人所不能及者惜乎失足張氏遂爲時論不取設得早遇明祖必可大展才能其功勲當不在藍沐諸人下也陳汝霖安陽山莫冠平詩云梁溪水北家何在建業城西骨未收是天佑實邑人其後裔名旺者諱莫而贅于徐去夕姓余予見劉應選所撰余氏家乘序知之

錫吳南唐時無錫爲邊疆要地設立重兵以備吳越

宋萩錢氏取常州錢氏舉傾國之師由太湖水道至常不敢先攻無錫元莫天佑守無錫州九年明師逼近常州侵犯殆無虛日竟不能克故明兵亦由太湖水道扳吳江州再下蘇州後天佑爲邑士張翼說降城終未下疇謂無錫非可守地耶惟太湖跨連三州水道四通八達沿湖諸港口在在險要湖防安可不講求哉

明倪靜寄先生峻致政歸講學東林十有餘年見東林書院志東林爲宋楊龜山先生講學地至明萬歷間顧端文憲成興復之遙遙三百年其間維持

道統繼往開來片席東林賴以不墜峻與有功焉今道南祠主層列祀不及峻亙爲闕典

顧岱以潞安知府左遷贛州同知時三藩作亂贛州當用兵之地大帥方務威衆岱壹意安撫保全無算有奉委進背江洞駐軍赤坎招安賊三萬有奇五律詩一首其第二聯云由來皆赤子何忍作長平眞仁人之言也此與前明吾邑侯先春疏釋播囚事頗相類先春子姓科名接踵岱孫預贊景遷並以科第起家至今簪纓通顯累世不絕報施殆不爽云

樂舞廢于明萬歷時邑士選拔貢生王芝林有志典復博考紀載商訂樂律選集縉紳子弟教導演習言于有司製器製服于道光戊子秋仲舉行音節禮儀一一合度惟以人數衆多不能不有更替仍于每屆祭前十日各子弟就芝林家重爲演試以免錯誤二百年來久廢之鉅典一旦復行芝林不爲無功也

梅里志載嵩山寺鐘梁時高僧嵩頭陀所製聲聞數十里明嘉靖間邑令以爲譙樓鐘互易之余以搜訪金石親詣譙樓驗其欵識誠嵩山寺物其鑄鐘年

代則明永樂十五年也識之可正梅里志之誤

西水仙廟祀明無錫知縣劉公五緯鄒漪啟禎野乘劉無錫傳公歿後有神降于蔡氏言公爲水仙之神水仙之名見之于此稍後又有南水仙廟祀明知縣王公其勤案王公令無錫在嘉靖時劉公令無錫在萬歷時王公先于劉公數十年今錫俗演會次序則以劉在王前愚民無知襲謬甚矣

唐以前吾邑科目寥寥自宋雍熙間南禪寺建妙光塔而巍科蔚起余近遊南禪寺欲拾級眺遠見塔門扃鎖甚固詢之知爲寺僧堆積柴草以兩邑文

風闕係之所而茅塞其心甚非所宜擬即告之同人請官示禁焉

陶文毅公撫蘇時武進陽湖二縣嘗以紳士採訪貞孝節烈三千餘人詳請彙

旌上元江寍二縣隨亦舉報五百餘人先後奉准

旌表公屢爲余言無錫金匱可即仿照辦理余因言于從叔丹石徧告同鄉諸公廣搜博採亦得彙案總

旌貞孝節烈一千八百七十六人議以惠山有恒道院旁屋改爲總貞節祠其營改經費有節婦胡德

先繼妻徐氏等五十八人集貲動用遂爲徐氏等設立牌座供奉其間而以總

旌之一千八百七十六人鐫刻姓氏于門余謂貞孝節烈旣邀

旌表例得設位致祭且是祠指名爲此一千八百七十六人而建今僅題名于門而以捐貲之胡德先繼妻徐氏等設立專位此何異富者在座飽餐貧者環立而視甚非所以安妥幽靈也

旌表節婦向奉給　帑三十兩聽本家自行建坊本家多以抵作院司府縣學各衙門之費道光二十六年奉文祇于各府各直隸州每年官爲建一總坊刻所屬州縣是年奉准

旌表之各節婦姓氏于上毋庸按口給銀以致貧苦之家力不能請者多秦星槎炳灦余蓮村治候志勤楨家季卓汝立共爲採訪年遠未旌及合例現存無力請旌之貞孝節烈各婦女凡得二百四十六人由候補中書王言鑄在部具呈定例六品以上同鄉京官准其出具印結呈部請

旌中書七品未奉部准邑人吏部侍郎侯桐重爲呈于禮部行查到縣邑中同志又爲續採一百四十

七人前後合共三百九十三人由兩邑舉貢生員等具結呈學加結牒縣通詳奉督撫學三院會核題准

旌表此案彙

旌候志勤家季卓實主其事其前次總

旌之一千八百七十六人邑人秦廷楫獨任其勞呈報後其子炳章即捷秋闈志勤季卓亦先後登賢書謂非表幽闡隱之報歟

惠山致祭各祠概用祭筵一席惟貞節祠設有三席詢之祠丁言建祠開祭之初即然余以爲牌位衆

多故添設兩席以示豐盛足見先輩主司其事之人用心精細如此神龕向用竹簾風窗遮蔽至祭祀日乃揭開後裔到此行禮匆匆而去誰爲細閱道光丙午春祭余詣寺門內貞節祠行禮後步至龕前查看牌座始見其中尚有木板間隔分爲三龕方悟祭筵三席暗寓正祔之意惟主祭官祇在中間一席行禮特牲以陳設于中間一席彼設位旁龕者孰非奉
旨官祭之人有何區別而必以木板間隔余大爲不平立即言于諸祠董擇日飭匠將板拆除頗快人

意聞寺塘涇舊貞節祠龕式亦然其主祭顧洛園氏意見頗與余合擬亦即爲折除焉

秦淮海先生墓在惠山其子湛倅常州時遷葬于此後裔因遷居常州並分徙無錫以奉祭祀宋開禧間邑令應純之以墓地荒廢慨然封植永嘉戴溪重修淮海先生墓記云淮海先生秦少游建中靖國初卒藤歸葬高郵政和中遷塟于常州無錫縣惠山之原子孫因家焉又云擇秦氏諸孫知學者肄學職得月給使具祭祀是無錫秦氏實淮海先生的裔可知秦會之本無後人見于宋史而世人每以無錫秦氏爲會之後不可爲據戴文端重修淮海先生墓記見上藝文考

鹽大使蔡金城季女慧雲幼聰敏通經史性尤至孝父殁日夕慟哭會庶弟贊堯遘危疾慧雲恐傷母心斬父嗣禱天封股潛與飲之贊堯疾得瘳而慧雲終以哭父成疾卒吾鄉風俗涫厚婦人女子皆知崇尚孝友慧雲以嫡生之姊而爲其庶出之弟刲股療疾尤爲難得洵閨幃奇行也

咦夷犯順竊據定海并先後攻破寍波乍浦江南之上海鎮江亦相繼失守人心惶惶各鄉匪徒竊發

聚衆搶奪之案日以數十計有朱四者本下田橋沈姓傭工糾集無賴搶劫家主銀米衣飾潛入城中爲捕者所獲適
欽差大臣耆英暫駐北塘金匱知縣董用威以朱四情節較重稟請
欽差大臣以軍令就近于本地正法搶風始息

尼庵最壞風俗道光庚子巡撫裕公謙奏請毀除凡年在三十以內者概令還俗擇配酌留十庵併居老尼憲意嚴切有司奉行唯謹惡習一除裕公殁禁令遂弛不十年間此風復盛安得上臺盡如裕

公耶
嘉慶五年庚申秋九月學官檜樹華明年辛酉顧皋
大魁天下

跋

錫金考乘十四卷外舅周佩安先生著其次女毓芳所刊毓芳卽余婦也先生博極羣書毓芳幼從父學通書史喜翰墨比歸於余內署敏而外端嚴動持禮法暇則手一編吟詠自適咸豐庚申吳地賊氛大惡余方官京師乃盡舍家具渡江而北第奉余家先像自宋淮海公以下累世數十軸暨父佩安先生手著遺稾以行以是免於兵火余始知其有遠識非世俗女子所能及也嘗謂余曰吾父書闗兩邑掌故畢生苦心萃是盍刊行之余諾之以公冗卒卒未果逮庚

午乞假歸後主講東林婦復以是請余曰考乘附邑乘而行邑乘燬何考爲今邑乘已奉檄重編是書資考證爲多盍少待無何遘疾革詔余姪姚臣前發私稾金與稾本授之付手民蓋其必欲傳是書以傳父之名其志決其心苦矣嗟乎書之傳與不傳固不惟視乎書之刊與不刊而刊之之心要卽傳之之心況乎書之必可傳者哉余於是益歎其有遠識非世俗女子所能及抑以歎先生著書之苦心自此不没而其女欲傳是書以傳父之名其苦心尤不可没也是爲跋秦賡彤

無錫縣志補遺

（民國）侯祖述 編

《無錫縣志補遺》不分卷（民國）侯祖述編。民國八年（一九一九）稿本。

侯祖述，無錫人，清國子監生，曾任縣丞。民國二年，於無錫縣公署清理舊存案卷。民國六年曾聘於江南通志編纂處任徵訪員。本書之作即爲江南通志編纂提供徵訪所得的無錫地方史料。徵訪方式有二：一爲親自訪問，實地目驗。如膠山南墓即親訪所得，且有記錄，寫有呈文，采錄當時人之記載，及政府公文之類，皆爲舊志所不載。二爲當時人所寫資料，在人物傳中，多有傳主親屬所撰傳記材料，亦爲他書未見。所錄材料皆爲光緒《無錫金匱縣志》編寫之後之人物。清末民初，易代之際，季世文字，往往佚失。幸有此書存留，雖吉光片羽，亦可珍貴。該書封面題爲『無錫人物志補充稿』，不分卷，共二册。因是書之作，目的供《江南通志》取資之用，所列卷次，全以《江南通志》之卷次爲準，内容與通志類目相對應。所補内容大類爲輿地志、官職志、人物志、藝文志。該書最有價值部分，即保存了清末無錫人物之傳記資料，具有稀見之特點。義烈部分也曲折反映了太平軍在錫城之所爲。因編者從補充縣志出發，故保存了舊志所失載的材料，特别是清末三十年的無錫地方人物，彌足珍貴。

本書據民國八年（一九一九）稿本影印。

（徐志鈞）

無錫人物志補充稿一

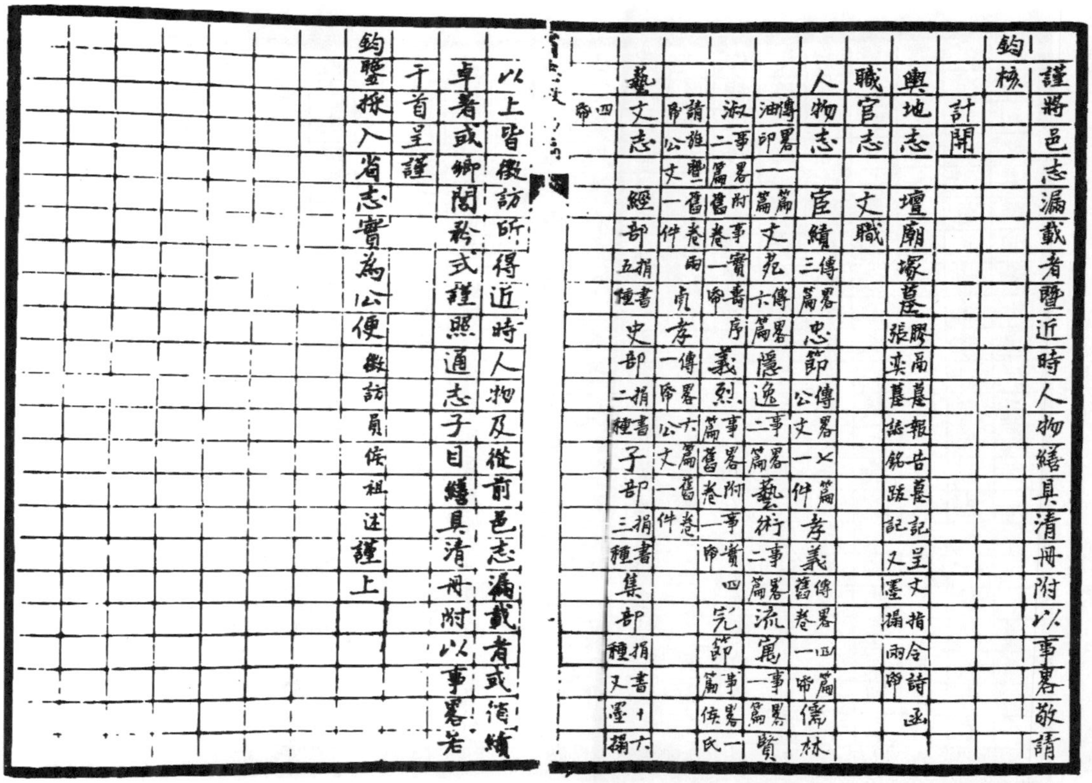

謹將邑志漏載者暨近時人物繕具清冊附以事畧敬請
鈞核
計開
輿地志　壇廟塚墓（張將局墓報告墓記呈文指令詩函　張奕墓誌銘跋記又墨搨兩件）
職官志　文職
人物志　宦績（傳畧三篇）　忠節（傳畧七篇　公文一件）　孝義（傳畧四篇　舊卷一冊）　儒林
（傳畧一篇　油印一篇）　文苑（傳畧六篇）　隱逸（事畧二篇）　藝術（事畧二篇）　流寓（事畧一篇）　鄉賢
淑（事畧附事實壽序　二篇舊卷一冊）　義烈（事畧附事實四　篇舊卷一冊）　完節（事畧一　篇侯氏）
（請旌暨舊卷兩　冊公文一件）　貞孝（傳畧六篇舊卷　一冊公文一件）
藝文志（四冊）　經部（捐書五種）　史部（捐書二種）　子部（捐書三種）　集部（捐書十六種又墨搨）

以上皆徵訪所得近時人物及從前邑志漏載者或遺續
卓著或鄉閭矜式謹照通志子目繕具清冊附以事畧若
干首呈謹
鈞鑒採入省志實為公便　徵訪員侯祖述謹上

江南通志第三十九卷
壇廟塚墓補遺
商大賢膠鬲墓在縣東龍腿山
膠鬲墓在邑東膠山相連之龍腿山（即牛腿山）延聖殿後石
馬灣穹碑矗立錫商朝大賢人膠鬲輔德　墓十
字係嘉慶十六年十月後學關德瑋補立民國二年祖
述奉委清理積案得光緒元年飭捐山地入先賢膠鬲
墓道卷宗六年春奉委為省志名宦徵訪員乃博訪周
諮於七年夏六僱覓鄉導尋得斯墓於荒榛斷梗之中
因查今字圖（即四圖二四）區冊四千二百四十九號有免糧
先賢膠鬲墓山田二畝九分二毫冊首免糧膠賢墓畝

省志徵訪稿　商賢膠鬲墓　宋張奕墓　清龔武仕墓

分同亟會商錢君子泉孫卿昆仲呈請當道廖九封植
勒石禁樵採置守冢春秋祭掃可與泰伯墓並峙千古
矣後學侯祖述謹誌
宋太常博士張奕墓在景雲鄉羊腰灣退字圖
清律歷家龔武仕墓在華藏山寺灣裏土名龔家山

商賢膠鬲墓記　楊鍾鈺 京甫
子輿子七篇論商季賢臣以膠鬲與微箕並舉又稱膠鬲舉
於魚鹽列舜傅說之次其推崇甚至文王舉鬲俾仕於殷亦
猶湯舉伊尹首薦之桀以人事君忠之至也武王觀兵孟津
膠鬲來詢師期始終為商無救於商之亡亦猶祖伊奔告受
罔悛心雖有善者亦末如何也無錫於商末為句吳本魚鹽
之地故老相傳膠山以膠鬲得名其為鬲桑梓之邦歟抑為
棲隱及販鬻之所如泰伯鄉以泰伯得名鴻山以梁鴻得名
歟代遠年湮無從深考舊邑志謂膠山下有膠鬲墓係傳聞
之誤民國二年余表弟侯君祖述紹先捧檄清理舊卷檢得
光緒元年諭飭捐山地入先賢膠鬲墓道案卷以事關先賢

省志徵訪稿　膠鬲墓紀　三

遺蹟志在表微周諮博訪七年夏六經鄉民指引之於龍腿
山延聖殿後石馬灣尋獲膠鬲墓豐碑屹然上鐫商朝大賢
膠鬲墓字樣係嘉慶十六年後學關德瑋補立墓周圍四五
丈墓旁為人侵葬殆遍十數丈外剩殘缺石馬二匹因查今
字圖區冊有免糧膠賢墓山田二畝九分零為歷代優禮先
賢確證因會商錢祖耆先生為焯請於當道清釐界址厚加
封植并置守冢春秋祭掃勒石榜示永禁採樵以昭封墓式
閭之盛典而膠鬲之流風餘韻亦將與泰伯之墓梁鴻之山
鼎峙千秋永永無極廉頑立懦賢傑蔚興此則吾邑官紳表
彰遺蹟之微旨也時值兼修省志邑志爰仿龍門伯夷傳體
而論列之其低徊景仰之忱云爾

呈請保護商賢膠鬲墳墓　　具呈公民侯祖述
為表彰遺蹟具呈請願事竊緣無錫懷下市之膠山有膠鬲
墓該山因是得名與鴻山吳泰伯墓同為邑中古蹟但膠墓
志乘失載幾於湮沒不彰民國二年公民任縣公署清理業
卷之職曾見舊檔有光緒元年邑令廖綸諭飭捐山田入先
賢膠鬲墓道之業且撰刊碑記繪圖附卷乃七年修志仍未
收入誠不可解此次本省纂修通志邑志亦同時並舉公民
業任徵訪之役當於本年夏六親赴該市實地調查經鄉民
指引始於膠山相連之牛腿山邑志作龍腿山延聖殿後石
馬灣尋獲膠鬲墓豐碑屹然上鐫商朝大賢膠鬲輔德墓欵
署嘉慶十六年十月後學弟子顧德瑋沐手想像當時補立

者墓圍圍四五丈墓旁為人侵葬殆遍十數丈外剩殘缺石
馬二匹欲尋廖令碑記以地廣草深不得歸途順便至該鄉
戶書處調閱區冊該墓坐落令字四千二百四十九號共載
山田三畝八分三厘外舊免糧膠賢墓二畝九分二毫可見
前代亦常敬視該墓之遺意祇以奉祀無人至其墓名不能
與泰伯並著甚至為人盜葬私人士庶豈能逃其咎哉竊維
封墓式閭為歷代禮賢之盛典拾遺補闕亦後起應盡之責
成孟子論商季賢臣以膠鬲與微箕並舉又稱膠鬲舉於魚
鹽列舜傳說之次其人如此其墓豈可聽其埋沒於荒煙蔓
草一任樵牧之作踐耶此次既經發見應請
飭縣先行檢查檔案清釐界址厚加封植設置守冢春秋祭

掃勒石榜示永禁樵牧並咨
內務部立案以垂永久庶膠鬲之餘風流韻得與泰伯之墓
並峙千秋永永無極從此廉頑立懦賢傑蔚興此則公民請
求表彰遺蹟之微旨也為此具呈請願伏乞
省長鑒核照准施行實為公便除呈
督軍暨道尹縣長外謹呈
中華民國七年九月十七日

省長道尹商賢膠高墓訓令

縣署奉

省公署訓令云案據該縣民人侯祖述呈立表彰遺蹟請飭保護等情據此除批示外合亟令行該知事仰即查核辦理具報此令副呈發又

道尹公署訓令云具呈已悉查先賢冢墓應行保護於民國五年十一月曾奉內務部定有辦法通行有案商賢膠高之墓既據該縣公民查考明確自應照案保護仰無錫縣知事查核辦理具復仍候省長批示此令

綺雲樓詩草

（清）咸豐十一年辛酉　竇士鏞 曉湘

膠高墓

才等巖前版築人可憐天不助賢臣偏逢宗社淪亡際草貿泥塗拔擢身麥秀歌殘悲帝子膠峯秋冷弔遺民竟教王佐空山老苦沒荒碑志未伸

謁膠鬲墓　　　竇鎮

膠峯卓立日光烘，一代賢臣想像中。版築巖前引同調，魚鹽
海上仰高風。弓旌詔下君恩渥，禾黍歌成國運終。有志未伸
才未展，灣尋石馬吊幽宮。

訪獲膠鬲墓步竇叔英師原韻　　侯祖述

訪賢冢墓火雲烘，龍腿巒光指點中。戊午季夏再訪膠墓，遇鄉人好古者謂墓在贍山相連之龍腿山延聖殿後石馬灣深處。革野躬耕聊卒歲，巖阿版築仰真風。立
津節鉞成功速，濱海魚鹽費志終。石馬灣深碑卓立，永垂褒保
護幽宮。

膠鬲墓　　　侯學愈

佳城鬱鬱湘商賢，萬里來營龍腿邊。恍惚玉魚游夕室，依稀
石馬臥秋烟。荒榛斷梗搜陳迹，蠹簡蟫編洒昔年。舊卷堪稽
圖冊載，前朝禮意到今傳。
梁鴻溪水留芳澤，泰伯山陵著讓卿。一樣情懷寄憑弔，兩般
事蹟費評量。魚鹽利易剚蠻俗，桑海痛深故國殤。更得美新
修史筆，表彰遺獻闡幽光。

膠賢墓熊希齡覆函

敬覆者接

來書並墓誌公函二紙備悉顛末江南志局

執事肩任徵訪之勞補闕拾遺學識已偉昨又訪獲膠高墓

道千載名賢重光幽隧與古之護柳下惠墳禁其樵採者其

功等耳曷勝嘉許　令叔祖治蹟賢良足彰史乘已將事

略編次列傳體裁草草擬就所謂蔡邕為郭有道作文無愧

辭也昨交屈君蟠轉寄矣知

念附聞手此順候

文祉

一

故朝奉郎太常博士三司推勘公事騎都尉賜緋魚袋

張君墓誌銘并序　馬仲甫

嘉祐中三司使蔡公方大振職事飭僚屬乃表著作佐郎張

君于朝以為推勘公事而君以稱職聞居三年治平丙午五

月十六日疾卒其孤中行以其喪歸常州無錫縣十十月初

三日甲申將葬于景雲鄉恩尊里之先塋且請銘於予予守

台州時君實為從事予固知君者也乃序而銘之

君諱亟字源明常州無錫人曾祖諱卓祖諱漢濵父諱瑩贈

大理評事母康氏追封仙遊縣太君湯氏封壽昌縣太君君

起家舉進士擢乙科歷太平台洪三州之從事改著作佐郎

在三司遷秘書丞太常博士君敏博而有文其在鄉里以行

義稱及出而仕尤長於時務遇事不苟思欲冥諸理而後已

台有大水隄防繕完之智出於倉卒民卒賴以安實君力焉

郡人張希房尚幼君視其材可教收而擾之以學問孜孜焉

若己之子後果擢進士弟洪之屬邑有以縱火民家因上于

州有司議弃市君獨疑曰是可死邪請自案獄果得所以来

盡之狀而因論得免吏以詆服京師大衆之地獄訟之夥猶

天府與三司焉而三司又括天下之賦入凡諸道之務巨細

悉關決之故事物之機會人情之姦利日以至者蓋百計顧

非明且愨者處之則幾不能無刑法之濫君矯枉去弊多所

辨正其陰施在人深矣予聞善惡不虛其報君雖不克身享

之安知不在其後乎君享年五十有五娶朱氏封仁和縣君

二子中行其長也舉進士次梁卿始三歲後君十五日而卒
三女長適鄉人陳充先君卒次適進士李毅次尚幼銘曰
士之有志　艱乎得時　時之既得　若將可爲
乃不永年　之　謂天與善　則予不知

右宋朝奉郎太常博士三司推勘公事張奕墓誌銘馬仲甫
撰文張錫篆蓋呂希道書丹序云嘉祐中三司使蔡公表著
作佐郎張君於朝以爲三司推勘公事居三年治平丙午五
月十六日疾卒其孤中行以其喪歸葬常州無錫縣按慶史
選人磨勘者進士出身爲著作佐郎餘人爲大理寺丞謂之
京官職官志三司推勘公事以京朝官充奕以進士爲著作
佐郎以佐郎任推勘與史志慶史俱合李燾長編嘉祐三年
置三司推勘公事一人治平三年正月罷罷後四月奕始卒
故序不言卒於官曰歸葬者奕解職後以朝請留京師也慶
史秘書丞以上曰升朝官始奉朝請曲洧舊聞元豐以前二
府侍從有罪猶以本官歸班朝請則無罪去官者可知矣

此時蓋以太常博士歸班博士寄祿官也不治事奉朝請而
已誌云君舉進士乙科歷太平台洪三州從事台郡人張亦
房尚幼君視其材可教收而授之以學後果擢進士第按赤
城志張亦房臨海人舉嘉祐八年進士終金壇縣主簿而馬
仲甫守台在皇祐三四年奕自太平移台遂爲仲甫從事其
舉進士當在皇祐前爲推勘則在嘉祐六年蔡襄爲三司使
後宋初三司號計省而英宗謂呂公弼曰蔡襄主計訴訟不
以時決則知兼掌刑獄故誌云京師獄訟之夥惟天府與三
司也撰書人惟馬仲甫宋史有傳張錫郢人皓孫父名牧見
李燾長編呂希道爲文靖之孫見王珪所撰呂公綽墓誌銘
東坡集有贈呂希道知和州詩施注載其仕履尤詳此誌光

緒二十年正月十七日羊腰灣農人鋤土得之其地今分隸
金匱縣猶稱景雲鄉恩覃里與誌同舁而置之恒善堂謀所
以保護其墓者前顏上縣知縣王鳳儀前署祥河同知朱錫
東河候補知簿秦寶璣同知銜監生劉繼增見墓發來告者
附生殷玉田計治平丙午至今八百二十有九年邑多張族
而譜牒皆始南宋或元明不復知君為誰祖矣是月二十六
日裘廷梁跋

此墓志出錢姓業田中被發時蓋已失無從追問恐
遂磨滅後來之無考也乃舁諸恒善堂刻石題記掩
之幽且謀所以保護之閱志中有歸葬先塋語意其上
當更有墓在因以錐探求不可得而原隴廣袤亦不可

知故即田之壞畔規為墓知金匱縣事太湖王公晉捐
廉給業復其地同人更募資鳩工封以馬鬣繚以石垣
樹以松楸請於官禁樵牧焉夫名宦古墓志乘無闕子
孫之守固鄉黨後來責也宜詳記之庶幾永遠弗墮此
地賦編退字第九號平田四分今依界作垣前七弓半
後七弓左右各十七弓墓居中偏右北向墓門則中闢
向亦如之門外近水即羊腰灣也劉繼增記

江南通志第一百七卷

文職

清吳政祥字春舫 仁民愛物 百廢俱興
裴大中字浩亭 惠政及民
右牧令

廖綸字養泉 尊賢禮士 修復古蹟
湯耀字星軺 教（敦）業 獲（護）遺 民安不擾

江南通志第一百五十卷

宦績

清 侯晟字霽舫 秦堯曦字纓卿 薛福成字叔耘 秦緗業字澹如 薛福辰字撫屏 楊宗濂字藝芳

省志效方局 宦績

武功

侯觀察晟傳

侯晟字季方一字霽舫無錫人天性純摯幼喪父事母以孝聞中道光八年副貢考充正黃旗教習期滿以知縣用分發雲南署景東廳地處萬山中箐林叢篁多瘴癘每屆春夏官民率遷避邑井蕭條數十里斷烟火晟時厲紳援舊俗請晟以守土職重枚舉古今由禍福感召之理墾切諭之衆悅服安土樂生期年無夭札回逆犯馬龍州大府重晟才檄署州事募勇訓士濬城隍儲倉廩出戰守方略數助保州城二十一年督運京銅銅船戶獷悍舌軌橫行鄉鎮晟嚴訂禁約以軍法部勒犯者杖遂之由是三百餘艘皆畏法閭閻無驚擾事竣大關同知調思茅迭署廣南大理二府循聲卓著

熊布齡

省志效方局 侯觀察晟傳

擢江西袁州府知府大府奏留辦理滇省軍務署迤南兵備道剿賊首無算克復姚州紅巖等城加道銜賞花翎署鹽[illegible]省捐務時遭兵燹輸者無幾晟出廉俸數百緡共勸導商賈咸踴躍軍餉遂足奉旨以道員用旋署糧道同治元年[illegible]引見部吏索費甚鉅降就同知分發湖南[illegible]軍需善後等[illegible]歷署永順永州二府其治與廣南大理同補鳳凰廳同知道黔苗煽亂籌畫防剿諸策小醜蕩平四境安堵加鹽運使銜補寶慶知府光緒五年[illegible]歸里年八十四卒晟服官四十餘年所蒞皆荒徼閉闔榛狉撫輯黎庶以益國利民敦本厚俗為務而臨事勇敢凜然不可干以私復砥礪廉隅儉約自奉自勵布衣粗食若寒素然初官雲南岑毓英尚諸生識

其才略延幕中參畫軍務嘗曰吾君十倍勝我後毓英肅清
南服卒為中興名臣感晟知遇終身以師禮事之寗入京引
見時迂道江蘇省親墓適伯仲二兄相逝追念父母兄弟枕
席間常漬淚痕迄遭三兄喪愴懷骨肉遂決然引退其篤於
友愛若此子樑浙江補用同知毓英留雲南奏保知府以疾
幹輯

楊先生宗濂事畧

楊宗濂字藝芳金匱人咸豐十年粵寇東竄宗濂以戶部員
外郎丁憂家居赴安慶曾國藩營次乞援國藩留之佐戎
幕同治元年三月宗濂隨李鴻章東下招降南滙賊目偕劉
銘傳收復江陰蘇州無錫等處悍賊李秀成自溧陽犯犇牛
劉銘傳守河橋西宗濂守河橋東血戰竟日大破之遂與大
軍合攻常州克之蘇常郡縣初復流民歸無所食宗濂通牒
為民請命發賊所遺粟萬石賑之江南平總辦常鎮二郡營
田墾荒田數十萬頃隨勦捻匪總理營務多所規畫積功游
擢道員歷任湖北荆宜施道直隸通永道山西河東道長蘆
運使創辦北洋武備學堂畿輔大潦籌募施賑全活無算庚
子拳匪之變聯軍薄津城宗濂召募營勇登陴誓守礮傷左
足裹傷強起治軍揮兵巷戰右股復受槍傷光緒三十二年
卒於家蘇撫陳夔龍疏請宣付史館立傳並准入祀淮軍昭
忠祠及蘇州李鴻章專祠子壽樞光緒十五年舉人官光祿
寺少卿壽植直隸安州知州壽楣光緒二十八年舉人官
山西道員

國史楊宗濂傳

楊宗濂江蘇金匱人咸豐十年粵寇由江寧東竄宗濂以戶部員外郎丁憂家居團練大臣龐鍾璐委辦江常五邑團練事宜招集義勇萬人為鄉里保障嗣郡邑迭陷孤軍饑械不繼宗濂見逆氛日熾非有勁旅不能討賊乃赴安慶曾國藩營次乞援其時沿江賊卡林立飛礮不絕穿賊中行千餘里抵皖論平賊方略及進兵地形險易曾國藩器之留佐戎幕同治元年三月隨李鴻章淮軍東下自募一旅名曰濂字營為諸軍鄉導至上海淮軍初興賊遇宗濂輒率所部首先蹈陣以為之倡單騎至南滙縣招降賊目保全縣城李鴻章建議分路進勦一由崑山進蘇州一由常熟進江陰宗濂率所

部至江陰楊舍營值逆酋陳坤書遣大股悍黨來援宗濂激勵士卒禽馘無算劉銘傳一軍遂乘勝收復江陰蘇州賊勢始孤江陰既復亟請劉銘傳以偏師進擣無錫宗濂以桑梓之鄉願任前鋒至無錫之北門與偽潮王黃子澄戰敗之乞城復先至偽官館收其魚鱗圖冊為兩邑清釐計大軍圍攻常州悍酋李秀成率援賊自溧陽犯犇牛以擊我軍劉銘傳往援陷賊中宗濂率衆突入賊陣劉銘傳奮擊始得潰圍而出賊之再圍犇牛也奔松林分兵救之軍既渡河賊以大隊來戰劉銘傳守河橋之西宗濂守河橋之東血戰竟日七破之遂解圍與大軍併力合攻常州賊擁衆死守宗濂督隊攻其西門架浮橋以進馬驚墜水左右援之起仍揮兵前進

內薄登城克之蘇常郡縣初復流民歸無所食宗濂通牒為民請命先以便宜發賊所遺粟萬石賑之士大夫歸者忘館餐之資遣還里江南平總辦常鎮二郡營田事招致客戶墾荒田數十萬頃六年隨勦捻匪總理營務多所規畫又能調和將帥李鴻章尤倚之山東被兵久大軍過境索官車吏民交困宗濂創立車營行軍所需官為儲峙無愆期無騷擾積功洊擢道員交軍機處存記加布政使銜

賞戴花翎八年之官湖北九年隨李鴻章西征尋調赴直隸辦理交涉事件十年署荊宜施道旋甓權新關光緒八年或以收報不實奏參經湖廣總督彭祖賢查覆白其誣免議十年北洋創設武備學堂調充總辦手編課程八卷補授直隸

通永道時畿輔大祲宗濂捐倡發粟馳書各行省募集巨款自秋迄春督率紳吏施賑饑民賴以生活議以工代賑親歷潮白青龍蘇運北運通惠永清各河繪圖估工同時並舉用帑金僅十餘萬闢膏腴得數萬頃民頌之十八年以母憂回籍二十三年援山西河東道以協餉功加頭品頂戴二十三年升長蘆鹽運使值庚子之變外國聯軍薄津城宗濂召募蘆勇四營登陴誓守礮傷左足裹創强起治軍奉

諭赴保定督辦糧臺津城陷宗濂揮兵巷戰右股復受槍傷部衆舁出赴保定時蘆商星散洋兵佔據鹽坨侵銷內地官引不行宗濂謁商全權大臣李鴻章爭回灘坨存鹽百餘萬包籌款分濟商竈俾復舊業二十八年卒

旨以三品京堂候補督辦順直機器紡織局三十二年卒江
蘇巡撫陳夔龍疏請
宣付史館立傳並准入祀各省淮軍昭忠祠及蘇州李鴻章
專祠

江南通志第一百五十六卷
忠節
清楊錫祺字勗仙
侯元慶字樹周
王鶴儀
侯起岑字竹泉
楊廷鷺字菊人
張嘗疇字望屺

楊先生錫麒事畧

楊錫麒字荔仙無錫人廩生議敘詹事府主簿銜咸豐庚申
粵寇陷蘇常錫麒依北鄉張涇橋舅氏襄辦團練以備保衛
是年四月十五日賊擾張涇橋錫麒董率團勇出禦衆寡不
敵身被槍傷同人散逸赴水死之賊亦遂退繼妻顧氏為營
殮殯畢江陰股匪又大至逆知覆巢之下必無完卵乃携次
子龍生女平寶投河自盡時四月二十四日也相距僅旬日
耳亂平報上得
旨賜卹給予雲騎尉世職並祭葬入祠建
坊如例子志濂光緒元年舉人仕至浙江寧波府知府候補
道員封贈如其官

省志徵訪稿　楊錫麒事畧

楊先生錫麒一門殉難事畧

楊錫麒字荔仙無錫縣廩生議敘詹事府主簿銜性敦孝友
為學規遠大不沾沾於章句值粵匪亂見守土者遇寇即靡
慨焉有矯世厲俗之志咸豐庚申江南大營潰錫城繼陷四
鄉士紳輒團練以為保禦錫麒依北鄉之張涇橋外舅家以
居因同預團練事是年四月十五日賊擾張涇橋錫麒董率
團勇出禦衆寡不敵身被槍傷同人散逸赴水死之賊亦遂
退繼妻顧氏為營殮殯畢江陰股匪又大至逆知覆巢之下
必無完卵乃携次子龍生女平保投河自盡時四月二十四
日相距僅旬日耳其長子志濂早出為胞兄錫奎後時兄幕
遊江北嫂率子女避亂別鄉方縣城之始陷也嫂遣急足至
張涇橋請錫麒往謀北渡江為遠避計囑即整眷偕[illegible]錫麒
慷慨揮淚遽示永訣謂已入練局無走理特賊氣惡團[illegible]
遇大敵必敗處不免凡今已生子設今闔家殉老者[illegible]以志
濂還余延一線志濂年九齡方侍側聞之遽起攀號[illegible]
涕下而無術求兩全蓋其死志已早決矣亂平報上得
旨賜卹給雲騎尉世職襲次完時以恩騎尉世襲罔替並祭
葬入祠建坊如例凡錫奎亦篤於孝友乃如其遺言以志濂
歸本房仍撫育如己出志濂中光緒元年 恩科舉人仕至
浙江寧波府知府候補道員加二品頂戴叠遇 覃恩封贈
如其官

省志徵訪稿　楊錫麒一門殉難事畧

侯孝子起岑事略　楊鍾鈺

先生名起岑字竹泉為明贈太僕寺少卿兵科都給事中尤
眘九世孫曾祖錦雲乾隆甲子舉人山西河津知縣有德政
祖鳳苞乾隆癸卯舉人寶應縣教諭父肇六品銜母橋繼母
秦孝子蚤失怙恃孝養繼母能得歡心讀書頗敏因力學過
甚多羸疾遂棄科舉業納職從九思得升斗祿為養親計以
貲絀未能到省性狷介臨財不苟持躬以儉待人以恭尤篤
於戚族遇行路有急亦必竭力營救庚申四月粵匪自金陵
長驅東下各城相繼淪陷孝子知事不可為奉繼母挈妻子
狼狽出城避寇於東亭附近之鴨陣橋時繼母年逾六旬精
力就衰艱於步履孝子背負以行自城而鄉道路崎嶇勉力

躬持竟脱於險服勞於繼母如此遠近聞為真孝子泣不置
祖定而城已陷賊蹤躪各鄉肆行殺掠東亭鎮議起義兵旗
幟衣服尚白號為白頭請孝子贊助毅然從之白刃荷戈率
衆禦賊力挫兇鋒越一日賊數萬蜂至衆寡不敵遂潰退至
鴨陣橋孝子被執脅之降抗不屈賊怒手刃交加遂死焉死
從賊以尸投之火其義憤激烈如此時咸豐庚申四月十三
日也年僅四十有二未幾蘇常克復蒙卹贈雲騎尉世職入
祀昭忠祠孝子殉難之先諭長子駿烈曰我儕有不測汝奉
祖母維謹勿過懼賊死生有命各鄉均有義兵城雖不守鄉
應可保設不幸與賊遇萬勿貪生從逆吾家世守清白毋玷
辱先人也其臨難從容孝思不匱如此時繼母年六十二次
子駿熙纔五齡耳一家孥稚顛沛流離竟獲保全未與賊遇
僉謂純孝義烈之所感也妻楊氏知孝子死狀悲慟得疾後
一年卒駿烈兄弟遵遺命孝祖母植品端愨不替家風孫元
祥工繪事多材藝任公學教員盡誠訓誨鄉里稱之

京發侯起岑卿典報錄
同治元年十二月十三日奉
上諭侯起岑着承襲雲騎尉世職襲次三代完時給予恩騎
尉世襲罔替欽此
由九品職照四品官以下陣亡例議卹奉
旨准入昭忠祠一體春秋祭典賜卹祭葬卹銀並賜全俸銀
兩此於同治四年秋間到
辦承襲督批於光緒四年十二月錫邑尊裴大中出詳於五年三月奉到總督沈葆真
查故員侯起岑殉難請卹前據忠義局錄報經部議給世職
係同治元年十二月十三日具奏本日奉　旨依議欽此茲
核該縣詳文及冊結內聲敘侯起岑案內奉

省志徵訪稿　侯起岑卿典報錄　七

旨日期不符仰即核明原案另行據造妥洽冊結詳送核辦
案關卹典毋稍含混仍候　撫部院批示繳冊結發還宗圖
暫存
裘邑尊更正再詳後督批
仰候彙案奏咨仍候　撫部院批示宗圖冊結存送
省發督撫彙奏報錄
光緒六年八月初十日奏無錫從九品職員侯起岑於咸豐
十年四月初十日粵匪竄陷無錫巷戰殉難奏蒙賜卹經部
議給雲騎尉世職襲次完時給予恩騎尉世襲罔替等因故
員嫡長子侯駿烈現年三十七歲
欽命兩江總督部堂劉江蘇巡撫部院吳安徽巡撫部院裕

會同具奏請
旨承襲雲騎尉世職作為文生在籍應試　京發
上諭准其承襲作文生應試報錄
請襲各世職清單
生員侯慶章長子已故嫡長孫侯鳴鳳年四十一歲　無錫
候選從九侯起岑嫡長子侯駿烈年三十一歲
從九品銜顧廷瑩長子已故嫡長孫顧肇昌年二十六歲
金匱

省志徵訪稿　侯起岑卿典報錄

楊延鷹暨妻杜氏事畧

國子生楊延鷹生而介特閭里敬其節概咸豐庚申為邑城籌防局董與里人虞廷皋畫城守之事誓必死當是時潰卒數萬集城外四出焚掠延鷹與守備蔣志善率健卒出巡梟其渠勢稍稍定既而官軍大潰城陷臨難不去殉節於籌防局事聞䘏贈國子監學錄賜祭葬入祀昭忠祠妻杜氏避難居鄉聞延鷹殉難耗痛哭且死適賊至杜氏投石擊傷賊赴水死詔旌節烈

省志徵訪稿　楊延鷹暨妻杜氏事畧

楊君延鷹家傳

君楊氏諱延鷹字翦人世為無錫人高祖度汪乾隆丙辰舉博學鴻詞授翰林院庶吉士充一統志纂修官曾祖廷彬國學生祖殿贊本生祖陛芝考永基本生考紹基丹徒縣學訓道署蘇州府學教授自鴻博君以文學起家世趾休緒而君兄贈光祿大夫山東肥城縣知縣延俊以制義雄海內君生而介特鬱然而尤夷然而直雖居約閭里敬其節概咸豐間粵寇踞金陵官軍圍之七八年一旦繞敗李秀成挾數十萬之衆東下自大府以下往往棄城跳竄郡縣士大夫鮮有固志獨君與里人虞君廷皋誓必死入保衛局畫城守之甚悉當是時潰卒數萬集城外四出焚掠君與守備蔣君志善率健卒出巡梟其渠勢稍稍定既而提督張公玉良駐軍城外請君計事君所綜畫皆立辦張公大奇之凡城守十日而城外軍復大潰城遂陷君與虞君竟不屈死年四十有九時咸豐十年四月初十日也城未陷也君之兄子宗濂縋城入請君出避君不可宗濂則出集鄉團與賊咋相持數閱月賊數敗鄉團勢益振既而賊愈合鄉團敗散宗濂遂與吳中士大夫走安慶乞師於故大學士曾文正公幕下同治元年三月今相國合肥李公由安慶浮江下援銳師翔滬上不三年而江南故所失府縣城皆復始以君與虞君死事上聞得旨贈國子監學錄
諭賜祭葬入祀昭忠祠廕子入監君配杜孺人避居北鄉長

省志徵訪稿　楊君延鷹家傳

安福聞君訃痛哭且死遇賊至孺人投石擊偽賊赴水死
詔旌節烈無子以兄子宗濟嗣應有廕生藍翎五品銜候選
訓導女一適虞君之子邑庠生汝璽孫壽華或顧疑君取虞
君喜長者於縣中巨細事不可問斯所謂鞠躬退讓君子者矣
一旦遭事變之倉卒然奮儒者之業慈狂猘方張之際所不
悔且懼又何殺也嗟乎此乃君所以為長者也且世所謂長
者又何也
同治十三年秋八月世愚姪蔣福保謹撰

王鴻儀妻氏
王鴻儀家貧無意進取課徒鬻字為生妻張氏秦也紉針黹
佐之咸豐庚申賊陷邑城避至鄉村賊至逼長女小當事
婦挈二女趵子沉於河舊其姪救大姑出時所掛壽鄉於[illegible]
灘附有道筆謂大女已字顧不合同死也撈尸陳詩哦又至
不及拖長女說詢從兄張沮之旋歸同邑顧呈伲之拔村甚
於胥不得辭泣呼之十相從土血淋淋出送賊兵虐地為甚
亂平採訪得旌附祀忠節祠于龍壹騎附

張觀察曾疇事畧

許同莘 溯伊

公名曾疇字望屺别號瀞園無錫人先世多隱德父廷揚湖北候補巡檢天性豪邁急人患難粵匪之亂倉卒走避猶挈戚屬以行知交貧困者傾囊佽助不足則典質以繼之官湖北日以卑官薄祿而盡力於施濟掩埋等事聞者欽服以公貴贈資政大夫母陳氏公生七日而母卒自幼體羸多病繼母榮氏愛逾所生公亦純孝天至終身孺慕性穎敏拈筆為文華采朗耀弱冠游庠年二十三游武昌時瞿公廷韶為武昌鹽法道延掌書記鄂督張文襄公見而器之委督署文案益研求當世之務而小心翼翼恪守準繩張公深加倚重自吏治軍政以至交涉機宜咸令參預黎明而入宵分而退日

省志徵訪稿　張公曾疇事畧

以為常時武軍務倥偬文電旁午往往寢饋俱廢如是者十有七年禮接同僚不矜不伐省垣署局如林衣冠雲集或受排擠或被壅遏公維持調護消弭無形未嘗自言其遇道權勢如此待人和靄然不可以非義干湖南武職某被控告以重賂乞解救嚴詞斥絕嘗謂人云某佐督幕十餘年未嘗受人一錢揭人一短其外和內介如此丁未張公入樞輔公從游京師遇事贊襄暇則物色異書摩挲彝鼎以為樂張公宏獎風流公受知最深內而曹郎外而監司唾手可得顧挹然榮利未嘗干求宣統己酉張公薨於位公經紀喪事夜以繼日事畢出都行囊蕭索至鬻所珍方正學墨跡乃得成行鄂督楊公文駿邀入幕府未幾委辦漢口大車貨捐局剔蠹弊

恤商困陋規悉數歸公一年增收十萬餘繼武漢軍興瑞澂以兵艦泊江中徵供給於貨捐局公悉索以應局當炮火之衝員司星散商貨絕迹公念無守土責遂避地上海事定回漢將清釐局務而民軍邏者踵其後至黃石港易舟而上時武昌都督與公有舊然公義不辱民軍手不任民軍事遂乘邏者不備躍入大江以殉時宣統三年十一月初六日也家屬覓公遺骸得於黃州之團風鎮公服官二十餘年未嘗一事負人親故有求立應推食解衣疾病則資之醫藥有信陵平原之風故其死也人尤哀之公以書法名海內早歲學歐陽率更王少監研妙遒麗往往絕倫中年以後沉酣東坡出入山谷松雪腴潤中含蒼勁之氣大至尋丈小至蠅頭開合

省志徵訪稿　張曾疇事畧

縱斂無不如志壬辰癸巳以後凡墨迹署張公款者皆出公手得者珍逾拱璧嗜聚古書及金石字畫始入幕府月薪纔念餘金然見有用之書必購故十餘年間讀書數萬卷碑版千餘種法書名畫之精者亦數十種物聚於所好良然公起家縣丞洊擢道員加花翎二品頂戴娶西氏淑慎聞於戚尚先卒繼娶李氏慈惠賢明四德咸備子二彥成彥達皆能自樹立歲乙卯十二月初二日彥成等葬公於無錫開原鄉葛枝山之麓公之卒也年僅四十有五遭時不幸未竟厥施而生平行誼不可無以示後故銓次事實以告世之賢人長德且以待史氏之采焉

江南通志第一百六十二卷

孝義

清秦孝子開傑

華鴻模字子才

竇廷楙字蘊如

孝子秦鳳翔字芝珊

楊鼎錤字珍珊

高汝璞字蘊南

民國二年祖述任縣公署清理案卷之職曾有舊檔有孝義之案謹錄於左

孝義舊卷

清顧寶五世同堂 同治七年

顧氏五世同堂 光緒十四年

呈請孝子秦開傑秦鳳翔立案入祠 光緒二十六年陶開昇等稟

秦鳳翔等請給匾額 光緒十七年卷面如此寫未識與上宗有關係否

楊先生鼎錤節畧

楊鼎錤字珍珊無錫人至性孝友儉以持己和以待人早失怙恃遇洪楊之亂挈弟鼎鈞避地海上經營商業獨樹一幟鼎鈞數違其旨屢失敗鼎錤輒斥財以濟其急復給予生產以贍其家弟之耆老咸以鼎鈞之無可理喻羣為不平而鼎錤處之裒然無德宗族鄉黨咸稱之推為一鄉祭酒其友于之篤殆皆天性自然而無一毫人欲之見存乎其間慕范文正義莊法躬自刻苦置常稔田五百畝以為基礎養族之孤寡及貧乏者子建綸光緒二十年舉人官內閣中書浙江知府封贈如其官金壇中丞為之傳

楊君鼎錤傳

君諱鼎錤字珍珊無錫人曾祖廷棨乾隆癸卯順天舉人元和縣學訓導好學不倦尤精校勘祖春煦考耕培並國子監生能世其家三世並以君子建綸貴贈通議大夫曾祖妣氏侯祖妣氏唐妣氏方繼氏侯並贈太淑人君弟四人長曩昔弟鼎扃鼎錫殉庚申粵寇之難君獨之嵊山之藐鼎鈞早卒存者獨君與第四弟鼎鈞耳寇焰方張君挈鼎鈞避地海上鼎鈞未冠君解衣推食百苦撫之少長納於商上海萬商之淵也我國軒士而輕商商智闇且弱不足與泰東西角君冥心獨運操奇射盈虛不主故常鄉人士師君智日以精敏其後無錫之商於滬者遂獨樹一幟不後於甯廣華路藍縷之功皆君於四十年前啟之也鼎鈞之於商也與君異趣佹得佹失卒遁而之天津會甲午建綸舉於鄉明年君挈之北將斥財周鼎鈞之急時中日啟釁輪船經煙台日艦阻之舟中洶洶懼君不為動且撫慰同載者其神識定也性和學無疾言遽色下至臧獲不輕譙訶有犯者亦不屑屑校德量淵閎無貴賤少長識不識一敬愛之推為一鄉祭酒好施與三鄉有急窮己以濟不近名不邀福利行其心之所安而已嘗欲仿范文正義莊法以五百畝贍其族而厄於鼎鈞志不克遂則屬建綸等成之鼎鈞既數違君旨羣為君不平而君無纖芥見於辭色一念及手足之誼輒淚涔涔下且戒建綸等勿播於眾以章鼎鈞之失嗚呼難已卒[illegible]遘疾以卒光緒

丙午十月二十七日也距其生道光丙申十月二十二日年七十有一娶曹氏同縣贈內閣中書寶三女子二人長建綸光緒二十年舉人花翎三品銜浙江候補知府次宗淦候選府同知女四人顧沐潤王鏡河韓瑨唐崑源其壻也孫八人祖椿祖樹祖植祖棠祖霖祖棨祖渠祖槼曾孫六人光壽光杰光熊光燮光煒光煥孫女　人曾孫女　人

馮煦曰贊如漢丈布尺布斗粟之謠猶詒世以口實信乎處兄弟之難也若許武之讓田自穢繆彤之閉戶自撾過矣然其自穢自撾之時容有人之見存焉若君之於弟匪唯不形諸辭並戒其子秘之其友于之篤殆皆率其天之自致而無一毫人己之見存乎其閒視武彤且或過之彼世之侈口四萬萬人皆同胞而賈萎越其肥瘠者皆君之罪人也

賜進士及第光祿大夫安徽巡撫部院督辦振務大臣金壇馮煦譔

省志披訪稿　湯鼎興事　甲

嚴廷棻事略

嚴廷棻字韞和祖文銘父其淵並以務本好施為一邑稱冠棻幼有至性事親以孝遇親疾輒憂忘寢食凡行事無不敬承先志讀書聰敏因兩兄專意科名家政無人經理遂棄儒而業賈嘗倡建宗祠葺宗譜創祭田修祖墓祭祀必虔禮儀必備其念念不忘父母祖宗也有如此友愛甚篤一室怡怡人無閒言值兩昆先後通籍宦游為行者措資斧為居者謀薪水使無內顧憂數十年如一日其念念不忘昆弟也有如此視姪如子為之延名師課讀飲食教誨恩勤周至置田產肇基義莊以贍宗族并購墓地以葬族之貧者其厚於族誼皆由孝友之心推廣而出也江蘇布政使怡良因奬以孝義可嘉匾額卒年八十有六（乾隆十九年生 道光十九年卒）

省志披訪稿　嚴廷棻事略　四

高先生汝璞事略　　楊鍾鈺

先生姓高氏名汝璞號甫臣字晩號老愚無錫人忠憲公伯兄附鳳十一世孫忠憲公勛業節義為海內儒宗與伯兄友愛甚摯以道誼相切磋子孫遵教世有令德祖鶴田父光照均以耆儒負鄉望先生幼有至性六歲喪母顧哀慟如成人隨父遊幕汴梁先意承志與昆季讓棗推梨從無爭競事繼母張怡色柔聲服勞奉養孝慈周閭姻戚疏者一不知非張所生也於異母弟汝琳幼則捧負提攜長則如足如手內外化之門庭肅睦太和翔洽數十年如一日雖漢萬石君唐柳仲郢不能過也昔成周賓興先孝友兩漢制舉首孝悌故化純俗美海內平治數百年孔子與曾子論孝舉治民易俗涖

省志人物方高　高汝璞事略　四三

官信友一切歸之孝道蓋由親及疏由家及國不辱其[illegible]無懷利爭權之事不背本故無賊民責國之為自孝治不講世變日棘欲撥亂而反之正則凡內行醇備如先生者固懸綱維徵辟以轉移世風也先生不屑為科舉業而於忠憲公主靜之學養氣克己之功獨悉心探討躬行不怠嘗授徒里中藉館穀資菽水遊其門者諄諄教以修己接物之道皆蔚然有成以父命出佐江西瑞洪釐局蘇垣電報局任會計庶務幾二十年穩練勤慎夜寐夙興薪俸外一塵不染當道咸倚仗而禮重之歲時歸省侍膳問安依依為孺子慕不以年長而稍改也先後丁父艱及繼母憂悲戚甚病體日以支離歷久乃瘳以邑紳薦襄理同仁堂事常川駐堂剔弊興利孤嫠

胥霑實惠堂中附設育嬰從前辦理不如法乳媪漠不關心嬰兒痌瘝十八九先生惻然神傷凡留堂養者勤稽乳媪良否勞心撫字者久任而獎給之疲玩者斥去另僱嬰孩外養者月給工資必親驗肥瘠以定賞罰苦口勸導使不懈益勤首尾凡歷五年全活嬰兒亡算烏嘑仁矣周官保息六政首曰慈幼康誥曰如保赤子子輿子曰幼吾幼以及人幼列聖用心有如是者泰西種種義舉意美法良育嬰規則尤善乳哺顧復飲食教誨體恤周至雖世族自養有不逮而我國各善堂徒叢弊藪實濟毫無安得如先生者數千百人整頓全國善堂普惠無告窮黎以熙風三代凌駕歐美乎家居布衣蔬食若有餘歡視富貴利達蔑如也非得力於主靜之學者

省志徵訪稿　高汝璞事略　四三

歟晩年猶習書畫藝花木以陶養性情家祭必誠必慤以先德訓勵家人與人交穆然愛敬老少咸樂親之卒年六十有三自挽聯曰到死保全遺體平生未有愧心二語平實無奇然千古仁聖賢人立德立功立言磊落軒天地者其得力全在乎是否則為沽名為作偽隱微之地不可問神姦巨慝愈得志而辱親禍國亦愈甚者本實先撥故也子三文煥肄業蘇州中西大學先卒文彬供差南京電報局文海畢業理科會為邑校教員彬海皆孝友樸誠盡心職守誨人不倦俞謂先生有子矣孫三振武振霄振新

江南通志第一百六十四卷

儒林

清侯桐字葉唐

孫鵬飛字讓泉

周士錦字拙韻

楊昌祜字紫丞

林祖述字少筠

楊儁字鶴秋

龔履純字叔度

陶黼昇字雲組

侯琫森字緯辰

許珏字靜山

侯侍郎桐事畧　翁同龢叔平

公姓侯氏名桐字葉唐號玉山世居無錫東里為明贈太僕寺卿先春八世孫曾祖璽邑諸生積學不遇祖秉銓父汾皆劬學早卒祖母華母顧兩世孀居松筠勵節公十歲而孤家無擔石重闈以績紝鍼黹滋膏火長養教誨迄乎成立先後居母祖母之喪擗踊椎泣得怔忡症至五十晝夜不交睫嘉慶癸酉登賢書庚辰成進士選庶吉士道光壬午散館授編修累擢翰林院侍講學士丙申補奉天府府丞兼提督學政閱文不請幕友事無鉅細必躬必親揚清激濁求真才敦實學興文教禮士子釐正書院規條乙亥調太常寺少卿辛丑晉通政司副使公薄於自奉戚友中赴試謁選者悉殷勤詢

有無竭力佽助流風餘韻都人士至今感頌是冬擢內閣學士兼禮部侍郎壬寅簡派稽察中書科事務考試差讀卷官癸卯典浙江試痛念兩世苦節乞假旋里營擇先塋墓域升兵部右侍郎甲辰調吏部右侍郎庚戌轉吏部左侍郎咸豐壬子以年老謝病回籍公叢累朝錫賚御製書籍詩文墨刻及人蔘大緞貂皮等賚以為常歸田數月於癸丑春奉旨督辦江蘇團練庚申四月江南大營潰散賊燄熾張遣次孫廩生維賓帶勇迎敵受傷身殞蘇常迭陷公知事不可為憂憤成疾卒年八十有二公起家寒畯困頓場屋十數年始入詞館游涉卿貳靖共爾位實事求是明大體務持正不為唯阿之行其覃膺編輯也勤敏厥職讐校秘書詳覈審慎嗣廣學

丈柄星軺所蒞自晉都而秦而楚而越所得知名士一如張丈
毅公芾金可亭國均金翰皐觀清洪章伯昌燕諸君子率蹐
清要為勳臣入閣學時嘗語同儕曰國家設此官欲使閱題
本而兼嫺六部事儲材之意也豈可憚煩而不審耶其為國
史館副總裁也於本朝大臣有政績者錄其副以時省覽鄉
先達之有著述入四庫書目者自明以來悉採擇而纂輯之
在吏部綜稽選政凜乎不可干以私又擇曹司之端謹老成
者而任之性廉介人有饋贈婉辭却之甘食澹泊撙節日用
以備扶危濟困之需每趨朝瘦驂敝服胡餅充饑退食之餘
則手一編寒暑勿輟公之言曰吾人為學期見諸實用若徒
迴翔於文學侍從而忘經世理物之責為足愧耳邑之東林

書院為顧高講學地公訂規約增課程延主講每課親臨禮
接多士引掖惟恐弗及其他義舉率皆倡先遇災則百計賑
助其最贍衆人口者莫如道光中革地保現年之役至今鄉
農利賴供奉衆主春秋報賽至若擴義田建書塾以惠宗支
在公為小節不復贅敘配顧夫人端丈公後裔岳馬氏子建
煦以通判分發河南加知州銜孫三維甸府經歷維寶二品
蔭生殉庚申難卹贈知府世襲雲騎尉維祺湖北補用通判

皇清誥授榮祿大夫晉封光祿大夫賜進士出身國史館副
總裁
紫禁城騎馬吏部左侍郎葉唐侯公行狀
公姓侯氏諱桐字葉唐號玉山世居無錫東里為明贈太僕
寺卿少芝公諱先春八世孫代有明德多通儒循吏曾祖考
佩鳴公諱璽邑諸生積學不遇祖考端衡公諱秉銓食貧讀
書青年早逝考啟祥公諱汾少年孤力學亦不永年後以公
貴三代皆　贈如公官曾祖妣胡秦顧祖妣華妣顧皆
贈一品夫人贈公歿公甫十齡性純孝哀毀如成人稟授頴
異讀書目數行器識宏遠見祖妣及妣兩世苦節奮志勤學
冀遂顯揚而體弱多病重闈恒愍之歲頻饑家無擔石儲以

績紡織蓆滋膏火長養教誨迄乎成立年二十娶顧夫人逾
年游庠旋食餼就蒙館脩脯甚薄無濟於事育者有年迄先
後居妣氏祖妣之喪擗踴椎泣得怔忡症幾侍疾時悲悸憂
慮所致嘗五十晝夜不交睫幸顧夫人多方調護之獲漸痊
嘉慶癸酉登賢書甲戌禮闈試卷出陶文毅公諱澍之房已
獲雋而被落資用乏絕去京南歸又值歲歉三韓韓芸圃先
生諱履寵為公鄉薦房師適令錫邑延公課孫館穀外遇緩
急輒有持贈以此涸轍少紓丁丑春摒擋計偕與顧夫人約
曰此去倘仍見屏勢不得歸若歸力難再往祗可留京候試
艱苦亦所願受苟此生尚有轉機成名後始相見也顧夫人
泣而送之是科仍薦而未售援後考取　咸安宮教習趙館

爲生歲庚辰成進士選庶吉士道光壬午散館授編修館閣清華授徒如故及門諸子皆以公久居庠序最工制舉文字樂就請業而裁成者綦眾辛卯 恩科典試陝甘壬辰補右春坊右贊善癸巳轉中允擢翰林院侍講大考前列授 日講起居注官遷翰林院侍讀悉充 功臣館纂修 武英殿纂修總纂提調 文淵閣校理教習庶吉士甲午擢侍講學士典試湖北乙未署國子監祭酒丙申 命稽辦內閣批本充 咸宮總裁補奉天府府丞兼提督學政之官後鈌瘠地禱以廣文自處閱文不請幕友事無鉅細必躬必親從而激濁揚清求真才敦實學興文教又愛禮士子釐正書院規條刊布以垂永久己亥奉 命考取漢教習主考官任滿以太

常寺少卿對調還京辛丑晉通政司副使太常通政均京秩中極清寒者公則薄於自奉厚以與人凡戚友中赴試謁選者行與留悉殷勤詢有無竭力佽助流風餘韻都人士至今猶感頌之是冬擢內閣學士兼禮部侍郎蓋公以德行文學上結 主知先是 宣宗諭徐侍郎士棻曰侯桐學行文章多好不數日而越次超遷 眷顧益隆矣壬寅 簡派稽察中書科事務考試差讀卷官癸卯典浙江試籲懇 恩施給假半月順道歸里祭掃先塋仰酬兩世苦節差旋升兵部右侍郎甲辰調吏部右侍郎充國史館副總裁考試 國子監學正學錄會試知貢舉新進士覆試 殿試庶吉士散館閱卷讀卷官武會試正考官武 殿試讀卷官乙巳充 殿試

讀卷官戊申冬月 賜紫禁城騎馬庚戌轉吏部左侍郎充己酉直省選拔貢生 朝考閱卷官辛亥充新進士 朝考閱卷官 誥授榮祿大夫 文宗嗣統 覃恩光誥封光祿大夫咸豐壬子京察以年老 予告回籍而具摺謝 恩時召見慰問有加焉公蒙 恩朝錫賚 御製書籍詩文墨刻及人蔘大緞貂皮等歲以爲常又蒙 珍賞子孫萬代白玉牌 溫諭留傳後人世守永寶誠異數也歸田數月於癸丑春奉 旨督辦江蘇團練己未九月重游泮宮學政孫侍郎葆元送璧水耆英匾額庚申四月江南大營潰散賊燄熾張遣次孫廩生維寶於賊入境時帶勇迎敵身受重傷旋即因傷身故繼見蘇常迭陷公知事不可為憂憤成疾遂致不起

享年八十有二綿惙之日以深負 三朝殊遇力不能殺賊報國爲憾手書自輓付三孫維祺懸掛聯云守城少餉殺賊無兵畢竟孤臣命薄運際艱危年當衰邁難酬聖主恩深於虖傷哉情見乎詞矣公以寒畯起家由弟子員困頓場屋十數年始入詞館循資遷至卿貳洊陟銓曹請其爾位實事求是明大體務持正不為唯阿之行有非他人所可及者其初疊膺編輯也勤敏厥職讎校秘書詳覈審慎嗣屢掌衡文之柄星軺所莅自 陪都而秦而楚而越所得知名士如張文毅公芾金可亭國均金翰皋鶴清洪章伯昌燕諸君子率掄上第躋清要爲勳臣其餘官中外大僚者踵相接武試中亦多干城選得人稱盛焉入閣學時嘗語同儕曰 國家之設

此官欲使閲題本而兼嫺六部事儲材之意也豈可憚煩而不審耶其為 國史館副總裁也於本 朝大臣之有政績者録其副以時省覽而於鄉先達之有著述入四庫書目者自明以來悉採擇而纂輯之欲都為一書以公諸世所惜未鐫梨棗經亂散佚在吏部綜稽選政精詳懃懇八年如一日凜乎其不可干以私又擇曹司之端謹老成者與為砥礪有一善足録若揄揚之不能盡因此大用者不乏人皆感知己先在兵部亦如之咸豐初元京外大臣疏舉人材公素諗江西糧道鄧壯節公鳴鶴才堪大受援舉不避親之義約同年生趙文恪公光薦之於 朝即擢順天府府尹旋巡撫廣西當是時粵氛初起永安直薄省會壯節倉猝應變力保危城

藻鑑知人何其明也公恂恂儒雅廣顙豐頤至年踰七耋皓首龐眉而英光猶若少年性廉介人有饋贈則婉辭却之也和藹雖位至侍郎而接人處衆謙抑真摯一如作秀才時由天懷渾穆不省世間有詭激捭闔習而其正言莊論能使以才智相凌轢者愧服而感發平生不尚侈華甘食澹泊撙節日用以備扶危濟困之需每趨 朝庭騶敝服胡餅充饑退食之餘則手一編寒暑勿輟公之言曰吾人為學期見諸行政實用若徒迴翔於文學侍從之職久及任經世理物之責復未能壹志向專思慮以求稱職為足愧耳嗟乎公之所言如此則其素所蘊蓄者為何如哉公於書無所不通卅年清俸悉購圖籍退休之日書簏外別無長物一生著述極富制

藝詩賦之外兼究心於古文辭及駢儷諸體早歲梓行者為願學齋大小題文表聖詩品試帖百首其他未刊之作積成卷軸以遭兵火與藏書千帙俱付焚如識者深惋之也邑之東林書院為顧高二公講學地公既歸慨念歷久蕭索釐訂規約增設課額延經師主講席培養寒儒每課親臨禮接多士引掖之惟恐勿及其他善舉率皆倡先偶遇偏災則百計輸助其最膾炙人口者莫如道光中革除現年一役至今鄉農利賴供奉栗主春秋肸蠁以報德於無窮至若恤擴義田捐建書塾俾婚喪教育之有資此宗族之事在公為小節不足錄也公生於乾隆己亥八月二十日酉時卒於咸豐庚申十月十四日酉時配顧夫人端文公後裔名進士刑部郎梧

軒公 諱維鈁之孫女太學景陶公 諱希濳之第四女也 誥封一品夫人先公二年卒妾馬氏亦亡子一建烈道光辛卯順天鄉試挑取謄錄 國史館議叙以通判分發河南補用辦團請獎加知州銜軍功 賞戴花翎後公五年卒孫三長維甸議叙府經歷無祿早世次維寶二品廕生引見奉旨外用以通判分發浙江殉庚申難 卹贈知府世襲雲騎尉三維祺花翎同知銜湖北候補班補用通判曾孫三光鑅襲雲騎尉保獎鹽大使銜光鑑殤光錫年幼業儒元孫一詠沂女四長適附貢生知州銜河南候補布經歷鄭繼善次適廩貢生試用訓導王元標三適廩膳生候選主簿潘文植四適累 贈資政大夫丁未會魁同知用知山東肥城縣事楊

延俊孫女一適安徽太湖廩生花翎布政使銜直隸道台李
世侃曾孫女二長適常熟國學生藍翎五品銜分發行走詹
事府主簿俞鍾詒次待字元孫女二俱幼卜吉於同治元年
三月二十六戊申日葬於龍山第八白鶴塢扇子兜新阡與
顧夫人合葬焉前年冬公孫維祺以轉餉由楚來都嘗奉公
之叙略請行狀於同龢今年春又寓書於京謂族人修家乘
急須刊入勢不能以再緩竊惟公之碩德懿行久邀　宣付
史館何待表揚萬一然維祺既請之再同龢於公為弟子行
少時與先兄文勤公親炙最久受知最深公之期望於同龢
兄弟者亦最切正愧未有以報公其曷敢以不文辭爰即入
直之暇不揣譾陋忝以聞見點竄而歸之同龢之文不足傳

肯志徵訪稿　侯楣行狀

公之德業聞望自可傳之不朽也　賜進士及第　誥授光
祿大夫　經筵講官　紫禁城騎馬　毓慶宮行走工部尚
書南沙受業翁同龢頓首拜撰

皇清誥封一品夫人亡室顧夫人行實

亡室顧夫人歸余六十年矣跡其平生食貧不怨居貴不驕
垂老不倦兢兢焉持家勤苦定志定力有他人所不可及者
請略誌之夫人姓顧氏端文公之後裔為錫山望族曾祖聘
廬公諱仔以翰林學士督學浙江祖梧軒公諱維鈁以名進
士官刑部父景陶公諱希潛國學生絕意仕進夫人係第四
女也年二十二歸余余二歲時　先祖母　先妣兩
人皆苦節夫人至親操井臼手作羹湯仍勤於針黹以所入
佐家用深得堂上歡余甫遊庠逾年始得蒙館脩脯甚薄無
濟於仰事俯育如是者有年及　先妣　先祖母連年攖疾
夫人侍疾惟謹迨遭大故盡孝盡哀余體素弱嘗患怔忡五

肯志徵訪稿　顧夫人行實

十晝夜不交睫夫人百計調護虔禱於神誓以身代乃獲痊
三十五歲癸酉登賢書甲戌公車北上卷出　陶文毅公諱澍
之房已薦售而仍被落資盡回南適值大旱災歉子若女號
寒啼饑夫人曲意鞠育務女工益力幸錫邑葛韓芸圃先生
為余房師延余課孫在署兩年籍濟涸轍丁丑春又赴禮部
試與夫人約曰此去若仍被落必不可歸川費如是之難若
歸豈能再去祇可留京候試艱苦亦所願受汝在家無米之
炊余不能豫籌一二心固弗忍但迫於無可如何且慫恿舍
去苟此生尚有轉機成進士始歸來也夫人泣而送之是科
仍薦而未售榜後考取　咸安宮教習決意留京旋得館以
微脩寄歸養育庚辰成進士選庶吉士冬月告假旋里夫人

一見泣不能言蓋數年之竭蹶持家傷於心而黙於口也越
日備述艱辛迄無一語憤恨所謂食貧不怨者如此辛巳春
抄余仍入京道光壬午散館一等授編修館職清華宦況實
甚余授徒如故無力接眷吾師 陶文毅公撫蘇代籌川資遣
子送夫人抵京見翰林薪水無資痛自樽節辛卯 恩科余
出陝甘試差稍覺沾潤不復夏累度日甲午科奉 旨放湖
北正考官丙申冬補授奉天府丞兼提督學政夫人率兒媳
孫輩隨任奉天苦寒鈇又最小余膺此以廣文自居閱文不
請先生一切務從簡約夫人持以寒素家風在任四年萊根
同咬庚子八月以太常寺少卿對調回旋轉補通政司副使
太常通政皆京秩中極清寒者辛丑冬超擢內閣學士兼禮

部侍郎銜夫人謂余曰 主恩至厚何以圖報官高則任重
吾聞翰林陞階至斯而極此倚畀之初不可不加慎也癸卯
科特授浙江正考官夫人曰奉恩命歸里 允許給假半月
祭掃先塋豈臣子夢寐所敢期此實而世苦節之報前恨雖
黍弗遠存有此番奉 旨省墓可無憾矣差旋升授兵部右
侍郎甲辰二月轉補吏部右侍郎充 國史館副總裁月領
館費十餘緡較前已形豐贍夫人儉約如故食不求腴衣不
改為薄於己而厚於人惟危濟急為念道光二十五年 先
帝奉 皇太后恩旨一二品大員之妻年滿六十者給大緞
二匹夫人恭設香案而拜祗領 覃恩誥封一品夫人軸捧
到夫人亦如是三十年又遇 覃恩再誥封一品夫人夫人

恭領如初禮平時謹慎謙抑崇實黜華縫紉浣濯幾無暇晷
所謂貴而不驕者如此今 上登極余衰老歸家夫人亦年
老矣然經理家務巨細必親米鹽瑣碎而外飼豢出入撿察
虛盈孜孜弗懈每以曾孫女漸長憫其父母俱亡出嫁事欲
引為己任方切憂思此吾老不倦之本懷適攖沉疴遽溘然
逝悲已跡其一生勤苦知大體普遠謀事事可傳家乘其勤
苦過甚之處有未可以言語形容者余不能殫述夏夫人多
矣卒之後戚黨嗟嘆僕婢哭失聲外嚴肅而內寬仁持家得
其要領公論具在也夫人生於乾隆四十二年丁酉十一月
十一日午時歿於咸豐八年戊午九月十一日未時享壽八
十有二子一 建烈道光辛卯科順天鄉試挑取謄錄國史館

議叙以通判分發河南補用辦團請獎 欽加知州銜長孫
維甸議叙府經歷無禄早逝次孫維寶二品廕生引 見奉
旨外用以通判分發浙江三孫維祺年幼業儒議叙布政
司經歷銜曾孫二光鏻光鑑女四長適附貢生分發河南候
補布政司經歷軍功 賞加知州銜鄭繩善次適廩貢生試
用訓導王元標三適廩膳生候選主簿潘文植四適丁未科
會魁加同知銜知山東肥城縣事楊廷俊孫女一適安徽太
湖縣甲辰科傳臚江寧布政使李公 諱長森之孫刑部尚書
太子太保 賜謚莊肅 諱振祜之子己丑狀元翰林院修
撰 諱振鈞之胞姪廕生現揀發山東以道員李世侃曾孫女
二長字常熟縣優貢生孝廉方正俞公印大文之子即現任

協辦大學士吏部尚書翁二銘先生之甥俞鍾詒次幼未字

余手僵目眊傷失內助勉誌其大略如此杖期夫桐拔淚書

楊先生儁事畧

許珏

先生名儁字鶴秋無錫廩貢生候選訓導系出南宋殉節建康忠襄公邦乂後五世祖英自寺頭鎮遷錫城擁貲鉅萬仗義疏財後嗣蕃昌爲邑望族祖滙川父萬源均以清德耆儒爲鄉邦軌範先生自幼植品勵學弱冠游庠文名鵲起旋食廩餼事親色養無違橐筆遊粵浙等省藉館穀以奉旨甘時家已中落至典質度日先生清操愈勵非義不取道光中葉東南漕糧久蠹弊藪官紳朋比魚肉鄉民有蹋斛淋尖諸弊上供者一中飽者二三邑紳往往染指美其名曰漕規先生獨屏不受曰先漢太尉有言使後世爲清白吏子孫不亦厚國之財何足汙我其樂道安貧皭然不滓如此使各省官紳均廉介如先生何致竭民膏血怨毒日深釀成髮捻之禍咸兵燹後城內諸河積尸壅塞空氣穢濁疫癘爲災先生太緒疏濬籌款興工執朴躬巡驕陽不避哀集枯骨纍之叢冢城河始清暢無阻儒寡會田產爲人侵佔竭力清釐以惠孤孀重整東林書院請撥釐金存典生息爲寒畯膏獎之資先儒燬於兵取父母字義繪雲影梅芬之圖徵同志詠題朝夕瞻依以寄孺慕葺家祠置祭產敬所尊而愛所親其孝思純篤如此詔舉孝廉方正邑令採鄉評以先生名應固辭不就曰鮮民欲養不逮於孝字終天抱恨何論其他維時鄉舉里選之不苟如此先生之自視欿然澹於榮利又如此僉謂郭林宗之謝徵辟邵康節之勵頑懦亦未遑多讓也家居教學勤

懸桃李門牆大都經明行修為科名增重續修丈譜勸建義莊睦族敬宗心常耿耿年登耄耋家祭必親必敬洞洞屬屬肅立屏息無倦容為諸生孫輩講授經史樂此不疲與少壯時無異其強毅有恒又如此卒年八十娶竇氏勤儉成家子貴猶親操井臼有敬姜紡績之風子四昌祜庚午舉人五品銜揀選知縣性康直不苟取與維持公益不避權勢昌礽工詩畫喜施與昌祺歲貢生孝友端慤博學多通誨人不倦昌禧孫四曾鑅鍾琳優增貢生鍾鈺優廩生乙酉拔貢鍾杰琳鈺宦游各省有名績能世其家

龔先生履純事略

龔履純字叔度國學生江蘇無錫縣人性孝友而敦其品行善詩文而扼於境遇少時多病中年即鬚髮蒼然兩目漸眊遂絶意進取光緒紀元與同邑孫仰泉先生同舉孝廉方正曾遊沭陽應周質雲廣文之聘教其子道章逾年因病返里自此不復出山遊其門者甚夥如邑中名士秦謙培裘廷梁蔡樾顧倬皆其受業弟子也卒於光緒十四年春秋五十有八無子著作散佚時論惜之

儒林

陶君灝昇事畧　　許珏

陶君灝昇字雲紱金匱恩貢生余十四歲每晤敘輒以道德相切磨洵益友也君少孤發憤自厲手不釋卷生平於濂洛關閩之學研究最深書室懸額云尋孔顏樂處自甘淡泊一生教學弟子數百人凡遊其門者必教以忠信篤敬不鶩外馳聲譽所以門下士不獨科舉之盛有居鄉居官以孝友名宦著者耆多如王忠廉韋鈞楊志濂錢麟書楊鍾琳楊鍾鈺等不勝屈待朋友一以誠絕無虛飾語鄉里咸以經師人師灝之光緒戊子選授豐縣教諭豐邑鳳鳴書院久頹廢君所得廉俸捐修葺之興月課以廣獎厲昔時孔廟荒陋凡祭祀典禮竭力振興嘗謂豐於古為宋地孟子嘗居此有性善之說實理學之祖本是旨以為教由是豐士始知學乙未春以病告歸主講東林書院四五年往往一世絕無慍心之處所以著作十餘種均焚其子世鳳官京朝聞病歸無一存當綿惙垂絕之際必顧其子曰不許作哀啟不必畫神像自問平生不欺之學猶可信若傳贊誌銘賴必有欺人語汝其誌之君者誠好學自修而不願彰其名者也卒年七十四

省志徵訪稿　灝昇事畧

儒林

楊先生昌祜節畧

楊昌祜字子承無錫人業書賈孝友肫摯粵寇之變與仲弟昌礽同被擄賊欲殺其一而留其一兄弟爭趨死賊義之遂兩釋焉年逾五旬事父鶴秋公愉色婉容依依孺慕志在終養廛微不起服闋後襄辦揚州淮軍糧臺庫銀常二三百萬公酌劑盈虛綜理微密月俸外不染一塵纏滯滿東南輿南通張季直毗陵何梅生及馮伯紳昆仲尤傾莫逆家居日非道義一介不取非地方公事足不履縣庭鄉人以詞訟干瀆者峻拒婉諭兩造輒靡然悔悟懲忿息爭數十年間所保全不可勝計性鯁直每議地方利病正論侃侃不肯屈地方公舉如恒善堂保墓局東林書院一經規畫諸務整理於楊氏年輩最尊與父言慈與子言孝誠德所感化非文為浮飾辭也光緒甲辰年七十有五操行清卓性質剛方碩德清儒鄉邦矜式急應列入儒林傳以維風化而振澆頑

省志徵訪稿　楊昌祜節畧

楊公昌祐家傳

許珏 靜山

楊公昌祐字子承號紫丞世居江蘇無錫清同治庚午科舉人系出忠襄公邦乂後宋建康通判殉金人之難者也曾祖滙川祖萬藻均以碩德耆儒爲鄉邦矜式叔建惠麗宗祠父雋廛貢生教育懃懇以培植人材爲己任出其門者皆恂恂雅飭蔚然成材公少稟庭訓孝友肫摯粵寇之變與仲弟昌祁同陷於賊賊欲殺其一而留其一兄弟爭趨死賊義之遂兩釋焉叔弟昌祺邑歲貢品端學粹望重士林公以道義相切礪昆弟而兼朋友至足樂也弟中年多病公誨其二子鍾琳鍾鈺口講指畫恒至宵深二子皆勵志植品蜚聲政學界不墜清白家風公之教也薪水所入必以奉堂上纖毫不敢

自私年逾五旬父鶴秋先生猶健在公志欲終養就館西城距家六七里晚必歸省溫凊而外繫述報章新聞城籍近事以娛暮年愉色婉容依依孺慕所謂五十而慕者耶其内行淳備如此襄理本邑釐局暨大通鹽厘局所至弊絕風清弊絕當道器重擬保薦知縣公以同治雖號中興而貪風寖熾廉恥寖隳吏道襍而多端教養寖成文具天下亂端已兆因力辭保舉僅獎五品銜後佐理揚州淮軍後路糧臺庫銀常二三百萬公酌劑盈虛綜理微密月俸外不染一塵其待寮友必信必誠坦然不設城府志同道合者情如骨肉手足故縞帶滿東南與南通張季直毗陵何梅生及馮伯紳昆仲尤傾莫逆有晏平仲善交久敬之風每謂子侄處世當外飾

內介蓋其生平得力處也家居日非道誼一介不取非地方公事足不涉縣庭鄉人以訟事干瀆者峻拒而婉諭之曉以親遜睦婣之道健訟傾家之禍雖舌敝唇焦不恤而造輒龢然感悟懲忿釋爭數十年間所保全不可勝計然性鯁直每議地方利病激昂大義正論侃侃無所屈撓有某豪倚勢壟斷輿論洶洶幾釀大獄邑宰得公片言是非立判某豪亦退而自艾魯論稱無慾則剛諸葛武侯傳贊有曰水至平而邪者取法鑑至明而醜者忘怒以其無私也公庶幾近之楊氏爲錫山望族族有不平事必就質於公公與父子言慈孝與羣從言敦睦聞者靡不悅服化乖戾爲祥龢公有時面數人過其人能自湔滌即與親善如平素怨自用稱淮軍統領吳

公長佑欲延教其子邑紳公推爲東林書院山長均辭不就述疏廣之言曰子弟賢而多財則損其志愚而多財則益其過吾樂道安貧不患若輩不憤發而興起也偕仲弟整頓同仁善堂及保墓局等剔弊興利實事求是惟不肯經手銀錢晚年學養尤粹無疾言遽色暇則手批司馬通鑑或植菊藝花以自樂天趣盎然自悔生平過於剛直恒誡子孫毋議論人長短以責人之心責己恕己之心恕人洵持身涉世之正軌所謂以學問變化氣質者歟卒於光緒甲辰年年七十有五臨終自輓聯語曰卑污非本心所甘此生無忝躁急是終身之累至死方休可以見其爲人矣娶顧氏敍荊裙布以儉助公之廉子曾鑅先公卒以弟子鍾琳爲後優增貢生女三皆

適名族孫二際溥蔭瀏

宣統元年暮春

族叔祖琫森傳畧　侯鴻鑑

公諱琫森字緯辰為族曾叔祖維楨公第四子少秉穎資器宇凝重與余族伯祖石琴公年十三通經史奇峻不可一世邑父老見之有神童目嘗試於府冠其軍乙未游庠適伯曾祖葉唐公重游泮水時以白髮老叟青衿少年同謁先聖行禮一時藝林中傳為佳話以庚申之亂奉慈叔父避地徙山陰瀕於危墨衰冒雨走胥江墮河有鐵工拯之因號鐵生有胥江走雨圖以誌平生艱苦丁卯偕石琴公同膺鄉薦登賢書甲戌春闈報罷考取覺羅官學教習丁丑以知縣分發浙江壬午戊子歷充文闈鄉試對讀官同考官辛卯權遂安縣事化民除暴校士興學頌聲徧巖疆未幾調權海鹽縣事督辦海塘工程往來烈日中減費數千緡而工竣署實下縣無水患士民繪甘棠遺愛圖以進乙未補新昌縣知縣丙申抵任甫下車懲痞捕盜清積案二百餘起號能治焉葺鼓山書院為校士之場就振文書院改建校舍設四鄉蒙學為教育基礎修武備擒巨匪轉危為安尤為尋常官吏所難能復六世祖企竹公專祠於西郊以彰先德乙巳以年邁多病去任猶因寇至籌防不遺餘力蓋先後十年凡兩任新昌治績有不勝枚舉者歸隱三載丁丑八月病沒於里第年七十配狄淑人生子二家度家備女一側吳孺人生子三家鼐家穎家尹女三族孫鴻鑑曰公以儒士出宰百里服官二十餘載政績炳然迄今過浙水詠吏治者猶有道公之善政

如宏奬名流捐廉興學以及籌防勸匪治河折獄等犖犖撥
大端均足以贍炙人口而示人以模範在新昌十年繼企竹
公之舊治相去三百餘載而後先輝映實足增吾侯氏家乘
之光也公於政暇嘗爲詩古文辭涵養心性蓋治真西山袁
了凡之學深故能澹於仕進不妄干祿儒雅之吏也豈獨循
良云乎哉吾嘗憶幼時覩公神采軒昂接人無長幼皆藹然
可親又嘗見公之隸書與石琴公齊名公之詩文有花農龕
集藏於家公没後九年始見胥江走雨圖回想公之堅苦卓
絶生平所經歷均可作是圖觀也今公雖没公之孝友鍾於
天性公之學行有古人風公之政績又浸濡於浙人者深鴻
鑾不文欲後之人知公之孝友學行政績不容不稱於没世
也不飾藻芳而爲公傳

族再姪鴻鑾頓首拜撰

故出使義國大臣許公珏事畧　劉嘉斌

公諱珏字靜山晚號復菴系出唐睢陽太守遠後原籍安徽
歙縣歷宋迄明代有名德七世祖如繡於康熙初遷無錫曾
祖溥祖宦桂父德恒均以耆賢負鄉望贈資政大夫曾祖母
孫祖母秦母詹均贈夫人公生而岐嶷五歲入塾成誦自是
寢饋於書爲文義理瑩澈氣息醇厚年二十五爲邑諸生丁
文誠撫山東延入幕府光緒丁丑文誠移督四川公亦入蜀
壬午登賢書尋以年家子謁閻文介於京師文介誦公鄉試
詩襟懷千里月衣被萬家春之句以爲有雅量深器之公嘗
問當世正人通洋務者爲誰文介曰焉有正人而講洋務者
公曰不然惟辦洋務者無正人故時事敗壞至此文介瞿然

首肯逾二年張公蔭桓奉使美日秘國文介薦公充隨員且
曰曩聞子洋務需正人之論未嘗去懷今副子言以成子志
差旋保同知以知府用入都謁文介問所見曰竊覩彼國政
治民生以外無國計民生國計以外無吏事文介擊節曰他
人言船堅砲利者皆皮毛子得其神髓矣己丑薛公福成使
英法義比奏調公充參贊公嘗推原道咸以來官吏蠹百
事廢弛之由謂陷溺人心莫如鴉片思所以拯救之策至是
英議紳請其政府禁印度種烟毋毒痛中國公謂自强之機
不可失勸薛公建議於朝他所贊畫甚衆公不自言故不得
而詳壬辰丁母艱慟哭奔喪同列或言差滿在即少留可預
保案公不顧薛公重其孝保奬如例擢知府加鹽運使銜保

已復奏贊使事於美洲以服未闋請於使者不敘資勞星使
楊公傾心倚任事無鉅細一埤遺之時美國厲華工禁例而
墨西哥方請立約招工公贊使者與美訂保護華民約款六
條並派員赴墨考察草創約稿規畫甚備乙未引疾歸張文
襄督兩江致之幕下公建寧滬鐵路之議文襄據以入告戊
戌豫晉撫胡公幕專辦洋務時教橫民怨官吏養癰公遇事
持平但分良莠不分民教迭次平反巨案胡公奏保使才有
旨召見交總署存記因疏陳外交內治之要並請修改海關
稅則不報公鑒各省烟禍之烈而當事顧稅釐不力禁因言
禁烟萬不可緩請借公債以抵洋土藥稅厘為御史臺所遏
不得達公欲以鄉里為海內倡庚子回錫設局戒烟不數月
戒者千餘人會拳匪禍作聯軍集津沽蘇撫鹿文端率師入
衛公詣陳方略且請從行歲暮抵西安文端入樞府擬草國
書請俄皇撤東三省兵語婉而意摯俄皇感動復書撫慰
讓所要諸款晉撫錫公奏調赴晉總洋務局尚檢洋兵之入
晉者尋錫公擢任去公再至西安疏陳本計詔以道員發往
廣東嶺外徵斂繁苛當事委公籌餉公力持大體議捐煙膏
以抵雜稅閱吏道猥瑣印有植堂叢刻四種分贈寮屬以當
官箴壬寅廷議遣使駐義大利文端以公薦賞四品卿銜充
出使義國大臣陛見加二品頂戴是冬抵任中義交涉簡定
章使臣必作日記送譯署公以為摭拾瑣聞無裨大局乃擇
彼國政書切要者督館員譯之手自潤飾凡十餘種治呈外

務部皆簡要易行在義三年推誠信尊國體義國上下敬禮
有加乙巳丙午間諸奉使者皆言立憲便公獨謂中西立國
根本不同不敢苟合任滿回國乃上疏曰歐洲設議院之初
大抵由於政苛民怨上下乖離迫而出此然且不免流弊今
中國不如外國首在人才士大夫一入仕途祇以富貴為心
無復功名道德之念如不洗心滌慮雖欲仿行憲政亦無所
施苟未覺澈始終而紛然改作恐成效未彰弊端已見頓朝
廷倍加慎重又曰自甲午庚子以來歲出驟增四五千萬雖
云未嘗加賦而各省搜括罄盡無遺若再以多欲之吏取無
吾之民又值財殫力匱之時為患何堪設想此後凡辦新政
如不必籍資民財者自宜及時振作若瑣屑擾民似可暫緩
庶法制徐更而人心不失疏入不省公又疏陳學務宜端謂
宜正本源防流弊時忌者頗衆或勸少默公曰吾行吾心之
所安而已不知其他時朝旨方嚴煙禁而疆吏多觀望因循
公奏請飭下將軍督撫實力遵奉並請旗籍隨同地方官署
辦得旨允行江蘇雖號禁烟而膏捐猶設定額公言吸烟者
日少則銷膏之數自減宜儘所征報解毋求足額使州縣藉
口又論膏捐貽誤及地方官欺飾狀有旨行查戊申外務部
與英使議遞減洋藥入口約試行三年公復上書請嚴申期
限因地制宜以堅鄰信八月詔公以本班發往廣東交軍機
處存記廣東禁烟廢弛如江蘇公議辦烟膏加價使膏價昂
則吸者不得不減英領事以為違約抗議甚力公據烟臺條

約折之領事語塞則備英使向外部詰責公與大府籌商改為牌照捐無加價之名而收禁吸之實行之半年廣州洋土藥進口減六千四百餘擔成效大著然英使終以為言於是宣統辛亥訂中英禁烟條件停捐加稅洋土藥之得以加重稅而吸食銳減者公之力也公洞悉中西政治源流而事權不屬則殫力於禁烟焦心勞慮者二十餘年毅然以廓清烟禍自任國變後絕口不談時務心事如顧亭林而幽憂孤憤則或過之崇陵奉安之日率邑中耆老北望行禮皆感歎至於泣下丙辰九月卒於里卯年七十有四公性純孝年四十事母夫人如孺兒時與弟斌相友愛終其身宗族鄉黨雖貧必待以禮周恤惟恐不至剔歷中外數十年雖夢寐不忘國

家天下事尤以明聖學正人心為要圖而官囊蕭然不殖財產身歿之日家無餘財鄉居喜表彰先賢倡修高子水居惠山尊賢祠并明遺民許晉之之墓於盜毀之後作書札雜與子弟必起草端書自少至老日記未嘗間斷所著詩文集奏議函牘佐軺牘存高子遺書輯要各若干卷娶華氏封夫人性寬閎喜施濟溫恭節儉為鄉邦女宗子四同范甲午副貢歷任外部及參贊領事等官同蘭附貢生奉天候補知縣宦遊汴浙等省同萊同華分任銀行鐵路要差女四適楊鍾鈺嵇華振域錢祖勤孫七壽懋畢業日本法制經濟科壽恭畢業法國巴黎大學充駐法隨員壽恒畢業陸軍中學壽康壽平壽宸壽中孫女九長適楊祖樹曾孫一兆棠曾孫女一門庭昌大子孫繩繩論者以比於唐之柳宋之范華蓋國德後云

江南通志第一百六十七卷

文苑

清 秦文炳字誼亭

施建烈字叔愚

竇士鏞字曉湘

楊以迴字臨笙

杜學謙字子撝

王世忠字寄塵

秦睿彤

孫洙字臨西

涂康錫字研香

顧森書字綸卿

楊模字範甫

孫先生洙事畧

孫洙字臨西號蘅塘晚號退士性頴敏家貧冬日讀書恒以一木握掌中謂木能生火藉可禦寒以金匱庠生中乾隆甲子順天舉人登乙丑明通榜上元縣教諭辛未進士歷知直隸盧龍大城縣事所至必諮訪民間疾苦平時與民諄諄講敘如家人父子或遇事須笞責者輒先自流涕故民多感泣悔過卑大城時捐康濬河道民食其利公餘之暇誦讀不輟恂恂如書生後罣誤起復知山東鄒平縣事庚辰壬午兩校省闈所得皆知名士改江寧府教授三握邑篆囊橐蕭然淡若寒素每去任民皆攀轅泣送歸舉鄉飲大賓著有蘅塘漫稿詩入梁谿詩鈔輯唐詩三百首通行海内墓在景雲鄉陳灣裏

賓君士鏞事畧

賓士鏞號曉湘同治癸酉科經魁光緒庚辰大挑二等候選教諭試春官屢薦未售因此無意進取歸家訓徒經其雨化而得顯者指不勝屈著瀹道軒文集兩卷歷朝文學史四卷綺雲樓詩詞楹聯七卷讀東華錄兩卷行於世年六十六而卒道光甲辰生宣統己酉卒

肖志徵訪稿　賓士鏞事畧　六四

杜先生學謙事畧　楊鍾鈺

先生名學謙字子撝號牖庵原籍毘陵十三世祖元遷居無錫八世祖詔翰林院庶吉士聖祖欽取內廷纂修與同邑嚴中允繩孫顧舍人貞觀相師友文章風采震爍一時世所稱雲川先生者也曾祖廷榕封奉政大夫祖紹祁嘉慶庚辰進士官淡水同知父友房歲貢生母氏鄧先生幼而穎敏淡水君授以經史大義過目成誦咸豐庚申粵匪竄蘇常錫全縣陷隨父避兵常熟轉徙海門資用乏絕先生教授村塾以資菽水尋館浙之鎮海新倅慈以奉親纖毫不敢自私一家多口賴以措持亂平隨父歸里僅餘老屋數椽生計至為艱窘先生昕夕淬勵攻苦不懈補博士弟子登丙子賢書應湖北宜昌關道楊藝芳方伯之聘以幕賓兼教授文譽鵲起名動公卿桂撫倪豹岑中丞漕督張安圃漕帥粵督譚文勤鄂督張文襄公先後禮聘倒屣爭迎羅致幕中諮詢盡倚如左右手為諸侯上客者三十餘年所至案牘紛繁易弊興剔決如流有裨於吏治民生者甚鉅又以其閒校閱試卷甄拔英才一時推衡文巨眼乙巳選授上海教諭上海繁華甲天下先生外和內介不屑與鉅紳豪商通聲氣以牟要利故歲入至薄風規肅然士林咸敬憚之辛亥武漢軍興先生痛遭國變故無守土責遂卸任歸里杜門養痾不問世事間有二三故舊相過從者言及世變滄桑輒為潸然涕下性嗜收藏書籍雖盛暑嚴寒披覽不少輟卒年七十有三著有鎔研齋

肖志徵訪稿　杜先生學謙事畧　六五

詩稿八卷鷗智居文稿十卷皆卓卓可傳論者謂先生博才豐歷參大幕茍稍垂蛇靡臙仕涉高位易如反掌迺重鮮乂年澹於榮利其行芳志潔緇塵軒冕足以激濁俗敦古處已配鄧恭人廣西巡撫壯節公女繼配侯恭人子二大宗廩東三水司巡檢先卒彥宗分省縣丞孫三豐玉肆業省立第二農校應璐武箴

楊君以迴事畧

楊以迴少劬學博通經史肆覽諸子百家之言既而洪楊倡亂邑城淪陷以迴與其兄宗濂集團勇角賊義從十餘萬人李鴻章提師東下遂佐戎幕隨勦髮匪復佐宗慶軍征剿東西捻壘立戰功官至按察使銜浙江遇缺題奏道旋聞母病遂假歸研究岐黃之學手調藥餌承奉色笑終身不復出性剛好義遇有不平事輒瞋目語難力反正之晚年隱居惠山之潛廬閉戶著書精研易理旁及讖緯術數壬遁之說堪輿有奇驗為邑人所推重著有周易通解四卷行於世並著有詩禮春秋疑義解周官正名學庸述訓莊子本義呂覽淮南太玄注釋檻照軒文稿待刊

省志徵訪稿　楊君以廻家傳

楊君以廻家傳

楊模

世有託籍纓閥閱之家不屑屑事勳業儀然抱一經服膺先聖哲儒義理之學皓首而無所於悔曠觀並世果有其人乎何吾目中未嘗覯也以予所聞則有世父臨笙先生先生姓楊氏諱以廻字聆士一號臨笙世居江蘇無錫縣六世祖自亭公嘗從吾七世祖絅章公研精宋學為時所宗先生性敏端嶷幼從考名宦公博稽經史肆覽諸子百家之言過目輒成誦心領神解名宦公深異之謂家有孔融吾門益光大矣名宦公仕山左先生實從既而名宦公歿於肥城任奉母侯太夫人以歸旋遭粵亂移家江陰之郊時鄉團起先生隨伯兄潛齋公挈團勇角賊輒小勝義從十餘萬人復時濟大軍餉械一軍驚其能既而李文忠提義師東平吳地先生往投幕聽俾治軍書功稱最大亂之後遺黎擾野無所得食日踣於道先生請於李公發軍米數千石散賑全活無算繼隨李公移師征捻嘗從豫軍張宋二帥冒甚雪渡河邀擊賊除夕四鼓及賊湯陰城東元旦再搏戰皆大捷復踊冰渡滹沱追東馳之賊夜分入保陽謁官文恭公備陳賊勢復分軍扼盧溝橋之衛京師安堵輦情大驩時同治七年正月間事也朝廷屢嘉其能積功游擢道員賜孔雀領二品頂戴復隨李公西征回部左文襄公深重其才欲大任之適天津告警李公旋師入衛先生亦挈孤軍東行道聞母疾遂假歸終身不復出先生有子曰壽楨與模同歲生既婚數載而夭先生痛惜之益退然謝絕塵世僦居惠山之潛廬侍太夫人奉甘益篤時時承奉色笑有疾則手調藥餌以進太夫人遂忘其身之羸老也歲時祭祀拜獻必親理家事循循合矩度雖老不衰先生既屏脫塵累乎於當時榮枯之境悲愉離合之情及人羣糾紛萬怪千奇之狀態未嘗不深矚太息壹於易理蘊括之書自言吾之治易窮先天化機於羲皇時代集大成於文周宣聖兼采戰國諸子之精言於漢淮南子摘採最勤吾之得力自此始唐宋後諸家學說少所甄錄亦頗服膺紫陽朱子其肆力也窮數十寒暑無倦色二載秘學一旦豁露益著通讖緯術數壬遁之說並嗜郭璞堪輿家言自謂有奇驗云既老且獨家屢空不之恤常深衣芒屩扶杖徜行阡陌間與

省志徵訪稿　楊君以廻家傳　六九

野老歡傾笑語以為笑樂人亦忘其魁然儒者也光緒三十年八月十七日病歿壽七十有一所著書有周易通解四卷行於世並注論孟老莊諸書未就壽楨無出以姪景熊嗣先生撫導之以底成立配何夫人系出名族作嬪於楊治家有法度奉姑壹以誠孝賙戚卹以恩御子姪以和性儉約服食不華與先生相莊以老誥封夫人後三年卒壽七十有六合葬青暘先隴之側先生所手定也先生嘗喟嗟自言曰吾以五月生數奇多屯蹇其命也慨然先生奇於人不奇於天其厄也乃所以為申慨嗚呼此則易理也已

族子模遂言曰居恒過惠麓輒詣潛廬先生縱談易情博引古記獨抒心臧出口如懸河嘗竊怪世無其匹當世無知先

生者則亦垂垂老矣然性剛好義遇有不平事輒瞋目詬詈反正之不快也其於模蓋有特別之情感方遜也阨奴識隸侮戚族勇胞而嘻先生獨義形於色不隨薄俗推轉古之人歟古之人歟庶幾千載之上一聞其謦欬歟身負諸責已逝二稔客居多暇乃引古義作私傳以志慕思并勗景態無忘繩武焉

楊先生模節畧

楊模字範甫無錫人工詩古文辭嘗以五洲洋賦見賞於學使瑞安黃體芳登光緒乙酉拔萃科甲午舉本省鄉試時丈名籍甚先後遨遊粵海津鄂間名公卿折節爭羅致自戊戌變政慨然以興學為己任創設竢實學堂於邑中之連元街此為中國小學堂之濫觴經營綿蕝規模甫就復遊晉監晉武備學堂遭拳匪之亂間關歸里仍就竢實謀加展拓校額增至二百餘名江督劉忠誠公奏請傳旨嘉獎一時稱盛旋以贊紲籌提米釐中飽議有成矣而奸人乘間竊發燬及各校所居廬舍亦燬焉會蘇撫端方治之嚴迭責有司脩復誦聲復作頗念里中事無可藉手復由鄂而京供職學部始終一致力於學卒以積勞觸動舊疾於宣統辛亥假歸不數月而武昌之難作越四年卒於家著有蟄盦文存上下卷小說性質述脩身學講義諸書

江南通志第一百六十九卷

隱逸

明辛丑年字左峯

清辛陞字克羽

辛丑年事畧

公諱丑年字左峯鄉賢敬齋先生之曾孫也家貧終身爲布衣士族譜載博涉經史一時推爲師表有祖父子孫三世受業者而公之爲人也性耿介稱説後進獨嚴時門下士至三百餘人罕有慊其意者而於涇陽先生昆季年方垂髫乃獨奇之曰若兒大物也吾不可以媟之乃薦賢而避焉公既窮居陋巷所遇皆鄉曲鄙夫少所合乃弃棄世俗放身草野肆所感發爲歌詩浩然以自得黄侍御沙南先生見之歎曰此可以垂世而無窮也侍御同邑人以直諫稱於世引公爲知己者公遺著散逸辛家乘選刊若干其正氣光怪自不可掩故虞山邵太史松年識之曰誦其詩可以知其人矣雖然没世而名不稱君子憾焉公既屈於生前烏可不伸於身後而況乎公之卒距今垂三百年矣可痛也因述公生平拖遺蹟求

當代達人君子爲之傳焉夏歷戊午仲冬十一世孫辛彰於

東林精舍敬述

辛先生陞事畧

先生名陞字克羽明理學宏儒端文顧公高第弟子也文章氣節爲東林諸賢所推許自明社既墟自號通叟栽梅種竹不再應試清順治四年學使者檄凡三下而先生則杜門謝卻一意高隱鄭承湄書先生之傳後云先生曠懷逸志直與七松五柳相上下嗚呼一語盡之矣所著有寒香館遺稿

江南通志第一百七十卷

藝術補遺

清王樹德 子伯榮附

右醫

華士燕字武仕

右歷算

華世芳字若汀

右算學

徐壽字雪村

右製造

華蘅芳字若溪

王先生樹德事畧 子伯榮附　　楊鍾鈺

先生名樹德，字啟明，系出瑯琊，為晉右軍將軍羲之後裔。明清之交，輾轉徙居無錫之張村鎮。先生少孤，力學，誦范文正不為良相當為良醫之語，慨然有自任之志，遂絕意於科名。聞崑山眼科專家某醫士名貿茇，就學數年，盡得其奧。旋里後，參考各種專書，於診脉、立方、配藥各事精心探討，術益大進，應手輒愈。江淮南北求治者輻湊其門。更著《銀海精微補遺》一書以行世傳後，名動公卿，贈以匾額楹聯者踵相接。子伯榮，字丹華，能繼先生之志，以濟世為前提，富者不計貲，貧者更助以藥資，醫賴之得以重見天日者不可殫數。遠近僻

清志徵訪稿　王樹德事畧

無錫張村王眼科云。里鄙之人遇疾痛疴癢，必求診於先生，無絲毫費，病即霍然。或有急難，亦必奔告，先生為之紓。鄉人之於先生，如嬰兒之依慈母。歿之日，聞者無不流涕。祀之於廟，馨香俎豆，至今不衰。曾孫蕙任侯氏公學校長，熱心學務，艱士林偁之。

龔先生士燕事畧　　許同莘

龔士燕，字武仕，武進人。湖州司理龔廷歷之從子，任歷流寓無錫，自有傳。士燕精天文算學。康熙間楊光先、湯若望輩爭論歷法，議久不決。士燕推演郭守敬授時歷，謂原本無誤，明人不知百年加減之例，推算訛謬，應改正，仍用大統歷。上其議於朝，召見，授欽天監博士。著有《律呂新書解》一卷、《歷言大略》一卷、《象緯考》一卷，又著有《天體論》《諸虛論》《中星論》《交食論》《定朔論》《五星論》六篇。卒葬無錫布政鄉華藏山寺灣裏，墓地甚廣，土名龔家山，今廢。

清志徵訪稿　龔士燕事畧

江南通志第一百七十三卷

流寓

遷鄭州知州徐延年 [illegible]

孫寰字彥臣

續志徵訪稿　孫寰事略

孫寰事畧

孫寰字彥臣號柏堂浙江錢塘縣歲貢生因其父游錫愛錫

之風土遂遷居焉任湖北鄖陽府通判署鄖陽府事陞安徽

鳳陽府潁州知州署鳳陽府事出家財代補潁州民閒積欠

錢漕修鄖陽府學有政績丁外艱歸不仕善書工山水著有

龍門吟稿潁川詩草和績徒行也詩人漱鶴詩鈔墓在滌漣

山湖口子龍望字渭師品行高遠少從俞文心學著有燕市

吟皖江集詩入漱鶴詩鈔墓在洛畫橋球字琢堂國學生性

剛毅篤孝友書學褚河南詩宗白傳鼓琴寫山水自娛有鳥

人風致集滄嘯疊龍山

續志徵訪稿　孫寰事略

江南通志第一百七十六卷

賢淑

清直州判附監生侯晉妻顧文婉（明天啟癸亥生年七十七 武著有梅香閣詞二卷）

壽婦錢陳氏　壽婦陳沈氏

浙江建德縣尹侯晟繼配旌表壽婦蔡氏

山東肥城縣尹楊廷俊妻楊氏

民國二年　祖述任縣公署清理案卷之職曾見舊檔有賢淑完節義烈貞孝婦女之案謹錄如左

賢淑舊卷

清壽婦錢陳氏年屆百齡請旌（光緒二十年楊宗濂等稟請）

奉飭查辦壽婦陳沈氏親見七代五世同堂（宣統二年）

奉查壽婦浙江建德等縣知縣侯晟繼妻蔡氏年屆百齡（宣統二年楊壽枬等請旌建坊）

浙江建德縣尹侯公聶繼配旌表壽婦蔡恭人事畧

係祖述先祖母壽百有四歲宣統三年奉旨旌表建坊請登省志賢淑

許珏 静山

恭人姓蔡氏浙江建德縣知縣侯公聶繼室也來歸後前子朝梓朝植均在襁褓顧復恩勤如己出恭人生長富家而侯公以爲孝廉時非道義一介不取至典簪珥以供朝夕無幾微愠色有桓少君之風公昭凡所没於粵東昌化縣任孤兒孀婦食指繁夥恭人以共若分甘延師課授男婚女適鄒淮望族以己奩資之族戚喪不能舉者曰于我殯饑寒者隨時贍恤識人我之相聚睦婣之誼此婦德所罕覯也侍公司鐸沭陽俸滿保升知縣以候補費繁猶豫未決恭人曰君讀兩漢循吏傳常懷慈祥利物之志任牧令庶展其尺寸又何疑焉公是之乃就辟歷任浙江建德安吉等縣縣監之政一埤遺之恭人服恥羅綺食屏珍饈宅門以内儼然儒素家風命子侄尊精墳典故子格侄汝楨均學粹品優蜚聲校隨任所至見獄舍積糞穢獄囚席地卧衣服繿縷食不得給惻然憫之曰監獄不改良此疫癘之媒疫氣之漸也乃請於公命吏卒時灑掃清潔且爲製長枕大被冬給絮襖病給藥餌月給肉食必數次體恤至於獄囚斯仁者之用心也捐節日用之餘以贍城廂之鰥寡惸獨者爲衆冬卒歲之需曰化無用爲有用也而侯公内顧無憂益得發舒精神勤聽斷巡鄉鎮日與正紳耆老共謀地方利益所至政聲翕然所去攀轅卧轍如離慈母之懷恭人儉以助廉之效也光緒初年侯公及子格相繼卒時恭人年已六旬節哀勉持門户秩序井然謂祭祀所以報本春秋霜露薦敬蘋蘩必潔必誠謂喪不宜久停乃營葬侯公於舜柯山之嵂峢灣謂含詩書無以裕後乃爲諸孫延名宿教授内師婦女以治中饋勤織紝外酬應親知禮無違者御奴婢寬而有制衣服器皿雖敝必補綴用之如是者二十餘年自念仔肩無旁貸益善自謂攝得力於撫摩導引之功至老而彌康爲孫祖望祖述先後授室分任諸務恭人乃驩然曰汝等克自樹立兄友而弟恭吾願慰矣嘗含飴弄曾孫以樂餘年恭人三四十時迭罹沉痼之疾名醫束手危亟待盡如是者屢矣而常親六壬漸有生機及年高從容頤養數十年未嘗一日病卧鮐背而童顔髮之白者日以反黑遂逾大耋諸女諸婦暨内外孫曾之白首歸寧者諸假來省者問安侍膳者繞膝提携者都計不下數十百人恭人不能盡識領之而已恭人宅心公恕處族爭訟來質厥成片語調停復歸於好侯氏義田書塾俾族之貧者整頓改良孤寒乃霑實惠統誦徽於州閭倡捐義塚以從貧不能葬者丙午壬子芙楊各圩迭遭霖潦田廬蕩盡人畜飄流恭人蹙然神傷命孫祖述與邑紳協力兩次辦賑籍户口運錢麥輿馳於炎風烈日之中不敢告勞宣統二年恭人壽屆百齡戚鄙官京師者臚列事實上聞詔旌壽婦給建坊銀三十兩加賞内帑銀十兩緞一匹恭人蹙然不安者累日謂我何人斯顧享遐齡邀曠典其歛然不自足者如此卒年

省志徵訪稿 蔡恭人事畧

一百有四歲子孫遵教族黨承流太和洋溢彬彬禮讓爲鄉
邦執範僉謂蔡人之持家訓俗堪與曹大家後先濟美云

江蘇巡撫咨部請旌壽婦侯蔡氏事實冊

一侯蔡氏撫前室子朝梓朝植如己出衣服飲食與所
生子榕無異分財產無異有過責罰亦無異故門庭
雍睦愉愉怡怡諸子忘其孰爲所出孰非所出見者
亦忘其爲異母昆弟也

一侯蔡氏生長富厚而性不喜奢華于歸後家風儒素
至質簪珥以濟用之不足節縮衣食以撫育從子女
之早孤者分甘共苦婚嫁以時咸賴成立時以比之
程明道之母夫人

一侯蔡氏隨夫歷任浙江建德安吉等縣知縣服恥文
綺食屏珍錯而製衾枕以恤獄囚散錢粟以拯惸獨
節靡費以供實用不私一錢宅門以內蕭然如寒士
焉故侯令所至政聲翕然所去攀轅卧轍皆氏儉以
助廉之效也

一侯蔡氏年六十餘侯令及諸子相繼物故諸孫年在
髫齔氏以銜哀茹痛體羸多病之餘強起料理壹是
喪祭一循家禮延名宿以課諸孫時其問寢也輒告
以稼穡艱難並詳述居家服官之道務以先人之孝
友之廉惠爲法故諸孫皆敦品力學克自樹立勇於
爲義桑梓交推氏之教也

一侯氏爲邑望族蔡氏年輩最尊宅心平恕處族有纖
芥事必就質焉片言勸解其忿立平退無怨言侯族
義莊積久弊叢氏命孫及族之賢子弟整理改良乃
有實濟又創辦侯氏公學侯氏女學規畫周詳其敦
宗睦族如此

一侯蔡氏天性慈祥見人有急難必傾囊解救以是致
屢空不顧也近年邑遭水患漂没人畜斛米千錢氏
命孫祖述襄辦賑務平糶務盡心力又承夫遺命捐
置義塚其他施棺施藥不可枚舉氏中年多病瀕於
九死晚乃愈康遂登大耋孫曾繞膝說者謂惟仁者
壽理固不誣也

侯母蔡太恭人百歲壽序

嘗讀詩至麟趾采蘋羔羊等篇或著子姓之仁厚或偁季女之孝敬或頌大夫之節儉正直而皆歸美於夫人之化內助之賢下至魯敬姜曹大家及歐陽文忠之母程明道之母大都勤儉仁恕以啟後嗣以式州鄉以垂範百世意其身亦必康强壽耇享有多福蓋惟仁者壽理固不爽惜乎書缺有閒自古不傳女壽吾無以徵之徵之今日之蔡太恭人太恭人爲前浙江建德等縣知縣侯紀之先生之繼配于歸後家屆儒素至質簪珥以濟用之不足節縮衣食以撫羣從子女之孤露者婚嫁以時咸賴成立先生歷任繁劇宅門以內薰然不知有官之樂所至循聲翕然所去攀轅卧轍得力於內助

者爲多洎先生捐館舍諸孫年甫髫齔太恭人迺勉持喪祭一循家禮訓諸孫以讀書孝友課諸婦以中饋女紅內外秩然門庭雍睦侯氏爲錫山望族太恭人年輩最尊宅心平恕族有纖芥事片言調處其憤立平退無怨者侯氏義莊久叢弊數命孫及族之賢子弟整頓改良迺有實濟倡辦侯氏公學侯氏女學規畫周詳務垂久遠孫渭臣紹先植品端愨勇於爲義桑梓交推太恭人之教也凡此犖犖數大端皆婦人女子之所難雖風詩所詠史傳所偁何以遠過家道先否後喜今內外孫曾及諸女婦之問安侍膳者白首歸甯者請假來省者含飴繞膝者親丁不下數十百人太恭人頷而已不能盡識有郭汾陽之風中年多病瀕於九死晚乃愈康强

日端坐未嘗憊卧斯非所謂勤儉仁恕享有多福惟仁者壽信而有徵者乎獻歲太恭人壽屆百齡姻親官京師者合詞具呈禮部請旨旌表建坊今春其孫輩將偁觴於堂屬予慕僚來乞文予偁是以爲壽且使渭臣兄弟益自勵也

賜進士出身陸軍部侍郎銜兼都察院副都御史會辦鹽政大臣巡撫安徽等處地方兼提督全省軍務侍生朱家寶頓首拜撰

江南通志第一百八十一卷

義烈

清華祥鑒妻侯氏

許世懷妻朱氏

烈婦王蔡氏

烈婦趙周氏徐周氏

秦世鈞妻崔氏

周履方妻蔡氏

賈世均妻錢氏

烈婦張顧氏

烈婦秦陳氏

烈婦虞馬氏

節婦過顧氏

清烈婦張顧氏事實冊 同治六年

本學移詳烈婦王蔡氏建坊 光緒六年

烈婦秦陳氏建坊 光緒八年

烈婦趙周氏徐周氏詳請題旌 光緒九年

准學移烈婦虞馬氏事實冊請旌 光緒十七年

過顧氏捐入清節堂田畝詳請旌表建坊並諭區過戶 宣統元年

華母侯太孺人殉難節烈記　侯晟紀之

吾姊華太孺人生乾隆甲寅五月　日吾母貤封太淑人
過太淑人第四女也吾兄弟四人失怙時姊年僅十三晟年
十歲季弟季方纔四齡依母及伯兄撫養茹苦度日姊幼字
華曉園姑丈長子例贈文林郎名祥慶號德苑廿一歲于歸
事翁姑翼翼恪盡婦道子三長慶成寄籍四川亞元大挑
知縣分發浙江候補者也次邑庠生咸於十年賊匪破城後
下鄉被擄姊傷之先以三兒夭折已傷其心至是更痛不欲
生幸慶成勸慰侍養　晟適奉浴追差過錫在家挈眷避東湖
塘距北七房六七十里北七房亦號僻壤十一年匪下鄉打
先鋒慶成奉母奔避至離家三里許之河邊地方謠言毛至

指顧間姊已投河慶成倉卒呼號求救姊老而體胖業已溺
斃無及草草殯殮殆月餘而晟始知之不能臨哭一奠可哀
也已姊幼年佐吾母炊爨針黹持家中年奉侍翁姑克盡婦
道嗣傳翁之兩老無間言叔丈慶蓮蕩翁屢欲致之死曲為
救護俾得瓦全姊丈年未五十得中風轉側需人將十年含
淚操家惟願兒輩成立得揚眉吐氣乃垂老而境益窘慶成
雖得一榜而未得祿養自幼年而中年而晚年無一愜心者
不復投河殞命傷哉傷哉書至此不禁淚零慶成既將烈節
請於　朝得
旌奬如例以慰親心於九原將天之待吾姊者嗇於其身而
大昌其後歟惟吾母過淑人孝養翁姑五十九歲而卒以孝

弟晟在迤南道任內請三品封聊慰泉壤如吾姊之幼承母
訓孝事舅翁茹苦事夫君而終歸節烈慶成今將以循吏名
浙右報最而蒙　國恩升階正未可量將所以報吾姊者亦
豈可量乎晟自愧不文老而愈甚事隔十餘年而始作此厥
遜匯輕約畧記實而已是為記於山陽學署之依庸齋光緒
二年夏發刻時年八十

賫世均妻錢烈婦事畧

候選從九品賫世均妻錢性端謹幼失怙恃由李氏撫養擇
配咸豐庚申四月世均拒賊東亭鎮被創卒錢聞之買兩棺
一殮其夫一以為己棺從容仰藥死（見蘇州忠義局昭忠錄）

許世壎妻朱烈婦事畧

許朱氏邑人許世壎之妻世壎以庚申殉難氏聞信即抱子
偕傺投水以殉經地方官詳請旌表節烈奏准入祠建坊

省志徵訪稿

秦烈婦事畧

烈婦崔氏江蘇無錫縣州同銜監生秦世鈞之妻直隸阜城
縣崔維新孫女光緒四年八月世鈞在阜辦理義賑崔維新
為該邑名諸生心器之遂以崔氏婦世鈞十月世鈞因賑務
告竣同崔氏回籍崔氏以翁姑早故不及奉侍為恨是年十
二月初五日世鈞病故崔氏哀慟逾禮觸棺暈絕經救得生
迨曩舉私語人曰向延殘喘以夫窀穸未安今上無事親
之責下無撫孤之任吾分當死語洩家人日夜嚴防崔氏計
無復之遂絕粒妯娌多方勸慰不聽既而胃脘痛甚家人僅以
床頭預儲雪碗嚼雪以速其死至是不食已六日矣復餓一
日遂殞命時光緒五年正月初六日巳刻也經吏部郎中戴
錫鈞呈請都察院咨會禮部於光緒二十五年二月十三日
核實題准一體旌表給銀三十兩聽本家自行建坊並於節
孝祠內設位致祭

秦烈婦事實

一　烈婦崔氏直隸河間府阜城縣人父懋林母郝氏於
光緒四年歸無錫縣州同銜監生秦世鈞

一　烈婦崔氏簡重寡默不苟言笑母早世事祖父暨父
惟謹

一　烈婦崔氏祖維新阜邑名諸生光緒戊寅世鈞查賑
阜邑維新心器之遂以崔氏字焉是歲婚於河郡寓
廬十月世鈞賑務告竣挈崔氏航海而歸

一烈婦崔氏歸夫家後以不及奉事舅姑為恨世鈞病
歸後尋病烈婦調理湯藥不怠世鈞病不起烈婦粒
米不食屢觸棺欲死家人勸慰之婦收淚曰不敢遽
顧盡禮自是奠哭如儀迨喪葬畢私語人曰向延殘
喘以事未了今上無事親之責下無撫孤之任吾分
當死語洩家人日夜嚴防氏計無所出遂絕粒
一烈婦絕粒時胃脘痛甚裳被偃臥床頭預儲雪磁罌
雪以速其死鐵至七日遂於次年正月初六日巳刻
身死

省志徵訪稿　烈婦事略

江南通志第一百八十七卷
完節
明庠生侯陽春妻顧氏
清侯方照妻強氏
贈知縣侯文煦妻朱氏
庠生侯謙妻強氏
侯錫詩妻鄒氏
太學生侯鑾妻顧氏
吳源熙妻侯氏
贈汶上令薛愛德妻侯氏
春弘妻侯氏
庠生侯暉妾周氏
侯貽燕繼妻許氏
侯頤妻徐氏
侯鏞妻呂氏妾殷氏
庠生顧起岦妻侯氏
侯淇妻尤氏
周永祐妻侯氏
侯金堅妻顧氏

省志徵訪稿　完節

庠生侯鳳芝妻劉氏
侯濂妻吳氏
贈翰林院侍講學士兼國子監祭酒侯汾妻顧氏
侯端妻華氏
侯本茂妻周氏
侯廷樑妻薛氏
侯雲枋妻孫氏
侯司勳妻岳氏
節婦沈林氏
節婦鄒龔氏鄒葛氏
直隸州知州侯守廉妾陳氏
太學生侯龍消妾倪氏
孫諤妻程氏附子婦趙氏
侯栢馨妻王氏
太學生侯本芑繼妻江氏
侯廷楨妻王氏
庠生侯叔倫妻鄭氏
侯亢康妻祝氏
節婦邵朱氏
侯之俊妻劉氏
侯旭煒妻蔡氏

王莖枝妻龔氏
節婦方詹氏　錢翁氏
王錫安妻陳氏
贈知府侯維寶妻楊氏
姚庚愚妻吳氏
陳鶴錦妻徐氏
節婦顧陳氏
節婦蔣王氏
節婦鮑陸氏
顧文顯妻史氏
錢態祥妻許氏

節婦王閭氏等
王世銓妻顧氏
吳耀宗繼妻朱氏
節婦潘徐氏　陳陸氏
五品命婦陳沈氏
沈德堃妻范氏
節婦顧辛氏
節婦許孟氏
節婦張劉氏
孫述祖妻任氏
楊惠安妻胡氏

周學濤妻許氏
錢定安妻李氏
節婦錢李氏
過永培妻杜氏　朱阿五妻陸氏

許世增妻宿氏
季苴筆妻龔氏
節婦周許氏

查邑志列女侯氏完節請旌婦女遺漏甚多選其請旌建坊有入省志資格者謹錄於左

完節

明　庠生侯陽春妻顧氏　守節四十四年　生年六十六歲　奉詔旌表隆慶己巳
清　庠生侯暉妻周氏　守節詔旌康熙庚戌生年六十三歲
侯方照妻強氏　苦節撫孤　七十二歲　奉詔建坊旌表順治庚子生年
贈知縣侯文煦妻朱氏　苦節撫孤乾隆丁巳奉旨建坊旌　表康熙庚申生年九十歲
侯貽燕繼妻許氏　守節詔旌康熙丙寅生年五十二歲
庠生侯謙妻強氏　苦節撫孤詔旌康熙庚午生年六十[illegible]歲
侯頤妻徐氏　守節詔旌累賜粟帛康熙壬申生年八十四歲
侯錫詩妻鄒氏　守節詔旌康熙癸酉生年七十歲

侯鐙妻呂氏妾段氏　守節詔旌　呂氏康熙壬申生年六十一歲　段氏康熙癸酉生年八十一歲
太學生侯驥妻顧氏　守節詔旌康熙癸巳生
庠生顧起安妻侯氏　守節詔旌康熙年生
吳源熙妻侯氏　守節詔旌康熙時生
贈汝上令薛燮德妻侯氏　守節詔旌雍正時生
周永祐妻侯氏　守節詔旌雍正時生
秦弘妻侯氏　守節詔旌雍正時生
侯金堅妻顧氏　苦志守節嘉慶甲戌奉旨建坊旌表乾隆癸酉生年五十一歲
庠生侯鳳芝妻劉氏　守節詔旌乾隆庚辰生年八十一歲
侯淇妻尤氏　守節詔旌康熙辛丑生年五十九歲
太學侯龍渭妾倪氏　守節詔旌乾隆庚午生年七十二歲

侯濂妻吴氏奉旨建坊旌表乾隆辛酉生年八十歲
贈翰林院侍講學士兼國子監祭酒侯汾妻顧氏
守節詔旌乾隆丙子生年五十一歲
侯端妻華氏守節詔旌乾隆己亥生
侯柏馨妻王氏守節詔旌乾隆辛卯生
侯本茂妻周氏守節詔旌乾隆己巳生年六十四歲
太學生侯本芑繼妻江氏七歲守節詔旌乾隆戊寅生年七十
侯廷樑妻薛氏守節詔旌乾隆甲午生
侯廷楨妻王氏守節詔旌乾隆戊戌生
侯雲枋妻孫氏守節四十四年光緒丙子詔旌節孝乾隆己酉生年六十九歲
庠生侯叔倫妻鄭氏苦節四十餘年詔旌乾隆己亥生年七十一歲

常志徵訪稿

侯九康妻祝氏守節詔旌道光戊子生年三十七歲
侯之俊妻劉氏詔旌節孝道光乙丑生年六十二歲
侯司勳妻岳氏咸豐丁巳詔旌節孝嘉慶壬戌生年五十九歲
直隸州知州侯守康妻陳氏守節三十年同治辛未詔旌貞節道光壬午生年七十四
太學生侯旭幃妻蔡氏詔旌節孝道光乙未生年五十五歲
贈知府侯維寶妻楊氏詔旌節孝道光庚寅生年七十三歲

完節舊卷
清節婦沈林氏旌表遵飭錄報同治八年
節婦邵朱氏呈請旌表同治八年
奉憲查取節婦鄒龔氏鄒葛氏冊結同治十年
侯守康妻陳氏守節呈請旌表已載邑志錄入完節補遺稿同治十二年朱福基稟
王榮枚妻龔氏守節呈請旌表光緒四年惲彥彬稟
准學移送節婦王閔氏等事實冊結請旌光緒十二年
准學移節婦方詹氏錢翁氏事實請題旌光緒十六年
學移旌表節婦王錫安之妻陳氏光緒十九年
學移現存節婦吳朱氏係吳權宗之繼妻詳請題咨
光緒二十年

常志徵訪稿
完節舊卷

學移已故節婦潘徐氏陳陸氏請旌光緒二十一年
准禮部移查節婦姚秉恩之妻吴氏事實光緒二十一年
學移五品命婦陳沈氏等請旌光緒二十四年
學移節婦陳鶴錦妻徐氏請旌光緒二十五年
學移節婦沈德坊妻范氏光緒二十六年
節婦顧陳氏請旌光緒二十六年
節婦顧辛氏傳知光緒二十七年
學移已故節婦蔣王氏請旌並附事實冊結光緒三十年
節婦許孟氏稟乞詳請旌表光緒三十三年陸紹雲等稟
節婦鮑陸氏呈請給匾會奏光緒三十三年秦霖等稟
請旌表節婦張劉氏光緒三十四年周廷弼稟

節婦季龔氏請旌 宣統元年

節婦錢李氏稟請旌表給扁 宣統元年張曾敭等

節婦周許氏稟請旌表給扁 宣統元年許珏等

奉查節婦過承培之妻杜氏朱阿五之妻陸氏事實冊結

宣統二年

孫節婦程氏事略 附子婦趙氏

清旌節孝孫節婦程氏幼聰慧識大體嫻内則列女傳諸書年十八歸儒士孫錦逾年而寡欲以身殉既念姑老子幼遂忍死事姑竭盡孝道督課子姪不假詞色夜分煢煢一燈書聲杼聲相應不絶終身茹素脫簪珥足不履中庭易簀時囑家人以純素殮其節孝嘖嘖士大夫口子汝軾性至孝常篝燈夜讀博孀母歡惜天不竟其志早卒妻趙氏年二十四亦守志事姑時兩子幼家益落以鍼黹紡績給食備極艱苦姑殁親營葬事罄其朝夕所得請旌其姑復請旌其母陳氏尤善哭其夫終身如始喪時春秋墓祭不避風雨必慟哭移時聲響應山谷鄉人聞者咸太息曰嗚呼是西關孫節婦哭聲也

子景昇景果皆早卒未娶時節婦家甚貧兩世死亡無遺育世俗拘忌多不欲子孫爲之後族姪封承德即慶和獨能明大誼繼絶世以子昌祚爲之嗣孫昌祚河南典史姑婦雙節均先後旌表祀惠麓貞節祠

王世鈖妻顧氏事畧

無錫王世鈖妻顧氏年二十四而寡世鈖患瘵甚劇顧日夕禱於神願以身代及歿有殉夫之志為家人所覺防之甚嚴不得死家產悉付夫兄世恩苦茹苦終身守節四十六年子早卒以夫弟世忠子鏡清兼祧於清光緒十七年請旌表如例

省志徵訪稿　王世鈖妻顧氏事畧

王世鈖妻顧氏請旌事實冊結

具呈廩生楊棫壎生綦樹鍠附生曹贊勳
為瀝陳苦節叩賜移請詳請
旌事竊維
聖王立學教民明倫為首
盛世建坊表善旌節尤先惟得荷
殿陛之
恩榮庶可資鄉邦之激勸　生等伏見同邑現存節婦職員王世鈖妻顧氏秉資淑慎賦性幽閒追世澤於武陵幼生望族締家聲於太原長適名門方期唱和百年永大鳳鳴協吉而乃暌違一旦頓傷雁影分飛廿三歲即居孀三十年即守節痛良人之徂謝血淚頻流瞻孺子而悽惶悲膽欲斷況衰志封髮效董氏之恍金石銘心沒齒靡共姜之義蛾歲不辭勞瘁一生備歷艱辛追乎高堂棄世盡養生送死之誠於且名關聯姻遂娶媳抱孫之願不愧詩書之世澤咸欽巾幗之完人　生等既共梓桑兼叨瓜葛不忍聽其湮沒用盲志於表揚爲此聯名呈叩
老師臺大人俯准專案移詳轉請彙　題
旌表將
絲綸下逮俾邀
錫命於
楓宸姓氏高懸永表清聲於梓里公恩兩便上呈

省志徵訪稿　王世鈖妻顧氏請旌事實冊結

計呈

事實　切結

光緒十七年十月　　日具切結　親楊　　模
里趙春暉
鄰昌鳳誥
族王　　錦

江蘇常州府無錫縣儒學

呈請將採訪現存節婦王顧氏守節年歲事實開造清冊呈

送查核須至冊者

計開

一現存節婦王顧氏現年五十二歲係同里顧進之女咸

豐十年十二月初八日歸職員王世鈞為室同

待志徵訪稿

治元年八月二十七日世鈞病故時該氏年

二十三歲至今計守節三十年住無錫縣在城

鄉廿六十一圖

一現存節婦王顧氏自幼貞靜不苟笑言讀內則列女傳

諸書能曉大義于歸王氏四德兼全恪盡婦道

妯娌雖多毫無閒言

一現存節婦王顧氏欒鈞親嘗衣不解帶夫病不起誓不

欲生因親族勸以子幼撫養乏人始含哀忍死

料現喪務克盡其禮

一現存節婦王顧氏夫歿時子甫數周適遇髮逆竄擾錫

城淪陷蹂躪各鄉攜子潛蹤該氏以紡績度日

夜則篝燈課子親授句讀不憚訓誨子雖甚愛

偶有小過輒撻之不稍寬貸於慈愛中未嘗廢

教誨之心故鄉里之間有賢婦之稱

一現存節婦王顧氏茹苦含辛躬親灑掃早作晏眠紡織

積有餘貲為子鏡清授室著儉適中今一門雍

和長幼有序皆該氏之教也

光緒十七年十月　　日教諭柳昌霖

欽加五品銜特授江蘇常州府無錫縣儒學正堂加十級紀

錄十次柳　為

給本事案據廩增附生員楊棫等呈稱伏見現存節婦職員

王世鈞妻顧氏取造該氏守節事實呈叩尊垂請

待志徵訪稿

旌前來據此除經照造冊結六套移縣詳請

撫憲會同

學憲彙　題

旌表並將冊結咨達

禮部查覈外合行抄案給本遵執毋違須至給本者

右給現存節婦王顧氏准此

光緒十七年十二月初三日給

顧文顯妻史氏事畧　楊鍾鈺

節婦姓史氏，無錫名儒煥廷第六女。粵匪之變，避難南鄉許舍，賊抄掠至毋華墅，氏與諸姊一弟匿僻舍，賊大索，將及次姊，度不能免，厲聲詈賊，賊怒，刃其喉死。時氏方髫，有急智，趣與三姊乘間逸，隱積薪間，得不死。翌晨跡母、大姊、五姊，則皆赴水死，惟祖母與弟無恙。四人者朝匿山谷，夕伏深竺，流離困苦，非可言盡，卒免於難。時祖母老矣，氏為人賃操作，供旨甘，撫弱弟。又數年，遭梅里，而祖母篤老多病，呻吟牀褥，氏侍奉無倦色，甚刲臂和藥進。冠乎三姊嫁，獨氏與弟依外兄華景方居焉。氏年十五，事華氏兄嫂若同氣，因習書算、盤縧、針黹，罔不精。為弟掌家政，條緒秩然。弟濟良得専攻詩書，比壯

乃按籍交之，無絲粟私焉。年二十歸顧文顯，越年生子光熙，又越二年生光治，而顧君即世。氏撫膺號泣，誓以殉。戚勸尊嫜在堂，遺孤在抱，始忍泣就粥飲，躬親井臼，仰事俯蓄，拮据門户於殘破之餘，殫精竭神者十有餘年。光熙教養成立，雖離亂貧不廢讀書，以勗弟者勗光熙，又特時時以孝弟勤儉持家為人之道提而命之。光治十歲而夭，氏慟甚。為人溫淑恭儉，諸姑無間言，僕婢亦敬愛之。好施與，遇歲歉及戚族貧病不自給者，輒節衣食質振貸之。窮自奉以儉，戚鄰交口賢之。歿之日，内外長幼哭皆失聲，雖臧獲皆流涕焉。年僅四十有二。戚族知氏苦節者為請於朝，得旌如禮。子光熙筮仕皖省，有聲譽。孫在延、在范、在肯均勤學敦品，克繼家聲。

孫述祖妻任氏事畧

清旌節孝孫節婦任氏，浙江補用縣佐述祖妻。結褵百日即喪所天。述祖係舊族，家本寒素，氏能茹苦含辛，雖困傷慟失明，終勤紡績以供服用。自二十五歲守寡，歷五十載之久，始終如一日，宗黨皆嘖嘖稱賢。祀惠麓貞節祠。

錢能祥妻許氏事畧

清旌節孝錢節婦許氏，儒童能祥妻，附貢生許宗慎女。能書識算，適能祥甫三月，能祥殉庚申之難，氏哀毀骨立，全恃十指為生活，紡織鍼黹，恒深夜不眠，破曉即起，一生苦守儉約。先積辛金為能祥營穴葬遺容，次為夫兄子娉娶俾承宗祀，又次乃自營身後諸事，兼能佈施戚族，輕重緩急，規劃有條，鄉里莫不憐其苦而敬其賢。祀惠麓貞節祠。

楊節婦胡氏事畧

胡氏武進籍適錫邑之葑莊楊惠安通文字識大義庚申之難惠安被掠胡無子携一女竄匿危迫得脫教女法嚴不少貸初猶冀夫或不死老乃絶望繪孤雁圖自題識以見志光緒三十二年由武邑錢振鍠丐翰林院編修朱耀奎特疏請旌守節五十年竟以無子晚歲為族所齮齕而死

省志徵訪稿　楊節婦胡氏事畧

周學濤妻許氏事畧

周許氏邑人許德煐之女適周學濤未一年學濤病故氏守節三十餘年光緒季年邑人許珏等呈請旌表奏准如例

許世增妻宿氏事畧

許宿氏邑人許世增之妻世增以咸豐庚申殉難氏守節五十餘年呈准旌表

錢定安妻李氏事畧

錢李氏邑人李竹泉女適錢定安粵匪陷無錫定安被擄時氏年二十四歲欲直入賊中尋夫為翁姑所阻迨夫久不歸欲以身殉又以翁姑勸阻而止守節五十餘年光緒季年邑人許同莘等呈請旌表奏准如例

省志徵訪稿　周許氏　許宿氏　錢李氏　季龔氏

季龔氏事畧

季龔氏邑附生龔厚培之女適季　夫亡守節五十年以一身侍翁姑及夫之祖父母養生送死敬禮始終光緒季年邑人許同莘等呈請旌表奏准如例

孫貞女淑貞事畧

清旌貞烈孫貞女淑貞賜卹候選州同世顯女清咸豐庚申之變父母俱殉節淑貞流落鄉農家有鄉農顧姓欲逼爲媳不從旋自裁兄增貢生守銘上其事實如例旌表祀惠麓貞節祠

侯孝貞女請旌建坊移文

在任儘先選用知縣江蘇松江府上海縣儒學正堂加五級紀錄五次宣爲知照事奉
蘇撫部院剛札開光緒十六年二月初五日准
禮部咨儀制司案呈前事抄單知照可也計單等因到院准次抄粘札縣轉移到學准此當即照會原稟董事去後兹據職董王恩溥等稟稱董等常年採訪各項婦女皆就見聞所及呈行可嘉核實造報原不區分畛域但奉准後總坊祠祀例應各歸各籍現除本籍節婦周顧氏等照章迎送入祠外所有客籍孝貞節烈婦女應請移歸各本籍縣學一律辦理俾得綽楔流芳春秋享祀藉慰一生之名節而因兩地而浮沉等情據此除移知各原籍本學外合行抄單諭知諭到該家屬即便遵照切切特諭

計抄單

兩江總督曾
光緒十四年江蘇巡撫崧會題據上海縣知縣裴大中
江蘇督學楊　學教諭軍敬輿會
詳節婦周顧氏等孝貞節烈例准入祠應請
旌表建坊於光緒十五年十二月十六日題十八日奉
旨依議欽此

計摘抄詳冊

一已故孝貞女侯氏常州金匱縣監生侯枚女幼字同邑

施仁在咸豐八年未婚夫亡女年十五歲即在母家矢
志守貞父母年老奉養盡孝至光緒十一年女故年四
十二歲守貞二十八年
右諭監生侯枚女孝貞女侯女家屬准此
光緒十六年七月初八日
江蘇松江府上海縣儒學爲移請事案照光緒十四年廿
敝學會縣呈詳本籍及寄籍已故現存孝貞烈節婦女周
顧等試等一百九十八口奉
撫 崧
前督憲曾彙題
學 楊

省志徵訪稿 附建坊請示移文 直

旌表光緒十五年十二月十六日題十八日奉
旨依議欽此查是届案内已故侯孝貞女監生侯枚之女原
籍金匱曾分別移知本學縣在案遵查例載如本家自願建坊
及紳士願在本州縣捐建者均聽其便現據侯孝貞女家屬
在
治下錫山之麓返字二十八置地自行建坊祠祀諏吉動工
誠恐有無知之徒藉端阻撓情事理合移請
貴縣准予出示懸挂工所以表懿行而維風化實級雲誼
望切須移 計抄粘 右移
無錫縣正堂吳
光緒二十年十二月 日移

華祿廷聘妻許氏事畧
無錫華祿延聘妻許氏爲同邑許湘三女同治二年官軍克
無錫又一年祿延父蘭成自清淮挈家歸祿延卒無耗時許
氏年逾三十家居侍母疾猶待祿延堅不肯他字更閱十三
年母病歿乃請歸於華以素服廟見躑躅路歎異越七年蘭成
卒家益落許氏年正五十辟纑自給姑祝頹老病風痺許氏
日爲持扶歷十四年姑始卒當姑存時許氏每晨恒市脯少
許奉甘旨某年猝中瘀疾瞀不知人口所言惟喃喃督市肉
飫姑事嗣子念兹殤嗣續無人卒年八十有五於清光緒某
年旌表如例

省志徵訪稿 華祿廷聘妻許氏事畧 直

華貞節傳畧

華貞節婦江蘇無錫人姓許氏為同縣華祿延聘妻清咸豐十年四月金陵大營再潰總督何桂清退保蘇州粵匪陷常州遂襲陷無錫祿延父蘭成挈家竄走清淮祿延遭寇散失同治二年官軍克無錫又一年戡定金陵兵事已太平人各復其鄉蘭成亦來歸顧祿延卒無耗時貞節年已過三十家居侍母疾猶待祿延堅不肯他字更閱十三年為光緒三年母病没乃請歸於華華氏具禮迎之以素服廟見䣛路歎異或為垂涕蘭成雖宦商身僅諸生家中落貞節茹貧苦盡婦職攸爨操作皆一身親之越七年蘭成先卒家益落徒四壁立貞節年正五十朝夕辟纑自給姑祝氏頹老病風痺久廢床蓐閒貞節日為扶持抑搔司燂洗縫紉侍奉有周於平時如是歷十四年姑始卒喪葬咸盡禮人尤以為難華氏族人嘗蓄述貞節軼事謂貞節每晨恒市脯少許奉病姑甘旨以為常某年嘗猝中痰疾瞀不知人口所言惟喃喃督市肉飫姑事族姻來問疾聆之莫不動容稱其積誠至今尚頌道弗衰云貞節父處士諱湘長兄諱心模次兄諱寶樹姑歿後十稔嗣子又殤次兄寶樹之季子前學部主事國鳳迎之歸復依母家至民國四年正月卒年八十有五貞節於清光緒朝旌表如例

顧昱妻王氏事畧

顧昱妻王氏父名鶴儀鶴儀家貧課徒鬻字為生妻張氏率女勤針黹佐之咸豐庚申赭寇攻錫城垂破避至談村匪至匿長女於葦叢夫婦挈二女幼子沈於河旋其姪救大姑出得所攜產契於河灘附有遺筆謂大女已字顧不令同死也撈尸陳岸匪又至不及掩王氏欲殉縱凡強阻之旋歸同邑顧昱館至談村圖檢骨不得號泣呼天十指爬土血淋淋出遂購其瘞地為墓亂平採訪得旌附祀忠節祠子襲雲騎尉立姪為子未娶殤王氏慮父母之無後也籌永久祭費由所出子孫春秋奉祀年七十五疾革彌留若欲言而口不達其子顧潛恩瀚悟其意矢言外祖父母奉祀當弗替始流涕頷之邑紳臚其事實上請蒙
大總統褒揚孝女並給孝闕流芳題字聽立坊碑敬畧

顧昱妻王氏家傳

昔先王以六行治萬民且設刑以督之以爲孝友睦婣任恤乃正人倫厚風俗之本不可缺一然在婦女行之尤難士大夫往往困婦吝於財而不得施其願者有之況在今日禮教不行更無論矣若無錫顧淑人其志行有足傳者謹按淑人王氏無錫望族安徽潁州府經歷候補知縣顧君昱之妻也當咸豐十年金陵粵寇東下父鶴儀母張氏出避於談村賊至不屈皆沉斷港死焉時淑人幼稚先經其父挈藏叢葦水中危立竟夜會從兄讚鈞尋至救出艤轉避難由蘇而贛而皖至望江縣乃免時望江已經官軍收復季父鳳儀適任望江縣知縣也鳳儀視如己出淑人亦奉若所生所以承其歡

顧昱妻王氏家傳 頁共

心者無所不至及笄歸顧君昱淑人相夫以禮勤苦度日時兵燹之後官民皆困淑人處之泰然先是鶴儀夫婦殉難時同死者有二小姨又有趙姓男女九人亦死彼處鄉人伺賊退分別瘞而識之事平淑人與夫返無錫尋至談村掘土撿骨十指血淋漓痛不欲生因謀於其夫購地重營窀穸焉每歲清明生忌日必祀墓並其小姨等趙姓男女諸塚亦祭之歲以爲常且節衣食爲永遠外家歲祀之費其孝思不匱如此昱爲吏廉皖慶被兵荒昱嘗奉檄賑撫奔走顛躓者十餘年用銀將百萬涓滴歸公無絲毫染指而自奉極約皖民至今感之嘗赴霍邱驗屍罪人私以二百金求減傷昱卻之淑人聞而告子恩瀚曰尔父善爲尔兄弟計不以金累尔我固

共甘慕霍也故昱清白之名亦淑人有以成之會昱卒官顧人醵金以賻淑人泣謝之曰無累夫子身後名也拮据歸櫬人以爲難長子濬次子恩瀚應童子試俱冠其曹先後入泮皆淑人朝夕督課俾有成立濬後受天門中丞胡聘之同邑楊京卿藝芳知遇嘗受其寄託供奔走焉濬復在晉創設工藝各廠旋由寧而徐而皖而粵所至賓禮後佐楊京卿商榷興辦實業心計精絕宏纖靡遺亦淑人珠算之教有以啟迪之也恩瀚服官於皖最久曾在蕪湖裏理稅務調護商民無間言因迎淑人至蕪築室以居奉養幾二十年濬則隨時定省恩瀚旋調津海常關稅務司幫辦二子謀忠交信僚友稱之皆知其克受母教而家道微而復起益信康吏之可爲也

顧昱妻王氏家傳 頁起

淑人以子濬隨帶二級分部員外郎例援覃恩蒙誥封淑人孫曾繞膝家計充裕可謂安且榮矣乃食甘蔬糲衣或補綴不忍棄其子欲易狐裘執不可曰我爲尔婦等倡卒耳然性好施與尤篤宗誼王氏姑早孀迎歸同居奉如尊嫜爲立嗣曰藉此以報翁姑也如是者八年鄰里感族之貧者歲有資給於節婦孤兒周濟尤厚族姪植之幼失怙保抱如己出王氏表姪濟臣族姪子戚皆相依而居與兒輩共衣食無厚薄嘗因族人修宗譜以費絀稽遲乃自節衣裳之費助之病中聞直隸水災猶出篋中金寄以助賑論者謂淑人生平食苦勤儉相夫教子其懿行間有比倫若其孝思至老不衰因恤戚黨歲時不絕終其身如一日則千百中一人耳今世禮化

凌夷箕帚詬怨之風熾矣若淑人者於孝友睦婣任恤六行
殆無媿焉非其得於天者獨厚而所以培植後人感化族黨
者其在是與淑人壽七十有五○終於蕪湖寓廬○內寢三子長
濳次恩瀚三恩沐早卒女二長歸華貫千次歸侯遂瞻孫二
長鈹書恩瀚出奉淑人命嗣濳繼書濳出因濳已有嗣子淑
人遂命嗣恩瀚蓋以先後為長幼不以兄弟判彼此足徵其
孝友之風矣孫女三皆適士族曾孫男女各一皆綴書出濳
與兒子學熙善因詳悉其家世樂為之傳俾其後嗣載之家
乘奉為世範亦濳等闡揚母德之孝思也

清誥授光祿大夫陸軍部尚書署兩江總督特授兩廣總督
皖南秋浦周馥謹譔時年八十有二　中華民國七年十二
月初四日

江南通志第一百九十卷

經部捐書目

清周易通解　楊以迴　五本　楊景熊敬捐
禹貢古今注通釋　侯楨　二本　侯祖述敬捐
孝經集注　侯楨　吳鏜敬捐
師範修身學　楊模　三本　楊楫敬捐
小兒性質述　楊模　楊楫敬捐

江南通志采一百九十一卷

史部捐書目

淮歷朝文學史　竇士鏞　竇汝傑敬捐

讀史年表　錢竇士鏞　竇汝傑敬捐

續志采訪稿　史部書目

江南通志采一百九十二卷

子部捐書目

淮寒香館遺稿　王陞　四本　王鼎敬捐

右說部

藝蠶文存　楊模　二本　楊模敬捐

右關政術

錄海補遺　王樹德　抄二本　王寰敬捐

右醫家

續志采訪稿　子部書目

江南通志第一百九十三卷
集部捐書目
明 俟太僕諫草 俟先春 二本 俟祖述敬捐
寒豐詩稿 辛丑年 辛幹敬捐
清 寶嚴堂詩 孫永清 孫翰英敬捐
泰雲堂全集 孫爾準 四本 孫翰英敬捐
俟杲紫辰錄 抄本 俟祖述敬捐
杜詔杜紹祁遺稿 杜彥宗敬捐
澹遠軒文集 竇士鏞 竇汝傑敬捐
詩品百首 俟楨 俟光錫敬捐
古籽秋館遺稿 俟楨 俟祖述敬捐

省志徵訪稿 集部書目

古籽秋館詩草 俟楨 俟祖述敬捐
綺雲樓雜著 竇士鏞 竇汝傑敬捐
篁韻盦詩稿 顧森書 二本 顧典書敬捐
師二雲居畫贊 顧森書 顧典書敬捐
張端甫遺稿 吳豫祖敬捐
周烈婦傳贊 俟祖述敬捐
栖香閣詞 俟顧文婉 俟鴻鑑敬捐
宋 張巫墓誌銘跋記墨搨兩帋 辛幹敬捐
明 俟世美妻王氏遺詩并黄道周夫人蔡玉卿和詩并跋 不全
墨搨兩帋 俟鴻鑑敬捐

無錫人物志補充稿 二

為呈送事竊祖述忝任省志徵訪員周諮博訪不敢憚勞徵訪所得隨時呈送以備採擇查通志內輿地各志均有漏載獨選舉志遺誤最多以次編年另繕清冊敬請鈞核人物一志子目甚為周詳蓋江蘇為英賢薈萃之區通志尤各屬觀瞻所繫彰往行以式後來於風俗人心關繫甚鉅無錫素號壯縣龜山提倡於前顧高培植於後數百年來名賢循吏海內僉傳以及孝義賢淑之聞風興起者更僕難數有已登邑志應照錄刊入省志者有近時人物及從前邑志漏載者恭繕清冊三件事略傳記等幾及百首隸草詩古文二十六種墨搨四帋理合呈請鈞鑒採擇施行再無錫為人才淵藪祖述仍當隨時採訪陸續呈送以副鈞局表微闡幽至意合併附陳謹呈

江蘇續纂省志局

中華民國八年一月二十八日省志徵訪員侯祖述

謹將已入邑志應登入省志者繕單敬請鈞核

計開

輿地志　山川（山墩四條）關津（橋條）一　壇廟祠祀冢墓（史事民運史傳三篇）

寺觀（寺條）一

學校志　書院（重整育才記一篇）

武備志　兵制（復民壯舊制說一篇）

職官志　文職

選舉志　進士　舉人　薦辟選貢　選舉表一冊送署

轉呈　選貢（補遺一帋選舉志說明一帋）

人物志　宦績（銘說傳略記贊雜誌十二篇）　忠篇（節略一篇公文一件）　孝義（啟一篇）

儒林　文苑（傳略二篇）　隱逸（誌銘行實二篇）　藝術　流寓

（錄遺詩和詩跋五篇墨搨二帋）　義烈（事略一篇）　完節（述事略六篇）　孝貞

輿地志　壇廟冢墓一（宜創條）

以上通志所遺連類補錄選擇諸人勛業懿行志義悼然

邑志有傳不復贅敘暫照通志子目繕冊呈請

鈞鑒飭抄登入省志實為公便徵訪員侯祖述謹上

江南通志第十三卷

山川補遺

安陽山（周安陽侯贇墓）

龍腿山（商大賢膠鬲墓）

右山

黃埠墩（清康熙乾隆累過南巡駐蹕於此）

太保墩（關邑水利）

右墩

江南通志第十三卷

山川補遺

安陽山在縣西北五十一里周十八里高百二十仞其麓與長腰相屬圓峻而銳上謂之文筆峯風土記稱武王封周章少子贇於此今祠墓在焉或云山在陽湖上故名山石可作器自漢世已采之（別詳物產）至今不竭正嘉以後山凡三崩云上有三十六洞今存者五曰九門張公甘草清水容春下有觀音巖南麓有翠微院元末莫天祐屯兵山下旁有山曰苦菴

龍腿山俗名牛腿山在縣東三十五里北與膠山之麓相接雞籠山在其西堠山在其西南有灣名石馬尋獲商賢膠鬲墓道旁有青石馬二匹係先朝遺蹟云

省志僅載膠山而不錄堠山邑志龍腿山附載堠山俗內擬補龍腿山一條俟祖述謹誌

黄埠墩在運河中流寺塘涇口形家言河勢直下而無廣須以此砥之故謂黄埠墩為天關太保墩為地軸墩圓而小風帆左右帶以垂楊中樞為佛殿周廊四匝上有文昌閣水月軒環翠樓康熙乾隆間累遇 南巡皆駐蹕於此咸豐之季燬於粵匪同治初巡撫李鴻章始建復焉

太保墩舊名窑墩運河北來至是分流入梁溪而墩實當其衝西南為西定橋後倚城堞進西水關百餘武即太保秦端敏金居第是墩蓋書屬之故名今有西水仙廟祀明知縣劉侯五緯俗又名水仙墩

江南通志第二十五卷

關津橋梁補遺

廣濟橋 在五里湖長廣溪之間今名石塘橋宋嘉定間僧月堂並建三橋曰廣濟保慶惠安元季莫天祐屯兵毁橋塞口水時壅漫明初邑人浦行素開塞補隄架木梁其上隆慶中浦後人倡易石梁即廣濟也然水勢湍悍一橋不足以洩仍別為二水門以存三橋遺意今西水門改建小橋以衰水勢

省志徵訪稿

江南通志第三十九卷

壇廟祠祀補遺

文昌帝君廟

大神廟

純陽帝君廟

右清制通祀諸壇廟

顯應廟（祀周處陽侯贊）

貞節祠

南斗星君廟（御賜光耀南天顯）

右錫邑專祀分祀諸祠廟

許顯謨祠（祀宋德之許）

城隍廟

關帝廟

劉猛將軍廟

淮湘昭忠祠

藥皇廟

忠佑廟（祀陳昆仁）

以上有司春秋致祭

袁龍圖祠（祀材老先生）

尤文簡公祠

虞薇山先生祠

倪高士祠

浦長源祠

黃太僕祠

王僉事祠

孫宗伯祠

高忠憲祠

華學正祠

華節愍公祠（吏部祠）

張孝子祠

過郡馬祠

强仁山先生祠

俞行人祠

秦氏雙孝祠

王石沙先生祠

蔡氏孝女祠

侯太僕祠

葉司空祠

龔節愍公祠

嵇忠節祠

楊觀察祠

王武愍公祠

浦孝節貞烈祠（以上無錫）

龔毅所先生祠

鄒國公祠

錢武肅王祠

周濂溪先生祠

司馬溫公祠

朱樂圃先生祠

韓蘄王祠

楊忠襄公祠

許文懿公祠（邑志許細字）

華節婦祠

王九畹先生祠

秦御史祠

陸宣公祠

王文正公祠

范文正公祠

鄒忠公祠

惠學正祠

呂東萊先生祠

張長史祠（列入統祭邑志未詳）

以上乾隆初年暨嘉道以後呈大府奉檄列入祀典者

江南通志第三十九卷

壇廟祠祀補遺

侯太僕祠在碧山莊右祀明給事中贈太僕寺少卿先春康熙五十六年曾孫丈鑰奉檄建乾隆二十八年六世孫書錫重修並祔祀先春子舉人世茓咸豐十年燬同治閒裔孫維寶妻楊節婦承夫遺命捐滿字二十二號一畝三分零駁岸街住宅東寶彝堂房屋基地爲太僕祠以少宰公祠祔祀

楊忠襄公祠在繡嶂街祀宋殉節通判建康軍府事贈徽猷閣待制邦乂裔孫廣東佛山同知德垍捐資創立道光十一年萬藻德墉等請建兵燹後次第修葺德墉子庠生鉞妻顧氏以節孝旌於朝戊午秋其孫湖北知府椿泰[illegible]主附祀祠之右室

省志徵存稿　侯太僕祠　楊忠襄祠　楊[illegible]祠

贈兵備道楊公祠在繡嶂街祀殉難酆都縣知縣[illegible]嘉慶二年奉檄建享堂右有楊錫曾妻馬節婦坊[illegible]年孫福宇建後造有楊氏追遠祠祀漢[illegible]震道光初孫萬藻建[illegible]

讀明史錄少芝公事

六世祖少芝公明萬歷庚辰進士歷兵科都給事中敢直諫彈劾無所避有諫草若干篋藏於家其大者在劾遼帥李成梁及稅監高淮淮之罪狀昭灼而成梁頗著戰功或疑可無劾者謹按明史錄而正之李成梁傳云萬歷十九年閏二月成梁乘給事中侯先春閱視謀邀擣巢功使副將李甯等出鎮夷堡潛襲板升殺二百八十人師還遇敵死者數千人成梁及總督蹇達不以聞巡按胡克儉發之及先春還朝詆尤力解成梁任夫乘公閱視遼左始謀邀功塞責則成梁平日之不職可知成梁之憚公風采又可知矣卒之殺敵不三百而明兵死者數千成梁與督臣互相隱飾身爲御史奉命閱

省志徵存稿　明史侯太僕事

邊不比之劾而誰劾哉且成梁又人所不能動不欲動者也傳又云成梁始銳意封拜師出必捷已而貴極而驕奢侈無度軍資馬價鹽課市賞歲乾沒不貲全遼商民之利盡籠入己以是灌輸權門結納朝士中外要人無不飽其重賕爲之左右每一奏捷内自閣部外自督撫而下大者進官蔭子小亦增俸賚金震耀當世而其戰功率在塞外易緣飾若敵入内地則以堅壁清野爲辭擁兵觀望甚或掩敗爲功殺良民冒級閣部共爲蒙蔽督撫監司少忤意輒排去之不得舉其法夫以全遼之利結納權要公居樞垣又閒遼左慮無不重咲公者而此不少動殺然以白簡從事觀此可見公之清操峻節也而是時遼東復有稅監其尤甚者則高淮公之劾之

非特楊左擊崔魏之先聲實於一代邊事有力矯其弊者楊
鎬傳云遼三面受敵無歲不用兵自稅使高淮朘削十餘年
軍民益困致遼事大壞宦官高淮附傳云淮採礦徵稅遼東
虐民激變誣繫諸生數十人巡按楊宏科救之不報又惡遼
東總兵馬林不爲己下劾罷之給事中侯先春疏救遂戍林
而謫先春雜職馬林者遼左大帥經畧楊鎬令與劉綎杜松
李如柏四路出師者也語見劉綎傳又馬芳傳云芳子林爲遼東
總兵稅使高淮橫恣林力與抗淮劾奏之坐奪職給事中侯
先春論救改戍林煙瘴先春亦左遷二官公之救林劾淮豈
惟援一名帥除一橫璫見節氣哉實爲全遼利害起見與前
之劾李成梁同一讜言遠識也時有分校春闈撤棘兩日而

疏上奉嚴旨謫廣西按察司照磨未之官而卒天啟初原官
特召家以卒聞乃贈太僕寺少卿而史或云謫雜職或云左
遷二官似歧出非其實又成梁傳云先後巡按陳登雲許守
恩康得其殺降冒功狀擬論奏之爲巡撫李松顧養謙所沮
止既而物議沸騰御史朱應轂給事中任應徵僉事李琯交
章抨擊事頗有迹卒賴奥援反詰責言者淮傳云神宗寵愛
諸稅監自大學士趙志皐沈一貫而下廷臣諫者不下百餘
疏悉寢不報而諸稅監有所糾劾朝上夕下輒加重譴以故
諸稅監益驕而淮及梁永尤甚嗚呼由此觀之則公之嚴劾
二人爲尤難也公之直節於史法宜立專傳不識秉筆者何
可遺之然事蹟具載諸人傳中燦然可考謹撮書而併繫之

稍加發明而不敢有所改竄庶公立朝大節不至泯滅至家
傳誌銘所載及家刻諫草凡正史所未見者概不列云

六世孫鳳苞謹撰

民運事宜議

無錫都給事中侯先春書民運事宜考後曰：東南財賦半天下，而蘇松常嘉湖五郡又半東南，乃民運白糧二十餘萬石，又天下所無而五郡所獨也。五郡之民太苦矣。惟是高皇帝定鼎金陵，則此五郡者并輦轂，故當時屬之民運，以爲地近而用力少也，豈虞有今日之艱難哉？今京師在西北上游，道路迂徐三千餘里矣，於是沿途有阻滯之患，淤淺有盤剥之費，暑濕有浥爛之虞，風波有喪失之險，閘津有船料之稅，帶磚帶瓶之煩，船户有抑勒之害，水手有索詐之擾。夫裹糧備粟，操艅艎之舟，漫瀾於江淮河濟之間，遭迴困頓，日與死爲鄰，而復耗費無算。角抵丁字沽，已脫萬死一生之幸，而白河之剥船、通州之過壩，其狼戾於船夫之手無算；自大通橋抵京以至投解内府各監局庫，其奸技弊竇益又無算。民命幾何而不焦爛於灌輸之役耶？夫白糧一石加耗，夫船車脚已費米九斗六升、銀八錢，通正米四石始當一石，則此二十餘萬石實爲八十餘萬石矣。又每石在途費民間米三石，而少在京一石，而餘共四石，通計前八石始當一石，則此二十餘萬石實爲一百六十餘萬石矣。五郡之民獨何辜而偏累賠累之極至此也？議者謂當破拘攣之格，以白糧寄派於運艘，則可以免解役之破亡，而寬東南百一之費。其說果行，誠萬世利，然而未易言也。顧民運之費浮濫不經，利不歸於國而害獨叢於民，如前所云者，獨不可一起而裁省之乎？嘗考

内府錢糧皆有臺省監收，垂二百年，而白糧隸巡視十庫之臣投解完銷，必嚴閫白之令。隆慶間當事者以言得罪，遂罷去不用，而權悉專於中人之手，漫無稽制矣。故事，白糧投解有僉家爲之主辦，諸所墊鋪等項非僉家弗效也。僉故宿猾，翕張煽禍，視飛輓爲奇貨，視運民如魚肉，揭閭閻之膏脂啗而與中人左右胥吏又都市無賴少年豪猾内外膠結爲奸，虎狼之餓喙日甚一日，歲甚一歲，小民吞聲受莫可控訴於茲二十年所矣，又何怪乎東南民力之不支而胥爲逃亡耶？邇年田野汙萊，凋敝益甚，竊恐財賦之無從，而國家之所倚給何以紓大司農仰屋之籌也。萬歷辛巳，侍御某公洗刷諸弊，運民便之，一歲而法遂廢。余從丁亥歲上書請復監收，不報。己丑適叨十庫之役，侍御莆田林公相與共事，每當運民至日，輒與持文而嗟，扼腕而悼，曾不得一甦剝膚椎髓飲恨無控之民，頗然傷之。林公遂手疏先後事狀，忼慨抗論，上許可，下所司督飭之，而余與林公稍得奉揚德意，除無名之費，禁額外之徵，定加增之數，革折罰之苛。於是夙昔胥吏豪猾及中貴人稍稍斂約束，不敢肆。是歲省民間粟五六萬石，一時運民歡呼鼓舞，誦聖天子之寬仁。余惟除弊貴盡，變通貴漸，御事在法，任事在人，余狗馬力不足以效馳驅，姑於其所積蠹僅僅汰十一二耳。若夫盡釐僉家之奸，建復監收之例，歲湔洊雪，漸銷其朘嚙之毒，庶幾五郡之民可望復甦，而東南財賦不終乏絕，弗貽後日無窮之慮矣。茲以行過事宜

編立成册以俟將來之同志者

又唐鶴徵曰無錫侯給諫先春巡視十庫奉旨嚴飭中外歲省民間米數萬石皆著爲額

歲省民間粟五六萬石著爲額至今日并寄派運艘免民運之苦矣同事莆田林公孚疏事狀抗論蒙許可其爲德於東南之民甚大宜兩姓子姪之食其報也公自云積蠹僅汰十一二而以盡釐僉家之奸建復監收之例望之後人仁者之用心何其肫肫無已也行過事宜編立成册不知尚存否當訪而抄之

嘉慶十八年癸酉裔孫鳳苞跋於寶應學署之海棠巢時年六十有七

肖志效汸編　民運事宜議　十五

宋楊忠襄公邦乂傳

博通古今遭時多艱每以節義自許登第知溧陽縣倡叛卒據府城殺官吏邦乂立縣獄因趙明於庭欲誅之因謝曰爾悉里中豪傑誠能集爾徒爲邑人誅賊不惟宥爾當畀爾爵邦乂飲之酒使自去閱日討平建炎三年金人至江上高宗至浙西留僕射杜充爲御營使駐建康充性酷無謀士心不附兵敗降敵金人濟江逼城董軍餉戶部尚書李梲守建康顯謀學士陳邦光皆具降狀迎之金帥宗弼入城梲邦光率官屬拜迎邦乂不屈膝以血大書衣裾曰寧作趙氏鬼不爲他邦臣宗弼不能屈翼日說邦乂許以舊官邦乂首觸柱碰流血曰世豈有不畏死而可利動者速殺我他日宗弼與梲邦光宴立邦乂於庭邦乂叱梲邦光曰天子以若扞城敵至不抗更共宴樂尚何面目見我虜官以復告書死活二字示邦乂曰若無多云欲死書死字邦乂奮筆書死字金人歎已然未敢害已而宗弼再引邦乂邦乂不勝憤遥望大罵曰若汝圖中原天寧久假汝行磔汝萬段安得汙我宗弼怒殺之年四十四事聞贈直秘閣謚忠襄紹興七年加贈徽猷閣待制少處郡學日不視非禮同舍欲嘗其守託言故舊邀以館也酒行娼女出邦乂愕然疾趨還解衣焚之流涕自責

肖志效汸編　楊忠襄傳　十六

江南通志第三十九卷

壇廟冢墓補遺

周 安陽侯嚮墓

後漢 孝廉高岱墓

明 副使顧可久墓

給事中贈太僕少卿侯先春墓

中書龔廷祥墓

清 知縣贈僉事秦華鍾墓　知縣贈僉事張令憲墓

大學士嵇曾筠墓　御史邵璿墓

侍郎贈尚書鄒一桂墓　大學士嵇璜墓

尚書秦蕙田墓　尚書張泰開墓

知縣贈兵備道楊夢桂墓　巡撫孫永清墓

總督孫爾準墓在陽湖縣新塘 詳邑志本頁細字

主事贈光祿少卿王日杏衣冠墓

布政使贈太常寺卿楊揆墓　知縣贈知府李福培衣冠墓

知縣吳兆麟墓

知縣贈知府王恩綬衣冠墓

巡撫鄒鳴鶴衣冠墓　知縣贈知府華元超墓

省志徵訪稿　墓

江南通志第四十五卷

寺觀補遺

華藏禪寺在縣西三十五里華藏山亦名青山寺元時寺廢

明洪武正統萬歷中相繼修復崇禎中戶部侯鼎鋐新之

鼎鋐晚年屏居於此 舊志云有雲海堆玉望湖諸亭今並廢 國朝乾隆間僧

永昌重修大殿咸豐十年毀光緒十九年知府侯樑倡捐

僧岱增重築大殿大悲閣天王殿等屋三十餘間添置寺

田共費二萬餘金

省志徵訪稿　華藏禪寺

江南通志第九十卷

書院

清重整東林書院膏火記　侯晟

省志徵訪稿　書院　九

重整東林書院膏火記　侯晟

東林書院遭兵燹後存典膏火蕩然無存總辦錫金釐捐侯補道倪稟奉宮保爵閣督部堂今任中堂李批撥提書院經費每月二成核計膏火每月支用二百五千外所餘不少應飭經管之侯晟等及早置造棧房公產以圖經久至山長為士習人材之所係侯晟既為經董未便復作山長此外有無文行兼優之宿儒不必拘定會榜鄉科也嗣以軍需緊急奉批停止每月止酌提三百千文除膏火二百五千外止餘九十五千不敷置造棧房公議抵借公議定利每月貳分五厘生息自五年八月起至九年十二月止利上生利足敷一萬二千串因即稟請停止又於十年春將書院原存修理項下

省志徵訪稿　侯晟重整東林書院膏火記　十

撥款起造三公祠四間晟年邁無能皆董仲荀楊鶴秋偕芝緒公東公任事不避勞怨之實蹟也是年四月晟有山陽之行更請吳菊青學博顧伯仁惠丈公同經理發典生息更臻妥善今晟於淮安學宮內見至聖周流列國圖三十八幅倩工摹好捐入書院張掛俾月課生童得以瞻仰因將晟在院與諸公經理始末附錄於後時同治十二年仲夏記於山陽學署

江南通志第九十四卷

兵制

續請復民壯舊制說　侯晟

請復民壯舊制說　侯晟

州縣有守土之責例綦嚴不能死事律當斬今降為軍台又有收復將功抵罪之例恩至隆典至寬也顧州縣之守土與誰守之上憲不追究其何以失守之原與何人共守之故武職有兵有器械專司守城故立其名為守備州縣何恃平日既不知親民之官為何事而剝削其民已為衆怨所歸至衙門四班差役徒知假威恐嚇偶然觸犯嚴杖加之至於六房書吏亦惟知捧卷舞弊一旦賊至有閧而散耳官成獨夫與誰守之而能勿失乎國家立制予以守土之責必予以守土之人與守土之具併與以共守之人武職同城共守之人也民壯一項即州縣自具之兵民壯有器械守之之具也承平

已久吏治不講竟將民壯一項視同壯皂快不知民壯有守禦城池倉庫之責四季造冊會營操演與兵丁一例按補出身晟任建德時擬將此項稟請改復舊章迺查工食已透支四五年人皆疲軟不堪驅使四年五年初陷徽州失守指其自歷兵勇不得已而民壯內挑選二十人分作兩班值宿指給飯食與募勇一同守署深恐猝至成獨夫也今蘇杭當克復之後亟宜講求善後一切工食等項改弦更張而此項民壯首宜整頓復舊不宜四季徒造空冊虛糜帑項如捷檄中缺尚有長鎗手二十名弓箭手十六名鈀手十六名州縣缺能以此為基臨時再招勇相助勢能與武職相敵相助守城再平時要做好官百姓自肯協力衆志成城何至一旦賊至

即如入無人之境偷生逃避苟如此可冀以守土之功亦可
加以失守之責何今日但知參劾而不知講求其本為從新
曲突之計也要之民壯之工食例銀既不敷州縣再以錢易
銀又折八扣所餘無幾加以會營等房費公項貼補到手無
幾不得不藉差票求生活故將本項分內之事全行忘却不
講技藝為今之計宜提出此項令州縣按時自行操演核實
給發製造器械不忘武備再向例民壯奉過差票即算下賤
縣役不能與兵丁一例挑補宜變通其例一面仍然差票以
資調濟令足以仰事俯育技藝爛熟兼可帮同捕盜苟一縣
如是即有勁兵五六十名通省皆然即不下四五千名勁旅
此乃無形之武備有用之勝算也再現在壯勇之宜撤而無

家可歸者或酌派每縣一二十名充當此役尤為一舉兩得
愚昧之見未識可備芻蕘一得否
　東華錄載雍正二年尚書勵廷儀請團練民壯於每州
　縣選取五十名分習器械尤壯者拔為頭役奉
旨此奏甚好着嚴諭各省督撫實心奉行欽此

江南通志第一百又卷
文職補遺
宋鄒漸字子進 民為樹遺愛坊　　阮應得字正己 祀名宦
明韓約字博文 祀名宦　　項伾字如儉 祀名宦
佟珍字時貴 祀名宦　　鄧繼曾字士魯 重修圩堤民德之
甄津字汝問 祀名宦　　李復陽字宗城 祀名宦
趙應元字肯鶴 條上罷苛稅邑以無擾　　林寀字德衡 祀名宦
清吳鉞字愛棠 愛民如子　　葉申藹字次慢 重賢禮士修復古蹟
右牧令
明張明慶 惠政及民祔祀鄧繼曾萬虞愷祠　　郭命賢字漢虹 建言譴讁孫繼皋送以詩
右丞倅

元李豪卿 死節祀名宦
右倉使

江南通志第一百十九卷至第一百三十七卷

選舉志補遺 補前册所遺

進士 選舉表說明書

舉人

薦辟

選貢 選貢補遺

省志徵訪稿

選舉志目補遺

江南通志第一百三十六卷

選貢補遺 補前册拔貢所遺光緒乙酉年丁酉年宣統己酉年三科

清德宗光緒十二年

楊模 錫 甲午舉人

華世芳 金

光緒二十三年

秦樹鍠 錫

華彥鈺 金

孫肇圻 府

孫光圻 錫

孫蓉鏡 錫

鄒登泰 金

楊鍾鈺 金 吉林撫署編輯員勸業道署農 科科員安徽補用直州州判安徽

宣統元年

署文業法政 學堂監學

省志徵訪稿

選貢補遺

選舉表說明書

省志邑志均載者姓旁加一圈

宋仁宗慶曆六年丙戌賈黯榜 錢顗

省志載而邑志遺者姓旁加雙圈

宋神宗熙寧六年癸丑余中榜 蔣之奇

邑志無誤而省志誤籍貫者姓旁加點圈以別之

宋仁宗嘉祐八年癸卯許將榜 孫庭筠

邑志載而省志遺者姓旁不加圈點

唐憲宗元和元年丙戌 李紳

省志邑志均遺者姓旁加三圈一併列入補遺

清康熙五十二年癸巳王敬銘榜 任蘭枝 無錫人溧陽籍廷試第二庚戌會試大總裁禮部尚書子任端書乾隆二年丁巳恩科于敏中榜一甲第三編修

省志徵訪滙 選舉表說明書

江南通志第一百四十二卷

宦績補遺辨訛

唐李紳字公垂 邑志宦望有傳

宋强蝴字君翔 通志誤作晉陵人

明呂亢夫字仁仲 邑志宦望有傳

何棣如字子極 通志誤作江寧人

清侯杲字霓峯 邑志宦望有傳

鄒一桂字元褒 邑志宦望有傳

侯嗣達字爾端 邑志宦望有傳

鄒奕孝字念喬 邑志宦望有傳

鄒炳泰字仲文 邑志宦望有傳

楊掞字荔裳 邑志宦望有傳

秦雄褒字聲雷 邑志宦望有傳

孫爾準字平叔 邑志宦望有傳

秦沆字小泗 邑志宦望有傳

侯之翰字蘭臺 入尊賢祠邑志宦望有傳

侯嚴字紀之 邑志碩有傳

施坰字林宗 通志誤作武進人

楊成字汝大 邑志宦望有傳

嵇曾筠字松友 邑志宦望有傳

嵇璜字尚佐 邑志宦望有傳

顧光旭字華暘 邑志宦望有傳

孫永清字宏度 邑志宦望有傳

秦瀛字淩滄 邑志宦望有傳

周鎬字懷西 邑志宦望有傳

侯助字勤補 入尊賢祠邑志宦望有傳

俞肯堂字人表 [illegible]邑志宦望有傳

杜紹祁字小京 邑志宦望有傳

蔣大鏞字和叔 邑志宦望有傳

楊延俊字菊仙 [illegible]

省志徵訪滙 宦績

皇清誥授奉政大夫刑部郎中寬峯侯公墓誌銘

余與寬峯侯公總角即知契文壇酒社恒相過從稱忘形交戊子遂與公爲同年友見其年甚盛而意氣豪上有不同於世俗齷齪之士者益敬重之知公之蘊深蓄厚必將大展其生平卓然表見於事業既而成進士令宣平宣固僻壤且久任至十餘年及入官禮部尋擢刑部正郎後奉差歸方杜門養疾而疾大作客夏公之訃音遽至矣嗚呼公年甫五十正服官蒞政之時且其風度卓犖久已見信於當世而當世亦望其功施無窮何竟與余所期有未信哉余方欲爲文哭之乃其諸孤文燦等走一介三千里告變於余且手纂公生平行實幾數千言屬余誌且銘之余於是盡得公生平亦嘆諸

孤能念先德於不忘也按狀侯氏世居無錫自元高士友泉公以隱德爲世所仰厥後代有達人企竹公以吏治顯少芝公以直諫顯三傳至公公生而穎異九歲即學爲文千言立就爲耆宿所驚歎十五補博士弟子封公乾中先生方官南刑曹遭世亂大父大理公與大母華太孺人俱高年避兵於鄉內外上下莫知所爲公以弱冠獨肩其任周旋大父母於艱難搶攘之際凡所以仰代封公孝養之事者靡弗至也適里中有乘亂構陷封公者公身代訟繫由是封公得以視大理公含斂盡禮致哀而構陷者卒罹於法公爲諸生時其偉槪已有如此者己丑釋褐時年僅二十餘名動公卿間秉衡者欲以館局處之公慨然曰一民一社乃吾効能之地安

用優游清署爲以㪍謁選得宣平縣宣平僻處叢山中其地無城郭無漕渠其民人無甲第無富室亦無商賈往來於是親戚無不相弔而公又曰此正吾親民之日也甫下車摧其利弊緩急首興水利建通濟橋以時蓄洩每山水漲溢不復浸壞田廬民便之縣多貧民賦屢不登每歲終逋欠動千百公輒輸家貲報及額以爲常當軍興時直指及諸上官接郡符檄無虛日不以縣之非孔道少貫也公先事供億不以擾民亦無廢事又山寇不時發縣故乏繕備吏民駭走公親擐甲冑練集鄉勇徇行山谷間晝夜失道馬蹶且傷足亦不顧也於是賊意宣有備令又嚴威而廉愛俱遁去終不敢犯或有不軌徒潛與寇通謀內訌公輒先知之率兵潛捕盡伏辜

邑人益誓公之神其精於吏治多此類方今天子飭重吏治況當羽書旁午之際思得廉幹才悉公紓難愼用封守爲宣力有爲之臣往往應之者以名不以實苟得如公者數輩分置天下何憂不治哉以公之治行宜膺不次之擢乃宣吏民德公深以爲公去誰與勤撫字貸輸將者故留公於所治十餘年公亦以爲宣吏民德我我何忍去之雖久不遷不怨也昔漢內史倪寬以負租課殿而民擔負輸租繈屬不絕今公則以己資償民賦課亦以最此其事有更難於倪者甲辰陞禮部旋遭秦太宜人之喪丙午服闋入都予與公契闊二十年至是握臂極歡相與並轡聯遊沽新豐酒歌嘯爲樂丁未公補儀制司主事進祠祭司員外郎凡

朝廟郊祀諸大事公佐理俱有可觀主政諸公莫不以局幹相推許時余叨任司成值今上臨雍與公周旋於駿奔祼獻之列公夙夜寅清克襄鉅典庚戌會試公充提調官纖悉皆親董之棘闈中葺墻屋供飲饍擇繕寫舊主是役者例視爲故事不之省公一一經理之無少懈尋陞刑部郎中督關九江關有積蠹每操官府短長公廉得其人聲罪杖殺之江右鹽艘凡三百有奇舊例每艘額外輸金若干爲關公費公盡罷之春秋二時不下幾千金一時商民無不感且異者蓋公精明清慎輕財奉公其天性然也權車報竣公便道歸奉觴爲封公壽居無何將再塗北行封公忽焉捐館公以適在子舍得盡哀禮不致貽終天

憾人咸謂孝感所致云公性篤孝兩遭大故服再闋思忍不樂遂有疾當事具　題在籍調理不二年而公病不可爲矣辛時乙卯歲閏五月也公故豪邁不屑爲局促態鄉里中貧乏不自存者輒衣食之姻戚故舊脫有緩急無不立應更能患難相恤遇人危迫傾身救之無難色而其事之尤不可沒者如同邑某氏以同産分析箸少長不相疇遂有閒言伯子走京師思譽少者公聞之驚曰鄉人骨肉相難忍坐視乎勸諭者再某因欲援例以捐貲圖出身遂謀稱貸俱藉公力後其家呼應不至諸債家俱含某而問公公與之紀經其逋至今未償公性好施與産且中落猶不恡此不貲之費慨然曰吾周全其父子兄弟聞吾實造彼彼宣我負哉其風誼如

此眞不愧古人而里人固共聞之余時同官京師尤知之最著者也嗟乎天下有遇人之急而秦越視之惟恐累己者矣即或代謀有能捐橐數萬緡歷數年而幾微不見於詞色者乎余益信公之爲人又長者也故亟表之以風世之好義者公之生平事二人以孝聞睦同氣以友愛聞敦戚誼以高厚聞其出宰百里則尸祝之至今入司典禮則共稱其多所補益以至商旅歌思比之甘棠之愛可不謂一世人豪也哉然其達觀有素當端居時獨預卜藏域於太湖之濱軍障之麓一邱一壑若將老焉此豈猶得以才士盡之殆有得於道者耶余與公家僅百里隔又弱冠即同譜其吏政得之熟聞在國門時朝夕從遊獲盡傾倒余既知公深所以誌而銘之者

又安敢辭耶今其孤文燦等將於今年七月之吉葬公於茲山成公志也銘曰

於維上谷邈矣其祥代有大賢至公彌章公才不世小試窮邦解我囊橐代彼輸將典禮競搉厥績皇皇民食其惠吏愔其明如雲之誼如雲之腸輕財好義振古載揚允宜吉壤吉人是藏銘茲碩德山高水長

年眷弟宋德宜頓首拜撰

侯公助勸五河栽柳築堤說

五河澤國也縱橫僅百里而水占其半淮挾七十二山河之水由西南來滂城與沱澮漴潼四河合而出東南爲南湖天井香澗赤龍澗三沖蔡家王家朱家諸湖復棋布其閒淮河一漲衆水會合混茫莫辨下流雖盱眙可歸洪澤而浮山鐵嶺又勒住如咽喉故十歲九淹每望洋而坐歎舊有五壩數十年來海口淤沙日積河水日緩河身日高堰壩原蓄清水以刷黃黃高反倒灌以淤清口清口淤湖身亦漸高而水不能下壩基所以沖塌也今雲梯關外既築堤以束勢磨盤埽旁復添堤以分溜五壩南又開仁義禮三新河以洩水泖伏秋盛汛水正東趨適壬癸數年來夏秋交日日東風風與水

在海門爭道相聲撞口門淤沙爲之疏開河水復急河身淤深清水暢流清口亦漸疏消庶五河之水亦有所歸而不慈患然不築堤淝澮水發而淮不能疏淹靈宿水大而澮不能容淹黃河啟閘而潼沱不能受淹至雨急漲新風狂浪湧不數刻而沿河無窮之地又淹非壩不爲功築壩又莫先栽柳何則地平曠無畔岸風浪大無計阻當土疏散不勝粘捲草少不能堅固況連歲歉民不聊生安望餘力以圖遠惟栽柳可次第行之今冬先勸民備齊柳棍明春各照沿河地晉栽六行依弓尺種內夾野柳三年後即去其濃枝以作有根之橋再將野柳兩面密編中用稭土堅築柳樹內掘一深溝其土即以築堤土不費且可以洩內水險要處留門作石閘

量水之大小以時啟閉至料與費必籌商通每縣季每畝量豐歉出糧草各舉公正董事協同鄉保將所積糧草登冊備用俟柳栽成後通核確估籌酌興工如費不足先籌築數尺逐漸加增總以一丈高二丈寬爲準庶可期捍衛總之栽柳利息各照地栽壩則不分內外閩灣通力合作庶苦樂均無偏畸之患柳不難栽祇恐窮丐漁船潛行偷拔非設法看守官爲懲治不能保全壩不易築深懼勤惰不齊始終或異非嚴立規條官爲畫一不能奮勇費十年官心積十年民力瘠土不難轉而爲沃土倘繼起者踵行不倦其利可勝言哉今擬條約於左

一看地勢通查縣中沿水地畝內除高岡水淹不到者不用

築堤其餘最低次低凡有水可淹者柳樹一律普栽查看時離水遠近酌量地勢插定標幟不得任情挪動亦不得畏難退縮其最低者柳棍尤要肥直高大

一蓄柳棍樹多怕水惟柳不怕水柳棍甚多積亦不難然一時要百十餘萬恐亦不易必先一年出示令各按地畝多寡預爲備辦粗直者留極窪及中二行用兩邊四行如或短少先儘外二行栽逐年添補三年後即在所栽樹上斫下亦可補插有多無少大約六年後即茂盛可觀亦有利矣

一栽柳各照已地按栽本不甚費力大約以六行爲率多則更好中二行擇高直柳棍豎隔一弓一株一弓中又間野

柳五枝橫寬四弓留作堤身空以填土旁四行參差間種
外二行可破浪勢內二行可培堤根俟三年後中二行柳
離地高過一丈圍圓大過一尺即用作樁去風枝防其搖
動野柳長至丈餘即編織如牆兩面一樣中用稭土堅築
水來不虞添刷外二行柳樹外再栽蘆荻以護衛
一看柳先出示曉喻窮民俾知利害再三百弓搭一軟席篷
置一竹梆十蓬置一鑼每蓬留一人照五更傳遞巡查如
有偷竊人即打亂梆上下數梆人同趕幫拿縛送架示不
則如看青法各雇人交伊看守大約要一年其費諒不甚
大沿河業佃均出如公處亦即令附近居民均攤日後柳
樹即歸看樹居民

一籌費栽柳因有利息各照地種築堤必通縣合商內地高
阜水來無不受害且阜地之邊盡為灣地更痛癢相關既
闔邑興此大工世世子孫之利有何畛域可分而不通力
合作乎況非強人所難能者令擬每保內無論紳耆公舉
出二三公正無私勤能可靠之人會同鄉保查明保內各
家地畝歲熟除高糧出稭外不拘細雜各糧每季每畝出
淨糧一升交董事收貯備用如荒照分數遞減閘座等費
先行提出備辦零用均在內開銷總要至公至當倘徇狗
私弊即照所私之數倍罰稟明退去另保充當大約柳樹
亦要五六年始能齊全到彼時彙算通同籌辦
一備料此地灣大多沙圍土每枯性不膠粘即有野柳編護

非稭料廂築不能堅實稭料亦必通縣均商凡秫每畝但
出竿子二個歲歉量減
一起土即在內二行柳樹內離二丈餘挖一深溝沿河地畝
無墳塋阻當本是棄地即運溝中之土築壩近不費工緊
要處留閘門以時啟閉溝之寬窄淺深即照壩之高卑大
小壩以禦外水之入溝以洩內水之出儻外水小於內水
內水大可做畎澮古制自溝放出內外平亦可蓄水如旱
并可用水車引入以資灌漑
一築壩俟柳栽齊如式後彙算各保現有糧草及籌辦壩土
丈尺通同公核均勻派辦必須明白工程人會同確估停
當然後酌定規條擇日興工赴期趕築務須一齊動手不

可參差後先致生怠玩
一壩成後每年大雨時行之先各董事務率同保人查看各
壩如坍塌滲漏處加緊修墊倘水滿遇狂風暴雨時尤要
着力搶護可期永遠無遺悮
伯父勤補公潛心實學自幼時即以天下為己任兵刑禮
樂而外凡星經地志溝洫河渠靡不心究迨司鐸五河雖
未足竟其用而弊必革利必興政績卓卓可紀其大績尤
在栽柳築堤一說如賈讓治河奏如酈道元水經注河防
大勢瞭如指掌依法行之誠不世利也道光壬寅端月十
日胞姪楨謹跋
五邑地濱洪澤湖十歲九淹居民恒苦離析　先王父秉

鐸是邑力振其弊而栽柳築堤之說行其利甚溥昔子厚貶永州司馬人文蔚起椒山遷狄道典史政教大行經濟素裕不以地限之也　王父出爲名宦入祀尊賢雖設施未竟而民物豈體之懷可想見矣爰識之以存治績云壬寅春正月孫守廉謹識

勤補二叔父傳畧

自來卓立之士品重於鄉閭德孚於衆庶則必生前著其望身後享其榮俎豆馨香垂諸弈禩此千古報功崇德之公心而亦即名儒修己治人之實驗茲於吾叔勤補公信之叔父諱昉字旭輪勤補其號也先是叔祖舜荃公績學勵行中年貢志歿勤補公奉庭訓刻自振拔游京師與海内碩儒相砥礪博覽羣書頫其指要屬文章力追先正以乾隆甲寅登賢書主師爲賓東臯先生當時推制作巨手見勤補公文許爲入室弟子故聲望益隆習舉子業者必造門受教如梗枏杞梓悉資大匠檗栝焉春闈屢薦不售於嘉慶丁卯選授安徽五河縣教諭既莅任飭士習閲課文俱以崇實黜浮爲本多士翕然從之時文廟年久漸傾勤補公捐廉首倡邑紳士感動興起鳩工重建選諸生任其事仍以一身總其成寒暑弗休雨風不避既崇既固廟貌一新工已竣樹桃樹百株於隙地蔚然成林俾歲修有所取給慮至周也五邑水患泆乘賑饑饉無虛歲奉委稽核戶口散給鏝緡不假手吏胥必親至其家無濫無漏民有獻一茶一飯者必峻拒之廉介自矢實惠及民邑民咸德之居官務節儉常以咬得菜根百事可做爲立腳第一功夫又訓人以學吃虧即先賢犯而不校橫逆自反之意涵養既粹淵然道然教子之翰孫守廉俱謹守家法蓋品學不可及已在任十六年以道光壬午卒於官士民思之顩請入名宦祠事蹟載五河縣志吾鄉紳士聞之曰異

地奉爲人師同里弗彰賢喆何以昭勸善何以示崇儒爰呈
請入惠山尊賢祠部議如所請嗚呼勤補公可不朽矣夫廣
文一冷官耳有真學問以訓士有實心力以惠民卒能俎豆
不祧千秋食報配前人而垂久遠夫豈偶然哉 桐不敏景仰
遺徽節書大略願以告後之能師公者

姪桐頓首拜撰

勤補公紀實

先大父性至孝晨昏定省無幾微稍懈因曾大父舜荃公積
學不遇以讀書立品相期望大父凜遵庭訓苦志力學偶舉
一念必期可以對人與伯叔祖兄弟彼此砥礪終身無間言
內行尤稱湻篤

先大父恪守儒素廉隅自飭甲寅揭曉後謁座師竇東皋先
生歸語先大夫曰師若素知我者論云人能窮得起乃立得
住脚時大父一貧如洗然遇可以稍爲生財非出於正皆謝
絕所以與東皋先生言沆瀣若一氣蓋大父一生淡泊得力
此二語甚深後之人敢不仰體以自勉耶

先大父虛心仁厚遇事慎密一介不取則自幼時已然嘗聞

伯祖簡田公述大父幼時持會子取子錢於市持籌者誤倍
與也大父密還之曰慎之後勿爾吾不令若主知者恐若後
日無噉飯處也嗚呼古人有以一文錢罷官者視大父何如
矣

先大父潛心實學雖誦外習靜坐法深沉淵默無浮躁之容
又嘗仿邵文莊公日格子座置一編以自警赴五河學諭任
定於月朔會諸生講明義利公私之辨一仿文莊公法也會
講之餘兼課制義黜浮崇實力掃頹風曰士先器識而後文
藝若奔競名利勦襲浮詞仕途中安用此虛浮者爲耶

先大父履規蹈矩醞謹不失繩尺事長上秩如也待昆季穆
如也處閨房肅如也友戚鄉黨如也律身心竦如也遠名利

泊如也與古聖賢勤以天合其服習於古人者深矣
五邑地瀆洪澤湖嘗苦水溢十歲九饑大父監放賑銀不濫
不遺復先期勸諭士庶築壩禦水其旁樹柳植葦思患而豫
防之有栽柳築堤說章程條約燦然可觀依法行之積有成
效五邑至今賴之
先大父精心撰述在任十六年歲俸所入不敷薪水仍授徒
自給絃誦滿堂怡然自樂時曾叔祖心齋公司鐸寶應遺書
往來商榷經史嘗爲歌詩以自娛著有醉書閣詩稿六卷古
文稿二卷藏於家
孫男守廉謹識

侯公之翰留印璽記
昔歐陽文忠公追溯父志云遭時竊位幸全大節不辱其先
者其來有自信哉斯言　翰至愚極陋何敢上擬先賢但木本
水源不可一日忘也自束髮受書仰承先大夫庭訓嘗以爲
人當做好人出仕當做好官兩言爲之今猶在耳吾族數百
年來積厚流光自江山企竹公太僕少芝公迄今仕者無不
克守清廉潔己愛民未仕者安貧樂道不失爲鄉里善人曾
祖虹川公宰山西河津五寨等邑克儉克勤有爲有守祖舜
荃公苦志芸窗壯年謝世雖未仕而大有造於家父勤補公
司鐸滄河十六年以極瘠之區訓廸士子外創修黌宮勤理
賑務無不竭盡心力致後邑人公呈當道詳請從祀五河名

宦傳載邑誌翰幸蒙先蔭得邀微祿猷不戰戰兢兢聽祖考
彝訓貽父母令名乎爰於所歷之任留一印以盟心自警庶
幾事無鉅細必求有以慰先志者而於斯印負疚果何如也
道光七年九月初三日
之翰謹記

侯公之翰雜訓

綿祖宗德澤讀書爲第一義能一生不離古人言行自然鮮過知之匪艱行之維艱爾等其勉之
讀書必先明理腳踏實地做去有無入不自得之樂爾等當方壯之年當求所以立之之道家爲孝子出爲良臣就現在所居之位爲所當爲自日進於高明毀譽不能誘其心榮辱不能搖其志無論一言一行能合之書理而無悖者心即存之事即行之
學問與做人相表裏有諸内必形諸外不學者無術僞學者欺世但自古僞學之人自以爲欺世其實世何嘗受其欺徒自欺耳

天下無自用之能人亦斷無自是之君子并無自暇自逸克自成立者我時時述爾祖父遺訓終身可法可師爾等平心靜氣細思我之存心行事皆從何處得來擇我之善者而從之不善者而改之我之幸家之幸也
天下事自難而至易者則易自易而至難者則難我非不知爾等事煩而動輒得咎者將造就精神材力玉汝於成也
余性最迂雅不喜韻語前夕靜生口占一詩云苟能承啟是佳兒祖澤君恩仔細思勤儉箕裘當恪守淵冰臨履莫忘危事求盡力方希悔好欲圖名即涉私暗室行言無愧怍大廷禍福勿驚疑謙和處已留餘慶真實施人戒自欺於國於家何所望愛民如子固宗支以自箴亦以自道也爾等當書紳

勿護

居家以勤儉爲本出仕以清慎爲先昔桐城左忠毅公舉於鄉謁本房陳公大綬陳勉以自立卻紅柬不受謂曰今日行事儉即異日做官清不就此時立定腳跟後難措乎嗚呼細行不矜終累大德前人之謹小慎微如此世之人知之者鮮矣吾見人家子弟知此而力行之者即以大器目之三十年來頗不爽
一行作吏稱職爲難亦不過盡心而已部控案件將來必不止普寧一處是以我趁未卸事之前將舊案了結實防後患之最要者也况在任年久不特處分愈大一旦卸事亦難以對百姓至多再做一二年能不勉力耶

昔人不敢思逸一生所守者此耳我此次小懲大戒雖幸邀寬典當更視爲虎尾春冰勉益加勉或可稍免愆尤敬之敬之天維顯思終身誦之可也怵惕惟厲中夜以興思免厥愆用顧畏於民岩終身行之可也爾等亦宜力自振刷益加畏懼

侯公之翰訓姪書

諭曾培三兄弟知之汝等在家認真讀書孝順爾母余聞之甚喜曾培今年十三歲矣經書想已讀完能明白書理否一部四書一生事業盡在其中非特循誦傳習爲文章門逕也能在四書中字字句句討針線身體而力行之自能入則爲孝子慈孫出則爲忠臣義士蓋聖賢立言毫無空虛假借高遠難行之事心地光明步步着實反躬靠着行將去一生受用不盡四書一通其餘經史子集觸處皆通以之處己則順而詳以之治人則愛而公以之爲天下國家則無所處而不當遇大事不搖遇小事必謹習之然久自然富貴不能淫貧賤不能移威武不能屈然此光景惟日日悟書理於胸中作

爲嚴師步亦步趨亦趨是道則進非道則退始覺此身於天地之間廓如也讀書立志如此至作文且緩將書讀得透徹先講其義再繹其理引而伸之觸類而長之一旦握筆自是油然涣然超類而拔萃矣何必汲汲乎山東德州盧相國吾師也吾鄉馮佩實侍御父師也均十三歲入泮吾亦不敢以望汝但一生讀書要他何用必思所以用之者借此可以博功名既博功名又思所以發生平學力也若不於此時先立定見俾得功名操尺寸柄亦如無頭之蠅瞎磕終歸於敗不但此也使第於詞藻上求之亦恐臨筆下雖有千言胸中實無一策之病故讀書首先明理欲明理必就書上所言的實實體貼到身上復就身上所行的細細印證到書上凡正心

修身齊家治國一節節勘去亦一線穿去理然後得明書然後有用大學歸本慎獨獨者人所不知也人所不知不敢自欺所以不動而謹不言而信而况見於言動者可欺耶總之爲己之學可以質諸鬼神而無疑者即可對大廷而無愧吾爲此語汝一時未能通達然所讀之書俱在可按句而繹之也吾望汝者奢故言之者切未忍以平時自得之境據爲己有耳事親不竭盡心力不可以爲孝兄弟不能事事敬愛不可以爲友一家之中父慈子孝兄愛弟敬家順矣家順而遇事有不順者乎處己即可待人家修即可廷獻有不忠君愛國者乎其志則立基於讀書時汝其勉之千言萬語指望汝等讀書明理能讀書家雖寒人莫敢輕不讀書雖富貴無益

日見其敗耳况不富不貴乎吾家寒素是其根本即事事苛儉亦係本色人或笑之我守家風耳何害焉我作官十餘年除外局規模不得不稍爲寛展而自己及裏面親丁共十七人每頓菜蔬不及百文所穿無紬衣所載無金器囊中無數餘一文錢毫無一點衙門習氣將來回家汝等亦無不可見也所以然者省儉吾家風也吾守家風即爲賢子孫矣汝等勉之我作此語爲汝等一生事業存心行事所關汝等不可作耳邊風若能年年歲歲時將此書味繹即爲侯氏佳子弟若作耳邊風則屬不肖子弟矣將何以對我又何以答慰祖宗乎汝等勉之戊戌六月初三日伯父蘭臺書

從弟蘭臺墓誌銘

從弟姪侯氏諱之翰字邦屏號蘭臺生無錫與予同六世祖資卿公爲明兵科都給事中䘏贈太僕寺少卿少芝公諱先春八世孫其曾祖虹川公諱錫雲乾隆甲子舉人知山西河津縣事有政聲祖彜荃公諱鳳蓀以國學生贈修職郎父勤補公諱昉乾隆甲寅舉人官安徽五河縣教諭贈文林郎例晉奉政大夫崇祀五河縣名宦祠五河濱洪澤湖常苦水溢頻年發賑儒學亦有監放之責勤補公親歷村莊按口散給不假手丁胥民咸德之缺甚瘠俸入不敷薪水仍授徒自給故從弟蘭臺居京師藉覓館穀分任家累年二十寄籍宛平補博士弟子員逾年鐀於庠癸酉鄉闈既中式以額溢僅取謄錄癸未充補實錄館乙酉書成議敘縣丞因五蒚不售遂赴部分發籤掣廣東丙戌六月到省署韶州府經歷時韶屬盜賊充斥奉檄緝捕實心實力擒獲巨盜譚大華等奉部調取引見未赴而委理乳源縣事續委翁源縣事旋代理始興下車數月積案一清興權乳源翁源時無少異訪獲正凶聶爛鉢頭等置於法雪被誣之羅仙養等釋其罪由是循聲卓然壬辰春始邑米價騰貴民情洶洶稟請平糶倉穀至秋稔乃止民賴以安邑故多盜積匪久逋在外歲暮故弛捕限密察其暫歸度歲除夕督兵掩捕之自是盜賊相戒不敢入境調署曲江歷著政績去任之日士民遮道其查辦南雄州之船戶

也則戢戴某等之奸計其搜捕搖匪之匿蹟也則悉獲周牛仔等八十餘人深識老謀精詳果斷時已咨補合浦縣丞經制府盧敏肅公中丞朱莊恪公保奏以知縣升用旋調署陽春補授東莞引見後以乙未八月蒞任東莞爲沿海劇邑民情獷悍獄訟繁多甲於通省聚衆互鬭之案層見疊出抵任後先事嚴諭禁止有不及解散者必悉獲正兇懲治其風少熄先後擒獲盜匪何景高等百餘人姚華頭等八十餘人悉置以法閭閻安堵桴鼓不驚上憲嘉之奏擢南澳同知留辦查烟事務至己亥八月始卸篆庚子初夏將入都忽遘疾數日竟不起嗚呼痛哉予幼時見弟讀書目數行下舉止莊重丱歲如成人後南北睽隔者幾二十年及予應試南宮洎供職詞垣常相聚處親若同胞每見其律己端嚴待人誠信平時儉約而於戚友間拯困扶危靡所不至講學本經史作書必楷則丁外艱繼丁內艱擗踊哀毀喪葬皆如禮迨官粵東矢慎矢勤除暴安良所至多惠政培植寒畯甄拔眞材士心悅服同官有緩急百計助之人多樂與交節省廉俸賙恤宗族每致予書輒商及義莊義學扶舊創新獎勵後進續修宗譜凡誼篤本根諸大事念念不忘予亦素有此志以京官清貧絀於力薄得吾弟相助爲理庶幾可成正交相砥礪乃未盡舉行遽接凶耗失予左右手傷如何已甲午冬弟引覲來都暢叙數月別經五年來書述寢不成寐漏五下挑燈

讀書心竊危之最以稍節勞勸誰知一別竟成永訣耶弟生
於乾隆四十七年九月十四日寅時卒於道光二十年四月
初七日申時年五十有九元配尤宜人繼配孫宜人皆先卒
簉室曹氏子二守康守誠女四孫一復曾孫女三守康以別
駕籤發廣東得侍左右性至孝謹慤周詳能繼先業營葬有
日郵書乞予誌之嗚呼兄誌弟墓事所僅見然以數十年友
愛如一日知之最深哀之最切其曷敢辭謹灑淚以誌梗槩
如此
銘曰賫草清淯屏絕雕飾寬仁宅心柔惠且直壯歲服官勤
於其職除蠹別奸民懷厥德惜所用之未竟兮悵光華之遽
匿卜後嗣之克昌兮有遺型之足式惟表彰之不文兮長抱
慙其何極泐貞珉其永壽兮奠靈魂於兆域

從兄桐頓首拜譔

省志徵訪稿　侯之翰墓誌銘

誥授奉政大夫粵閩南澳同知顯考蘭臺府君行略
府君姓侯氏諱之翰字邦屏一字蘭臺無昆季弱不好弄夙
度如成人讀書數行俱下塾師咸驚異之先是大父入都應
京兆試未售設帳霸州刺史顧公署齋府君時年十二附曾
叔祖心齋公公車之便侍大母華太宜人往依焉事大父母
先意承志常得庭闈歡都人士恒稱羨之侍數年攻苦力學
業益進年二十吾母尤宜人來歸二十一寄籍宛平補博士
弟子員逾年食餼丙寅大父大挑二等銓授安徽五河縣教
諭府君請隨任奉大父諭以留京讀書努力科名爲勗府君
不得已應命吾母尤宜人遂侍大父母行時伯祖簡田公在
京課徒府君追隨杖履如事大父無少怠丁卯省大父母於
五河戊辰四月不孝守康生復入都癸酉鄉試拔取謄錄受
業宮詹錢金粟先生大司成蔣丹林先生之門稱高足弟子
與比部棠及亭先生學士福禹門先生編修程省齋先生比
部那眉峯先生閣學葉唐從伯切磋砥礪爲道義交丁丑復
省大父母於五河道光壬午七月大父在署病篤府君在京
忽患心病日夕不安心知有異適前閩浙總督孫文靖公巡
撫皖江閱邊至泗州境詢大父狀知危甚卽手書招府君速
行文靖公故府君中表行也書至京府君星夜兼程至署時
大父已先數日逝府君以久曠趨庭復不獲躬視含歛痛不
欲生擗踊哀號幾至滅性會邑士庶以大父在任訓廸有方
辦賑勞瘁十六年如一日呈請大府崇祀名宦府君因留數

省志徵訪稿　侯之翰行略

月同邑人奉主入祠祠故有前令高叔祖雲峯公主先大父到任時適邀題准邑人稱廉吏家風云明年春扶柩回籍安葬復奉大母攜眷入都癸未八月大母卒於京寓哀毀如喪大父時隨扶柩返里安葬服闋後補充
實錄館謄錄乙酉書成議叙縣丞府君夙以堂上望切冀得一第以慰親心至是十試秋闈五薦不售又連遭大故意緒寥落京邸倦遊遂赴部分發籤掣廣東順道省墓又爲不孝守康完姻丙戌六月到省丁亥署韶州府經歷委審案牘交辦事件一任以實心期於至當太守鄧公以爲才逾年卸篆卽留韶委用時韶屬盜賊充斥府君奉檄總緝捕事凡夫船薪水皆出己貲觀察楊公太守金公均重府君在守族以弩獲巨盜譚大華等奉部調取引
見未赴復委代理乳源縣事府君撫字催科莫不悉心經畫嘗戒吏役曰吾不能以暫時代理坐令公事廢弛汝曹毋謂五日京兆也違者定按以法不少貸吏役凜凜終不敢犯又委代理翁源縣事翁源事較繁治之一如在乳源日韶郡上游南雄州爲入粵首站往來客貨雲集舊有行店爲客雇船每船抽銀三錢爲行費後所費不敷稍增益之操舟者多州屬之始興人咸怨行店庚寅夏刁民戴某等鼓眾斂錢於州城另建公所勒令商人由伊處雇船不事行店經紀爲把持報復計商人觀望不敢前觀察楊公知其情檄州刺史陸公禁止之并毀其公所戴某等誘集船戶數百人船數百艘於

郡城之西關欲赴道轅呈控并揚言永不裝運客貨觀察公慮其人眾滋事擬遣散之有謀督兵往捕者時府君已受代在郡觀察急召府君謀府君稟稱船戶初無他意徒以刁民主使與行店爲難耳若輩載貨爲活勢不能委此他圖適值水淺舟膠藉此架詞無能爲役若驟臨以威竊恐鋌而走險觀察以爲然卽委府君查辦府君至卽嚴諭汝等既不願裝運客貨會當請道府示募別縣船戶來郡領載矣於是船戶始懼皆載貨而行是年八月又署理始興縣事府君勤於聽斷下車數月積案爲之一清如得正光聶爛鉢頭等置於法雪被誣之羅仙養等釋其罪二事尤爲巡撫朱莊恪公所稱十月吾母尤宜人卒於官廨府君以廿載京華久虧溫清吾母代供子職纖悉躬親伉儷情深傷懷倍切不孝多方勸慰始少解壬辰春始邑米價驟貴斗錢四百有奇市肆缺米民情洶洶府君出倉穀平糶吏以稟請開倉得報乃可府君曰小民旦暮死於溝壑若展轉俟命皆餓莩矣知縣在不汝累也急出穀減市價十之二三逐日平糶以濟民食至秋稔乃止卽以米價買補歸款不足捐廉益之邑故多盜有積匪捕久不獲値歲暮故弛捕限察其暫歸度歲除夕督兵役親至其家於臥處掩得之自是盜賊相戒不敢入境是年夏調署曲江縣事去任之日士民祖送者自署至江口二十里不絕府君久於韶周知民隱邑之西水盛頭等處山深林密民猺雜處時湖南猺匪趙金隴聚眾跳梁連州八排猺人被惑蠢

動總督李公親駐連州調兵進剿土賊周牛仔鄧添一等勾結西水猺人趙石養盤得複等四出搶刦鉅案累累府君涖任後檢視檔案慨然曰盜賊肆擾閭閻已受其害今復勾同猺匪匿蹟深山且與連州相近若不悉爲撲滅久將釀成大事重煩兵力矣隨密遣人入山繪取地圖并購山內猺人爲鄉道於是盡得其險要及各匪蹤蹟府君以兵役人少不足濟事募鄉勇千餘人白道府鋭意入山搜捕并以山後爲乳源交界慮有竄逸移會乳源嚴兵堵截請觀察楊公駐盃頭太守汪公駐乳源督視以壯聲勢道府審府君部署周密悉從府君請府君與乳源令謝公分督兵勇入山賊依險抗拒當殲斃七十餘人餘犯周牛仔等八十餘人悉就獲無一漏

省志徵訪稿　侯之翰行畧　三

網府君先已咨補合浦縣丞至是蒙總督盧敏肅公巡撫朱莊恪公保奏奉
旨不論繁簡以知縣遇缺升用又陸續捕獲另案盜匪何景高等百餘人自盜匪滋擾西水等處居民咸欲遷避至是居民安堵桴鼓不驚邑人謀建祠尸祝府君力禁止之癸巳夏調署陽春縣事陽春積習凡有病故自盡者多架詞興訟株連良善府君首嚴其禁在任幾一年民莫敢犯歲值大水田多淹沒潦退又旱米價日長府君嚴禁奸民運米出海民食乃裕時已升補東莞縣甲午四月卸事九月轉餉入都引
見乙未春出都乞假省墓娶繼母孫宜人適伯祖簡田公卒於家治喪葬事俱如禮八月涖任東莞東莞爲沿海劇邑民情獷悍訟獄之繁甲於通省而聚衆互鬭之案尤多府君事無巨細悉以身親且多置耳目民有忿爭糾鬭者多先事禁止解散閭有倉卒不及解散者悉獲其正兇主謀懲辦兇徒歛蹟以故狠鬭之風爲之少熄丙申五月寮步邨水漲沖塌長堤堤係新舊二墟要道村民尹葉二姓因爭利築堤起釁兩姓聚衆數千人尅期互鬭府君聞之馳往捐廉雇夫數百名一晝夜堤成召兩姓嚴責之皆叩首愧謝鄉賴以安七月繼母孫宜人卒於官廨丁酉十月不孝守誠生時東山村盜匪姚華頭等潛往鄉邑搶刦黨與既衆蹤蹟無常大府檄惠州太守余公佛山司馬王公督文武員弁來莞查辦府君隨同購緝得巨盜八十餘名悉置以法自是東山數十里閭閻

省志徵訪稿　侯之翰行畧　三

安枕無驚戊戌冬奏升南澳同知己亥八月卸東莞縣事先歲甲午不孝守廉就職通判至是命不孝捐擋入都分發取道江鄉扶吾母尤宜人孫宜人靈柩安葬臨行誡不孝曰居官以廉潔爲先處家以儉勤爲本汝祖青氈畢世裘葛蕭然汝叨餘蔭賴有今日若能矢慎矢勤時虞隕越雖千里猶一室也不孝謹識之不敢忘叩辭就道九月抵里諏吉葬尤宜人孫宜人於祖塋十月到部鐵掣廣東今春二月到省叩謁之餘府君喜動顏色方幸長依膝下得所稟循孰意提命方新而音容永隔痛忍言哉府君六爲縣令治獄仁恕凡經府君讞定者民咸頌之從科不事操切善言勸諭而民之輸將倍益踴躍府君性恬淡尚氣節前總督盧敏肅公巡撫成公

省志徵訪稿

侯之翰行畧

爲大父鄉榜同年府君旅進旅退未嘗干以私平生無所好自奉儉約敦睦姻族篤於友誼同官有緩急百計助之家舊有義莊凡族中婚嫁喪葬及應試計偕悉有佽助府君捐廉增其數歲祿所入盡資族用不私一金居京師時慷慨周急人多樂與交諸公卿耳府君名一見倒屣如相國盧文肅公都統福公侍郎常公咸重府君品學延課其子課徒因材設教口講指畫津津不倦及門皆欣然從之遊今侍御德君勤克呢瑪興業令高君霖西隆州同崇君壽皆府君門下士也府君生於乾隆四十七年九月十四日寅時卒於道光二十年四月初七日申時享年五十有九

不孝孤哀子守廉等泣血稽顙謹述

省志徵訪稿

侯聶事畧

侯公聶事畧

許珏靜山

侯聶字紀之江蘇無錫人六世祖祖德任江山縣令循聲卓著行取太僕寺丞巡山東馬政崇祀名宦鄉賢八世祖先春歷任禮兵部科都給事中閱兵遼瀋迭疏論邊事直聲震海內贈太僕寺卿崇祀郡邑鄉賢錫山專祠祖可儀任安徽五河知縣崇祀名宦父大鏞邑廩生性孝友公十歲而孤母過氏督課嚴忍饑勤讀成童後從伯兄昕學穎悟能自勵比一歲經傳淹通乙酉拔順天榜伯兄卒於粵東昌化縣任公赴粵踰大庾嶺過黃滮洋蹇險崎嶇往返八千里扶櫬歸葬並攜兩庶嫂暨姪男女六人歸飲食教誨婚嫁以時壬寅選授沭陽教諭課士之暇修學宮置祭器添學田斥劣生一生被縣役權辱請縣立將該役枷責學校肅然俸滿以知縣俟[illegible]分發浙江值江寧淪陷風鶴頻驚力籌守禦郡城貼然治獄平恕每發審多平反如盛平防堵委員以湖北黃梅販木耳客二十二人爲奸細千秋關委員以江西彭澤難民十一人爲搶匪冒功通賞均爲湔雪釋放其尤鉅也調署安吉值歲旱饑前令阮某因鄉民索賑滋事請兵鎮懾公抵任即撤兵單騎赴鄉曉以禍福意摯詞嚴梟桀革心免釀巨釁民情驩忭澍雨應之有好官戴得好天來之謠調仁和充浙江鄉試同考官撤棘後因左耳失聰呈准改教回籍以俸餘建宗祠置祭田兵燹後秉鐸山陽勸學明倫士風丕變謝病家居終於里邸春秋八十有一公髫齡失怙艱苦卓絕而不肯棄儒

凍餒交侵誦讀益力雞鳴而起夜分而寢有范希文斷齏畫粥之風昆弟友愛甚摯季弟晟歷任滇南糧儲兵備等道睽隔萬里而昕夕縈懷手書叮嚀月數數至每便道歸省依依不忍捨發爲詩歌性質朴一裘數十載食取充腹無珍奇故居燬於兵燹重構堂廈樸陋無華嘗誦范忠宣之言曰惟儉可以助廉也歷任繁劇案無留牘雖軍書叢午而洗冤澤物不憚煩暇則巡境內詢利弊次第興革蓋以全副精神用之民事宜其從容不迫條理秩然也配杜恭人繼配蔡恭人慈祥忠恕遠近推爲女宗享壽百有四齡旌表建坊子朝梓朝植先卒榕優增貢生國子監典簿有至性孫祖望祖述皆端愨好義能世其家

侯公晟建德官績紀要

縣官須約束家丁公蒞建德甫月餘有四鼓報假命案五鼓即向稿案周某將原呈取出者次日公查知即喚周某之三小子至詢悉前情隨喚周某責之曰余非憒憒者衙門中事無鉅細須稟命而行今汝起滅自由此番姑留汝體面後宜痛改再犯不汝宥也嗣是衆家丁無敢肆行無忌者書役亦斂跡至羈押班房通州縣惡習然勢不能無公除羈匪外凡案情不得不暫羈者每晚令一家人持燈跟隨親至班房察看如有私刑敲詐者立將該管家人斥責至私押之弊斷無有矣

建德本係衢嚴徽州告警兵差赴徽防堵例於建德換船灘高水淺縴夫須多船戶畏累逃避有私貼蠹役至十餘緡者公酌添夫價每一差到親駐河干發口糧船價毋許尅扣待其全數動身始回署從未閙事乃蘭谿桐廬上下站往往滋事可見照料須留心也

救荒無善政咸豐五年建德大水六年大旱鄉民赴縣報災者百十爲羣動輒釀釁待各鄉齊集始坐堂曉諭常至闔堂公預寫准詳勘批數紙遇鄉民到堂立即便服詣堂收呈以准詳勘之批予之諭令暫回無不歡欣而去他鄉又至亦如之而前鄉已解散矣故無擁擠衙署之事然後視災情輕重分別詳辦上而桐廬左公下而龍游樂公閙成巨案矣

州縣親民之官不宜妄自尊大公命家人如有紳耆踵門求

見隨到隨報立即請見往往便服詣詢利弊故四鄉民情淺洽如一家不受請託察獄以情一堂審結無敢干以私者

緝捕爲州縣要務公拏獲淳安劇賊夏午乃發配湖北逃回者恐有本地盜案屢訊不承適伊妻來視羈其妻於捕役家令午緝盜自贖又有貴州軍犯楊順林以外委犯遣公留署教勇四年五月拏獲鄰境劫犯八名解往蘭谿歸案審辦將首惡就地正法伊二人之力居多即將夏午改名夏忠作爲捕役棄邪歸正可見用人當不拘常格云

節項不足軍興更甚催科自爲第一要務公任建德三年辦奏銷九分以上在安吉亦然官清民樂輸故也至撫字一節所該者廣凡有益於民者公常留心講求而以斷獄一節爲

大速結毋留平心靜氣務得其情且獄有宜和不宜斷者如建德王姓控奴欺主案東鄉李氏控山巒搶案俱係浣案勸令和息兩造安然以後無上控案矣

相驗踏看例宜輕騎減從公下鄉從未帶家丁以省兩造供應服侍有茶房案卷有刑房四班每班二人在屍場必喚左右鄰問供以後票上除名以省株累素不嗜茶與中帶有點心可以竟日而拖累需索之弊絕矣

侯公最安吉宦績紀要

丁巳三月望日公奉札委署湖州之安吉先是權邑者為阮司馬範書二月中被鄉民索賬鬧事閉大堂絕飲食不得已放還所挐鬧事之李毛狗給印文約為請賬始解散即上府請兵挐犯梁太守不允任府一月始委李錦湘司馬帶兵二百往時東鄉有四凶西鄉有五虎係首惡懸賞查挐大府將阮公撤任因有是委辭之不獲四月初四日抵任將兵撤回十一日晚聞西鄉人約東鄉人又要進城鬧事十二日早輕騎往西鄉止帶茶房二人至離城四十里之東嶽廟途遇鄉民欲進城者紛紛擾擾俱令折回請生監耆民十人到廟諭話時鄉民聚觀者不下二千人曉以利害各唯唯聽命咸稱鄉愚無知從未聽得此言老父母若早到一兩月亦不鬧此巨案矣即有兩鄉民前跪懷中各出賞格一紙寫挐獲朱祥雲者賞銀五十兩挐獲李毛狗者賞銀一百兩當諭以看似二人光景不過一村農不知法網若肯悔過自新當從寬貸

不肯不敎而殺咸叩頭謝傍晚署中役到言東鄉人進城大鬧鳴鑼放炮將金姓房屋拆燒即喚李毛狗諭以東鄉人在城滋事余不及回署汝能去解散即算悔過第一功唯諾而去比曉回說東鄉人已全散矣公往勘屬實時城隍廟到有北鄉鹽梟百餘人帶有火器欲為金姓報讐立往禁止十四日往東鄉到離城五十里之觀音菴有增生趙某等十餘人來迎諭之曰爾等鬧此巨案余適往西鄉不在城尚可略寬一線然須聽我約束悔過自新乃可設法從寬各感激悔罪次日又赴南鄉曉諭各鄉民素聞公清廉名為治寬嚴得中靡不悅服然蠹役奸民互相煽惑謠言要挐人嚴辦趙姓畏懼斂錢鑄炮械約五月初三日進城公先期再赴東鄉曉諭始各貼然化大為小大府聞之以為辦理得宜城中燒屋之案以挾嫌緝凶報聞邑靜謐是役也趙某鬧事後即往餘杭求救於叢惡之胡萬盛萬盛在餘杭六月滋事杭嘉湖道葉帶兵往挐燬村莊無算又竄新城始正法西鄉民以為此案幾在安吉李公化大為小保全甚鉅欲為立生祠因有自阮湖年荒旱久好官戴得好元來之謠城中燒屋之案定例一年又四月承緝不獲降一級故署之次年八月卸事須聲載道焚香而送云

係祖述先祖邑志者頗有傳茲增輯事實請登省志宦

續侯祖述謹誌

江南通志第一百八十三卷

完節補遺辨訛

（宋）蔣南式妻顧氏
魏恩民妻沈氏

（明）贈尚書顧壽妻蔣氏
陳文俊妻厲氏 通志誤作勵氏

壽光丞茹洪妻陸嫥 通志誤作張氏
錢公達妾姚氏 通志妾誤作妻

鄒時楊妻錢氏
盧齡妻顧氏

虞宗約妻孟氏 通志誤作虞宗伯
贈副都御史邵溥妻過氏

秦漢聘妻熊氏
鮑巘妻呂氏

鄒魯妻華氏
贈御史胡覲妻闞氏 凡胡坤妻趙氏

周丈妻錢氏
諸生華夢旭妻胡氏 通志誤作（清）人

省志徵訪稿　完節補遺辨訛

布政使龔勉繼妻李氏其孫續祖妻徐氏

華悦才妻胡氏
諸生華樹聲妻鄭氏

傅士庭妻顧氏
朱士英妻周氏

華性義妻李氏
王有道妻秦氏 通志誤作（清）時人

華亨時妻葉氏
顧漢臣妻沈氏

僉事安如山妾吳氏
安如陵妻鄒氏

華世忠妻浦氏

華九德妻馮氏其娣九韶妻吳氏子婦薛氏

吳九德妻王氏
張鼎烈聘妻胡氏

贈推官胡偉妻虞氏
贈中書龔修齡妻劉氏

黃汶妻楊氏
高宗謙妻鄭氏 通志誤作（清）明人

華應鶴妻楊氏
秦之珩妻董氏

丁建明妻劉氏
郭鋕忠妻徐氏

（清）贈僉事劉士璋妻榮氏
朱寯基妻錢氏 通志誤作朱基寯

張國誼妻王氏
許行我妻倪氏

諸生侯長源妻吳氏早寡父桂森東林宿儒也吳稟承其教以節著於鄉黨姑王太安人在堂仰事能盡厥職三子課之學並有文名守志五十年得覩孫曾成立詔旌建坊（明）萬歷壬寅生卒年八十四歲觀其撰李媳王孺人述畧可以知其節操堂裔孫祖述謹誌

顧與桓繼妻邵氏
諸生楊光祖妻吳氏

丁宇凡妻潘氏
華亥楨妻金氏 通志誤作華亥

省志徵訪稿　完節補遺辨訛

唐義溥妻邊氏

四川直隸州知州楊希曾妻侯氏 守節詔旌

董樹臣妻王氏
過芝妻浦氏

侯惟興妻楊氏
華麟桂妻尤氏

華景妻沈氏
黃兆鵬妻秦氏

王南妻朱氏
朱晉妻陳氏孫婦華氏

李仲慶妻楊氏

國子生錢瀛士繼妻楊氏子世模婦周氏

施振雅妻嵇氏
王椅衡妻黃氏

國子生楊陛葵妻劉氏
國子生孫國顯妻陳氏

孫文庠妻秦氏
鄒汝珩妻徐氏

尤戒三妻周氏弟緘三妻惠氏
華作藿妻孫氏　朱德丰妻馮氏
吳俠君妻黃氏　國子生陳寶輪繼妻顧氏
侯秉銓妻華氏（守節五十年詔旌節孝給帑建坊雍正癸丑生年七十五歲）
許丈燕妻蔡氏　楊錫贊妻馬師班
華翰才繼妻倪氏　錢朝釘妻謝氏
錢炯妻黃氏　陶鎮繼妻過氏
過景昌妻朱氏　范循鏞妻過氏
朱源聘妻李氏兄毓英聘妻虞氏
秦玉林妻吳氏　諸生華雲塀妻朱氏
賀勝玉妻薛氏　薛煦妻陳氏

省志徵訪稿　完節補遺辨訛　六十三

諸生楊鉞妻顧氏　俞景壽繼妻秦氏
諸生薛鳴和聘繼妻范氏

季媳王孺人述略

余今年八十有四穉未亡人五十餘年矣計一生艱苦備嘗滄桑變易塡膺悲慟冬夜夏日無能破顏爲笑以致鬢毛似雪旋見骨肉如星落於季婦之亡積驗成疑老淚見血枯管斷墨不能爲詮次其一二以爲後人留貽閨範然其淑德懿行依依時在人耳目間非老人所得而私且諱也余幼稟余父觀華府君暨母顧孺人教畧窺幼儀內則女紅之外無聞焉迨十七歸侯門而先夫子歘歘感涕以不得事親爲恨猶幸得事吾姑王太孺人孺人性秉松筠節操金石黽勉家政外惟以督課兒孫爲務予亦兢兢自飭不敢燕安有違太孺人懽也乃結褵未幾遽奪我天飲泣吞聲時欲一死以相從

省志徵訪稿　吳孺人遺墨　六十四

地下特因吾姑以撫孤相責故苟延殘喘爲生者留維時表伯崇巖公適捷南宮歸里與吾夫申表雁行且少同筆硯來候吾姑相慰藉曰無過傷當以少女爲幼姪配竭吾微力以輔後人嗣後勉起視息形影相弔回視三孤一女余淚未嘗一日乾惟延師訪配無不兢兢以大伯命是遵賴吾伯視雖如己子卒致男有室女有家以次成立差堪自慰還念茹荼飲蘗又不覺涕泗之無從也無何而吾姑又見背矣哭夫不已又哭姑柔腸寸裂恨不先朝露以從先夫子遊乃未幾而女喪又見告矣鬼闞其門烏集於屋何有何無不知所告人世拂意之事至此備極有非人情所能堪者所幸三媳皆名家女登堂視膳之後各供厥職無或嘻嗃以貽予憂其間左

省志徵訪稿

吳孺人遺墨

提右挈晨昏作伴未嘗須臾離者實惟長媳次媳後先入門相得最歡嗣後唯季媳供匕箸理刀尺寒暖温凉無不預爲料理其先意順志有出自尋常之外者已熟察其平居端凝貞靜不窺庭户敦睦妯娌撫御臧獲事事合宜紡績織紝晨夕不休欲成百疋布以俟老人不時之需嘻噫此其用心眞苦而篤矣至其助箸舉子常若不及撫大兄之子以爲子訪其抱養他宗親爲領歸授室親串嘖嘖以爲丈夫不如王氏之門代多淑媛以吾姑之女師高行領袖人倫誰其嗣續爾維吾媳實其然乎余三十年來雖際桑榆而尚强飯非若輩之得余歡心不至此迺忽焉而兩孫繼逝大媳云亡斯時盤桓吾側者惟季媳又恒兒家業中落時患血症所總理吾家亦惟季媳今又舍我而去矣煢煢侍余者唯次媳一人天倫零落暮景孤窮尚忍言哉尚忍言哉夫以余瀕死之身謬叨寵獎之褒崇過承子姓之敬愛非祖宗積厚所貽先人訓誨之力不及此今三子漸已斑白都非壯盛冀孫若媳共克承家思所以不負祖訓者予即長逝亦瞑目矣若季媳一生行事動與古合者甚多即其鞠育二子推乾就濕愛逾所生倘獲尺寸進必有立言君子錫之誌銘以垂不朽予又何能文

八十四歲未亡人吳氏述

省志徵訪稿

楊陞荚妻劉氏事畧

楊陞荚妻劉氏事畧

國子生楊陞荚妻劉氏武進相國文恪公之曾孫女華亭教諭寅賓女也有至性明禮教博涉經史工詩著有筠心集詩草年二十八而寡茹苦以守撫孤紹基成立爲蘇州府教授邑志列女有傳

侯節母華太夫人事畧 節母顧太夫人附 楊鍾鈺章甫

節母華太夫人無錫侯侍郎桐之祖母也年十八嬪於侯秉銓生子汾匝歲而秉銓卒節母時年二十有五翁姑年邁篤疾家無隔宿糧節母矢志靡他孝養翁姑撫稚子汾藉女工以給饔飧翁病刲股以療得稍瘳逮翁姑相繼殂謝喪葬無失禮自食其力時斷炊烟受房族陵侮忍不與校錫南鄉有所謂黃草者每日夜績四五兩歲易錢數十貫為子汾具束脩就傅勤苦者二十年復為娶婦顧氏顧善鍼黹昕夕不倦深得節母歡心生一孫桐而汾遽卒顧氏哭踊不欲生勺飲不入口節母泣諭曰汝孤纔丱角宜撫之成立以保宗祊顧銜泣聽命煢煢兩世一意撫孤艱苦卓絕飲食教誨桐克賴成立典試數省歷官吏部左侍郎而兩節母不及見矣均贈一品太夫人建坊旌表邑志有傳咸稱侯氏兩世苦節云

侯氏三世苦節傳

自古節婦之於家忠臣之於國豈有二理哉衍璜瓊琚庭戶晏然一臣子之黼黻昇平也井臼縫紝仰事俯育一臣子之夙夜匪懈也獨至搆非常遭不造賴兒女子力宗祀得絕而復續亡而後興凜凜乎與託六尺孤寄百里命者風節豈遠相下哉余同年友侯太史桐孤子也一日手家傳三帙涕泣而語余曰桐不幸家世多難五世祖早世五世祖母殷太孺人以室女誓死歸侯氏斬髮成禮家人為之立嗣閱三傳至桐祖父又早歿祖母華太夫人守節撫孤繼又搆父難祖母乃率桐母顧太夫人撫桐以養以教以至於長其艱辛困苦之狀桐心能識桐口不忍言也言已又泣余慨然曰侯宗亦危已哉脫非殷太孺人造於前侯宗且不立立矣立數傳寔脫非華太夫人承於繼侯宗且復絕僅僅弗絕矣脫非顧太夫人紹於後侯宗仍必絕乃屢絕屢延盤根錯節者且百年而後興此中否泰往復之機其天耶其人耶其數之久者發之光彼蒼故奇其遇耶抑侯宗居易絕之勢而疾風勁草一髮千鈞足以回天而勝天耶蓋嘗論之國無論盛與衰係乎其人家無論成與廢亦係乎其人其人足以維世道植人心則雖絕猶續亡猶興讀貞婦柏舟之詠誦孤臣正氣之歌即謂其國其家至今存可耳而況至誠所孚數不能制絕者未有不續亡者未有不興理固然也抑又思之莫為之後雖盛弗傳侯氏累世以節著固侯宗之不幸而秉正不回之氣磅

磚鬱積其子若孫之建樹必有大過人者侯君方以名翰林為當世推重余為侯宗望益不能不為侯君望矣

賜進士出身 誥授資政大夫兵部侍郎兼都察院右副都御史廣西巡撫鄂鳴鶴拜撰

兩世苦節述略

嗚呼吾家之不絕如線也有回天之誠有奪命之力當萬難接續之交賴兩世苦節以維之者也方大父端衡公之歿也遺先大夫啟祥公甫週歲勢將絕矣而祖妣挽之及啟祥公之歿也桐年甫十歲勢又將絕矣而妣率先慈再挽之其運甚屯其功甚鉅懼後世子孫之弗知也是不可以不記按祖妣氏華年十八歸端衡公生一姑九歲而殤繼生啟祥公匝歲而端衡公捐館歲洊饑曾祖佩鳴公及曾祖妣年老且篤疾家無宿舂徒四壁立無生存理祖妣年二十五矢志守節上事翁姑下撫弱息藉女工以給饔飧佩鳴公病劇割股盡孝得稍瘳卒不起曾祖妣相繼殂謝喪葬勉力無失禮祖妣以青年守寡不宜獨居也乃移寓先曾叔祖鴻漸公自闢解組歸無宦橐祖妣依之同處而仍自食其力時斷炊煙鴻漸公弗暇問也劃半室棲止常受妯娌欺忍受之不與校祖妣善績紵俗有呼為黃草者日績四五兩昏夜紡之無燈火焉歲可易錢十貫忍飢度日稍有贏為啟祥公具束脩就傅如是勤苦者二十年一遷至福田巷再遷至東門街秦宅為啟祥公娶先妣顧太夫人太夫人善鍼黹勤苦與先祖妣同志昕夕不倦深得歡心及桐五六歲時先祖妣親授讀暇則理紵寒暑無少間時啟祥公得館穀以佐薪水太夫人日以鍼黹得百錢視曩昔較勝柰啟祥公幼羸弱長更多病己酉冬遽以疾卒太夫人哭踊不欲生勺飲不入口先祖妣泣諭曰

汝孤纔艸角宜撫之成立以保宗祊太夫人俯首聽命銜哀
强活自是煢煢兩世一意撫孤謀生愈勞節儉愈甚惟為桐
籌修脯筆墨之資無少靳 桐弱冠游庠授室後即課徒為仰
事俯育計而硯田所入恭少仍賴兩世勤苦無内顧憂得以
專心舉業方冀成立登斗升之祿以慰重慈屬望之心而竟
不果傷已丙寅二月十有六日太夫人棄養年僅五十有一
越丁卯四月朔日祖妣又壽終享年七十有五嗚呼痛哉祖
妣孀居後撤環珥屏粉黛布衣椎髻弗入歡場性爽直而折
不容人過而斷事必決為謀必忠生平排難解紛扶危濟急
雖丈夫弗如也善醫卜内外症並治全活無算書符誦咒能
通鬼神占驗吉凶百不一失衆呼為仙佛不取纖毫之利既

殁之後閭里戚鄰痛悼無已時請於　朝建坊旌表傳載邑
乘焉太夫人寡言笑慈祥淑慎事姑以孝接人以和不露己
長不談人過持齋誦經終歲不輟好賙乏喜放生有善必為惟
力自視疾革之日命為舟子具飯曰放櫂而行余去甚樂所
謂登彼岸者非耶 桐遭家不造親見兩世苦節兢兢數十年
早起晏眠茹荼含蘖繫千鈞於一髮矢寸志於重泉有回天
之誠有奪命之力而曾未享一日之安追 桐以詞臣通籍屢
主文柄歲支俸錢而雞黍弗克逮存囬念北堂泫然流涕徒
覺感深罔極而無以報也謹誌之以為後嗣告願無忘撫孤
傳世之艱難焉 桐百拜謹述

節婦楊顧氏事畧

節婦楊顧氏無錫庠生楊鉞妻鉞年少績學文名藉甚邃濉
痌卒時翁姑在堂孤春池甫五歲仰事俯畜孝養備至從喪
葬尤能盡禮咸豐間以節孝旌父翰以舉人官安徽涇縣知
縣有廉名罷歸家無餘資别置承賢橋廣宅一區居之其待
人一以和厚歷久頌念不置同治十一年年七十二歲卒春
池仕至浙江海寧州知州居官清正得之慈訓為多

江南通志第一百五十三卷

忠節補遺

宋楊宗達字子通 有邑志傳

明俞德惠字用濟 有邑志傳　何以培字日厚 有邑志傳

清王日杏字丹宸 有邑志傳　楊夢槎字再騫 有邑志傳

鄒鳴鶴字鍾泉 有邑志傳　王步雲字月莊 有邑志傳

李福培字仲謙 有邑志傳　王恩綬字樂山 有邑志傳

張應闈字佩之 有邑志傳　華元超字安之 有邑志傳

顧崑楊字賦亭 官遵義知縣治苗匪有威惠地方以安調知威寧州擢知府去咸豐十年苗撲威寧上官以崑楊悉苗情命督團助守城陷死之贈太僕寺卿光緒乙丑撒建專祠子以勳續勳先後殉難均准附祀邑志所敘不符恩照乙丑奏案更正

實承焯字俊三 邑志行義有傳　實爾鐵字 邑志有傳

虞廷鼻字賡颺 有邑志傳

省志徵訪稿　忠節　十三

實先生承焯節略

實承焯字俊三金匱人恩貢生就職直隸州州判以團練籌防撫恤難民有勞加同知銜庚申春金陵大營潰奉檄襄辦民團籌防籌餉搜緝奸宄不遺餘力咸切世難而以死自誓益堅子意誠既挈家居鄉嘗再入勸避厲聲斥曰讀聖賢書所學何事吾雖未仕夙嚴忠孝大節又身受國恩治團鄉邑與城存亡分內事耳勿多言與官紳等守城二十餘日及城陷率勇巷戰遇賊於聯元街從容解散遂受重傷遇害時咸豐十年四月初十日也年七十有五亂平當事彙奏卹贈知府銜予雲騎尉世職頒祭葬銀三百兩入祀昭忠祠承焯有局幹凡邑中大工役經其擘畫皆咄嗟立辦

省志徵訪稿　實承焯節略

賓承焯同知銜就職直隸州州判恩貢生　金邑
同治五年二月初九日蘇撫　彙案奏咨旌卹
同治五年二月二十七日奉　旨交部分別旌卹
同治五年五月二十五日禮部　奏奉建坊入祠
同治五年　月　日　准禮部咨建坊入祠
同治五年七月初二日吏部奏照　例加贈知府銜並照
四品官以下陣亡例議給雲騎尉世職襲次完時給予
恩騎尉世襲罔替
同治五年七月二十日兵部照陣亡守備例奏給卹銀三百兩
同治五年　月　日禮部奏請照　例給予全葬銀
兩一次致祭銀　兩行查籍貫事蹟造冊送交翰林院

立傳入祀本籍府城照忠祠設位等因

吏部咨　金匱第七案由蘇州忠義局報
計開
同知銜就職直隸州州判賓承焯　候選鹽大使顧曾獻
候選縣丞丁揚烈　顧珣　分缺先選用從九品周士鉅
從九品銜施廷杰　丁嘉楫　過鍔　浦照
海鹽縣典史丁文炳　增貢生顧龍　廩生張祥煥
廩生周祜　增生高步蟾　生員吳鍾彝　候慶章
黃奎映　龔渭春　龔錫熊　華景韓　華以煜諸員等
因賊匪前竄擾江蘇省屬暫團勤賊力竭陣亡或罵賊不
屈被戕據　劉卹奏請照陣亡例議卹奉
旨均著交部分別旌卹等因欽此除照例旌卹之監生佾生

並殉難婦女應得旌卹均移咨禮兵工各部照例辦理外
應請將該故員同知銜直隸州州判賓承焯候選鹽大使
顧曾獻候選縣丞丁揚烈顧珣候選從九品周士鉅從九
品銜施廷杰丁嘉楫過鍔浦照典史丁文炳等均照四品
官以下陣亡例議給雲騎尉世職襲次完時各給予恩騎
尉世襲罔替又照陣亡例議卹之貢生顧龍廩生張祥煥
周祜增生高步蟾生員吳鍾彝候慶章黃奎映龔渭春龔
錫熊華景韓華以煜等均照生員新章陣亡例議給雲騎
尉世職襲次完時毋庸給予恩騎尉世襲罔替同治五年
七月初二日具奏本日奉
旨依議欽此

江南通志第一百五十八卷

孝義補遺

（元）張以德字振之 義邑有志傳行

（明）楊琛字叔瓛 左邑有志傳孝

錢清字孟清 義邑有志傳行

殷廣成字 義邑有志傳行

楊旻字日初 義邑有志傳行

張獻可字廷蘭 義邑有志傳行

張淇字子期 義邑有志傳行

附

許達 李士芳 孝義 志馬有忠傳肅僕邑

俞鎧字武元 左邑有志傳孝

侯清字孟清 邑秋志建錢表清善傳坊附

華芝字蘧英 義邑有志傳行

安國字民泰 義邑有志傳行

薛旦字子明 義邑有志傳行

倪理字良玉 義邑有志傳行

省志徵訪稿

（清）盧爾忠虞爾雪 左邑有志傳孝

蔡鶴齡字稚仙 義邑有志傳行

春瑞熙字輯五 左邑有志傳孝

雷汝器字若貢 左邑有志傳孝

須宗周字兆璜 義邑有志傳行

春瑤字丹麓 義邑有志傳行

余治字蓮村 義邑有志傳行

華昶字雨棠 碩邑有志傳耆

孫游佳字蘭增 義邑有志傳行

華進思字聲求 義邑有志傳行

張鵬翔字萬景 義邑有志傳行

安汝諧字聖和 義邑有志傳孝

孫保之字惠時 義邑有志傳行

顧灝字影恬 義邑有志傳行

孫布朱字仰晦 左邑有志傳孝

顧賓字存之 碩邑有志傳耆

顧賓五世同堂徵文啟

吾邑顧存之封翁虎頭華胄鶴算延年壯歲服官亦敦詩

而說禮仁心為質更活族而施貧欲達覆幬於

堯天符瑞協游河之老仰荷栽培於

帝世衣冠增累葉之祥慶衍五傳年登九秩固鄉里之光華

洵熙朝之人瑞誠為

盛世休徵宜沐

皇恩旌錫㕽等上年開具里居事實冊結呈

學春舫邑尊加看得詩禮世家簪纓名胄治河有㫺榮膺三

品之

封收族蒙

省志徵訪稿 顧賓五世同堂徵文啟

旌善積五傳之慶卌餘年優游林石教兒孫遠陟顯達九十

歲歌詠

昇平引曾元復躋壽域允係

熙朝嘉瑞宜沐

盛典褒揚理合加具結看詳蒙

扎仁山太守加看得鶴鈴鳳裕詩禮家傳智輯兵民嫻於河

之方略年躋耄耋娛暮齒於林泉捐帑助工置田贍族凡諸

義舉罔勿樂從允占吉叶鳳鳴衍五世簪纓之緒早識相徵

燕頌沐

三朝雨露之恩彰人瑞於

昇平同看疊錄卜褒瀛之仁壽宜荷

旌揚相應加具結省詳蒙
張友山方伯加看得和光壽世善氣迎人聲名則裕後光前
事業則揆文奮武安瀾獻頌胼胝媲美於辛壬比户臚歡吁
顧希聞於庚癸此日鳳毛競爽用昭五代之麻祥他年駘背
稱奇允作千秋之矩矱理合加看詳候會核具
題蒙
偶毅三制軍丁[illegible]生中丞核看得素稱望族久著芳型葵向有心諳治河
之方畧薪勞致瘁樂為善於鄉邦晉階邀三品之榮躬逢
雨露得壽已九旬之永膝繞曾元允為梓里之嘉祥宜沐
楓宸之旌獎謹合詞循例由驛具
題現將全案同代録及

省志徵訪稿 顧寶五世同堂徵文啟

諸公所贈詩敘各體合付手民彧蒙
當道名公同鄉至好不吝牙齒之芬複有琳瑯之錫鉅製不
拘體格得贈餘藻以為榮手書無論草行即泰原富而付剞
附呈玉板乞
賜瑤章

秦緗業　楊宗濂
華翼綸　秦臻
侯晟　趙彭淵
丁培　孫顥
楊雋　薛福辰
仝啟

江南通志第一百六十三卷
儒林補遺辨訛
宋虞薦發字君瑞 通志作郡人誤
明嚴福孫字祺先 有邑志傳　錢爾登字叔嘉 有邑志傳
張夏字秋紹 有邑志傳
清顧祖禹字景范 有邑志傳　顧棟高字復初 有邑志傳
黄施鍔字虞封 有邑志傳　吳鼐字大年 有邑志傳
蔡德晉字宸錫 有邑志傳　秦蕙田字樹峯 有邑志傳
金敞字曠明 邑志流寓有傳明時人自武進徙居無錫 通志清金敞字廓明自請江徙居無錫未識
即金敞否備考
李迪光字覲文 邑志有傳　强闓字大坤 邑志附迪光傳 李

省志徵訪稿 儒林

江南通志第一百六十六卷

文苑補遺

清

杜詔字紫綸有邑傳志

浦起龍字二田有邑傳志

王會汾字蓀服有邑傳志

楊芳燦字蓉裳有邑傳志

顧皋字晴芬有邑傳志

周有壬字佩安有邑傳志

薛沆字子憲有邑傳志

侯楨字子勤有邑傳志

鄒升恒字泰和有邑傳志

楊度汪字若千有邑傳志

楊潮觀字宏度有邑傳志

蔣起元字善長有邑傳志

楊紹基字桂巖有邑傳志

鄒安鬯字敬甫有邑傳志

薛湘字曉颿有邑傳志

錢勵字撥初有邑傳志

楊先生紹基事畧

楊紹基乾隆博學鴻詞度汪之曾孫也八歲能詩少長受業孫文靖之門詩文軼宕有奇氣文靖以制作相期許嗣以廪貢為校官授丹徒縣訓導攝蘇州府教授在丹徒時以校官宜名以副實集諸生在學肆業躬教誨無倦嘗決科首得楊棨歷拔萃再得張培壽即發解時人神之解任歸諸生作京江送別圖郊餞者百數性亢直人有過面斥之無私毀年五十一卒著有況梅齋詩集京江游草行世邑志文苑有傳

楊君紹基家傳

楊君桂巖余女翁也其先居邑之鴻山明李君五世祖諱英始遷城曾祖若千公諱度汪舉乾隆丙辰博學鴻詞科祖補亭公諱廷彬考映紳公諱陛萊皆力學不遇而映紳公尤卓世君八歲能詩孤貧無力就外傅母劉太恭人授以經太恭人故武進相國文恪公曾孫女也博涉經史工詩詞每篝燈夜課憐君弱不忍過督責而君殊刻勵少長受業孫尚書文靖公之門詩文軼宕有奇氣文靖深以制作相期許弱冠受知胡雙溪太守冠郡試補博士弟子員太守雅自負知人鑒賞試蘇郡拔吳縣潘太傅文恭公第一既得君尤亟稱賞曰不當於今人中擬之旋領於庠以廩貢作校官攝蘇州府教授君性純孝侍母恭人須臾不忍離外凡劉某和先生招應京兆試君念一第未可操先曠定省辭不往年方壯方嚴若耆宿士林咸敬憚之及侍母則色怡然惟恐不得歡心太恭人以壽終哀毀如赤子服闋授丹徒縣訓導以為校官宜名以副實延集諸生在學肄業躬教誨無倦嘗決科首得楊棨膺拔萃再得張培壽即發解時人神之解任歸諸生作京江送別圖郊餞者百數未幾疾卒年五十一君性亢直人有過面斥之無私毀尤精識鑒余及鄒鍾泉杜少京春韓辰君所推獎皆宦達後進如王子樂山李子仲謙君所嘉許今皆以忠節著君諱紹基例授修職郎以子延俊官贈奉政大夫晉朝議大夫前配高氏早卒繼配施氏皆贈恭人子延俊丁未進士山東肥城令候補同知次延騭候選縣丞女一適馮贇清

贊曰余幼交桂巖先生見其賦性篤摯操履端方心實佩之然猶以為士固宜然非遂度越恒流也乃數十年來歷宦途歸故里閱人成世更求一如先生者而不可得豈余識鑒今昔有殊歟猶憶癸酉冬共事賑局夏公若私此情猶昨也今者師旅而饑饉邑士大夫議賑捐呼將伯安得起先生於九原俾司其事也可慨也夫可慨也夫

賜進士出身

誥封光祿大夫吏部左侍郎國史館副總裁欽賜紫京城騎馬姻愚弟侯桐頓首拜撰

江南通志第一百六十八卷

隱逸補遺辨訛

明

華悰韡字公愷 通志誤作宗韡

侯應昌字希紹 邑志著碩有傳

華時亨字仲通 邑志有傳

華慶遠字子嘉 邑志有傳

清

秦德藻字以新 邑志著碩有傳

李崧字靜山 邑志有傳

王一峯字圖南 邑志著碩有傳

華希顏字以愚 通志誤作晞顏

高世寧字季遠 邑志有傳

許儀字子韶 邑志有傳

黃庭字守中 邑志有傳

秦德湛字以雪 邑志有傳

楊維寧字紫淵 邑志有傳

王千仞 邑志附王一峯傳

省志徵訪稿　隱逸補遺辨訛

省志徵訪稿　侯應昌墓誌銘

明封文林郎太常寺博士應昌侯公墓誌銘

蓋余罷左銓歸未踰月也而余友大諫侯君衰而詣余泣且拜以其尊人封文林郎太常寺博士文芝公墓石請前是大諫轂戶垣則持其母華孺人服服今日闋明日吾銓曹已除大諫原官不報已填吏又不報於例大諫得自詣闕即封公亦數數趣汝亟詣闕大諫唯唯弗即裝也居久之封公卒矣夫弗以官遺親可不謂孝乎乃余髫而習封公封公寬然長者通脫老壯一日也是宜志志曰侯氏世無錫人自勝國時家於邑城之東隅墓於郭不二里而近邑故多鼎族甲第高墉峩峩相望顧未有如侯氏歷六七傳垂三百餘年數椽一坏相守至今者封公名應昌字希紹自號文芝以墨產五色芝故封公之先為德宗德宗傳希道希道傳永常永常傳世淵文淵傳孟清孟清贈文林郎浙江江山縣知縣代有隱德孟清傳祖德起家太學仕終太僕丞用廉正有道俎豆邑學宮配吳氏實生封公新昌官舍封公生而穎慧稍長攻舉子業試補邑諸生當是時太僕公業請養家居封公內稟太僕公而外切磋良師友為文快朗爽曠如其為人一時曹偶見無不心傾封公者然數奇累試京兆不第而太僕公老且沒矣封公屏然竪儒持門戶應徭役喪祭婚嫁之事紛以寄太僕遺畝十九轉鬻室廬十五以償金而封公弗色沮也嘗日昃不收華孺人至典緼絮市米作鋪而封公方匡坐而歌第目大諫兄弟第笑而曰嘻田廬削矣而世德未斬倘在孺子乎已

卯大諫舉於鄉庚辰成進士而封公弗色怵大諫博士太常
則駕而就邸中誡曰吾清門兒固當郎大諫選入省垣則書
誡曰毋容容毋皦皦正直忠厚諫臣鵠也大諫祇役關遼左
則又誡曰老人幸獲乞箸便布素以貂尾片參入山海者非
吾子也其於國體官方謹毖如此封公自奉甚簡儉然好施
予宗黨微封公貧者周與授室病且死周與葬也一親故嘗竊
鬻封公田封公若弗聞也者好過之如平常城府空洞節目
疎濶家人終歲不得其疾言遽色與人交終其身無幾微間
落魄不治垣屋晚而結一亭署曰環溪深隱畜雙鶴朝放暮
招自娛樂其中翛然仙焉封公素强無疾會哭其幼子彝又
哭華孺人遂感末疾大諫爲遍致名醫公欣然曰癡兒宣尼
大聖人壽曾幾何而恃藥爲將革呼大諫必與我正寢嗟乎
此可以觀封公始終矣余惟封公之爲太僕公子也而卒當
封公世親見主之萃衣冠而導入祠斯之爲能子封公之爲
大諫父而緦緦教之忠聲猷著於朝廷斯之爲能父今世徒
見封公困亨賫享無憂而樂以爲天之篤封公也而不知封
公之於父子之間意念深矣語有之但知穫田不知足跰然
則封公之遭豈偶然而已哉是宜銘銘曰
有鶴有鶴在環溪胡不千年倐然歸瓏頭産芝光陸離匪於
厥躬後蕃滋英英弈弈視所貽藏斯坎斯嘻永綏
賜進士狀元及第嘉議大夫吏部左侍郎兼翰林院侍讀學
士前正史副總裁經筵講官年家眷弟孫繼皐拜撰

文芝府君行實

嗚呼痛哉不孝先春爲子無狀以致神降酷罰禍延二人癸
巳既奪吾母甫踰四年又奪吾父天乎天乎胡弗殄滅不孝
之身而令吾父母相繼皆背若是亟也罔極之痛心肝摧裂
又何能視息人間獨以吾親隧中幽石尚未乞靈當世大人
君子一言光諸泉壤則厥罪逾深先春死且不瞑用敢忍死
含淚謹述梗概稽顙百拜以請伏冀大人君子哀憐而幸許
之侯氏世爲常州之無錫人家於邑城東隅墳墓亦在邑城
東郭自元至今無改也七世祖諱德宗六世祖諱希道勝國
時俱隱以老五世祖諱承常高祖諱文淵當我明永成間皆
有鄉望曾祖晚竹翁諱清贈文林郎江山知縣以善行聞故
里中稱積善云祖企竹翁諱祖德太僕寺丞祀鄉賢配吳孺
人生吾父於新昌官舍因諱應昌字希紹吾父幼善病然有
深慧蒙時受句讀不煩朗誦輒能默識王父母絕奇愛之比
長爲舉子業不爲劌刻奇險之句而爽朗夷曠見者謂如其
人焉王父予告終養以方正有道式於内外吾父朝夕其側
而安於其教不肅而成一時師友率彬彬名德如高杏江顧
東田兩先生洎潘震川施嶼南先生輩絕無淫朋狎友之損
以是文行蠭起年二十一歲舉男不孝是年吾父補邑庠生
先壠上有五色芝見因以爲號屢應京兆試俱落格第言有
命無幾微見於面人以爲達年三十餘王父母相父貽書訓
誡視前有加其大指第謂科臣實不易默默以取容負國即

皎皎千鏧亦負國不孝奉教惟謹辛卯不孝拜遼左閱視之
役吾父又貽書訓誡謂遼左重地勿負廟堂選擇意書中至
謂遼左大多貂參兒倘以吾二老人之故私分取分毫入山
海關者卽爲大辱爾祖吾死而不願聞此行也不孝謹奉命
僅以逭戾今言猶在耳吾父已矣嗚呼痛哉吾父飄髯修幹
丰神玉立望見者以爲仙焉及近挹之春風和氣無不醉心
與人交不爲形迹而敬久不衰故無論親疎新故咸樂就之
終身無間尤不厭施與凡親戚貧者多方周恤之不以貧爲
解如姑姊妹如吾母之兄弟子姪無居者授之廬無食者授
之田不能嫁娶者爲之嫁娶病且死者爲之醫藥殯葬吾父
不自以爲德受其施者亦若忘之有舊戚秉王有歿私鬻我

省志徵訪稿　侯應昌行實

田若干畝人皆驚訝謂爲異事吾父曰此貧也非無行也何
往還如故吾父器宇甚磊落儀容甚修潔襟懷甚光霽氣度
甚恵曠心事甚光明正直無纖毫私曲暗昧事王父母甚孝
待子弟甚和御衆人甚寬卽臧獲未嘗有呵叱聲自奉甚儉
與人甚樂易待親戚甚厚蓋其仁心爲質觸處天理內無疚
心外無缺行處貧不憂遇困不沮在侮不爭不逆人詐不念
人過不知世間有權術二字雖稟王父之遺教居多實其天
性然也吾父平生不問家人生產亦不治垣屋往不孝歸省
時曩日堂室諸弟兄割居略滿不孝隨讓居西偏之壞廬其
居有堂無室至不具賓祭之處吾父嘗謂不孝曰汝去家數
年而歸吾曾不能貽汝以安居如何則又笑曰給諫美官而

居湫隘吾以此貽汝亦可矣晚年邑侯延致鄉飲惟一再赴
輒謝不往時與里中二三耆老結爲社會汎舟溪山尋花聽
鳥以自娛也就家隙地別築一館顏其處曰環溪深隱中畜
二鶴朝放暮招庶幾古高隱之風焉吾父嘗自謂高曾以來
終鮮兄弟吾獨五男子且及長男之封而强飯不衰家庭之
樂自謂賢於榮啟期遠矣今我不樂日月其除戚戚何爲者
以是一意徜徉融融洩洩不幸辛卯冬幼弟陽春夭死癸卯
復遭吾母之變意緒爲惡丙申吾王父鄉論大定得祀鄉賢
吾父復大喜今年夏五月忽患痰疾飲食日減不孝輩迎醫
療治吾父輒曰吾病已愈不煩爾爾六月中私語人曰兒輩
癡甚孔子聖人壽亦不過七十三今吾得此足矣而復事醫

省志徵訪稿　侯應昌行實

人求活耶一日忽召不孝輩語之曰吾自知已矣急爲我辦
後事命召畫工寫眞必肖乃已每晨必櫛沐親友問疾未嘗
不冠見也七月初四夜分忽言欲起不孝輩驚惶莫解所云
至天明謂不孝曰吾欲入正寢不孝輩慮致勞頓輒婉詞止
之吾父趣之愈亟至欲取杖自扶而行不孝輩輿之中堂吾
父意氣始安微有喜色復命取水淨目少頃無言而瞑時七
月初五日午時也嗚呼痛哉嗚呼痛哉追念甲午吾父壽屆
七十謂不孝輩曰吾母歿未期我念爾母爾勿舉觴不孝唯
唯心計吾父神旺力强期頤百歲在所至後之稱觴上壽且
數數也而詎意虛此志也嗚呼痛哉戊子不孝以使事歸二
大人俱無恙也壬辰請告歸吾母雖病而吾父健旺不減壯

年癸巳吾母雖見背而吾父尤善飯每對客坐即不善酒至丙夜無倦色不孝私心竊喜以爲壽徵而孰意遽止此耶嗚呼痛哉乙未不孝内艱服闋念吾父年逾七十依依不忍復出吾父屢促之行不孝唯唯丙申不孝謬與部推吾父復促之行不孝復唯唯而竟不忍出也蓋爲吾父壽固未艾得朝夕膝下其樂多矣而孰意吾父竟止此耶嗚呼痛哉茲不孝先春等卜吉十二月二十日丙子扶柩安葬劉巷橋祖塋之右啟先母華孺人兆合焉不孝臨書荒眩莫知倫次吾父生平未能盡述仰望大人君子矜憐不孝俯賜片言用垂不朽俾不孝藉以少逭彌天之罪則死生銜結無涯矣不孝曷勝哀懇之至

不孝孤哀子先春泣血稽顙百拜狀

江南通志第一百七十卷

藝術補遺

清蔣和字醉峰有邑志傳

錢泳字梅溪有邑志傳

王芝林字人月有邑志傳

華冠字吉厓有邑志傳

施蘭字芝泉有邑志傳

楊作枚字學山有邑志傳

江南通志第一百七十二卷

流寓補遺

(唐)皮日休字襲美一字逸少 有傳邑志

(宋)章誼字宜叟 有傳邑志 翟汝文字公巽 有傳邑志

胡珵字德輝 通志宦績有傳未詳避居無錫

洪适字景伯弟洪遵字景嚴洪邁字景盧 有傳邑志

薛極字會之 有傳邑志

(清)錢陸燦字湘靈 有傳邑志 胡獻徵字存仁 有傳邑志

塗騰茂字植卿 有傳邑志 王澍字篛林 有傳邑志

任端書字念齋 有傳邑志 許憲字顯明 有傳邑志

劉嗣綰字芙初 有傳邑志 趙函字艮甫 有傳邑志

省志徵訪稿 流寓補遺 九十三

江南通志第一百七十六卷

賢淑補遺

(明)贈主事侯世美妻王氏 有傳邑志

(清)國子生陳寶輪繼妻顧氏 有傳邑志

許丈燕妻蔡氏 有傳邑志 范循鏞妻過氏 有傳邑志

省志徵訪稿 賢淑 九十四

王太安人題旌錄

公舉呈詞　爲淑德出自名門苦節未邀曠典公請通詳特
題旌表事竊惟乾坤之正氣雜賦流形懿德秉彝詎分巾幗
故波登古井既著美於聲詩臺築懷清亦垂光於史乘伏見
已故生員侯世美妻王氏毓秀名家作嬪望族少而淑慎著
雅度於珩璜長益溫恭表令儀於蘋藻方謂琴調瑟協賡好
合以終身詎意璧碎珠沉稱未亡於中路氏則摩笄一慟甘
爲地下連珠截髮長號羞作人間獨活既而念將衰之君舅
方啣失子之嗟且又憐方幼之孤兒更抱靡依之痛倘捐軀
而不顧恐益深逝者之悲若引決以相從將永墜前人之緒
遂躊躇而視息爰慷慨以明心含毫作誄依稀柳下之妻指

日爲盟彷彿柏舟之咏堂前視膳拭紅淚以承歡膝下攜書
篝青燈而課讀力持門戶肯令巢燕無歸竝卻綺紈忍覩鏡
鸞獨舞卒之箕裘弗失克紹奕葉之簪纓堂構逾崇不困漂
揺之風雨看此日之芹芬桂馥難忘畫荻之勤仰當前之柏
節松貞彌想茹荼之苦此冰寒霜冽閱千載而常存地老天
荒質九原而無愧者也生等幼讀詩書喜談節義嗟人心之
日下每聞岐路爭趨恠習俗之波靡莫作中流砥柱嘆舜華
之空美鄙桃李之成蹊若氏者蘭遭刈以愈芳玉當炊而更
潔永作倫常坊表寧徒閭閻儀型苟非激綸綍以天朝奚以
表深閨之苦志儻不達姓名於當宁何由見三代之公心恭
遇師臺品重眞儒望崇碩德伏乞察鄉邦之定論採庠序之

公言即與通詳特行表則激揚舉而淑慝分敎化行而風俗
美矣

學院看語　看得節婦王氏匪石盟心清霜勵志青年別鵠
冰弦彈寡女之絲綺歲將雛熊膽佐孤兒之膳調羹洗手奉
君舅於桑榆述志拈毫咏一生之冰蘖雖簪纓繼起已分一
枝蟾桂之香而華袞待褒尚遲雙闕烏頭之表既與評之香
洽自曠典之宜膺

撫院看語　看得節婦王氏天畀眞純性成孝敬髫年而稱
嘉耦方欣璧合珠聯中道而悵分飛遽見蘭摧玉折課孤兒
之誦讀母代師嚴奉君舅之晨昏婦兼子職廉頑立懦列彤
史而無慚送往事居質黃泉而不愧允宜膺夫旌典庶克慰

乎輿情

光緒六年庚辰五月既望

九世孫禮琮補刊

王太安人遺詩 附黄夫人和詩 跋二則

憶余遠嚴慈十六締家室舉案傚齊眉相莊友琴瑟屈指甫十春昊天降酷烈摧我連理枝析我雙飛翼號天天無光哭日日無色聲咽不成啼淚盡繼以血漿粥不染唇寸腸痛碎裂誓死三寸繩微軀奚足恤睠顧膝下孩雛割此離孽更思腹中兒抱血不忍擲余毋涕交頤勸余姑進食因以偷餘生課兒任厥責長兒歲八齡腹兒僅濡沫寸壤望喬崧疇年幾成立呼兒夜讀書篝燈事剪尺中夜每悲唏蟲聲答唧唧兒或荒於嬉童心玩歲月雖愛能勿勞提誨敢姑息操杖薄責之未下余手怯懼負九原人又憐兒啼泣踟躇涕漣洏擲杖淚流臆翁也憐孤兒以祖代父職諄諄踰蒙師每自坐師席

翁又頻大星悲膓倍百結雀牙外侮來榛棘世途仄屈勉督吾兒焚膏繼祖業乙卯倖邀天兒名厠賢籍豈不破愁顏歡中帶悽戚父也苦埋頭未展雲中翮孺子席其餘父又弗能覩撫此泥金書露淚悅巾濕呼兒立庭中訓以父遺德父行勵皎霜父襟霽白日雖云給舍兒寒素乃厥實初余歸爾家規余謝綺飾父惟知讀書余又惟紝織閉戶寡見聞不辨菽麥口不言錢刀言之頰發赤躄躄行道中塗人罔有識檢身如處娃恂恂愼口舌古朴羞徑趨偃庭無履跡入室儼大賓燕居屏狎客天性惡繁華布袍數浣滌不獵豪俠名不蹈貴兒轍不隨世態羶不困家勢熱笑彼齷齪者胡爲戰蝸國立志奮鵬鶚餘人盡鶩鴨趨步慕聖賢矢心恥苟得或以阿堵

歆髮指怒冲憤或以尺牘千手裂紙飛陌豈謂我性柔乃以腐鼠嚇我故童子鴻不愧父清白郎之則温良犯之仍巇嵲括囊愼有餘千霄氣莫遏義交恒澹如不爲囁嚅容一二道誼朋締好比膠漆瞭水有徐君筆硯相晨夕共披忠烈書拍案叫快絶相對評古今達旦夜不廢其性煦於春其腸勁於鐵立志邁千秋傷哉中道折小子奚有能父慶所流溢勉矣毋忽志鏤鉥父遺則兒乃倖速飛薄種小有獲公車踰十年偷蔭耽遊逸青雲阻半途九原心愈惻兒雖已眉鬚命跪爲兒述兒時戲以嬉父唯勤以飭兒時近狹邪父絶平康跡兒時被綺羅父衣唯毛褐兒時饜膿甘父唯呷藜汁兒時娛管絃父不曉笙笛兒讀荒歲時父讀忘冰雪兒館塵封几父館

晝下鑰父耕子乃畬天眼從古碧兒顧自滿盈竟爾志先澤匪余覬冠帔責兒如此急慮兒壯志灰懼兒中道跌黃泉望欲穿待兒賁幽蹟能無涕滂沱爲兒絜言說丁丑倖春闈仰藉先人烈況出黃師門山斗幸不逖寄東馳長安兹焦良可悅余愧未同歸已蒙荷旌節父行多隱潛仰乞如椽筆吾爲一開顏得爲素願畢忽聞除齊安未免衷遑迫正處驚愕時曦孫報蘭茁俯仰四十年悲歡判今昔然余懼盛盈徼天乃耀赫一子拖綬紳一堦先抱筍雛孫鬓覆眉叨榮復爲奕月滿防其虧日中憂其昃兒曹來吾前婦媳喚俱集既已勒兒箴亦思勒婦式勿以泥沙侈勿以晏安溺勿以珠玉誇勿以簪舌惑當思富可貧貴亦可賤易夜月理機絲朝暾就盥櫛

知余晚向榮不知早茹蘖如何口㧛荼遺茲田與宅如何歷
嶮巇屆茲脱岑寂哭夫哭次兒順少恆多拂哭翁哭母姑喜
一慈恆百榮枯倏忽移衰盛古今驛男行析全瑜婦職無主
鈌長此交相成內外各努力毋學世途儇吾自安吾拙蒼天
不負人施償理自值余語不厭多聊以代砭石止此不更言
析早歸同穴聚首可千年少補存亡隔曷顧海籌添曷畏夜
臺黑合掌叩蓮臺真性勞收拾撒手即歸家笑與兒孫別此
詩藏篋中留俟他年刻
崇禎十年丁丑策士之歲夫子分典較閱共薦士二十一
人文章行誼皆冠一時侯先生閱閱經濟伯仲於諸公而
忠孝懇篤之意於夫子別有符劵及持太孺人書請爲太封

省志徵訪稿　附黄夫人知詩

君銘固知鳳毛有種益以熊荻宜其德器有過人者歸以
語余晨夕告誡未嘗不以孺人爲規則予雖未奉提誨然
私自景仰不啻儀型數載之間滄桑倏變孺人以乙酉歸
真夫子亦以甲申就義揄揚之願未償荼苦之茹並受晦
冥以來津隘不通忠魂未返腸日九迴庚寅仲夏乃以長
頑子中同友人趙叔寶往鍾陵者視謀所以收扶遺魂者
使受教於先生與陸魯瞻先生獲遂全歸時子中負劇病
臥先生山房自六月初七至七月十五日共四十日湯藥
調治加於骨肉因得備悉太封君與太孺人卓行懿軌於
前所聞又更詳焉先生授以太孺人遺詩使一言附太孺
人以不朽此縉紳先生之事余何敢任顧夫子有願未酬

又是行也子中將魯瞻先生懃懇之意與先生愛慕之情
以歸不得不伸一言以慰之以余之今𥄉太孺人之昔痛
若一揆執筆涕下唯有欷歔

滈懃發至性冰潔勵松筠如何遭薄祜中道折良人晝哭哭
無盡瑤草沒青春況乃秉端操儉勤素所遵子讀母夜作無
忘夕與晨諄諄惟耳誨恐不克負薪事翁復至孝含德振彝
倫教兒繼祖業不敢尚逡巡無愧昔鄒母三遷擇比鄰履仁
道所貴服節豈終屯孫既列賢籍子亦負簪纓一門荷榮顯
流澤布嶶聲猶騖墜前緒競業保令名慚余負四教得配君
子庭豈期遭板蕩王室倏以崩夫志炳日月苦節終以貞萬
里歸孤櫬碧血灑鍾陵捐軀事則已豈顧兒女情撫茲四呱

省志徵訪稿　附跋二則

孽羅列未成行況無攄石積寃保立與成深負原下人不得
俱死生傷感五內裂涕泣淚縱橫慚讀貞烈書彤管播芳馨
不愧表旌節婦式照汗青明忠烈文明伯武英殿大學士黄
道周妻誥封一品夫人蔡氏王卿檢衹拜書
右侯節母王太安人遺詩一百二十韻黄石齋夫人所手
錄也節母之子戶部公爲石齋先生門下士方戶部公初
第時節母不以子之得第爲榮而以得出石齋之門爲幸
即馳書京邸命戶部公乞其贈公墓銘石齋許諾會國變
不果及節母歿後於遺篋中得此書黄夫人讀而傾心焉
遂製序及詩弁其首并是詩錄之以誌中心欣慕之誠以
補石齋未竟之意侯氏子孫勒石家廟以垂不朽而墨蹟

則藏於節母之曾孫師華氏家維節母苦節數十年恢拓
先業教子孫成名荷綸綍之榮邀旌門之典貞操懿行爲
志乘光輝顧生平未嘗以文墨自見乃讀其鋪陳終始洋
洋千餘言法謹嚴而辭典則雖專門名家亦不是過豈非
天地正氣所鍾積之既厚則隨觸而發如源泉出地滔滔
自運有不求工而自工者歟黃夫人詩文亦雅健無閒閤
氣書法蒼古尤絕類石齋先生與節母詩足稱二絕固非
獨侯氏之珍而在侯氏則爲天球河圖矣

外元孫秦道然百拜敬題

侯太孺人訓子遺詩及黃夫人贈言始末已具南沙先生
跋語中無庸贅矣迄今乾隆建元歲在丙辰值聖天子
褒揚節孝登崇俊良之時而太孺人曾孫師華氏適登甲
榜入詞垣侯氏累代簪纓而西清之選則始於是焉用見
太孺人節義之報流行無窮久而益盛也乃作頌言以附
於末

貞臣事君貞婦事夫迹或有異心理不殊生殫其力歿字
其孤俾克有成及報黃壚唯天祐善慶必有餘孺人居嫠
年未三十含泪訓孤見其成立一子一孫聯翩奮迹繼繼
承承科名勿絕逮茲曾孫蓬瀛載筆於維休哉奕世有光
推尋物理柏苦而香千二百言寸寸悲腸與黃夫人叶應
清商家憂國恤淚墨淋浪蓄極而流祥鍾麟趾忠孝順慈
卷中備矣翰墨流傳巾幗男子爲法爲儀乃圖乃史世世
子孫永懷勿替

外元孫鄒升恆拜手謹述

江南通志第一百七十七卷

義烈補遺辨訛　邑志均有傳

宋 尤大成妻范氏

明 華理妻鄒氏　通志錢李子疑即華理案舊志作錢理本姓華

高宗孝妻徐氏

烈女華淑貞

烈女陳氏　許字徐文美

烈女吳氏　許字秦深昌

侯歷聘妻殷氏　邑志有傳事實不符崇禎己卯生年二十二歲憲舉詔旌事載郡志今另補事略

施節慈召徵妻馬氏

劉明楨妻顧氏

沈士珍妻馬氏

陳邦選妻徐氏

烈女浦氏　許字陳毓華

諸生華曠度妻王氏

呂完音妻徐氏

省志徵訪稿　義烈補遺辨訛　一百三

烈女王氏　許字何年

清 烈女曹氏

朱承宇妻曹氏

黃洛源妻繆氏

烈女王氏　許字陳含章

陳尊三妻浦氏

强烈妻劉氏

烈女程氏　許字康叔健

張錫聘妻朱氏

孫女孫如姐

胡壽山妻過氏

烈婦周氏　通江陰諸生黃焙

烈女席氏　許字巢吉

司馬德大妻華氏

烈女王氏　許字金兆年

烈女姚氏　許字虞儀九

華鳴鼻妻劉氏

烈女蔡昭姐

烈女王氏　許字周士新

朱子遠妻陳氏

楊榮益聘妻沈氏

王濬聘妻盧氏

烈女俞杏貞

陳元燮妻朱氏

金啟東繼妻華淑貞

王龍觀妻繆氏

國子生丁權聘妻馬玉妹

鄒邦彥妻華氏

平鶴嘉妻過氏

諸生匡廷梁妻朱氏　周鼎妻高氏

康靖基妻王氏

闞增妻夏氏

俞鈞妻秦氏

金大鏞妻蔡氏

王文桂妻殷氏

烈女王氏　幼氏方三才

張炳翼繼妻史氏

秦鼎梅聘妻潘氏

嚴萬隆聘妻榮氏

烈女高氏

秦炳會妻張氏

烈女倪鳳珠

省志徵訪稿　義烈補遺辨訛　一百四

烈婦林氏

榮雲浦聘妻馮氏

從九品鄒清華妻施氏

舉人周汝寶妻程氏

烈婦張氏

范子偉妻顧氏

施顯聘妻鄒氏

貢生楊治安妻薛氏

顧其康妻陳氏

嵇奉三妻謝氏

國子生華汝璇妻張氏

尤超曾妻趙氏

貢生朱光照妻楊氏

華履長妻周佩蓀

鄒其璋聘妻蔡氏

諸生糜桂士女寶珍

知縣顧楨妻湯氏

烈女馬大寶　許字包文煒

諸生楊煒聘妻過氏

侯烈婦殷太孺人事畧　楊鍾鈺　章甫

烈婦姓殷氏無錫侯歷之未婚妻也歷疾卒烈婦聞之悲慟誓以身殉為父母勸止力請歸侯許之於柩前斬髮成禮家人為之立嗣屏居一室寢苫枕塊墐户絶人事杜出入穴壁以通飲食家人請葬夫柩烈婦謂嗣子太稚當稍待之如是者有年嗣子漸能行走蕲然見頭角烈婦曰可矣擇日家奠闢門送葬柩既下窆烈婦奮身擲壙中頭足靡碎以殉親鄰出不意咸驚其奇烈遂并葬之五世孫桐起家詞館累擢吏禮部侍郎論者謂烈婦之貽澤長也被旌於朝邑志有傳

江南通志第一百八十八卷

貞孝補遺

明

沈昇聘妻單氏

孝貞女盧氏

秦城聘妻顧氏

陸亨聘妻張氏

清

諸生馬瑜聘妻鄭氏

秦珩聘妻侯氏　聞珩訃誓死守貞踰期而卒請旌建坊

劉毅生聘妻單氏

貞女王寶

袁浩聘妻張氏

孝婦贈侍郎顧學妻錢氏

趙之俊聘妻華氏

湯榮聘妻方氏

華世恆聘妻鄒氏

孝女許氏

孝女殷氏

張冠卿聘妻陳氏

宣醇袁聘妻周氏

談宜聰聘妻蔡氏

曹濬聘妻華氏

孝女孫旭嫕

孫鎮聘妻李氏

孝女楊氏

徐汝梅聘妻鄺氏

孝女錢蘭

孝婦袁永烈妻蔡氏

符德宗聘妻高氏

孝女唐素

秦中威聘妻顧氏

高廣聞聘妻顧氏

孝女秦氏

朱燦聘妻史氏

魯國安聘妻胡氏

曹澄源聘妻華氏

凌浩然聘妻馮氏

陳子山聘妻姚氏

施革傳聘妻吳氏

孝女倪氏

吳西安聘妻丁氏

孝女胡素娥
孝女邵蘭芳
孝女查氏
孝女倪文秀
楊其聘妻劉球琳
麋文元聘妻賀氏
康永清妻朱氏
顧宏祖聘妻張素五
丁煜聘妻吳氏
孝女王淑貞
孝女許奇姐

張沛然聘妻陳氏
蘇尚仁聘妻黃氏
錢以鎮聘妻華氏
錢鑣聘妻華氏
孝女吳玉堂
沈震元妻楊氏
孝女孫氏
沈王成聘妻過氏
孝女趙瑞雲妹慧貞
高鼎銓聘妻周榮慶
孝女春璽美

貞孝補遺

孝女周貞一
孝女侯長姑四姑
孝女龔秀鳳

孫雄培聘妻王氏
吉大全妻馮氏

江南通志第三十九卷
壇廟塚墓宜刪
宋張俊墓在無錫縣華藏山
張俊與秦檜同謀害岳武穆見武穆傳不足汙我省志
儘可刪削 侯祖述謹誌

宋張俊墓宜刪

無錫志略

（民國）復　明　撰

《無錫志略》，（民國）復明撰，民國三十一年（一九四二）《江蘇文獻》第五、六期合刊本。

復明，生平不詳。《無錫志略》爲單篇長文，介紹當時無錫情况，全文共分爲十個部分：一概述；二山脉；三水系；四富源；五交通；六實業；七民生；八園林；九古迹；十文獻。前面三部分爲節抄舊時縣志相關内容。富源所述爲農業，實業所述爲工業。民生乃農業經濟之地理分佈。後三部分園林、古迹、文獻，則扼要摘録於戰前旅遊之書。因當時無錫尚淪陷於日軍之占領，故本文反映了抗戰時期敵僞統治下的無錫民生狀况及當時的經濟史料。當時無錫年産粳稻二百三十萬石，秈稻十五萬石，小麥四十多萬石。文中稱無錫爲蘇省四大米市之一，而非全國四大米市之一，似在戰争狀態下無法與外省米市比較。當時鄰近省份及本省各縣所産之米糧均以無錫爲轉輸地，輸入與輸出，每年達數百萬石。所産絲、布、繭有十二萬担，由本地絲廠及上海洋行收購。全色絲繭産量占全省百分之四十以上。無錫蠶種廠及繭行之多，爲全省之冠，故爲江蘇絲繭中心。交通記録了當時能通行的鐵路、公路。水上交通僅幾條主綫。實業所述，爲棉紡織業、絲繭業、麵粉業。在民生一項中記録有惠山泥人之資料。作者撰述該文時，正值日軍侵華對無錫狂轟濫炸之後，民生凋敝，無論工業與農業均大不如前。不少無錫之著名工廠已成爲一片廢墟。農村之大部分地區爲遊擊隊控制。所以該文所述，須與當時及戰前資料核對，纔能確定其真實性。該文字數雖少，但作爲填補這一特殊時期空缺的地志資料，還是有一定參考價值。

本書據民國三十一年（一九四二）《江蘇文獻》五、六期合刊本影印。

（徐志鈞）

無錫志略

◁明　復▷

一、概述

無錫古荊蠻地，三代以前隸揚州，殷時爲勾吳國，泰伯尼焉。戰國時爲春申君城；漢高祖五年，始置無錫縣，以邑境錫山礦石採掘已盡，故名。文帝時復秦之舊，并爲會稽郡治。征和四年，復爲無錫縣。新莽易名爲錫縣。後漢光武，仍復舊稱。晉武帝時，置無錫，隸毘陵郡，後改郡名爲晉陵。宋因之，添置杼秋縣于無錫。至文帝時，移南徐州于江南，晉陵郡屬焉。隋省南徐州，改晉陵郡爲常州，無錫隸屬焉。後元成宗間，升爲無錫州。明初因之，洪武二年，復降爲無錫縣。滿清入關，無錫復隸常州府。雍正四年，分無錫東境置金匱縣，西境仍稱無錫。民國紀元，省金匱縣，廢常州府，而直屬于江蘇省蘇常道。後又廢道制，而無錫縣直隸于江蘇省。位居江蘇省南部京滬路之中樞，東界常熟，西接武進，南接吳縣，北界江陰，運河貫境，南臨太湖，故又爲南北之要衝。全縣面積，共計一三〇九·二五方公里，農田占總面積中百分之九六。境內無大山長谷，荒翳險阻，而運河自京口建瓴而下，邑中諸溪，受而注之於太湖，太湖繞邑西南，川流繡錯，遞相灌輸，雖爲澤國，厥壤稱腴；加以氣候溫和，兩量調適，乃爲天然適于農業之區。且錫邑自泰伯端委以來，號稱名都，其風土殊麗，著稱吳下；其人士多秀傑，能文章，尚節義，名公鉅卿，後先接軫。近數十年來，邑人之有識者，更利用其固有富源，發展其水陸交通，而努力於實業之建設，湖山之點綴，使錫邑成爲全省實業之重心，幽秀之勝區。人盡其力，物盡其用，保此優越之精神，發揚光大，闡明鞏固，是所望於邑之後進焉。

二、山脈

無錫素稱奧區，諸山銜尾，達數十里。全境山脈，自南嶺山脈之浙江天目山，渡湖而來，自閶江入境，蜿蜒起伏於邑之西南境。約而言之，可分爲城西湖濱二區。

（甲）城西諸山　以惠山爲最，而以錫山爲主山；更有璨山、章山、顧山等，皆與惠山一脈相連，茲述於左：

錫山—在縣西五里，爲惠山東部別出之一峯。周秦間產鉛錫，故名。唐陸羽惠山寺記有云：「惠山，古華山也。…山東峯，當周秦間大產鉛錫，至漢興，錫方殫。…後漢有樵客於山下得銘云：『有錫兵，天下爭，無錫寧，天下清；有錫沴，天下弊，無錫乂，天下濟』此即錫山之名所由始。山爲一小阜，平坦便於登臨。山巔有龍光寺及龍光塔；山南有痲姑池，爲一小石池，圜廓若盆，竅通山腹，大旱不竭。山之東北，有于忠肅廟。山下有錫山澗，西有秦皇塢，東有烏瓔塢。

惠山—在錫山西，與錫山相屬。上有九峯，起伏層疊，故一名九龍山。山以泉水甘美著，因亦呼之惠泉山。山泉自唐陸羽品水天下，列爲第二；李德裕居中書，酷好此泉，特置水遞，餉轉不絕，由是名聞全國。宋高宗南渡，飲泉而甘，築亭其上，邑人渭之泉亭。亭前有漪瀾堂，面泉臨池，爲試茗勝地。亭上有竹爐山房及雲起樓，登樓遠眺，川原平曠，帆影可數。自亭畔拾級而登，直達山巔，經頭茅峯二茅峯而至三茅峯，爲全山最高處。山麓舊有惠山寺，即歷山草堂故址，兵燹後僧房禪舍，皆拓爲邑人宗祠。此外更有青山、璨山、嶂山、瀰山，俱在惠麓西南。當嶂顧兩山間，有東大池，廣數十畝，勝景天然。顧山西有舜河山，兩山毗連，其峯相望，因合名之曰舜柯山。顧山西南有橫山，高數十丈，平疇突起，南北橫亘，故名。

（乙）湖濱諸山　無錫地濱太湖，濱湖諸山綿延，而以管社山充山爲最著。茲述於左：

管社山—位在梅園之南，分東西兩山，東爲東管社山，西爲西管社山，洞壑深邃，別具天地。沈鑾管社山詩云：「茲山古未題，中具小天地，何年揚子雲，鑿破混沌祕。千夫運椎斧，一洞入深邃，茅檐倚斷崖，石屋架寒翠。」的爲寫實之作。東管山麓有萬頃堂，舊爲湖神廟址，地當太湖之口，登堂望湖，波光萬頃，盡羅眼底。堂側有項王廟，或云本夏王廟，以祀神禹，後訛夏爲項，相沿迄今。

充山—在太湖中，位於萬頃堂南。山麓有巨石，突出湖中，狀如黿頭故名黿頭渚。登渚爲涵虛亭，亭前有燈塔，以利行舟。亭後爲橫雲小築，植有桃梅數百株。亭右有在山亭，亭下曰松下清齋，有旅舍以寓游客。亭之上爲花神廟。亭旁建城樓曰小函谷，面臨五里湖，饒風帆之觀。由渚而左，爲長生未央館；再進爲廣福寺，有退廬、陶朱閣、小南海諸勝。

此外有獨山，獨峙湖中，北對管山，南對充山。獨山之西，有大箕小箕，如拱如揖，若列錦屏。五里湖西南，太湖以東，則有朱山、寶界、路耿、石塘、雪浪、軍將、長泰等山，或以古蹟，或饒景物，亦均有名。

三、水系

無錫故稱水區，西北地稍高卬，多渠塘陂池，東南地形汙下，多河港湖泊。但積漸淤塞，易成旱潦，故宜以時導，淤者濬之，淺者深之，通其源於大河，輸其委於溝洫，則可既便航行，尤利灌溉。

（甲）河港　錫境河港縱橫，以江南運河、梁溪河、錫澄運河、蠡瀆、沙墩港、直湖港、雙河等爲最。汽船民船，皆可通行，航運稱便。

江南運河—即在江南一段之運河，起於鎮江，止於杭州。西自武進縣入境，東南行經洛社，石塘灣、縣城、新安鎮等處，入吳縣界。

梁溪河—即梁清溪。梁大同間重濬，故名。由城西顯應橋而通五里之大滆口，爲縣城西南各地聯絡之河流。

錫澄運河—起於城西沿運河之皋橋，達江陰之黃田港，爲無錫往江陰之重要幹河。

蠡瀆—起於運河之北望亭，至曹湖止，爲無錫東南各地聯絡之幹河。

沙墩港—起於太湖濱之沙墩港口，至運河之北望亭止，位於吳縣與無錫之接壤處。

直湖港—起於北陽湖南，至太湖濱之閭江口止，爲無錫至西境各部來往之幹河。

雙河—自城西起，至南陽湖止，橫貫於江南運河直湖港間，爲無錫城鄉間聯絡之幹河。

此外位於縣境南部者，起自仙蠡止於五里湖之馬蠡港，起自曹王涇至太湖濱小溪口之小溪。位於南東境者，有伯瀆港，起於城南清明橋，止于錫吳交界之曹湖，爲縣界東南各地聯絡之重要幹河。位於東北境者，有轉水河，起於城北通匯橋，至黃泥頭北五丫浜口止，爲縣界東北各地聯絡之幹河。位於東部者，則有南興塘、北興塘，南興塘起於黃泥頭北五丫浜口，至山蕩口止；北興塘由黃泥頭之五丫浜，通懷上東八字橋；並爲無錫東部之重要河流。

（乙）湖泊　以太湖五里湖爲著稱，在邑之西南境。此外尚有與吳縣分界之鵝湖，與常熟分界之苑山蕩，均爲諸水之匯，與本邑水利，極有關係。

太湖—即禹貢震澤，職方具區，亦名五湖。在縣西南十八里，邑之富安、開原、揚名、開化、新安五鄉，地皆濱湖。楊泉五湖賦所謂「頭首無錫，足蹏松江」是。周三萬六千頃，汪洋浩瀚，羣峯羅列。秦大霖登錫山龍光塔望太湖詩有句云：「湖光三萬六千頃，空明一片涵玻璨；雲濤烟浪落檻外，汪洋三郡作襟帶。萬斛舟從何處來，中流縹緲看一芥；七十二峯如萍浮，無處更覓鴟夷舟。」是將全湖景色，描寫無遺。

五里湖—一名漆湖，跨邑境揚名開化二鄉。北通梁溪，東通馬蠡港，南通長廣溪，西由浦嶺獨山二門與太湖相通，實爲太湖之內湖。

鵝湖—一名濠湖，俗謂之鵝肫蕩。在縣東南五十里，爲與吳縣之分界湖。周翼泛舟鵝湖詩云：「水生金浪兼天湧，雲度青冥傍月飛；鴻雁沙寒微有影，芰荷秋冷不成衣。」南由界涇通曹湖，曹湖相傳爲范蠡所開鑿，因一名蠡湖；唐刺史孟簡曾加疏導，故亦名孟瀆。

苑山蕩—一名苑湖。在縣東五十里，當苑山之陽。東南爲謝棣蕩，白米蕩，爲與常熟之分界湖。

此外在縣西北隅，本有芙蓉湖，周萬五千頃。自宋元祐以來，填而改爲田者寖廣；明宣德中，巡撫周忱，大治圩田，而湖始盡堙，即今所謂芙蓉圩是。其間汶港縱橫，多爲堰閘。

四、富　源

錫邑物產，雖無珍異之品，而稼穡之種，布幣之利，魚蟹之美與夫果蔬瓜匏之屬，所以資民用者，則無弗具。約面言之，其源有三：

（甲）米麥　境內概屬平原而又河渠縱橫，灌溉稱便，以是全邑富源，農墾居首。全縣農田，占總面積中百分之九十六，而居民職業，業農者亦占全縣人口中百分之四十三以上。年產粳稻二百二三十萬石，秈稻十五萬石，小麥四十餘萬石，事餘大麥及豆類，產額甚少。稻米供本地民食，小麥爲本地粉廠所收買。在南鄉一帶所產之糯米，色澤純白，多以釀酒。縣境西北隅之芙蓉圩，本係巨浸，自填改爲田，築堤岸，置閘堰，增闢農田三千餘畝，旱潦蓄洩，啓閉以時，歲可大熟，民賴其利。無錫固爲蘇省米麥產區之一，而其米市，亦夙著稱，鄰近各省及本省各縣所產之米糧，均以該縣爲轉輸地，輸入輸出，歲常數百萬石，諸商雲集，帆檣如林，米行堆棧，鱗次櫛比，而爲蘇省四大米市之一。

（乙）絲布　錫邑農業副產，厥惟蠶桑。春夏秋三季育蠶，產繭約達十二萬擔，悉由本地絲廠及上海洋行所收買。全邑絲繭產量，占全省所產百分之四十以上；製種場與繭行之設立，亦推無錫爲最多，以是而爲江蘇絲繭之中心。錫邑向不種棉，但在昔女紅最勤紡織，出布特盛，因有布馬頭之稱。年來棉織工業，漸形發達，遂設立植棉試驗場，驗其土性，依法試種，頗著成效；於是更積極勸導農民，於植桑外兼種棉花，以闢利源。

（丙）果蔬　錫邑地多平衍，氣候溫和，樹藝果蔬，亦極相宜。除一般農家以植蔬爲副業外，更有規模粗具之植果場，均爲私人所辦。一在天下市，計地一百三十餘畝，爲鄒煜熙所辦，於植果類外，兼種桑樹，一在南延市蕩口，計地四十餘畝，爲華士巽所轄，於植樹外，兼養蜂養雞。一在太湖濱黿頭渚，計地六十餘畝，爲楊壽楣所辦，專種水蜜桃及梨杏之屬，接苗有八千餘棵。

至瀕湖之區，多魚蝦蠃蛤茭蘆菱芡。如太湖之白魚，其色瑩白如銀，鬣鬐紛解，鮮美冠時。鵝湖之銀魚，其大如鍼，入白瓷碗中，了不可見，但黑睛兩點，如砂浮著水。水鄉居民，因以爲利。

五、交通

無錫位江蘇省南部，介於蘇州常州間，扼京滬鐵道之中樞；而又南濱太湖，河港錯綜，水陸交通，均極利便，以是全邑之經濟文化，進展頗速。

（甲）陸路　除原有大路外，有京滬鐵路，橫貫邑境，爲全邑陸路交通之主幹。近年於公路建築，又積極進行，由是交通益便，陸運更暢。

鉄路—無錫居京滬鐵道之中央，屬于該縣之車站凡五：卽周涇港、南門旗站、無錫、石塘灣、洛社。沿路附近市鄉各鎮，均有駁船連接。經過錫邑，凡四〇・七八公里，爲無錫與外埠陸上交通之主要途徑。

公路—分省道與縣道二種。省道有錫宜路、錫常路，爲無錫與宜興常熟間往來之重要道路。縣道有錫澄路，由無錫起，至江陰止，爲京滬鉄道及江陰間互相聯絡之要道，且爲沿路各鄉鎮來錫之必經道路，在無錫境內，長約一四、四六公里。有東亭路（自縣城通運路工運橋起，至東亭鎮止，長約六公里。）廣勤路（自車站起，至長新橋止，長約四公里半。）通惠路（自縣城通運路工運橋起，至惠山鎮止，長六公里。）仙蠡墩路，（自迎龍橋西開原幹路起，至仙蠡墩止，長五公里。）爲城區鄉鎮間聯絡之要道。有開原幹路，（自縣城西門外迎龍橋起，至梅園止，長約七、四一公里）除城區鄉鎮間聯絡外，又爲城區達錫宜路之要道。有開原北路（自惠山鎮起，至羂塘橋止，長五公里。）惠山路（自惠山鎮起，至開原幹路下馬橋西止，長二公里。）楊名路（起點有二，爲蔣櫛樹浜及西庵橋；終點有三，卽王厉巷、謝家浜及蔣浜斗，長八公里半。）楊公西益路（自青祁巷起，至仙蠡墩渡口止，長四公里。）揚西青祁路，（自蔣家橋起，至槐樹下止，長二、八公里。）均爲鄉鎮間相互交通之要道。又有小箕山路，（自梅園起，至小箕山止，長二、七公里。）則爲聯絡風景區之要道。

（乙）水路　錫邑南瀕太湖，北控長江，運漕梁溪諸河，分流境內，水路交通，甚爲利便。近年錫地工商發達，航運亦隨之進展，由民船快船而改用汽船。茲將現有航線，到舉於後，以見縣際航運之便。

錫滬線—由無錫至上海，途經望亭、蘇州、崑山、巴場、黃渡等處。

錫澄線——由無錫至江陰，途經石塘、青暘、月橋、南閘等處。
錫宜線——由無錫至宜興，途經洛社、戴溪橋、華渡橋、運村、和橋等處。
錫湖線——由無錫至湖州，途經大渲、西山、大錢等處。

此外有無錫華墅線、無錫北漍線、無錫周莊線、無錫東莱鎮線、無錫顧山線、無錫八士橋線、無錫羊尖線、無錫周鐵橋線、無錫漕橋線、無錫河塘橋線、無錫雲橋線、無錫玉祁線、無錫吳塘門線，通行汽船及民船，均爲由縣城通達隣縣及本邑各鄉鎮間之航線。

六、實　業

無錫本爲江南富庶之區，物產豐富，交通利便，民智開通，且富于實業思想，故邑人之經營實業，起源甚早。當清代光緒中業甲午乙未間，已有機械紡紗廠之設立，及後復有機器磨粉廠及機械繅絲廠之繼起，而爲我國內地發展實業之先導。及滬寗鐵路告成，交通日形便利，無錫實業，因是更有起色。歐戰發生以後，因洋貨進口驟少，國貨銷路頓暢，一時紗廠麵粉廠絲廠等，遂風起雲湧，建設擴充，於全邑民生，爲利頗鉅。

（甲）棉紡棉織業　無錫實業，以棉紡棉織業爲最盛。全邑紗廠，有專營紡紗者，有紡紗外兼營織布者，亦有兼營紡織漂染者。所用原料，以本省產者爲最多，他如浙江河南陝西湖北各省產者亦有，國外所產者，以印棉爲多；多數仰給于本省通海區及浙江所產者。言其銷路，國內如本省及兩廣平津陜甘，國外如南洋羣島，亦均有銷售。紗廠既甚發達，布廠亦應時而興，以宣統元年勸工布廠爲創始，其後相繼而起，最盛時達二十餘家之多。各廠主要機器，除少數采用新式織機外，多仍舊式木機。出品種類，達二三百種。原料除採用本地各紗廠者外，復仰給于南通及上海。銷路除本地外，大部運銷北方諸省及南洋羣島各地。

（乙）絲繭業　無錫爲江蘇絲繭主要產均、絲廠歷史，最爲悠久，在前清光緒年間，卽有繅絲廠之發現。其後逐年增加，民國二十一年，增至五十家之多。近年以絲市慘落，營業不振，，絲廠雖有增設，而停工者亦接踵而起，實際情形，迥非盛時可比。以言繭行，全省各縣，以點錫爲最多，每年所產乾繭，爲上海繭商所收買者，約佔三分之一，餘均供給本地絲廠之需要。

（丙）麵粉業　亦爲無錫最大工業之一。開辦最早者，爲保興，後改茂新，繼之者有九豐、茂新、泰隆等廠。原料每年約需小麥一百餘萬石，除在本地收買外，餘均採自江北。

此外更有碾米廠、榨油廠、鐵工廠、製皂廠針織廠、木器廠等，亦爲全邑較重要之實業。以是錫邑實業與內地各縣相比較，可謂首屈一指。由於工業製造之銷路廣遠，各種工廠之逐漸增加，邑之民生，賴以維繫。

七、民生

錫邑人口，以業農者爲最多；而植桑養蠶，尤爲無錫農村唯一之事業。全境農地，水田占十之六，桑田占十之三，園藝占十之一，以是農家幾於無戶不蠶，農民經濟，賴以周轉。農村婦女，除春夏秋養蠶及稻麥登場時幫同男子勞動外，暇時多紡紗織布，藉取工資。後以織布廠之發展，精壯男子及少壯婦女，多入廠工作，往昔之家庭手工業，因是衰落。在農村家庭中，代織布業而興起者，爲調絲工作，卽將原絲調成均勻光潔。此種工作，大半婦女所爲。農村居民，除種田外，幾家家戶戶，操此副業。以其工作自由，又可兼理家務，故工資雖微，而莫不樂爲。山地小農，以耕地少而糧食缺，且僻居山鄉，出外不便，男子則就山開鑿黃石，以供建築之需；女子則樵柴販運，藉以糊口。至瀕湖居民，除編造蘆蓆外，則以魚蟹菱芡爲唯一之利源。

黃草出邑之新安鄉，劈之極細，織之成布，佳者出名葛之上。有純草織與絲合草兩種，盛暑穿之，甚爲爽適。清末更有人發明提花，於前清南洋勸業會及歷屆賽會展覽會，均得有獎品；而是鄉居民，幾全以此爲生計。城西惠山一帶之居民，則以製造泥人，著稱於世。泥人係玩具，其工細者不亞於廣東天津，近復加意改良，所製關於歷史風俗之人物，尤足灌施兒童之智識。所塑極爲工緻，維妙維肖。周鎬錫山泥美人詩云：「款款纖腰掌上珍，琅玕爲骨水爲神；藍田已斷無根夢，紫陌休忘未了因。屏影自隨雲母立，衣香欲與粉侯親，怪伊不學淩波步，羅襪由來怕染塵。」「疑儞前身是阿嬌，綺膝街上暗魂銷；寫生豈待三毫頰，換骨難拚一搦腰。悞落紅塵偏耐寡，笑歸黃土不成妖；河塘游女還相妬，買盡臙脂照樣描。」確係寫實之作。民初邑有楊令茀女士，製大觀園模型，出品於美洲博物院，園中人物，悉以泥塑，以遨以嬉，各極情態，可謂錫邑泥塑藝術之代表。他如女工之手織花邊及刺繡，在清季開南洋勸業會時，頗著盛譽；歷次賽會展覽會徵集出品，亦均稱爲特色。近年自紗廠絲廠興，女子除從事蠶桑外，多入廠工作，而此家庭手工業，遂不復重視矣。

八、園林

無錫介吳縣常熟江陰武進四邑間，居太湖之濱，山水清幽，夙稱名區。自民國以來，邑人收拾湖山，廣闢公路，風物名區，舟車直達；且又離城不遠，近者距城五六里，遠者亦祇十餘里，而皆一綫相貫，一二日能窮其勝概。舉其最有名者，有如下數處：

（甲）寄暢園　在惠山麓惠山寺側。園爲明正德中秦端敏公所建，亦名秦園。公諱金，字國聲，明宏治進士，正德初，遷河南參政，累官至兵部尚書，謚端敏。爲人樂易，居官廉正。

當罷楚開府歸，經營是園，王穉登有寄暢園記，以紀其勝。咸豐庚申經粵寇後，毀壞不堪；越十餘年，復經營修葺，雖未復舊觀，而古木蔭翳，幽靜秀娟。茅坤題惠山秦園詩云：「江南佳麗地，幻石與堋梁，獨愛茲園勝，偏多野興長。洞花迷日月，巖樹雜隋唐，寄語陶元亮，無憐三徑荒。」園引澗作池，清泉流瀨，聲如風雨。邵長蘅遊寄暢園詩云：「聞道秦園勝，偶然成獨遊。入門幽篠合，穿磴落花留。斷塔山池浸，晴巒樹杪浮；泉聲清絕處，瀨瀨石根流」清康熙帝南巡幸此，書品泉二字，猶存。

（乙）梅園　園在城西開原鄉東山許山上，離城凡十五里；清初徐殿一進士拓桃園於此。民國元年，實業鉅子榮德生，就址改建，前面管社，後抱龍峯，風景之佳，天然入畫。入門，有洗心泉。稍進有廣場，兩旁遍植梅樹，初春盛放時，玉蕊冰華，冷香四透，宛如香雪之海。其後地勢漸高，度小橋，穿石洞，登天星台，夜望一天星斗，清曠寥廓，故以為名。渡溪得硯泉，歷級而升，有軒曰香雪海，為望梅佳處。再進為楠木廳，額曰誦豳，遙望湖光，一角在山外，清幽絕嶴，深得山水之趣。堂側曰荷軒，曰留月村，一則曲院荷風，一則清輝常照，風致可想。堂後有招鶴亭，為園最高處，憑欄遙望，萬頃波光，四圍山色，皆入襟底。

（丙）蠡園　園在揚名西鄉青祁涂，居五里湖濱，離城凡十五里。園為錫人王禹卿新建，當五里湖最闊處，遙對石塘橋，遠望之彷彿西湖之三潭影月。瀕湖築堤，中闢蓮塘，內饒亭台花木之勝，夏秋之夜，臨流玩月，最為相宜。

（丁）公園　在城中心，前有圖書館，右為古崇安寺。入門，一岡臨水，梅柳依依，遙企龍峯，青山在望。岡北有亭榭之勝，岡西芳草如茵，花木扶疏，暮春四月，櫻花盛開，一片紅霞，不啻入錦繡叢中。園之中心建多壽樓，後有小池，前有露台。西邊草場花架中有茅亭，又有八角六角四角等亭，布置其間。

此外在惠山麓寶帶橋畔，有惠山公園，係就舊李瀚章祠所改建，具亭台樓閣之勝。在五里湖濱有楊園，湖山風月，亦饒勝概。

九、古蹟

邑自勾吳建國，數千年來，其間賢哲之所經營，忠孝之所棲托，與夫高人逸士風韻所在，雖一邱一壑，並足不朽。覩其遺蹟，均足感發後人，起思古之情，與景行之念。茲就邑中古蹟之最著稱者，概述於後：

（甲）泰伯故里　泰伯遭商周之際，以讓德逃之荊蠻，寓錫邑之梅里號勾吳，東南抵浙，西北抵江，方千里之間，古謂之三吳者，皆以寖化而名。梅里去城東三十五里；當伯瀆之陰，有村曰梅村，爲泰伯故居地。瀆相傳由伯而鑿，因名伯瀆。泰伯歿，葬鴻山之西嶺，去梅村地五里，今鄉人所指吳王墩者，卽泰伯墓。山以鴻名，謂漢隱士梁鴻曾居於是；以泰伯葬於斯，亦稱皇山。

（乙）陸子泉　泉在距縣治西五里惠山第一峯白石塢下。蒼崖鑿石，水行隙間，溢流爲池，味甘寒而冽，最宜烹茶。唐陸鴻漸著茶經，別天下之水，品此泉爲第二，於是馳名天下，稱爲第二泉；宋犖詩所謂「寂歷空山下，涓涓第二泉」者是。此泉以陸子而顯於世，因又呼陸子泉。今泉分爲三池，上池圓，中池方，中隔尺許，下池在漪瀾堂前，其水由暗渠，經螭吻，注於池，元趙孟頫書「天下第二泉」五字刻於石。

（丙）東林書院　在城東弓河上。宋政和間，楊龜山寓是講學，名東林書院。歲久頹圮；元至正間，僧秋潭于東林左偏建禪院，名東林菴。明初，朱子華捨宅廣之，境最幽勝，然書院舊址尚未復。嘉靖間，屢有光復故址之議，而卒不果行。至萬曆三十二年甲辰，顧端文公憲成倡始偕高忠憲公攀龍等重建書院，十月落成，于是龜山講堂，復還舊觀。端文公主盟，歲集吳越士一大會，月一小會，四方來者，上自名公卿，下迨布衣，莫不虛己悚神，執經以聽，講學之盛，甲於天下。

（丁）高子水居　在五里湖東北濱，當蠡園之東，爲明高攀龍別墅。攀龍於明神宗朝官行人，以言事謫揭湯典史。既歸，卜築於是，即洲作居，以木爲垣，豁然四達；日夕假息其中，或凭軒而眺，或隱几而瞑，或曳杖而遊，目之所赴，意之所遇，以水爲娛，泊然自得。又高其左偏爲樓，登樓而望，可被風之爽，可負日之暄，因名可樓。而其平生學問，亦得之水居者爲多，嘗自爲水居及可樓記。高公歿，水居淪廢；清雍正嘉慶間，迭經重葺。

十、文獻

無錫古屬荊蠻，自泰伯開吳，李札敷教而民乃知書好禮，俗尚爲之一變。迨至漢世，邑人以文學見於史傳者，尚寥若晨星。至晉有顧愷之，博學多能，尤以善畫鳴，其圖寫之妙，謝安歎爲自蒼生以來未之有；桓溫嘗稱體中癡黠各半，故世傳其有三絕。

北宋以降，學者漸盛。宋初有杜鎬，字文周，景德中預修冊府元龜。熙寧元豐間有二袁，兄名默，字思正，學問淵博，士大夫以爲師法。弟名點，字思與，學者推爲領袖，且尤工詩，蘇東坡稱其有驚心駭目之奇。同時有陳敞，字伯修；凌浩，字直翁；與袁默及吳郡孫載，同受業胡安定之門，以經術名，號爲四俊。南宋時，學者益盛。二程首振絕學，鳴於中州，而未涉江以南。自將樂楊龜山先生師事二程還，寓錫邑之東林，以著書講學爲務，紹明程氏學。」人士，遊先生之門者甚衆，皆能續程子之道，有所表見，而爲世人所矜式；如玉泉（令[illegible]）[illegible]，眞[illegible]之而主紹興之正論，遂初（尤袤）得之而爲淹淨之老儒，小山（李詳）得[illegible]居[illegible]

實齋（蔣重珍）得之而號端平之善類。迨元之世，有高士倪瓚，字元鎮，[illegible]林祇陀村，所居清悶閣，藏書及古鼎彝書畫甚富。至正初，識天下將亂，盡散其先世家[illegible]潔身避之五湖三泖間。張士誠欲禮致之，卒不出。及明太祖定天下，先生已老乃以處士完[illegible]。其流傳人間，重於商彝周鼎，與黃公望、吳鎮王蒙齋名，有元四大家之目。

至明之季世，邑人顧端文公憲成高忠憲公攀龍，弔龜山先生之遺墟，光復故址，營建精舍，偕同志錢一本、薛敷教、史孟麟、于孔兼輩，講學其中，以詔後進。由於東林諸君子之崇尚正學，主持名教，遂成風會，當時聲氣大廣，嚮從景附，而無錫遂為清代吳學發源地之一。東林顧高二公後，代有傳人，顧庸庵樞，實涇陽孫，高彙旃世泰，則景逸猶子，狎主東林講席，學者宗焉。雍乾間有顧震滄棟高，治經與時流稍殊其塗，而自有理法。乾隆中葉以降，秦味經蕙田，以著五禮通考得名。晚光緒間，乃有華若汀衡芳，數學獨出冠時。薛叔耘福成，學問雖無專門，但有世界眼光。至邑中未遇之士，以志氣學行表見者，如華霞峯學泉、劉言潔齊、錢禹田仲選、高紫超愈、顧畇滋培、吳卜臣之杕，或負經濟，或著清操，或狷介不為詭隨，或碩德見推鄉里，或閉戶窮經，著作垂後，或遠宗前哲，講學淑人；是錫邑文獻，多足徵焉。

記崇明童叶庚（上）

卓

在蘇州城內西南隅，有一條深幽靜的彎形曲巷；在秋高氣爽的時節，要是一個人靜靜地去閒走走，真有『小園深巷，秋老寒花』之感。這一帶地名就叫『朱家園』，普通一般人都知道是宋朝朱勔的同樂園遺址，所以經過這地方，心頭想起了宋代靖康之禍，對於雖非罪魁，卻也是禍首之一的朱勔，總會起着不快之感。但是在元末時，卻有廬山高士陳汝秩汝言昆仲，也住過這裏，並且蓋了一所花園取杜少陵『名園依綠水』的詩意，取名叫『綠水園』。到了明末，那為鄭所南心史做序的張世偉，就得了這遺址，改闢為『泌園』，閉門著書，完成了他那部耿耿孤忠所寄託的『異齋集』；關於這些，知道的人已經很少。

到了清季，還有一位崇明的廖吏童叶庚，退隱寓蘇，就在這地方蓋了一座小樓，夫婦聯吟，著書課子，一

錫金鄉土地理

（民國）侯鴻鑑 編

《錫金鄉土地理》二卷，（民國）侯鴻鑑編，清光緒三十四年（一九〇八）梁溪文苑閣木活字本。

侯鴻鑑（一八七二—一九六一），字葆三，號夢獅、鐵梅、病驥、滄一等，無錫人。廪膳生。曾赴日入弘文學院師範科留學。回錫後在竢實學堂（今連元街小學）任教，後任校長。光緒三十一年創辦競志女校，自任校長。從民國元年（一九一二）起，先後任江蘇、江西、河南、福建各省教育廳視學，並三次當選無錫縣教育會會長。民國十三年，隻身赴亞、美、歐、非十一國考察，寫成《環球旅行記》問世。還兼任過蘇州滸墅關蠶業學校、厦門集美師範、泉州明德師範等校校長。解放後，任無錫市二女中（由競志改名，今爲東林中學）名譽校長，是無錫市人大代表和政協特邀委員。著有《病驥文存》和各種遊記，詩集有《滄一堂詩文鈔》等三種。清光緒三十一年（一九〇五），清廷廢除科舉制度，推行學校教育。翌年，侯鴻鑑應江蘇提學使之聘請，任省視學。爲推進學校教育，侯鴻鑑身體力行，編寫教材，《錫金鄉土歷史》、《錫金鄉土地理》即編寫於該時期。《錫金鄉土地理》上卷凡四十四課，分建置及疆界、鄉區之沿革、水道（包括運河、太湖）、山（包括惠山、邑中諸山）、城市之狀况（包括衙署、學宫、廟祀、寺觀、教堂、蠶卡、米市、繭市及絲市、紗廠及麵廠等）。下卷凡三十八課，分鄉鎮之狀况（包括東亭鎮、新塘鎮、長安鎮、寺頭鎮、蕩頭鎮、八字橋、堰橋鎮及安鎮等）、圩及蕩、沿湖諸港、湖中諸山、西南鄉諸山、東北鄉諸山、申明亭等。

本書據無錫圖書館藏清光緒三十四年（一九〇八）梁溪文苑閣木活字本影印。

（沙無垢）

錫金鄉土地理上卷

第一課 建置及疆界

我無錫之建置始於漢高帝之五年迨清雍正四年分無錫縣之東境置金匱縣至今爲無錫金匱兩縣地在常州府之東南全境面積約三千九百二十五方里於境之中央設城郭城境約七方里有奇縣之東南接常熟界西接長洲北與東北接江陰界自西北至西南接陽湖界此兩縣之全境也

無錫圖書館藏

第二課 續上

至其分治之界自皋橋循運河而下直達望亭爲兩縣分界皆西屬無

錫東屬金匱自皋橋入西五丫浜北涉咸塘河以迄長安橋亦爲兩縣分界大率西北屬無錫東南屬金匱而皋橋以北則全屬無錫長安橋以東則全隸金匱云

第三課 鄉區之沿革

邑之全境古分二十二鄉今分十三區而區又各分上下扇鄉之名曰天授曰興寧曰興道曰萬安曰招義曰青城曰神護曰富安曰布政曰開原曰揚名曰開化曰新安曰泰伯曰垂慶曰延祥曰上福曰宅仁曰懷仁曰膠山曰梅里曰景雲今則青城萬安富安揚名開化新安各自爲區均隸無錫泰伯懷仁景雲各自爲區延祥分而爲南延北延二區均隸金匱天授開原二鄉則分隸錫金

第四課 續上

古鄉屬無錫者興寧并於天授興道并於青城招義并於萬安神護并於富安布政兼并於富安與開原萬安青城又互相分并揚名屬地亦有分隸於開化者古鄉之屬金匱者膠山并於天授垂慶并於南延宅仁并於懷仁上福分并於北延與懷仁梅里則更分屬於泰伯南延北延懷仁景雲五區天授屬地亦有分隸於景雲者此鄉區沿革之大畧也

第五課 水道（一運河）

疆界既正而爲兩邑之脈絡者厥惟水道錫金縣志所載大河之名約二十餘而考其源流則運河實爲之脊盖運河自陽湖縣界入無錫縣境而直達長洲境其一支至皋橋而北出爲江陰運河其一支至望亭

而東行爲常昭運河故邑中水道大別之爲二曰運河西境諸水則皆自運河分支迤邐而流入湖中曰運河東境諸水亦多自運河分支而流入常熟江陰界因運河而分爲諸大河因諸大河而分爲無數之港瀆四鄉農人均賴之以灌田則運河之益爲最大

第六課 水道（二太湖）

太湖在縣西南十八里周三萬六千頃跨江浙二省之交湖盡處離縣境四十五里邑之富安開原揚名開化新安五鄉皆濱太湖凡西北境之水多歸之然而南風甚太湖之水倒灌入河中旱潦之患有所儲畜便利實多故太湖之益不下於運河太湖之內有五里湖一名漆湖爲邑中名勝地明高忠憲公曾築別墅於湖邊後人即其遺址建築數楹

名之曰高子水居遊人每觴詠於斯五里湖之鎖鑰爲獨山門云

第七課　山一 惠山

邑之諸山其最有名於世間而爲遊人所薈萃者莫如惠山山亦名九龍其峯有九起自東迤邐而西下分九塢一曰白石塢第二泉在焉泉分二池上圓而下方方池之味遠不逮圓池泉之前有堂曰漪瀾遊人每品茶於斯泉之右爲春申澗山半有大石鐫卧雲二字經尺許爲邵文莊寶所書泉之左爲昭忠祠祠內有雲起樓据一山之勝登樓遠眺萬頃平疇千家燈火歷歷在目

第八課　續上

其他名勝之地厥惟秦氏之寄暢園而胡文昭公祠次之彼李公祠暨

公棧等建築雖工全由人造若惠山寺之地址自割其大半爲淮軍昭忠祠後狹小殆甚東嶽行宮張中丞廟及諸先正祠堂其風景均無足觀舊蹟之幸存者莫若邵文莊之點易臺臺之右爲瘞卷邱臺之下有滴露泉云

第九課　山續上

二曰桃花塢三曰擔鈎塢四曰王家塢塢有巨石高廣丈餘五曰宋塢其中有鏡光石獅子石天公足跡石等六曰馬鷂塢塢之下有三台墩七曰望公塢其絕頂左右皆高石有仙人石棊盤石釣魚石等行里許創成峭壁高五六丈周圍若城垣峯頂出泉飛瀑濺處劃開一隙兩門翼然俗稱爲石門

第十課　續上

八曰仙人塢九曰火鴉塢過此則龍山盡處爲龍尾陵上有白龍潭此九塢之名也山之周約四十里高百餘丈登山以望太湖烟波近在咫尺而洞庭虎丘虞山諸峯亦歷歷如在目前

第十一課　山二 邑中諸山

邑中諸山大小以數十計而爲邑之主山者厥惟錫山廣三里高僅數百步山頂有龍光塔塔廢久不修當周秦時大產鉛錫漢興錫方盡故名其縣爲無錫金匱山在城中第六箭河爲邑之鎮山高三仞周三十丈土中之石玲瓏黑白人盡寶之元以後取石殆盡土亦消耗遂漸移爲平地今其地歸秦氏而縣之得名實由於此山邑之西南隅羣山環

繞境內名人之墓多在其中鄉之人亦有闢爲松林以生利者特其所闢蓋不逮十一焉

第十二課　城市之狀况 衙署及學宮之大略

邑當蘇常孔道物產頗饒商業亦盛風氣之開於全省中爲最早故就學東西洋者至數十人肄業於海內之官立學堂者尤多而城市中實爲士商所薈萃有職官以統治之無錫縣在城之西偏 玉帶河環之署前即西大街 獄室在右角門外典史署在左角門外金匱縣署在城之東北隅 署前街道俗稱新縣前 獄室在儀門之右典史署在縣之東縣丞巡檢主簿守備等今皆僑寓民居

第十三課　續上

學宮在東帶河前其街道俗稱學前安孔子之神位於大成殿中而祔以四配顏曾思孟十二哲閔子冉子伯牛冉子仲弓言子卜子顓孫子宰予端木子冉子有仲子有子朱子殿之兩廡配以先賢七十二位先儒七十位神位均於春秋二仲之上丁致祭名宦祠神位三十七鄉賢祠位一百五十忠孝祠神位六十六在戟門之左右教諭署訓導署亦均在學宮中學宮田產分屬於兩學者共有千畝演武場在城內西南隅地方空曠爲守備以時講武之所

第十四課　城市之狀況東林書院之沿革

東林書院在城之東隅左倚弓河右倚蘇家衖南宋時楊龜山先生講學於此後人即其地爲書院而建道南祠以祀之至元而廢明萬歷時顧端文憲成及弟允成修葺舊址高忠憲攀龍繼之榜其門曰東林書院遠近名

賢同聲相應天下學者咸以東林爲歸顧高諸君子既皆以激濁揚清爲己任大不便於逆閹天啟時黨禍作而書院被毀焉

第十五課　續上

崇禎初逆閹既誅詔修復東林書院僅成麗澤堂三楹自順治以來邑中諸先生相繼修葺規制乃備又葺道南祠祀龜山先生而祔以顧高諸子共百有四人復先後籌集書院經費月試士於其中延山長以督課之近歲常年經費約四千緡左右及光緒二十八年乃裁山長減課額即於書院經費項下撥欵以辦高等小學堂劃書院房屋爲學舍

第十六課　城市之狀況學堂

無錫學堂以竢實三等兩校爲最早竢實在城之西偏連元街劃上壽菴地爲學舍於光緒二十四年春開始由紳董捐資創辦二十八年改爲縣學堂藉地方公費以應用房屋寬敞可容學生二三百人三等學堂在城心崇安寺中租寺屋數楹以爲學舍創始於二十四年秋經費由邑中志士發起者擔任東林學堂於二十八年開始

第十七課　續上

自光緒三十年秋七月各校經毀學之變至十月恢復後竢實東林重訂學章科目完備統歸錫金學務處總其機樞學務公所者在崇安寺中地方紳董新組織之教育事務之總所也設四城小學於城外城東小學在亭子橋城西小學在棉花巷城內小學在蹻塘橋之西城北小學在江陰巷又就貝巷理化研究會設立初級師範學堂實施基本教育爲推廣小學之地

第十八課　續上

吾邑私立之學校城鄉內外約凡十餘所其著者西橫街之速成師範學校附屬模範小學校六箭河上之勉學學堂二下塘之補公學堂水獺橋之競志女學校四郎君廟巷之理科研究會營橋巷之單級私塾蕩口之果育學堂鵞湖女學孟里之惠北學堂進羣女學偃橋之胡氏公學及女學也

第十九課　城市之狀況善舉

城市中義舉其爲地方公欵而設有善堂者凡四所皆有紳董經理之曰恒善堂在城中觀前街常年經費房產約每年租錢八百餘千田租約每年租錢二百數十千用之於恤嫠發藥給米施衣等善舉歲約捐欵約共捐錢三千緡左右米行當舖棧房最多

三千緡左右而堂用租務等開支其數幾及千緡曰同仁堂在城東隅（六箭河上左倚弓河）常年經費房產田租（約共二千六百緡）米捐（約五百緡左右）以資津貼用之於給米施衣義塚等善舉歲約千緡左右而租務堂用等開支則稍過之

第二十課　續上

曰育嬰堂附設於同仁堂內常年經費租息（約一千九百數十緡）捐款（有定常捐無定常捐各戶常捐各戶願捐圓頭共三千五百數）專用以養育嬰兒歲支須四千二百數十緡而租務堂用開支尚不在內曰普濟堂在北城外（小三里橋北普濟橋下）其經費爲田租米釐及他項雜捐（約共一千七百數十緡）專用以撫育老人故其開支之款除給老民費用外以火食租務爲大宗歲約千數百緡

第二十一課　續上

他若積穀爲備荒之需賓興爲養士之資以及儒寡爲撫恤孤寡之用亦皆備有公款其義舉爲一姓所設立者則有若秦氏侯氏孫氏義莊書塾經費較他姓爲充足今侯氏書塾改爲侯氏公學秦氏書塾改爲秦氏公學而孫氏則勉强學堂開設最早外此各鄉之以一姓族欵設立學堂者尚多云

第二十二課　城市之狀况（廟祀）

吾邑廟宇之多祀典之濫最爲積習不易革之一端如三皇街西之老城隍廟六箭河東之新城隍廟西水關外太保墩之西水仙廟（相傳爲前無錫縣知縣劉夢鳳先生生祠以其有遺愛在民故邑人立廟以祀之）南城外清明橋之南水仙廟（相傳爲前無錫縣知縣楊濬王其勤先生之祠）及張元菴（相傳爲佐禹治水開通太湖之獨山門者邑人思其德故祀之）東門外之延壽司殿北門外府城隍廟（相傳爲漢紀信之祠）賢聖殿惠山之張中丞廟（有保障江淮之功故與許遠並祀之）東嶽廟卽所謂十廟也其餘廟宇不可枚舉夫論有功於民則祀之例則張中丞及張元菴西水仙廟南水仙廟府城隍廟五者固在可祀之例此外則附會謬說而爲之矣至於迎神賽會尤爲傷風敗俗吾輩少年當思有以革除之也

第二十三課　城市之狀况（寺觀）

南門外有最大之禪林曰南禪寺中市橋西有北禪寺城心有崇安寺中分大殿萬松院中隱院等數院連元街有上壽禪院已劃其房舍十分之八爲竢實學堂進士坊巷中有藥師菴裏黃泥橋之東有圓通菴是皆僧舍之最著者觀前街有三清殿基址甚廣左右有道士觀四五

院城之東南隅有斗姥閣此外僧道棲託之廟宇及寺觀甚多安得改寺觀爲學堂化無用爲有用是在有力者提倡之轉移之而已

第二十四課　城市之狀况（教堂）

邑之北城外三里橋之西北有天主教堂佔地甚大光緒十七年曾爲會匪所焚燬釀成巨案賠欵七萬三千元緝凶正法教案乃結而教士之氣燄益張南城外跨塘橋之南有耶穌教監理會教堂一所城內東南隅槐樹巷有耶穌教聖公會教堂一所二下塘有聖公會醫院一所是數處也佔地雖小然其敎士欲引導士民以入彼教之宗旨則一而邑中無知小民竟亦有藉入教爲護身符以魚肉鄉里者

第二十五課　城市之狀况（續上）

北城外黃埠墩在運河中流爲邑中名勝之地當水陸要衝地方官設卡塘岸以抽百貨之釐金於商業最爲不便黃埠墩之北有普濟橋爲北鄉航船來城之要道故設卡以抽釐普濟橋之東約三里許有北栅口爲東北鄉航船停泊之所故設卡於顧橋下以收釐

第二十六課 續上

南城外之清明橋爲蘇省往來之水道西城外梁溪河口之大渲口爲太湖出入之要地亦均設卡以抽收百貨出入之釐邑城之中設釐捐局駐委員以總其事各釐卡收捐司事値匯總報銷之時輩至局焉釐卡雖爲抽釐助餉其實中飽者多爲害商民殊非淺鮮也

第二十七課 城市之狀況 米市

邑城市街以北城外之大街至北塘爲最勝市廛羅列商務最盛北塘一帶市街三里人煙稠密商船咸泊於塘岸往來米艘皆集於此南城之市街則自黃泥埣至跨塘橋橋南而至清明橋約三里商店亦多而米市較北塘僅得三分之一西城外之市街有里許其臨水之處亦多米埠邑城之中心有大市橋爲城中居民貿易之場早晚市尤爲塵囂喧吾邑市街惝此數處而商業之盛於此亦可見其大畧

第二十八課 城市之狀況 繭市

吾邑絲繭爲惟一之盛市每至四月間繭行林立收繭之多歲必收貨數百萬金近年價値增漲繭業發達遠過從前沿西南北三門外繭行之大者凡七十餘處繭竈共七八百座英商繭竈三百餘座美商繭竈五十餘座意商繭竈六座日商繭竈三十餘座凡外國商人之業此者其注力於蠶繭不惜巨金長袖善舞而吾邑本商亦有經營大資本而與外人相頡頏者故繭市之盛吾邑所以爲最也

第二十九課 絲市

絲市至五六月間盛設於北門外北塘及南門外黃泥埣等處鄉民之來售繭而自抽絲者莫不捆載來城以售其絲焉東南鄉之絲售於南門者多西北鄉之絲售於北門者多蓋北塘及南塘其地爲商務叢集之處又爲鄉人來城之孔道故絲市之盛每歲有數十萬金之貨黃埠墩之南岸設繭業公所凡絲繭兩業之機關胥于是會議一切有經董以籌定之也

第三十課 城市之狀況 紗廠及絲廠

吾邑之工廠向無藉置機器以代人力者有之自業勤紡廠始廠在東門外亭子橋之南爲楊氏招股創設甲午年成立規模甚狹紡紗不多繼而逐漸改良出數頗饒銷路亦廣西鄉榮氏在西水關外於丁未年招股亦設振新紗廠一所出貨不如業勤之多而銷路尙廣繅絲廠設於南鄉周新鎭置機若干具每年輸出於外洋者銷數頗鉅又有本邑商人與外商合股設絲廠于西門外後以訟事轇轕而罷

第三十一課 麵廠

西水關外太保墩之南有茂新麵廠焉始於辛卯年爲朱氏所創機工不良貲業虧耗屢易其主至今又轉而爲榮氏漸有起色城外西北隅

本鄉礱坊碓坊堆棧等近亦添置小號機器代磨礱之用雖較諸人力所施已覺稍易而核其資本則甚大故以不甚得利而停機者多也

第三十二課　城市之狀況（窰業）

吾邑爲工藝之著者莫如窰業所製者爲磚瓦等物窰在南門外伯瀆橋港左右其有百餘座出貨甚多窰以磚砌成圓形周約八九丈至十餘丈不等高約二三丈頂爲穹式其製磚瓦先以黏土造就各種之形排列窰中以木薪燒之凡歷數晝夜乃成售銷各處其利甚溥環伯瀆港之居民多業窰故其地之土名爲老窰頭云

第三十三課　城市之狀況（鹽務）

蘇松常鎮太五府州皆爲浙西引地（由商認銷先課後鹽謂之引鹽行鹽之地曰岸）錫金舊額

歲銷三萬餘引（專指民間食銷若醬坊造醬每引不與焉）正耗秤重四百觔（此就錫金言他有三百七十五觔四百八十觔六百觔者多寡殊不一）兵燹後認運一萬四千有奇近以籌欵又將加額二千餘引然近數年旺銷亦不過一萬四千引雖曰私侵然不過十之一二所以去嘉道年間之額甚遠矣

第三十四課　續上

鹽公棧設於邑之西門外凡店坊售鹽必請官牌謂之子店（錫金官牌九十有六今不復增）邑去長江不遠江北通州爲淮鹽產地私販時有侵入而松江場產滷私亦有販自太湖出沒者故由商籌餉設立緝私專營（營設於光緒初年向例鹽聽有巡鹽之責至此遂無所事）甲申以來爲財用不足故既加課於商復加價於民是以售價倍於往昔云（至今引未復額而課已加如舊當有責商之報効加民之食價猶在外也）

第三十五課　城市之狀況（商會）

自北京設立商部後各省設立商會吾邑亦設立錫金商會於北門錢繇公所由各商集欵而成有總理協理坐辦議董各員以經理之凡各業店東簽名者爲會員各業店友簽名者爲會友每月開通常會兩次提議商務有要事則開特別會城中大市橋設立商會分會吾邑商務之機關於是乃有所歸宿焉商會之中且創設商業半日學校學生百餘人教員皆盡義務學商兩界之組合益見團結云

第三十六課　城市之狀況（勸學所）

自學務公所爲總攬邑中各校之教育權錫金兩邑學堂之爲公立者祇有師範竢實東林四城小學七校其餘各校皆爲私立學務公所不

得過問乙未冬各縣奉部章改設勸學所設縣視學一人兼學務總董並設勸學員分學區勸學設宣講員宣講學務漸爲强迫教育之本由是而崇安寺勸學所復建築房屋規模太爲擴充云

第三十七課　城市之狀況（教育會）

自丁未年各縣奉部章應設教育會故上海設教育總會吾邑亦由學界同人組織教育分會設會長一人分治事部調查部評議部附設體育會談話會等每半年調查城鄉各學堂評議其優劣並設私塾改良會按期派員勸導私塾之改良由是而設教育會事務所於崇安寺盋教育會與勸學所一爲教育立法部一爲教育行政部其機關固互相聯助者也

第三十八課　城市之狀況 遷善局

乙未冬邑紳組織工藝遷善局於大婁巷中之八兒巷經費由四鄉公籌丙午年廣建屋宇丁未年始開辦拘留地方棍徒流氓以及少年之不受教者教以工藝用費甚巨而所出工品甚少且價甚昂貴故銷路亦不甚暢云

第三十九課　城市之狀況 禁煙局

鴉片之害人人知之乙未丙午兩年禁煙之令甚嚴邑人組織禁煙局由許靜山先生主其事一時學界商界共同查禁煙店盡閉改換官膏設有限制不得逾若干之數繼而查禁稍弛暗中開設者往往有之安得辦法完善而令煙店膏店一掃而空之也

第四十課　城市之狀況 警察局

北塘繁盛之區始設警察於癸卯年由商家集款而成爲北塘千總所統領繼而漸由邑人之熟悉警務者改良之乃由北塘三里橋至北城門口分段派警兵站街又擴充至城中大市橋爲止由警察長周銘初教授兵操並上內堂功課故於戊申年之警務辦理頗爲整齊云

第四十一課　城市之狀況 客棧

吾邑向無客棧行旅往來雖稱不便然匪徒奸究潛匿無從也自鐵道開通北門城外客棧雲起竟至有三十餘所之多而客商投宿者良藉雜處流弊孔多且戲館酒館相繼興起皆與客棧有互相爲幹者風俗以開通而滋壞老成之士每多隱憂焉

第四十二課　城河及支河

繞邑城之周城河約七里有奇由北水關至南水關城河直行者約長三里由南城至東城沿內城河之橫出者曰箭河凡九條由南城環而西行與太保墩隔水相望者曰西水關東行之水曰東帶河稍北則曰前西溪後西溪由西城至北城其間沿內城河而東行者則有連元街前之駐騾河稍北曰西河俗名西河頭由北城至東城則有打鐵橋下橫出之支河通內城河以及倉橋下橫出之支河至裏黃泥橋而北行通內城河其餘小河不可枚舉

第四十三課　水墩

由惠山河塘涇而下爲芙蓉湖由芙蓉湖入運河以達梁溪中間水墩甚多首曰黃埠墩俗名小金山爲芙蓉湖之砥柱次則缸尖居民皆業窰貨次則南尖又次則小尖西南行則有太保墩因有西水仙廟又名西水仙墩南出梁溪則有范蠡墩俗名仙女墩是也

第四十四課　河道古蹟

南城外之伯瀆舊名曰泰伯瀆以其水通泰伯鄉故名西城外之梁溪以漢梁鴻隱於此故名溪邊有蘇公津以昔蘇平隱于溪畔築室而居故名東城內之將軍河以古有某將軍居於河畔故名西城內玉帶河以周將軍之節署舊址四周河形如帶故名南城內之止水爲高忠憲公殉節處今猶有碑碣可稽北城外之芙蓉湖舊廣二十餘里今漸淤塞而湖濱之地日益擴充矣

錫金鄉土地理下卷

第一課　鄉鎮之狀況（東亭鎮及新塘橋）

離城十里東南鄉之巨鎮曰東亭戶口殷繁田畝肥沃東北三里許有新塘橋扼塘河之要爲通東北鄉之衝途鎮多富家皆華姓在明代有華姓顯宦権一鄉之望今其遺宅鄉人稱爲鐵牆門者是也鎮有蒙學堂一所街長二里餘物產以布及豆腐乾爲著名新設郵政分局爲城鄉通信之機關焉

第二課　鄉鎮之狀況（長安橋鎮及寺頭鎮蕩頭鎮）

離城二十七里有巨鎮曰長安橋由北城行十里外至蕩頭鎮復行五里曰寺頭鎮更行十二里即長安橋鎮矣鎮分東西兩街田畝肥沃蠶

桑頗盛寺頭塘頭南北十餘里間蠶業亦盛鄉人多業弓弦者製造精故銷路廣蘇滬甯浙數百里外無不知之蓋鄉人於每歲蠶業收成以後擇其絲之堅韌者以水煮熟以石槌柔絞數百絲頭爲一線凝固成弦圈束出售利益甚大云

第三課　鄉鎮之狀況（八字橋鎮及茆竹橋）

離長安橋之東南約十餘里曰八字橋鎮鎮分東西兩街街長里許有油坊酒作布莊等又有郵政分局寄遞信函街之前後土壤肥沃田畝膏腴去八字橋五里許有茆竹橋兩處居民皆過姓多富室各有小學堂一所近茆竹橋里許曰妙市頭昔鄉人以善織布名其出布之數冠於北鄉故妙市頭之布遂爲吾邑土產之一大宗近年布市已衰出貨亦少矣

第四課　鄉鎮之狀況（偃橋鎮）

北鄉之巨鎮曰偃橋在西膠山之西鎮之望族爲村前胡姓留學西洋者有人留學東洋者有人留學於各省各縣者尤多鄉民多入天主教故教民中之子弟皆留學於上海徐家滙教會所開之學堂鎮爲胡氏族立小學數區女學一區吾邑各鄉之開化最早者實以偃橋一鎮爲首焉有冶坊爲邑城王氏世業歲出貨利約數十萬而他邑他人無敢專其利者蠶桑之業亦頗盛焉

第五課　鄉鎮之狀況（安鎮）

東北鄉巨鎮有安鎮焉在膠山之陽地廣人稠田畝肥沃街市甚鬧居

民多安姓鎮出布甚多吾邑布市之價四鄉來城者均以安鎮之布爲定價謂之安放膠山之西南有上山莊者居民皆業農多朱姓故俗名朱家莊昔安鎮以離塘河遠灌田之水不足田多荒蕪鎮有安姓富室名國者乃獨出巨資在山之南橫開一河長一里爲灌溉田畝之用河工告成以後山莊河之水足溉千畝之田而安鎮數里間遂成沃壤安國爲明嘉靖時人至今農民猶莫不頌安國之德云鎮之東十餘里曰羊尖鎮羊尖之西北曰黃莊居民皆須姓有小學一所此地爲常熟江陰金匱三縣分界處也

第六課　鄉鎮之狀況（北七房鎮及石幢前洲）

北七房鎮居民皆華姓蓋吾邑華氏爲邑之望族昔有北房分支北鄉

故名今華氏猶多富室有園庭之勝景畫棟雕梁名泉怪石游其間者每爲之流連不置有小學一所半日女學一所市街約長里許商店亦多東有大河流貫村中流灌田畝甚多河流出口處約里許曰石幢石幢有大橋一橫扼塘河之急流爲由錫赴江陰之衝途北行里許曰四河口有釐卡一爲錫金釐卡分局有石橋一橋之東北爲江陰界西南爲無錫界戶口殷繁田畝肥沃蠶桑之獲利甚豐離鎮五里許曰前洲市鎮亦大戶口亦繁云

第七課　鄉鎮之狀況 張涇橋

離城東北三十六里有大鎮曰張涇橋有河橫貫鎮前由東而西爲常熟至無錫之內塘灌溉田畝甚多市街約長三里有質典酒作布莊繭

行等市場興盛蠶桑發達所產三白西瓜爲惟一之產品皮白瓤白子白謂之三白鎮爲前明顧端文公（名憲成字涇陽）故里遺宅尚存其從孫杲字予方雅負奇氣易姓後殉明室之難今居民多顧姓設涇皋小學一所

第八課　續上

離張涇橋鎮五里有小市街兩處一曰寨門一曰蔣村寨門之望族爲嚴姓自元季迄今建莊贍族光緒二十四年籌撥莊款創辦務正小學爲東北鄉之倡惜貲絀中止近始重開張涇橋之東五里曰東湖塘鎮又東北五里曰黃土塘蕩鎮是皆東北鄉市鎮之大者

第九課　鄉鎮之狀況 羊尖 嚴家橋

金匱東鄉與常熟爲界離城五十里有羊尖鎮適爲兩邑分界之區街長一里許人口三百餘戶有小學一所女學一所鎮有香花橋橋之東爲常熟界橋之西爲金匱界常熟西鄉釐卡分置於此焉羊尖之西蠶桑頗盛農人溺於繭利田事稍荒東入常熟境則村農勤力耕作婦女皆天足從事田畝夏時瓜瓞頗盛商人多販往他處焉北行五里有嚴家橋較羊尖稍小田土肥沃鄉人頗富裕故商業頗稱盛云

第十課　鄉鎮之狀況 顧山 陳墅

嚴家橋北行十餘里有山巍然曰顧山爲常熟江陰金匱三邑分界之區山之西有鎮北入江陰境東爲常熟西爲金匱鎮長二里許人口六七百戶東北邊境之巨鎮也有警察以爲冬防有兩等學堂一所係舊時錦帶學堂所改設辦已三年學生百餘人皆爲江陰縣界鎮當要衝

故商業極盛西有陳墅鎮離顧山約三里係金匱江陰之分界鎮長一里人口二三百戶有耶穌堂一所信從者甚多居民皆姚姓商業亦盛

第十一課　鄉鎮之狀況 石塘灣

石塘灣離城三十里有孟里鎮居民皆孫姓多富室凡孫氏有吸食鴉片煙者必驅逐出孟里故此鄉食鴉片之風甚稀有小學二所女學一所商店有質典米行南貨以及各種雜貨買賣無不便利田畝肥沃蠶桑茂盛所產香瓜爲吾邑美品味甚甘謂之爲石塘灣香瓜

第十二課　洛社

離石塘灣五里曰洛社爲由錫赴常州之衝途跨塘河而有甚高之石橋曰洛社大橋橋旁有內河輪船分局市鎮喧囂商店連續鐵道經行

鄉民畜聚而農桑興盛富利尤厚有外委一員巡兵十餘人爲巡汎之用周圍數里之間戶口約二千餘戶鄉民有出外經商及在上海任鐵工機匠等事者甚多云

第十三課　鄉鎮之狀況禮社

禮社離洛社約十里由洛社而西行內塘河至禮社河口入水處有橋曰沿裏岸橋此鄉居民多薛姓市街約長里許市面商情頗爲發達西北南十餘里間無他鄉鎮故四鄉之民來禮社鎮買賣者甚多

第十四課　鄉鎮之狀況玉祁

禮社之西北有芙蓉圩圩之周圍十三里有奇西北屬陽湖界東北屬江陰界東南爲無錫界界內圩田四五千畝居民數百戶離禮社五六

里有玉祁鎮鎮市亦大居民甚多此地離邑城四十五里離江陰屬之青陽鎮約十餘里鄉人往來內地玉祁實爲衝途也禮社及玉祁二十餘里間之蠶桑亦甚發達云

第十五課　鄉鎮之狀況斗山西河頭

邑之東北山嶺最少惟芙蓉山離城三十里張涇橋之西七八里及膠山離城三十餘里安鎮之北爲地土肥沃此外即斗山離城三十里黃玫山前山夾山均在其東崇村蕩在其西通直河名西河蕩之東北即西河頭鎮由崇村蕩沿直河至黃玫山之南由黃玫山西至夾山周圍約十七八里之間農產稀少土壤不甚沃居民智識固蔽俗尙儉樸由崇村向西北而往西洋橋則市鎮頗盛有典當布莊各貨店居民之俗亦由樸而華矣

第十六課　鄉鎮之狀況楊墅園

離城向西北行五里曰雙河口河口三叉北行五里曰皋橋爲往來北鄉之衝途西行五里曰錢橋鎮戶口數百戶市面甚盛有繭行及各商店西行三里曰洋溪更行三里曰藕塘橋鎮較錢橋鎮爲大亦有繭行及各商店藕塘之西北五里即楊墅園市鎮甚大商店亦多有典當繭行等蠶桑果圃甚發達田畝肥沃歲收亦豐環鎮而居者戶口約五六百戶有小學一所爲袁氏設立

第十七課　鄉鎮之狀況張舍及胡埭

楊墅園之西約十里曰張舍鎮蠶業甚盛有繭行數處南行六七里曰胡埭鎮蠶業之盛較張舍爲甚亦有繭行數處北行五里有長腰山陽

山一名安山陽山之西曰六區橋鎮戶口殷繁農桑沃茂繭市之盛不亞於張舍胡埭云

第十八課　鄉鎮之狀況西鄉諸村鎮

出西水關二里半水路有仙蠡墩村民約百餘戶農桑甚盛其工業專以製造農具爲事陸路有八八渡舊爲西面城鄉往來之衝途晚多盜賊匿於道旁今則有常熟客民寄居是地率茅爲屋闢地爲場從事耕種桑柘成陰儼然村落矣西行二里半則爲河埒口土地茂沃蠶桑發達居民皆蔣姓約二百餘戶有日新蒙學一所爲蔣氏公立有同和毛巾廠織機百餘座女工數百人每日出貨大小百餘打銷往蘇滬各處利益甚豐

第十九課　續上

北依蠑山而居者東有上蔣巷西有上里東居民數百餘戶左有明陽觀及顧洞陽先生墓古蹟甚多蠑山多紫色岩石研之與土砆同南臨梁溪河河畔多魚池每年漁業之利較農桑爲優溪河中有菱塘菱業之利亦甚豐西行二里曰丁巷居民百餘戶有始功蒙學一所又二里餘曰榮張巷居民皆榮張二姓市街約二里有典當染坊布莊繭行等又有小學兩所爲榮張二姓所立西鄉農桑之盛以此地爲中心點過此以西則有徐巷鎮山頭居民數百戶田畝之沃蠶桑之盛亦甚發達也

第二十課　鄉鎮之狀況 南橋

溪河之南曰揚名鄉有小河南行長約六里北曰北橋中曰中橋南曰

南橋每橋約離二里各有居民數十戶南橋居民獨多有市街半里許出南橋鎮而西出太湖爲南湖口湖濱有高子水居爲高忠憲公別墅可樓一角俯瞰湖中風景入繪

第二十一課　周新鎮

由南橋東行里許有石橋橫跨河上曰揚名大橋過橋里許曰東港有周廷弼者爲吾邑巨富商界巨子新闢東港市街約長半里曰周新鎮招鄉民往居開設典當繭行米行槽坊以及各業更開絲廠一所抽絲機凡九十六座女工數百人每年出絲銷售上海及出口者利益甚豐又創立廷弼學堂一所屋宇巍峩規制宏壯爲商業專門學校數年之間環周新鎮而居者數百戶爲吾邑西南鄉之巨鎮焉

第二十二課　鄉鎮之狀況 石塘許舍及吳塘門鎮

邑城之西南十里曰五里湖湖之南曰石塘橋橋南曰長廣溪溪之右曰許舍是鄉周圍蠶桑頗盛許舍之物產有黃草夏布爲吾邑土貨之一大宗雪浪山許舍山軍嶂山皆在其西吳塘門在軍嶂山之南爲太湖之水入口要處有盜匪出沒太湖間居民頗受其害故近由吳塘門陸君小槎創設團練局購置鎗械教授兵操數月之間儼然勁旅離石塘十里之南曰南坊前鎮蠶市亦頗稱盛云

第二十三課　鄉鎮之狀況 華大房莊

出南門十里曰下甸橋市鎮雖小戶口約數百家而蠶桑發達設有繭行又南行五里運河之東曰蔡王村戶口甚多臨逢源河而居田畝甚

沃運河之西曰麵杖港通蠡橋南行十里臨太湖而居者曰華大房莊昔爲城中華氏分居南鄉之第一房今居民約七八百戶而華姓甚少蓋他處遷居之客民甚多也農業蠶業尙稱發達

第二十四課　新安鎮

由麵杖港南行五六里有大鎮曰新安繭市甚盛新安左近之鄉村周圍約二十餘里間歲共出絲繭五十餘萬田畝亦沃東廻鐵瀆西有瀏瀆陸莊諸河灌田極多新安之西北有碩望橋大牆門口等諸村繭業亦頗稱盛云

第二十五課　鄉鎮之狀況 望亭

由新安南行二十里曰望亭有望亭司巡檢現駐蕩口市鎮甚大爲自

錫往蘇之衙途戶口殷繁農桑發達市街約長二里許業店麕集有內河輪船分局北有大橋曰北望亭橋南有大橋曰南望亭橋過南望亭橋而南即蘇州界自鐵路經行以後鄉民之往來蘇錫者日多故鎮尤繁盛云

第二十六課　鄉鎮之狀況（江陂橋及鄉莊坊前）

由南門冷瀆港東行五里而南折曰江陂橋亦大鎮也居民多楊姓富室甚多近立小學一所有典當及各商店農桑甚盛離城十餘里東南行五里有义河南行曰鄉莊戶口三百餘戶東行曰坊前鎮市亦大北逕陸涵高涇南達蘇團吳陸諸鄉周圍十餘里間戶口甚殷農桑亦盛

第二十七課　鄉鎮之狀況（梅村）

出坊前東南行十里有鎮曰梅村爲古吳泰伯文教開始之區故曰泰伯鄉區域甚廣梅村乃其一部分也有廟祀泰伯遺像梅村之南有至德鄉亦因泰伯而名蠶桑之利亦甚豐云

第二十八課　鄉鎮之狀況（蕩口及甘露鎮）

蕩口鎮離城四十里南臨鵞湖蕩東西有青蕩沈蘇蕩蘇金蕩等鵞湖周圍約十里東接長熟界南通曹湖蕩北通白米蕩謝埭蕩白米蕩之東南即甘露鎮也在蕩口之東北兩鎮相距約五里蕩口居民多華姓戶口約千餘戶鎮市頗鬧商店麕集有華氏新舊義莊書塾兩處今由華氏改書塾爲果育小學校教程完備爲吾邑各鄉新設學校之冠又有女學一所甘露之市街長里許戶口約七八百戶有典當及各商店城中郵局設分局于甘露蕩口以爲城鄉通信之機關焉

第二十九課　鄉鎮之狀況（尤渡）

離東城二里曰亭子橋橋之南有業勤紗廠爲吾邑楊氏所創每年利息甚多五里曰塔影橋又五里曰尤渡在尤瀆之東岸塔影尤渡之間曰社港曰黃埠尤渡者前明尤侗書之舊居以開濬尤瀆故名其瀆曰尤瀆渡曰尤渡且名其村曰尤村蠶桑田畝爲東鄉之盛者云

第三十課　鄉鎮之狀況（東北塘及長大厦）

邑城東北鄉有楊墩圩爲狹長三角形南爲楊亭再南爲長大厦西北爲東北塘西南爲南興塘東北爲北興塘相距各約五里許周圍二十餘里間以東北塘鎮爲大市街約里許商店麕集戶口三百餘戶田畝

肥沃農桑豐盛長大厦爲元時倪雲林先生故里有清秘閣遺址其村民多倪姓戶口約百餘戶云

第三十一課　鄉鎮之狀況（查家橋西倉及唐家橋）

出東城十里經東亭又十里曰查家橋戶口約三百餘戶市街約一里有堠山小學堂一所因鎮之東南半里有堠山故名由查家橋東南行十里曰西倉鎮戶口約二百餘戶市街半里許西倉之北二里有嵩山西倉之東二里有鴻山鴻山之西隅有唐家橋戶口約數十戶無市街惟每年四月間絲市甚盛蘇州絲商及邑人在此開設絲行七八所鄉人售絲者甚多每年收絲約值三十餘萬元吾邑絲市除邑城南北兩處爲絲市之中心點外惟唐家橋之絲曰鴻山絲爲蘇滬馳名故鴻山

爲惟一之縣市云

第三十二課　鄉鎭之狀况 太平橋及厚橋鎭

離査家橋七里東南行太平橋戸口百餘戸有繭行設釐卡一此地爲由東南鄉往常熟及蘇州之通道故設卡以收釐焉又東南行五里曰厚橋鎭鎭在橋南市街半里許橋北無市街戸口約五百餘戸居民皆浦姓育蠶者甚多繭市甚盛田畝亦沃厚橋之西南二里曰石室山爲浦二田先生起龍之舊宅所謂名室山莊是也厚橋之南三里曰尙友四房者爲浦氏尙友堂分出之四房所居今戸口五十餘戸皆浦姓今其地俗名打油四房者盖訛尙友二字之音爲打油也

第三十三課　圩及蕩

邑城之北離皐橋二里許曰白湯圩縱六里橫二里離白湯圩一里許曰楊家圩更西北行十五里曰芙蓉圩今已平没爲圩田焉此外卽東北離城十五里曰楊塢圩矣東南之鄉以鵞湖蕩爲最大周圍約五六里其次謝埭蕩苑山蕩白米蕩其餘諸蕩周圍僅一二里

第三十四課　沿湖諸港

離城南行二十里卽太湖湖水入口處流爲小河及港灣在吳塘門之東五里曰廟港沿湖岸東行約三十餘里間有港二十一處曰桃莊港曰塘漕港曰壬于港曰萬步港曰楊千港曰趙金港曰湖西埭曰輸橋港曰巓橋港曰張橋港曰河豚港曰青石橋港曰典基港曰小溪港曰大溪港曰六步港曰新科港曰陶瀆港曰高墩港曰金門港曰沙墩港凡港灣之水澆灌田畝最爲肥沃土地之原故沿湖之田均稱上上也

第三十五課　湖中諸山

離獨山門五里曰三山東西二里許南北一里許三峯鼎立屹然高聳三山之西南五里曰馬山周圍約五里許以其長圓形山峯如馬狀故名離馬山南五里曰夫椒山橫五里縱三里相傳昔吳敗越於此其餘湖中小山皆不足稱云明清之際遺老孤臣隱於湖山者甚多且有以恢復明室爲志者隱結伴侶出没湖中以諸山島爲潛居之地練習水師以備待時之用惜乎回天之力難施衆志之城莫結徒偕波濤嚴壑以長終爲可慨也

第三十六課　西南鄉諸山

西鄉諸山臨湖排列北有舜柯山西顧山雞籠山南有橫山唐山石埠山雞坑山華藏山孟灣山小雷山大雷山章山歸山天井山白石山南鄉諸山在長廣溪之西以軍嶂山爲最高南北延長約四里雪浪山風景最佳其餘石塘山漆塘山龍王山許舍山龜山長泰山小南山等縱橫十五里間登峯望湖亦殊擅湖山之勝也

第三十七課　東北鄉諸山

東鄉諸山有鴻山后春山嵩山三山鼎立華山白扭山在其西北而北行五里許則堠山鷄籠山鳳凰山牛腿山皆由膠山蜿蜒而西者膠山之南有商賢膠耑墓膠山之北爲宋李綱讀書遺址有一壺泉在焉北鄉諸山以斗山爲最高而亦最延長其餘前山夾山周圍各有三里許

而西膠山芙蓉山黄玫山周圍各里許云

第三十八課 申明亭

離城十里四鄉各有申明亭俗名十里亭爲古時地方官吏布告政令曉諭鄉民之所也所謂亭有亭長者猶沿古秦法今考其遺址則出西門行五里有蝦蟆橋橋之西有申明亭爲鄉人行路避雨棲息之所南門外下甸橋南有十里亭者亦申明亭舊址東門及北門外已無申明亭遺址或曰東鄉之亭北鄉之皐橋舊有遺趾今已荒蕪云

梁溪文苑閣排印

錫金鄉土歷史

（民國）侯鴻鑑 編

《錫金鄉土歷史》二卷，（民國）侯鴻鑑編，清光緒三十四年（一九〇八）梁溪文苑閣木活字本。

《錫金鄉土歷史》上卷凡四十二課，分爲位置、定名、地勢、里數、民族、分縣、官吏、衙署、農業、工業、商業、風俗、學風、武備、徵兵、財政、航路、郵政、電報、鐵道、學校、社會、宗教、西教、學宮及書院、廟宇寺院、俗禮、名勝及景物、公園、產品等。下卷凡三十六課，分爲名人、俠義、賢令、義紳、忠義事略，洪楊之難、鄉團、近世名人事略（官望、忠烈、文苑、製造家、外交政治家）等。係適應當時興辦新式學堂所編之鄉土教材。

本書據無錫圖書館藏清光緒三十四年（一九〇八）梁溪文苑閣木活字本影印。

（沙無垢）

序言

竊嘗研究兒童心理學知十歲內外之兒童其思想知識之範圍不出一鄉一邑閭外此者必多謬誤之想像教育者就兒童心理而養其高尚之思想授以切近之知識故初等小學第三四學年級之生徒鄉土歷史地理之授與不容已也吾邑地點當蘇常孔道域廣人稠有惠山之雄秀太湖之灝涵賢哲輩出英傑挺生居恒聞父老談故鄉軼事眉飛色舞未嘗不色然喜而回念幼時游釣之地某山某水猶親切記憶於腦中則又慨然念落落年華學業之荒蕪事業之蕭萊也由是言之鄉土歷史地理之編著更不容緩矣歲甲辰因編鄉土歷史上下兩卷鄉土地理上下兩卷付諸梓人以城鄉各小學之需用是書也時閱三

年印凡三版擬有所刪改而增訂之祇以年來奔走風塵不克確為改輯惟籍諸同鄉之正誤及代為改正之處以及地方風土政界學界商界之略有變更者稍為增改一二匆復付印明知舛錯良多貽誤不淺既愧漸之不遑更希望於吾鄉同志之有以匡我不逮者也毋任幸甚

光緒戊申冬十月第四版改訂

邑人侯鴻鑑自識

錫金鄉土歷史上卷

第一課　位置

指地球五色之圖沿亞東海濱之省。不有江蘇乎。江蘇之屬府有常州。常州之屬縣八。（武進　陽湖　無錫　金匱　江陰　靖江　宜興　荊溪）無錫金匱居其二。地方百里。人文之多。物產之富。數千年甲於他郡縣者。位置之不同於他郡縣也。

第二課　續上

錫金之位置。南通吳會。北接昆陵。東北百里外。長江襟帶於左。西南數十里之間。高山屏障於右。其南則有太湖為之沼。又足以資吾臨眺焉。山水雄秀。人才輩出。此地理之得於自然。文物之足以競勝於他邑。良有以也。

第三課　定名

無錫之名。始於漢初。漢以前。嘗名錫山。以邑之西城外五里許有山曰錫山。山多錫礦故耳。周秦之時。採掘之人日多。客民與主民爭利。禍亂相作。繼而錫盡。亂民乃安。

第四課　續上

人民耕作。主客相安。以山之無錫。故名無錫。而當時且有山無錫天下安之謠。蓋採取不得其法。僅在地面搜掘。而不知開向深處。乃曰錫盡。因錫盡而無利可爭。禍亂始已。未開化之民。其智識固有限也。

第五課　地勢

無錫之地勢。西南多山。龍山為諸山之脊。在邑城外五里許。東北亦有

諸山南有太湖為邑中河瀦諸水匯集之區湖瀆諸山羅列若屏障邑之全境由北而南運河貫於其間以故四鄉曠地多肥沃之土易於耕作也

第六課　里數

邑城居中東西相距約二里許南北相距約三里許周圍約八里而邑境則東西相距約八十餘里南北相距約九十餘里周圍共約二百六十里云

第七課　民族

上古狉榛之世無所稽考自禹驅苗蠻以後江淮以南我漢族始有遷居其地者商周之時居民漸衆秦漢之交戰亂相續迄乎東晉數百年中由北而南衣冠望族避徙吾邑者聯袂而來人民之盛於此為最

第八課　續上

由是而後六代紛紜中更南北朝之戰爭人民死喪為民族最衰時代至宋高宗南渡羣以大江以南為樂土渡江而卜居者甚衆此為吾邑之民族繁盛時代至清之咸同間洪楊逞兵禍及邑民幾無遺類迄今數十年來生齒日繁漸復曩時之盛矣

第九課　分縣

金匱為無錫分縣劃邑之東境為金匱界邑之西境為無錫界邑城之中有金匱山在六箭河畔宋元時山多寶石色兼黑白形式玲瓏輝光燦爛人爭取之輒為園林補綴花砌裝飾可寶貴也分縣之名蓋由於此

第十課　官吏

無錫金匱均設縣令劃疆而治佐以縣丞主簿典史分理其事設城守備千總把總為巡防設教諭訓導為學官又有皐橋司望亭司兩巡檢以及駐防太湖水師營哨官等論其名分則各有地方專司實則徒擁虛位坐耗民膏為可慨耳

第十一課　衙署

無錫縣治在邑城西大街玉帶河之北其地相傳古吳周將軍帥府金匱縣治在邑城倉橋之東以金匱之新設故名新縣無錫之舊有故名老縣其餘各衙署均分居邑城之中而望亭司則僑寓蕩口云

第十二課　農業

錫金田畝素稱肥沃北鄉為最西鄉次之東南鄉又次之西南鄉之田

畝屬無錫東北鄉之田畝屬金匱蠶事以西北鄉為豐漁業以西南鄉為多以其近湖故林業以西鄉為最以其多山故也

第十三課　續上

吾邑農業之盛較之他縣為優春麥秋稻歲收之豐歉以人工之作輟為斷然吾邑人民耐勞苦者多故歲收約在七八成之數蠶事純乎自然而於人事界上缺其研究故豐歉無定率雖其利足冠我江蘇全省而近年則利為外奪不及往歲多矣至漁業林業兩項則尚未發達是皆為有志研究農業者所當設法以改良之也

第十四課　工業

錫金工業較農業為優金石之工以鐵工最為發達業此者上海有數

萬人南洋各島日本長崎等處無不有我錫人鐵業之踪跡邑之西南隅多山鄉人多開山取石爲業載運他方爲建築之用而金石之工之以雕琢爲業者則精細其工良美其器銷售於他處者殊多

第十五課 續上

木工之雕刻精細尤爲吾邑工業之最土工之揑造雕繪如惠山泥人及各種要貨銷售他方者亦爲吾邑惟一之出產物假能設法改良藉爲各種標本則將來有益學界殊非淺鮮是皆由吾邑舊有之工業而言之耳至近有發明新理爲製造家之特色者進步之速可爲前途賀也

第十六課 商業

農爲植其材工爲作其事商爲運售以通其財無地非商即無地無商

業吾邑商業以絲米兩項爲大宗蠶桑冶坊兩項爲吾邑惟一之出產物故銷售各處其利甚溥綢緞紗羅嗶嘰呢絨等均由各省及外洋運販來錫者每年出入類皆鉅萬其貨品食物利亦甚多

第十七課 續上

其有弊無利最足損害吾人而在商業上操甚大權力之一物則烟土一項銷耗我鉅款損敝我精神每年銷售於吾邑者不可勝數權出入之商品以有益之絲米不能敵有害之鴉片是爲可慨者矣近雖煙禁甚嚴而暗中吸食之人仍不少繼鴉片而起者則又有紙煙一項銷路亦頗廣也

第十八課 風俗

吾邑民風四鄉皆樸素無華惟邑城內外競尚奢靡而上中下三等社會之風氣又各不同富豪之家固不必言商界之靡費尤鉅貧困之家類能任勞動之役而愚者則無不崇信多神之教以致迎神賽會時有其事而佛事道場積習甚深雖上等人民亦所不免可知風俗之美惡固不可一例而論然猶當責難於我儕中等社會之人負改良風俗之責任救弊扶衰一歸純良之俗也

第十九課 學風

無錫學風明之中葉爲最盛崇尚道德性理之學有宋儒之遺風焉崇禎間鼓勵氣節風尚爲之一變清主中夏論令薙髮吾邑抱道之儒負奇之士殉國者多於他邑蓋如華公允誠馬公世奇等平時研學勵節

有以致之者人也乾嘉間多士磨勵經義四書義多湮沒不彰者然風氣之遷變亦政府塞聰杜明之所致也

第二十課 續上

洪楊事起吾邑爲墟同治以來八股詞章之學經史學故之家接踵而興普通之知識尚不能得何論經世之務學風日下良可歎也近十年來外界之擊刺日深吾邑之游學東洋者官私費共三十餘人游學西洋者十餘人而東西洋留學之畢業生已十餘人其肄業於各省學堂者四百餘人而邑中公立私立之學堂且七十餘所學風之改良進步是在擔任教育之人苟循此以往日有進境其發達正無已時也

第二十一課 武備

無錫自同治初年。洪楊之兵敗沒後。我政府照舊設營守兵。駐紮汛地。爲防守計。今則城守營守備南塘千總北塘把總。外又有協防外委額外外委等官分汛于望亭洛社等處。皆爲千把總之佐。僅有額兵數十名耳。舊制兵分馬步守爲二級。藏省兵戰。及均未招足。近又迭次裁遣。僅存此數人耳。營隸於常州營遊擊。歸提督節制。是爲陸路。次則水汛。錫境歸太湖右營所轄。都司駐宜興之烏溪口。金境歸淞北營所轄。副將駐常熟。均歸提督節制。是爲裏河水師。又有留防太湖水師。專防各口釐卡。緝私水師。專巡私鹽。皆爲防勇。近以巡警部議。改陸路營汛爲巡警。將盡裁舊制之官兵。然邑之防盜。水路重于陸路也。

第二十二課　徵兵

欲謀地方自治。非人人有當兵資格不可。欲人人有當兵資格。非盡人

入學受普通教育不可。善夫吾國各省行就地徵兵之法也。自乙巳年冬間江寗督練處派徵兵官及徵兵員。往各府州縣就地徵兵。吾邑開徵之際。學界同人分任勸導鼓勵之責。由是邑人之踴躍應徵者約四百餘人。多商界之青年及高等小學之學生。當其赴寗時。紳商士庶每次必開歡送會。行贈旗禮。唱新兵歌。以榮其行。一時尚武精神。彪然振起。三年退伍。必有傑出之人。以輝光吾九龍山色者。

第二十三課　財政

錫金之賦稅。約分四類。曰地稅。（註）無錫地丁銀三萬八千八百八十三兩。金匱四萬九千零三十二兩。每田一畝歲征地丁銀一錢一分五釐。分上下兩忙征收。每銀一錢折錢二百廿文。曰漕糧。（註）錫邑漕白二米一萬五千五百石。金邑一萬五千三百七十三石。每田一畝。歲徵漕米六升。曰蘆稅。曰雜捐。地丁兩稅。納賦於官。歸丁於

地。由地方官征收。故合漕糧而爲上忙下忙。漕米分三次。由地保分地追繳。釐卡則設於四鄉要地。征收土貨之運出。客貨之輸入者。收數甚微。而爲害於鄉里甚大。各項雜捐。皆出於商者多。而捐數之大者。如米釐烟捐絲捐房捐以及各貨之捐。或報解上省。或留充本地之用。分之則其數甚微。合之則其數甚鉅也。

第二十四課　航路

吾邑運河。乃轉輸漕糧之道也。水程四達。商船紛來。自光緒十二年開通內河輪。由南達蘇滬。北接常鎮。吾邑地據中樞。實爲停泊要埠。華洋商人。爭設輪局。商務益盛。其局皆設在北城外。並設分局於南城外。往來客商運載貨物。殊稱便利云。

第二十五課　郵政

無錫郵遞。向設驛站於西城外。名曰錫山驛。專遞官場文牘。及供京外官僚往來車馬。舟馬皆定制開支地丁正款。而民間信件。則有信局十餘家。爲之寄送。自海道通行。大府之供億稍簡。己丑年。又創設郵政局。各段設郵政箱。各鄉設分局。民間信牘。往來迅速。誠交通便利之一大機關也。

第二十六課　電報

自光緒初年。設電報分局於邑之北城外。立電竿於塘岸。南通蘇滬。北達常鎮江寗等處。而電報總局則設於上海。自滬寗鐵路開車以後。移電竿於鐵路之旁。往來較速。蓋路直而竿可減少也。溯吾錫自設電局以來。信息之流通。不啻百倍於曩日矣。

第二十七課　鐵道

無錫向無鐵道。自中英合辦甯滬鐵路。癸卯年。由總工程處派委員及工程師。測地插標。向民間逐段購地。甲辰之冬。始行築路。安置鐵軌。丙午夏間。工竣。自望亭入錫境。迤邐至南城外。沿東城。而北設總車站于兩壩。分設腰站于望亭周涇。設旗站於伯瀆港。北行二十里至洛社。又二十里至橫林。即入常州境。蓋自火車開行。南通蘇州上海。北達鎮江江甯。行旅便捷。商務尤當發達也。

第二十八課　學校

吾邑之學校。自私立三等公學及公立竢實學堂。後七八年間。公立私立之學校。接踵而起。如改東林書院為東林學堂。創立專門理化研究

會。增設四城小學校。建立初級師範學堂。是為地方公款所設立。及津貼之最著者。其次商業半日學校。為商會所設立。勉強學堂為孫氏私立。胡氏公學胡氏女學為胡氏私立。秦氏公學侯氏公學等。皆以一姓之族欵創設者。日新小學堂始功小學校。為一鄉集欵而設者。其為同志數人組織而成者。則有錫金公學。設兩年而因欵絀停辦。此外如開智小學振中小學竺西小學繩正小學是也。

第二十九課　續上

其以個人之力所創辦者。則速成師範學校。為培養小學教員。廷弼學堂。為預備商業之校。華氏果育學校補公學校侯氏兩等模範小學林氏單級私塾。為蒙養之基。競志女學校及補公女學進羣女學蕩湖女學。均以開濬女子普通智識。潛化家庭習慣為旨。是為吾邑學校之大概。他日風氣轉移。學校宏開。庶有教育普及之一日也。

第三十課　社會

吾鄉士林中人。自古崇尚氣節。明季東林黨人。排斥權閹。氣燄最盛。後為權閹所傾陷。黨人流血者。接踵。未幾復社興。一時清流之士。組織堅固。朝臣為之側目。二百餘年來。如清初楊園諸俠客。輕財好義。締結亦盛。文字獄起。羅織士夫甚多。蓋結社立會。西人為人民進化之權輿。而吾國則懸為例禁。此中西風俗之不同。可以覘社會程度之各殊矣。

第三十一課　續上

風氣轉移。外患迭起。吾邑志士創立學會。藉以研究學業。固結團體者

不尠。始有勵志會體育會教育會理化會等。後有調查會。連絡邑人之游學外國及外省外縣者。實行調查學務事項。其他各學校皆有學生自治會。又有女界同人組織之天足會女子理科會教育談話會等。社會發達。現象雖覺漸有進步。然國民程度尚淺。公德公義。猶多昧昧。安得有人焉。挽回風氣而提倡之也。

第三十二課　宗教

中國向無宗教。故外教之侵入。無不迷信。吾邑之愚民。無教可宗。無神不信。謂之為多神教可也。而信佛者十居六七。城內外之道院佛殿甚多。雖俗傳儒釋道三者。為吾中國舊教。然孔老二氏。固皆非宗教家。而釋氏一教。後人誤其旨趣。致多荒渺無稽之談。使愚民迷惑。無不景從。

是則社會之一大害也

第三十三課 西教

同治初西教漸流播中國而無錫近於上海通商口岸故西教之侵入邑境爲尤易西教分新舊兩派舊教即天主教新教爲耶穌教蓋自路德改革宗教以後因天主教徒之不守舊約乃創行新教頒發新約至今奉天主教者多意國法國等人奉耶穌教者多英國美國等人傳教無錫者則分天主耶穌兩派焉

第三十四課 續上

天主教堂創始於光緒初年建屋於北門外三里橋信教者多漁人及下等愚民至光緒十六年爲地方匪徒焚毀堂舍翌年肇事首犯正典

刑者數人堂舍由縣令賠款重建而信教者益熾耶穌教堂其始於南門外租民房爲之繼則建屋數楹於跨塘橋南教士則中國人之信教而資格稍深者爲之信教者約五六百人

第三十五課 續上

又有美國教士數人別租房舍於黃泥垮傳教約四五年信從者數十人而已繼而有美國聖公會教士分設教堂於三箭河畔中西教士各一人聯絡士大夫以開設小學建立醫院爲要務信教者亦祇百人左右耳總之西教之侵入吾邑信從者衆蓋吾國向無國教之所由來也憂時之士用戚戚焉

第三十六課 學宮及書院

吾邑學宮崇祀孔聖及先賢外坿鄉賢祠及名宦祠春秋上丁日由錫金兩縣令偕同城之文武官員並邑之士人等以太牢少牢致祭焉東林書院爲宋楊龜山先生講學遺址明之高顧諸公亦講學於此清初邑中諸先正修葺其居爲校士館延山長於其中分官課師課以課士自光緒二十八年遂改爲高等小學校而院中猶祀先賢之神位院之東偏建道南祠祀龜山先生及顧高諸君子云

第三十七課 廟宇寺院

吾邑之廟宇甚多邑城內外有所謂十廟者各鄉各區有所謂大王廟者別有各種神廟城鄉內外無地不有寺院則崇安寺南禪寺爲最大其餘僧舍亦甚多各鄉古刹香火甚盛之地尤難悉數

第三十八課 俗禮

吾邑城市之間中人之家一婚禮一喪禮之費用往往破家而變產蓋俗尚奢華且多不可思議之舉動有識者深鄙之婚禮則有所謂納采送紅辦妝奩禮迎娶請宴送盤種種惡俗喪禮則有所謂成服接回納辭開弔種種喪儀要皆習俗相傳一時難以驟改者

第三十九課 續上

且夫婚喪之外慶賀之事尚多即如賀年祝壽以及宴湯餅待魁星之類不可枚舉居常年節則有燒路頭祀竈神齋天地祭室神等更皆爲俗禮之至可笑者安得吾人智識學問日漸發達一掃而空之也近雖有人排斥此種俗禮且能改良婚禮是亦吾邑漸進文明之一斑矣

第四十課　名勝及景物

無錫風景。以惠山為最佳。九龍起伏。二泉幽勝。名園花石。敗塔雲霞。皆足以游目騁懷。動我思慕也。太湖則煙波萬頃。羣山環抱。尤為江蘇全省之勝。梁鴻谿仙蠡墩。漁舟往來。風景絕佳。其他楊園之蓮。惠山之栗。溪河之菱。石塘之瓜。皆景物之最著者。至黃埠墩砥柱中流。有小金山之名。為芙蓉湖遺趾。北塘燈火。帆檣林立。又為吾鄉商務關係之區也。

第四十一課　公園

乙巳年秋間。由邑中士大夫特別集款。劃觀前街三清殿後曠地。為公園。植竹籬。栽花木。略事點綴。為邑人游息之所。丙午春。開拓園右隙地。通崇安寺萬松院之前街。闢深池。鋪草地。擴張公園之界。從事補綴之

功。茅亭淺草。閒步逍遙。邑人之得以享受此清福者。首事諸公之造福甚大也。

第四十二課　產品

吾邑農產品。以米麥雜糧為大宗。工產品以絲為大宗。其次則棉布棉紗毛巾黃草夏布窰貨冶器磁料泥人等。為特品。漁業礦產藥材果品等尤夥。惟任天產品之發達。而不加以人力之研求。故銷路不甚廣。苟能加以人為之攷察。可占江蘇全省之優點也。

錫金鄉土歷史下卷

第一課　名人事畧一 開化二偉人

殷周之間。吾邑實為荊蠻。文身斷髮。風俗甚陋。開闢草昧者。厥惟泰伯。泰伯為周太王之長子。孝弟仲雍。託言採藥。遠避荊蠻。以讓位季歷。實居邑之梅里。自號勾吳。荊蠻之人。從而歸之者千餘家。築城自衛。周三里二百步。外郭三百餘里。古里與今里之異同待攷。端委治之。蠻野之風。因以漸化。泰伯卒。葬於邑之皇山。即鴻山、廟在梅村。規模之壯濶。與聖廟同。開幕之功。不可忘也。泰伯之後。仲雍繼之。斷髮文身。裸以為治。其用心亦苦。後此二千數百年。而復得一楊龜山先生。

第二課　名人事畧二

楊先生名時。字仲立。宋南劍將樂人也。即今福建延平府將樂縣。登第後。不之官。師事河南程子顥。講孔孟之學。其歸也。顥目送之曰。吾道南矣。顥沒。後又師事頤。一日頤瞑坐。先生侍立不去。頤既覺。門外已雪深三尺。其誠篤如此。久之。出仕為州縣官四十有七年。入諫垣九十日。凡所論列。皆切於世道。致仕後。來至常郡。往來於毘陵常州別名。梁溪金匱別名。間十有八年。闢講舍於城東隅弓河之上。以講學於其間。東南學者。翕然從之。尊為程氏正宗。邑之學風。由此而盛。則先生之功為多。

第三課　名人事畧三 中世紀之名人

二偉人外。邑之名人。代不絕書。錄中世紀之尤著者。以誌嚮往。梁先生鴻。字伯鸞。平陵今陝西西安府咸陽縣西北人。漢高士也。妻孟光。嫁時裝飾甚盛。入

門閭先生言悉屏斥之椎髻著布衣操作與夫偕隱旋寄寓吳中（即今江蘇）省依皋伯通居廡下爲人賃舂每歸光爲具食舉案齊眉伯通知其賢而深敬之其在錫久暫史無明文然水曰梁溪（在西門外）山曰鴻山（山在南延區）遺蹟所在流傳至今

第四課 續上

華先生寶晉時人父豪往長安先生時年八歲豪臨行時謂先生曰待我歸爲汝冠長安陷豪歿於兵先生終身不冠亦不婚人問之輒號慟竭日不忍答時人稱曰孝子先生歿以從兄弟之子爲之嗣歷唐宋皆代旌表爲今惠山之麓有華孝子祠童髫而長鬚即先生之遺像也

第五課 續上

錫金鄉土歷史 卷下 二

李先生綱字伯紀諡文定宋時人登第後積官至御史以言事忤權貴左遷及後起用金人渝盟縣兵深入京城戒嚴先生力請欽宗堅守都城以待勤王之師拜親征行營使治守戰之具數日而畢敵兵攻城先生親督戰卻之敵退而議和先生力言割地納幣之非而以堅壁清野扼其歸路爲上策會國事日非先生卒落職去及金兵再至復起用先生未至而都城已失守

第六課 續上

高宗即位初倚用先生拜之爲相先生上言十事而尤注重於議僭逆議僞命兩條高宗均從之復薦張所宗澤等將兵圖恢復卒爲黃潛善汪伯彥所沮屢起屢躓而忠義之氣凜然不少衰生平負天下重望以一身用舍係宗社安危毋宋使至金金人必問李綱安否其爲遠人所畏服如此

第七課 續上

尤先生袤號遂初諡文簡南宋時人少從喻樗（號玉泉）遊樗親受業於龜山先生居官有政聲尤先生登第後歷仕宋高宗孝宗光宗三朝議廟禮彈權貴繳還詔書以耿介著後國事多外積憂成疾而卒晚嗜書藏書至三萬餘卷門下多賢者以承龜山遺緒一脈相傳世稱喻尤蔣李四先生李祥（號小山諡肅簡）蔣重珍（號實齋諡忠文）爲最著學識純正立朝侃侃有敢言風其後虞先生薦發（字叔山）振起學風著錄弟子殆數百人皆因材而成就之士林之盛冠他邑南宋末陳先生炤（字光伯）死事最烈炤蔣忠文門人也同時有蔣宗遠父子亦以鄉兵禦元兵鬬死

錫金鄉土歷史 卷下 三

第八課 續上

倪先生瓚字元鎮居邑之長大廈元末時人先生所居爲清閟閣旁列碧梧奇石中藏圖籍及古尊彝鼎彝法書名畫甚多至正（元順帝年號）初天下無事先生忽鬻其產散之親故及兵起扁舟往來湖中明洪武初始歸鄉里先生以畫著世推爲逸品自署之號甚多而雲林爲最著

第九課 續上

陸先生士隆字季平明初人與李善（字宗吉）葛桓（字仲威）施武宗稱錫山四忠皆以徵辟爲御史直諫得禍天下咸高其風而先生之禍爲尤烈身見殺妻與子皆死之劉基爲作忠節孝三歌同時儲先生福洪武（明太祖年號）

號。初隸燕山衞籍。建文末。挈母妻逃去。成祖卽位。應調赴曲靖衞。仰天慟哭。誓不爲叛逆所屈。不食死。妻范氏年方二十。奉姑甚謹。每哭夫輒走山谷中長號。不使姑聞。貧無以自存。織席養姑。姑死。守墓旁不去。後黃先生理（字公理。）當永樂時（成祖年號。）爲御史。以言事三受廷杖。殞而復甦。卒以諫成祖北征。下詔入獄。死獄中。

第十課 續上

王先生紱（字孟端。）明初人。與浦源（字長源。）王達（字達善。）齊名。皆工書善畫。身負盛名。世稱爲三文傑。而先生品節尤高。寫山水竹石。妙絕一時。然不苟作。興之所至。長廊素壁。潑筆淋漓。有投金幣購片楮者。輒拂袖起。其介節如此。

第十一課 續上

邵先生寶（字國賢。諡文莊。）世稱二泉先生。明憲宗時登第。居官有政聲。不畏權貴。拜尚書。以母老乞養歸。先生生三歲而孤。事母至孝。學以洛閩爲宗。嘗曰。願爲眞士夫。不願爲假道學。文章典重。碑板滿天下。博綜羣籍。有所得則記之。築二泉書院於惠山之麓。與秦端敏有兩尚書之稱。

第十二課 續上

秦先生金（字國聲。諡端敏。）明孝宗時登第。後由主事歷官至尚書。勳業爛然。侃侃直爭。多所匡救。雖積失帝旨。不少顧。爲人雖樂易。而居官則一以廉正自持。在戶部侍郎任時。尤孜孜爲國。先端敏而政聲卓著者。莫如盛顒（字時望。）先後爲御史時。劾石亨。賑荒民。爲縣令時。聽訟不用鞭扑。好論之。輒叩頭服。其政績類如此。

第十三課 續上

顧先生可久。號洞陽。明嘉靖（世宗年號。）中。與楊雒（字東川。）張選（字舜舉。）黃正色（字士俊。）稱錫山四諫。顧先生一諫南巡。再爭大禮。皆受廷杖。臂肉盡脫。楊先生公勤廉愼。爭大禮時。受杖於廷。創甚而卒。張先生以抗疏諫勛臣代行祭禮。受廷杖至三折梃。無委頓意。謂杖者曰。吾罪甘死。但恐累天子有殺諫臣名。奪職歸。後復起用。黃先生爲御史時。以劾太監鮑忠等怙寵黷貨諸不法狀。爲所誣陷。受廷杖。戍遼東瀋陽衞（在今盛京奉天府承德縣。）

第十四課 續上

顧先生憲成。號涇陽。諡端文。爲東林八君子之冠。明萬曆時（神宗年號。）登第。持躬甚正。多所建白。後與高景逸先生等講學東林。月爲一會。悉遵朱子白鹿洞規。排無善無惡之說。而以發明性善爲宗。先生負天下盛名。投閒講學。本不欲樹壇坫。久之應和既廣。頗以操持國是激揚淸濁爲已任。自是凡朝臣之爭論大案者。世每目爲東林。而羣邪害正者。亦以東林爲的。致啟東林黨人之禍。殺戮禁錮。善類爲之一空。

第十五課 續上

涇陽先生之弟允誠。號涇凡。登第後。先後居官僅六十日。而侃侃有直聲。里居時。隨涇陽先生講學東林。辨析狂狷中行之說。蓋以狂狷自處。而疾世之實爲鄉愿。貌託中行者。

第十六課 續上

高先生攀龍。號景逸。謚忠憲。明萬歷時登第。居官有直聲。以貶謫歸。築水居於漆湖之濱。會涇陽先生亦以言事罷官。乃相與修復東林書院。讀書講學。垂三十年。天啟（熹宗年號）初起用。官至左都御史。彈劾權貴。無所顧忌。卒以劾魏忠賢私人崔呈秀。逆閹憾之刺骨。罷職歸。明年黨禍作。逮問先生。及詔至。則先生已先一日拜遺表。自沈於後園止水池中以殁。先生之學。本於靜。而以真知實踐爲主。粹然一歸於正。

第十七課　續上

安先生希范。號稅素。明萬歷時登第。官主事。以劾輔臣削籍歸。會東林書院成。先生別搆一室。讀書講學於中。其人品以恬靜簡易稱。

第十八課　續上

葉先生茂才。號閒適。明萬歷時登第。官郎中。時乞養歸。服闋後入朝。抗疏劾輔臣。以是削籍歸。而與東林講習之會。衛道甚力。光宗即位。起用爲光祿寺少卿。未幾卒於官。自涇陽先生以下。依次至先生。世稱爲東林八君子。其餘三人則籍武進。八君子外。有陳先生幼學。號筠塘。明萬歷時登第。爲外吏時。以治行著。官至太常寺少卿。其不在東林之列。而爲鄉評所推者。如孫繼皋（字以德）。萬象春（字仁甫）。嚴一鵬（字有儀）。侯先春（字少芝）。諸先生。直聲亮節。亦卓然有名。

第十九課　續上

馬先生世奇。字君常。謚忠肅。與龔佩潛（字伯興。謚節愍）。華允誠（字汝立。謚節愍）。稱明末三忠臣。馬先生爲顧端文門人。明崇禎（莊烈帝年號）時登第。後供職京師。及李闖陷北都。馬先生自縊死。二妾隨之。龔先生爲忠肅門人。明季登第。官南都。洪光亡後。龔先生身投秦淮以殉。華先生亦忠肅門人。明季登第。後講學里中。北都亡時。以忠義激發志氣。以圖恢復。洪光亡後。不屈被逮。瀟灑冠裳。雍容道德。至死不少減云。

第二十課　俠義事略一（鱄設諸）

吾邑爲古勾吳屬地。城中大婁巷有鱄設諸塔者。爲吳俠鱄設諸之墓也。昔闔閭之欲刺王僚。先謁鱄諸。謀之。鱄以母老子幼辭。後鱄母卒。乃以身許闔閭。其刺王僚也。藏匕首於魚腹。僞爲進饌者。時闔閭饗王僚。門庭階席。皆王侍從。饌者必易服而進。鱄諸既進至筵前。遽出匕首刺王。血濺盃盤。王仆而卒。左右醢鱄諸。論者謂鱄諸以母老辭闔閭。爲孝。

母卒而身許知己。用爲義。藏匕首於魚腹。爲智。刺王僚於筵前。爲勇。俠士之風。其千古歟。

第二十一課　俠義事略二（干楊諸俠）

後鱄設諸二千年。而吾邑有干楊諸俠。出輕財好義。有古俠士風。隱於太湖楊園。出沒無常。劫掠富室。賙濟貧苦。舉其所有而散諸鄉民。往往有寡孤無告者。忽有金錢擲諸戶庭。皆干楊輩所爲也。故世人咸稱之爲義盜云。

第二十二課　賢令

明季嘉靖間。倭人（即今日本）屢侵海疆。入長江一帶。登岸擾內地。時吾邑賢令王松滋先生（名其勤。字時敏）。籌禦倭之策。以舊城之倒塌。不足以資防守。

乃築新城於舊城之內。而守之。舉辦民團。以捍衛鄉邑。另編民壯。以資城守。倭寇來侵。屢爲鄉團民壯所卻。先生歿後。政績之留。吾邑民者咸爲歌思不置。乃設廟立像以祀之。天啟間。劉公五緯宰吾邑。精明廉介。有政聲。時北鄉圩田千畝。沒於水。劉公躬率圩民。併力挑築。工成。悉爲沃壤。邑民思其德。立廟以祀之。

第二十三課　義紳

元明之際。吳地爲張士誠所據。明兵來。吾邑守將莫天祐爲張氏守城甚堅。明兵不能下。有屠城之令。民益懼。相戒以死拒守。義紳張止齋先生翼。乃獨縋城夜往明營。以利害說明將。約以明兵入城。各戶懸燈一。以誌歡迎。明將下令。如張先生約。不許妄殺一人。由是邑人思張先生

錫金鄉土歷史　卷下　八

之德。以先生卒於四月晦日。乃於各戶懸燈一。以爲張先生片言救民之紀念。後人七月懸燈。乃四月之傳訛也。

第二十四課　忠義事畧一　張守經及何五路

明季倭人來侵。張守經傾其家貲。募民壯出戰。斬其酋長。倭人遁去。而何五路等三十六人。於是役戰死。邑人以其沒於王事也。乃設位祀之於縣署之東。厥後人傳訛。乃誤以爲五路財神。家家祀之。殊堪笑也。守經善射任俠。以破倭功。當道欲任以官。辭以毋老而歸田。時人皆高其義云。

第二十五課　忠義事畧二　明季諸殉難者

滿清入關。既破李闖。定北都。改正朔。易服色。詔諭南頒。時吾邑西水關外水仙墩方演劇。有鄉人操柴舟泊墩下。聞易姓之詔。乃大聲曰。我明室鄉民也。遽投水死。有賣雞皮薛叟者。聞明室之亡。大聲曰。我明室人也。遽投河而死。一時風聲所播。殉明社稷而不知姓名之人。數日之間死者甚多云。

第二十六課　忠義事畧三　謀恢復明室諸義士

明室既亡。吾邑人謀恢復者甚多。其最著則以顧子方杲死最可憫。時江陰閻陳二典史守城拒清之時。吾邑人嚮應者。爲邑令捕之。解省就戮。崑山顧氏謀恢復。顧杲兄弟率義兵數百人。間道赴之。遇鄉人以爲盜也。誤攻之。創重不可救而死。同時有高聖培者。亦遇害。華壯輿從吳江吳易謀恢復。戰死。邑人因薙髮令下。而就捕及自殉者。尤爲不可勝數。

錫金鄉土歷史　卷下　九

第二十七課　忠義事畧四　明季遺老

明亡清興。大局已定。而遺老孤臣。或隱逸山林。或慷慨死亡。隨地皆是。侯濟泉先生。爲少芝先生之孫。隱於太湖之華藏山。誓髮不薙。服明衣冠。葺茅而居。不與城市室家相接。後病。其子欲迎養城中。不許。乃築數椽於東門五里外之祖塋前。於是繞城外行。至其室而疾歿。其繞城外行也。曰。我爲明室遺民。不入滿清之城。觀其賫志以歿。亦可悲矣。

第二十八課　洪楊之難

洪楊之難。庚申四月初十日破城之日。以悍殺屠戮爲事。爲吾邑最大之浩劫。蓋自宋元以來。幾及千年。邑人未遇兵禍至此。實爲得未曾有之難。男女幼稚死者相繼。迨曾李之兵南下。乃平定之。以洪楊雖爲排

滿興漢然無紀律之兵到處殃民識者早知其事之不成也

第二十九課　鄉團

洪楊發難陷吾邑城後蹂躪四鄉廬舍爲墟鄉民集合團體家出一人以白布裹首爲號聯結成隊堵禦紅巾於是吾邑鄉勇之名號爲白頭遇紅巾之下鄉擄畧者輒殺之繼而紅巾大至四鄉白頭戰死者多亦有防守得力而未陷者久之皆爲紅巾所破然吾邑白頭之勇名已馳聞於他省矣後邑人楊氏隨淮軍有破紅巾功部下健者多白頭而吾邑鄉團之名越二十餘年猶有人嘖嘖道往日白頭勇禦紅巾事云

第三十課　近世名人事畧一官望

嵇曾筠字松友諡文敏負經世才數議河工事言皆中督豫河引河殺險奏工

甚巨任文華閣大學士子璜字尚佐諡文恭歷督南河東河治績昭然任文淵閣大學士父子相臣爲世所榮顧光旭任監察御史言事中要出任四川按察使有政聲學術純正歸主講東林秦文恭公蕙田任大學士時文章經術名重一時所著有五禮通考爲世所重孫文靖公爾準學問淹貫且嫺兵事撫安徽總督閩浙時彰化亂民震動台灣躬率兵至台灣誅首亂者而平之

第三十一課　近世名人事畧二忠烈

李剛烈公福培字心畬宰廣東治花縣有政聲紅巾起城破不屈死於堂血濺磚石久而灌之跡愈顯邑人鐫以石欄爲記念王武愍公字槼山名恩綬出宰武昌既至城被紅巾圍數日矣乃率一子一僕縋城入城破皆死之後皆列入祀典建立專祠

第三十二課　續上

李王二公外死節之最慘者同時有張公應蘭字佩之系出義紳止齋先生後咸豐初從軍天津某帥委誶賊情于臨清入其營爲所得大罵不屈拘十餘日見西北塵起乃言曰逆賊速殺我我將爲鬼引大軍至矣賊怒刳其腹而死先是客河南某守所意氣不相中遺書絕交拂然去其書傳誦京洛間書中有云揮手上驢我今去矣舉頭三尺君子慎之

第三十三課　近世名人事畧三文苑

吾邑文人康熙乾隆間如顧祖禹王國楨陸楣諸人爲古文辭之最著者嚴繩孫顧貞觀爲詩詞之最著者其後卽有楊蓉裳先生芳燦偕弟荔裳先生揆皆以駢驪著宏聲於海內其所爲文號爲常州派後人搜

求遺稿吉光片羽特寶貴之嘉道以來如顧敏恒兄弟侯鳳苞兄弟顧皐秦大受楊紹基秦廷鍇顧翰字兼塘均以能詩文名於時咸同間則有侯楨字子勤張岳駿字端甫以古文辭負時望號爲桐城派其他如章簡原王禮甲以詞賦名秦緗業范孟和秦姚臣輩以詩名最近則有所謂粱溪七子者文名亦藉藉也七子者鄒弢周以古今體詩駢驪文名華若溪以算學名楊範甫以經史名秦叔固裘葆良以古文名秦岐臣以金石古學書法名楊仁山以近體文名

第三十四課　近世名人事畧四藝造家

社港徐氏世以工藝名雪村先生壽獨闢蹊徑研究物理化學發明各

種製造之理。曾造黃鵠輪船一艘。咸同間上海開製造局。聘西士傅蘭雅。偕先生對譯各種理化學書。一時西學各書譯行於中國。先生之力爲多。子仲虎先生建寅孫某等。皆承家學。而精化學。仲虎先生游歷歐西。歸國益研究理化。以應實用。總理湖北製造火藥局。躬親製鍊無烟火藥。藥炸身死。時人憫之。

第三十五課　近世名人事畧五外交政治家

薛叔耘先生福成。善古文辭。與弟季懷。齊名。歷佐曾李諸公戎幕。籌議決策。名傾一時。有治平十策。籌洋芻議等著作宏富。爲後之談政治者之言。嘗出使英法義比四國。所爭保護華民諸條約外交政策。聲炳時賢。其出使日記二十餘卷。尤爲世所傳誦云。

第三十六課　近世名人事畧六算學家

華若汀先生蘅芳。精疇人術。佐曾文正公幕。行軍測算。多所倚裨。上海製造局初開。偕傅蘭雅對譯算書數十種。流播海內。晚年著作宏富。中國算學名家。羣推爲當代第一。蓋中國大算學家李善蘭後一人而已。今流傳行素軒算稿十數種。皆發明新理。爲前賢所不逮。弟若溪先生世芳。亦善疇人術。與兄齊名。

梁溪文苑閣排印

無錫鄉土博物志

（民國）侯鴻鑑 編

《無錫鄉土博物志》不分卷，（民國）侯鴻鑑編，民國十二年（一九二三）鉛印本。

侯鴻鑑原編有《無錫鄉土博物志》四十課，民國九年（一九二〇）又增《無錫鄉土博物志補編》十課，於民國十二年排印成册。《無錫鄉土博物志》凡四十課，分物産總論、米、蠶桑、錫及泉、松杉、魚蝦、土壤、黄鱔、石塘陶土、太湖楊梅、吴塘鰟魚、赭石、保安薄荷、黄塘西瓜、村前黄雀、陽干石、石塘灣香瓜、楊園蓮實、惠山黏土、雪浪茶葉、華藏無底螺、梁溪鮮菱、香稻及糯稻、麥、金眼魴、銀魚、許舍礦山、龍峰桂栗、香蕈、玉祁蟹、紫蘇、西膠山土珠、骨牌草、菰、金鯉、方解石、物産結論。《補編》十課爲鐵砂岩、野豬、苧麻、竹、青魚、明陽泉、新村瓜、蘆荻、桑牛、土壤。因當時無錫縣没有鄉土博物教材，此課本即爲初等小學三四年級所編，以解决小學生抄録之困難，方便使用。

本書據無錫圖書館藏民國十二年（一九二三）鉛印本影印。

（沙無垢）

無錫鄉土博物志

第一課　物產總論

吾邑素號壯縣。物產豐富。農工商業稱盛江蘇。地質腴沃。湖山秀異。得于天然者固優。得於人力者亦多。故米麥絲繭之屬。殊足以稱譽於中外也。

第二課　米（稻爲禾本科植物葉爲平行脈葉）

米爲人食。不可一日無者。其始也。自粒米而萌芽。其繼也。由水秧而成稻。稻而結實。其終也。輾穀出米。販運四方。而吾邑遂爲江南產米最多之區云。

第三課　蠶桑（蠶爲昆虫類動物桑爲網形脈植物）

育蠶之事。女職所宜。栽桑飼蠶。結繭抽絲。年年四月。謂之蠶忙。蠶繭多種。蓮心爲上。中外商人。來吾邑而買繭收絲者。繭篭絲行。市鄉林立。工商發達。可見一斑也。

第四課　錫及泉（錫爲金類泉爲非金類）

錫山之錫。自古聞之。秦後無錫。遂以邑名。惠麓水清。源於二泉。泉水煮茶。茶味濃厚。蓋水含礦質甚多故耳。

第五課　松杉（松杉喬木也）

近山之地。多產松杉。吾人建築之材。往往取資於此。故秋冬伐木。春夏禁之。計吾邑木材。松樹之多。尤倍於杉樹也。

第六課　魚蝦（魚爲脊椎動物蝦爲節足動物）

太湖在邑之西南。爲魚蝦之淵藪。漁舟成羣。停泊湖港。每日網魚籠蝦。入市求售者。無慮數千百人。溪河汊港。抳流撒網。舉竿以釣者。亦隨地有之。自鐵道開通。魚蝦運售滬瀆。其利益豐云。

第七課　土壤（土壤以粘土與砂礫爲基本）

邑濱太湖。地多粘土。西南各鄉之田土。宜種水稻。西北各鄉之山地。多砂土。宜種桑柘。且宜種麥。其粘土相間之地。則種麥植桑。均相宜也。

第八課　菜（菜爲十字花科植物）

菜爲園蔬。可供人食。四月初夏。菜花滿畦。花形十字。呈黃綠色。結實榨油。其用甚大。吾邑習俗。時至冬令。家家必鹽菜以佐寒肴。故灌園種菜之處。到處皆然也。

第九課　雞豚（雞爲鳥類中之搔撥類豚爲哺乳中之偶蹄類）

雞爲家禽。豚爲家畜。人飼養之。可供人食。且雞糞足爲滋養品。豚骨足爲肥田料。其用固甚大也。吾邑四鄉。無戶不飼。育雞豚者。使牧畜有方。固亦農家之利藪矣。

第十課　巖石（岩石爲礦石之代表）

吾邑之山。西北多於東南。檢別巖石。大都皆水成岩。如湖中諸山。多黏板巖。東北諸山。多砂巖。間有礫巖。此巖石之大畧也。

第十一課　蠶豆（豆爲蝶形花科植物）

蠶豆之花。如蝶形。其結實也。莢一而種子三焉。外皮青。剝而去之。肉質富滋養分。可供嘉肴。惠山蠶豆。爲邑佳品。四五月間。作惠麓游者。必嘗此佳品也。

第十二課　黃鱔（鱔爲魚類中之圓口類）

黃鱔爲魚類之一種。其身自前至尾。皆圓筒形。長約尺餘。產於河中。在小暑時。黃鱔最多。可供肴品。所謂小暑裏黃鱔。乃嘉肴也。

第十三課　石塘陶土（土爲岩石之分解陶土爲一種白泥）

出南城十餘里。航五里湖。泊石塘山。山多粘土。色分青灰及純白二種。可作粘土細工之用。各種缸罏並鉢之坏。倘有人提倡瓷陶之業。則此土爲瓷陶器之原料。必甚爲合用也。

第十四課　太湖楊梅（楊梅爲果實中之漿果類）

吾邑太湖產楊梅。爲佳品。色紫而形圓。枝頭纍纍。人喜啖之。味帶酸甜。多漿汁。

或浸以酒。性頗熱。俗名楊梅酒。可佐藥用品之飲料云。

第十五課　吳塘鯿魚（鯿爲魚類中之軟骨類）

邑之南鄉。吳塘抱湖口。西南風起。湖鯿入內河。舉網得之。口狹而方。鰓短而闊。身長而鰭小。尾鰭長而游泳甚捷。烹而食之。味甚鮮。食品中之佳肴也。

第十六課　赭石（赭石爲赤鐵礦分解之岩石）

邑之西鄉有燦山。山多紫殷色之石塊。質鬆而易研。可爲赭色之顏料。故即以赭石名之。凡有赤鐵礦之所在。其岩石必爲赭色。或紅褐色。視燦山之石。或有鐵質化合其中。未可知也。

第十七課　保安薄荷（薄荷爲多年生草本爲脣形科植物）

薄荷爲藥用要品。葉色綠嫩。味凉而性散。邑之南門外保安寺。所產薄荷。名馳遐邇。昔爲貢品。人有移植他處者。則不如保安寺所產遠甚。是殆土質使然歟。（薄荷宜於寒地。保安寺之地土。或偏於陰寒故乎。）

無錫鄉土博物志　三

第十八課　黃塘西瓜（西瓜爲一年生草本屬於葫蘆科植物）

西瓜爲解暑熱之要品。北鄉黃土塘所產西瓜。甘美異常。色綠而皮薄。瓤白而味甘。俗名三白瓜。因其子白。瓤白。皮白也。葉綠而花黃。其莖蔓有卷鬚。地土溫暖。生長較易云。

第十九課　村前黃雀（黃雀爲鳴禽中之有益鳥）

凡鳴禽類之鳥。鳴聲可聽。能啄害苗之蟲。故名有益鳥。黃雀爲益鳥也。北鄉堰橋鎭之村前。產黃雀。爲食譜中之美味。翅長而飛捷。捕之不易得。以故村前黃雀之名。遂遐邇皆知矣。

第二十課　陽干石（陽干石爲砂岩）

岩石有砂岩之別。吾邑北鄉產陽干石。鑿爲磨石之用。以砂質細而堅。故能刀鋒快利也。又北鄉產一種礫岩。質細粗而堅者。亦可爲磨刀之用。惟其價値及效用。不如陽干石多矣。

第二十一課　石塘灣香瓜（一年生草本屬葫蘆科植物）

佐西瓜而解暑渴者。曰香瓜。葉綠花黃。莖蔓卷鬚。與西瓜同。石塘灣所產之香瓜。皮薄而爽。子細而少。味之甘美。逾於他鄉。蓋土質肥美。灌漑得宜。可知天然產品。未嘗不因人事之培植而加美焉。

第二十二課　楊園蓮實（蓮爲植物中根莖類）

蓮產熱帶。多濕帶次之。吾邑西南多湖塘。故蓮花甚多。葉細長而根莖在水泥中。蓮蓬結實。其利甚大。楊園在太湖之濱。產蓮實尤多也。

第二十三課　惠山粘土（惠山岩石爲水成岩。粘土爲一種黑泥）

惠山爲吾邑之主山。龍峯九曲。岩石多水成岩。而含有結晶體。及長石方解石等之成分。山麓粘土爲黑色。性凝軟。居人採此粘性之泥。搗碎之。和以水。以杵揉之。作爲泥人。及各種動植等物。先爲胚。繼敷以顏色。售與遠近來游之人。利益則殊豐。此惠山泥人之名。所以聞遐邇也。

無錫鄉土博物志　四

第二十四課　雪浪茶葉（茶葉爲灌木屬於山茶科）

太湖之濱。有雪浪山。山之陽。多茶樹。鄉民採而焙之。味清香而葉嫩。稚勝於龍團雀舌多矣。雖廣福之雨前。六安之銀針。不是過也。吾邑沿湖之山。多植茶樹。而雪浪茶葉之名。則尤著云。

第二十五課　華藏無底螺（螺爲軟體動物之腹足類）

華藏山有華藏寺。寺前濱湖。多產螺。均無底。相傳爲古時寺中小沙彌。截螺底而未烹。爲老僧見之。傾於湖中。自後濱湖之螺。均爲無底矣。此說雖不足信。然按之生物遺傳之性。則確有是理。姑述之。以俟博物家之研究也。

第二十六課　梁溪鮮菱（菱爲芰類）

菱花十字。本屬十字花科。今由博物家分爲菱科。菱實有雙角四角之別。吾邑梁鴻溪畔。以繩隔水植菱。實均四角。溪水清潔。菱塘採菱。每在新雨初晴。夕陽放晴時。小舟盪漾。絡繹兩岸。鮮菱出售。獲利甚多云。

第二十七課　香稻及糯稻（稻爲禾本科植物）

邑之天產品以米爲大宗。米之種類甚夥。以香珠米及陰花糯米爲特異。而惠山所產之香稻。尤爲遐邇稱之。葉較普通之稻爲長。粒稍長圓。而色稍綠。質堅而香。芒穀長銳。是其特徵。秋時結實。過田隴間。覺有淸香。爲微風吹送者。知爲香稻也。陰花糯米。各鄉均產。粒小而質似輕軟。花夜開。是其特徵。二者皆爲吾邑稻麥之異產也。

第二十八課　麥（麥爲禾本科植物）

麥類有大麥小麥蕎麥萊麥等之名。邑中大麥。冬令下種。夏令收成。昔之豆麥商市。本在武進。自鐵道交通。吾邑麵粉公司創設漸多。日須碾麥數千石。於是豆麥之市。遂移於吾邑。不僅邑中所產之麥。擡價甚高。即他縣之麥。亦羣集吾邑矣。

第二十九課　金眼魴（魴爲魚類中之硬骨類）

蓉湖十里間。魚類甚富。江尖環水而居。尖之西口產魴魚。眼作金黃色。日光所照。其鱗紅綠相映。游泳河濱。天機活潑。殊可觀也。網以佐食。味極鮮美可口焉。

第三十課　銀魚（銀魚爲軟骨類）

離鵝湖數里。近馬蕩橋之小港中。多產銀魚。湖濱入口之小港。亦多產此。色白如銀。兩目則色黑。骨骼柔軟。游泳甚捷。出水卽死。煑而食之。味甚鮮美佳品也。客有游太湖者。往往網銀魚以佐食。然不及馬蕩橋之銀魚爲著云。

第三十一課　許舍鑛山

許舍距邑城三十餘里。西南去太湖六七里。多山。脈連亘。有研究錫礦學者。登山採石。得含有鐵質之岩石。歸而化煉之。約含十分之四成爲鐵質。二成爲鉛錫。其他爲雜質。以吾邑濱湖之山嶺甚多。識者謂必有鑛石。今果得此。因名之曰許舍鑛山。

第三十二課　龍峯桂栗（栗爲堅果）

惠山九峯。其第二第三塢間。多產桂栗。以其結實於桂花盛開之時。故名。於是西風落葉。叢桂生香。龍峯桂栗之名。馳譽於遠近。凡客之來游惠麓者。無不品泉賁茗。向鄉民購鮮毛栗數枝。以佐旅食。摘而剖之。堅壳外衰。淸香尙含。洵佳品也。

第三十三課　香蕈（蕈爲蕈藻類植物）

蕈類分有毒無毒兩種。香蕈爲無毒之蕈。春秋兩時產者甚多。惟猪血蕈特產於惠山。色紫殷若猪血。故名。其所產之地。必在山谷中。有青松之處。惠山前有燦山。土石間多稚松。下產松蕈。其名與猪血蕈埒。樵夫牧豎。往往於夕陽晚烟中。擕小筠籃。採集猪血蕈或松蕈。入市售之。價頗昂。購之者用以浸爲蕈油。或佐園蔬。味鮮而品美也。

第三十四課　玉祁蟹（蟹爲節足動物之甲殼類）

蟹爲甲殼類。處水中。以鰓呼吸。八足橫行。雙鉗前進。肉供人食。美味也。離玉祁

鎭一里許。有蕩曰西龍潭。產蟹甚多。秋高九月。正橙黃橘綠之時。玉祁名蟹。尖臍團臍。均味美可口。鄉人售之於城市。較湖蕩蟹之價值。爲尤昂貴云。

第三十五課　紫蘇（紫蘇爲一年生草本中之脣形科）

紫蘇之莖爲方。葉對生而卵形。葉綠有鋸齒。背則紅紫色。花開小脣形。色白或淡紅。總狀花序也。邑之東郭外。多菜圃。空隙處多紫蘇。爲藥物植物。性疏散。味稍甘苦。每年產數甚夥。遠近爭購之云。

第三十六課　西膠山土珠

邑之北鄉。有西膠山。山分南山中山北山。均不甚高。而中山之岩石泥土中。在淺草根際。有一種土珠。掘土一二寸。即得之。蓋徧地皆是也。其形甚圓。色白而光潔。粒粒如珍珠然。惟珠殼尙薄。碎之中含有泥土少許云。

第三十七課　骨牌草（隱花植物中之羊齒類）

吾邑惠山。有特產之草。曰骨牌草。因葉之背面。有淡黃色之點。其數與骨牌之

惠山九峯。其第二第三塢間多產桂栗。以其結實於桂花盛開之時故名。於是西風落葉叢桂生香。龍峯桂栗之名馳譽於遠近。凡客之來游惠麓者。無不品泉賞茗。向鄉民購鮮毛栗數枝以佐旅食。擷而剖之。堅殼外衰。清香尚含。洵佳品也。

第三十三課　香蕈（蕈爲蕈藻類植物）

蕈類分有毒無毒兩種。香蕈爲無毒之蕈。春秋兩時產者甚多。惟猪血蕈特產於惠山。色紫殷若猪血。故名。其所產之地。必在山谷中有青松之處。惠山前有爍山。土石間多稚松。下產松蕈。其名與猪血蕈埒。樵夫牧豎往往於夕陽晚烟中。攜小筠籃採集猪血蕈或松蕈。入市售之。價頗昂。購之者用以浸爲蕈油。或佐園蔬。味鮮而品美也。

第三十四課　玉祁蟹（蟹爲節足動物之甲殼類）

蟹爲甲殼類。處水中。以鰓呼吸。八足橫行。雙鉗前進。肉供人食。美味也。離玉祁

鎮一里許。有蕩曰西龍潭。產蟹甚多。秋高九月。正橙黃橘綠之時。玉祁名蟹。尖臍團臍。均味美可口。鄉人售之於城市。較湖蕩蟹之價值爲尤昂貴云。

第三十五課　紫蘇（紫蘇爲一年生草本中之脣形科）

紫蘇之莖爲方。葉對生而卵形。葉綠有鋸齒。背則紅紫色。花開小脣形。色白或淡紅。總狀花序也。邑之東郭外。多菜圃。空隙處多紫蘇。爲藥物植物。性疏散。味稍甘苦。每年產數甚夥。遠近爭購之云。

第三十六課　西膠山土珠

邑之北鄉有西膠山。山分南山中山北山。均不甚高。而中山之岩石泥土中。在淡草根際。有一種土珠。掘土一二寸。即得之。蓋徧地皆是也。其形甚圓。色白而光潔。粒粒如珍珠。然惟珠殼尚薄。碎之中含有泥土少許云。

第三十七課　骨牌草（隱花植物中之羊齒類）

吾邑惠山有特產之草。曰骨牌草。因葉之背面有淡黃色之點。其數與骨牌之點同故名。採而詳驗之。知爲隱花植物中之羊齒類。葉背之包子。其點狀排列。適如骨牌之數耳。此草產於惠山之頂及峯腰。而石門下則所產尤多焉。

第三十七課　菰（菰爲多年生草本中之禾本科）

菰俗名茭白。爲根莖平行脈。葉每年分根移植。而產新葉。多年生草木本也。吾邑北郭外三里許。有梨花莊。田間多植茭白。（梨花莊卽此次澄錫軍劇戰之處也）葱蘢之葉。拔而出之泥中。截其毛根。剝其護葉。留其近根之段。莖直而堅。玉潔而潤。可供人食品。他鄉雖有此產。然不若梨花莊茭白之著名也。

第三十八課　金鯉（鯉爲脊椎動物中之魚類）

鯉爲鮒之變種。金鯉又爲鯉之變種。惠山之二泉亭畔。有方池。蓄金鯉數尾。爲惠泉之特產。其形與普通魚類中鯉魚無異。惟其金紅之色。燦然鮮明。長者二三尺。小者數寸。每年產卵而生之幼魚。色亦紅黃可觀云。

第三十九課　方解石及鐵砂石

滸湖諸山岩石各殊。惟就獨山徐巷一帶之岩石。考察之。約分兩種。一爲方解石。一爲鐵砂石。管社山之岩石。多方形。鑿而碎之。中多方形結晶體。徐巷之山皆鐵沙岩。梅園西澗之岩石。皆含有薄層之鐵質。其斷層多紅砂。質地甚堅也。

第四十課　物產結論

吾邑物產有特別製造之品。爲各縣所不及者。如綠豆所製之粉皮及索粉。黃豆所製之豆腐及醬油。麥之麩皮所製之麵筋。是以植物爲製造之原料。皆爲家常食用之特品也。雉鶖之採集。可佐盤飧。魚蝦之販售。可供罐食。是則動物爲食品之佳者。惠泉可以釀酒。粘土可以製磚。白石可以燒灰。煆鐵可以冶鍋。是又岩石礦質土壤等。足供吾人日用之品也。要之博物材料。隨地皆是。苟能知其效用。則物產不可勝用矣。

也。

第六課　明陽泉

㵒山之麓有泉焉。一泓之水。清冽寒潔。水量厚重。含鑛質多。以山前有明陽道觀。故名明陽泉。試飲泉味。較之惠泉稍次。客擬取明陽泉爲製造啃囒水之用者。以集資未成。建築啃囒水廠之議。遂未能見之實事云。

第七課　新村瓜

邑之北鄉。青城萬安交界處。有村曰新村。周圍四五里。產香瓜。形似石塘瓜。而味則酥甜。年老人食之最宜。產額殊多。獲利殊大。近新村數十里間。鄉人爭植此瓜以售利云。

第八課　蘆荻

吾邑太湖之中產蘆荻。蘆爲多年草本。莖高丈許。中空。葉細長而尖。有平行脈。秋開細花而色白。莖可以製蘆簾及葺屋。或用爲薪。萌芽可食。俗稱蘆筍。根性

涼。可入藥。荻與蘆同類。高五六尺。葉稍闊。莖較韌。小而中實。二者皆水生。故沿湖港灣。所產甚多也。

第九課　桑牛

桑牛。甲虫名。長寸許。灰褐色。觸角長於體。桑之害虫也。常囓桑樹外皮及嫩葉。往往斷其細枝。其幼虫如蠐螬。生於夏末。不早除去。直接有害于桑。也即間接有害于蠶也。又有全體黑色而有白點者。觸角較短。各嚙桑。亦爲桑之害虫。近年吾邑蠶桑之利日盛。而害桑之虫日亦多。此不可不研究者。

第十課　土壤

土壤有砂土、粘土、壚土、壤土之別。粘土成分多而砂土成分少者爲壤土。粘土成分少而砂土成分多者爲壚土。吾邑西南濱湖。多粘土及壤土。東北地勢較高。壤土較多。是以檢查四鄉之田土。沿湖之田。既多粘土。故種植物產。水稻陸麥。甚爲相宜。高原之田。略有砂土。故種植物產。豆麥桑麻。均屬相宜。是以土壤之肥磽。一邑之物產。頗有盛衰之關係焉。

吾邑植動鑛三者。天產品實多。昔年爲初等小學三四年級授鄉土博物。曾編四十課以授之。既而不敷應用。補編十課。因小學生鈔錄困難。特排印成冊。較爲便利。雖明知不合現時課本之用。然吾邑尚未見有鄉土博物之編輯者。爰誌數語於後。或可引起同人編輯鄉土課本之思乎。庚申無錫病驥老人附跋

無錫都市地理之研究

（民國）王益厓 撰

《無錫都市地理之研究》，（民國）王益厓撰，見於中國地理學會所編之《地理學報》民國二十四年九月第二卷第三期。

王益厓，生平不詳。《無錫都市地理之研究》，所論爲二十世紀三十年代無錫經濟地理之學術著作，把無錫作爲華式都市的典型來研究。該文一開始即把無錫定位爲運河區域的標準城市。文中寫道：『無錫爲華式都市，分佈於長江三角洲之運渠區域上，同時又多新興工商業，土地利用較爲複雜，故在都市地理上，實有研究之價值。』該文從無錫之地理位置，運河及河流之分佈，因漕運與無錫經濟有密切關係，從而研究無錫都市的形態、水鄉城市的建築及其特色。該文又分析了無錫城及周邊地區土地利用的種類，當時發達的水上交通及碼頭、堆棧成爲論述的重點，兼及商業區與河網的關係。特别從地理的角度論述了當時無錫現代工業的分佈及特點，指出了將來城市擴展的設想。該文保存了二十世紀三十年代無錫城市形態及經濟狀況的寶貴資料，特别是當時的一些照片，極爲珍貴。文中有地圖多幅，反映了無錫城市步入現代城市初階的情況。本書是不可多得的地理資料，對今天城市的發展規劃也有參考價值。

本書據民國原刊影印。

（徐志鈞）

無錫都市地理之研究

王益厓

無錫……運渠區域之標式城市 我國都市之類別凡三：一為華式都市，是由我國之城市發展而成，我國之大部都市均屬之；二為華歐型都市，凡都市之有租界區域者，均呈此型，上海其例也；三為歐式都市，聚落之構造，俱行歐化，青島屬之。無錫為華式都市，分佈於長江三角洲之運渠區域上，同時又多新興之工商業，土地利用，較為複雜，故在都市地理上，實有研究之價值，且人口得十七萬一千一百二十四人①，已在大都市之列，今雖京滬路通過城北，但以運渠在城市地域上，環繞有三匝之多，西北端港汊紛歧，河幅又廣，故今日貨物之運輸，旅客之往來，對京滬路雖不無受多少影響，但大都仍賴船舶以轉運，而運渠都市之景觀 *Paysage Ceographique* 猶得保存於其間也。

無錫之地理位置 無錫之位置，自地理之觀點言之，可分為二：

I 地理的一般位置　無錫位於長江三角洲湖沼地域之北側，南瀕太湖，大運河流貫其間，北通武進鎮江，南連吳縣杭縣，西北又可由錫澄運河，（名江陰漕河，或江陰運河）往江陰以出長江，南由梁清谿越太湖以連沿邊各縣，加以境內港汊紛歧，密如蛛網，故交通之利，以水不以陸，即遠至上海，亦可由運河與吳淞江相通，換言之，無錫者太湖北岸之水運中心地也。然亦有病，無錫位於太湖之正北，同時又成上海背地之工商業都市，以東各縣之貨物，以直趨上海為便，故其水運中心，西重於東者，此其一也，縣城以東之人工運河雖多，除大運河外均甚狹小，城西則反是，澄常宜溧，均有河幅較廣之運河相通，卽聯絡太湖沼邊各地之梁清溪，亦偏城西，故其水運中心之西重於東者，此又一也。

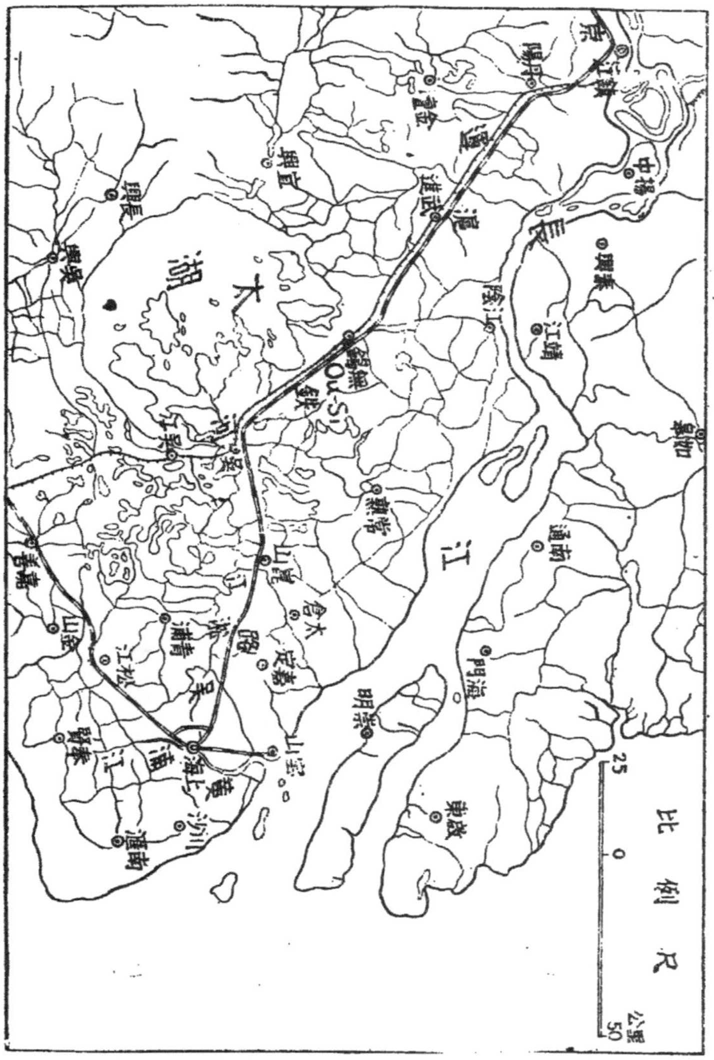

無錫地理的一般位置

Position Générale Géographique d'Ou-Si

註①爲民國十八年之戶口調查，見無錫縣公安局年鑑，調查統計二三至二四頁。

II. 都市地形的局部位置　卽都市地理上之所謂核心位置 *Site* 是也。是爲渠畔都市，故欲述此種核心位置之前，不能不先述附近運渠分佈之大要。無錫城中及其城外之河流，均屬人工開鑿或曾加疏濬之運河，成網絡狀，水道提綱所謂運河至無錫城分絡而南者是也。自今日無錫都市地域上之運河系統言之，大致可分成三部：

A.城中運河　自北水關直行出南水關者，曰直河，又名絃河。其自直河分流而西者凡五：一由直河北端分流西行，出留郎橋（一名柳浪橋）循城而南者，曰留郎河；二由直河出太平橋（右名泰定橋）而西合於留郎河者，曰斥瀆，是由元泰定二年鑿通直河而成者也；三由直河出新市橋（舊名胡橋）西行者，曰胡橋河，至駐驄橋分而爲二，一南行爲鶯河轉西經前無錫縣治前者，曰玉帶河，今塞，一由駐驄橋繞前縣治後之阜民臺，合留郎河南行，折而東，與玉帶河會；三由直河出水礎橋（一名水獺橋）西行爲水礎河經城隍廟前，至迎溪橋，更西折而南，合前西溪，成荷花蕩，轉而南入東帶河；五由直河出虹橋西行，納荷花蕩之水，而出西水關者，曰東帶河。其自直河分流而西者凡二：一出打鐵橋，東行循城而南，過便民橋，以合直河者，曰弓河；一出盛巷橋，經縣政府（前金匱縣治）前轉北繞錦樹里，會於沙盆潭，而入弓河者，曰倉前新河，別有箭河九道，其次序自南而北，第一第九均湮，概由弓河西向，今

25

城內之直河

無錫都市地理之研究

三

通直河者，惟第三第六兩箭河而已。上述各河，河道均狹，卽古運河之直河，船隻亦少，自事實言之，業無河運之價值，僅供城內住民之用水而已耳。

B. 環城河　自紅尖(一名江尖)運河，分支南行，又分流而西過外弔橋者，爲外城河，一名新板橋河；其循城而行者，曰西城河，南至太保墩分流而出西定橋者，曰梁溪，(一名梁清溪)，又南行至西水關，東帶河來會，又東南，過南弔橋，合直河，東城河自東來會。東城河自紅尖之東，運河分支出長安橋，又分流接西城河，其北上而東行者，又貫北水關而爲直河，其東過北門橋(卽弔橋)，環而南，爲東城河，過東門橋，至南水關外，會直河，更合西城河，過塔橋，至黃泥橋口，而羊腰灣之運河，自東來會。自大體言之，環城河卽爲城壕，本爲防禦之用，自觀察所得，其用以運轉貨物而爲民船停泊所者，則概在西北兩部，卽紅尖西側之分支運河，經石舖頭小尖西側南迄太保墩迎龍橋之河段，亦爲無錫城外河運繁盛之一部，而北門橋至光復門稍東東城河一段次之，至其餘之東城河，與夫太保墩以東之西城河，則

西門外之西城河

不甚重要。在錫考察時，東門橋以南之東城河，僅見河泥船一艘而已，至太保墩迄南吊橋間之西城河段，有運貨之民船往來，河運雖不重要，然自大體言之，東城河既不利用，而南門外黃泥橋至梁溪間之談渡河，又無船隻往來，(考察時見其西部僅有木排停放)其西北部與南門間之河道最短者，自當以此段最佔重要位置者也。

運河　運河在無錫，俗稱塘河，至城西北隅之吳橋後，過黃埠墩，會寺塘涇(俗稱河塘)，東行稱三里橋河，至北塘，分而西南，一繞虹尖，一過長安橋爲環城河，又東過大橋分而南，入環城河，分而北，爲轉水河，其東出工運橋(一名通運橋)繞而南，過東門外之亭子橋，南行至城南之羊腰灣者，蓋即運河是也，俗名塘河，至黃泥橋會環城河，與橋西之談渡河遙相對峙。運河自合流點南行，幾成直線狀，即俗稱南塘河者是也。是本屬無錫水運之重要河道，惟自漕運停止，京滬路開通以後，此河在水運上已失重要性，故今日水運繁盛之地區，北爲吳橋至工運橋稍東一段，南爲南塘河，而東門外之塘河，其船隻往來也，僅較太堡墩至南吊橋間之西城河略優而已耳。至吳橋至工運橋稍東一段，則爲全城水運最爲繁盛之河川，由是點言，今日此地之大運河，長距離之運輸，已等於零，觀乎北塘南塘爲民船之二集中地也，不亦顯而易明者乎？

運渠分布之大要，業如上述，更進而述無錫城市之核心位置。自今日之無錫城市言之，其爲渠畔都市也，至爲明顯，但其城距太湖極近，梁清溪外之五里湖與長廣溪，均係太湖湖面縮小之遺跡，然「今之城，蓋自秦漢置縣始」②。距今已二千餘年，湖畔本可發生都市，其因湖面縮小，而都市之向湖岸後退者，世界上本不乏其例，是則此市之發生位置，不能不求之於古籍者一也；無錫城市區域之河川，概屬人工開鑿之運河，自上述言，運河繞城東行，則城市成生在先，運河成生在後，此種推想，自易引起，換言之，古代之無錫城市，是否位於渠畔？是則此市之發生位置，又不能不求之於古籍者二也。

甲、古代無錫城市之核心位置　自此城之縣志言，其古代之核心位置，可得而推論者凡二：

註②秦緗業等纂編無錫金匱縣志卷四，一頁。

A 屬於自然方面者　欲決定無錫核心位置之前，不能不先明古城位置，與今城有無不同，則考証尚矣。「今之城，蓋自秦漢置縣始，越絕書所載是也，……按越絕書無錫城周二里十九步，高二丈七尺，門一樓四，其郭周十一里，百二十步，牆一丈七尺，門皆有屋，是書成於漢人，則城爲漢城。南徐記縣舊城基也，是南朝因之也，唐李吉甫元和郡縣志，無錫漢舊縣也，吉甫此志，凡今昔有異者，必詳其故城之所在，此不言故城，明其城卽故城也，是唐亦因之也，唐書地理志泰伯瀆③在縣南五里，陸羽惠山寺記在縣西五里，與今城合，然則自漢以來，城固未嘗易處矣」④。從上文言之，今城雖屬古址，但云城周二里十九步，面積甚小，其非今城也明矣，故我人欲研究古城發生之核心位置，第一應先明瞭古城在今城之何部份？第二應研究古城之發生位置。

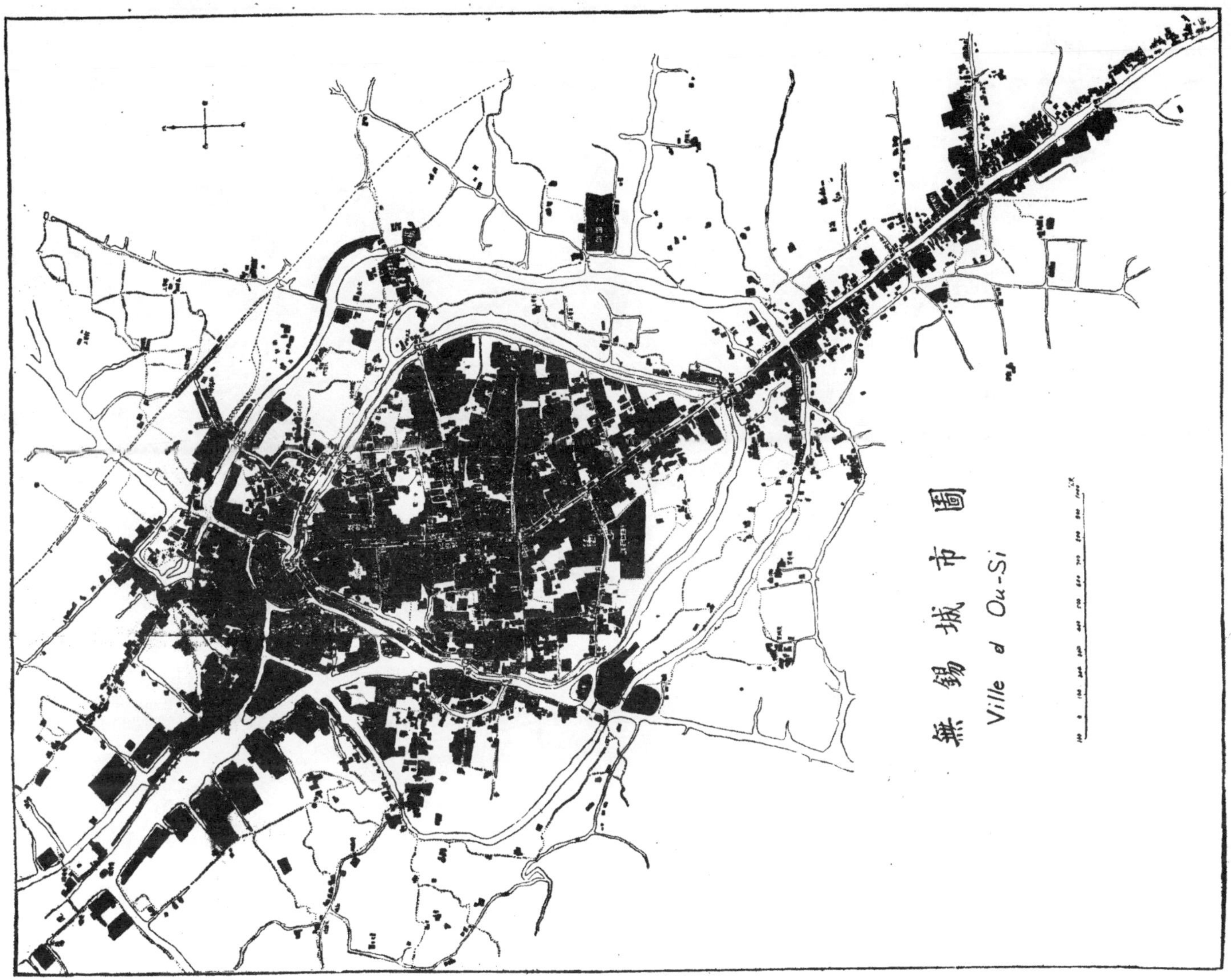
無錫城市圖
Ville d Ou-Si

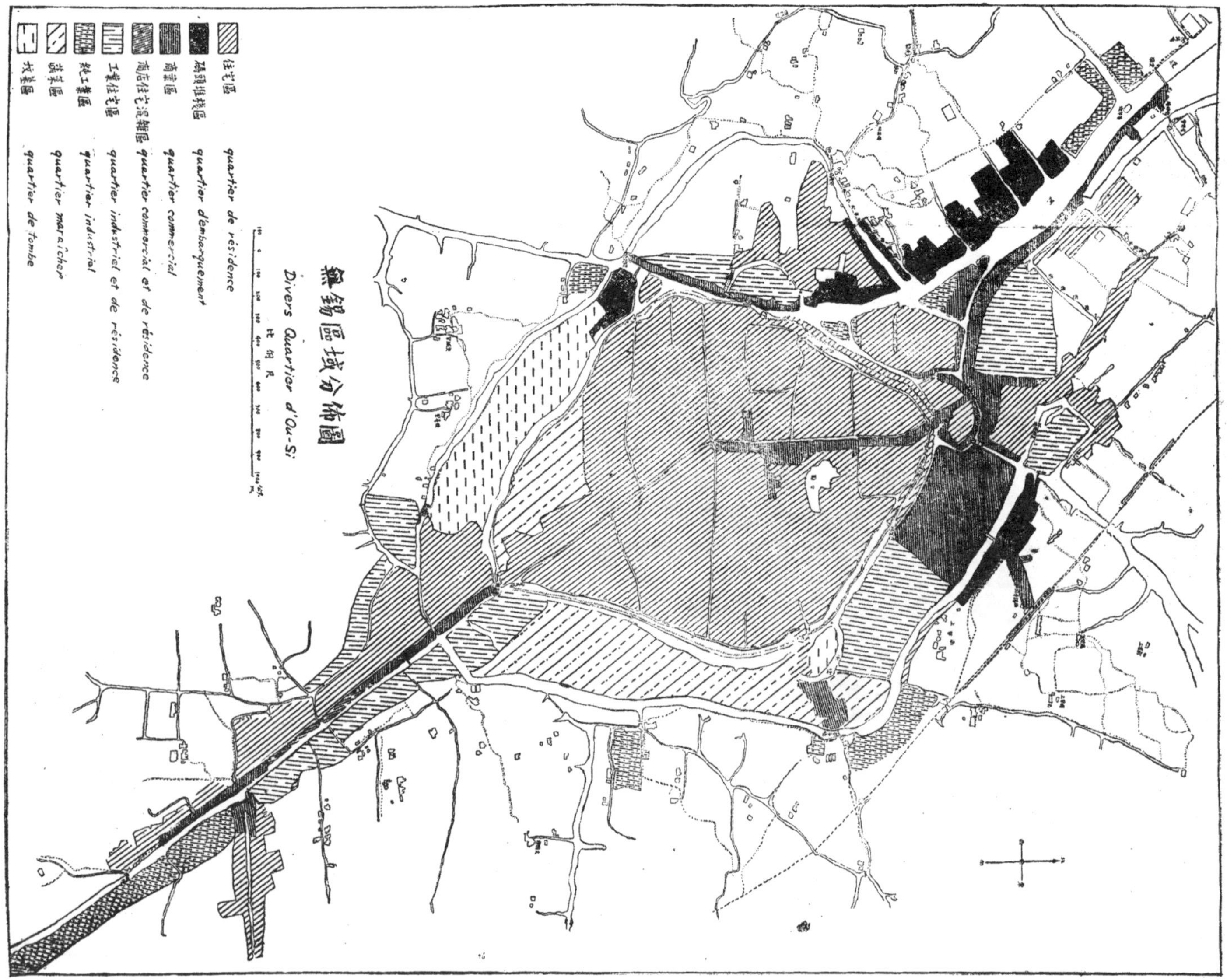
無錫區域分佈圖
Divers Quartier d'Ou-Si
比例尺
住宅區 quartier de résidence
碼頭堆棧區 quartier d'embarquement
商業區 quartier commercial
商店住宅混雜區 quartier commercial et de résidence
工業住宅區 quartier industriel et de résidence
純工業區 quartier industrial
蔬菜區 quartier maraîcher
坟墓區 quartier de tombe

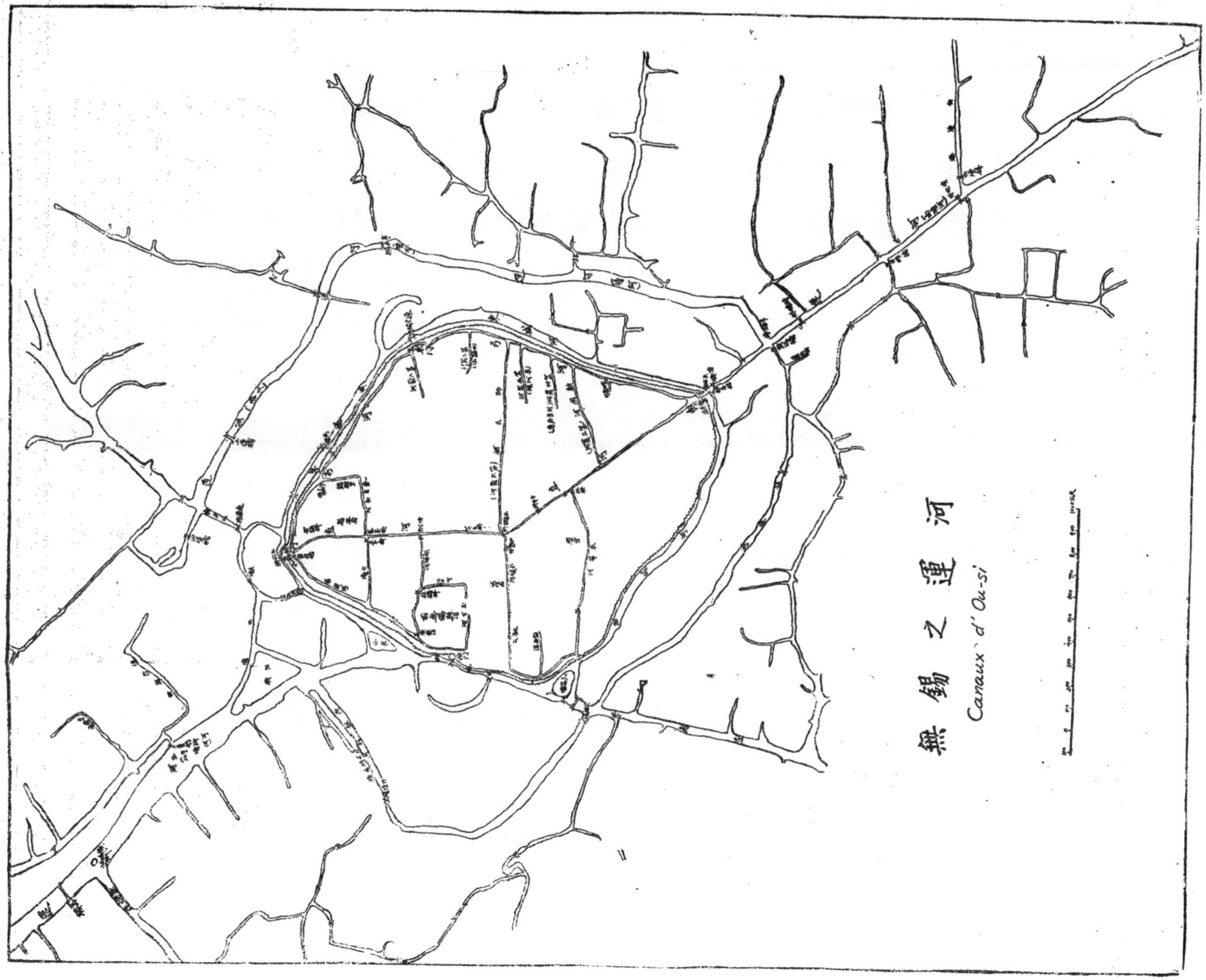
無錫之運河
Canaux d'Ou-si

1. 古城爲今城之何部份？ 我國古代城市，本分城郭二部：內城曰城，外城曰郭，郭大而城小，是則古城在今城之中也明矣。「宋乾興初知縣李晉卿重築舊子城一百七十七步，東接運河，西距梁溪，……考縣治之後，有阜民台，爲舊子城基，其上舊有觀稼睡花二亭，元志亭在舊子城基上是也，又有土邱，在縣治之左，俗號察院墩者，亦當是子城遺跡，譙樓即其城樓，外有河周之，則其壕也，而縣治適居其中」⑤自上述言，則駐驄橋以西之胡橋河營河，留郎河玉帶河等所圍繞之方形地域，淸之縣治，亦即古子城也，「以四周河形，考其城制，截然而方，其方半里，其周二里，越絕書城周二里十九步，亦謂此城也」⑥由是以言，古城位於直河之西，西城河之東，駐驄橋營橋，匯龍橋壩橋間地，其爲錫城之發生地也，不亦顯而易明者乎？

註③泰伯瀆即今日南門外之伯瀆港。

註④無錫金匱縣志卷四，一頁。

註⑤無錫金匱縣志卷四，一，至二頁

註⑥無錫金匱縣志卷四，二頁

2. 古城發生時之核心位置。 自上述古城之位置言之，距今運河（即無錫人所稱之塘河）相距甚遠，古代是否爲渠畔都市？實不能不有所說明。咸淳志載「城在運河西，梁溪東」「宋乾興初知縣李晉卿重築舊子城一百七十七步，東接運河，西距梁溪」⑦，是則古城之爲渠畔都市也，又顯且明矣。然自今日上述古城之地位言，與運河梁溪相差過遠，曰東接，曰西距，毋乃太不相類，是則梁溪與運河等今昔之異同，又不能不稍加以研究者矣。梁溪之在今日，本屬西城河至太保墩分流而出西定橋之河道，但古梁溪與今稱略異，「唐鶴徵府志梁溪源出惠山，其袤三十里，乾隆志西門橋本名梁溪橋」⑧，是到上述之梁溪者，即今之西城河也⑨。梁溪古昔一名西溪，今日城內之西溪與東帶河，亦屬昔日之梁溪⑩，其所謂梁溪者，即爲今日之西城河，殆無疑義。然則宋代之所謂運河者，果爲今日之何河乎？曰「城中直河，自北水關入，直行出南水關，亦名弦河，以有弓河箭河而名之，故運河道也」⑪。元志謂斥瀆胡橋諸水，皆東入運河，倉前新河及弓河箭河，皆在運河之東⑫，古運河之爲直河也，其義至爲明顯。「康熙志云唐鶴徵河渠說錫城久圮，漕艘貫縣而行，後因倭警築城，運道乃繞城而東出，是改從東路，在嘉靖甲寅後也」⑬。明季築城以後，漕運固不易由直河通行，但缸尖運河西城河與塘河，均屬運河，河幅又相若，其舍距離較短之前者，而就迂迴道遠之後者，果何故乎？曰「西城河實南北水驛，舊并於運河條內，稱運河分支繞城，以城西水急，故糧艘多走城東道，……乾隆志始以環城河別立條目」⑭。是則今運河以糧艘而東繞，以東繞而得專名者矣。自上述言之，塘河之行漕運也，已在嘉靖甲寅(1554)以後，而得名復在康熙時代(1662—1722)，古城之核心地域，與此無關，觀乎漕艘貫縣而行一語，是則今日之直河，本屬嘉靖以前之古水運要道也。直河舊名邗溝，因吳郡圖經續記，以蘇常運河爲古邗溝故名⑮。則直河成於春秋之吳，而錫城之建築，最早則在秦⑯，是則先有運河而後有城者矣。由是言之，東接運河，西距梁溪之古子城，其爲渠畔都市也，不又與今相若者乎？

註⑦無錫金匱縣志卷四，一頁。
註⑧無錫金匱縣志卷三，五頁
註⑨無錫金匱縣志卷四，二頁
註⑩無錫金匱縣志卷三，五頁及卷四，三至四頁。
註⑪無錫金匱縣志卷三，一頁
註⑫無錫金匱縣志卷三，一頁
註⑬無錫金匱縣志卷三，一頁
註⑭無錫金匱縣志卷三，二頁。
註⑮無錫金匱縣志卷三，二十九頁。
註⑯清周有壬無錫非漢縣論

B 屬於人文方面者　古代無錫城之成因與演化，其人文方面與核心位置有關者凡三：

1. 與礦業有關　無錫二字，觀其名，思其義，似與錫有關者也。考陸羽，惠山寺記云，「山東峯當周秦間大產鉛錫，至漢興，錫方殫，故剏無錫縣，屬會稽，後漢有樵客於山下，得銘曰，有錫兵，天下爭，無錫甯，天下清，有錫沴，天下弊，無錫乂，天下濟，自光武至孝順之世，錫果竭，順帝更爲無錫縣，屬吳郡，故東山謂之錫山，此則錫山之岑嶔也。」又唐聶厚載無錫縣治記亦云：「故順帝更爲無錫縣，又按圖經本隸會稽，王莽改爲有錫，至吳時改爲無錫」，又縣廳記云，「其有是邑得名之始，與建廢置之由，陸鴻漸惠山寺記備之矣。」綜上以觀，錫山之大產鉛錫，則在周秦間，而城之建築，最早又在秦，其時代又合，非徒城市以錫之有無得名而已也，惠山寺記云寺在無錫縣西五里，是則山東峯之錫山，距城更較近，今日古城之成因，是否與產錫有關？雖屬已不可考，然自上述之研究言，古子城在錫山山麓附近，而又介乎梁溪與運河之間，其因產錫及運河而發生者，實有可能性也。況梁溪本屬源發惠山之天然川，後以人工疏濬，始成運河，更與錫山泉水所成之滸溪相連，但梁溪注入太湖，則錫山所產之錫，自難致遠，不能不藉城中直河之古運道以轉運，則古運河與梁溪間，礦業聚落之發生，是又在理想之中矣。觀夫古子城之西，則直逼梁溪，東則距古運河稍遠者，此種推想更有可能性。據上述之文獻，更按以古子城在錫山山麓附近，而其城之設置，又在鉛錫盛產之秦漢期間，是則古城之發生，亦不能謂爲與鉛錫之開採絕無關係者也。

2. 與防禦有關　我國歷史上之政治重心，宋以前，本在中原，加以無錫非用武之地，故城圮亦不重視，此宋代李晉卿之所築，亦僅及子城而已耳。「其外城蓋未遑及，故建炎初，寇至而無城可守，南渡以後，蓋嘗治之，名南門曰朝京⑰，是其徵也」⑱說本考乘謂自是以後，皆郎外城而修築之，子城遂無有及之者⑲，是則元至正十五年(1355)之重修，僞吳張士誠之增廣其制，嘉靖三十三年(1554)明知縣王其勤之築城禦倭，是均因防禦修築古郭而成今城者也。自上述言之，南宋以前，聚落主爲子城，而城市之向外擴張者，防禦爲之也。

3. 與漕運有關　運河一稱運糧河，又名漕運河，是始於魯哀公九年(紀元前486年)吳之邗溝，而全成於元世宗至元二十年(1283年)，蓋由各地之河川湖沼聯絡而成者也，元前僅有部分交通之便，京師在燕自元始，故漕運之自南而北，亦自元始，考無錫金匱縣志，「宋以前，城之修築無可考」，乾興初，李晉卿之重築子城云者，城之久圮也明矣，久圮足徵無錫雖位於運河畔，而不爲世所重視，自元以後，城之修築，迭見史乘，蓋斯時已位於漕運要道之上矣。明清漕運本重，盖所謂「運河當南北之衝，異時轉漕吳會之粟，咸出於是」⑳者，是可以知其都市之復振，與漕運至有關係者也。

註⑰咸淳志城在運河西，梁溪東，又云今門關有四，東熙春，徑膠山，南朝京，徑平江，西梁溪，徑惠山，北蓮蓉，徑郡城。蓋咸淳本屬南宋度宗年號，時偏都臨安，故斯時名南門曰朝京。

註⑱無錫金匱縣志卷四，三頁。

註⑲無錫金匱縣志卷四，五頁。

註⑳無錫金匱縣志卷二，一頁。

乙今日無錫城市之核心位置 今雖京滬路與運河並行而過其城北，但以人工運河，四通八達，旣可由梁清溪以出太湖，復可由錫澄運河以通江陰，而運河復西通常州，東運吳縣，加以縣境運河，分支四出，故其地貨物之運輸，旅客之往來，仍重水而不重陸，北門以外，渠道最多，江陰常州宜興等縣往來之船舶，咸集於是，故渠畔都市之景觀，猶得保存於其間也。但今與昔稍異者，運河在漕運未停以前，本屬南北之水驛，今則附近所集船舶，泰半用於短距離之運輸，其成一區域之水運中心也，特徵尤爲顯著，此則略有所不同耳。無錫以運渠網著，附近又屬我國主要產米區域之一，水運低廉，民船集中之無錫，其成米市也宜矣。但「無錫夙爲聚米之區，故自昔以來，米市繁盛，爲無錫商業之中心，迨漕米停辦，米市遂一落千丈，嗣後皖米在煤炭港打包，外省之米，多由陸路運運，直達滬浙，不再在錫轉運，米市更一蹶不振」㉑是非南北水驛之無錫，以地位一變，而影響市之商業者乎？蓋今日之運河，自海運江運鐵路等運輸業發達以來，已回復以前部分交通之機能時代，故其米市所及之範圍，亦僅限舟運之所及地而已，但以附近水運之便，原料之豐，上海距離之近，錫人企業心之富，故紗絲麵粉染織翻砂油米等廠次第發展，而成上海背地之有名工業市者，人事以外，運渠之錯綜，亦與有力焉。

註㉑中國實業誌江蘇省第四編商埠及都會二一五頁。

無錫之都市形態 我國都市，大部爲德人所謂之城市 *Burgstadt* ，蓋是因防禦而發生者也，無錫城位於平原之上，其地形之於防禦也，本處於不利地位，此不能不利用運渠以補其缺，今日之環城河者，一顯明之城壕也，故城壁環繞之胴體部 *Rumpf*，遂不能不隨運渠之流路而成菱形，故胴體部之輪廓，至爲明顯，是非運渠之影響於都市形態者乎？但城市之出入要道，厥爲城門，東曰靖

妙光塔上之錫城鳥瞰

海，南曰望湖，西曰試泉，北曰控江。民國後又於東北二門之間，增一門曰光復，是均住民出入之要所也。其城外交通，又重水運，故其肢節 *Gleiderung* 形態，概受此種交通線所支配。其肢節之分布方向凡二；一爲南門外之南塘河，北門外之北塘河，均屬運河之正幹，水運既便，能及遠地，故肢節之發展亦特著，而南門外市街之較長者，伯瀆港之來會爲之也；二城市之城門，爲市民出入之所，而環城河與運河間，船隻又易通行，故此種城門外兩河間之陸地，每爲肢節分布之所，例如東門外與西門外之肢節，是又交通線爲之也；三爲城外之島形地域而又當水運之要衝者，其上亦成此市肢節之分布地，如缸尖南尖小尖者，其例也。四爲環城河或運河之沿岸，每成肢節之分佈地，但其所受交通支配之條件亦有二：*a* 兩城門之距離較短，而環城河等又當水運之要

衝者，每成續連市街，如北門與西門間之外城根，其例也，b如無上述條件時，則僅分佈於城門口附近。至光復門外新肢節之發展，緜亘於環城河與運河之間者，水運以外，車站與有力焉。

綜合上述，無錫都市之形態，概受運渠所支配，至都市之立體景觀 *Sky Line*, 地形既屬平原，同時房屋建築，又概爲平屋，而樓屋次之，至高層建築極少，故遠望時，概呈低平形也。

無錫之都市構造 自都市之構造言之，其與地人有關者凡三：一爲城市；二爲家屋；三爲街路，茲特分述於下：

I 城市 我國之都市，大都因防禦而生者，故概屬城壁圍繞之都市。城市交通幹線極少，其出入之通路，僅限城門部分，以是城內土地之利用與夫城外地域之構成，概受城牆與城門所支配，是又研究我國都市地理之所不可不知者也。上述之環城河，在防禦時代，本視作城壕用者，至西北二門外之扇形島嶼，相傳爲僞吳所築之外郭㉒，觀乎興隆橋之稱外弔橋者，益顯且明矣，東門外雖有此種地形，已不顯著，而西北兩門外，猶保存於其間者，蓋以我國歷史上政治勢力之擴張，概沿運河南下，明太祖與張士誠，其例也。若夫今日無錫之城牆，全長凡六公里，城牆上箭垜與臺俱備，舊城門有四，東北之光復門爲光復時無錫軍政分府總司令秦毓鎏所闢㉓，用以通車站，是五者市民陸路出入之交通要道也。水關有三，南北與西南各一，是三者，爲小民船唯一出入之所，面積得二方公里餘之胴體部，而水陸交通路，僅有上述七線，線路愈少，而交通之影響亦愈大，城內土地之利用與夫城外地域之構成，其概受此種交通線路支配也宜矣。

清明橋南運河西岸之行與廊棚

註㉒無錫金匱縣志卷四，五頁

註㉓無錫光復志六九至七二頁。

II 家屋　無錫爲長江三角洲平原上之都市，故泥土極多，南門外伯瀆橋南方之運河東岸，概屬縣瓦之窰區，其所出之窰磚，即本市各家屋之主要建築材料也。故市內大部分之家屋，概屬磚造家屋。磚造家屋，本屬長江三角洲最普遍之形式。但是分佈於華中氣候區 *Central type or Yangtze Valley type*內，七月平均溫在攝氏二十七度以上，年雨量又在一千二百公厘內外㉔，實一夏季高溫多雨之地也，故錫地家屋方面對於夏季之降雨與日光，亦多特殊之設備，茲特分述於下：

註㉔Climatic Porvinces of china by Coching Chu,Nanking, 1931.

1. 棚　凡碼頭地區或河畔商店外側貨物起卸之處，概多棚之分布，蓋用以蔽雨，幷用以遮陽者也，其建築材料，大致可分爲三類：

A. 廊棚　上覆以瓦者爲多，中以西城河畔之老廊下，南門外清名橋南之運河西岸爲最著，概呈連續狀。

B. 鉛皮棚　形與上同，惟以鉛皮蓋之，此種設備之較爲簡陋者也。惟不呈連續狀。

C. 涼棚　以蘆蓆爲之，其作用主蔽日光，惟亦不成連續狀。

2. 遮陽　其法用兩竹中圍以布，置於簷外，而遮日光，晝則張之，夜則除去，是亦適應其地之氣候者也，是主爲隱蔽日光用者，故以遮陽名之。

無錫家屋中最有地理上之意義者，厥爲都市集中（*Urbanization*）之草棚。蓋無錫爲新興之工商業都市，人力車夫碼頭小工與夫工廠內之工人，在在需人，故都市集中之現象，至爲顯著，而其移入之住民，主爲江北之鹽城東台泰縣人，因是等均係苦力，無錫又無工人住宅之設備，而特殊之住居景觀於以生焉。茲以調查所得，分析述之於下：

甲　其屬於建築材料方面者：

A. 草棚之屋頂屋壁俱用蘆蓆爲之者　蓋無錫既濱太湖，而隣縣之江陰，又瀕長江，本屬蘆葦盛植之地，中以後者尤爲重要。蘆蓆價廉，本屬無錫附近住宅建築之副材料，觀乎北門外之茅蓬沿河而以茅蓬名者，可以知之矣。

B. 屋壁蘆蓆屋頂用稻草爲之者　無錫附近，爲我國著名之產米地，稻草既多，其價又廉，故亦作建築材料用。

C. 屋壁塗泥屋頂用稻草爲之者　是本在三角洲平野上，粘土之多，自毋待言，泥土之利用爲建築材料也宜矣。

D. 屋壁粗磚屋頂以稻草爲之者　卽以泥土成磚形曝於日中而成之粗磚，或中雜以碎磚而成屋壁之草棚是也。

E. 小民船之爲草棚用者　此等工人之原住地，亦屬運河地帶，其來也，每藉民船，初來時，每以船代住居。

乙其屬於土地利用方面者　移入之住民，概屬苦工，都會地方，地價本貴，是則此等草棚之於土地利用方面，實有地理上之研究價値者矣。其選擇之地域，主爲無主之荒地，換言之，概於地價無關者也。茲就觀察所得，分類如下：

A. 河邊，　苦工之來也，泰半依賴民船；故河中與河濱，遂成彼等主要之利用地矣。

B. 浜之四周　無錫多運河，卽其絕潢斷港者亦多，蓋卽所謂浜者是也，浜之末端，每爲水運絕無利用之處，故常成是等草棚分佈之所，南門外之炒米浜，其例也。

C. 城根地帶　內外城根，本屬無主之荒地，如南門及西水關內外，與夫東門之外城根，其例也。

D. 平坦之陸地，　凡遠離鬧市之工場附近，或爲荒地，或爲工廠所有，此種地域，卽有人管業，地價亦不過高，故亦多此種草棚分佈。

丙其屬於草棚住民之職業方面者，　大致可分成下述三類：一爲換灰，蓋無錫本位在稻米地帶上，住民之日常然料，主爲稻草，稻草灰本富苛性鉀 *Potash* 者，可作稻田肥料、草棚住戶，故以灰之賣買爲生，東門外城根上之草棚。其例也；二爲炒米，以糯米炒之，製成炒米糖，向都市住民販賣以爲生者，如南門外之炒米浜，其例也；三則男子爲人力車夫或工場與碼頭小工，女子洗衣或爲紡織女工，是爲大部草棚之普遍職業。自調查言之，其以灰與炒米爲業者實居最少數，幷以副業者爲多。憶民國二十二年曾至炒米浜時，晤一鹽城老者，云來此已五十年，初來時以炒米爲業，南門外又有灰場浜之地名，是灰與炒米二者，無錫以前都市集中之誘因也，自京滬路開通工商業發達以來，已不佔重要地位。是則人力車夫，小工，洗衣，紡織女工等，今日無錫都市集中之主要原動力也。

丁其屬於草棚之分布方面者， 無錫都市集中之原動力，既如上述，故其棚戶之分佈地域，亦概受其支配，其可得而言者凡三：

A 城門口附近 今日都市集中之外籍人口，人力車夫亦屬主要職業之一，而城門又屬城市之出入要道，故棚戶分佈於城門口附近也宜矣。

B 碼頭堆棧區附近 此種外籍人口，除人力車夫外，貨物之裝卸，亦屬主要職業之一，故碼頭堆棧區附近，亦爲棚戶之主要分佈地，此工運橋東北側之所以獨成帶狀者也。

C 工場四周 男爲小工，女爲女工，亦屬棚戶住民主要職業之一，故工場四周，亦成棚戶之主要分佈地。

戊其屬於草棚之演化方面者 棚戶住民之來也，河畔雖無地價，但屬官河，故其侵佔也，亦不能不有一定步驟，此其一也；棚戶住民，大都來自江北之運河地域，南來每藉小民船，其由水而陸或成住民中之兩棲類也，亦不能不有一定過程，此其二也。茲據觀察所得，其演化狀態，則如下述：

工運橋東運河北岸草棚之演化　1.小民船　2.椿上船　3.椿上草棚

A 小民船停於河畔　凡初至之客籍居民，每以小民船代替家屋，其所停泊之河畔，每與上述之分佈條件有關，此其大要也。

B 民船破壞時，其下置樁停放或即置於陸地上　客籍居民之小民船，本甚簡陋，時日一久，每易漏水，岸畔陸地如無人過問時，彼等即置放於陸地上，前年至南門外炒

工運橋東運河北岸之椿上草棚

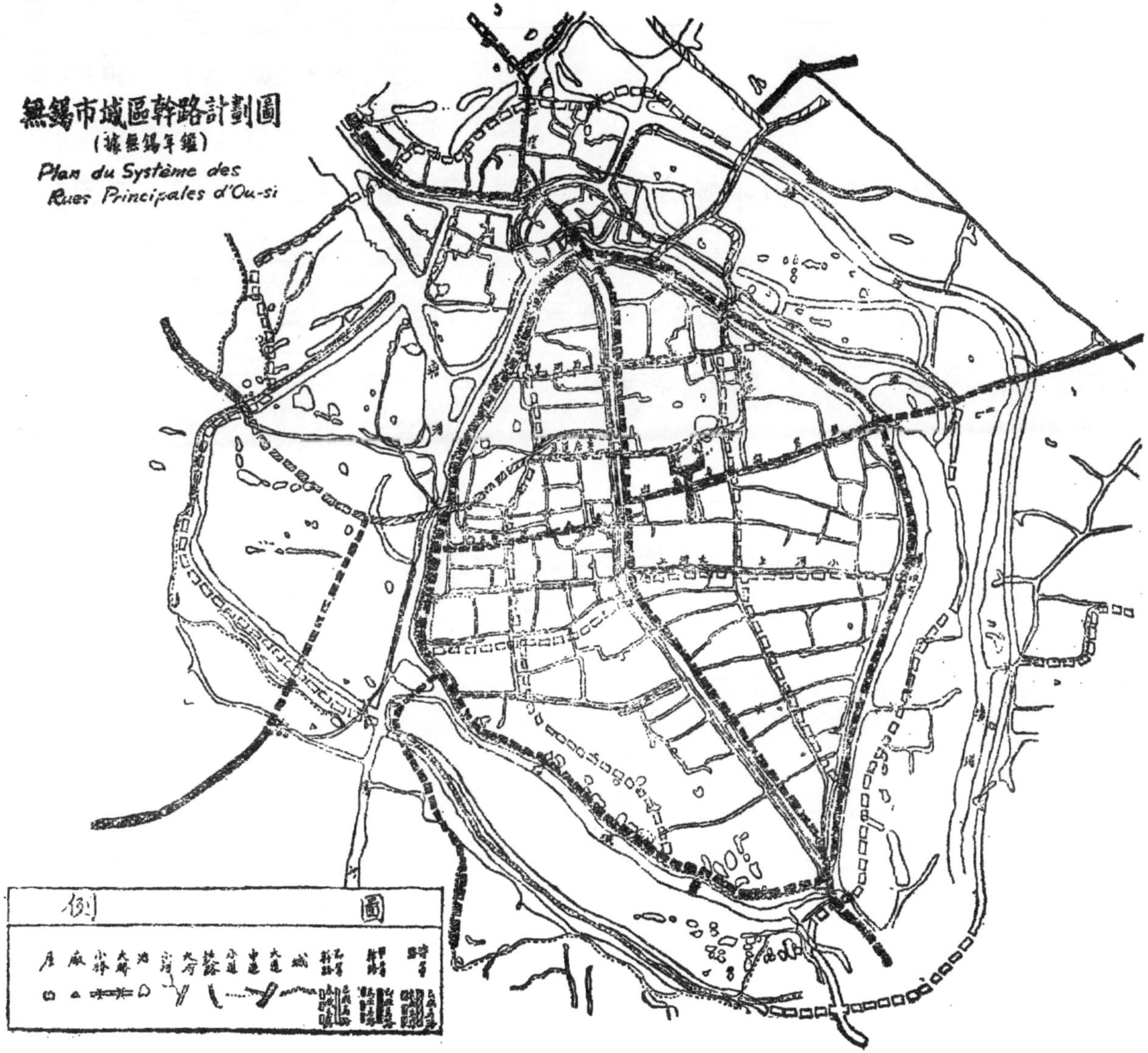
無錫市域區幹路計劃圖
(據無錫年鑑)
Plan du Système des
Rues Principales d'Ou-si
圖例
屋
廠
小橋
大橋
池
小河
大河
鐵路
小道
中道
大道
城

米浜考察時，會見此種陸地舟屋，如陸地不易置放時，每於河畔淺灘上，置椿停放，今日工運橋東側北岸一帶，猶多此種椿上民船也。

C 陸地草棚或椿上草棚　時日更久，民船破壞或生活較前豐裕時，就民船所佔之地位，陸地則成普通草棚，河畔則成椿上草棚。工運橋東運河北岸一帶，其椿上草棚，分佈竟成帶狀，而成特殊之地方景也。

Ⅲ街路　不規則直斜交之格子狀 *Gitterform* 街路，本屬我國街路之特色，此市亦不能例外，至於路面則極富地理性，大致可分成三種：一爲磚街，伯瀆橋南運河東側一帶，概屬磚窰區域，產磚極多，故磚街之分佈，最爲普通，實爲此市之特殊景觀；二爲石片路，此種石片，產自蘇州金山，錫人稱之曰金山石片，因產地較遠，故僅分佈於城外之主要通衢上；三爲煤屑路，主分佈於工場附近，分佈最狹，以其與工廠之用煤有關也。

街路狹隘，本屬華南華中城市之通性，無錫亦然，故城內市街，寬度僅得四尺至六尺，致城中最熱鬧之北門大街，人力車亦難通行，故前市政籌備處，曾有無錫市道路建設計劃㉕，擬議之主要線路，亦不外利用河堤城根城門，其概要略如下述：

A 城內十字形路　即通東西南北四城門之甲等幹路，（寬十二公尺）更築城內井字形路之乙等幹路（寬八公尺）以與第一環形路相啣接。

註㉕無錫年鑑，第一回，建設七至一四頁。

A 第一環形路　卽就內外城根所成之環城馬路，亦定爲甲等幹線。

B 第二環形路　是定爲甲等幹路，東沿運河東堤，北由釭尖，經泗堡橋南迄羊腰灣；西由釭尖，經興隆橋，迎龍橋南迄黃泥橋，以與前者相合，更於城外鬧市，別成甲等幹路之放射形路，以補充之。

無錫區域之構成　無錫自城市一點言，本屬防禦都市，成生之年代已久，區域之利用，本由歷代演化而成者，初固無都市計劃之可言也，加以地形爲運渠地域，工商業之利用，各處均便，故分區至爲不易，混雜地帶亦多，是又我國各都市之通性也。市內之陸運中心點 *Traffic center*，厥爲京滬路之車站，是爲貨客出入之陸運要地，光復門外之商業區，卽受此種中心點之影響而成者也。但無錫爲運渠區域之中心都市，水運價廉，陸運價貴，無錫今雖有京滬路縱貫其間，故貨客之出入，仍重水而不重陸。然欲明水運中心地 *Shipping center* 之分佈，第一應明瞭無錫城市附近運河之散布，自上述之運河系統言，錫城之西北端，非港汊紛歧，河幅獨廣者乎？其間幷多河幅廣大之運河，遠通四鄉以及隣近各縣，南門除運河外，僅伯瀆港略長而已耳，以是北塘河之水運，較南塘河爲重要。第二應明瞭錫城航線分佈之大要，但民船航線，與夫航船（卽短距離航行載貨客爲主之定期民船）綫路，路徑過多，研究不易，但小輪所經者，均屬民船航船通行之主要河川，苟從小輪航綫研究，亦可略知其大概，自今日無錫小輪航線言之，線路凡三十有三，而其中須經南塘河者，僅至吳縣上海后宅等三線而已耳，餘則概以集中於城市西北端者爲宜（參考無錫小輪航線分布圖）㉖，民船

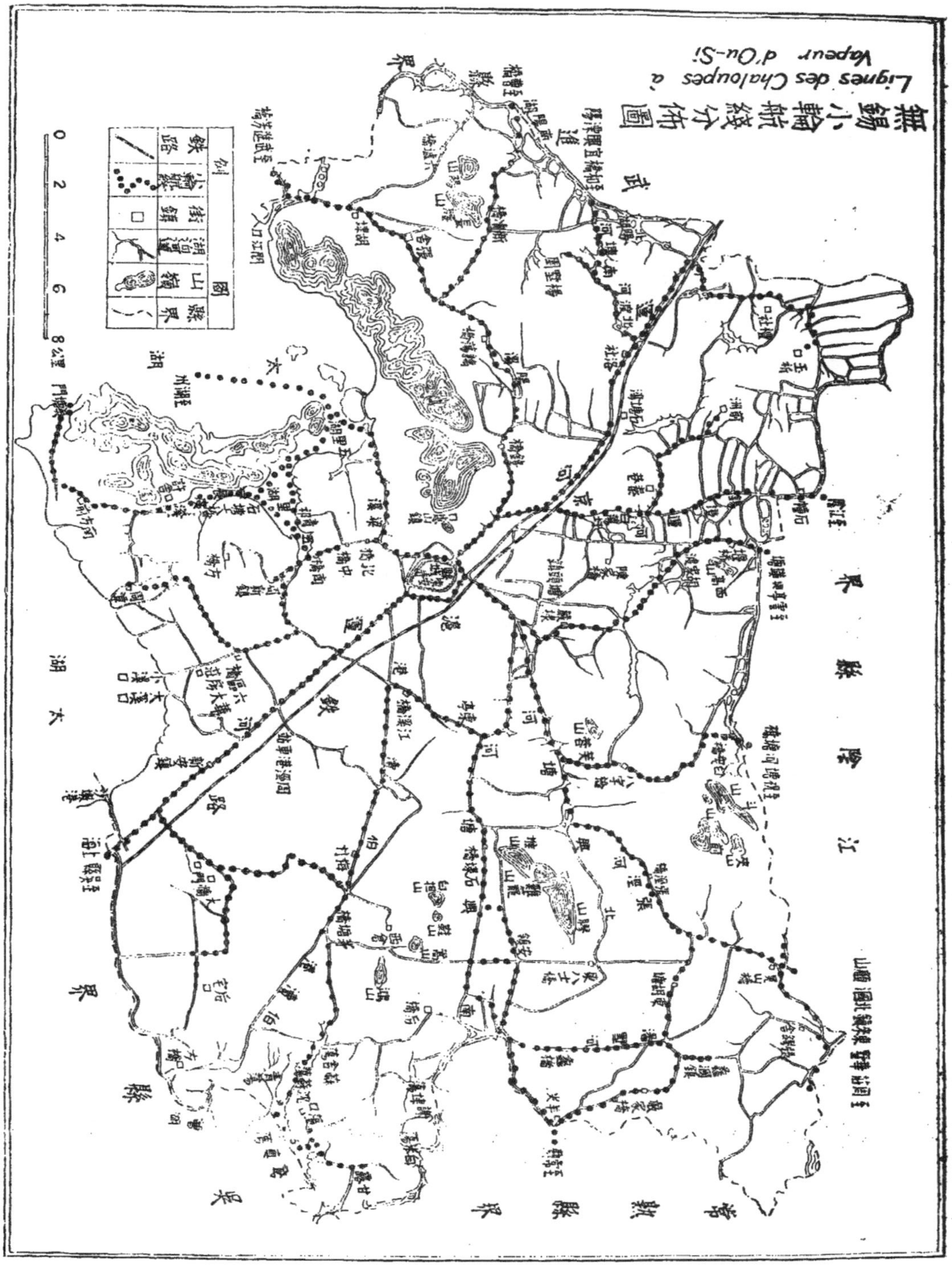
無錫小輪航綫分佈圖
Lignes des Chaloupes à Vapeur d'Ou-Si

航線，非可由是推而知之者乎？故水運中心地，大致可分爲二：

I 爲西北部之運河兩側　北自吳橋始，南至太保墩東迄工運橋東側止，錫城最重要之水運中心點也。其中尚有特徵之地域凡三：

一、民船集中地　大三里橋附近之北塘河岸一帶，河幅最廣，故停泊之民船亦獨多，舳艫相接，

大三里橋附近之民船集中地

工運橋西側運河兩岸之小輪集中地(兩側有堆棧)

帆檣林立，實呈港市景觀。

二、小輪集中地　工運橋西側之運河兩岸，爲無錫幾成唯一

五里湖中之湖州班輪船

之小輪碼頭，除湖州班以輪體過大停泊於大渲口外，概集中於是地，蓋錫地輪運，主爲旅客，工運橋距車站僅有數步之遙，其成旅客水陸聯運之地也宜矣。

三、駁船集中地　工運橋東之運河北岸，爲鐵路倉庫之分佈地區，沿岸停泊駁船極多，凡陸運貨物下卸而運至北塘一帶，或北塘貨物由火車裝運而他行者，均在此處起卸，換言之，一貨物水陸聯運之地也。二年前至無錫考察時，此處尙無倉庫設備，故其地亦無此種景觀，實爲錫地最近發生之水運中心地。

註㉖是圖由民國二十二年六月無錫縣公安局調查編成之無錫縣境內輪船航綫一覽表繪成。表載無錫縣公安局年鑑調查統計二四至二七頁。

Ⅱ爲南門外清明橋南之運河西岸　是受伯瀆港會流之影響，故成南門外最重要之水運中心地，但其船舶數尙不及西門外一帶也。

水陸交通兩中心點，業如上述，而錫人地域之利用，多少與上述有關，由是而研究其地域之構成，則其地人相互關係，亦益明瞭，茲將調査所得，分述於下：

I 住宅區　是本屬防禦作用所成之城市，城區以內，爲住民生命財產最爲安全之區域，除北門內成帶狀之商業地區以外，概爲住宅區域，是實我國城市之共同特徵也。卽城外地區，商業區之背面，均屬住宅，住宅區域，分佈最廣，實爲防禦都市之特殊景況。

II 碼頭堆棧區　無錫，一渠畔都市之河港也。其碼頭堆棧區，殆與水運中心地相一致，民船船身小，吃水量又弱，故在無錫區域分佈圖中之碼頭堆棧區內，均可停泊，換言之，民船之碼頭，不需多量之地積者也。惟堆棧面積則較廣大，且此種設備，已在鐵路開通及近代工商業發展以後，始行創設，自不能不擇空曠地區而又屬水運便利者以建築之，故主限於兩地：一爲大三里橋紅尖南尖小尖之對岸地域，是爲無錫最重要之貨物堆積地，錫城精華之所在也；二爲工運橋附近，是爲水陸聯運地帶，貨物之堆積，既有此種需要，

大三里橋上望對岸之堆棧

故其地區亦具此種性質者也。

Ⅲ 商業區　無錫非以商業都市著名者乎？但錫城既屬防禦都市，城市又濱渠畔，港汊紛歧，水運便利，在在影響商業區之構成。茲特分述其要點於下：

A 商業區構成之因素　其可得而言者凡四：

1. 受運河支配　在無錫區域分佈圖中，至爲明顯。卽光復門外之商業區，雖受陸運中心點之影響甚大，但附近多輪船駁船及民船等之集中地，其受水運之支配者亦不小也。更自北門至水礎橋間之商業區，其初本沿直河岸畔而發生者，直河爲古運河，是又受此種河川所影響者也。卽在今日，直河中亦有少數船隻往來，亦不能謂爲與運河無關。其受運河支配之影響最著者，厥爲城外之商業區，概沿河岸分佈，然亦有別：其港汊分歧之處，則商業區之分佈亦愈複雜，北門外其例也；河成直線狀，其旁支流少水運之利者，則成簡單型，但過一定距離至河，則商店次第減少，遂成商店住宅間雜之區域，南門外之日暉橋附近，非其例乎？此區一運清明橋附近，東有水運較大之伯瀆港來會，其南方之西岸一帶，又成純商業區者，後之支以配商業地也，其力不亦偉乎？

2. 受鐵路支配　鐵路之車站，本屬陸運上貨客之吞吐口，工運橋附近之商業區，卽受此種影響所支配者也。工運橋北至車站一帶，純爲轉運公司之分佈地，其現象尤爲顯著，至工運橋西之輪船碼頭，亦以旅客之水陸聯運故，而選其地，換言之，其地水運中心點之發展，亦不能謂爲與車站無關，是又我人之所不可不注意者也。

3.受城門支配　城門爲城內外住民出入之要道，換言之，亦一重要之交通線路也。故城門外側適宜於商業區之發展者，非我人在圖中一閱卽知之乎？

4.受城外支配　我國城牆以內，主由住宅區構成者，本屬我國城市之特色，但有住民，不能不有銷費，故商業區之構成，是亦勢所必至者也。其支配力一爲上述之城門，二爲今述之城外。凡城外有極重要之商業區時，每由城門向城內延長，錫城東西南三門及光復門以內，俱無商店街存在，而北門以內，獨延長至水礎橋畔，形成畸形之發展者，蓋以此也。

B 商業區分佈之形式　自區域分佈圖言之，大致可分二式：

1.成帶狀　商業區之成帶狀分佈也，在圖中至爲顯著，然自性質言之，亦可分之爲二：一沿運河分佈，是受地形及交通線路影響而成者也，南北塘及城內之商業區，此種現象，尤爲顯著；一沿主要交通線而分佈者，東門外及北門外吊橋與大橋間之商業區，其例也，惟此種帶狀分佈，槪不甚長，卽北門外之江陰街，亦屬此類。

2.成區域狀　光復門外之商業區是也，其成區域狀者，原因有四：一受車站之影響：二因南北西三方，俱爲水運中心地點：三以光復門新闢，城內外交通，較爲便利。四以街路店房，俱係新近建築，較有都市計畫。綜上四因，故其區之分佈形式，亦不能不與衆獨異者也。

C 商業區之性質，無錫之商業區，雖如圖中所示，但其商業性質，每以地理位置等種種影響而有不同，是又我人不能不略加分析者也。玆就調查所得，分述於下：

1. 主爲銷費商店者　凡城內，東門外，南門外清明橋以北等區均屬之，其商店之貨物，主供附近住民之銷費，故商店以零賣爲主，其受住宅區之影響也明矣。惟城內崇安寺一帶，攤商極多，與南京之夫子廟，蘇州之元妙觀同，且均位在城市中心附近，殆屬古商業地遺跡乎？未可知也。

2. 多行之分佈者　凡北門外西門外及南門外清明橋以南之西岸等區均屬之。蓋運河地區之行，以躉賣爲主，商品之出入額極鉅，而中以北門外尤爲重要，蓋北塘一帶，本屬著名米市之分佈地也。貨品之來路遠而銷費亦遠，批發躉賣，實爲此種商店之重要機能，此金融機關之銀行錢莊，概分佈於北塘及竹場巷等地者也。是爲錫城最重要之商業地區，又非與主要水運中心地互相符合者乎？且此區地名，極富商業性質，如桃棗沿河，茅蓬沿河竹場巷等例者是，今雖已不甚顯著，但缸尖之多缸行，今猶保持此種特徵於其間也，其缸均來自宜興，設行於此，專做批發生意，其商業性質，與本區同。

缸尖上之缸堆

3. 多行旅商店者 光復門外之商業區是也，是區雖發生於水陸兩運之中心點附近，但均主爲旅客之聯運，卽如鐵路倉庫中之貨物，亦概由駁船向北塘輸送，我人如僅據圖以觀時，未有不誤視此區爲錫城商業之重心地者，如細加調查，則與理想適相反，此區之商店，大部爲旅館茶店酒館戲館飲食店玩具店及特產品(如麵筋及肉骨頭之類)等之店家，此外亦概爲零售商店，自難與北門外之商業區相較，是知錫城之商業重心，在民船之集中地區，而不在車站與輪船碼頭旁也。工運橋與光復門間之商業區：一因主載旅客之輪船航線，遠及隣縣，其沿線住民之往來於京滬線者，概以是爲轉運地點；一因無錫爲工商業都市，商賈往來極多，每以此種水陸聯運點爲集中地；三因無錫附近，多惠山梅園太湖鼋頭渚等之風景區，一年四季，均能吸引游客，而游客每喜以水陸聯運點爲休息地，此光復門外之商業區，遂呈起落碼頭之景觀者也。

Ⅳ工業區 無錫烟筒林立，機聲遠聞，本以內地工業都市，名著全國。自民國二十二年實業部顧毓方之調查㉗言之，無錫全縣工業資本總額得18,412,978元，廠凡323家，工人得37255人，而中以棉紡業爲最鉅，資本總額得10,660,000元；繅絲業次之，得2,821,188元；麵粉業又次之，得1,900,000元；染織業再次之，得1,752,250元；此種廠家雖有一小部分散在四鄉，大部則集中在城市附近，蓋絲棉小麥，錫城附近，本富此種農產品者也，其以棉紡繅絲麵粉染織等業著也宜矣。他如礱米製油等業，亦甚發展。玆就調查所得，分析其地理要點如下：

註㉗見顧毓方編實業統計特刊之一，無錫之工業。

I 區域之分類，大致可分爲二：

A 工業住宅區　無錫爲次第演化所成之工業都市，初本無都市計畫定於其間者，故工廠每與住宅相混，實爲錫城工廠分佈之普遍現象。

B 純工業區　以上述關係，其可稱純工業區者極少，且富散在性，以是不散布於非住宅地區上，卽分佈於上述各區之邊緣，自嚴格言之，其可稱純工業地者，僅小尖與清明橋南運河東岸一帶而已。前者本一面積極小之河島，爲新興工業之分佈地。後者已在聚落之南端，全爲窰區，窰之散佈，磚瓦及稻草等燃料之堆積，實成此區之特殊景觀也。是爲全市磚瓦供給之地區，距此三里許之四鄉，其地粘工，極適於製造，磚瓦坯爲該地鄉人之副業，是則此區窰業之發達，又極富地理性者也。

II 工場分佈之位置　無錫工場之位置，其可得而言者凡二：

伯瀆港南運河東側之窰區

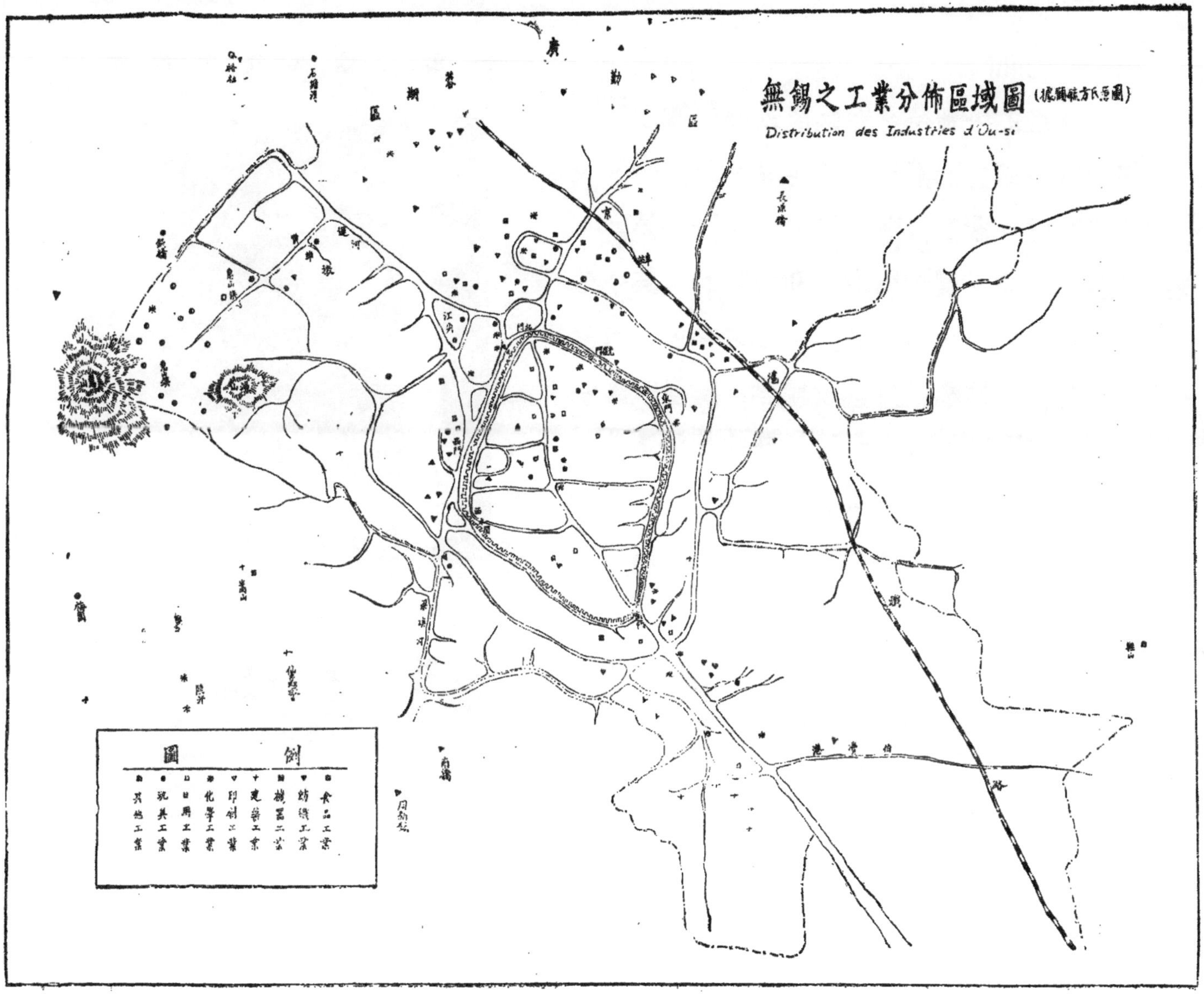
無錫之工業分佈區域圖
Distribution des Industries d'Ou-si
圖例
食品工業
紡織工業
機器工業
建築工業
印刷工業
化學工業
日用工業
玩具工業
其他工業

A 用水與水運之便利　工場之於用水，本屬關係極深，錫城以街路狹隘，原料製品之往來，全恃水運，故河川之於工場分佈也，遂成設廠之主要條件者矣。故其地理位置：一近河岸，是最普遍，卽舊式工業之窰區亦然；二爲河島，如小尖缸尖等是；三爲河川之會合點，如吳橋及太保墩附近之工業區是也；四爲河浜，塘河東岸之業勤紗廠，其例也。

妙光塔上下瞰之蔬菜區

B 都市之外緣　自錫城工場大部之分佈言之，概在都市之外側，以地價較廉故也。

V 蔬菜區　自東門外亭子橋附近始，至南門附近止，其東城河與塘河間之地域，概屬蔬菜區，卽外城根之狹小地區亦然。純爲集約之園藝耕作，用意耕耡，盡心施肥，一種成熟，他類復栽，卽在一畝地塊上，劃分數小塊，各種蔬菜，雜然並陳，實盡集約之能事者矣。其地農夫，每日以成熟之蔬菜，運至城中崇安寺販賣，是區者，實城市一部蔬菜銷費之供給地也。城內直河西岸之西南端區域，亦與之相同。

Ⅵ墳墓區　西南西城河與談渡河帶之地帶，爲荒涼之墳墓地區，我國崇土葬制，故有此種特殊之區域，地勢較高，位置又較偏僻，其主要原因也。

無錫都市地域之擴張

都市地域之擴張，本爲都市地理研究之重要項目，但此種研究，實非易事，既須證諸古籍，又須實地調查，以供參攷，茲就管見所及，錫城都市之擴張，約如下述：

無錫都市擴張圖

Croissance des Agglomérations d'Ou-si

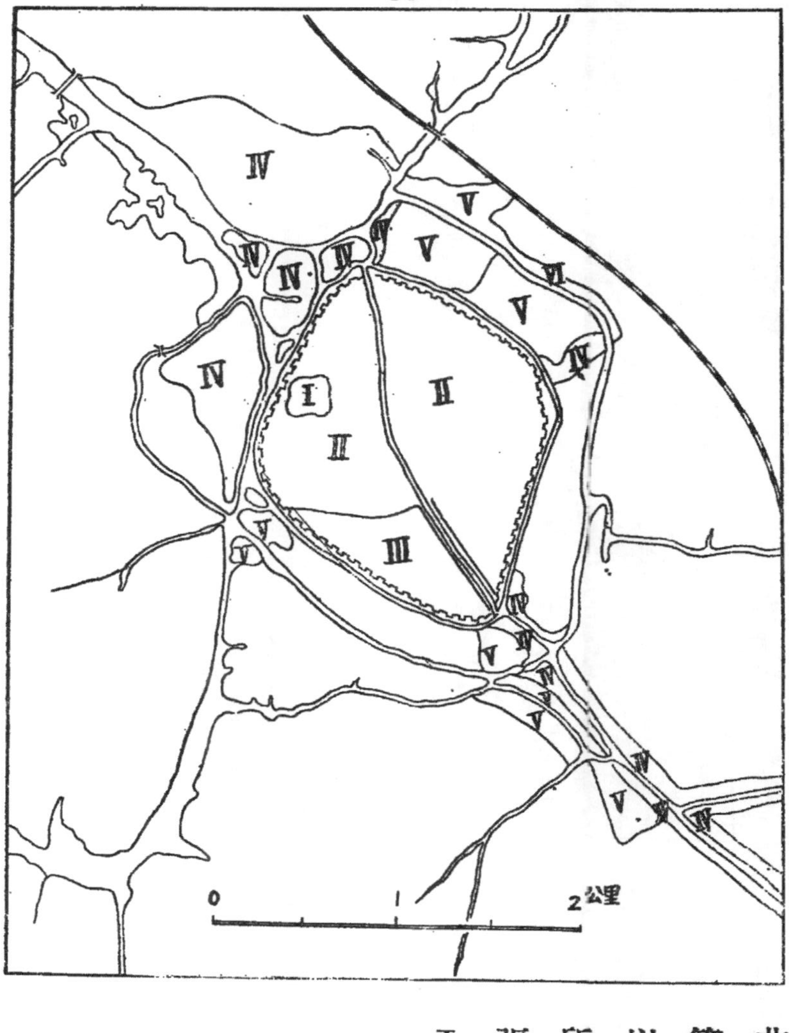

Ⅰ錫城之擴張次序

A.子城之古城基

駐驄橋營橋匯龍橋壩橋間之方形地域，越絕書所載之漢城是也，是則東接運河，西距梁溪之子城，（即無錫都市擴張圖中之I）實爲錫城之發生地區。自宋以後，古子城之爲廨署地域，而今之所謂政治區者，在志書中詳載靡遺㉘，清猶因之，咸豐十年，俱燬於兵，始成今日民居監獄等雜居之地也。

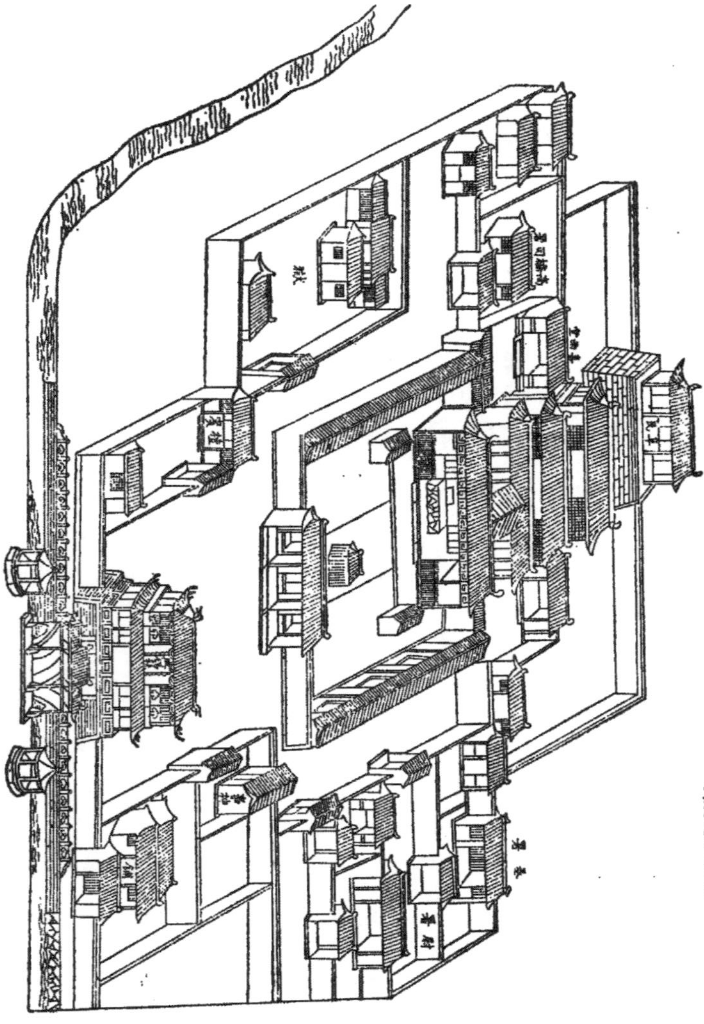

無錫縣治舊圖
（據無錫金匱縣志原圖）
Ancien hôtel de Ville d'Ou-si

註㉘仝上卷六，一至二頁

B　舊郭範圍內之地域　此區之研究難題有：一爲舊郭之範圍，志書上紛紛聚訟，自無錫金匱縣志城郭篇言之，謂「蓋因咸淳志上列子城之界，下詳外城之門，元志又有周圍四里之誤，此其牴牾之由也，識小錄又謂外城東南包今城者，據元志南禪寺在城內也，考乘謂舊城西北，亦包今城者，據咸淳志蓮蓉

㉙梁溪等橋，皆在縣城也，然元志城隅四址於東南東北，並有東至弓河之文，則南禪寺蓮蓉橋皆不得在城內，洵如斯說，則舊郭包含之範圍，則狀如無錫城市擴張圖中之II；二爲子城內古代是否僅爲廨署，舊郭以內，是否絕無民居者是也，宋聶厚載云：「自僞唐納境之後……縣封密接吳境，唇齒相鄰，兵寇薦侵，宮室民廬，亟爲灰燼，後於縣城西南隅，重建衙署，事皆草剏，棟宇未完，咸平壬寅年，邑宰錢惟周移就中位，其經營之美，石記具存，寒燠代遷，土木圮壞，乾興壬戌歲縣令李晉卿明可禦姦，威能率下

清代無錫縣城圖
(據無錫金匱縣志原圖)
Ville d'Ou-si dans la dynastie Mandchoue

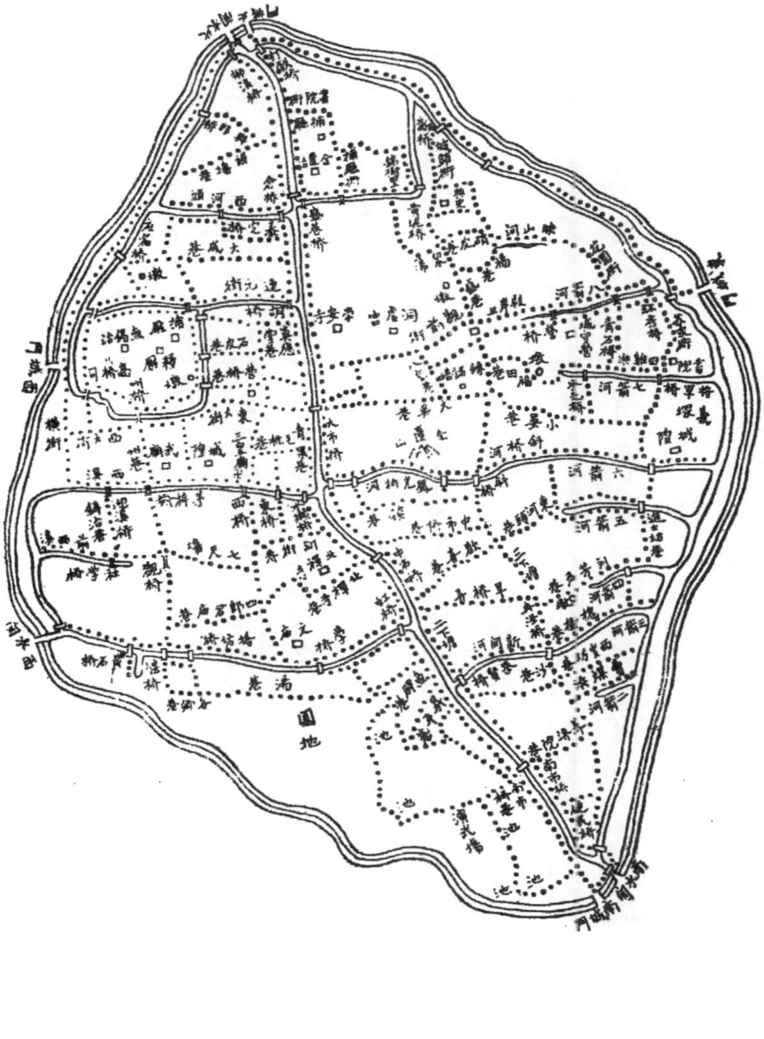

，悵公庭之卑陋，不足壯大邑之形勢，乃募豪傑，斈杞梓，利工善之器，揆定中之日，聽訟之廳雄構，擊鼓之樓峻峙，修廊挾室，越七十間」㉚，文中之李晉卿，卽宋代重築舊子城之人也。曰自城西南隅移就中位者，卽謂此城㉛。西南隅既建衙署，自有民廬，文中成爲灰燼之民廬，對於舊子城內是否雜以住屋一項，雖無從肯定，但舊郭內之地域，業有居民，是可斷言者也，其狀殆與今日之城外地域相同。不然，聽訟之廳，奚必如是雄構。但晉卿修築，未及外城，斯時民船又貫縣而行，今日之直河，在宋時，又屬水運之要津也。且錫城之古核心位置，本以梁溪及運河而發生者也。兩河間之地域，自必爲住民集居之所，加以施政之官廳，以統治便利，每置於人口集中點附近，此所以宋初之重建官廳於西南隅而不在直河之東也。所謂移居中位者，殆指直河以西地域之位置，或卽指人口之中心而言者乎？否則自今城言之，偏則有之，中則未也，更證以直河以東，清代析爲金匱縣治之事實，此地域聚落之生成，自屬較後，自常情度之，子城以外之附近地域，發展當較在前，或竟在子城同時，但今以無文獻可考，故以舊郭範圍內之地域，定爲第二擴張時期。

註㉙蓮蓉橋卽今北門大橋。

註㉚宋磊厚載無錫縣治記。

註㉛無錫金匱縣志卷四，二頁。

C 演武場等地域之擴張

識小錄據元志新塘門在南市橋西堍，謂演武場舊在城外，又云西壕連東帶河，外城蓋止於是，是則僞吳張士誠之增廣其制，是不僅限於演武場一隅而已也。秦緗業等纂編之無錫金匱縣志，雖證其範圍猶狹，然就今日無錫城市圖言之，西南隅爲蔬菜區，卽今日省立無錫師範，亦爲昔日之園地，住宅區地價較大，今猶有大塊隙地，似不可解，如爲交通不便乎？則東南隅亦與之相同，則必有住民不能利用之理由在，張士誠之拒明太祖也，今日區區之演武場地，似不敷用，如以古郭之止於東帶河解，則宋初之移就中位一語，更易解說，蓋古子城適居於留郎橋及東帶河間之中心地位上也，故舊郭範圍，似以識小錄之說爲是。（卽無錫城市擴張圖中之Ⅲ。）張士誠之增廣其制時，舊郭內地，已無整塊土地，以供都市防禦之用者，其理至爲明顯，而運河之成南北要道，本在元初，至元以後，舊郭內之民居突密者，是又可推想而知之者也。

D 城外及交通沿線之擴張　卽無錫城市擴張圖中之Ⅳ等地域是也，分佈於城門口及交通線上，雖無文獻可考，然必在舊郭內住宅區域擴張之後，近代商工業發展時代之前者，自無疑義。自城之屢修屢圮言之，南北門外之帶狀延長地域，雖或有一部與舊郭內地同時發展，亦未可知，至其整個擴張，殆在運道繞城東出之後也。明嘉靖以前，漕艘貫縣而行，則直河沿岸之成商業地區也，自無疑義，宋元明間之屢圮屢修者，承平時之不重城防也。錫城非用武之地，雖屬要因，但一重城防，直河之水運必衰，其屢圮屢築者，殆由於此。自王其勤倭警築城，運道東繞以後，則直河之水運，已不佔重要位置，故城外之運河堤岸，遂不能另成市廛，商業一盛，住宅

亦隨之發展，殆亦意中事也，是爲第四時期。

E 近代工業交通發展時代之區域擴張　甲午以後，工場次第設立，輪船線逐漸增多，京滬鐵路橫貫城北，光復門外之商業區，北塘河西岸之堆棧區等，次第建設，致舊日之荒地，一變而爲工商業利用之所矣，前年在妙光塔頂遠望時，見有四周瓦屋，中圍草棚地區，異而前往調查，始知其地爲炒米浜，卽上述棚戶聚居之地也，鹽城老翁云五十年前，概屬荒地，後以四周瓦屋發展，始成此形，其例證尤爲顯著。是爲第五時期。

F 最近與未來之擴張地帶　二年前至無錫時，工運橋至亭子橋間之運河北岸，民居極少，今則棚戶林立，鐵路倉庫，其原動力也。自目前言之，似有向南發展之可能性，錫人所謂之塘河，河幅本廣，距水陸聯運中心之工運橋，又不過遠，如有新企業發生時，則土地之利用，其在斯乎？

II 無錫都市擴張原因之分析　我人如細加研究時，可分析爲下述三點：

A 外敵之防禦　錫城古核心位置之發生時，雖可謂爲基因於河川，但在秦漢時，有子城之城，外城之郭，錫城之成於防禦也，不亦顯且明乎？李晉卿之重築子城，南宋以後之專事修築外城，張士誠之增廣其制，而拓其西南隅，錫城之基於防禦而次第擴張也，一讀無錫縣志，卽有此種感想者矣。

B 交通之發展　卽城外及交通沿線擴張之地域是也，城門口之地域，發達或較早，至早亦必與舊郭內地同時發展，咸淳志載度僧橋蓮蓉橋及梁溪橋，均在縣城，度僧橋爲今日南門外之嵆橋，

梁溪橋卽今西門吊橋，咸淳爲南宋度宗之年號，該志既稱縣城，其爲民居地域，自無疑義，但南北塘之帶狀發展，自必在運河爲內地交通動脈及錫城運河遠繞東城後也。我人卽不參考文獻，苟一觀其沿岸分佈與夫長度之大，亦不難聯想及乎河運之發展者矣。自是以後，擴張之區域，無不與交通發展有關，都市之沿交通線而擴張者，本都市地理學上之重要原則也。

C 工業之發展 無錫新式工業之發展，僅得四十餘年㉜，棉紡業始於光緒二十年，麵粉業始於光緒二十七年，繅絲業始於光緒三十年，碾米業始於宣統元年，染織業始於民國六年，換言之，無錫工業，在甲午戰後始行發展者也。加以光緒三十四年(1908年)京滬路之開通，後又有歐州大戰之刺戟，故一躍而爲我國內地之第一工業都市，今日市區內之蓬戶人口，得二萬九千六百人㉝，此將近三萬之外籍人口，非因近代工業與運輸業之發達而集中者乎？工商業區之次第發展也宜矣。是爲近日錫城都市擴張之主要原因。

註㉜見顧毓方之無錫之工業

註㉝是爲民國二十二年五月之調查統計，見無錫縣公安局年鑑

無錫都市之機能 無錫對於統計不甚完備，既無各種生產額表，又無職業別之人口調查，欲精密確定，至爲不易，蓋聚落一大，每具各種機能。我國之城市，本以銷費都市獨著者也。無錫城牆以內之地域，自亦不能例外，但烟筒之林立，煤烟之繚繞，晨間之汽聲，此種景觀，實具工業都市之特徵，全縣工人，得三萬七千餘人，大部在城市附近，而市區之外籍人口，亦在三萬左右，如

姑以城區工人作三萬計，亦在全市人口百分之十七以外，其百分率亦不得謂爲小矣。不獨此也，其工業之最重要者，厥爲棉紡繅絲染織三業，絲爲量輕價貴之商品，無錫又以我國之製絲都市著名，故其工業之生產總額，自不在少，謂爲工業之生產都市，亦不謂過。但無錫爲渠畔都市，河港景觀，至爲顯著，且自古以米市爲世所稱，是無錫者，又具商業都市之地方色也。綜合上述，工商業爲無錫都市之機能也，自無疑義者矣。

泰伯梅里志

（清）吴熙 纂輯

《泰伯梅里志》八卷，（清）吴熙纂輯，清光緒二十三年（一八九七）泰伯廟東院刻本。

吴熙，生卒年不詳，雲南保山人，吴泰伯的後裔。江蘇候補知縣，光緒年間曾署理金匱縣事。他在視事之暇，考覽邑中文獻，並與無錫、金匱兩縣地方名士過鑄（字玉書）、劉繼增（字石香）等論及前人所編梅里志書，包括吴存禮的《梅里志》和蒲傳桂、安起東的《錫山梅里志》，認爲體例未當，且多謬誤，書名也不太準確，有必要作系統的訂正。他親自動手，重新纂輯。他以《錫山梅里志》稿本爲基礎，以泰伯、梅里二鄉爲權輿，地域範圍擴大到當時的垂慶、延祥、上福、景雲等鄉，相當於現在的梅村、東亭、鴻山、鵝湖、碩放、坊前、南站、厚橋等鄉鎮街道。内容也大爲增益，分爲地理、山水、橋梁、陵廟、旁祀、第宅（附書院）、園墅、寺觀等八個方面，各爲一卷。卷首有吴熙自序一篇，並刻有《泰伯梅里全圖》、《泰伯廟圖》和《泰伯墓圖》。各卷的許多條目之下，大量引録了《錫山景物略》、《膠東山水志》等地方專志以及歷代名人所作碑記、園記等。

全書由泰伯廟住持、上清宫提舉許巨楫校刊，是一部關於泰伯故都梅里歷史沿革、人文史迹和山水風光的較爲完備翔實的地方專志。

本書據清光緒二十三年（一八九七）泰伯廟東院刻本影印。

（夏剛草）

泰伯梅里志

光緒丁酉夏開雕
泰伯廟東院藏版

序

光緒二十二年冬熙奉檄再權金匱故無錫分縣其東南境有梅里鄉實爲吳泰伯發祥兆基之地廟墓在焉康熙時三韓吳公存禮以泰伯裔巡撫江南嘗撰梅里志四卷道光初守廟道士華乾重刊以傳今年春視事之暇竊欲考覽邑中文獻與過君玉書劉君石香論及此志體例未當且多繆誤有必須訂正者地志諸書首重道里沿革古梅里城郭經界雖不可知而自宋迄明版籍所記有泰伯鄉梅里鄉章章可考屏今稽古當舉二鄉爲權輿乃舊志畧而不詳泛引延陵闔閭虞山安陽

山柯山閭江山非梅里地爲坿見夫非梅里地而牽涉吳事者豈僅此數處既難盡著於編則得諸眉睫失諸千里矣詩文類載李舒撰讓皇帝廟樂章見郭茂倩樂府詩集此讓皇帝乃唐睿宗長子憲新舊唐書有傳與志無涉張詠泰伯廟詩曾幾重修至德廟記並見范成大吳郡志而張詠誤爲范淹作曾記脫落至百餘字且所記祠在蘇郡於地不相屬也熙以泰伯裔來守茲土訂譌補闕在昔通儒往往企待後人何況圖經志乘本有司之責遂有重修之議屬二君蒐羅遺佚得故文學安起東湄傳桂合撰遺稿於鄉之鄒應直家其稿釆摭廣博所引書如

元王仁輔無錫州志明宏治萬麻及　國朝乾隆以前諸邑志皆世尠傳本足爲掌故之助惟所分門類多襲邑志舊文重見複出尚欠裁斷檢其目錄知猶未定稿也題曰錫山梅里志例言因吳江常熟均有梅里特冠錫山以別之所見未免迂淺古來地志之書名同代異例不避易錫山非梅里所有又非古今縣名舉以名書甚屬無謂今據其稿芟蕪存實重加刪定釐爲八卷以泰伯梅里二鄉爲權輿即以名志爰倡捐付梓仍署安浦二氏之名於簡端俾尠始之功不終泯焉夫三吳於古爲荆蠻自被至德之化千百年來蔚爲人文淵藪梅里片壤至今猶以讓鄉稱之鄉之人流連景物追溯遺蹤攬是編也思三讓之風施於家巷共敦古誼無競無爭庶幾興周之治復見今日則於此志有厚望云光緒二十三年秋八月權知金匱縣事禎字後裔保山吳熙謹序

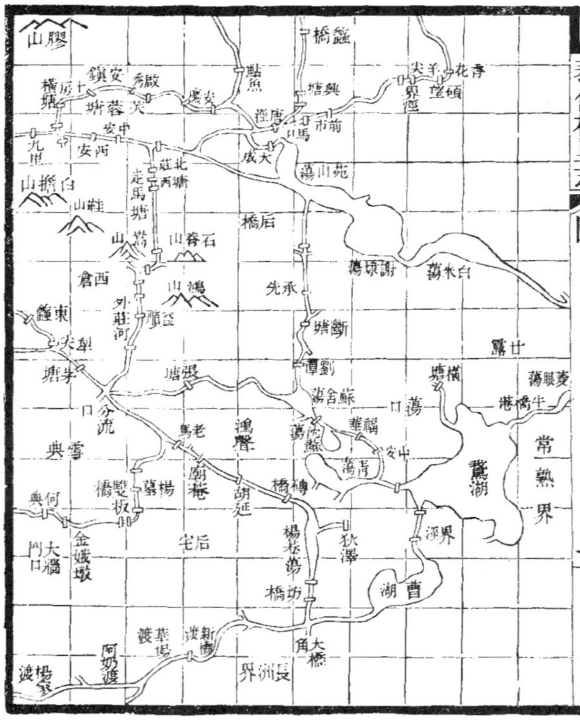

泰伯梅里全圖

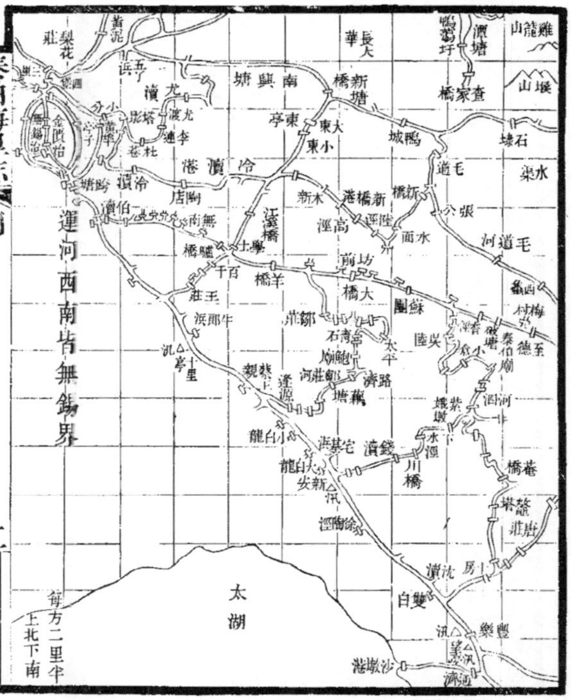

泰伯廟圖

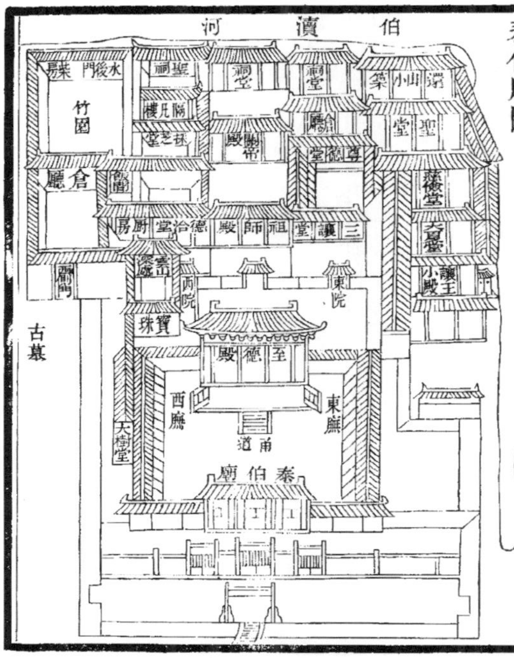

泰伯墓圖

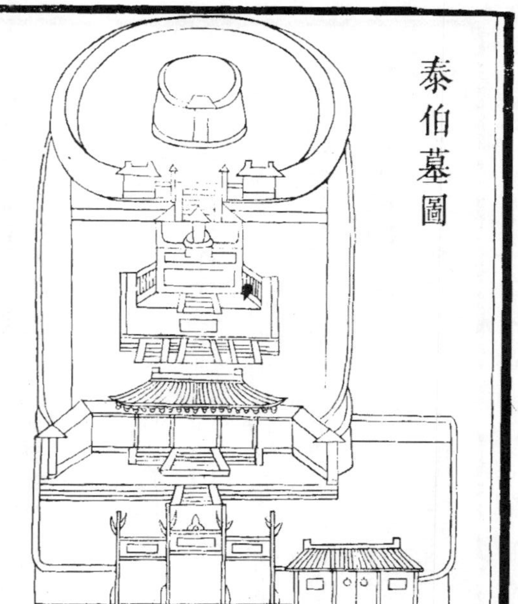

泰伯梅里志目錄

詳錫板印訂
韓文煥齋安甫

泰伯梅里志〈目錄〉 一

泰伯梅里志卷一

江蘇候補知縣署金匱縣知縣事後學保山吳熙編輯
邑人安起東補傳 柱原稿　邑人劉過鑑增纂 繼鑄訂
泰伯廟住持上清宮提舉許巨楫校刊

地理

梅里爲有吳肇基之地。史記吳太伯，太伯弟仲雍，皆周太王之子，而王季歷之兄也。季歷賢而有聖子昌，太王欲立季歷以及昌，於是太伯、仲雍二人乃犇荆蠻，文身斷髮，示不可用，以避季歷。季歷果立，是爲王季，而昌爲文王。太伯之犇荆蠻，自號勾吳，荆蠻義之，從而歸之千餘家，立爲吳太伯。吳越春秋

泰伯梅里志〈卷一〉 地理 一

泰伯（泰與太同，凡引書各從本文，下皆倣此）遭殷之末世衰，中國侯王數用兵，恐及於荆蠻，故起城，周三里二百步，外郭三百餘里，在吳西北隅，名曰故吳，人民皆耕田其中。咸淳毗陵志無錫古勾吳地，泰伯舊國，其城在今梅里鄉，自泰伯以下至王僚二十三君皆都此。周敬王六年，闔閭始城姑蘇而遷都焉。太平寰宇記無錫縣太伯城西去縣四十里，平地高二丈。輿地志云吳作城梅里平墟，即此地城内有太伯宅，當基及井尚在。今邑志相沿，泰伯城在無錫縣東南三十里梅里鄉。（與寰宇記作四十里異。按

寰宇記惠山寺去縣東七里今實五里是今昔里步盈縮不同以七里五里準之則四十里適與今志三十里合時代綿邈莫能詳其畛域惟唐宋以來志乘所載有泰伯鄉梅里鄉尚按籍可考太平寰宇記無錫縣舊四十鄉稍幷爲二十七後又省爲二十二鄉攝都都攝啚邑志所謂古鄉是也自明萬厤閒改舊編順號計戶分里爲順莊以均田賦遂更爲十三區區分上下扇而鄉名類多移易梅里一鄉盡幷入泰伯南延北延懷仁景雲五區　國朝因之雍正四年析置金匱縣實有其地茲志務存其舊仍舉泰伯梅里二鄉爲綱領益以順莊所毘及者曰垂慶曰延祥曰上福曰景雲凡四

鄉以齊其經界俾居今稽古於泰伯肇基之地約畧可尋覽云

泰伯鄉　在縣東南五十里東至垂慶鄉西至運河南至長洲縣界北至景雲鄉統都四啚二十七

第三十三都攝啚七

第三十四都攝啚八

第三十五都攝啚八

第三十六都攝啚四

鄉鎮

坊橋鎮　漕湖

泗洲寺東與長洲縣分界處有麇城橋及麇城廟　虞巷

青墩　袁巷

泥潭　徐塘咸淳毘陵志有酒坊宋時錢爲著姓元有天下鄒瑾始自華莊徙此瑾五子震復鼎岱巽孫十八驥驎驤騂駟駰駿驌驊驄駮騏騽驥駧䮜騵騤名皆馬旁時稱徐塘十八馬或仕或隱一門才盛至明正嘉時驎曾孫望富甲吳中第宅壯麗未幾荒廢殆盡今其遺蹟如月臺街香花橋南花園數處尚存

下莊　后宅明兵部司務鄒明良自徐塘闢宅於此

　　孫邨

大車堰　楊墓宋常州通判楊舫葬此子孫依墓而居因名

柘社吳氏世居明宏治閒自閶江分此地產林檎俗名花紅味特佳鄒氏墓南有花紅園

劉邨　商巷

朱邨　南鑪莊

宜興莊　徐府莊明中山王徐達收租莊也達鳳陽人太祖洪武三年封魏國公賜無錫縣田八千三百六十畝邑志稱故明魏莊田是萬厤閒莊官忝橫田之高於民田二尺者二千餘畝旱則決塘引灌潦則洩水民田大爲民病知常州府歐陽東鳳不畏彊禦判民於莊田北築新壩抵之民困始蘇旁有洗馬湟及古井尚存

　　望亭元世鄒氏所居號南園明初曹昺自唐村壻於鄒因家於此子姓繁衍遂爲著姓

　　黃團橋

沈瀆　南河顧氏世居元季顧惟二自吳縣銅坑徙此明洪武四

年給帖入籍　包莊

金娥墩 鄒氏世居明初徐塘十八馬驛之子英始自后宅徙居於此

何店橋　觀莊

華莊 宋世陳氏最盛鄒智遠從子璞自晉陵壻於陳因家於此

塘莊 明世鄒氏最盛　唐郚 元末曹時達自晉陵徙居於此

鼇塔　馬頭

沿塘　白泥墩

丁郚　虎盆

道士莊　東黃

泰伯梅里志　卷一　地理　四

梅里鄉 在縣東南三十五里東至上福鄉西至景雲鄉南至泰伯鄉北至宅仁鄉統都三啚二十九今省

第五十五都攝啚十 今并入北延區三懷仁區六景雲區一

第五十六都攝啚十 今并入泰伯區一北延區七懷仁區二

第五十七都攝啚九 今并入泰伯區四南延區一景雲區四

鄉鎮

東亭鎮 舊名隆亭亦名龍亭東有龍舌尖西去城六里宋靖康間承事郎華原泉自汴梁扈駕南渡居此爲邑中華氏始祖明嘉靖中學士華察復築別墅大㳘園亭由是益盛地有雷溝出棉布甚著名

梅郚鎮 泰伯瀆上亦名梅里郚泰伯廟在焉夾水爲市梅郚橋通其中

九啚 舊名回溪元末九居敬居此爲德鄉里後人姓其地爲九啚錫山景物畧云九啚舊名回溪里稱九啚者溪上有東莊爲九莊定公別業因改回溪爲九啚　滕莊

藏墅　莊頭

席祁　鴨城 去城二十里有鴨城橋輿地志云吳王牧鳧鴨之地太平寰宇記作西去縣二十五里明秦夔詩聞說吳王養鴨時年年來此擁西施豪華已盡江山變落日秋風動蒹葭 莫比鴨城懷古詩養鴨鴨可蓄養兵兵可彊只有方寸心多欲難自防千年古城已復隍但見牧豎驅牛羊姑蘇之臺遥相望二十三君在何許開吳祖德誰繼將玩人玩物致國亡國亡豈獨由禽荒鳴呼古今郎事感慨長酒酣日落天蒼茫 國朝陸㭎詩煮海焚林柰爾何還將食指動清波魚腸一去隨鳧雁鳥啄重來失鸖鷀荷背亂翻新漲急柳根深卧夕陽多如今兩兩煙蓑畔任爾呼名自在過 秦瀛梁溪雜事詩蘆花蘆葉響蕭蕭畧彴涇皋放小舠荒草吳王麋鹿徑水鳧飛上鴨城橋　版橋

泰伯梅里志　卷一　地理　五

安澤　祗陀里 在東亭東北地有祗陀講寺宋隆興中杭州路總管倪子雲自杭徙此元高士雲林先生宅遺址在焉今名石皮街

後羅　蠡頭 咸淯毘陵志有酒坊

油車埭　張公橋

石埭　西園 在堠山西南錢氏世居

秦涇 在石埭南二里華氏陸氏爲著姓舊有地曰鐵莊陸楫居此因以自號

堠山 宋寶慶元年吳越武肅王十一世孫承事郎錢迪自臨安徙此稱堠山錢氏

社洞　小呂

薦尖　萬村

秦村 古名葛城元初黃震自洞庭西山徙此稱秦村黃氏今壩頭北宅等處是也

薛店 楊氏世居明徵士楊彥自楊墓析居於此亦作雪典楊樅雪典村誌元至正間有遠人雪典者流寓於此得穴金致富時政苛富人懼禍斂跡典與相國脫脫御史福壽有舊獨設鋪質錢便鄉里繼遭鼎革饑饉頻仍典盡散貲財活飢民無算民咸德之因名其村曰雪典村

小園 在薛店東明萬厤間浦萱自曹墓塘卜築於此水木明瑟人稱小園

漊上 楊氏世居有楊莊簡公故宅

毛塘　香涇

袁墅　破塘 舊名福塘

許巷　冷村

泰伯梅里志　卷一　地理　六

堠陽 在東亭東南元監稅華友聞居此其孫鉉妻陳氏守節詔旌其門曰貞節里曰旌節里華雄於貲第宅甚巍煥元季悉燬於兵

垂慶鄉　在縣東五十里東至長洲縣界西至上福鄉南至泰伯鄉北至延祥鄉統都二啚十一今幷入南延區

第三十七都攝啚七

第三十八都攝啚四

鄉鎮

張塘橋　小茆涇 錢氏世居今稱嘯傲涇

應店　丁泰 宏治邑志作丁桼

胡村 曹氏世居元季曹漢英自常熟陸莊徙此明世無達者入　國朝始以科第顯

甎橋 宋周預自景雲鄉張塘里徙居於此元世周氏最盛至明初錢公達自太湖頭來徙王汝懋自江陰砂山來贅於周亦世居焉錢氏累世富厚而公達曾孫榮復舉進士爲名宦錢於明世尤爲貴盛云

塗林 華氏世居明成化間華守莊自鷺湖避居於此以厚德起家教其子景成進士爲同里楊文長洲王鏊高弟官至福建布政使　荻澤

胡堰 有胡堰橋東有報福寺俗稱胡堰菴　以上屬三十七都

觀前　東朱

胡莊　三黃子

馬橋 咸淳毘陵志有酒坊宋徽宗時沅州通判浦啟源由汴京徙此居伯瀆河北第宅甚鉅後値元世兵亂子孫多他徙至明初錢謙始自湖頭來徙亦創第河北宏敞壯麗至孫暹乘世富之積遂創四大宅於河之南宅皆千楹即今小馬橋是也宅南故爲平壤暹鑿之以通舟楫明世錢與浦世爲婚姻富亦相埒宏正間浦連珠壻於錢築室今店前橋河北廣厦千楹至今人稱浦連珠基縱廣三十餘畝其東北有小水農人蓄水以灌禾人稱連珠池亦名荷花池相傳其園中池也　廟菴

泰伯梅里志　卷一　地理　七

新涇　後堰

蘇舍

延祥鄉　在縣東六十里東至常熟縣界西至上福鄉南至垂慶鄉北至常熟縣界統都四啚二十四今析爲南延區北延區

第三十九都攝啚六 今南延區五 北延區一

第四十都攝啚六 今南延區

第四十一都攝啚六 今南延區四 北延區二

第四十二都攝啚六 今南延區一 北延區五

鄉鎮

甘露鎮 在鵞湖北舊稱市宏治邑志甘露市在縣東七十里延祥鄉風土記云昔有甘露降其地後乃置市五代楊行密於此置鎮設鎮將以備吳越唐大順元年孫儒陷常州二年甘露鎮將陳可言備一作蚌倜覘吳越取之是也元設稅務及巡檢司明初仍之後革咸淯毘陵志有酒坊西北數百武地名唐巷橋道光間居民掘地得古甎長尺餘廣殺五之一上刻尤氏夫人墓下誌生卒歲月女幾葬於無錫縣歸德鄉前王邨又題唐中和元年某月按邑志延祥鄉舊名追祥

宋時以歸德鄉併入惟前王邨今不可考矣

蕩口鎮 在鵞肫蕩口西去城五十五里其地在元明以前不甚著稱至洪武時徵君華悰韡居此其名始顯四百年來高門巨閥櫛比鱗次皆華姓也鎮有巡檢司署舊在望亭乾隆三年詳請移駐借華公搿別宅作署鵞肫蕩即鵞湖湖水釀酒色白味冽以蕩酒著名湖中菱芡亦味勝他處又產銀魚春暮最盛交夏漸稀至七八月盡矣其大如鍼結髮爲網取之函水入白磁甌了不可見惟黑睛兩點如沙浮著水面而已入暖酒即熟成小玉環形但離水即僵雖不失味不能成環故難遠饋土產黃草縑擘黃草合絲縷爲之勝於苧

葛　白茅墩

蔡灣 馬氏世居明初馬景常自甘露鄉后塘里徙此　唐涇

黃塘　北湖橋 華氏世居

新涇港　趙莊

東黃　湯巷

漴上　後塘 在甘露鎮北

柏橋　馬巷 馬氏世居

北黃 在北湖橋北白涓蕩北明世金氏最盛　圓通 明洪武間錢泰居此又稱北錢有圓通寺

西城　鴻山 楊氏世居宋南渡時吉水徵猷閣待制楊邦乂子璿始築別墅於山麓璿子燧遂定居焉元明之世富甲一邑　朱舍 陳氏世居宋南渡時宣義郎陳樸自潁川徙此

杜莊　浦巷 亦名尚友巷

孔墅 華爲著姓係貞固先生後　曹墓塘 南宋周掄自景雲鄉張塘里徙居於此元初浦濬自馬橋徙此大德中太學生浦椿富而好施歲祲出粟賑飢時稱義士郎明初晉府引禮舍人長源先生祖也

東醮　斷塘

朱莊　西莊 明華子陽自鵞湖闢宅於此在鵞湖西七里因名西莊後又析居西北里許名小西莊　石窒

唐貫橋　尢村

謝埭　北錢 錢氏世居

旺家橋 今名安基　徐充橋

上福鄉 在縣東五十里東至延祥鄉西南至梅里鄉北至宅仁鄉統都二啚十一今并入北延區懷仁區

第四十三都攝啚七 今并入北延區

第四十四都攝啚四 今并入北延區三懷仁區一

鄉鎮

安鎮 在膠山南二里舊名堠村相傳爲南唐設堠之所宏治邑志鄉都志有西後村後當作堠卽其地也明洪武時因安汝德墓又稱安家墳前後安氏益大寖以成市遂稱安鎮

版村鎮 咸淳毘陵志有酒坊俗稱西倉亦稱西村蔡希逸自洞庭徙此西去城三十里江南通志云版村鎮在縣東五十里非

嵩山 許氏世居

東莊 在鴻山西舊爲晉陵孫尚書覿別墅後司馬溫公嗣曾孫宗召爲覿贅壻因家於此稱東莊司馬氏

宋村 宋末文公四世孫朱枋自徽州避亂徙此入元心不忘宋因號其地曰宋村

白蕩山　殷巷

泰伯梅里志　卷一　地理　十

西安　羅莊

河北　華巷

支巷　戈家浜

東村　西村

寨裏　胡巷

北舍 宋司馬宗召五傳景定辛酉舉人應年生三子長榮一守東莊別剏中宅以析仲子榮二宅極宏壯在東莊之北相沿遂稱北舍

走馬塘

前澗 在石室山第一澗下元時浦振自馬橋徙此稱前澗浦氏

後橋 浦氏世居

芙蓉塘橋 陳氏世居明隆萬間陳浹自朱舍橋析居

於此

景雲鄉 在縣東二十八里東至梅里鄉西南至城北至天授

鄉統都三啚二十

第五十八都攝啚七

第五十九都攝啚六

第六十都攝啚七

鄉鎮

坊前 宋有酒坊多倪姓皆明迪功郎倪宗寶裔

羊橋

江陂 楊氏世居

王莊

泰伯梅里志　卷一　地理　十一

杜村　下陽

周涇村 以周姓居此故名

黃土

何墓　袁墅

沈莊

白土 周氏世居

張塘 南宋周應字四一始居於此

歐村

宅基 周氏費氏爲著姓明初周艮五自張塘里老宅基徙此因仍名宅基後子孫多分居城中新開河左右

龍涇 在泉瀆東地有大龍涇小龍涇爲運河入裏河口元初鄒仁榮自華莊徙此稱龍涇鄒氏

西宅 明初鄒晉建宅於此在龍涇西因稱西宅號龍涇三房後裔科甲最盛有狀元街因忠倚大魁而名

新安村 在運河塘上龍涇之西

泰伯梅里志卷一

東院道士許均鑄覆校

泰伯梅里志卷二

江蘇候補知縣署金匱縣知縣禎字後裔保山吳　熙編輯

邑人（安起東浦傳桂）原稿　邑人（過鑄劉繼增）參訂

泰伯廟住持上清宮提舉許巨楫校刊

山水

皇山一名鴻山（載江南通志府志云又名梅李山）吳地記云泰伯宅東九里有皇山高十丈或云漢隱逸梁鴻居此故名山之西卽泰伯墓東有鐵山寺相傳爲梁鴻故宅又有梁鴻井元處士華棲碧闢園於此後而甃之作亭於上明正德間莫止更名華子泉天啟中東林諸子避黨禍嘗講學於此旁有滌硯池時道士陳虛遊結廬池畔引泉入池植以蓮花爲避暑勝地亦名劍池其中嶺有望虞亭登之可望虞山亦名畫中亭西嶺有放鶴臺明時華氏築園於此臺在園中曲磴盤旋植以梅竹占山陽之勝迤東爲眼空臺其南麓有楊梅隖明華德植楊梅於此因名（德字文潤號西野家蕩口）山陰有滑石洞產滑石此外諸勝蹟具於莫止鴻山十八景詩者更有朱砂潭（在東嶺巖下）茅君行祠（見寺觀大士菴）試劍石棲雲洞眠松壑（卽白龍廟）讀書處（在鐵山寺）洗心軒石徑梧竹坡（又名石灘）月影石（又名磨劍石）每歲清明時遊人畢集

唐皮日休望虞亭詩盤迴曲澗數峯青雲護皇山一古亭千里月明回首望飛煙沖起海虞濱　元倪瓚春日登望虞亭有感詩何處春光最可憐望虞亭上望虞山梨花林下多鶯語柳樹隄邊少鶴緣王墓乞靈香蠟社泉酣酒客綺羅筵迄今風景俱非舊想到勾吳一愴然　又張貞居有詩柬梁鴻山楊君次韻詩鴻山東面受朝暾戶牖嵐光盡吐吞梁婦終甘隱吳市載琴原不識王門絃歌寂寂虛千載井臼依依自一村踏雪獨尋楊處士蕭條古道與誰論　華幼武望虞亭詩秋滿皇山悲客心望虞亭望散幽襟十年海上音書斷鄉國蕭蕭夢裏尋　明邵寶鴻山弔古詩石壁巉巖天鑿成高峯峻削長凝青梁鴻佚事傳諸古讓國至德民無稱殘碑荒塚卧平地四望煙霞以爲際撫讀蝕刻慨有餘下布莓苔作文繡登山山路轉山阿歸向鸞遊洞口過滌硯池邊青草短巖花深處白雲多　高直鴻山弔古詩東風芳草滿平坡石壁蒼苔掛女蘿惆悵伯鸞仙去遠更無人續五噫歌　莫止鴻山十八景詩　泰伯墓皇山有高墳傳是開吳祖守衛縱寂然德在孰敢侮　梁鴻宅幽人去千載井臼乃依然清風起林壑五噫猶耳邊　朱砂潭古淵湛寒水下有光明丹纖汙弗可容誰能掩肺肝　茅君行祠茅家好兄弟脫屣住句曲茲山亦相望時或爲留躅　試劍石奇石誰所劃嶄然見廉隅蒼蒼太古色可以立懦夫　棲雲洞古竇山之阿佳氣日吞吐化機不可窺此或爲之戶　劍池池從兩厓擘疑藏歐冶鐵近接闔閭瑩清光起寒冽　畫中亭空山做孤宇古樹長因依回看措身處水星淡希微　華子泉有山固有泉疏鑿須好手甘飲詢伊人人云武陵叟　眠松壑虬柯卧山僻要是梁棟器蹇亢閱歲年藉得容身地　讀書處挾策棲古山古義良可尋匪愛古人迹欲見古人心　眼空臺上上山之巔阿堵隘寰宇何物能眯予所見緜所處　洗心軒虛構臨重巖曾無一塵累我來寂然坐瀏與方寸會　放鶴臺仙驥招可來來集還遺去天地即樊籠悉高爲延佇　石徑犖确空山蹊曳杖聲鏗鏗青鞋破不洗蘚彼塵中纓　楊梅隖山人治山隈樹果非藏金火齊忽成紫化機隨淺深　梧竹坡山間有嘉樹琅玕映珊瑚蕭蕭風月中高韻與之俱　刀影石誰穠老蟾魄置此雲之根貞靈不容褻山雞莫窺翩　文徵明九日登皇山詩秋滿皇山菊正開移壺挈伴踏蒼苔梁鴻宅裏尋高躅泰伯陵間看德碑我興未隨詩意盡客

懷端爲夕陽催酡顏得似茱萸好坐石還須看幾回　鄒德培遊鴻山詩欲覽煙霞勝來尋邱壑中峯高霄漢近壁聳翠微窮雨過花香細雲來樹影濛眺幽歸大晚涼動薜蘿風　馬世奇秋夜宿皇山詩清夜宿層巒情懷曠遠天平墟紅葉落梅里白雲連泰伯墓臨麓梁鴻宅在巔鷺湖漁火近松嶺斗牛懸秋晚迷飛靄泉聲出遠川鳴鴉集古樹歸鳥依蘆灘夜響聞天籟蕭蕭動客船　王永積咏鴻山和倪雲林寄楊處士韻幽棲何地受朝暾四野風煙許獨吞縱有山妻常舉案豈殊乾竺老夲門溪深曲曲通梁水山靜灣灣抱孟村寂寞傭工空井臼五噫歌斷費評論　吳桂森梁鴻井詩至德精光處士神來尋正是菊花晨冷泉再汲千年冽雲石重開三代新空谷有音人意古高山遺響會心眞坐談莫畏西風急元酒斟時宇宙春　又滌硯池詩疾風振祟岡喬柯聲欲裂陟登鴻山巔顧瞻思前哲池滌硯上香還井一泓冽白日蔽炎精庶讒媾孽孽五噫出帝京冥冥飛影滅衝波蕩濁世千載高蹤絕湛寂青山中空有餘芳烈汲泉坐池旁一飲神自澈沃我冰雪腸不因釜中熱　華日贊滌硯池詩引酒破苔花古香落殘鐵雲影泛清波虛堂湛寒冽　杜士棻書中亭詩亭廡米顛筆綠樹長依依不見山中人黃鸝上翠微　國朝陸楫梁鴻井詩蕭疏荊布古風存紙閣蘆簾想舊村凄斷轆轤霜曉凍拋殘砧杵月黃昏勞歌底用驚時俗春廡何應傍市門欲采蘼蕪三徑失要離墳畔與招魂　楊芳燦梁鴻井詩白石周遭纍井幹扶風高士此盤桓宿春炊罷擕瓢汲椎髻妝成當鏡看不望藥丸能化酒恥言蟲李足供餐君家原不因人熱試看清流澈骨寒　秦瀛梁溪雜事詩五噫歌能客荊蠻都把溪山屬伯鸞此地寓公推鼻祖尙餘古甃石泉寒

石室山在皇山北二里俗名石脊山出青石

嵩山在皇山西北二里相傳蕭梁時有嵩頭陀開山建寺故名咸淳毗陵志作松山南徐記松山一名少孤山（咸淳毗陵志少作小）上有西雲洞（在山北巨石間俗稱仙人洞）其下有冷冷泉今湮（康熙邑志云姚廣孝嘗居）

此袁洪相而識之明華振先少孤山看桂詩訪桂登高去欣逢初霽天寺開丹嶂裏人坐碧雲邊好句花開覓新茶石畔煎箇中堪避世何用買山錢

奚山在諸山西北里許俗呼諸山奚字語訛也府志云俗呼䕸山亦名晶山特起平地高十餘丈周里許上有石壁

奈山在奚山西北里許一名塗山高數丈圓正如釜明贈戸部主事華從智别業及墓在焉東有石壁刻第一小山四字字徑尺餘筆勢雄偉下有四小篆曰山小脉大亦蒼秀可喜其高崖刻詩二首俱正德間華從智題

華從智題石壁詩百年在瞬息□事有時遇造化萬峯閉晶塋一元會我生幸奇逢無補負深愧山川發精英文物□鍾瑞製作成壽藏永為子孫繼大塊容我□江雲渺煙樹 又預持歸計卜塗山自古浮生春夢閒種檜種松先作主百年好伴白雲閒

白擔山載江南通志與奈山若斷若續俱在平壤山出青石可為礎

臼下有朱文公祠

膠山載江南通志在皇山西北十餘里與惠山東西相望宛若翠屏山周九里府志云長九里高九十丈上有獸跡痕俗稱金牛跡舊產薯蕷充貢有宋中書令王僧達墓在南嶺下大路北載府志高一丈六尺周二百步僧達琅邪臨沂人元嘉末自郡中赴義孝武時為右僕射遷中書令終義興太守梁蕭侍郎宅載府志佚其名今為膠山寺寺門有蕭侍郎墓寺左廡有寶乳泉載江南通志宋建炎中尚書郎閩翁挺構蒙齋於其上久廢明宏治元年里人蘇汝用安天錫倡僧悟文重構東去數武有滌硯泉載江南通志世傳蕭侍郎滌硯之所宋天聖中邑令蘇紳建硯水亭於泉上見宏治邑志南麓元武祠南有靈趵泉碎石鳴碧雲鳴礪劍石石馬灣灣有膠高墓疑附會

安公洞駐仙巖諸勝山下安氏世居之南林西林遺址猶在

近寺有萬玉亭修竹萬竿所出筍色白如玉味香若蘭因名蘭花筍

宋翁挺寶乳泉記膠山在無錫縣東去惠山四十里由芙蓉塘西南拔起平陸聯緜迤邐高下十數而後峙為大陵有泉出其下曰寶乳盎昔人以其色與味命之自梁天監時地為僧廬踞山北向而泉出寺背至唐咸通中浮圖士諫改作今

寺依東峯與惠山相望則泉居左廡之南水潦旱暵無所增損隆冬祁寒不凝不涸故其山雖不高泉雖不深而草木之澤煙雲之氣淑清秀潤澒洞發越皆茲泉之所為也然而疏鑿之初因陋就簡決渠引瀆不究其源閱歲既久瓴甓弗治湮乳滲漏淪入土壤建炎二年余罷尚書郎自建康歸閩適聞本部有寇留滯浙河因來避暑茲山日酌泉以飲病其湫隘謂住山益公能撤而新之當以金錢十萬助其費益公雅多才智且感余之意以語其徒元浮慶殊又沖三人者咸願出力於是坎其山入丈餘得泉眼於嵌竇間屏故壤埋缺甃而泉益淸駛乃琢石於包山為之池廣袤四尺深三尺以蓄泉上結宇庇之榜曰蒙齋池之北瀉為伏流五丈有奇以出於庭跨伏流為屋四楹屬之廡有屏啟閉之榜曰寶乳之門庭中始作大井再尋疏其檽檻便衆汲蓋數百千人之用常沛然而無窮事既成益公謂余曰寺有泉歷數百載較其色味與惠泉相去不能以寸而名稱蔑焉公今乃發揮之當遂遠聞信物之顯晦亦有待乎余笑曰水之品題盛於唐而惠泉居天下第二人至於今莫敢易其說非以經陸子所目故耶自承平來茗飲愈侈惠山適當道旁聲利怵迫之徒往往

臨之又以餅罌甕盎挈餉千里諸公貴人之家至以沃盥焉
泉之德至此益貶矣今膠山所出剛阜接而脈理通固宜爲
之流亞獨恨余邁往之迹介潔之名非陸子不能與之爲重
然山去郭一舍蹊隧阻而涇流陿邑居者欲遊或累歲不能
至况過客哉比之君子惠水若進爲於時故雖淸而欲浼寶
乳類夫遠世俗而自藏者將愈僻而無悶以彼易此泉必難
之而公謂纈晦有待特以爲言亦期之淺矣益公亦笑曰有
是哉請著之泉上使游二山之閒者有感于斯焉遂書以授
之歲戊申冬十有一月癸丑記　案宏治邑志碑碣門有李
庶寶乳泉後記其文無攷　明俞泰靈趵泉記邑之東有膠
山山之北麓有寺宋李忠定公乞祠賜額崇親報德禪院者
是也寺有寶乳泉正德閒安君民泰像公祠於上山之南二
里許則世爲安氏居民泰以山爲元武地乃建祠祀神以鎮
之歲丁亥秋祠南隙地方四尺許恒沃潤不焦守者異之掘
地三尺餘有泉突起時予訪民泰乃速往觀焉因謀葢亭其
上甃石渟爲上池注爲下池洩以灌祠下之田戊子冬落成
取濟南趵突之義名之曰靈趵泉又速予登亭而以記請予
曰夫天地之氣靈秀所在每每因人而鍾承之者非其人則
氣隨以散故氣莫盛於山而泉則山之脈絡氣鍾而流焉者
也濟水發源王屋山一顯一伏數千里至歷城乃突然騰躍
其氣盛故其流長宜爾也茲泉於濟勢雖不侔其本諸山而
醞釀以成涌地以出理則一也然人傑地靈感應之理誠不
可誣安氏累世種德至友菊翁深仁厚澤覃被一鄉民泰繼
之培植封固益深益厚人以山安山以人重至和融結一氣
潛孚山靈發祥感之應之豈偶然也哉况泉未期年民泰三
子長子靜薦京闈仲子固魁成均季子介游泮庠泉之兆祥
於人也滋甚將來雲仍蟄蟄毓體鍾異以承山之慶於無窮
則安氏之澤當與泉俱永安知無忠定公其人增重斯泉如
寶乳也哉書曰宏於天若德裕乃身敢爲民泰望之民泰名
國號桂坡崇禮仗義搢紳推重茲論泉不及贅也嘉靖己丑
元旦　安璿膠東山水志家園北二里爲膠山拔起平麓高
九十仞蒼然雲表石道百折而上去巔猶遠峭壁嵌空如翡
翠屛障勢巖巖欲墜中有洞可置一蒲團坐桂坡公憩而樂
之廓一舍若神斧鬼劈增其磊落無鑿痕刻其戶曰安公洞
稍平前步險仄爲臺海天一望中收矣　又大都出雲蒼峯
餐霞峭壁人跡迴絶鳥道攀援爲神仙往來之地無疑膠山

絶頂怪石嵌空搜剔當費億萬錢霜剝雨飾苔蘚黃碧松根
盤屈翛然天半非杖策不登迂迴樵徑久之躋巖閒廣寬可
列數十百人岩乃屛障桂坡公大書刻石曰駐仙巖
宋翁挺晚坐碧雲鳴詩夕陽黯將沉缺月遲未吐滿眼玻璃
堆翻疑夢中覩　又玉樹秋益明驪珠夜方吐繞檻碧雲收
塵蹤故難覩　李維碧雲鳴詩坐久三峯晚望中疑碧雲不
應談世事自是去塵氛嘉木層層見秋聲處處聞佳人端可
待風泉欲平分　楊備寶乳泉詩山名膠孰結泉味乳親嘗
雲竇穿銀井冰甆貯玉漿竹陰濃處冷松子落時香不雨潺
潺響無風瑟瑟光粉源初滴瀝珠派遠汪洋曲注分環砌方
澄引甃塘趁齋僧洗鉢就讌客浮觴稻漬釀牙飯茶煎蟹眼
湯纖毫軀鑑徹盈腹暑襟涼農畝占甘潤膏腴穫萬箱　焦
千之滌硯泉詩蕭公事跡久塵泥猶有當年洗硯池世俗所
傳應仿彿僧人獨得恥頹隳小亭新構藏幽趣一水中分疊
舊基遺澤泯然無處問淸風緬邈竹陰垂　元周翼陳子貞
同遊膠山詩秋山夜雨藤蘿濕雲路曉行沙石淸故寺丹靑
空窈窕斷碑文字不分明忘機野老司醒醉多事山僧遠送
迎松下筍輿鳴落日乳泉擕得滿瓶罌　明邵寶膠山詩看
遍西山偶向東芙蓉峯頂坐天風雲迎客路委蛇處水隔僧
居掩映中前輩謾遊眞有話平生勝覽正無窮憑誰倂作題
名記明日南崖拜李公　唐寅膠山萬玉亭詩萬玉一亭子
山僧淸可知雲陰消暑地月影弄秋時筍出足薦酒客來堪
刻詩何當竟深造莫問我爲誰　安國萬玉亭詩老僧種竹
十千竿環繞幽亭六月寒我願龍孫添滿眼淸風消息報平
安　安國膠山八景詩梵王宮殿鎖煙霞墓接蕭郎道路斜
錫寶乳泉常貴玉金牛足跡未沉沙香花橋古橫螮蝀滌硯
池荒聚亂蛙還有古人礪劍處碎瓊石鳴到仙家　安紹芳
九日登膠山詩采菊佩萸房攀崖引眺長練明湖映日綺錯
樹經霜張樂浮雲上開尊過鳥旁瞑煙扶醉下雙屐破靑蒼
　安如山滌硯泉詩并序據志膠山寺舊有寶乳滌硯二泉
今惟寶乳尚存而滌硯湮沒已久余嘗訪之寺僧罔知陳跡
所在然余濬復之心居常耿耿歲癸亥秋八月命鄉夫循古
潭深濬之而舊砌方池宛然如昨新來活水淵然可掬色味
甘白不減寶乳千年廢跡一旦復顯亦吾膠勝事也喜而賦
此并紀歲月云束髮山閒訪廢泉茫然衰草與寒煙今朝試
向源頭問古脈原從地底穿未必中泠眞冠絶合將寶乳共

流傳硯池幸啟千年閟譙纖鍾王筆似椽　國朝秦瀛梁溪雜事詩足跡金牛石鴟蒼乳泉雪竇落花香舊傳膠鬲魚鹽地卻爲登臨憶侍郎

鳳凰山載江南通志　即膠山西峯其旁有甑甗山最高者曰插旗峯　案鳳凰山有二一在開化鄉沙頭宋靈護神王越祖墓在其下舊志誤列於此

雞籠山在鳳凰山西以形得名

龍腿山在雞籠西其麓皆相接

堠山在龍腿西一名七雲山亦稱緱山又作函山　吳地記周七里高七十丈府志云高三十丈　山以嶼聳勝不峯不巒突起平地登其嶺可望虞山南徐記堠山北有白石峴上有眞武殿大士菴明

嘉隆閒香火最盛環山聚族爲錢氏世居下有堠西園爲西園處士錢華別業

明華雲遊堠山記古梅里之東有山曰堠其北爲白石峴龍腿泰伯所逃之境也余家自宋南渡以來凡十五世爲鄉人遷自吾父今鐵岸東望壁立者此山也然未始一至辛巳春偕友人倪德符肆業祗陀寺去堠數里而近二月寒食節天日晶爽偕諸君興從東隱橋以行里許有邱突然曰巢髻墩即余高曾二祖墓又里許見余鴻二山四三里踰查家橋舍輿步山上下祟石林立而筍苗指戟者無限選勝以坐俯視平疇延袤千里萊麥色參錯陂池隱隱榆柳掩映田家而樵牧往來不絕至白石峴兩山石無論千數所謂若牛馬若熊羆者槩有焉周山人云此山無石甚未嘗登也飲數行相與擊節雅歌而去由松陰東下經陸襲州墓讀余外祖福州張公諱文里許過安氏山莊登膠山入寺飲泉謁李忠定祠讀泉師所爲碑文至竹堂觀諸卷冊再酌流憩樓中未返過蕭公墓古木高邱宛然舊物此皆堠山之餘興也經潭塘橋歷板橋抵寺僧具火橋炙以伺

秦瀛梁溪雜事詩古廟嵯峨石峴蹲七雲突兀接西園宛溪東去虞山路醉倚危闌瞰劍門　浦士鉞與諸子登堠山詩相攜凌絕頂一覽散千愁飛鳥雲邊沒明湖天際浮山川原不改戎馬幾時休空抱誅茅願斜陽歸路幽

七女墩在梅里鄉大一畝高一丈載宏治邑志

彭祖墩在垂慶鄉載宏治邑志

曹麻墩在梅里鄉載乾隆邑志

金娥墩在泰伯鄉楊墓西南宏治邑志作金鵞引風俗記云時有金鵞見於其上乾隆邑志金娥墩俗稱金鵞墩非　南唐後主李煜妃墓也娥能詞翰進忠言煜甚寵之年二十一從煜東會吳越王道死因葬於此其封甎皆刻

唐王寶印錢唐袁枚載入新齊諧記

吳縣周國楨金娥墩詩芳原彷彿玉勾斜斑駁磚文識李家走馬向時營細柳啼鵑終古泣桃花近憐綠水沉西子遠惜青谿葬麗華此是盛姬埋骨處翠鈿零落怨天涯　金屑檀槽讓后周蘭陵古道斷腸秋行圍不勸君王獵垂死猶懷社稷憂自昔佳人難再得此時天子可無愁紅羅亭畔休回首桂館椒房總廢邱　一曲家山唱未終秋墳鬼語夜臺風芳魂猶恨黃花水豔魄應歸碧落宮玉樹無枝春露冷金莖有草夕陽紅長江畫盡餘香冢寶匣珠襦幾處同　宣豪江硯衍波牋詞翰分明拜寵年別殿寶珠空照夜離宮紫玉竟成煙鴛鴦故主今安在螻蟻先驅汝最賢儂是女墳湖上客幾時寒食弔荒阡　錢慶曾金娥墩歌荒煙蔓草梁溪路銀雁飛空向秋暮天上已無通替棺人閒誰種相思樹陵谷滄桑幾變更劫灰飛盡鬼神驚昔時佳俠紅簫龍今作鄉人綠野耕一犁春雨土膏膩穿壙驚看甎出地銘刻模糊玉篆文殘碑猶識金娥字金娥遺事說南唐國主風流窈窕娘舞隊不誇霞袖麗歌辭偏愛墨花香澄心堂紙紅絲硯抽豪擱管題

詩徧豔雪能操素女琴黃羅亦賜慶奴扇銷金亭子玉梅春
花落花開總是恩但解深宮唱行樂那知出塞賦從軍無端
拓土開邊釁擐甲長驅晉陵郡姜女教隨玉輦行盛姬那慣
銀蹏駛曉月淒風錦障寒妾身卻怕度關山驚心吳苑烽煙
競回首臺城兵氣殘營盤楊柳春無色血濺桃花馬嘶急畫
角聲聲聽易哀繡旗冉冉芳旋歇歸思空聞越鳥催蛾眉銷
瘦鏡鸞悲前軍又報頹雲壓別帳驚看皓月虧卻悔當時漫
行役風塵玉貌嗟非昔蜀道心傷雨碎鈴周臺腸斷虹摧璧
蒙衮訣語最堪憐別有忠言進御前休將脣齒交兵甲得保
河山再管絃返魂難覓瀛洲使馬前宛轉青娥死忍拋彤管
付芝焚但把香囊殉蒿里花鈿狼籍委荒郊豔骨難教返六
朝待得鐃歌朱鷺曲擬將刖燮紫瓊簫誰知曲兆金鈴破黃
花水小江風大金輿玉殿盡成灰何惜土饅拋一箇此處遺
墩是舊蹤問誰怨魄又重逢珮環月下香魂杳金縷風前豔
曲工我亦清狂易惆悵微吟欲詆姮娥樣曹史唯將小后詳
新詞漫把芳儀唱風景依稀葬麗華詩歌誰問玉鈎斜齊諧
倘續吳均筆還
望煙波記浣紗

青墩在泰伯鄉（載宏治邑志）

白毛墩在泰伯鄉（載宏治邑志）

白泥墩在泰伯鄉（載萬厤邑志）

邱丞墩在九曲河北邑志無考（旁有邱丞大王廟）舊志云宋丞相邱崈鄉墓案陳玉璂府志宋邱忠定公崈字宗卿江陰軍人墓在江陰由里山東南舊志非是

上鷰墩　臺墩俱在延祥鄉（載宏治邑志）

西施墩在省灘紅豆樹港口蘆墩是也亦名繡鞋墩相傳西施沉此范蠡顧之三歎而去故又名三歎蕩

泰伯瀆（載江南通志）相傳爲泰伯所開今省稱伯瀆西起運河東達蠡湖貫景雲梅里垂慶泰伯四鄉長八十七里廣十有二丈唐元和八年常州刺史孟簡浚（考新舊邑志俱引唐書地理志元和八年刺史孟簡所開亦名孟瀆江南通志辨譌云孟瀆唐元和閒常州刺史孟簡開泰伯瀆復浚一瀆後人名曰孟瀆自是兩河泰伯瀆在無錫縣東五里西連運河東達蠡湖孟瀆河在常州府西三十里東南接運河北流六十餘里入於江陳玉璂府志名宦傳孟簡爲常州刺史浚導孟瀆溉田千頃又浚無錫泰伯瀆其文甚明可正其誤）自清甯橋南入口爲伯瀆橋東行過驢橋洽瀆合東亭諸水出學士橋自北來會爲十字口又東行過羊橋爲坊前河分而南爲鄒莊河又東過坊前橋東亭諸水出牙橋來會又東行東亭諸水出紅橋

來會又東行鴨城諸水出許巷橋來會分而南爲馬村浜陶潼浜俱西南行入鄒莊河又東行過蘇團橋分而南爲香涇又東行過破塘橋鴨城諸水出灣橋來會又東行爲梅村經泰伯廟過梅村橋（今名聖德）分而南爲梅花浜又東行爲犂尖口鴨城諸水出犂尖橋來會分而南爲安樂浜又東行過毛塘橋爲分流口（土名分龍口有分水龍王廟）走馬塘之水自北來會一支自分流口東南行分而南爲北宅浜又東行分而北爲三娘子浜（地名三黃子見明邑志）達張塘河又東行抵馬橋分而南爲小馬橋河又分而北爲跨丈涇達張塘河又東南行分而北名窑蕩

港（浦氏築宅嘗於此置窰燒瓴瓦）達小張塘河又東南至廟庵橋分而北入大通橋河又東行分而南為九曲河又東行歷胡堰橋分而北為南錢河又東行過甎橋（今名瞻橋）入楊巷蕩又東行過㧞澤壩為小伯瀆（見邑志）又東行入漕湖接長洲界一支自分流口東行為張塘河逕皇山之南又東行過張塘橋分而南為小張塘河又東行為馬家蕩（宋景定中東莊舉人司馬應年為其子榮三闢宅於大圩號南園再傳有隆二者於宅南大加開濬東抵蘇舍蕩西接張塘河巨浸瀠洄里人呼為馬家蕩）又東行為蘇舍蕩斷塘河之水出劉團橋自北來會又東過蘇舍橋歷沈蘇蕩口又東過青蕩口又東行分而南為二支東支為延祥河

入界涇南支為落埠橋河又東行過福華橋分而北不遠而止又東行過楊巷橋分而北不遠而止（大奶橋浜）又東行分而北為蕩口鎮穿過老湖橋折而北過蔡瀏蕩抵甘露鎮又東行出新橋入鵞湖

運河自晉陵南下至五牧入無錫界至北門塘始分東岸屬金匱自此抵城東北分支為轉水河曲折東行入南興塘為梅里界南行過亭子橋抵羊腰灣分支為冷瀆東行入梅里界又南行至南門塘出淸甯橋（今易淸名）下塘分支為泰伯瀆東行入梅里界（縣南之驛置於西岸為上塘屬無錫以東岸為下塘屬金匱自此以下運河下塘俱為梅里界）過白瀆口東南行為十字港口又東南行為周涇口又東南行為白兔浜又東南行為薛家渡又東南行為宅基浜口又東南行為泉瀆口又東南行為小龍涇大龍涇（二涇載萬厤邑志）又東南行為聖瀆又東南行過豐樂橋折而東行為蠡河過此為長洲界以上運河分支皆北通泰伯瀆

南興塘運河分流自轉水河曲折東行至尤村渡分而南為尤瀆南入冷瀆自尤村渡東行過新塘橋分而南為東亭河祇陀寺在其北又東行楊婆圩之水出鴨城浜（即板橋港）自北來會又東行過鴨城橋至花園浜分二支一支東北行過石埭橋

楊婆圩諸水出查家橋自北來會繞堠山之陽潭塘河北來合之（江南通志潭塘河在無錫縣東三十五里自鴨城河旁注而北貫興塘港與新河接新河北通大江宋建炎間金烏珠為韓世忠所困一夕開此河遁去今塞）東行至九里橋分而北為橫塘入信義瀆又東行分而南為奚山浜又東行為西安橋中安橋至太平橋分而南為走馬塘又東行至關橋分而南為徐沖橋河又東行盛塘河之水折而南來合焉過關橋入宛山蕩接常熟界一支自花園浜口東南行為毛道橋河分而東北行六里而止為秦涇（今稱秦塘涇）過毛道橋分而南為新橋浜（詳東亭河下）又東行過張公橋又分而南逕灣橋出破塘入於伯瀆又

東行逕西鰲橋直泰伯廟之北又東行過東鰲橋至犂尖亦作鰲尖合下莊橋河會於伯瀆

東亭河自南興塘分流南行過莊橋今名留春橋爲東亭分二支跨以東西二橋又合流爲龍舌尖又南行分流而東至張富橋高阡橋折而南新橋浜分毛道橋河之水自北來合出許巷橋入伯瀆又南行分流而東折而南過羅折橋繞堠陽折而北稍東折而南出紅橋入伯瀆又南行分流而東爲港西河稍南折而東過石塘橋折而南至打狗橋出牙橋即瑯瑘橋入伯瀆又南行冷瀆自西來合過江陂橋又南行出學士橋入伯

泰伯梅里志　卷二　山水　十四

瀆爲十字口

信義瀆南興塘分支自横塘轉東歷廖山安氏山莊過芙蓉塘橋爲盛塘河納鮎魚塘顧市河之水東過大成橋入宛山蕩

奚山浜舊名周涇酌泉錄周涇浜南興塘九里河分支南行達於伯瀆在走馬塘之西自南興塘分支南行進湖口橋過夏家橋岳沈公橋繞奚山西麓又南行過盧莊橋華家橋章家橋又南行出福新橋稍折而東繞坂村又名西倉蔡氏之居又南行過朱松橋今名集賢橋下莊橋今名慶誠橋合東西鰲橋之水出犂尖橋入於伯瀆

走馬塘案邑志分南北二塘此南走馬塘也自南興塘分支南行入塘西橋經石室山之西嵩山之東分流而東過孫家橋今名僧伽橋又東過旺家橋又東過桑園橋注於八千蕩又南行經皇山之西過巷西橋周家橋馬蹄橋西城橋又南行出外莊橋入張塘河宏治邑志走馬塘貫垂慶延祥上福宅仁四鄉南自張塘北至馮堰袤十又三里廣六丈深三丈成化八年邑人趙汝明重浚徐有貞爲記　案徐有貞記宏治邑志碑碣門僅存其目其文未載

徐冲橋河自南興塘分支南行入徐冲橋又南行過應龍橋鯽魚橋今名積餘橋注於八千蕩亦名尤村河八千之水東行者過曹墓塘橋注於謝埭蕩南行者過趙家東橋今名承先橋又南行分流而東繞圓通之南經蕩口鎮注於鵞湖又南行過斷塘橋劉

泰伯梅里志　卷二　山水　十五

團橋注於蘇舍蕩

冷瀆運河分支東行爲西冷瀆貫東亭河又東行爲東冷瀆注於毛道橋河

王莊港即十字河自運河分支東行爲十字口貫泰伯瀆又貫冷瀆又北接東亭河

鄒莊河在坊前西伯瀆分支南行進魏家浜又南行過鄒莊而馬村浜陶潼浜各分伯瀆之水西南行來合爲又東南行繞高巷後合於香涇河又南行過青石橋折而西過藕蕩橋折而南過莫家橋注於周涇

香涇（載江南通志）在破塘西伯瀆分支南行折而東又折而南周涇分運河之水自西來會又南行過岵思橋邊子鸞墩又東南行宅基浜引運河之水自西來會過安橋泉瀆引運河過下水涇橋自西來會又東南貫聖瀆南爲塘莊河又東南爲華長涇入蠡河（華長涇今塞）

梅花浜（載江南通志）在梅村橋東伯瀆分支南行出梅花橋安樂浜分伯瀆之水南行來會過金梁橋南行數里東流入於塘莊河（邵寶鄒氏莊東新居記云漕河貫錫城東南流左涯有支渠二曰伯瀆沈瀆皆經吳郡以入於海二瀆之間有水通爲曰觀涇涇之西有小水五咸北入里餘而止界其地爲五總良田二千畝有奇於其鄉爲沃壤爲奧區爲勝槩是曰塘莊棄塘莊河舊名觀涇邑志未載）

北宅浜（舊名秦村河）伯瀆分支自分流口南行過秦村橋陳家橋至壩頭折而西過放鷹橋復折而南逕落花潭值薛店之西又南行過顧閔橋（今名日新）竹橋又南行過許賣布橋（今設柵）梅花浜之水自西來會合流而南過塘莊橋分而東逕燕覩橋值大牆門之南又東過善慶菴香花橋繞菴而北過鯉神橋折而東接柘社河（此河今塞）又南達於聖瀆自竹橋分流而東過何店橋（今名荷典）錢家橋又分而南爲李富涇過吳華橋曲折南行合於南河自錢家橋東行歷金娥墩北又東行至雙版橋合於

馬橋河

馬橋河伯瀆分支南行過小馬橋分而東過顧家橋入九曲河又南行過楊墓世家橋（舊志誤作二橋）又南行分而東過後楊橋注九曲河又南行至雙版橋錢家橋之水自西來會又南行合柘社河之水出西莊橋又南行出顧市橋入蠡河

九曲河伯瀆分支南行顧家橋河自西來會繞出胡村之北東行過外郎橋徑報福寺之南曲折南行其支者東行出甑橋河復合於伯瀆又南行過長橋折而東行其支者東北行過扁涇橋出楊巷蕩東行者折而南雙版橋之支東行者徑後

楊橋唐墓橋來會瀦爲深淵中有轉水墩邱丞墩在其西鄒氏祖墓在其東南九曲橋跨其東北邑志云九曲河水分五汊一伯瀆之水分流自北來一自唐明橋（即唐墓橋）來一西南行不遠而止一過九曲橋東行貫壽山里過華盤橋出楊巷蕩一東南行過建安橋又分爲三一南行過下田橋入徐塘橋河南行出三歎蕩（即泗洲寺浜出口值西施墩）一東南出坊橋

小張塘河（即小茀涇亦名嘯傲涇）自張塘河分流南行經浣香圃（李莽軒所居）又南行馬橋河之水分流東北行過錢家橋（俗名錢鴻聲里）來會折而東行過七房橋不半里歧而爲二一折而北過夏蓮橋入

蘇舍蕩一南行不半里分流東出青石皮橋入青蕩又南行不半里又分流東出葛家橋亦入青蕩自是折而西過大通橋廟庵河之水分流遡朱芳橋來會又折而南過葉倉橋折而東至丁公橋又分流東行過薛司娘橋入青蕩其南行者過南錢橋達於甑橋河

聖瀆泰伯鄉運河分支東北行半里許稍折東行爲十房橋稍折東北行至蘇家浜分流一支折而東行爲南河橋（今設欄）折而南行爲陸賢橋出李富涇埣入蠡河一支直而東北行爲王仙橋梟瀆與小龍涇大龍涇合香涇之水出趙家橋自西

北來會又東北行爲唐莊橋梅花浜分伯瀆之水出吳家橋自西北來會過許賣布橋分流一支折而北行過顧閔橋出北宅浜一支折而東行爲荷典橋（即何店橋）又東行爲錢家橋（今名免渡）又東行過金娥墩後至雙版橋分流一支曲折北行爲楊墓世家橋出小馬橋浜合伯瀆一支折入雙版橋後東行爲華陽橋出九曲河一支折入雙版橋前南行至康蝦井分流一支直而南行爲西莊橋過石家橋出顧市橋入蠡河一支折而東行爲福慧橋過后宅前分流一支折而南行爲新橋浜過唐花子橋經南香山（地名）出殲墩橋入蠡河又東行唐墓橋河之水自北來會又東行出徐塘橋下田橋之水自北來會又東行入於三歎蕩

轉河在豐樂橋東運河分支出馬王浜東會十房橋河南行西出萬寶涇復入運河（運河自甯橋以南直趨四十里分入蠡河其勢稍殺豐樂橋東其上流水急湍悍勢如建瓴不利舟楫舊有萬寶涇北連馬王浜淺窄不能通舟道光九年趙漢侯集貲重濬）

蠡河望亭運河分支爲常熟昭文漕運徑道（元至正二十六年開）東行經望亭鎮北曹宅橋之水自北來合又東行過曹家渡楊家渡華長涇之水自北來合又東顧市橋之水自北來合又東行過阿奶渡橋又東至新橋新橋浜之水自北來合又東行逕

三歎蕩又東出蠡口（即渡口橋）合楊巷蕩之水達於漕湖

鵞湖一名濠湖（載江南通志）俗謂之鵞肫蕩周十餘里西接伯瀆北受謝埭八千蕩諸水與青蕩止隔一塍港汊穿錯波流灌注甘露鎮在其北南行爲界涇（與長洲分界處）又南行入漕湖（宏治邑志云自湖向東稀墊與長洲界接稀墊向北三十里至宛山經湖心與常熟分界）

青蕩在鵞湖之西納西南北三面之水匯爲巨浸寬廣幾與鵞湖埒而清冽過之東逕椿桂山出延祥河橋通鵞湖其南注駱婆橋出荻澤橋入楊巷蕩又南爲坊橋又南出麋城橋入省灘東行入漕湖

八千蕩在伯瀆東北之腹裏亦名尤村河外莊河東北來注之

北流會南興塘入宛山蕩東流入謝埭蕩南通蘇舍蕩

宛山蕩在宛山之陽受南興塘諸水東南行爲陸家蕩南行出

謝埭橋合八千蕩諸水匯爲謝埭蕩引流至甘露分而爲二

一過濠橋一由月河皆東南入於蠡湖（宏治邑志西謝瀹在縣東六十里延祥鄉周匝十餘里與蘇州分界今名謝蕩）

漕湖（載江南通志邑志作曹湖吳中水利全書作漕河）一名蠡湖邑志在縣東南六十

里泰伯鄉東西十二里南北六里其浸屬長洲惟蕩湖一二

里爲泰伯鄉

泰伯梅里志　卷二　山水　二十

案明邑志梅里鄉有利浦黃瀆二河引越絕書謂伍員取此土築闔廬城幷辨吳地記之失二河明時尚在今其跡無考前庚午邑志削之　又案宏治邑志黃瀆在縣東十里梅里鄉

泰伯梅里志卷二　　東院道士許均鑄覆校

泰伯梅里志卷三

江蘇候補知縣署金匱縣知縣頑孚後裔保山吳　熙編輯

邑人安起東浦傳桂原稿　邑人過鑄劉繼增參訂

泰伯廟住持上清宮提舉許巨楫校刊

橋梁

泰伯鄉

至德橋（宏治邑志在龍涇）　會龍橋（萬厤邑志大小龍涇會處）

沈瀆橋（一作聖瀆宏治邑志跨瀆嘉慶邑志南塘入裏河口今廢）

十房橋（嘉慶邑志沈瀆口咸豐七年重建或曰在唐莊河梢者名永安橋）

泰伯梅里志　卷三　橋梁　一

望仙橋　南河橋（宏治邑志通望亭嘉慶邑志跨南河）

許賣布橋（嘉慶邑志添釘釘椿柵今圮）　免渡橋（俗呼錢家橋翁氏重建）

唐莊橋（宏治邑志通徐塘橋觀涇萬厤邑志跨沈瀆）　案是橋跨唐莊河舊名非乾隆五十五年重建

周打鼓橋（相傳初名鄒搭過橋明後宅鄒氏所建鄒出於過故有是稱北趾有福慧菴因又名福慧橋道光二年重建）　唐墓橋（俗呼唐明橋）

祥里橋（舊名讓里橋今圮易木）　下莊橋（康熙邑志跨新橋浜雍正間重建名永甯橋）

蘊塔橋（宏治邑志通唐莊）　安樂橋

石角橋　菴橋（跨菴橋浜在岳公浜西）

吳童橋（岳公浜轉西入菴橋浜）　徐童橋（在菴橋北嘉慶邑志誤以爲即徐塘橋注云明

邑志作徐塘誤

黃圖橋在徐童北邑志未載

岳公橋跨岳公浜在顧市橋港西

蹉墩橋跨新橋浜嘉慶邑志作礎墩

曹宅橋跨李富涇嘉慶邑志作曹澤

世家橋在漊上明萬厤閒楊源建源之先自楊墓析居故題其橋曰楊墓世家萬厤四十五年揚汝爲重建加高楊四維助成

王家橋

東莊橋

石家橋明萬厤二十八年建其地舊名劉村故相傳初名劉村橋今康熙邑志作石家橋雍正三年重建

西莊橋西址有歸鶴菴東郎錢氏養竹山房道光四年重建二橋俱載康熙邑志後志削之非

唐花渚橋今額曰青龍花渚橋或稱桃花渚橋南出新橋浜嘉慶二年里周氏重建

徐塘橋在徐塘東出省灘蕩宏治邑志云通麋城橋是也明萬厤二十年重建今康熙邑志漏載嘉慶邑志誤以爲卽徐童橋非是康熙初鄉家琬倡捐重建有碑在北堍南河後志削之　國朝道光閒重建易爲荷典失其舊矣

何店橋其地舊名何店東出楊墓橋載宏治邑志注通

麋城橋宏治邑志與長洲分界郲建年代無考今遺址相傳前明富民虞宗萬所建橋跨三岸鼎足三環厥工甚鉅俗呼大橋角越絕書麋湖城者闔閭所置麋也去縣五十里蘇州府志引吳越春秋云平門外麋湖西城者麋王城也與越王遥戰越殺麋王麋王無頭騎馬還武里乃死因留葬武里城中以午日死至今午日不舉火按宏治邑志麋城在縣東南七十里泰伯鄉與今地合惟云以鴨城觀之亦吳王豢麋鹿之所則似未究麋王事以意解之而江南通志云麋城在金匱縣東十七里唐鶴徵常州府志云在縣東二十里元王仁輔無錫州志云在州東南泰伯鄉去州二十里其說不一要皆無蹟可據

豐樂橋跨望亭運河隋至德閒於此置牐時太湖及西來衆水無吳江岸之阻又一切通江湖海故道未嘗湮塞故運河之水東下無制恆慮淺涸置牐節之以通漕運至宋嘉祐八年浚運河導太湖水入運河牐遂廢元祐七年復置

後以築置吳江岸諸港浦又一切湮塞於是牐廢明萬厤癸卯施策始建石梁題曰龍匯以通往來　國朝康熙閒秦松期黃晟等重建嘉慶元年圮二十年邑令齊彥槐里人華瑞清重建易今名橋下水勢湍急常慮覆舟道光八年徐對揚等添築石堤駕梁引纜舟行稱便咸豐十年圮光緒十九年邑紳朱鎬王鳳儀秦寶驥劉繼增募捐重建

明施策望亭鎮新建龍匯橋記昔周禮乃姬公經理周家盛治之書而夏官之屬設司險氏掌九州之圖周知川澤之阻達其道路焉蓋謂橋梁以通之則其係於王政亦舊矣故國氏以乘濟人議其小惠未徧直以徒杠輿梁當平政之大陳之川不梁而單襄公至以卜其國之興亡則橋梁顧不甚重哉吾邑之望亭當錫入蘇之咽喉不佞常往來其閒意其當橋而未白之邑父母也會趙侯蒞錫之三載政成民和百廢具興不佞遂舉以告侯矍然曰微君言固將謁之余蓋謂茲地之當橋者三夫縣治奄有一同若家室然署廨其奧窔也城郭其庭廡也封疆之守其門戶也茲地當錫之交疆界攸屬則門戶不可無扃鐍關鍵之設當橋一余往習輿地家言上流爲天門下流爲地戶上欲開而下欲闔今邑之上爲郡治自洛社而往有橋者三下爲姑蘇自附郭以外橋絕無矣則地戶不可無綰結收翕之勢當橋二茲地復攝乎震澤漕湖之閒二浸漭漾萑苻買販出沒其閒非有以隘束之無以挫其鋒而扼其吭兩岸陡絕往來作息者跬步有西行之歎則民牧不可無弭奸興利之畫當橋三不佞曰有合哉幸相與成之時嵩野督稅主政董公首倡助權錢五十緡今督撫中丞曹公先以方伯備四郡兵與不佞爲同年不佞以侯言請公曰橋梁美政也以百姓之財爲百姓之用吾何靳焉計每歲河工銀貯之有餘遂捐二百五十緡助之而工始興越三載工未及半而趙侯以政最擢去侯謂不佞曰微君孰與終始之會兵憲梁公嘗與不佞同事滁陽有一日之雅不佞復以請公復出河工銀百緡助之而林侯適繼趙侯而至承上德意留心稽察令巡檢康有高董其事有不足更取之廨施之家而郡伯歐陽公覩垂成之功虧一簣之力亟捐俸資五十緡助之而工乃就緒維時督撫公適奉特旨自句曲移鎮姑蘇道經吾邑與不佞共落成之不佞左右瞻眺有會心焉蓋城郭鬱蒼村落繼之相錯如繡至茲地若闢而若或閉之者則茲橋爲邑管鑰也九龍青慈挾溪流而湍悍東駛如

鯨鯢吐噴至茲地若淺而若或著之者則茲橋爲邑鈐轄也問之巡司之官若吏若卒則曰茲橋建而吾儕獲安枕矣胡憂盜問之居民則曰吾今而此疆彼畝揭厲無虞東作西成方舟罔資則茲橋非民所據嶮岠而守從枕席而過者卬趙侯言當橋者三若左券矣趙侯始事時名其橋曰龍匯豈以爲九龍之秀得茲橋而匯聚停蓄而以地靈人傑祈盛美於後來也哉嗟乎茲橋之爲吾邑重也尚矣居於斯宦於斯譚者孰不欣豔之願工費鉅繁未易以舉匪藉諸使君之力曷克有濟而況其樂助之多若是乎吾邑其徼有天幸也已先是趙侯去邑時屬不佞記其事茲當事竣不敢虛諾且以諸使君之德澤不可泯也乃爲之記曹公名時聘直隸獲鹿人梁公名祖齡四川溫江人歐陽公名東鳳湖廣潛江人蕭公名漢儒直隸開州人趙侯名應元廣東新會人林侯名宰福建漳浦人皆名進士是役也始於萬曆戊戌之春以今歲癸卯之秋而工畢木石工精之費凡八百緡與有董募之勞者耆民張溪法得附書　國朝惲敬豐樂橋銘金匱分無錫地自城北高橋竝運河東岸南下五十里極于望亭有橋焉明萬曆中所建也以形家言名之曰龍匯　國朝康熙時復

建焉後圮于水橋基并仆石漫水中舟行利風多觸石損壞漕艘益堅重難行而橋之西岸界無錫兩縣之民車徒往來以望亭爲津要縣大夫及都人士欲爲力於是橋蓋十數年矣嘉慶十有九年江左大旱婺源齊君彥槐蒞金匱奉　恩旨賑貸貧民核戶計口弗濫弗私全活無算復謀所以推廣皇仁者縣凡百有九十三啚令啚中富者出貲先賑其鄰里然後推其餘於他啚之不足者貲皆籍數於官而富者自理之以逮於貧民吏胥一斂手奉法度人情大勸積貲至十三萬兩有奇凡爲賑之日若干賑之錢若干爲粥爲醫藥之費若干事竣大府念其勤奏請加職得　俞旨齊君合計所餘得六千兩有畸方是時溢無錫韓君履寵與齊君以金匱所餘益募之建城南龍匯橋橋成而歲適大穰士頌於庠民歌於野齊君易龍匯之名曰豐樂志歲事也昔歐陽永叔守滁爲豐樂亭記追言五季之亂以揄揚宋之盛可謂善矣　本朝承平及二百年較宋初至仁宗之朝已倍而逾之常州亦非如滁之險阨特以偏災小眚上勤宵旰不旋踵而風雨以時江左數千里之地殷盛如昔若是則齊君之慶幸較永叔之時不更盛歟然齊君惟與民籌其歉故能與民享其豐與民共其憂故能與民同其樂蓋不獨是橋之爲德於無盡也橋之司事者爲封君華瑞清其佐爲國子監生徐熿公慎而能勤以始終其事例得竝書銘曰元枵北舍東啟豐祥析木在中是成天梁浮浮舳艫熙熙負載曉色迎塵宵光卧水全開月勢盡起龍身三時載績萬禩延恩

齊彥槐豐樂橋成作詩紀之鳩工猶是賑餘錢父老功宏到濟川鄭國輿乘非善政滁州亭起恰豐年更無蜚鴈號中澤長見垂虹落遠天此日改名聊紀事休將折柳擬前賢

樂梁橋

寺橋

吳家橋　三橋跨望亭轉河俱道光九年里人趙漢侯募捐改建

阿奶渡橋　舊有渡康熙六十一年僧悟塵募建石梁乾隆六十年圮仍設渡案悟塵俗姓陸泰伯鄉陸巷人相傳欲往蠡南至此晚渡登舟無錢渡者索不已許以異日償之不可遂渡回北岸陸臨水誓曰余必使爾不渡而後

已因祝髮爲僧四方募化越數年而橋成成之日施者雲集置酒燕會僧對衆大笑而圓寂矣

吳憲德壬寅端午日悟塵上人募建阿奶渡橋落成喜而有作詩湖波浩淼久無梁驅石誰能濟此鄉鵲架三秋雲四合虹飛一道水中央暫將開士浮杯渉頓免行人嘆渡忙喜極正堪酬令節紅榴花下醉蒲觴

新橋　一名廣濟橋康熙初鄒家琬建家琬家故近蠡河河口梁南境屬長洲今圮仍設渡二橋跨蠡河邑志俱漏載案康熙邑志橋梁志泰伯鄉下莊橋注跨新橋浜新橋之名始見於此據此則是橋在康熙以前已有之矣未知何以不列於志又考沈德潛長洲縣志縣境圖蠡河中有橋三在柵口者曰柵橋其二在河中不注其名橋梁志亦漏載惟蔡氏梅里志則云阿奶新橋二渡今俱建石橋行者無褰裳之苦其時正雍正初年也

梅里鄉　今入北延下扇泰伯下扇兼跨南延下扇

永安橋宏治邑志在隆亭　迎福橋萬麻邑志二橋在東亭俱學士華察重建作迎
富疑誤　莊橋萬麻邑志學士華察重建今額曰留春橋
新塘橋宏治邑志跨塘萬麻邑志學士華察重建國朝乾隆五十年陳翼虞過振揚重建
鴨城橋宏治邑志在鴨城北乾隆邑志云元明邑志俱有不註建修年嘉慶邑志云跨信義瀆非
鴨城新橋萬麻邑志云舊有渡嘉靖中里人華啟元募建石梁隆慶中學士華察修乾隆邑志不載
石埭橋跨九里河通常熟　許巷橋
鑫埭廟橋跨許巷浜　瑯琊橋萬麻邑志跨琅琊瀆口在江陂橋浜東坊前
西街　石塘橋載康熙邑志後邑志創之非
盧其橋亦作羅圻二橋跨瑯琊瀆　張公橋宏治邑志跨夾鑫河元天麻二年重建　國朝

康熙五十八年嘉慶十年相繼重建　毛道橋嘉慶邑志二橋跨夾裏河
坊前橋　冷村橋萬麻邑志已上二橋舊俱木梁學士華察改石
宋公橋　陸國橋一名六谷
房廊橋　福塘橋宏治邑志通張公橋萬麻邑志華氏改石
積善橋萬麻邑志章孟祥建　東鑫橋
西鑫橋　坊橋宏治邑志云宋有酒坊在焉故名與梅村橋並跨伯
瀆　案宏治邑志有坊橋無坊前橋萬麻邑志始二橋並載疑卽一橋也　岳沈公橋
桫木橋嘉慶邑志
夏家橋嘉慶邑志二橋奚山西　下莊橋

南房橋以上五橋載嘉慶邑志　販村橋宏治邑志入上福鄉
莊橋嘉慶邑志四橋奚山南自岳沈公橋以下俱跨周涇
周涇橋康熙邑志入新安鄉註一名將軍橋嘉慶邑志改入梅里鄉註跨周涇河
犁尖橋萬麻邑志入延祥鄉作鑫尖橋學士華察修嘉慶邑志周涇河口康熙中蔡家楨建　案奚山浜舊名周
涇南出犁尖口錫金邑志外知有運河入裏之周涇而以邑志爲誤殊爲失考
鄖士艮橋　蘇團橋二橋載嘉慶邑志
破塘橋東西二康熙中改木爲石梁東橋乾隆中泰伯廟道士曹峻修
梅村橋宏治邑志南有泰伯廟與坊橋並跨伯瀆咸豐九年五月圯易木
毛塘橋宏治邑志通延祥康熙邑志作茆塘注在犁尖河東舊時三接長版雍正初改三接大石添釘樁柵光緒

甲午捐資重建　潭塘橋載宏治邑志注在堠山西後邑志俱失載
垂慶鄉舊名垂拱今入南延下扇兼跨上扇
馬橋載宏治邑志　國朝道光十四年重建　廟菴橋本名慶安橋北趾有新福菴
胡堰橋明宏治間錢孟濬建宏治邑志通蘇州　甑橋宏治邑志通蘇州宏治間贈工部員外錢孟溥建嘉
靖間學士華察修國朝咸豐二年重建　坊橋載嘉慶邑志作方橋對大橋口接長洲界
張塘橋明宏治間錢孟濬建宏治邑志通馬橋　小張塘橋跨小張塘河
三孃子橋在分龍尖地名三黃子　大通橋載萬麻邑志宏治間錢孟潤建正德八年重建
荻澤橋邑志作狄澤亦作翟澤非萬麻邑志作狄宅華察修
塗林橋明宣德間贈戶科給事中華守莊建宏治邑志通常熟萬麻邑志華察修

駱婆橋明邑志無　　薛司嬛橋康熙邑志作薛司橋
丁公橋二橋並跨伯瀆　　界涇橋宏治邑志長洲分界
香花橋跨界涇　　後楊橋在楊墓西北載康熙邑志後邑志削之
世家橋宋常州通判楊航墓在橋南宏治邑志入泰伯鄉注在楊墓
雙版橋楊氏世居東西有二東橋北址有三官堂　　西陳橋載康熙邑志
延祥鄉舊名追祥歸德併入今入南延上下扇北延上扇
蘇舍橋蘇舍蕩梢宏治邑志作蘇舍塘橋通蘇州　　福華橋萬麻邑志華仲韶建
楊巷橋萬麻邑志華仲韶建學士華察修　國朝乾隆開華啟槐重建三環工緻如繪橋額曰中安
劉圜橋蘇舍蕩轉北萬麻邑志華守敬建贈兵馬司指揮華爟重建

泰伯梅里志　卷三　橋梁　八

斷塘橋劉圜橋北載萬麻邑志　　東橋斷塘北西莊浜口俗呼趙家東橋今改承先橋
積餘橋俗訛鯽魚東橋北杜莊浜口　　應隆橋北積餘
徐充橋一名徐冲亦作齊驄應隆北二橋康熙邑志入上福鄉
昌浦橋康熙邑志作菖蒲　　曹墓塘橋宏治邑志通太平橋自劉圜至此俱北出宛山所經
桑園橋浦後德倡建石梁
旺家橋萬麻邑志作王家橋華允和妻蔡氏建學士華察修　國朝康熙中贈揚州府教授浦長發重建
朱舍橋宏治邑志通鴻山　　盛橋以上十橋鴻山東北前硼里
新橋蠶繭蕩口萬麻邑志華仲韶建學士華察修　國朝華進思重建
湖橋萬麻邑志承事郎華燧建今稱老湖橋　　旺兒橋西有明徵士華貞固先生祠

通源橋一名大奶橋　　延祥河橋萬麻邑志華仲韶建學士華察修　國朝乾隆五十年華公弼重建
黃塘橋載萬麻邑志　國朝乾隆五十四年華汾重建
馬涇橋載萬麻邑志　國朝嘉慶十六年封內閣典籍華瑞清重建
義盛橋萬麻邑志作倪盛橋注華守吉建　北址有漢壽亭侯廟
張馬橋蕩口西載萬麻邑志　　謝埭橋謝埭蕩東
東西二濠橋載宏治邑志跨濠湖口　　曹家橋斷塘東行入鵝肫蕩
司家橋萬麻邑志學士華察建　　廟橋萬麻邑志學士華察建
陸皮橋嘉慶邑志六橋在謝蕩北錢之朗　　東莊河橋萬麻邑志學士華察建
馬家浜橋萬麻邑志學士華察建　　翰林橋萬麻邑志學士華察建在甘露市中

泰伯梅里志　卷三　橋梁　九

皮橋當作淝橋在甘露東載康熙邑志　　甘露市橋萬麻邑志學士華察建在甘露市中
蔡橋在甘露市北　　蔡師橋在甘露市東
師姑橋在甘露市北宏治邑志舊有善智寺唐乾符元年建舍比邱尼後徙於城中金匱山西
唐巷橋在甘露市西北康熙三十年乾隆十年兩次重建其地在唐時名前王村
虹橋在甘露市內　　永安橋跨濠湖口七橋俱載宏治邑志蔡師以下嘉慶邑志俱失載
宅圩橋萬麻邑志封官華謹建　　東橋萬麻邑志封官華謹建
上福鄉今入北延上扇
外莊橋伯瀆分龍進北港口今廢　　西城橋

馬蹄橋　唐買橋萬厤邑志入延祥鄉注學士華察修　國朝咸
豐九年重建三橋　巷西橋轉東
俱外莊進口直北
孫家橋又東出莊家桑園弓橋下宛山蕩今名僧伽橋乾隆五十四年重建西爲一葉禪院
陸佩橋明陸佩建佩字守齋居嵩山之東邑志作陸倍非
周童橋　塘西橋三橋跨走馬塘
西安橋明萬厤九年　中安橋
太平橋三橋並跨九里河東梢宏治邑志云在華巷
九里橋明隆慶中贈刑部主事華坊建東西二橋堠山東南向無腹裏關柵權使海保始於內河釘立夾樁柵座
十餘處此亦其一宏治邑志跨太平河　大成橋盛塘河宛山口

泰伯梅里志《卷三　橋梁　十

關橋舊名昇平橋出口即宛山蕩乾隆三年里人周康侯捐建
浦起龍重建關橋記瀕宛山蕩之西重建關橋成周君康侯
介余宗老有常持舊石刻來學舍求爲記周君者與張君奕
韓協輸重貲以始事卒事者也石刻出橋之腹文陋不足述
然所志橋之名曰昇平造者曰曹塘周詢置石之年曰宏治
重光大淵獻葢明孝宗四年辛亥也余聞橋舊有關故名關
廢置宜猶在明孝宗前石刻皆不詳不知昇平其故名與其
關廢爲橋而易是名與文直云造者周詢也其先未有至是
始有之與抑今問之土人又何以莫舉其名與地當湖泊出
口無錫常熟兩邑之所交斷埂支汊盤迂走集之所望而涉
橋據其衝宜非始自近代者子早歲嘗流覽縣志撥棄既久
臨文失據老學遺忘行自愧也乃周君者起二百年之後慨
此橋之就圮毅然撤而新之撤得石刻而心益喜自賀舊績
新功後先相望於其門一成再成爲不偶然也周君論事切
近有主本以節瑟顯壹起其家不及中人之產然里有興舉
必身先而身竟之關橋之議修也久未有應者周君沈吟計
費料歲入幸可半給遂走吳門倚其半於張君張實華產舊

同里與錢通以故能力致之竟潰於成嗟夫席豐者重閉積
畜者厚施是可以易天下之所難而起百爲之坐廢者矣夫
事至則議論費人合則觀望多局張則時日需工久則願力
懈往往而是國家下一令曹分慮涣傳相咨商動經歲月卒
於輟議而止故朋興之謀姑待之情狀皆足以挫勁氣而撓
直情今周君之於此橋也盡氣以徇得助而志不貸宜其應
念而副可爲當事效功者法也吾家有世墓及吾弟舍田爲
菴並迫橋趾而橋之舉吾兄弟不能而周君能而張君者近
又爲余置奎閣於蘇之郡學俱於余身有賴若償其宿負焉
則書其事者唯予宜且以橋記爲閣記之導亦唯予志也石
材之費二百幾十兩有奇工食之費幾十兩有奇總三百幾
十兩有奇其成以乾隆二年某月予諾而記之六年八月也
芙蓉塘橋跨盛塘河一名芙蓉塘塘廣十餘丈舊時販橋亙五尺屬皆二丈許乾隆二十六年陳鵬起改建石
梁宏治邑志跨走馬塘　慶安橋安鎮山涇河
山涇橋二橋載嘉慶邑志　邑巷橋宏治邑志跨延祥大河今邑志無

泰伯梅里志《卷三　橋梁　十一

杜家橋宏治邑志通延祥今邑志無
景雲鄉
保安寺橋　冷濵橋跨冷濵河
仁濟橋一名顧橋三橋宏治邑志載　九言橋
大安橋跨同溪明嘉靖中允倪妻孫氏建　洞橋跨同溪
青石橋洞橋東　白兔橋
王公橋跨十里鋪河　百千濵橋
王莊橋百千南跨王莊港　新橋
江陂橋一名江溪明華察建四橋宏治邑志載　學士橋伯濵塘轉北口萬厤邑志學士華察建

廟橋案康熙邑志景雲鄉有兩廟橋一在東門左有信郎大王廟一無注載江陂橋下當是異橋同名後邑志削之非

浮橋載康熙邑志後邑志削

後宕橋跨周涇載康熙邑志後邑志削之非　有浮柵後撤

伯瀆橋跨泰伯瀆港口萬厤邑志學士華察重建　舊

驢橋

羊橋三橋竝跨伯瀆載宏治邑志

津渡附

柵口渡望亭柵口

馬王浜渡

沈瀆口渡

方家浜渡康熙邑志作方家渡嘉慶邑志誤入無錫

宅基浜渡

薛家渡

新安渡宏治邑志在新安鄉元延祐五年沈某搠橋廢渡　今橋廢仍設渡

蔡王親渡俗呼蔡王村

下田橋浜渡九河竝在運河

曹家渡

楊家渡邑志未載

阿奶渡乾隆邑志

華長渡邑志未載

新橋渡乾隆邑志　五渡竝在蠡河案阿奶新橋二渡乾隆庚午始入邑志然其時二渡俱建石梁為常熟漕運所經要道橋之高廣不亞龍匯乃棄而不載反載其渡誠不可解今二橋已圮仍前設渡故兩存之

蔣義渡在張塘河舊有橋名垂慶年久頹廢乾隆四十五年設渡旋置工食田八畝以為義渡道光十二年復建屋兩楹於河之南以居操舟者咸豐末遇亂渡廢屋亦被毀同治四年里人公捐重建木梁其田仍貼錢氏義莊以備修葺之費邑志未載

今名平濟橋

泰伯梅里志卷三

東院道士許均鑴覆校

泰伯梅里志卷四

江蘇候補知縣署金匱縣知縣禎字後裔保山吳　熙編輯

邑人安起東 浦傳桂 原稿　邑人過鑄 劉繼增 參訂

泰伯廟住持上清宮提舉許巨楫校刊

陵廟

泰伯墓在皇山西嶺江南通志載　冢高一丈四尺周三十五步南徐記泰伯宅東九里有皇山泰伯所葬地皇山即今鴻山皇覽冢墓記泰伯冢在會稽吳縣北梅里聚去城謂故吳城一十里晉咸和中殷師爲晉陵太守表其墓置守冢一家明王文恪鏊

作廟碑記未及細核乃云無錫板村有邱隆然即認爲泰伯之故封失其據矣宏治十四年里人楊文建亭表之天啟三年里人華允誠重立墓碑　國朝康熙十三年邑令吳興祚重修山廣五百畝多木石環山之民踩伐殆盡雍正四年邑令王喬林勒石永禁禁山碑亭在石圍牆東亭圮一碑亢立村童以小石從下仰擊其額輒作磬聲不中者謬投碑字遂多損壞　乾隆二年給　帑修葺邑令王允謙更建亭堂墓門二十五年邑令吳鉞修之嘉慶二十二年邑令齊彥槐里人華瑞潢重建享堂墓門築石圍牆丈得實存墓地十八畝六分六釐墓外隙地十畝八分四釐舊時墓亦有廟其興廢無可考蔡氏志載漢唐時墓廟規制未知何據司馬氏德長集宋紹興閒承事司馬宗召與同里李正逵楊粹夫倡議建廟表以豐碑孫覿撰文今亦無攷

明楊文泰伯墓碑記泰伯遭商周之際以讓德逃之荆蠻寓無錫之梅里號勾吳東南抵浙西北抵江方千里之閒古謂之三吳者皆以霑化而名也梅里去城三十五里自伯瀆之陰曰梅村蓋伯居在焉瀆名伯相傳以爲由伯而鑿是也伯歿葬鴻山之西嶺去梅村地五里今鄉人所指吳王墩者即伯墓也山以鴻名謂漢隱士梁鴻居於是而前此不稱鴻而稱皇亦以伯故也蓋世變時移之後古蹟混其名實幾於泯滅而不傳者豈獨一吳泰伯之墓哉縣故有廟春秋奉祀寢久棟漸撓至漸毀宏治戊午令尹姜公文魁以名進士初任有事乎風化也乃從民所欲即梅里之村作新廟以崇厥祀使讓德之光復顯於故里既又念其墟墓湮夷不有以識之則人將不知所謂吳王墩者爲誰也適文歸自太學乃以謀

之郡守連公盛貳守李公渭協心力以經營之粉建一亭表於墩小具體制同以瓴石計可垂於永久實與作廟之意相表裏由是愚夫愚婦皆知吳王墩爲泰伯墓矣嗚呼讓人道之所先也始伯之逃止於遜國終以成有周之王業又泯其所遜之迹民無得而稱焉故孔子表之曰其可謂至德也已蓋君臣父子無所逃於天地之閒伯也三讓其固有之國而弗取於商則爲盡義於周則爲盡仁用是以開後世遂有壽夢季子之賢荆蠻一變而爲諸夏伊誰之力歟考泰伯之逃荆蠻實與仲雍同竄雍寓蘇之常熟墓在虞山伯仲事同而德亦同也　高攀龍泰伯墓碑陰記吾邑之鴻山古所稱皇山皇山有泰伯墓南徐記及聖賢冢墓記同其爲泰伯墓審矣蓋梅里平墟爲泰伯端委之地皇山爲歸藏之地兩地並重今梅里廟貌肅穆而皇山草茅榛蕪邑之人往來於此者不知其爲山其爲墓指點疑似樵蘇畜牧且狎遊而褻踐焉於大聖人墓宜然乎萬歷之季紳衿始謀立碑而表之旁爲屋以居道者禁樵牧而憩往來之伏謁既立石欲予記其事於碑陰余惟茲土古所稱荆蠻聲教不通於上國泰伯至止而東南之文明始闢今且擅宇內之英華而上國莫及焉則

是至德之聖讓天下而逃不之於名山大川不之於長林深
谷而之於荆其之於荆也不之於三江五湖不之於幽巖絕
壑而之於吾錫之決莽平墟豈其無故耶況乎臨於平墟墓
於茲山相去不數里而遥若其有擇於茲者又豈其無故耶
錫之士可思矣之於荆而東南之文明甲天下之於錫而錫
之文明不當甲東南乎錫之士可思矣夫文明者非文辭藻
繢之工已也紀堯者曰文明紀舜者曰文明則文明可思也
堯之文明曰親九族舜之文明曰徽五典至德之聖以天下
讓者在父子兄弟之閒則文明可思也嗟乎古之聖人以父
子兄弟之閒讓天下而不顧世之人乃不免以簞食豆羹爭
於父子兄弟之閒而不恥若是者尚可稱錫之士而過梅里
之墟皇山之埜乎人人思而恥之而父父子子兄兄弟弟錫
之文明甲天下矣　國朝吳興祚泰伯墓碑記周有天下
受之於殷傳八百有餘歲泰伯讓國逃而之荆無尺土之基
所居成邑遂起勾吳至於今三千三百有餘歲自伯以來擅
位號有天下者不可勝紀皆已不得名其故居惟勾吳一彈
丸地猶得名之曰泰伯之里嗚呼是蓋六國之所不能侵而
泰皇之所不得併者也嘗試推之古今之所可欣可羨可守

可傳而不能忘於心者多矣吾觀泰伯之心皆擴然而無一
有而其所有者僅此忠孝之性受之於天以爲人造次顛沛
不可以貳值時之阻則旁行巽志冀一遂焉譬如水之百折
而必趨於海非有所爲而爲之也及乎所至之地義而歸之
奉以爲君遂能立國啟土龍旂介圭傳數十世蓋亦忠孝之
理自不泯於天壤耳當其逃之之日志豈及於此哉語有之
聖心如水清日明嗚呼所以爲德之至也伯有廟在梅里其
墓在皇山南徐記及聖賢墓記皆同非若史遷所稱箕山有
許由冢滅没恍惚不可徵信又非若虞舜崩於蒼梧大禹葬
於會稽遠其國都而離其人民者比也則以吳民而修伯之
廟若墓譬如以子孫而修其始祖之廟若墓宜乎歲歲從事
而勿怠也乃明季以來自姜尹文魁倪君珵華公允誠而後
無有過而問者小子興祚黯焉傷之已酉歲嘗修其廟矣今
墓道之閒荆榛叢之樵牧遊於其上邑諸生錢法等以告念
興祚裔也又官茲土其何能辭爰以俸錢供掃除之役邑人
助之自癸丑歲某月經始畢於某月建碑以誌久遠後之讀
是文者深思三千三百餘　歲不替之故而以伯之心爲心則
伯之埀教其猶未遠也夫　泰伯墓田碑無錫縣正堂吳爲奎

治化爭爲讓捐田好義可嘉等事據生員顧宏訓等呈稱三
吳文教從泰伯讓王而開錫邑梅里其端委之區鴻山乃歸
藏之地馬鬣故封淪没荆榛久矣欣逢父母老師臺政成之
暇捐俸鳩工修復舉百代未行之曠典樹千秋不朽之鴻模
但聖陵雖經整葺肸蠁亟需祭田茲北上四十四都一圖義
民倪馬德有業字七伯三十七七伯三十八二號共平田七
畝四分因呂明冒收致訟曾奉明審令原賣華端給償兩造
原價以杜爭端而德向風慕義不願得田并不願領價願將
此田爲伯墓祭田永奉萬年俎豆訓等俱爲踴躍切念恥爭
樂讓誠師臺美政革心之實效也伏乞准行申憲勒石垂諸
無窮等情前來據此爲照捐田助祭乃士民好義之風誠可
嘉尚准如所請爲此合行申憲捐糧永作祭田以垂不朽須
至碑者康熙十五年正月　文林郎知無錫縣事陞授行人司
行人加二級三韓吳興祚立　義民倪馬德勒石羽士張太
元等掌管　王喬林書泰伯墓禁山碑亭鐫名石泰伯以天
下讓吳民君之卒葬鴻山山五百畝多木石之殖環山之民
趺且伐之無完土攘利偪聖狃爲故常法不可後或曰天下
不足有五百畝何有奮臂以與人爭捧手而奉其所讓伯誠

有知必不受伯以讓今以爭於至德之義宜若無處然嗚呼
韓子曰是自比於賊亂飾淫辭而助之攻也夫遺體魄茂如
者墨道也慫雖攫利聚黨賊聖無忌憚聽徒也諺曰欲投鼠
而忌器一器之投尚猶忌之況聖人乎伯於鴻山靈爽是憑
踐之穢之戕敗之顧曰無傷可乎讓足以化三吳乃五百畝
而以叢貪乎然則蔑且攫者爲墨道爲聽徒起而爭之者必
爲仁人爲誼士爲其不知讓而爭之與於讓者也卒皆斂手
交讓而去之是與人爲讓者也喬林令金匱之明年大中丞
元謀陳公奉　命撫吳又明年丁未伯之鄉有君子曰楊君
大猷蔡君家正浦君起龍司馬君毅走吳門以泰伯墓禁山
請公即時飭行檄縣董厥事碑以永之備鐫牧牛打石情跡
并禁條於石以警來者夏五月喬林祗謁墓下規左方以植
碑碑翼以亭又五越月竣事碑之崇丈有三尺廣殺三之二
亭以方計丈有二尺均其崇又贏四之一凡縻白金百七十
兩有奇時則楊君物故蕆厥事者君之弟綸暨三君子者也
禮三王之祭川先河而後海崇伯於錫有先河之義焉吾金
分錫之半適全有伯之鄉喬貫首得之又遇元謀公以名進
士開府吾吳尊聖厲俗大愜衆請而喬得効毛髮之勤於伯

之墟以無負風塵一出人地相遭之會可不謂厚幸歟亭既成諸君請文其鐫名之石喬樂夫禁之行而山以得完也伯之化其未已也夫信乎爭以成讓者夫凡功於是役者以勞以貲例竝得書雍正五年孟冬錢塘王喬林題　吳錫麒梅里重修泰伯墓碑夫濟虬嬌跡神泯於無稱朏魄示沖體貞於三讓是故瓢棄之士甘沈淵而不辭屣脫之君迫燻穴而無悔身將隱矣焉用文爲豈有陟降在天戀以柏以松之樹歸復於十計若堂若斧之封者乎然而許由之冢見表於龍門季札之碑獲題於尼父惟其寄情沖漠息影軒冕只此一抔之託彌感千秋之心而況君父爲大庸行敦其再三神叢不渝世家列之第一如無錫縣梅里之泰伯墓者至德丕著滔風載揚覇業創於支孫王禮申於異代我　朝追維潛曜用沛　殊恩　特賜帑金俾修元壤屬以日月既邁榛艿易滋邑人蔡維鈺等仰體　皇謨藉安神漠乃於嘉慶乙丑某月重葺治之將刊貞石以闡幽光禮也說者謂翦商之志詩言有徵改元之文後事可覩伯預料征誅之局隱示揖讓之風欲使殷土常留亳社無屋是則採南蠻之藥何異歌西山之薇其心則濱海之逸民其跡亦遁荒之王子也不知當日

者朝方走馬居且契龜甫脫干戈粗安疆理乃謂棄國於來攻之狄而轉生心於服事之商有是理乎況使賢君代作頌上中興元子受終爭無太史則撫茲九有荷其百祿商罪何至貫盈周命豈容未受伯固無此深計也伯亦罕此前知也惟是西顧之眷在於明德王業之興決之聖瑞既已心惟帝度武待孫繩伯身處青宮目遊黃屋同是吾君之子敢私天作之山一旦勉爾遁思成其高蹈詰仲偕往皮冠示襄論體志則爲孝言守節則爲忠不必狥讓商讓周之名并可息立長立孫之議飄然長往無得而稱焉然而遐陬避跡荒服僑居遒孰能臣歸還如市殲屬而至吳趨習爲士風端委而臨周禮恭其祖舊萬世以之貴斯謂至人後代莫能希是誠大讓宜乎高山仰止獨行欽承一篇次第乎魯經二等尊崇於史表也在昔陵名下馬實爲董相之墳地抒採樵重其展季之壟若伯也協靈緯曜陶化宇宙而乃周京永歎難期五世之歸欒水相望已慼前和之翳若復元堂璧墜石室蕪平固知神罔怨恫毋乃民增愴惻也乎茲者徵求故聚合耦平墟挈畚令糧荷臿從事崇封七尺踵麋豹於前守冢一家繼殷師於後山陵之兆應乎歸藏宰木之增固其風氣因求紀實

用敢擒文有玷豐碑藉松楸而掩拙自慙後裔過墟墓而生哀云爾　秦瀛重修泰伯墓碑南徐記稱泰伯宅東九里有皇山泰伯所葬地皇山卽鴻山其地爲無錫古梅里今析隸金匱縣山去縣城三十五里舊制冢高一丈四尺周三十五步晉太甯元年詔祀泰伯用王者禮殷師爲晉陵太守嘗表其墓置守冢一家唐宋以來興替無可考人或相傳爲吳王墩明宏治閒國子監丞楊文作亭表之無何又廢萬厤之季邑人有事興舉忠憲高公爲文立石康熙中　聖祖時巡江浙親題匾額揭諸廟乾隆二年復奉　特旨頒帑修治增建饗堂墓門我　國家尊禮往聖推崇至德厥典茂焉今嘉慶戊寅已八十年金匱令齊侯謁墓見墓荒穢謀治之先釐其界址而後從事鳩貲召工其縻金若干兩有奇規制加廓閎數月告蕆侯親致祭聿觀厥成粵惟泰伯三讓天下民無得稱孔子發微闡幽而泰伯之所以讓者卒未明言之後儒壯釋遂多穿鑿讓商讓周紛如聚訟要之孔子一稱周之德一稱泰伯之讓有周數聖人知天事天其心事不獨文王與泰伯無以異卽太王季歷武王亦與泰伯文王無以異而程者謂太王有翦商之志泰伯不從夫詩言實始翦商乃太王肇

基王迹之謂不從云者亦謂泰伯犇荆蠻不從侍太王寢膳而非謂不從翦商之志也余故不具論特以吾邑習尚澆漓日遠於古仁讓之風邈然忠憲記中已有慨於人心風俗之衰方今士大夫貪利忘義天倫骨肉閒貴侮賤少陵長錐刀之末動相詬厲流失敗壞更有甚於忠憲記中所云者侯之爲治更化善俗思有以革其涼薄之行後之人仰　聖朝之盛典緬平墟之遺跡亦當於侯是舉有所觀感於無窮也侯名彥槐婺源人已已進士由庶吉士改今官墓縱橫修廣丈尺與夫添置旁舍及種植松柏之屬宜見於侯自爲記勒諸碑陰辭曰於惟泰伯端委治吳梅里啟疆古稱平墟宅斯葬斯皇山之陽孔碩孔厖有堂有皇久而弗治乃卽於荒豐草蕪茀我心曷降我侯蹙然爰舉是役是究是度是畚是築壟彼疆土禁彼樵牧山陵崇隆鎭是巖谷告成于伯伯其歆只潔爾牲牢馨爾酒醴惟侯之誠妥靈揭虔植碑有屹於昭萬年　錢慶曾泰伯墓銘并序夫勳垂百代爲而不有之謂至利啟遐荒安而不知之謂德在昔渾噩狉獉之世經綸草昧之初巢燧起化於石斐羲炎揚風於宛阜元律以有熊開國青陽以甘泉論都莫不裁成中夏挺掆萬萌顯開物冒道之

能炳通變宜民之術而坤輿載造尙𨔼常羊之維乾度耀靈未輝女牛之次問誰綱維要服斟酌元樞被雕鑿以衣裳革侏偽以文教乎則昔泰伯開吳之功爲最烈也溯自天作高山帝增式廓策杖愾遷岐之迹揭甀懷辟狄之仁圭瓚未炳夫雄圖覆牢已彰其聖瑞兄終弟禪雖創天家廢嫡立支恐淆世系伯迺隱竄文志詭託遐征殊若水之降居等塁台之偕巽鴻冥東國豹隱南山屣千乘其如遺寶三讓而愈抗卒至季正青宮文膺蒼籙服事成三分之局會同集八百之勲稽古者咸歸美於潛遜之儲矣而不知伯蓋大有心於吳也帝命作邦作對固宜競爽東西德竝克長克君何用甌區夷夏益自臼阜度地海疆已隸中邦高密成書維揚即鄰徐土貢金作牧蕩瑤特進於島夷執帛致神其球且聯乎大越乃版圖雖拓謠俗難孚巨壑交波競鱗身而龍子防風後會併鯾命於鯤人何文命之覃敷尙鴃音之未革歷天乙之獻令徒鮫𢿱以來王意者山川阻深奮興乏主乎伯則謂五德迭運繼予者定在蒼姬九州攸同濱海者莫非王土與其懷西戎舊壤作子氏小侯何如率東海新民爲波臣君長與其纘已成王業而覇彼商郊何如闢未變蠻風而雄茲荒服且黎

泰伯梅里志　卷四　陵廟　七

回高陽後也嘗司祝融首食斯上無余少康庶也先封甌粵可比其鄰蠻夷固僻陋乎而文物以紀之斷髮即旒冕也聲明以發之文身即絺繡也觀其與傳言曰至人不君一世萬世以之君不貴一代萬代以之貴不可見泰伯去國之心哉然而周禮方興殷彝愈替春秋蒲穀且顚倒於冠裳日月戈矛將憑陵乎江漢伯於是大興版築城彼平墟事起登禹經成不日濬具區之水利人樂耕耘通梅里之支流地除旱潦由是外侮克靖內憂不興農桑之治上繼思文撝讓之風下延子札然後歎征戎賜履季以纘述開七百之謨貽璧刑金伯以創造緜廿五之祚而向之詭言采藥匿跡奔荊者寔賴末由測其宏隨光適以彰其褊也已在位四十九載治成逵化委和告終視此東皇用藏器服山連虞仲海畔之雲遠迴墓接梁鴻閒閭之風自起馬鬣僅封以衞梛魚腸甯藉乎同棺羣臣之陪葬無聞嬪匹之從亡不尙雖復貿遷朝市緜歷星霜姬篠之寶鼎屢遷吳苑則湛盧大去而卑宮雖蘙猶存周室之封靈汲長湮終想瀨鄉之營寢廟奕奕儼刻桷而丹楹松柏丸丸遂繚垣而彌阜是則漢臣著史列之世家魯論名篇感乎至德服神畏教千年崇儐豆之儀炳日照星萬古

鬱摩崖之字豈獨典隆漢代記存麋豹之文樂錫晉年詔飭梟孟之爵永初則製讚四言天聖則頒田百頃已哉爰爲銘曰元黃既分涫湀斯剖區畫井區內華外醜神明迭興聲教伊後孰闢荒屯而宰迪牖嗟伊至德炳靈岐陽撝遜外假亭毒中藏銜書表瑞玉器投荒承家志左開國謨長惟此勾吳古隸揚域納漢吞江晨潮昏汐蛟蚪像身鯨鯢鏤質穢腥彰聞風雅靡洽緊昔崇禹巡行會稽書探宛委使告蒼夷栝標轍偏玉帛雲馳戮慢威肅貢琛俗奇至人慨然力圖丕變化馳若神風行如電溥利耕蠶禦侮攻戰地擴荊疆城崇蠻甸黔黎斯富禮教聿宣侔姚鄧聚等箕朝鮮魚韓習革鴂舌音遷裔延倭土澤覆象賢上國通盟公子觀樂奔命荊疲爭長晉辱覇定後勳德歸前躅有開必先無往非復功成脫屣歸眞靈山前岡後道栢茂松蟠周廬不設四衞無環峰低培塿地蹙彈丸東睇虞墳南通禹穴海甸雲遙蹦巒樹直精靈徘徊煙霞參疊萬古衣冠一抔魂魄幽宮鬱岫新廟凌岡鶴棲桂棟蚪盤杏梁丹朱像設守衞緇裳懷德酬績瑤瑱椒漿

案舊志載麋豹記一篇不類漢人文字故不錄

宋許衡泰伯墓詩黙承先志入荊蠻至德無稱意自閒八百

泰伯梅里志　卷四　陵廟　八

開基緜世澤萬年遺教在人閒巍峩廟貌新梅里蝌蚪龜文煥玉山每過春秋霜露降却思瞻拜啟雲關　王肇基清明日遊泰伯墓詩生居讓王里未拜讓王墓至德千載垂高風邈難遡之子挈我行整肅衣冠赴臨眺境悲凉弔古傷狐兎纍纍荒塚閒棲鴉更無附崖石雖峥嶸冥頑復何慕感歎念流風澆漓亦已固士女何紛紛然踏盡清明路　國朝秦松齡詩蠻方遺澤崇新祀至德豐碑樹古墳獨以一抔存肅穆謾勞三讓說紛紜監觀西土非無主文教吾鄉幸有君一自奠拜尊大禹千秋功德兩人分　嚴繩孫詩讓皇墟墓草毿毿自昔文身恐自堪天意可能無伯仲人文從此在東南樵蘇已解當年禁伏臘都非近俗諳遷史世家空第一更無碑版卧煙嵐　劉雷恆詩玉魚金盌思悠悠誰重皇山土一抔曾憶世家傳太史況從至德表尼丘雲凝故宅銀牀冷月落平墟碧樹秋讓國更推吳季子應知高節自孫謀　顧景文詩皇山斷壟豐碑卧再拜重尋古棘門豈有衣冠藏冥漠尙餘弓劍禪乾坤天空祠廟蛟龍入歲晚郊原雨露繁陵寢只今俱寂寞一抔誰竝讓王尊　蔣遵路詩神禹開天奠此疆讓王繼至變蠻方會稽遲霸興於越吳地高風自有商梅里

邑居傳百代皇山禅版照吾鄉古邱遥望安陽塚報賽村人伏臘長　陳端聲詩勾吳舊俗木捫鑾探藥留蹤竟不還三讓高風輕社稷千秋荒塚矗皇山商周衰盛身名外君父尊親伯仲閒箕穎首陽難並德一抔終古莫躋攀　顧貞觀詩廢郭平墟不可追百家守塚尚纍纍祠荒梅里瞻遺像路遶皇山識舊碑藥到處生原共採髮何年斷至今垂茂陵玉杖人間物幾度亡羊火重吹　李嵩詩三讓成周業東南文教開勾吳冠中夏陵寢仰崇臺古道不復見斯民良可哀空山聞落木清響自天來　楊芳燦詩弟兄採藥遯南雲從此幽岐失長君力闢天荒屯虎落身居水國刺龍文蠻風輕趫雄千葉帝業從容讓二分終古高名銷不得山靈長爲護荒墳

泰伯廟在梅邨泰伯瀆上載江南通志　梁劉昭續漢志無錫縣東皇山有太伯冢民世修敬焉去墓十里有舊宅井猶存臣昭以爲即宅爲置廟太平寰宇記泰伯開瀆以備旱澇百姓利之

爲立廟於瀆側咸淳毘陵志泰伯廟在縣東五里臨泰伯瀆今廟在縣東南二十餘里疑宋以後徙此邑志宋元祐七年詔以至德牓於門王永積錫山景物畧云泰伯封號宋元符三年封至德侯崇甯初改封讓王　國朝封吳泰伯之神廟隘而圮明宏治十二年邑令姜文魁重建大殿寢門立石表置祭器列入祀典有司春秋致祭從耆民華嵩等請延高行道士許元善住持守護有宏治年無錫縣帖諭一道藏廟中東院今尚存按元善字一鶴明成化十七年出家於丹陽東嶽廟爲華用明弟子萬厯二十四年里人倪珵天啟閒邑令吳大朴相繼修葺　國朝康熙初邑令吳興祚三十年里人蔡鶴齡再葺之五十七年朱崧枝等具呈撫院免廟基祀田稅乾隆

三年邑令王允謙請帑重修嘉慶二十三年邑令齊彥槐續修道光二十九年住持道士張曜再修曜字賓谷廟自正殿後有玉皇殿舊名祖師殿再後爲關帝殿再後爲住持祖堂其左右分東西兩院東院有三讓堂尊德堂左爲大夏堂慈儉堂前爲古吳社廟舊稱讓王小殿西院有德洽堂采芝堂大樹堂寶珠精舍隔凡樓皆守廟道士所居咸豐十年燬於兵火僅存大殿及廟門住持道士東院戈培字逸谷西院許日新字念銘既修葺殿宇復各自興復舊院玉皇殿培任之關帝殿日新任之廟中住持自元善以下如陳煥章字倬雲曹峻字維岳陳韶字舜音錢鈞

字引年華宗彝字汝軒錢燦字玉田錢鎬字竹坪華乾字雲峯陳敬字亦華皆道行精潔或禱雨祛邪或兼工儒術或能任修葺或校栞書籍具詳邑志列傳舊藏十一曜神像爲和碩履親王贈宗彝還山者歷世相傳爲鎮山之寶後被火僅存二曜其一且殘闕矣泰伯之祀在縣境者別有二皆稱至德祠一在城中斐巷明洪武十年建　國朝咸豐十年燬一在惠山寺右乾隆三十年邑令吳鉞暨裔孫培源等奉檄特建並祀仲雍季札爲子姓奉祀專祠俱載邑志

明王鏊重建泰伯廟碑銘泰伯文王皆以至德稱於孔子皆可爲而不爲文王之時殷命既訖紂惡日稔人心歸周如水

赴愬猶率之以事紂是謂可爲不爲若夫太王逃獯鬻之難邑於岐焉作周計其世猶當廩辛庚丁之際是時商道猶盛太王安得遽有翦商之志有之則何以異後世狡焉思啟封疆者豈泰伯不從而王季則從之邪孟子曰天下歸殷久矣久則難變也泰伯雖聖當商未衰亦安得遽朝諸侯有天下乎蓋文王之生夙有聖德太王知周家之業當於是興故欲傳國及之泰伯知之遂與仲雍逃去其後周之有天下雖在文武之世而實肇於太王之明泰伯之讓是所謂翦商所謂肇基王迹所謂以天下讓也豈非然哉而世不及知是所謂至德者乎初吳之先文身斷髮混於龍蛇泰伯之來端委治之始去夷即華至於今人文財賦遂爲天下甲蓋所從來遠矣無錫之板村有邱隆然相傳曰泰伯之墓也按漢劉昭云無錫縣東皇山有泰伯塚皇覽云泰伯墓在吳縣北梅里聚其說不同吳地記云吳築城梅里平墟吳越春秋亦云泰伯之墓在梅里之平墟則非山明也今板村正居吳縣北去梅村不一里而近敗屋頹垣芻牧不禁予嘗過而傷之宏治十一年南昌姜侯文魁來知無錫予曰邑有聖人之廟而蕪焉令之恥也姜曰諾甫下車則議復之且捐俸倡民於是富者

輸財壯者效力期年廟成殿寢明堂圭潔靚深石表對峨過者悚息春秋獻享永永無怠姜侯屬予文於碑以示後銘曰蠢茲勾吳俗本文身孰始居之爰有至人至人謂誰有周太伯讓國而來乃以有國嗚呼孰知世教日隤兄弟爭立父子相夷我思至人生也孔晚無得而稱其稱則遠穆穆新廟姜公所作千秋萬年過者必式　邵寶修泰伯廟記吾郡貳守范侯以提學憲臺檄來涖我修學也實於吾邑戾止者兩月嘗適泰伯廟下入而謁焉見其蕪圮已甚歎而謂從吏曰此至德之聖也國有祀焉而廟乃如此乎或曰向者祀於斯歲時朔望若吏初至謁皆於斯廟亦嘗飭矣自新廟於梅村之墓祀移而謁遂廢廟之蕪圮固宜其然侯曰若是哉民之迂且固也昔泰伯之讓國而東也實始闢是土人之克即禮義非泰伯其誰啟之墓之廟也以存故也而祀仍於邑習我吏民於敬夫豈不亘而必梅村之之也學宮、修賢祀與焉有聖人之廟蕪圮而若罔聞知可乎哉或曰近一二歲以祀之弗時亦既於斯從事矣廟將有修者侯曰政於義弗安圖之弗可一日緩也矧惟至德之聖邦人具依廟其忍弗修修之此其時乎抑吾斯舉所謂爲之兆者甯急圖之猶有繼焉與其

竢也言訖遂以成晝授二耆民庀物鳩工而責成於署邑事者明日侯訪某於二泉精舍具語其故某起而揖曰侯之言是也某當爲侯書之是惟正德丁丑夏五月二十有二日至秋七月既望告成乃書侯名澤字汝霖陝西盩厔人署邑事者縣丞高唐雲升　顧憲成重修泰伯廟碑記泰伯至德自古記之顧泰伯之所以德吳民與吳民之所以德泰伯者天壤俱無窮而宣聖所稱讓國之節不與焉蓋吳之先非有聲名文物禮樂文章之都雅地蕪而卑人鄙而野文身椎結號稱荆蠻非泰伯以三讓故式臨茲邑即當時無以列文字而通上國然則今之吳其君子出樹勳猷入譚道德而文采標表者孰貽之其小人出作入息耕鑿以時而比屋恬愉者孰貽之其匹夫匹婦懷忠慕義而以奇自見者又孰貽之是泰伯之德照耀今古於法宜祀而吳爲甚泰伯之祀於吳宜隆而錫爲甚錫之梅里平墟有墓巋然在焉宏治間邑侯姜公嘗以義倡民即舊祠之剏而別剏之規制宏拓堂廡翼然春秋享祀設道士世守以奉香火示民報本也第有司好尚如姜公者世鮮其人以故廟日就傾圮由宏治迄今凡百年中閒雖或稍葺而蠹不盡去朽不盡更久而牆垣簷宇莫支霜

露庭中古柏半供樵蘇乙未春道士黄道行以告邑之善士倪君珵倪君慨然捐資葺之而廟貌如故夫以泰伯至德浸灌人心膂而區區廟食必姜侯剏之又百年而倪君新之廟之興廢夫亦有數存哉茲將勒石用誌歲月乃記之　錢榮泰伯廟贍田記甚矣聖人之風之入人深也吾夫子有言泰伯其可謂至德也已矣三以天下讓民無得而稱焉當時遜國而逃無錫實維其地邑之南由運河分流東達於甎橋是爲伯瀆相傳泰伯所鑿灌民田數千頃河之中曰梅村後人立廟於其地以祀之久而混爲淫祀者不知其年矣今延平太守進賢姜侯士元以進士令錫政尚德化謂錫人被德之深而春秋祀於邑中廟貌弗稱乃募邑之尚義者得千五百金檄巨室之居梅村者蔡君信之用之董其役撤舊祠而重建之市良材甓密石陶甓瓦爲儀門大殿兩廡像設莊嚴遠近向慕又立表於前後翼以旁室命道士許元善居之以奉香火又爲堂三區於殿之後以備宴私邑大夫春秋必虔事焉而里閈之趨而瀆者咸屏之然道流歲久日用不給信之兄弟與華君以正之田爲廟基者各五畝有奇而周施之台舊基三畝五分通爲基一十三畝有奇而固垣繚之修竹嘉

樹變乎其中信之兒弟又以自種之田二十三畝三分贍焉嗚呼至德之化洽於人心也如此夫夫財產之在民雖國家之賦役鞭笞日迫而民猶後期乃今一朝之募樂然而趨以成大役受託之專者又能出贍田爲悠久計榮雖無蔡氏之殷裕亦以近廟租田十畝贍之外舅鄒君顯之嘗有是心肆其子謙觀像晉升亦共贍以租田十畝蓋皆發於好德之良心耳道士得田而慮民之侵没聞於令尹平溪侯公公給牒以詳其故使後人有所據而不敢匿又命刻碑而永之元善告榮榮乃不敢辭而書於石正德十三年歲次戊寅春正月記

王永積至德廟記祀泰伯於泰伯鄉梅里平墟之泰伯城蓋開國時端委地也史記世家泰伯奔荆蠻荆蠻之徒從而歸之者千餘家立爲吳泰伯吳越春秋泰伯當殷之末恐中國侯王用兵以及荆蠻故起城周三里二百步外郭三十餘里在吳西北隅名曰故吳墟自伯以下至王僚二十三君皆都此吳公子光刺王僚郎此地宋史泰伯始所居地名句吳吳地記云吳築城梅里平墟名吳城內有宅舊趾及井猶存寰宇記泰伯城西去縣四十里平地高三丈毘陵志在州東南四十里泰伯之宜廟非一日矣宏治十三年邑侯姜文

魁始立石表建大殿寢門奕然規制大備載入祀典歲有司春秋致祭王文恪鏊碑記又考泰伯在邑不獨築城開營浚瀆歷景雲泰伯梅里垂慶四鄉東入蠡湖長八十七里廣一十二丈郎今所稱伯瀆是也有橋跨瀆上郎名伯瀆橋當年開之以備旱澇一方居民始得粒食唐元和八年刺史孟簡重濬之改稱孟瀆然百世後小民有口但知伯瀆不知孟瀆則又功德之在一隅昭昭不可泯者野史氏曰泰伯以至德稱特就一家言非就一邑言與三吳言也維吳之先文身斷髮雜於龍蛇泰伯至始去夷郎華文章財賦遂甲天下論功亦豈在舜禹下但當年吳楚文教未通吾夫子故隱其功而稱之曰至德由今日論於文武則名至德於東南實爲首功功德咸備豈獨一邑宜祀大江以南盡宜血食哉

國朝杜詔重修泰伯廟碑記邑東南三十里梅里鄉舊有泰伯廟歲久日圮道士朱文瓚呂元德年來稍事修葺至是將落成里人蔡君鶴齡殆有力焉夫梅里爲泰伯始基地皇山相望遺邱在焉其廟不知始於何代明宏治閒邑侯姜公文魁倡議修復規制宏敞視昔有加時鶴齡之六世祖孚偕弟濟實董其役事在錢戶部榮記中爰及

本朝邑侯吳公興祚復撤而新之尋以陞任去功未竟嗚呼古者有功德於民則祀之若伯之手闢草昧大啟文明千百世下之理學文章苞含孕育有非尋常功德可同日語者今邑中前代名賢祠宇相屬輪奐昭然顧茲讓王故墟殿寢就傾垣墉剝落竟等諸蘩祠廢廟亦可慨矣譬諸一家之中伯之肇造其始祖也唐宋以來諸賢其祖禰也爲子孫者尊其祖禰而遂忘其祖禰所自出孝子仁人之用心顧若此乎夫以至德之聖民且無得而稱何有乎是廟之興廢然而風化係之矣吾鄉民風善柔俗尚古處幸當

國家隆盛之際郎彼道家者流猶然感慕聖德倡道里中相與庀材蹴工於百年廢墜之餘豈非禮讓之漸被人心有久而弗替者歟當代賢公卿撫蒞茲土奉揚

天子德教追遡三吳風化所由來赫然振興於上又得良有司如姜吳二公者協乃心力爲之崇其廟貌肅其觀瞻凡春秋祭饗必躬親釋奠如孔廟等邑之士大夫及鄉人子弟咸得登降揖讓乎其閒則至德遺風優柔漸漬於不自知嗣是理學昌明而文章蔚起烏知不更超唐宋而上之也哉

泰伯廟免糧碑江南常州府無錫縣爲崇聖免糧公議勒石事原呈

貢監生員朱憲枝蔡鶴齡華傳慶過奕讚錢法趙貞厲朱廷銘杜瑛蔡家楨蔡兆熊等公呈前事據稱竊惟讓王泰伯至德難名開吳起化廟墓在於錫邑祀田歷代蠲糧

國朝定鼎以來前陞制府吳公復申古制照舊優崇迨康熙三十九年又混入賦籍廿載以來輿情未愜是以生等於去年九月銜先聖廟貌宜崇事准撫憲吳送案查覆荷蒙查明事實并從前免糧碑文申送憲案議將新陞田抵補蒙府轉詳藩憲通詳督撫二院奉批如詳飭遵繳等因具見師臺欽崇先聖之盛心上憲光復舊典之至意爲此公叩鈞批勒石永垂不朽等情前來據此爲照泰伯廟基地外祀田計共折實平田四十八畝零向係蠲糧迨至康熙三十九年前縣於清查錢糧事案內並報陞科增賦經今廿載茲據貢監生員朱憲枝等上呈撫憲吳批可行府飭縣查覆本縣隨將新陞田地可抵緣由詳覆遵奉撫院吳批允准抵已經行區仍行免糧將新陞田蕩抵補在案今據前情合行勒石永爲遵守須至碑者康熙五十七年十二月知縣章頤

王允謙請帑重修泰伯廟碑記予自漣水調官金匱金匱故泰伯首善域也去城二十五里有所謂梅里者泰伯居址在焉里有廟建於明宏

治姜文魁葺於我　朝前無錫令吳興祚歷今數十年榛莽蕪穢棖棟欹側予大懼焉乾隆二年會　今上恩詔修古聖賢祠墓乃亟請於上官得白金於公家庫藏者五百四十兩鳩工庀材始於乾隆三年三月朔日越三月而祠宇爲之一新司事者爲請予一言以紀其事予惟東南之地初未嘗通於中國通之自泰伯始泰伯以亡公子首至文教未通之域未幾而東南之人翕然從之幾千有餘里斯亦何道致之歟及今越三千三百有餘歲而雍容端委之化莫非自泰伯始充是道也語其遠足以懿萬世語其近足以濟天下孔子曰泰伯其至德也矣三以天下讓民無得而稱焉其斯之謂乎後儒求其說而不得以爲太王有翦商之心泰伯不從逃之荆蠻謂讓商之天下以强合乎三讓之語抑何說之誣歟夫使太王當日有窺伺之私則嗣王繼體計必在長而不在幼長則人心易集而幼則遲迴瞻視必久而後定太王意在季歷其無翦商之志有昭然可白者是泰伯之讓爲讓周非讓商也而孔子曰三以天下讓非商之天下道足以濟天下也當周之盛乘殷之敝足以有天下而不有是讓周直以天下讓也以天下讓而民莫之知是至德之亟稱於孔子

也說者又曰詩言至於太王實始翦商傳曰泰伯不從是太王欲圖翦商而泰伯不從稽之於詩考之於傳有信而可徵者何疑於讓商而必爲讓周之說豈其別有據乎曰孟子曰盡信書則不如無書又曰善誦詩者不以辭害志予嘗誦閟宮之什而疑焉閟宮之作距伯禽已一十有九世離祖宗之澤已遠而意在張大不詳於辭而誣其先世有不可信者若吳越春秋越絕書序述一事而二其名附會舛訛更非聖人刪定之詩所得比擬又烏可深信哉說者又曰不信於詩不信於傳則君之所信果何在乎予曰予之所信者在天曰有說乎曰有史載殷王小乙二十有六祀豳亶父遷於岐豳人曰仁人也不可失也從之者如歸市故一年而成邑二年而成都三年而五倍其初是人之所與者天之所與也至於王季貊其德音故詩曰克明克類克長克君至於文王備修舊德以新厥命故曰惟此文王小心翼翼昭事上帝聿懷多福此立基樹本一以天爲徒而不敢一有背馳者周之謂也殷王武丁恭默致治垂五十有九年嗣王甫立亦未有甚衰之德如武乙辛紂之極者太王於此或有幾微窺竊之志其獲戾於天爲何如哉以太王之賢吾知其不出於曹氏司馬氏

也決矣而謂翦商之志實始於太王謂泰伯之讓爲讓商豈非誣之甚誣者哉聖人以至德稱泰伯而表之曰讓是欲勸天下後世之不讓者曰以天下讓欲以勸天下後世之據寸土尺壤爭之不止至有子而不知其父者非必欲稱其子之德而誣其父之失也誣其父之失爲子者必愀然悲悚然懼有不可以一日不白者而況於至德之先乎生民之詩曰后稷肇祀庶無罪悔以迄於今蓋謂周世德相承兢兢業業惟恐獲戾於天閱數百年而此心不易是卜年卜世垂及三千三百之無窮者是天之所深與也天之所與者在順不在逆而吾以推泰伯之先無翦商之志者亦惟天也邑之先首沐泰伯之澤今之居其域履其庭者當穆然深思其心以行吾心之所安庶無獲罪於天此泰伯之志也夫敢因司事之請敬述舊聞以告於先聖并欲以質後世尚論之君子　案此文舊志刪改今從傅氏原稿

朱豫重修泰伯廟記

廟祀泰伯於金匱縣治之東鄉梅里其來已古廟之廢興具詳前人碑記乾隆初縣令王公允謙請帑重修距今八十餘年矣中閒雖經葺理而陊剝漸甚雲峯道士旣涖事以爲此不可因陋就簡也乃度材庀工首大殿而廊廡而樓閣齋寮庖湢之

屬爲屋若干區闕者補之廢者舉之易泐崇庳漫漶黝昧者丹碧之繚以周垣蔭以嘉木而廟於是煥若改觀遠近聘仰無不鼓舞讚頌是役也始於嘉慶六年迄道光二年而蔵事蓋雲峯不徼檀施以一人之力銖積寸累而成故遲之久如此嗚呼何其難也夫泰伯宜百世祀而都於梅里爲端委之地揭虔妥靈尤宜加隆者也　國家令甲先聖賢祠墓飭地方官守護顧有司簿書錢穀日不暇給僻在鄉隅耳目所不及其不得不委任住持勢固然也而住持每慕清修而不事事或奔走募施而卒歸無濟如雲峯之樽節儲蓄卓然有所成就蓋未數數覯也余嘗讀王荆公龍興講院記歎僧人慧禮之材夫講院浮屠氏之居耳非事之所以損益若斯廟之新崇明祀而使人觀感其裨於風化功視慧禮奚啻倍蓰矣雖然雲峯羽衣之族遊於方外者也以方外人而尊聖如此士之冠儒冠服儒服者仰至德而奮乎百世之下能敦禮讓以風行於鄉國有功先聖當更何如也嗚呼失之此而彼得焉其無蹈荆公之誚也哉丙午科舉人候選教諭前署安徽池州府青陽縣訓導長洲朱豫撰

唐陸龜蒙泰伯廟詩

故國城荒德未荒年年椒奠溼中堂[illegible]

來父子爭天下不信人間有讓王　皮日休詩一國爭祠兩
讓君幾千年後轉清芬當時盡解稱高義誰敢教他莽卓聞
宋范仲淹詩至德本無名宣尼以此許能將天下讓知有
聖人生南國奔方遠西山道始亨英靈豈不在千古碧江橫
　蔣堂詩泰伯何爲者不以身爲身遜避天下位奔走勾吳
蠻隱德照來世遺祀傳斯民吁此廉讓國合生廉讓人　王
令詩古廟鬱崔巍朱門鏁不開今人不爲讓聞或乞靈來
宋无詩古者吾夫子曾稱三讓名後來秦失鹿劉項死相爭
　楊備詩三以天下讓先聖謂至德簡也拜廟下太息復太
息三辭不難知泰伯無人識胡爲無得稱蕩蕩妙無極　明
袁凱賦得泰伯廟送倪元鎮詩翦商肇基迹傳季思遠聖兄
弟逃荊蠻讓德一何盛千家聿來從勾吳始開境遙遙至裔
孫欲大心愈驕深宮貯妖麗高臺瞰遐邇既拒伍胥忠還甘
太宰佞鄰邦樹讐怨上國肆爭競社稷終變遷軒楹獨完正
相傳在閭里灑埽政嚴淨歲時具牲醴歌舞勞送迎楚鬼入
無食越魄誰將禜强暴有湮晦聖哲無終竟於焉送將歸舟
艫得依並是時春氣和氤氳滿芳徑落花動幽彩汀蒲發深
艤江水去不息煙霞日將暝斂衣拜階下懷哉起孤詠　張
籌泰伯祠送張守詩泰伯遺墟在梅里井邑依然舊山水當
時三以天下讓周家緜延八百禩可憐有廟附南郭社鼓鼕
鼕歲時樂兵火年來草棘深惆悵文明竟誰託張侯一郡民
父母此固無嫌我鄉土豈惟墜典興自今要使流風亦還古
　邵寶題泰伯新祠詩泰伯新祠古讓鄉老梅根畔水流長
遺制尚存商向來曾擬荊蠻曲許作迎神第幾章　莫止和
邵寶詩老梅村裏是誰鄉祠屋新成感意長宇宙幾人能比
十年夢寐三間屋萬古綱常一瓣香扁榜大書元自孔衣冠
德衣冠清旦獨焚香直將揖讓追堯舜不謂興王繼夏商萬
古宣尼舊題在起瞻雲漢麗天章　王永積和邵寶詩萬年
俎豆此桐鄉舉目山高並水長開闢東南惟隻手蒸嘗黍稷
有餘香不須戮力遷豐鎬自有神功冠夏商廟貌日新遺像
古可知端委是文章　華善述謁泰伯廟詩三讓身將隱千
家國亦偏廟惟稱至德鄉不讓先賢卜洛無王業歸吳有墓
田縣官修伏臘野老記流傳風土變夷後雲山探藥前柱痕
龍攫夜松蓋鶴棲年階蘚乾秋月爐塵幕暮煙仰瞻遺像肅
端委尚依然　國朝高世泰謁至德祠詩稻香岸岸一祠
收荊巷蠻村在兩頭百世三吳開日月萬家合祀肅春秋黃

冠精舍琴聲出荒蘚殘碑露氣流謁罷讓王私灑淚幾時龍
戰息神州　華長發邑令吳公重修梅里泰伯廟落成紀事
詩治行吳公今第一家承至德祖風存故墟猶在思廬井新
構初成見子孫三里都城封域小千秋廟祀讓王尊此邦共
洽無爭化豈復喧囂到縣門　錢肅潤至德廟和莫南沙韻
衡山一去忽蠻鄉地勢雖分脈自長故邑但聞梅里號荒郊
誰識藥苗香文明有象因傳季揖讓何心欲翦商緬想流風
猶未遠不忘德至更名章　張夏至德廟詩橋畔維舟日欲
斜巷開遺廟宿寒鴉讓三國是周天下第一初開吳世家藥
積空階稀客到塵封坐帳有牆遮誰將端委移村社至德無
稱萬古嗟　顧建元謁梅里泰伯廟詩封豕長蛇恐不堪天
生神聖此幽探乾坤欲闢湖山秀草木應滋雨露甘伯仲偕
來心共白商周已往事誰諳村童牧豎無知識也說宣尼表
讓三　馬宏文梅里泰伯廟詩泰伯入荊蠻傳聞於此閒文
身二泉濱端委九龍環藥草重階秀皇風太古還我生千載
下惟見舊湖山　黄世則梅里泰伯廟詩梅里風煙近古初
依稀還認讓皇墟逕從斷髮文身後想見耕田鑿井餘天下
讓三宣聖筆世家第一史遷書秖今風教東南盛比戶絃歌
至德居　秦昌煜泰伯廟詩言尋讓王跡在邑鴻山陽宅斯
並葬斯廟貌何煌煌下階讀碑碣歷代祀典詳古木無競枝
藥草留餘香穆然動觀感緬懷遺澤長安得仁讓風一爲末
俗匡　顧熙梅里謁至德祠詩戎馬犇未甯何暇翦商祀豈
無傳季心早於無形視挈弟來勾吳端委治周禮甯不惜故
國社稷有人在君臣父子閒隱德誰堪擬　顧光旭泰伯祠
追和邵文莊公韻煙墟都是讓王鄉古木寒雲歲月長水上
野梅蠻井絡山中藥草德馨香國方立季因偕仲天欲歸周
孰翦商瞻拜崇祠憑剔蘚斷碑難認碎文章　過鑄丁酉春
偕劉君石香謁泰伯祠詩春光轉柳條乘興遊方外眞梓向
梅村徐擊揚船汰言尋禾藥蹤聲教開吳會人物產名邦詩
酒聯冠蓋肅恭展廟貌近挹鴻山瀨琳宇傳清鐘百尺圍松
檜昔年歷兵燹園境都罹害臺榭飛灰埃陂池成唧滄巋然
魯靈光獨峙凌蒼靄非神隱呵護聖德胡稱最吾儕事表章
勝似丹青繪延陵嗣高節歷劫名彌大偉哉讓王蹟
文物徵鸞曦努力追前修湘之淵瀫蘋薦新膽

泰伯梅里志卷四　　東院道士許均鑄覆校

泰伯梅里志卷五

江蘇候補知縣署金匱縣知縣禎宇後裔保山吳　熙編輯

邑人 安起東 浦傳桂 原稿　邑人 過鑄 劉繼增 參訂

泰伯廟住持上清宫提舉許巨椿校刊

旁祀

忠佑廟祀隋司徒陳杲仁廟凡三處一在甘露鎮悟眞道院右明萬厤中建載邑志相傳神家武進此其小莊也居人常夜見神乘巨舟往來湖上舟中有紫面者在焉一在鵞湖新橋載邑志舊爲華察祠堂後改爲廟一在薛司娘橋神晉陵人性至孝仕陳爲監察御史隋大業中奉詔平長白山江甯以功授銀青光祿大夫義甯中仕至大司徒娶沈法興女法興有異謀恐杲仁不附已而謀鴆毒殺之及法興敗中神矢死僉謂實杲仁之神郡人以杲仁忠孝文武信義謀辯八絶聞於朝立廟祀之宋宣和建炎之閒屢見靈異賜廟名忠佑以南唐保大二年嘗感夢助戰封武烈帝故俗稱烈帝廟

案明萬厤中嚴司寇一鵬廟碑記稱煬帝幸江都羣盜蜂起公受詔討賊大業九年平樂伯通十三年平婁世幹婦翁沈法興與謀據常州結賊帥李子通爲聲援法興憚公酖公死後法興見公從雲中發矢斃之衆潰散考之隋史公無傳新舊唐書皆附見法興傳中稱宇文化及弒煬帝法興與孫士漢陳果仁等以誅化及爲名發自東陽遂據毘陵郡杲仁作果

泰伯梅里志　卷五　旁祀　一

仁而不樂伯通婁世幹事俱在煬帝被弒以後與碑記多不合法興之死新舊史皆言爲衆所逼溺江死亦無中神矢之事新舊史又言法興上表越王侗承制置百官以杲仁爲司徒是公亦未嘗爲隋司徒也又考常州府志載宋時夏之文碑記具列其事與司寇所稱多合而齊光乂陳公神廟碑作於唐時去公不遠其言必有據乃與史所載迥殊何耶且郡志載公生於梁太清已巳三月五日以唐武德三年五月十八日爲法興毒死葬陳瀆山此當別有所本非可以僞造者

又陳玉璂常州府志風俗門載五月十五日陳烈帝誕日雲車畢集其廟帝諱杲仁爲沈法興所鴆詳載傳中雲車之制以鐵爲之繚繞如雲强有力者負之而趨上承二小兒金冠戎服左右立或更置一兒於頂以成三如帝者形蓋以像神也其後變而益侈漸失其指矣

李忠定公祠在膠山北麓載府志祀宋尚書左僕射同平章事綱卽綱少時讀書地宋淳熙中建後圮明宏治間里人陸永思捐田七畝以供祭祀正德五年里人安國重建又捐田十三畝合爲二十畝歲奉蒸嘗焉

明邵寶膠山重建宋丞相李忠定公祠碑寶既祠忠定李公于惠山尚德書院而膠山寺故祠復以重建之成來告蓋鄉人安國爲之頭嘗走書請記于淮陰漕府寶有感焉而諾之於今期月矣惟公爲宋名臣寶自弱冠即知景慕有執鞭之願比讀史傳乃知公邵武人自其祖始居吾錫於是心益嚮往之宏治十有三年秋寶以提學命便道過家往謁公祠至則廢壞已久僧以木主寓杲亭上寶肅再拜而退當時欲圖修復無所於屬獨陸永思者捨田七畝以爲供具蓋慨歎者久之今茲之舉實吾志之所欲也於其成也烏得無言哉按郡志山在邑東三十里梁太清初寺於其麓宋紹興間公請爲墳剎改崇親報德之額嗣是遂祀公焉其取重于世實以公故則吾錫之人修而復之固以義起禮者而或以公非錫產爲疑不知公家於錫由祖以下閱歷三世其父殿撰公夔暨母吳令人先後皆葬湛峴山公廬墓其地手植松柏蔥棫

泰伯梅里志　卷五　旁祀　二

詳見公父母墓銘及公行狀蓋公生長宦學於斯凡若干年最後乃有祠命因芘於福故其自稱必以梁溪又以名其文集由是觀之公為寓賢邪為鄉先生邪蓋嘗考公功有太忠見於登城禦寇之時而宣和大水之論知道君子如陳了齋者深所期重至其立朝有識有才有權有量而本之以忠謀出之以正氣在靖康竭扶持之力在建炎舉修攘之政在紹興建恢復之議不幸而屢見忌沮則其所以復君父之仇正華夷之分而上無媿於聖賢者不過章疏計畫之間而已然於此有隱功焉而非君子莫之知也後數十年錫與邵武並舉其祠至於今廢而復興則是非之公固無古今之間而天定之能勝人果不可誣也審矣不然若秦賈之子孫固有易譜匿像避而之他者亦獨何哉第茲祠之復僧既無力而大夫士之有力者亦莫為省乃俾安氏獨任其費此亦理數之極若天有以啟其衷者爾昔永康徐元德教授邵學首議建公祠晦菴朱子為記深嘉予之況國無元德之責者哉國又欲割田十有三畝與陸氏所捨同隸寺僧為春秋私祀之需顧未有主獻者君子謂宜謀於公之族裔焉苟卒行之其事益可尚已寶晚且愚無晦菴之筆以論著公之盛烈而因以

見修復之勤特為書其麗牲之碑用紀歲月且為迎送神詞俾祀公者歌之亦少以慰公云爾祠之建始於正德四年八月六日明年九月九日落成時寺僧可清等奉祠事其迎神曰公何之兮勤我招望雲旗兮凌江潮公蟬冠兮絳服指舊邱兮遊遨朝騰駕兮水裔夕弭節兮山椒西有惠兮東有膠潔我尊兮醑醪鼓英靈兮未下闃歌聲兮鼓簫宛懷公兮心勞其送神曰公將去兮何從望閩山兮南東公重帆兮雙楫駕海濤兮天風眺舊遊兮斯在手嘗植兮萬松惠之泉兮膠之峯儼翼翼兮新宮靈倏彼兮忽此雲迴翔兮太空歲復歲兮來降

元陳方謁李忠定公祠詩丞相非腐儒慷慨遭國難平生痛哭心忍死抱長算嗚呼百歲後寂寞誰享祼至今空山中祠宇安涯岸鳥跡上香臺棲塵落風幔山僧雖異流展像急稱讚飄飄風塵際黄屋任鼠竄不有左轄尊至今猶扼腕公留人心安公去人心亂桓桓种將軍一鼓銳而悍所至繫其頸小衂何足憚魏公濟世才安劉左吾袒傾蓋出流離中情始冰泮倉皇青城役慘淡失神觀豈無婁敬策何足勤修悍落落付空言悠悠惜神斷聲名宇宙間草草入嗟歎　明邵寶和施克酥韻詩壯懷千古了難償太息蓁陰剎一陽鳴鳳未聞聲徵角戰龍曾見血元黄薄茆藉處非無地老樹陰中合看堂風雨去城三十里滿山簫鼓為誰忙　安紹芳謁忠定公祠詩共禮名賢蹟言投古梵林祠開先世葺碑向斷崖尋塋地雲猶護泉荒草自侵獨懷修舉事佇立思難禁　王永積和邵寶韻詩人生志願豈易償拜公合在山之陽千言自露臣心赤百戰誰歌君馬黄報德崇親空埜寺祈天永命此虛堂上書買禍終何濟却歎陳東著恁忙　國朝陸楣膠山尋李忠定公遺址詩虯松偃培塿潛蛟出蹄涔乾坤蘊靈異所在為高深緬彼幽人宅密邇山之陰綠磴駢故武臨池想微吟慘澹濟時策鬱伊望古心棄置感在昔搖落傷自今掬泉薦明德披雲儼朝簪落日起樵唱丁丁空外音　許仲堪膠山李忠定公讀書堂三十韻詩宋業艱難日安危仗藎臣羽書來北塞翠輦決東巡碌碌誰男子耽耽是女真中流推砥柱一髮藉經綸首定中宮禪旋攀出狩輪僉謀搖社稷上策扼河津慷慨籌前箸倉皇徙突薪但留三鎮在甯致兩宮淪諸葛能存漢東山足卻秦詎知忠莫補空負畧如神既定金繒欵難迴歷數屯書生餘痛哭淚子寔持鈞北轍冰霜

遠南都鑽鑰新纛傾天板板狐聚黨頻頻豈是中興主空存未死身七旬資料理半壁荷艱辛塡海功終敗揮戈志未伸一時辭息壤千古笑蒙塵桑梓留初地松筠結舊鄰釣遊今可憶書卷昔為親識字先忠孝乘時降甫申棟梁階尺木谿壑養修鱗始信猷為壯胥歸學問醇停車尋古蹟斜日亂荒榛寂寞祠堂在虛無俎豆陳乳泉聞滴瀝龍岫對嶙峋瓦落蒼鼯竄庭空碧草春丹青餘想像冠劍久沈湮奕世瞻山斗遺風愧搢紳魏公飛白篇曠代淚沾巾　秦瀛梁溪雜事詩

忠定祠堂挂女蘿夜深山鬼泣巖阿
燈前重讀梁溪集字字中原涕淚多

朱文公像祠在白擔山之麓載江南通志　祀宋儒徽國公婺源朱子

宋季文公四世孫枋自婺源奉像來居宋村建祠山下明丞梁開枋曾孫仲庸重建後圮徙像僧舍　國朝乾隆六年裔孫紹修復構祠山麓迎像祀之

國朝浦起龍宋村朱氏重建文公像祠記吾里西偏白擔山有子朱子徽國文公像焉像以周尺準之高可七尺傳自有宋之季元兵躪徽文公仲子埜三世孫伯通爲避地計斲木爲公像奉之來徙號其里曰宋村至勝國初族始蕃林園墟墓相屬於山之阯曰仲肅曰鉞其世望也就山爲丙舍像加飾而嚴以堂皇世無廢祀焉傳既久有爲浮屠學於嵩山者曰正端葺寺之餘徙其羨材別構庵是山爲禮佛之堂以左室位公像而身爲庵主人蓋白擔距嵩三里而近而正端朱產也其言曰舍宇空走省不時至難守庵之設爲像故也于時朱之族相與贊和而安之且二百年所矣今乾隆九年伯通十三世孫紹修余大母之從孫也偕其族子友頤行視恍然曰天生我文公後孔子而紹其統遺貌儼然而寄廬釋氏之門可乎乃相地之宜規爲特祠爲堂三楹楹門屏其前楹如堂之數繚以左右之垣制畧具合其族人升公像奠告如禮禮成之日實某月某日某甲子也或問於予曰禮繼別之義斷自別子而止無越分焉又禮有其舉之莫敢廢也因而葺之者是更張之則非余曰不然宋村別祖實首伯通而虔其所奉非越創媲何咎正端信像之功臣而寓之不於其所

其何敢弗革蓋嘗論之禮有所自止而數典於其祖則不可以一日廢勢窮或有時而借而力足以返其正則適於義之爲安或又曰子朱子之祠天下之公祠也烏得褻而私之余又曰不然聖賢既往雖巾履之遺猶將襲而奉之其所在過者式焉況其像之遺乎又況其子孫者乎問者唯唯紹修曰修非習於禮者雖然宜有以示後人子之先我之自出著始末惟子宜余曰然遂記之　案乾隆庚午邑志云嘗晤文公裔言先人古像海內止三處　一在閩之武夷　一爲婺源　一爲無錫即此像是也

明朱仲庸白擔山祠詠懷詩　策杖閒行過碧巔長松修竹水淪漣秋花半吐香偏滿寒木含煙色倍妍元鶴有情隨去住白雲無意任迴旋追尋祠迹思先烈碑長苔衣感歲年　歎息先祠已數傳那堪幽草半芊芊月穿破瓦嘶堂牖風入危牆欺豆籩狐嘯石筵秋泣雨鳥棲畫桷曉啼煙勉新輪奐承前構敢令宮懸委大阡

二賢祠在祇陀里祀唐尚書左僕射李紳元高士倪瓚載錫山景物畧不著建造年今廢

明華雲二賢祠詩　遠遊集池頭溫樹西風急晶晶璆琳海樹青天宮精舍騰蛇立露布李江南醇醪一笑空長揖積翠池西來青鳥珊瑚枝濯纓莞爾滄浪水餔其糟而歠其醨江上黃封酒橫吹鐵笛同襟期嗟嗟二公不可作瓌瓏小結丹霞閣春秋社鼓壺雙醪魂兮歸來夜冥漠涉江采芙蓉蕙泉情一勺

楊長史祠在嵩山寺西載邑志祀明壽府長史文宏治中建今廢

明薛應旂楊氏重修嵩山寺祠碑記　傳有之貨惡其棄於地不必藏諸已力惡其不出於已也不必爲已論者嘗擬其出於老氏而非聖人之言乃今自楊氏先祠之在嵩山者觀之益信其爲孔氏之言而大道爲公之景象雖不復見於後世而猶著存乎人心也初楊之先有名瓛者元季爲無錫州同知洪武初與其從弟進道進禮從兄子工部員外郎德彝遇異僧志道於嵩山遂以山田三百餘畝施之建剎其事具少師姚公廣孝兵部孫公原貞記中是嵩山有寺實自楊氏始

也然楊之初意惟以其僧之可與而施之耳曷嘗有所私意於其閒哉志道則感其施因立楊氏祠以祀其先人於以示報本之意至宏治閒嗣僧不齊而山田侵於有力瓛之曾孫壽府長史公文白諸官復正其疆以歸於寺而先祠如故後長史沒而祠復廢時寺僧於楊氏諸主則尚藏諸經閣而不忘厥初嘉靖已酉寺僧正端修廢舉墜因及於楊氏之祠於是瓛之嗣孫縣學生澣倡率族人量材鳩工以禪僧費至癸丑春三月告成而楊之先復安安如禮始具宜義郎燧位於中推其所自出也同知公瓛工部公德彝暨進道進禮位於左謂其施山也長史公文位於右謂其復山也自茲以往楊氏之祠其殆永於茲山矣乎嗚呼天下之人竭一生之心以爲子孫計者何所不至哉然而未必其能盡保宗祊也故若敖之鬼猶不免於餒而房杜之子孫且至夷其先祀他尚奚說邪嵩山楊氏之祠雖其子孫代不乏人寺僧相傳之意則固宛然可掬也貨奚必藏諸已力奚必爲已哉此吾所以信其爲聖人之言而今之世猶有大道爲公之遺也登茲祠而讀是碑者其尚以余言爲然否乎嘉靖二十三年十月

國朝吳賢重勒嵩山寺楊長史祠記　金匱縣之鴻山吾始

祀泰伯墓在焉年代久遠樵蘇不禁前明成化閒邑人楊澹成先生作墓亭表之過梅里而仰至德者因得識讓皇陵寢之尊則澹成力也歲戊子命奉 簡命來宰是邑會澹成後裔都閫楊君大崧與其族人等控嵩山寺僧不法蕩廢常住飭查訊讞兼核世守錄乃知嵩山有楊長史祠爲澹成先生及其祖薦馨香處蓋嵩山蜿蜒鴻山之北明永樂時僧物外有道行澹成之先同知獻可公工部員外德彝公首捨山場二百餘畝爲建寺地僧德而祠之因復捐田百餘畝爲飯僧祀祠費閱今四百餘年寺與祠相維毘云余惟澹成處數千百年後而于吾祖之墓碑之亭之表之如此其勤今其祀蕩廢于寺僧祠又去吾祖墓不遠而吾適來宰其地吾能漠然已耶因爲出其寺之住持而以南禪寺僧名某者爲之住持俾守寺規俾謹祠事勿懈益虔楊君大崧曰寺之有祠非直爲祠計且曲爲寺計也寺之僧世保之楊之子孫亦其保之可與茲山而俱永盍記之余謂是山碑記始於明姚少師廣孝而孫兵部元貞繼之卞戶部榮薛都憲應旂又繼之其原委詳矣防維周矣而嵩山之寺佳木蓊蔚殿廡宏敞去鴻山不二三里遠方之來梅里而瞻拜至德之墓者苦無息足之

所得是寺而休憩焉於以挹高讓之風而展仰止之思於鴻山亦不無少助然則寺與山俱永祠與寺並存不特爲山寺計爲楊祠計即以爲泰伯之墓計也亦良便嗚呼楊之有力於吾祖也豈獨澹成墓亭之表也歟是爲記

司馬温公祠在膠山西堠村祀宋太師温國公光舊在東莊

國朝康熙中建乾隆十八年裔孫長源移建今地

浦起龍金邑司馬氏移建膠南温公祠堂碑記古祀事達乎鄉國氏族有四途焉崇旌令則有典式之程仰遺澤則有功施之報景先民則有望衍懷古之教而繹遠祖則有行庭出戶日親之思前之三途官職之後一途私家子孫職之官以導化化欲遠義徵諸觀家以合宗宗欲邇義徵諸萃交神之本一而所履殊也按司馬氏望涑水自温國文正公所生鄉始里曰高堠靖康之變北人以其後朴等去竟斷問脫而南僅二人籍越者伋在江左則嗣曾孫承事郎宗召依晉陵孫尚書覿爲館甥覿有別宅在錫距城東三十里即今金匱境東莊也以畀而家焉後更散徙其徙不出鄉者曰北舍曰横塘爲著初公有英宗所賜潁邸書二千四百二卷承事舁以來構堂名賜書子孫以此不忘所自雖去鄉必稱涑水其世譜云爾質史籍皆信獨宗祠之設遠未有聞 國朝康熙中東莊有廢基始即而爲之地躋弗虔法當遷又隸祠之田四十餘畝歲久多隱族後人相與白當道釐其租且議擇所置祠者於是横塘之裔長源起任之曰先志也買地膠南之西堠負山臨流仍邇厥宗更庭請履勘勘協乃選材庀匠而作焉爲閎前後皆五南向阯厚而廉高堂凡門廡既整既聳黝堊壁之甓於庭於閈之逵石於渚次第蕆事祠之基縱廣以弓計用物以枚計丈計斤計工以旬計籍其目凡費緡錢幾百有奇族之人協心觀成趣繕故租冊悉額來隸將以攷歲之吉奉公位升堂咸以孝告先是有撓於列者曰祠不於慧而於膠不爲典祀謀耶假地僻爲游談衆甚之謂其志將以先公稗販也請徵義爲之記以寤來者乃告之曰交神之本誠而已在易觀之彖萃之初皆言有孚是也公亦言某平生用力只一誠字誠自不妄語始心法也祭義也而二卦之彖翕張異焉人或當翕而奮張翕斯妄矣公之祠於斯也義與萃宜者也嘗試即事而徵之涑水之源流信而膠南之聲請

酬非有孚之大驗乎志販以闕觀始而游談以亂萃廢非志語之明鑑乎不妄之孚無閒遠邇公神式憑凡百仰止雖不慧而膠亦境內也而典祀能外之乎由彼則不終由此則徯應孰得孰失無愚智能辨之夫何甚龍竊不自揆虆嘗從役公集名簡卷尾今又僭爲公祠堂樂石之文古不云乎爲之執鞭所欣慕焉文於公事靡所摭述知捧土不能加泰山也謹誦其聽訓于易[illegible]者以印公心法而告於其後昆其服乃祖訓無斁焉以妥斯祠也奚疚哉登歌以聲之曰於赫温公宇宙一人以活百姓荆舒是懲以鏡千秋編年是經公瀰宇宙胡適匪神唯膠及慧修眉如繪高堠于涑西堠以會烈烈忠定祠峙公背子程子言無獨有對山有竹萌實有乳泉于芼于湘蘩洞藻然明明薦信爾誠斯涓誠中有孚蔵爾後賢

三公祠在鵞湖新橋載邑志 祀明巡按御史孫愼督糧蘇松翁大立知縣王其勤嘉靖三十六年華學士察建萬厤志云有遺愛堂致齋所思泉亭學海書院望月樓衍慶道院 國朝康

熙五十一年乾隆五十四年道光十年相繼修葺

明華察首建三公生祠記三公者巡撫蘇松監察御史武安孫公督糧蘇松山東布政使司右參餘姚翁公吾錫知縣松滋王公也三公遺愛在錫豈獨一鄉思之而生祠之建乃自延祥始何也其民好義爲諸鄉先也錫之鄉凡二十有二其間中人以上之家有田者多無糧中人以下之家有糧者反無田立法之始豈罔然哉蓋法久弊生區總里書飛詭灑派日刻月削積而至於不可勝算豪强兼并又從而虎噬蠶食坐享無糧之利而推其害於人有司催科不求其原惟事敲扑流血刻骨歲復一歲閭閻之下富者貧居者竄生者死彼壟斷之徒方且瘠人以自肥求逞其無厭之欲而不已此數窮理極人怨神怒田之不可不丈非一朝一夕之故矣顧欲丈者力不能行而不欲丈者其力能沮自非上之人有豪傑非常之才卓然特立之操志在濟物不畏强禦者孰肯以身任事與有力者抗哉若三公者固其人也而又同時下車有事玆土謂非千載之奇遇百姓之大幸歟於是延祥之民合衆倡義裹糧走京師伏闕下仰天號呼極言其狀天子憐之

泰伯梅里志　卷五　旁祀　九

乃以其事下之御史御史曰民病一至此哉吾知有法耳乃檄參政使亟行參政曰吾職也田之不清糧安從出乃斷然力主其議而使縣官親其勞縣官曰是誠在我民病之不去吾何以父母爲哉乃早夜以思訪求故事自之二公設總者民十人區耆民五十有二人圖正弓手算手各四百十有四人計一縣之田凡若干畝下令區耆民各率圖正等刻日齊丈總耆民籍記其數時時覺察而縣官出其不意躬自覆丈使不得夤緣爲姦上下程督協力一心皇皇然如解倒懸如救焚拯溺如沈疴在體惟恐不去彼有力者陽攻陰伐倏忽萬狀而三公者毅然不爲之動撓之愈甚持之愈堅文移使者相望於道有力者知志不可奪乃謀奪其權王公中奇禍幾不免翁公假他事革去孫公尋亦代還將謂其計必行事可中廢而三公者蚤見豫定魚鱗有圖坵段有冊耳目昭昭井然不可亂矣於是覈出無糧之田一十六萬餘畝剗去無田之糧七千餘石失業者免追呼之患當賦者追傾家之虞積逋者脫縲絏之苦流亡者遂首邱之願雖向之專利者若扼其吭而奪之食不能無憾於其閒而小民欣然更生頌聲載道蓋四年於玆矣然孫公尚爲御史不得遷翁公始復出

爲按察使王公亦僅得爲南京戶部主事嗚呼是無怪乎勇於任事者之不多見也頃因王公之去延祥之民戶[illegible]咸[illegible]乃卽鵞湖之濆建生祠列三公像作遺愛堂歲時瞻拜作致齋所孫公名愼號聯泉作思泉亭翁公名大立號見海作學海書院王公名其勤號少月作望月樓廟貌孔嚴垂休百世主以羽流崇奉香火作衍慶道院經理其事者鄉之人華察也因書於石以俟諸鄉之民庶幾有聞風而興起者

國朝江之紀重修三公祠記縣令一官秩卑而任重任重則一方之內興利除弊之事無不當爲秩卑則雖有欲爲之心能爲之才而常至於不得爲一事也由縣而上之郡由郡而上之監司而藩臬而督撫層累往復動經年月委曲難盡之情一一能上達者固已鮮矣而部民之豪强者抗之以勢奇衺者敗之以謀譸張爲幻者沮之以無情之囂訟上游之胥吏賓友求利而不得者又乘閒而持其短長讒言孔多中傷叵測居其上者卽明知其令之能爲與其事之當爲而積漸之餘不能不爲之搖惑往往抑之使不得行或行焉而中止而利終不可興弊終不可除如是而歸咎於令之不才於虖豈皆令之不才乎哉余讀華鴻山學士三公祠記而慨然矣王

泰伯梅里志　卷五　旁祀　十

公令也清糧一事邑之大利大害當爲而不容不亟爲者也然而一時之豪强者奇衺者譸張爲幻者乘閒而持其短長者蠭起於其閒雖王公之賢足以取信於上下固不得而禁之也然其事終底於成而民終被其澤者則巡按御史孫公督糧參政翁公之力爲最鉅王公令也事關民瘼任勞任怨雖終於獲戾有不得辭巡按督糧受質成焉耳而能俯察邑令之情不奪於浮言不怵於威勢同心勠力相與共成其事至陷於禍患而不顧非有愛民之實心有知人之灼見有任事之定力其能若是哉然則王公雖能有爲而三公之所以翼而成之者其賢尤不可及矣迄今幾三百年民之合而懷者猶如一日不亦宜乎三公之祠獨建於延祥鄉鵞湖口者清糧之舉鴻山先生首啟其議而分任其勞是鄉之人也

國朝康熙中祠經修葺載於邑志歲久復多陊剝祀典亦曠不舉今先生族裔與其鄉之賢者醵金重修鳩工庀材不日而就凡所爲遺愛堂致齋所思泉亭望月樓學海書院繚還其舊觀棟宇穹隆度程工緻又捐置田若干畝藉其入以爲春秋享祀歲時修理之需條約周詳皆可垂久遠以予爲宰於斯請記其事予於王公媿無能爲役慕孫翁二公之賢恨

不爲之執鞭文嘉諸君子之懷賢好義敦厚成風能追崇數百載以前之賢上司艮邑令俾傳諸弗朽遂不辭而記之至清糧之難爲與其爲之之功效前記已道之詳毋庸贅 顧舉重修三公祠記除弊難除積弊尤難事之難者非一人所能爲也必有主事者以總其綱任事者以專其責親事者以赴其功本精心毅力以立斯民之命而後浮議不能淆豪强不能沮而仁愛之政以成曩嘗至鵞湖謁三公祠讀華鴻山先生所爲記退而考之載籍知吾鄉虛糧之積弊痼而除弊之難也夫以三公之賢其爲一事幾不能終卒得其成功則當時之强有力者變亂典章營私骫法前明嘉靖間政事之弛見於此矣余承乏戶部仰見今 天子勤求民瘼凡水旱偏災無不蠲租賑粟由大吏檄行郡縣務使實惠及民無一夫不得其所是三公者其不幸而不生於斯世以與民悠游化日也而出其精心毅力剔竇除弊百折不回斯民至今猶食其德則其功爲不朽矣三公爲誰巡按御史武安孫公愼主其事者也督糧蘇松餘姚翁公大立任其事者也吾錫縣令松滋王公其勤親其事者也三公爲民禦災捍患如築城備倭水荒請粟諸事尤昭灼在人耳目而茲祠之建則不在

此而在彼故不具書舊祠建於明嘉靖丁巳重修于今道光十年四月祠之東爲堂奉三公神像孫公號聯泉故建思泉亭翁公號見海故有學海書院而堂後爲望月樓則以王公號少月也其他亦悉如舊制圯者立廢者舉祭器具備田數增加焉舊以羽流住持今亦仍之凡捐貲若干緡司事者爲某某皆延祥鄉人是能表著前徽不忘舊澤者故不辭而爲之記

案清糧之議始於崑山尚書顧鼎臣於嘉靖間三次奏請清查蘇松常鎮杭嘉湖七郡錢糧唯蘇州知府王儀行之而他郡如故至嘉靖三十二年學士華察倡義捐貲俾耆老諸人赴京引例陳請世宗准令戶部議處覆行撫按轉行督糧參政翁大立專委本縣知縣王其勤丈量嚴立隱匿之禁痛懲稽緩之徒三閱月而畢事

華貞固先生祠在鵞湖旺兒橋祀明徵士悰韡崇禎間裔孫允誠建 **國朝康熙中以允誠配享**

國朝陸楣華徵君祠詩徵君祠屋枕湖濱蘿月溪雲自結鄰廟貌久應齊孝子几筵今已配忠臣松筠飽歷風霜古奕葉從沾雨露新誰是西州舊賓客朱薇還與荐江蘋

楊日暉祠在鴻山東南祀宋宣義郎燧明宏治間裔孫文建

錢山長祠在磚橋南錢祀元永嘉書院山長士元明永樂間曾孫惟常建天順六年秋燬于火成化間惟常子孟濬重建今廢

明吳寬無錫錢氏改建祠堂記禮之祭其先也自天子至於士皆有廟庶人特祭於寢天子尊矣後世貴而顯如古諸侯大夫之官亦可以爲廟若夫士於制既不得爲而寢者亦生人之常居非所以專意於先世之地此朱子祠堂之名所由立其制所由定而爲天下之通禮也按其書曰君子將營宮室先立祠堂於正寢之東爲四龕以奉先世神主夫正寢之

東陽位也蓋法古左祖之義曰先立見治家者急於事先而追遠報本之道所當舉也則祠堂之制人可以得爲而又不可不爲如此然而流俗日卑徇末而貴近高其宮大其室以爲賓客之樂妻妾之奉子孫之計者皆是語及先世則漠乎不以爲意往往即私居之偏度置神主其苟簡至是雖諸侯大夫或然況乎爲士若庶人者哉錢氏在江南爲名族其世代遷徙攷於前人之述作可見蓋自吳越忠懿王俶納國於宋至於今餘五百年子孫業儒而爲士務農而爲庶如無錫甄橋之族尤盛者若將仕府君惟常既用朱子之說以祀其先至如晨必謁出入必告正至朔望必參時節必薦新且惟其說是遵若忌日不飲酒食肉哀慕終日又其孝也府君既沒其子孟濬奉承先志惟謹乃天順壬午之秋家被火厄祠堂燬焉孟濬以爲懼既重建如制顧其地隘不可拓而族人日益衆堂成殆無所容乃即其地改建重屋奉安神主於上其下因爲藏器物若遺書衣物之庫而孟濬以爲非制其心不安也他日述其事詭於予遂請爲之記夫禮固有變者廢冕禮也純儉而孔子從之杜氏之葬在西階下至欲合葬也季武子許之錢氏之爲此舉其亦禮之變者與蓋爽塏而不

污深廣而有容周旋於斯箸存於斯洞洞屬屬如將見之與世之苟簡者異甚雖以爲祠也亦宜乃書以復孟濬其尙安焉孟濬之先曰元永嘉書院山長彥春生文林處士伯剛伯剛生梅堂處士公達公達生惟常此其四世所得祠者惟常有弟二人曰惟孝惟義父沒而異居諸子曰孟津孟溥輩又各爲小宗之祠云

華鴻山先生祠在鵞湖新橋祀明翰林學士察今爲忠佑廟

明龔勉鵞湖建華學士鴻山先生祠堂記學士鴻山先生早踐清華參帷幄鉅才宏抱山斗于熙朝人以公輔期焉乃遭世不偶卒不究于用而徒以文章顯時其憯之其致政而歸也藉累世素封而好行其德念吾錫在江以南財賦爲最大而延祥上區之在吾錫又最大長賦者特艱於力役往往廢箸先生爲其鄉人乃慨然歎曰吾藉先人之遺幸躋華而食膴何忍坐視鄉之瘠而不䘏乎首倡爲役田之議合族之有田者使每百畝捐三畝歲斂其入以助區民長賦者收運之費適出田二千四百畝歲得米麥若干石謹司出入計役取衷由是贍私給公殷陳各足區不病役族不苦擔先生之德

泰伯梅里志　卷五　旁祀　十三

施普矣先是肅皇帝之世監司上其事下大司農未報至今上之萬厤有五年先生之子伯貞仲亨具其詳再疏申請以成先志得報可下有司載之尺籍世世守之最盛典也於是鄉之父老族之尊宿數百餘人合詞爲請於當道願尸祝先生以報其德乃卽鵞湖之上而建祠焉庀材鳩工爲屋若干楹枕阜面湖堰陂爲塘割燥臨溼檜柏森蔚深蒨洞幽神所憑依春秋牲牢相協厥資恪恭迺祀至日則羣族之子姓兄弟享焉後先咸秩雍容祼將沃盥顒仰靈風颯然肅若肸蠁彬彬乎盛哉夫所謂有功於民則祀之斯舉也其稱情矣乎嗟乎祠事之興其來尙矣先王之制禮人得禒等以盡其情所謂爲之宗廟以享之者是也昔三川之民被髮而野祭夫子夷之秦好尊大制黔首毋得祠卽卿大夫亦過自抑殺以至民閒遂無廟祀漢興復古其禁遂弛自是人得以伸其報本追遠之意而祀于家至歿而祀于其鄉非功德足以惠及民物有不可者然則是祠之建所以揚權明德而表厲風軌者豈其微哉禮曰宗廟之閒未施敬於民而民敬之余謂先生之祠儼若聆謦欬接丰儀承教於一堂之上令人不能不起羹牆之思徘徊久之師伊等請余爲記蓋余與先生季子

儀部叔陽君爲同年友而仲子中翰君又嘗從余遊知先生最深因敘而記之復竊取閟宮之義爲之歌以侑享焉其詞曰新祠奕奕松柏有舄春禴秋嘗以報明德籩豆若芳犧尊將將殁而不朽永祀于鄉唯惚唯恍我將我享不有明德吾將安仰惟德無愆福祉永延以嗣以續於千萬年

王穉登華學士先生祠堂碑在昔世皇朝學士華子潛先生以文行高受上知幾當爰立之命會讒者阨之遂家食以老弗竟其施而施于其鄉者獨役田均田事爲德甚鉅鄉之父老子弟人人願尸祝公公謝弗居頃劃地建祠祀三公三公者御史中丞大立直指使者愼無錫令其勤也夫役田均田之議公倡之三公者奉上德意踵而行之功不得出公右祀三公者公意祀公者父老子弟意也公既歿鄉人德公益深上其事于郡邑大夫大夫下文學博士議議曰故翰林學士華公釋褐登朝讀書中祕既補含香之署復直然藜之館典試南服士稱冰鑑奉使朝鮮遠人嚮風南金東箭之琛不漏於網羅元菟樂浪之壤率歸於鼓舞簡自上心將登政府讒人罔極拂衣雲卧使才猷結約弗光於世而特軫念桑梓與患里閈捐膏腴助踐更而後族人無破産搜伏稅給公帑而後寠者

泰伯梅里志　卷五　旁祀　十四

無流亡築城之役微公輸金孰俾寇來不得上乎斬關之盜微公投鑰孰俾翁危竟無恙乎疏泉藝石不過消其壯心飯糗衣布莫非稟于至性易簀之頃私語不及蓋棺之後公論益定夫有功于民則祀有德于民則祀載之彝典陳之方策于功于德公靡不有而使鐘虡闃然烝嘗乏主何以稱陛下崇報之意慰鄉人思慕之情況三公有祠公獨未建是先河後海不稽於古訓甚非所以尊事往哲風勵元元也議上郡邑大夫皆報可然後里人率金買地鵞湖之濱若干畝蓋屋若干楹門廡堂寢之制俎豆鐘鼓之設無不燦然大備與三公之祠並垂不朽矣祠成而虛其石之文以屬不佞不佞不習功令讀公癸卯歲所爲程書當世無兩其所取士當世亦無兩無論其他卽官尙書者七人矣既乃習爲聲詩讀公所著巖居稿蕭寂簡淡不事粉澤若禪家三昧仙家九還每置一編以代衡論既又習其仲子祕書君時一過其家眕隰必耕耨堂宇必掃除花竹必溉培圖書必庋列倉庾囷簏必注籍牛羊雞豕必塒笠米鹽醯醢竹頭木屑必蓋藏封識子弟視客猶視父兄也僮奴視客猶視主人也祕書君父子竝折節爲恭儉彬彬善文修長者之行于是歎學士先生之詒謀

不可及哉江左自六代以還人尚風流蘊藉以文采聲華相誇競而無當於世務泰者漿酒臛肉鮮車怒馬哀筝急柱以聾其耳粉黛柔曼以盲其目卿士大夫之子孫不再世而輿臺廝皁矣惡覩夫王謝崔盧者哉蓋公以司馬德操法鑒士以計然法起家以邴曼容法居官以東方生法玩世以柴桑襄陽公法爲詩以萬石君法遺子孫而其爲德于鄉之人郎仲弓彥方未易優劣也系之銘曰於赫先生英挺天植爲雲爲龍光此王國始登石渠既郎粉署何謂詞臣而善吏事銅龍復入白虎再召五經異同百氏讐校郡國上瑞儒林交頌臣不爲讖諛言安用奉詔元菟褒賞鴨綠卻賫拒賂遠人胥服典文南省得士實多琅玕珊瑚不遺網羅射工在前貝錦在後黃閣竟阻青宮不授未究于國爰施於家陶朱養魚邵平種瓜周急賑貧散金發粟親疏罔閒贍我邦族堅堞禦倭無戕我民厚橐子盜無傷我親里有大徭流亡相繼乃割膏腴奕世永利邦有匿賦豪右眈眈乃議畫一寔人孔安爲德則那而不自有雖不自有播于衆口衆口不約衆心不謀宜示尸祝百禩千秋博士上議大夫下檄新廟有嚴俎豆是飭鶩湖之陂其水泱泱采藻采蘋于筥于筐霓旌爰降鶴馭戾

止吹簫伐鼓婦子咸喜南齊顯孝
皇明顯功華兩先生異代同風

安我素先生祠在堠村載邑志 祀明贈光祿少卿希范 國朝乾隆五年建

王節婦祠在甎橋載邑志 祀王希裕妻呂氏雍正六年節婦孫史鑑建

泰伯梅里志卷五

東院道士許均鑄覆校

泰伯梅里志卷六

江蘇候補知縣署金匱縣知縣禎學後裔保山吳熙編輯

邑人安起東 蒲傳桂原稿 邑人過鑄 劉繼增參訂

泰伯廟住持上清宮提舉許巨楫校刊

第宅 書院附

東莊在九圖宋尤莊定焴別業明洪武十三年味菜翁居敬加闢構書香堂孫謙又構梅花書屋及半隱堂

尤謙梅花書屋上梁文門前五柳獨高隱逸之蹤堂下三槐猶注功名之想梅花別墅主人尤謙浮沈田里來往江湖五車書不解驕人七寸管儘堪豪我當年題柱歎結駟以無媒邇歲擔囊擘敝裘而有淚且索枯腸小尋歇腳賃三五篇文

字博得幾貫金錢講一兩葉春秋收取數張寶鈔巧經營全憑三寸舌苦積累欲安七尺軀於是負郭膏腴迴溪形勝小堂初構摹杜子之浣花荒徑新除學郭生而種樹信是清閒境眞成安樂窩寫數行聱蛻之詞申一時棟梁之頌拋梁東三唱天雞曙色紅儘可忘機伴鷗鳥何時得雨作蛟龍拋梁西上世河陽花滿枝亭外短航來問字階前長石坐題詩拋梁南蘭熏園林事事堪三畝梅花皆結子一園芳草是宜男拋梁北草聖花神去朝夕醒覓青州從事家醉歸錦里先生宅拋梁上彷彿紅光高萬丈經史塡平椰子心文章洗盡葫蘆樣拋梁下一曲溪流繞田舍清波釣得白魚肥綠野耕餘黃犢暇伏願上梁之後門無俗客案著新書藝竹澆花領不盡眼前佳景吟風咏月永相忘世外浮名蒸嘗無乏四時中幸得免若敖氏之餒婚嫁有儲十年後兼可畢向子平之債老夫婦如賓如友梁孟齊稱小兒曹學古學今談遷接武

明呂敏贈味菜翁詩選居在東郭溪水日迴流小徑三竿竹清風兩鬢秋雲窗朝散帙月渚晚垂鉤軒冕非君願漁樵幸我儔園池新雨霽吟眺更何求 錢仲益次韻詩卜築迴溪上茅堂枕碧流遇晴時訪舊見月喜吟秋對奕須知已垂綸

不著鈎㸌寒帷自歷介潔許誰儔其羨王孫美淸夷無妄求
文徵明題半隱堂詩悠然無繫太平民廊廟江湖去住身
小築村居還近郭偶拋塵事不違親淵明自適躬耕志郭泰
元非避世人一笑直須隨我分逃名溺利總非眞 都穆詩
平生城市畧經過出處年來意若何歌罷考槃心似洗知君
還是埜情多 祝允明詩晏嬰居市近巢父入山深朝野亦
何定行藏豈有心穿風試新屐倚檻
矚遐林爲問終南事除書可檢尋
淸閟閣通志載江南 在祇陀里元高士倪瓚故居旁列碧梧奇石設
古尊罍彝鼎法書名畫其中生有潔癖閣前梧石日令人洗
拭秋風墜葉令童子以針綴杖頭挑出之不受點污客非楊
維楨張雨諸人不得至他有雲林草堂朱陽館蕭閒館雪鶴
洞之屬以淸閟爲最勝西神叢話云淸閟閣制如方塔僅三

層耳高比明州之望海方廣倍之啟窗四眺遙巒遠浦盡在
睫前而雲霞變幻彈指萬狀窗外巉岩怪石皆太湖靈壁之
奇碧梧高柳蔥蘢煙翠涼陰滿苔風枝搖曳有若浪紋閣左
有二三古藤蜿蜒盤曲恍如木棧入戶白屏有王學士彝齋
題句云蘿挂樓臺扶客上鳥鳴窗牖喚人來所列多三代彝
鼎古琴一張比時製短半尺漢以前物也二王眞蹟六七卷
其餘法書名畫以百數逾半皆宣和秘物其什器如井欄藥
臼食櫃水槽鐺釜盆盎長几圓案皆出名斤奇斧雲林草堂
備極煥麗扁曰雲林而無堂字雲字摹天台白雲寺額林字
摹廬山東林寺額皆王右軍書大小勻適宛似一時揮灑
倪瓚春日雲林齋居詩池泉春漲深徑苔夕陽滿飄詠紫霞
篇馳情華陽館晴嵐拂書幌飛花浮茗盌階下松粉黃牕閒
雲氣暖石梁蘿蔦垂翳翳行蹤斷非與世相違冥棲久忘返
與張貞居雲林館燕集分得春字詩青苔網庭除曠然無
俗塵依微樵路接曲畲農圃鄰鳴禽已變夏疎花尚駐春坐
對盈尊酒欣從心所親 淸閟閣詩眼見藤梢已過牆手拈
書卷復推牀閒臨水檻親魚鳥欲出柴門長虎狼冠製不嫌
龜殼小衣裾新翦鶴翎長從來任拙惟疏懶一月秋陰不下
堂 雲林草堂詩春水鳧鷺野外堂山園細路橘花香棲棲
身世書盈篋漠漠風煙酒一觴豈謂任眞無禮法也須從俗
著冠裳不營生產人應笑竹本桃栽已就行 蕭閒道館聽
袁南宮彈琴是日風雨蕭然有感而作詩玉琴轉淸亮風雨
更飄颯疎桐蔭高館朱槿耀芳條生物曷可遏撫事發長謠
弱齡陪淸讌櫛髮想垂髫相見日以老離居夢且遙秋江眇
雲水去鶴影搖搖 蕭閒館夜坐詩隱几忽不寐竹露下泠
泠青燈瀉斜月薄帷張寒飈躁煩息中動希靜無外聆窅然

玄虛際詎知有身形 元楊維楨雲林草堂答元鎭次韻詩
坐斷深林事不關西窗風日愛餘曛舊經高赤尋三傳新詠
山王刪五君翠篠侵牀落蒼雪石池洗硯動玄雲東鄰書屋
最相憶莫遣草堂移浪文 陳方題雲林居詩門前灌木春
啼鳥屋裏長松夜宿雲翦得蒲茸青似髮燒殘香篆白成文
偶同杜老惟耽句遂許顏淵不茹葷境勝固應天所惜品題
瀟洒最憐君 又詩洲籬半捲雲當戶野鶴一聲風滿林纔
立簟文波細細又疑牆影雪陰陰竹搖桊几常開帙花落藜
牀獨抱琴不謂世間能得此恍然飛騎駐仙岑 釋良琦題
雲林居詩每憶雲林子隱居淸且閒裘裳采芝秀倚杖看秋
山微雪松陰暝青苔石上斑韓康偏有意時復到柴關 明
高啟寄懷雲林草堂詩名落人間四十年綠蓑細雨白江天
寒池蕉雪詩人畫午榻茶煙病叟禪四面荒山高閣外兩株
疏柳舊莊前相思不及鷗飛去空恨風波滯酒船 華雲雲
林故屋詩點點寒鴉復叢竹淒涼隔斷春紛郁吟壇半出白
雲層古碑無字眠蒼麓至今白屋稱名家綉毬落盡雙邱花
美人陰堂渺何許楸梧岑寂山谿斜漠漠西風渭城韓荒荒
秋草咸陽路秦宮漢苑總成原醉歌立待東齋曙 王永積

和華補菴韻詩憶昔題詩曾刻竹寶鴨清煙生馥郁碧梧同映草堂開纖塵不敢污山麓飄颻風雨忽辭家梵宮琳宇開春花廿載芒鞋霜鬢老一身湖海夕陽斜谷口還歸歲云暮片片白雲橫舊路狐邱兔穴幾家存滿樹啼鴉天欲曙

國朝惠有孚春日過祇陀村雲林舊居詩古寺藏深竹空村落野棠門前新柳色閣外舊山光鐵笛扁舟共玉峯詩社荒昔人多避地憑弔益蒼茫　朱廷鑑倪高士雲林故居詩抱潔竟何往煙霞與卧遊嬾非充隱逸高不事王侯心跡雙清絶江湖萬古流故林還似畫濟濟片雲收　顧光旭清閟閣詩溪上問雲林蒼然帶遠岑古琴松影靜明月桂叢深池館青霞上江湖白髮侵從來天下士空谷有遐心

春艸軒載邑志在隆亭為元華幼武奉母之所取孟郊遊子吟詩語名之元季燬於兵其裔孫別築於鶖湖之通源橋今亦圮有堂曰貞節堂以母節得旌而作幼武讀書室曰棲碧軒

元張翥春草軒記華為毘陵望族都事君子舉初以材薦得宿衛武宗朝勤敏靖共著稱環列一命為功德使司都事居亡何告病南歸歸五月而卒年二十有六夫人陳長君二歲而寡一子幼武三歲二女復幼迺自誓不再適屏膏沐躬饋祀其事舅姑盡敬養之孝其待姻族盡敦睦之愛其治家業盡艱難之勞使都事君之緒有引無替而是藐諸孤教撫成立為賢子子復四孫皆嶄嶄知讀書歲時奉觴前為壽夫人神清氣強宴怡以樂州里父老相與歎美為狀其實有司以聞于朝後至元二年中書表其閭有司因名之曰旌節里嗚呼天於貞賢之報信必至此而後申之也惟幼武每痛先人之蚤世其嗣續幾絶微夫人將無以至于今休迺構堂曰貞節軒曰春草堂則夫人居之軒則幼武奉親之所周旋也於是翰林黃公晉卿為銘于堂顧謂是軒不可以無紀來請予文予觀夫天地之閒芒然而生𤍠然而滋者唯草為多而為物固微也方其土膏脈發句拆萌達孰非春陽之所育暉光之所被而一寸之心亦得夫天地之心以生則是草宜亦有報春暉之心矣彼葵藿之傾太陽君子謂其向之者誠而況人乎況於孝子慈孫乎昔孟東野發興於慈母之線游子之衣而致意於難將寸草心報得三春暉之語深得古風人之旨讀是詩者孝感之心藹油然而生矣然以規游子可也今幼武家居奉母雍容軒中而猶有取於此則其報親之心無窮期也無窮期也心果止是乎哉必也孝子潔白如雅之白華使其身立其名揚其親顯所以期於幼武者又在乎此不既重且遠歟幼武起謝曰然遂為之書幼武字彥清至正七年立夏日

干文傳貞節堂記余昔忝朝蹟預修宋遼金三書見舊史所載忠臣孝子義夫節婦未嘗不起敬起慕玩繹再三筆之於冊蓋以其有關於人倫風化也既歸里中華子幼武過予拜且言曰幼武不天先子由都事以疾告歸卒於家時幼武未及齔母陳甫廿有八銜哀茹痛勉畢襄事撫幼武泣曰吾不幸喪吾良人幸而有子保養而成就之俾不墜先業吾之願也其自誓如此後三十餘年始終如一節鄉里具其事於州若府州若府上之風紀之司覈如所舉遂聞於朝至正二年命下署其門曰貞節華婦陳氏之門一日母謂幼武曰向也吾自誓時嘗指爾言是藐焉者其能有立乎指室廬田畝言是輪焉井焉者卒能守而不失乎指所樹桑與梓言吾獲與遺孤見其愈久而愈茂乎皆未可知也不自意

式克至於今日惟爾之身齒壯而嗣蕃吾抱孫焉爾宅爾田不廢且有衍桑之植加多梓之材益偉可不知所自哉庶幾念其始圖其終而父為不死矣幼武謹受教退則以旌其門者名其堂曰貞節求學士大夫表章之今翰林侍講學士黃公晉卿為之銘獨未有記其事者敢拜以請余既嘉華婦之節幼武之孝遂不復辭考之西漢潁川俗號難治強宗大族相與為奸欺二千石莫能制則為鈎距之術探其姦而窮治之既而朋黨化為敵仇而俗尚告訐矣於是繼之者病焉則為立學官導以禮讓而又詳其條教人便安之最後王霸至郡因其跡而大治孝子悌弟貞婦順孫日以衆多郡守聲名聞於朝廷馴致大用列於史傳至今猶想望其風采嗚呼休哉無錫吳泰伯延州來季子恭讓之地也世道日趨時不古若鈎距無亦嘗為長民者累歟誣陷斥訐習以成風政是以駁民益以難理此非布條教具禮讓相率以孝弟貞順之時耶華婦貞節幼武克孝甚矣有關於民風也誠有善勸導人如次公者焉必將自華氏母子始若夫母訓之嚴家道之正則幼武前所言信而有徵因以記斯堂并告夫今之長民者

鄭元祐貞節堂後記都功德使司都事無錫華

君之室人陳氏年二十八喪都事君□□史二十一寒暑而夫人亦已老矣至於是而都事君之貲產薄者厚遺孤幼者壯孫且授室里父老以夫人之貞節至於□則可以暴著於天下矣乃悉其所見貞節之實言于有司有司轉以聞於朝省朝省下其事于無錫州州爲表其閭里云都事君方歿時其孤幼武甫六歲夫人爲女爲婦皆大家能屏自刮磨富驕華既大族中表內外無慮數百人夫人哀死事生雖纖悉必中軌度教其子使之循循雅飭委巳於學夫人母師婢媵蠶績紉紡時節晝夜有恆式不少置幼武既長則時勸其母且少休夫人則曰民勞則善心生季孫母吾師也幼武齒日長學日進思所以奉其母者無不至於是扁其室曰貞節堂嘉議大夫禮部尚書致仕干公爲作貞節堂記其於夫人潔白之懿行堅凝之苦節稱頌贊述蓋巳無乎不備然而幼武猶屬後記於遂昌鄭元祐今夫馭車以行陸操舟以涉川其始也有兢慎之心無銜橛之患何往而非安坦之途及乎中道操者肆馭者倦而始有不虞矣故曰行百里者半九十今夫人之粹德懿行雖稟於天者使然要自都事君之歿三四十年之間終始一揆其於貞節固將照暎今古幼武之於斯堂

也每於歲時率其親友奉觴再拜爲夫人壽其歡欣悅懌之意上有以裨民風下有以範薄俗夫豈易易於言者所能既哉昔李文公傳高愍女楊烈婦屬辭不媿史遷今公之記斯堂也何以異乎若夫後記之作則歐公之門有徐無黨在幼武字彥清至正九年春二月記　陳方棲碧軒記浙西之地水多山少常於浙西數郡之間而山尤少自晉陵迤西而南蜿蜒靡迤或起或止至無錫而山之最著者惠山也然無重巒疊嶂之紆亘深溪巨壑之險阻崒然起於平地如奔鯨逸馬不可羈而齧也餘則散於四封之中瓜蔓相接大率隱隱皆培塿形孤勢薄他郡之山可孩而撫之又自惠山之東沃壤夷衍相去三十里而遠其山之匹於惠者曰堠山亦無曲折之美奇穇之雄直望之而可喜耳距兩山之所向其地曰梅里華君彥清家焉始余之未識彥清也有人持其棲碧軒詩一大軸從余觀之余見其所圖之水石清美也喜曰無錫之山有是哉余昔過其境而見者甚少而淺近未有如圖之清美者也近年余爲其家童子師出是問所謂棲碧者然後怪其所居之平且曠也何取於李白問余棲碧山之詩彥清謂余曰古之高人逸士野居而溯處者未必皆山也使可盼

之地可安之廬長林美竹雜花豐草而得與世相忘足矣奚俟夫山之深且秀哉夫棲於山者又未必皆知山之爲可樂如知山之可樂則居雖無山常若居於山也況吾居之西則惠山界其右東則堠山峙其左雲霏朝夕之變態風雨晦暝之異狀未嘗不接於吾目也夫於山之尤少之地而有以暎帶於戶限之前則棲碧之名不爲虛也然則在山者不見山惟置身於其外者能見之若棲碧者其能見於山之外者歟余知彥清之志者也聞其言而是之彥清固請余記於是乎書彥清名幼武孝謹而和易雅好文章與余友後至元二年十月一日記　黃溍貞節堂銘節婦陳氏無錫華君子舉之室也子舉弱冠登畿未至立年而遽不祿節婦甫二十有八自誓靡他今三十餘年矣節婦既老而子舉之遺孤幼武亦克自勵爲佳士有司既表其門曰貞節之門幼武即以此扁其堂徵銘於予蓋凡可以顯其親者無不爲也銘曰婦不二天人道之常節至於苦亦何可長惟甘於節百年一日恆其德貞斯婦之吉行修於家匪蘄人知扶善導民是在有司爰旌其門表於州里華榜大書彤管有煒化行俗美比屋可封罔俾柏舟專美國風我銘斯堂光昭令譽壽考維祺永保貞

固

元楊維楨春草軒辭春暉庭下春雲暖春草軒前草長短中有百歲宜男花一色青蚨綴枝滿青蚨子母不斷恩草有靈芝生孝門春暉照人春不老芝草闌干芝有孫當時夢生芝草綠瓊圃琅玕棲別鵠孤兒日長草忘憂錦棚護兒如護玉春菲菲草油油千金俊馬五華裘吁嗟兒兮無好遊銅駝陌上春風愁草萋萋春杲杲遊子歸來在遠道庭前何以報春暉身上青袍照春草　胡助春草曲春風如水流春草生芳洲遊子有遠志居人無別愁居人伊誰華氏子不出庭闈奉甘旨可憐遊子萍相似春愁草綠千萬里衣兒母線春風吹春暉滿堂草菲菲遊子歸來慈母喜階前鬥草爭兒戲　潘純詩兒居春草軒母坐貞節堂貞節日以甘春草日以長恩深夜雨潤愛重朝日陽青青一寸心不爲霜露黃　鄭元祐春暉美華孝子詩陽春有暉物具是依何獨寸草春陽載微菲菲芳草沐沐春陽德澤之博寸草之長子之於母其恩莫大鞠育成人恩等覆載兒之出矣念兒衣單爲縫爲紉惟恐或寒是意之微孰爲識者有唐詩人孟氏東野華彥清父奉其母儀春草名軒本乎孟詩嗟彥清父慨親早寡奉母斯軒

飲酒伐鼓有孫在膝有孫授室兒在母前諸孫林立母喜謂兒爾父殁時天高地厚煢煢孤嫠安知今日孫又抱子是皆爾父積慶有此兒聞母言悲喜盈襟歌我聲詩以慰母心王逢詩龍庭華母長壽考卽所軒居種春草寸心初存天地先百藥未與風霜槁草之在山御甚小慈竹青陰護來好錦帷微動搏山煙瑤池飛下西王烏我嘗登堂拜母畢母言嫿年二十七孝經論語親授兒好禮能詩兒今日人生莫不知愛親君家驩樂難具陳烏鳶螻蟻方滿野膝前魚笱朝朝新客觴阿母母囑子有客有兒家不毁兒持壽觴客載歌白髮如心照磎水　陳基春草辭當軒不栽花只種忘憂草栽花恐傷春草根草色年年爲親好東方日出芳菲菲堂上阿嬰堂下兒兒來爲壽阿嬰喜何用遠遊千萬里春草種易生春暉報難極不將春草報春暉且著春衣舞春日舞春日樂未央阿嬰壽隨春日長教人愛殺雙蝴蝶歲歲飛來入畫堂李孝光詩春草何離離春陽何遲遲萬物沐膏澤百草獨光輝光輝被下土天公本無私男兒生身長大賢知母恩未報何用兒爲何以報母手中線冬温枕席夏揮扇　高明詩藿藿庭際草皜皜陽春暉淑氣播嘉澤勾萌悉榮滋元化雖無言寸草心自知常恐霜露零春暉報無時願言慈母線永託遊子衣衣綫有零落母恩無終期　築室在近郊開軒面平岡前榮列賓友中房鼓琴瑟綵服及春日奉觴升華堂醴酒旣嘉果肴蔬亦芬芳流景雖易邁春暉豈能忘竭此寸草心以慰慈顔康　段天祐春草軒詩春草軒前好花柳華君奉母來飲酒吹笙伐鼓歌婢姹華君捧觴母長壽猗嗟世人皆有母華母苦辛世無有韶年來登君子堂縫紩衣裳事箕帚結褵而後五見春君子去爲覲國賓尊章已老兒劝稚主張門戶在一身星霜荏苒歲年變君子歸來命如線文色愁絶舞鏡鸞繡梁悽斷傳書燕晝日悲啼夜飲泣萬感攻中百憂集忍哀茹痛强自持顧護孤兒到成立孤兒成立稱華君能詩能禮兼能文凊温甘旨具朝夕純孝之名鄉黨聞德音汪濊降天咫桓表亭亭樹閭里從此鄉人謂華君非有此母無此子華君拳拳返哺情四顧世上邱山輕升堂日誦孟郊句開軒手題春草名春陽一日被百草大叢小叢顔色好華君願作芝與蘭拔秀舒英發天葆芝爲世瑞蘭國香採之擷之貢明堂願言持此報春陽　張雨春草軒詩風月無邊家慶裏滿庭春草綠芊眠謝池得句光非夢孟母遷鄰果有賢　沈

橘井中香不斷樹萱堂北翠相連笑看書帶傳青種箇箇萊衣舞壽筵　陳謙遊子吟爲華彥淸作母愛兒比瑤草百花原頭春浩浩結綠縣黎總非寶朝居月前暮懷抱頃刻相違作憂惱兒兮勸爾無出遊忍令母心日夜憂紉衣一針一度鉤針綫不比心綢繆兒嬉門草拈春縷綠綿青葱不堪數楚人只解歌王孫萋萋乃有子母恩徂徠松淇園竹人言長生勝宅木千年萬年春草綠　張世昌詩人與天地參所重惟三綱秉彝均此善擾擾胡藁戕猗嗟華氏母婉婉夙自將笄年配君子淑譽流閨房夫爲京華客馳驟功名場妻獨撫孤稚愁悴銷容光一朝蔵疾歸飲餌瞑弗嘗生死遂永訣啼號摧肺腸感念柏舟誓守節如共姜孤兒漸長大教育遵義方劬書習禮矩性行粹且詳德門天所慶寵澤來滂滂子心孝不匱怡愉奉高堂州府上其事旌褒稽典常長吏植桓表覲朋稱賀觴溪山亦動色閭里增輝煌嗟彼寸草心僭思答春陽母恩誠罔極報効甯可忘雝茲詩禮胄家法宜允臧婦能抱貞信夫死如不亡子能養親志慈顔多樂康盛事播遐邇賡咏衷篇章願寄采詩官百代傳馨芳俾此春草軒名齊河岳長　華幼武春草軒對月詩昔年阿母宴秋期滿地溶溶月色遲今夕光輝徒有淚一天風露不勝悲良辰荏苒思無極瘦影伶俜舞向誰夢出桂華窮碧落聲容彷彿在瑤池貢師泰貞節詩淸風被芳甸白日照華堂堂中有令母孤貞厲冰霜紅顔忽已萎白髮壽而康方伯陳懿範熙朝錫褒章凱風傷衞母柏舟誓共姜皇皇太史書千載同耿光　楊鑄詩錫山有茶還可茹錫山有蘗誰云苦人生最苦定如何試聽我歌歌華母良人早歲事君王可憐玉樹飆凋傷春天淚灑梨花雨秋夜魂消蘭蕙霜三十餘年懷苦節兩鬢青絲已成雪紫誥金花聖主頒華堂翠榜名郎揭共姜自誓古稱賢誰能爲續柏舟篇何時升堂酌春酒載詠錫山爲母壽　[illegible]堅貞節篇齊姜爾切諫衞姬爾勿道屛爾妖以豔聽我貞節篇貞節出東南高門喬雲連門上縣大字敕書下天邊門中建大宅堂宇何穹然幽窗疏而閑燠室靜且便琴瑟旣不御絲麻仍在前嚴嚴白髮母膏沐久棄捐邈庭子若婦婦順子更賢愉顔奉甘旨禮節能周全清晨具殽食烹鮒亦鯉鮮母乃太姬裔豐容比飛仙皇讖功德府夫子贊其權中道折比翼寒霜凜炎天臨河洗紅裝對日擿金鈿何以喻貞心南山石幷堅歲運忽推移於今三十年天道有顯報母壽名旣傳

作歌在京師庶以風入𦵏　吳壽仁貞節詩蓼莪廢已久南陔誰復論有美華君子扈從爰駿奔宮車蟄雷殷周廬列星分泥潦集秋雨霜風澹朔暾一朝忽遘疾首邱竟逡巡嗟哉未亡人號慕徹晨昏煢煢撫孤弱今者及抱孫淸朝樹風聲貞節旌高門高門非所願將使薄俗敦流芳弦上箭千載青史存　明劉衢題貞固春草第二軒詩森森喬木蔭衡門堂下椿萱生暖雲媿我無從追薄養羨君有義答深恩巢烏哺母猶思報人子忘親奚足論想見君家多積德致能流澤到兒孫

國朝陸楣題鵞湖春草軒詩旌門綽楔連雲矗至正之年兒華屋投釵井壞生莓苔春草年年爲誰綠鵞湖重構草堂新忽忽幽吟聞歌哭遥尋往轍歎滄桑近爲君家感風木憶昔湖干全盛時滿服鶯花正芳郁可憐時節易飄零寂寂幽蘭寄空谷誓託松筠共歲寒邪堪桑梓旋傾覆漆室憂時淚已深萱庭愛日情何足是時烽火殷江天故國魚龍有蟄伏不隨雞犬到新豐稍喜山川辨殊俗范蠡船頭煙水長鄧尉山路梅花馥雨笠煙蓑野丈傳葛巾草履遺民服留客何曾鬢髮空采薇先飽高堂菽勝事流傳足畫圖佳篇贈答皆耆宿一朝卧病向江村三徑蒼涼剩松菊衰親垂白兒垂髫月杵霜砧對幽獨冷落騷壇姓字存叢殘詩卷塵埃束廿年門巷重依然有子能將父書讀經營遺草付汗青髣髴羹牆展眉目客來撫卷其高歌昱昱寒芒動殘燭湖波乍咽風泠泠林花欲飛雨簌簌閏厄黄楊舊品題栖碧山人有遺躅君家節孝本淵源天地休光定往復即今佳氣盈庭除翩翩燕子來新築我亦私[illegible]烏鳥臨軒爲子歌獨漉

歸耘軒在膠山南江陵知縣徐伯樞歸隱處

元倪瓚徐伯樞歸耘軒詩歸耘向何處近在東膠山白雲宿虛牖釣艇當荒灣彈琴送落月擢纓弄潺湲寸田勿根莠所
願勤
治芟

眞賞齋在鵞湖東沙涇明華夏所構以藏古書畫彝鼎

昉文徵明眞賞齋銘眞賞齋者吾友華中父藏圖書之室也中父端靖喜學尤喜古法書圖畫古金石刻及鼎彝器物家本温厚菑畬所入可以裕欲而於聲色服用一不留意惟圖史之癖精鑒博識得之心而寓於目每餅金懸購故所蓄咸

不下乙品自弱歲抵今垂四十年志不少怠家坐是稍落弗恤而彌勤余雅同所好歲輒過之室廬靚深庋閣精好讌談之餘焚香設茗手發所藏玉軸錦幖爛然溢目法書之珍有鍾太傅薦季直表王右軍袁生帖虞永興汝南公主墓銘起草王方慶通天進帖顔魯公劉中使帖徐季海絹書道經皆魏晉唐賢劇蹟宋元以下不論也金石有周穆王壇山古刻蔡中郎石經殘本淳化帖初刻定武蘭亭下至黄庭樂毅洛神諸帖則其次也圖畫器物抑又次焉然皆不下百數於乎富哉今江南收藏之家豈無富於君者然而眞贗雜出精駁間存不過夸視文物取悦俗目耳此米海岳所謂資力有餘假耳目於人意作標表者嗚呼是烏知所好哉若夫緹緗拾襲護惜如頭目知所好矣而賞則未也陳列撫摩揚搉探竟知所賞矣而或不出於性眞必如歐陽子之於金石米老之於圖書斯無閒然歐公云吾性顓而嗜古於世人之所貪者皆無欲於其閒故得一其好斷而老焉米云吾願爲蠹書魚遊金題玉躞而不爲害此其好尚之篤賞識之眞孰得而閒哉中父殆是類也銘曰有精齋廬翼翼渠渠爰庋用儲左圖右書牙籤斯懸錦幖斯飾適緹斯襲于燕以適適如之何維術以遊金題玉躞瑄璧琳璆品斯騭斯允言博雅誰其尸之中父氏華維中父君篤古嗜文雋味道腴志專靡分斷繅故楮山鐫野刻探賾討論手之弗釋亶識之眞亦臻厥奧豈無物珍不易其好維昔歐公潛志金石亦有米顚圖書是癖豈曰滯物寓意於斯迺中有得弗以物移植志弗移寄情高朗弗滯弗移是曰眞賞有賢中父奇文是欣少也師古老而彌勤新齋翼翼圖籍祁祁後有考德視我銘詩

高士奇江邨銷夏錄晉右軍王羲之袁生帖宋宣和御府收藏月白綾御標晉王羲之袁生帖七字泥金楷書皆字微有剝損黄絹隔水右邊鈐印長方雙龍璽二方御書瓢印一方本帖之右圓雙龍璽一方宣和連章一方帖左政和宣和二璽鈐印長方雙龍璽二方政和連章一方後有内府圖書之印末有眞賞瓢章華夏藏印無錫山華氏故物摹入眞賞齋帖者以火前刻本較之毫髮不爽

明華察歲晚過夏姪眞賞齋詩歲晚得招攜歡然一解頤松陰雲自宿雪意鳥先知開閣恆眞賞論文袪故疑殷勤詎能別寒月下前墀　又題東沙草堂詩春風湖上偶相尋花徑逶迤草閣深鍊藥自調丹火候枕書常卧琴梧陰逃名已得

全身術博物聊存好古心白髮
追從甯脉數阮家修竹舊成林

錢孟清宅在甑橋中有景婁軒續夢綵堂

劉昌景婁軒記錫山錢承事孟清問君子所以自處與處人之道於劉子劉子曰古之君子其自處也甚高而處人則自卑在易地中有山謙而卦下之辭曰謙亨君子有終吉其九三爻辭亦曰勞謙君子有終吉詩有之靡不有初鮮克有終而謙之卦辭爻辭皆曰有終吉以山天下之至高者也君子之自處擬之而在地中則有而不居卑而不踰無揚已自露之失而得謙卑自牧之道是以事克有終而爲吉此君子之自處與處人者之道也孟清曰然則吾將學愚乎劉子曰愚者顏子之所以爲賢也以之自處則高矣而非所以處人也人將以我自擬於顏而近夸也曰然則吾將學曾乎劉子曰曾者曾子之所以爲賢也以之自處則高矣而非所以處人也人將以我自擬於曾而近矜也然則奈何劉子曰亦守夫謙而已矣孟清歸三月以書來曰吾從君言而事謙人以橫逆加我也吾將奈何劉子曰孟清盍亦自反也而在吾者有

泰伯梅里志　卷六　第宅　十二

而不居卑而不踰用以自牧而無以自露其橫逆猶是也則彼固自妄也而吾何校也既又三月而孟清乃復求見劉子而言曰吾觀史竊有慕於婁貞公師德之耐事人有忤之輒遜以自免不見容色教其弟唾面使自乾不幾於君子之所謂卑以自牧而無所自露者乎吾將以是而待橫逆之加我者而恐橫逆者猶是也君子豈復有說而可以愈於此者乎劉子謝不敏既而曰庶乎是矣充是以往可幾於犯而不校者矣而其自擬之高固自存而謙卑有終之吉將益彰矣昔人有慕藺相如而以自名者孟清數百載之下而有契於婁貞公可謂知所景慕者矣孟清所居軒遂可名景婁而吾爲記之孟清讀予文若曰與貞公相接滕者史稱貞公寬厚恭勤心無適莫孟清而有得於此則何橫逆之足計也孟清曰諾孟清吳越武肅王十九世孫素服禮義於橫逆之來也而且順受躬以禮義相加者哉傳曰寬柔以教不報無道南方之强也君子居之孟清之謂也

倪謙續夢綵堂記子思子謂悅親有道在乎反身之誠夫親固以誠而悅而所以致親之悅豈無其具乎綵者悅親之具也且以斒斕之綵而爲取水上堂仆地兒啼之戲亦詐爲耳寔其誠惟其誠心主於欲親之悅而親亦鑒其誠而悅焉此老萊之孝所以古今稱之無閒也錫山錢君孟清世系出於武肅幼知向學長克振厲窮理修身言行誠慤天性和厚篤於孝友父惟常輸粟賑飢荷恩旌賚予嘗爲作恩慶堂記者孟清當侍膳之頃輒效老萊爲綵戲以娛悅之母鄒生孟清甫十有八日而歿孟清時罔知識長詢於父始得其言動容止之詳不勝哀慕常於寤寐之閒接見顏面亦爲綵戲以娛悅之懽若平生覺而始悟其非哀慕益切乃揭夢綵於堂以著其感幸父康甯强健日致綵戲之樂得以少慰其心無何父亦棄背復深哀慕常於寤寐之閒接見顏面亦爲綵戲以娛悅之懽若平生覺而始悟其非哀慕尤切乃揭續夢綵於堂以著其感蓋其一念之誠惟以悅親爲事故不以存歿而有異寢息而有忘也夫心爲五官之主神明之舍心之官則思而夢則神明之交也思有不存則夢無所感惟其悅親之孝素盡生前是以既歿而思精爽之交自然相感宛然如昨而不自知其爲夢也使得父母俱存壽綵春觴屢舞迭進其樂可勝道哉觀孟清既夢矣而又續焉其亦重可悲也已抑聞孟清志侯親年七十誕日將爲高會以慶而親不待至期則設盛饌以召復爲綵戲

泰伯梅里志　卷六　第宅　十三

于前是亦事死如事生者也跬步不忘其親如此其肯虧行以辱其親乎大孝終身慕父母孟清其幾於是矣孟清纘父遺業亦輸粟荷冠帶蓋世德相承而弗替云

怡晚樓在甑橋錢孟濬構

祝允明怡晚樓記願樂憎憂安少懼老是人而已矣隆年彌卲怡情雅志倍得是天而已矣祉自德發天從人徵是道而已矣人者徇而難公天者元而莫稽不有道也則將焉以執諸今夫悠悠我生得失殊値故有憂心悄悄弗逮耆考者矣有服豫優游中路以休者矣有華顛役形西日營營者矣三者得之不得不齊也而槩乎君子之道則皆左矣必若合道則孟氏之不如舜無害爲樂天子淵之不追跖無損爲大年也如是則怡晚者無貴耶非也道者無我也必之非道也不必之非道也吾之性分既循達道已由是理斯究而天命之如吾願者自至其怡也不必之著其晚也仁壽之形則獨非君子之所貴者乎哉錫山錢公孟濬春秋向高爲重屋以自佚扁之曰怡晚問僕爲記噫公其有道者哉壯不憂非盡人

老不怡非事天公之少而强也憺睦倫典脩承世範展效忠義滂達仁惠人道完密而今則居安保甯申氣養形易易于于以極高明則兹樓之宜于公也不亦宏哉假爾楣楹勒此頌聲道長日富而山齡海齒公其自此登矣

貧仁堂在瓢橋錢孟潤構

邵寶貧仁堂記吾邑塼橋錢君孟潤之爲堂也君子過之而見其扁者問之曰君之堂何以名貧仁哉君起而對曰吾聞之仁者人也人而不仁不可以爲人吾斯懼焉雖不敏不敢不勉名吾堂所以志也曰爲仁由已孔子之訓也君而不聞乎顧舍諸而言貧也無亦重自任而輕人之求歟曰何敢然哉貧之於仁大矣矧如不敏者非貧焉言則曷聽行則曷觀禮曰率法而强之貧仁者也敢不務乎曰然則貧惡乎在曰昔者孔子之告子貢蓋嘗曰事其大夫之賢者友其士之仁者凡堂焉而吾坐者皆若人也此吾所爲貧焉者也不然吾省焉雖然吾所居里去郡邑遠大夫士非特至焉者吾見亦罕矣貧將焉取哉曰野固有人焉冀鈌耨而敬胥臣稱其有德謂仁之則於是乎在今之野焉知無鈌乎苟有之其稽古

傳恭將無說乎所謂貧焉者孰大於是君聞斯言也以爲得貧再拜而受之他日以告予予謂之曰允哉君子之論可以銘君之心矣遂爲之記君名潤孟潤其字系出五季十國所謂吳越王鏐蘇眉山稱其有德於民甚厚者也君九世祖進以宋祥符間始繇嘉禾徙無錫勝國時其孫寬甫益大其業至以私廩代公賑鄉人德之事具覃懷許忠徽公所爲墓銘國朝洪武中君大父公達徙今瓢橋父惟常世修鄉惠正統中用義受璽書旌於門君生承厥世而天資近道持身及家克勤無怠今且老矣猶不忘自箴如是君之伯兄孟淸於予爲尊姑之夫予之知君蓋四十年於兹矣因幷及之

衆香堂在徐塘按察司知事鄒望宅也堂最宏麗四面重簷複檻八窗四向中可布四十八席舊名四照武功伯徐有貞字天全易名衆香四季香花畢備每種百餘布列簷下殘卽易之無日無花深秋時以黄絲絡香櫞千顆於梁閒如繁星然

東湖第一宏麗宅也

鄒顥之第在塘莊

邵寶務本堂記林泉處士鄒翁顥之營新居於塘莊之上祠寢齋室儼然古有家者之遺制務本堂者其燕居也寶雖未獲造翁之堂然往往聞翁於其壻主客錢君君之謂翁也玩易攻詩文以濟質禮以處贏事親愉愉喪而皇皇葬而顓顓其處諸伯仲皆篤恩義有田數千畝課家衆耕之又以其餘業諸無田者豐年取其租如約饑則減之大饑則又減之或遂不取其貸人而取息也如其取租焉希齋先生知德君子也他日論翁如主客言故寶常擬翁之爲人殆漢世所謂孝弟力田有行義者今觀其名堂蓋平生自立之地故欲昭示子孫而期於無窮亦可謂知所務哉夫翁之業民也而其行則士也士之行莫大於孝弟行義而民之業莫先於力田外是二者蓋亦末矣今夫終歲勤動粲粒而積量積而出自心計貨殖者視之則爲已拙居家正德居鄉布惠如恐不及視軒舉藻麗之徒亦誠自少矣而校實要終則有在此而不在

彼者卽使彼幸而利此不幸而不利而天之所以敘倫而厚生者固在是也本可不務乎業以是基行以是植身以率之世以守之豈惟式於厥家哉語曰是亦爲政翁之謂矣雖然德惠之孚久而感通天道不誣翁之後出而效用以輔政者安知無人乎然則務本之義大矣烏乎其在斯堂邪在斯人也主客以記請於是乎書

鄒昭伯第在塘莊東今宅已廢而猶有大牆門之稱

邵寶鄒氏莊東新居記漕河貫錫城東南流左涯有支渠二曰伯瀆沈瀆皆經吳郡以入於海二瀆之閒有水通焉曰觀涇涇之西有小水五咸北入里餘而止界其地爲五總良田二千畝有奇於其鄉爲沃壤爲奧區爲勝槩是曰塘莊鄒氏世有之成化閒柏軒府君以其四十畝與其子林泉翁翁廣其旁爲第於中由龍涇遷居之將繼營其左右以居其五子者未就而翁沒正德戊辰塘莊第火始有異室之議率翁之志其季昭伯以行當得左左實臨觀涇初觀涇之地柏軒屬意林泉昭伯思卒成之顧林泉始大厥構弗敢易圖欲多積以需念母惠孺人久處旁舍乃卽其地爲基什之一倣塘莊

而營焉門之內前後廳限以中門又爲堂三而重屋殿之旁翼周繚有內有外規飾整嚴選工擇材計盈經久自經始期年而落成取其舊扁曰力田世家曰迎薰曰正德曰崇禮者揭諸廳堂不忘考訓也中一堂未名其姊之夫戶部郎中錢君世恩爲之題曰養志蓋嘉昭伯懋於行業以勤多助故居成而母志說有養之道焉爾也君子以爲善頌昭伯謝不敢當則介其塾賓周君仲章來請於二泉邵某某謂之曰昭伯其何遜哉昔者孟子之稱曾子蓋嘗云爾矣然天下之人志不皆皙而爲親同養不皆參而爲子同故君子之言養者莫大於行而業次之行脩則不辱業崇則不乏此固爲人親者之志也凡昭伯之素其不此之務乎雖然志一也於生曰養昭伯於母之謂也於沒曰繼昭伯於父之謂也欲知昭伯者請觀於斯

作新居記

讓里世家第在望亭汀州知府曹察故宅規制宏敞其正廳曰昭嗣堂悉用楠木爲之人稱香楠廳　國朝乾隆十三年其

裔孫改爲家祠

案曹氏又有別業在塘莊汀州易簣於此見華余溪所撰行狀其遺跡今名曹家住基

華鴻山學士第在鵞湖

華鴻山學士別業在隆亭

錫山景物畧鴻山公名察字子潛文章經濟具兩大開閣在蕩口自建一城倭夷至城自爲守遇大盜假扮使客進拜剸刃以待封翁幾不免公服猩紅出迎磬所有與之封翁無恙隨發舟尾盜舟盜亦旋獲捐田千畝贍族族無凍餒則功在同宗助役今南延上扇獨免派役米則功在同區丈田公實左右之則功在同邑乃以餘力相地東亭置大第至今過其前不敢仰視侯門王府歎壯麗不如也東西兩圍不山不水能自山自水極土木之勝五步一樓十步一閣瓊宮閬苑竟出人間聞工役告竣使者以冊進首一葉開載石灰一項費四千金即掩卷餘道不目蓋作法於奢公自知之矣

臺憲第在安鎮贈員外郎安國構

鴻臚第在臺憲第右僉事安如岡膠泉構

天曹第在臺憲第左吏部主事安希范構

安璿膠東山水志桂坡公第膠山爲屏嵩山爲案東虞西惠爲障宛山爲文筆峯南陽山爲遠照門臨浚瀆橫塘之水來匯大成之梁深鎖石臺瞰濆坊曰臺憲第膠峯公宦成而建也屋計間不下千百層凡七進閎開九楹基廣六十餘畝廳事四裕貞堂最宏敞東雅堂次之餘二又次之齋若桂樹若清磬極閒靚閏閣極高深第成華學士鴻山過之曰吾以桂坡爲人傑也億其構室壯麗當何如不謂湫隘乃爾桂坡公笑而受之竊以其言爲過然仰視鴻山所居東里鵞湖眞不啻王侯甲第嗚呼孰意百餘年後安與華等兄弟衰而鴻山甲第大半有鳩居之感計桂坡當日欲擬鴻山亦非難事而僅僅至此若有深意歟右曰鴻臚第爲膠泉公所建規模宏遠睥睨中第後歸硯亭公廳事三致遠堂最廓落清遠堂次

之藝芝堂又次之齋若墨顚若簡暢極蕭雅暢適之觀閣曰雲暉曰白榆又倍蓰焉之勝高岡後護層臺密樹斑竹萬竿干霄拂雲嘉蔭之別園也左曰天曹第爲我素公手剏公生於中第出嗣周涇成進士歸乃構是業公以清白吏倡道東林家居無異寒素無論東里鵞湖不敢效顰即鴻臚臺憲猶媿邯鄲之步然公性頗好土木小小結構歲無虛高忠憲公嘗貽書止之

白榆閣在鴻臚第中

安璿膠東山水志白榆閣高百尺廣如船從摘星白榆天上最高星也故以名當先仲伯茂卿公爲文壇將海內才士過之必登是閣極山水雲物觀去先孝廉白榆閣詩有何晨翰墨非雲會無夕笙篌不月明之句時實事也其尤勝則霽雪玉田千頃銀山萬重枝枝竹木皆開瓊花微陽暴之光豔射日不可仰視餘則麥浪青稻葉黃月夜之天地一色小可適興閣前桂樹一株盤盤旋旋蔭遍廣庭五月發花異香聞里許樓級迢迢登者輿至而往必憊而還是無數登者下日元

賞高曠可建三丈旗不知其上有樓樓上復有白榆閣明鄉迴光詩網戶平臨斗極懸白榆歷歷在簷前金函書倩芝童護錦席杯邀鹿女傳褰箔晝飛笠澤雨振衣人近蔚藍天知君夙有神仙骨好結樓居卧紫煙　安紹芳白榆閣對雪詩密雪灑修竹夜靜聲何嚴擁爐不成寐衾薄寒如砭退眺凭曉閣清光撲疎簾島巖瓊枝蕊林吐玉山尖遲客聊命酒呼兒歌撒鹽因悲僵卧者何以託窮簷　又白榆閣晚眺同康孟擔賦詩虛閣俯林表凭闌接太清發君奇絶思破我闃寥情天遠鴈行滅煙空山帶橫披襟坐超忽攜手攬滄瀛　又白榆閣雪霽同司封叔光祿兒賦詩積素凝寒曉撲檽旋融初旭散郊坰疎林稍出參差綠列岫徐開遠近青露向曲闌猶似絮消來芳沼半隨萍陽春歌後原難和況復非才媿謝庭　安廣居戊寅五月白榆閣早桂盛開喜而有賦詩寶家五樹木稱奇五月舒芬擅一枝望苑新叢英早發層城舊幹蕚先垂已乘夏令參差放不待秋風旦晚吹每欲凭高少攀折玉梁千丈恰相宜　又閣故先茂卿兄同諸名人嘯詠處也再賦詩憶昔騷壇早擅名同人四海合嚶鳴何晨䌷素非雲會無夕棨篌不月明遺韻當年雷嫩蕚流音此日燦

韶英銜杯且近花前坐欲作秋江濤沸聲

天全堂在安鎮安希范構

膠東山水志先吏部業周涇膠里無寸壤然故鄉山水思不一飯忘也乃購荒畦十畝構堂三楹疎欄曠曠花木茸茸饒有逸致顏曰天全志不得於人事而完於彼蒼者也於其中讀書談道踰二十年登斯堂者龍門不啻云先孝廉冢子也義當受書於堂中列百城書鍵關讀之凡數春秋金臺決策勝取科第雖曰人事亦天全歟今往矣後堂士人多不得於人事天又杳不可問噫其中全之否歟吏部公富著作郎以天全堂名集晉江何喬遠侍御京山李維楨太史雲間陳繼儒徵君序

安紹芳天全堂夜集送康孟擔遊白下詩霜逕林塘落葉聲片帆寒色伴孤征五陵煙月遨歡地六代風流弔古情薪桂漫嗟裝太薄筆花爭識賦初成舊遊十載飄零盡飛夢因君到石城

罨畫樓天全堂左偏樓也樓前爲遠山閣

膠東山水志吳越間有罨畫溪古木夾岸藤蘿蔽天叢篠翳地夕翠撩人朝嵐拂面奇勝十里余常欲構小樓其閒焚香靜坐披卷長吟或睇春煙之明媚瞰秋水之清泠卒限於相如壁阮籍途家有樓爲楹三中置一榻兩几讀書小倦就而憩嘗以不得志於吳越名山水題曰罨畫作峯岫䒿疑雲林森渺岸芷汀蘭郁郁菁菁之想雖然樓觀亦宛然溪頭也庭選石之嶔崟磊落者累爲三峯中峩峩東岑岑西岐岐地砌氷文如寒川玉樹一株五榦凌空百尺大夫松不啻瓊蕊芳時香芬數里不減廣陵春色特於樓東南隅飛一閣高三層臨風皎皎拂檻得之兼收原埜雲物勝然湖上諸峯如百千螺髻依約望中曰遠山閣後庭廣如前爲山則一高二丈土石錯出雜蒔花竹其峯巒崖壁深大其溜渠沿渠作山址離奇曲折雨後山泉淙淙渠而溪矣山左小樓二楹皆東西窗頫貯書畫曰米家船看山後庭西檽也竹木佳處東映碧紗如停橈山泉竹木間客曾遊吳越名山水者必曰此罨畫溪頭也胡爲乎來哉主人遜不敢統曰罨畫樓

安希范樓居漫興詩戶牖雲霞日夕鮮樓居眞似挾飛仙清言偶捉松閒麈趺坐常參柏子禪淺碧琉璃浮茗色氤氳翡翠起爐煙閒來信手繙書帙正是南華第一篇　又上巳日同諸姪遠山閣看玉蘭詩春光先上巳乍雨釀輕寒拂檻花如玉浮觴氣似蘭南原新綠遍西嶺夕陽殘莫論人閒事尊前且盡歡　安紹芳上巳日司封叔遠山閣看玉蘭詩高閣俯巑岏名花倚醉看壺觴酬令節笑語縱清歡色借荊山玉香分楚畹蘭夕陽西嶺暮蒼翠濕闌干　陳卿茂題安孟公罨畫樓詩瑤閣朱闌景最多就中玉樹百年柯紆迴複道花千尺上下空香酒一螺宿世王維身入畫兼才庾亮嘯能歌登臨莫歎風流杳賓客追吟調未訛　國朝安璿白題罨畫樓詩樓前碧水自盈盈依約靑螺豈畫成爲愛罨溪饒勝槩故令草閣襲佳名圖縣松雨蟠秋岳書擁雲光麗百城幾載登臨工粲倦硯田時傍暮煙耕　雖將瓢笠挂桑樞湖海懷人共擁壚塞北烽煙驚猿鶴江南山水隱屠沽青衫淫淚歌三疊白眼看天酒一壺百尺樓臺今在否元龍當日是吾徒　安詩罨畫樓詩春來不禁雨絲絲暢好新晴逸興偏一串紙鳶飛白日萬枝木筆寫青天問津此處尋殘劫[illegible]

時了宿稼闌檻昔人都倚偏盡歡莫惜杖頭錢

鍾美堂在楊墓世家橋西南處士吳憲之宅

世翰第邑令趙應元題額額字甚雄壯絕似鄒二楞德基所書鄒故嘉蔭埒也嘉蔭字德懋號翼望詩才清麗尤善書法在鵞湖萬厤閒文華殿中書舍人華嘉蔭居第中有賜緋堂

馬文肅世奇故宅在甘露西南馬家巷

驃騎將軍宅在鵞湖廣東都指揮使華斌居第

國朝陸楣過故驃騎宅詩投筆從戎少壯年歸耕還問伍員田可憐躍馬橫戈地惟在蠻煙瘴雨邊一自烽塵迷故國難將花石記三吳蕭蕭蘆荻悲風起疑是吹笳薄暮天

鴻山草堂在鴻山洪亭玉構

魏禧題洪亭玉鴻山草堂圖洪子有草堂在無錫之鴻山前臨湖所謂耒湖者也相傳漢梁鴻隱居其處山是以得名洪子慕焉而爲草堂或曰皇山泰伯葬處後人追稱讓皇故名其背爲鴻山實皇[illegible]之訛皇鴻聲相近葢一山也按梁溪爲梁大通閒所開濬[illegible]亦附會伯鸞嗟乎梁武以天子之貴乃不能與處士爭一溪而讓皇至德其山亦半分於處士豈人情貴耳好異抑處士身沒則其力固足與帝王聖賢相犄勝耶鴻洪聲益近洪子終老是山安知後世不復有訛鴻山爲洪山者草堂之圖於是乎傳矣

案亭玉名未詳父號楓菴費此度此度名密新繁人曰楓菴先生以名教是非爲己任稱一代儒宗有東京俊顧之目南渡時上書觸忤貴陽歸卧天都此楓山草堂所由築也

世進士第在后宅明鄒溫叟構中有宜琴樓顧光旭書額因曾孫象雍順治己亥進士玄孫弈鳳康熙丙戌進士弈鳳孫應元乾隆辛未進士故名

東林書院邑志載在泰伯瀆上保安寺後宋楊文靖時講學地明成化間邵文莊寶與門人華雲興復之至萬厤甲辰顧端文憲成別建於城中遂無復有過瀆上者歷年久遠寖就荒落國朝乾隆四十七年邑人黃世法重建留馨堂奎文閣竝建仰止樓祀文靖文莊於中舊有晚柑亭爲文莊作今廢

明王守仁東林書院記東林書院者宋楊龜山先生講學之所也龜山歿其地化爲僧區而其學亦遂淪入於佛老訓詁詞章者且四百年成化間今少司徒泉齋邵先生以舉子復聚徒講學於其間先生既仕而址復荒屬於邑之華氏華氏先生之門人也以先生之故仍讓其地爲書院用昭先生之跡而復龜山之舊先生則自述其廢興而以記屬之某當是

時遼陽高君文冢方來令茲邑聞其事謂表明賢人君子之跡以風厲士習此吾有司之責而顧以勤諸生則謂之何爰筆其所未備而亦遣人來請嗚呼物之廢興厥有成數矣而亦存乎其人夫龜山歿使有若先生者相繼講明其間則龜山之學邑之人將必有傳者豈遂淪入於佛老詞章而莫之知當時從龜山遊不無人矣使有若華氏者相繼修葺之縱其學未即大明其間必有溯流以窮源者亦何至淪歿廢置之久又使其時有司若高君者以風厲士習爲已任書院必不至於頽圮又何至化爲浮屠之室而蕩爲草莽之墟乎是二者皆宜書之以訓後若夫龜山之學得之程氏上接孔孟而下啟羅李晦菴統緒相承斷無可疑顧世猶疑其晚流於佛此其趨嚮毫釐之不容於無辨先生必嘗講之精矣先生樂易謙虛德器溶然不見喜怒人之悅而從之若百谷之趨大川論者以爲有龜山之風非有得於其學宜莫能之然而世之宗先生者或以其文翰之工或以其學術之邃或以其政事之良先生之心其殆未以是足也從先生遊者其以予言而求先生之心以先生之心而求龜山之學信乎書院之復爲不虛矣書院在錫伯瀆之上東望梅村二十里而遥周

泰伯之所從逃也方華氏之讓地爲院鄉之人與其同門之
士爭相趨事若恥於後泰伯之遺風尚有存焉特世無若先
生以倡之耳是亦不可以無書
仰止樓在無錫城南泰伯瀆上明邵文莊因宋楊龜山先生
嘗講學無錫始葺東林書院於此是爲城南東林書院其廢
興之畧具於王文成所爲記厥後顧端文別建書院於城中
而城南舊址遂無過而問者乾隆辛丑黃子尚則重葺留馨
堂建樓三楹額曰仰止以祀文莊嘉慶戊午春賈子崧偕同
志補祀龜山先生而以文莊配焉於惟先生闡二程之微言
啟紫陽之正脈而文莊以經術繼之 國朝睢州湯文正之
言曰遊東林者當講求龜山涇陽景逸諸先生之學潛修默
證而勿啟門戶之爭斯言也其仰止之要歸與賈子以書來
屬爲之記敬書此以復之
明邵寶 憶東林精舍寄華補菴詩 東林寺裏舊書堂三十年
來野草荒百囀未忘初鳥韻一枝猶剩晚柑香山懷龍阜神
俱遠水問梅村脈正長寄語雲生爲磨石客中新記已成章
又林堂詩自注門人華從龍爲予作堂於舊讀書處落成
之日賦此爲志詩 鬱彼東林樹雨露發秀姿曲池鑑雲日風

泰伯梅里志《卷六 第宅 卅五

來動情漪上有千竿竹碧影翻堦墀我歸自南省方當靜修
時挈我二三友講斯復游斯晝誦掩虛室夕眺摩殘碑古琴
弄淇澳賡以南風詞別去三十載往往夢見之圖蔬未足歎
傷哉草離離西游且北覽何以慰夙期雲生志復舊作堂請
新規我昔寓白鹿嘗以圖志來 叶 願言植嘉木綠陰散繁枝
媿茲未能賦聊作林堂詩 國朝黃世法 修復舊東林書
院詩并序 宋楊文靖公講學無錫伯瀆之上今南里保安寺
東房是也明邵文莊公與及門華補菴公築精舍讀書於此
世稱舊東林書院其後顧高兩先生因道南祠在弓河之左
築今東林書院而文莊遺跡久傾圮矣先輩杜雲川華劍光
諸公屢議興復未果予家藏文莊憶保安寺舊讀書處七言
一律遺墨如新溯龜山一線之微吾道南矣仰二泉百世之
澤斯文在茲爰集同志重建留馨堂奎文閣世法以五百緡
獨任仰止樓鳩工辛丑之夏訖壬寅落成而晚柑一亭尚有
待也賦詩屬諸同人和焉 留馨堂詩 此是東林舊講堂城
南古寺拜文莊尚留薪木餘馨在直接淵源百瀆長海可來
遊非斷港山堪仰止且循牆摳衣最恨余生晚未列當年弟
行 仰止樓詩 仰止應憐鸞往遲士失眞處是吾師東林

片席又今日南郭辦香非昔時夜月空山閣點易秋風古寺
憶題詩百年遺墨天留與不敢高吟公在茲 奎文閣詩 傑
閣峥嶸何壯哉古招提畔一低徊飛騰九氣連南斗錯落星
躔指大魁多士藏修經數輩知公靈爽在三台斯文未墜絃
歌地滌盡塵氛御上來 晚柑亭址詩 晚柑曾說舊名亭柑
廢亭墟戶不扃爲問婆娑生意盡可勝惆悵暮雲停秋深古
徑堆黃葉雨過荒池點綠萍笑我補亡非束晳一篇終恨欠
全經 黃世則 讀書古東林院追懷邵文莊公詩 二更古寺
一鐙青梵閣秋風語剎鈴語分明談往事蕭蕭落木晚柑
亭 叔世難容眞士夫闔劉傾軋一身孤拂衣逕向山中去
滴露朝研點易硃 岳鶴 邵文莊公讀書處懷古詩 草樹蒼
茫野徑長東林高躅仰文莊空餘塵榻孤明月閒煞風簾捲夕
陽白酒青燈思往日晚柑新翠愛留香誰能再秉驚天筆大
爲周文作道梁 釋明際 陪杜雲川遊保安寺訪東林舊址
兼看邵文莊公晚柑亭詩卷詩 山寒木落氣蕭森幽趣還從
野寺尋老衲偶偕新社友小春來訪舊東林晚柑亭廢香彌
遠秋竹園荒色自深竟日留
連諸古蹟半鉤初月促歸吟

泰伯梅里志《卷六 第宅 卅六

泰伯梅里志卷六

東院道士許均鐫覆校

泰伯梅里志卷七

江蘇候補知縣署金匱縣知縣顧字後裔保山吳　熙編輯

邑人安起東 浦傳桂 原稿　邑人過鑄 劉繼增 參訂

泰伯廟住持上清宮提舉許巨楫校刊

園墅

富春園在閶通西明初司馬驥別業

水南別業在鵞湖華興叔構

怡老園在鵞湖（邑志誤列無錫）華守正所築楊君謙記謂是園之地惟其大故舉目有山林之趣園之亭館惟其西散布置故遊不

盡興非若他家疊石作池築塘建榭皆在一處而即號為園者也余登觀稼亭環翠閣汲清軒皆有次舍客客憩息所植蔬果竹樹各有區別而咸適於用

馬氏南林在鴻山西南麓與棲雲洞相接永樂中司馬景槐別業有誠軒留雲閣鑿池環遶景趣幽絕

借樂園在甄橋宏治間錢孟濬構

祝允明借樂園記吳越世家散處東南為多而錫山之甄橋為益振不特以業地自雄蓋王孫風度中有禮與文焉以主張發越是故特出於他胄若甄橋之族諸先輩既往今惟味泉徵君巋然挺靈光之範所為主張發越者為益高屬者治地於居右之隙壘石剏池結宇種樹羣境爭奇勝觀周出不欲獨得推而公其稱曰借樂園暇日允明過之徵君牽賞諧適因命擇益勝處被以嘉名山凡數十丈面山為堂三楹前軒附山之勝蓋總萃歸合於是而非淵明結廬人境之孤標者不能故名之曰心遠堂山石甚衆往往肖狀人物不勝數而巔有危峯岑厲竅窾𡾊僵鬼怪聱然中立名之以仰高徵君詭石獨此是故物然也山下有洞窈而不注直而不豁乍入輒出翁忽獻愕名之以思元洞下為塘蘋藻遠布風漪鱗次名之以迴瀾塘西上為亭其目味泉以徵君昔飲慧山第二泉歸而浹洽腸胃不可除助德滌俗遂以自稱故號主於此塘東接山為小石梁下映潭碧若半規目曰跨月橋諸石之絕奇者有黟質中特起隆脊色白晳棱聳迅怒猶龍名曰騰蛟石舉一以反三也而入山之初小路繚曲旁圍短籬蔓以雜卉名之通幽徑凡為總目一大目八其他從寮欒植如小有山房檜亭柏塔等附之徵君將過尋騷雅家而賦歌焉以名出於予乙敘以示夫地之長人說者久矣予以為大約其品三下焉者分情魚鳥投向川壑張吟懷倍酒興極形器之似也次焉者槃澗奇寬煙霞借癖心存獨善迹遠囂塵也上焉者樂彼山水資我仁知鑒川上而歎逝者登太山而小天下也之三者得之有淺深而皆可樂得可樂而樂之不流

焉以歸三品則善矣而又況能推以公不獨焉而云借樂者乎蓋徵君於是乎加於人不啻一等矣予所謂其有主張發越云者豈曰妄乎書以質徵君亦有識焉

西園在堠山西南宏治間處士錢華別業有待月窩爛柯洞蓬萊島白玉峯瀑布岩諸勝華與同里戶部錢榮參政華津稱錫山三德士

錢華自題待月窩詩天地一窩小谿山明月多談詩有佳客相好數相過　爛柯洞詩萬古奕未了盤礴雙鬢垂沉沉當局意未許老樵知　蓬萊島詩長風海上來吹墮三山峯月明羣仙下吹簫倚長松　白玉峯詩連峯瑩如玉積素拂高空誰將藍田山置此西園中　瀑布岩詩石崖桂飛瀑遠下青雲端開簾對匡廬蕭蕭毛骨寒　尤瑛西園詩軟草青連徑微波綠滿池小桃斜亞水細槿曲成籬花避東風惡杯延皓月遲此中堪獨樂疇事不須知

西林在膠山明贈員外郎安國所治圃也膠東山水志云西林國初俞公卞氏萬柳堂故址也公卞嫻詩文隱於山陽因畦結茅繞洼種柳耕讀其中俞後式微漸歸安氏膠山數里無水嘉靖間歲旱民饑國大出粟課民鑿渠日集千夫自春及夏遂成巨浸活民無算石田轉爲沃壤圃亦遂爲一邑冠中畱二墩曰金焦分勝至曾孫紹芳負才不偶爰卽其業大加丹雘闢三十二景與天下知名士游賞其中所謂瀸瀸泉蘭巖石道遁谷晨光隝層盤花津含星瀨鶴徑𨽻嶼一葦渡上島中洲藻渚息磯素波亭虛籟堂景榭空香閣夕霽亭蕭閣迴梁爽臺榮木軒雪舫風絃障松步椒庭沃邸鏡潭疏峯館醉石是也

明王世貞西林記余與仲俱嗜名山水而家東海瀉鹵地亡當者家有園頗見稱說游客亦以近廛市且不得自然巖壑以爲恨而念數年前孝豐吳樞季嘗爲余言無錫安氏園之勝蓋卽今西林云安氏爲錫最甲族其居東離邑三十里而羸邸第之雄沈與晦並饒沃毋論埒國封然不以豪故廢林野之趣北之膠山二里而羸卽山址得園二其上割山而半籠之今太學懋卿蓋時棲處其右方自懋卿之時棲處而園益勝破石根則神糞湧疏磴道則幽穴顯斬惡木則嘉枏出列棘以爲藩藩嚴而中靚深分流以自環環多而相暎絡其臺榭可以巧承態其戶牖可以奇取睨其泉可以釀果茹蔬蔬可以羹魚鼈蝦蟹可以娛客而懋卿故有客癖客之以文事名者又雅暮懋卿以故爭麇集焉山人葉茂長甫客之選也今年自錢塘倦游還訪懋卿倒屣揖之入載酒崇[illegible]或[illegible]鹿車或鼓漁舠相與窮晝夜爲娛樂時秋氣鮮霽雲物[illegible][illegible]山若迫而染水若媚而畜禽魚若傲而爾汝我懋卿之愛託於酒而猶未已則與茂長謀所以寵靈之蓋釐而爲景者三

十又二景各有詩茂長之爲體者凡而懋卿之爲體僅一顧其風調旨象有足當者懋卿具其事貽書友人王世貞紀其事世貞迺復約其三十二景而得其尤勝者諸臺館亭榭之類凡麗於山事者五麗於水事者十四兼所麗者三曰蘭巖者嵺之衡縱巖也大國之香滋焉曰風弦障者高坪直上接於嵺下瞰諸水長松冠之風至則調調刁刁鳴故曰風弦也曰遁谷者降嵺而凹卻入水深佳處也曰晨光隝者嵺之逶迤而左右抱林者也以左小缺得嵎夷候獨早故曰晨光也曰瀸瀸泉者穴於嵺最洌而甘所謂可以釀者也然於茗尤發香而益色是山事也曰鏡潭者諸流之所匯也其受瀸瀸且既皎而澄可以燭須麋故曰鏡也曰𨽻嶼者水中最大洲也羣𨽻鷺屬至而族焉曰上島者嶼之右別島也曰中洲者嶼之輔洲也曰蕭閣者卜於嶼長松匝之曰空香閣者卜於島竹木叢之曰景榭者緣潭而立得月則水中之樓閣皆可瀕而有也曰一葦渡者以渡𨽻嶼名曰夕霽亭者以晞髮於穎陽名曰素波亭者渡口絡也曰息磯者可憩而息者也曰醉石者可藉而醉者也是皆得之水故曰水事也曰虛籟堂以遲賓者也中空於緒颸亡所不納故名曰椒庭者廣除也可以眺山椒曰爽臺者踞椒庭而聳梧竹承之是不盡麗山水者也然而山水之致襲焉故曰兼所麗也其曰西林則大士閣在焉懋卿之所寓皈以期異日與遠公埒者也凡山居者恆恨於水水居者恆恨於山山水居者或陋且瘠而不可以園適於目者不得志於足適於足者不得志於四體適於四體者不得志於口是四者具矣而不得志於人與文懋卿之西林俺得之哉嗟乎豪而爲袁廣漢石季倫司馬文孝末矣以洛陽之履道里與李文叔所紀類極淸曠爾雅暢適之觀彼其於前所云五者亡論第再易世而辱於屠酤市販之手又久之求其跡而不可得豈非以其近市廛故豪者好之狎而易爲有俗者嫉之接而輕相讕耶懋卿乃能酌遠邇剸喧癖而加力茲林不侈不陋人無所用其欲惡而伸其狂吾固知茲林之長爲安氏物哉吾於文劇喜柳州愚溪愚谷鈷鉧潭潭西小邱諸記於詩喜吾家右丞輞川諸絕夢寐之所注像其勝鬱淳猶宿眉宇間第仲近歸自秦叩所謂輞川者云彷佛有之不甚可指辨而李頤使君前按部柳頗毀柳之谿谷潭邱以爲不能當其文然則懋卿與茂長之詩行後世其不以西林爲輞川愚谿者幾希游西林而得其實其不以

二子賢於右丞柳州者幾希余竊欣有託焉故合所得於楓
季者以附二子詩語而記之
安紹芳自題三十二景詩瀸瀸泉刈芝蒼松根觸石得鳴玉
岭冷淵底聲瀉破寒蕪綠抱甕出雲中夕陽下西麓　蘭巖
芳蘭冒幽石濤芬散巖阿相思隔美人紉佩將如何庶保空
谷姿幸免當門鋤　石道石道蒼翠開窈窱絕塵鞅麕鹿日
以驕薜荔日以長獨有青巖雲倏忽自來往　遁谷籍甚非
所求遯然安足喜自愛空谷幽白雲呼起爲報長康翁置
我邱壑裏　晨光鳴朝曦出東嶺明霞相與鮮松露濕未晞
花源澹浮煙道人隔巖宿獨藉孤雲眠　層盤薜磴非一盤
涼雲出其下拾級不可攀支藤聊可假過雨亂飛瀑宮商次
第瀉　花津水上春霞明花開幾千樹不是避秦人人疑避
秦處薄暮漁郎來迷卻花深路　含星瀨空水映寒星歷歷
秋可採演漾清漪閒明滅遥山外試覓羊裘人或是嚴陵瀨
　鶴徑落葉秋雨深荒徑無行跡鶴破青冥來翩躚一羽客
令我思休糧松間飯白石　梟嶼中流見孤嶼突兀浮虛無
藻荇一何深梟鷺一何多秋空俟羽節倘有王喬過　一葦
渡夕陽下前谿西風吹野渡不見折葦人獨立蒼茫暮隔岸

泰伯梅里志　卷七　園墅　五

叢林幽知是寒山路　上島松際識旃檀微聞梵唄好一路
藤花深石橋通上島吾欲參眞乘尋師此終老　中洲中洲
多幽芳採芳中洲宿紉蘭以爲佩葺荷以爲屋採蘭復採荷
日暮不盈掬　深渚孤舟溯煙渚水木含靈輝上有幽鳥巢
下有清漣漪微風起蘋末繁英吹陸離　息磯垂綸非羨魚
聊復亦爾爾不知紅塵中何處無芳餌卻笑磻溪翁老與人
間事　素波亭孤亭枕寒碧空影沈秋旻明月起松間照見
波粼粼深夜聞瓊琚似有凌波人　虛籟堂結茅空山中冥
心契玄寂時聞虛籟生復聞虛籟息倦開齊物篇高枕青山
色　景榭臺榭俯空明倒影見眉宇衣閒濕翠寒青山在水
底醉學謫仙人拾月蒼波裏　空香閣高閣挂蒼靄向晚松
風涼四壁石燈青跏趺據繩牀天女散花來竟夕聞空香
夕霽亭西山暮雨歇斜陽下平坂爽氣滿虛亭披襟坐忘返
翻怪王子猷猶自持手板　蕭閣闌干逼星辰蕭然挾羽翰
窗中窺日月出沒如兩丸坐此邀飛仙千秋以盤桓　迴梁
鞭石驅作梁虹蜺故夭矯不知第幾曲卻是蓬萊島吾家安
期生涯我拾瑤草　爽臺層臺一何曠修竹有爽色披襟清
風來往往隱巾幘白雲自滿地上有蒼麏跡　榮木軒高木

有嘉陰離離覆中庭繁霜一夜零上有悲鳥鳴感茲不成寐
展轉難爲情　雪舲千林積雪明孤舟獨垂釣但覺蓑笠寒
不辨峯巒峭疑向剡谿迥迷卻山陰道　風弦障長松列翠
障天風韻高弦余方起撫拓空際聲泠然世無鍾子期幽情
不能宣　松步朗嘯長松下松風答清響夜來春雨歇遍地
紫芝長盡日不逢人獨自披鶴氅　椒庭庭虛落空翠仰見
林端山恍如明鏡開嫣然露曉鬟秋雲爲掃黛掩映澄潭閒
沃邱乞得袈裟地青山如沃州欲知無著心面面清谿流
稍容支許輩乘筏來谿頭　鏡潭寒潭一鏡空倒映千峯冷
不遣青蓮生欲洗白雲影寂寂枯禪心對此有深省　疏峯
館仙人種石衍離立寒厓中爲開竹間扉對此青芙蓉試問
瀟湘僧何如九疑峯　醉石沈酣寄情眞片石亦名醉谿風
吹不醒山月照清寐惟應劉公榮箕踞日相對　葉之芳題
三十二景詩瀸瀸泉披林選夷曠扶谷尋嘉秀靈源伏蒼麓
一勺出纖溜髣髴青城山甘泉吐巖竇畜之成鏡潭泓澄流
可漱知子幽棲意孤雲戀寒岫託賞清冷中蘭襟絕塵垢
蘭巖佳人隱茲山楚芳一朝生層巖散幽馥採掇清秋英佩
之有馨德寫入瑶琴聲舉世罕所知感君邱壑情　石道雲

泰伯梅里志　卷七　園墅　六

起翠微中林端石道失片雨下高原石道依然出　遁谷浮
雲不出山流水長在谿中有韜光士示託松喬棲謝彼漢世
人只尺花源迷　晨光鳴東嶺朝霞半滅西林夕露未晞潭
暉乍明楓葉山寒暗襲蘿衣　層盤古苔掃不去青巖留片
石招月出東山壺觴夜邀客　花津谷口流鶯停午聞春深
潭上氣氤氳武陵仙路尋難入千樹桃花萬疊雲　含星瀨
漣漪秋水淨無波宛向桐江夜半過一片寒星明下瀨羊裘
釣罷月縣蘿　鶴徑長松夾修道芳草寒未歇朝落東峯雲
暮照西原月獨鶴步不鳴主人清嘯發尋仙可長往將從鍊
金骨　梟嶼雲去空潭島嶼孤清秋日日下仙梟朱樓藏妓
非金谷綠水浮花是鏡湖石上成帷褰薜荔衣閒紉佩采蘼
蕪安期不少王喬侶歌笑中流載玉壺　一葦渡不踏漢使
槎折葦凌素波託心在禪境大地空山河　上島虹梁明積
水丹閣俯叢林籟響諸天寂花藏一島深寥寥託孤賞隱隱
見遥岑此即浮滄海應空仕世心　中洲蓬瀛不可到仙杖
憶虛放明月挂星漢秋風吹海濤尋君中洲隱芙蓉石路高
安得采芳杜慰我別心勞　藻渚翁鬱翳清淺濯足面雲嶠
何必富春渚然後可垂釣　息磯風塵回首倦燕遊機息君

能狎海鷗投足已忘千里駿披鋑安事五陵裘直鉤無餌將
何得沈鯉浮鯖非所求河側釣竿歌自逸冥鴻天外信悠悠
素波亭素波演漾光如月白鷗飛盡儵魚沒過客塵空時
濯纓主人沐罷秋晞髮碧雲垂影去悠悠楓葉蘋花隱別洲
漢使此中難物色居然坐釣一羊裘　盧籟堂嗒然子綦卧
心與靈區忘不知寥廓中清籟如笙簧耳之忽無聲下見澄
潭光　景榭閣外秋潭漾月孤樓臺竹樹影虛無不知若個
丹青手倒寫匡山一幅圖　空香閣一水中開梵宇雙林常
合空香別有散花龍女何來護法雁王山青閣上人定草綠
雲深坐忘松風自翻貝葉苔痕欲上繩牀　夕霽亭翠靄初
過片雨青天半隱殘虹人倚斜陽潭上凉深夕霽亭中　蕭
閣飛甍峻檻碧霞連閣枕澄潭影倒懸獨鶴林端窺隱士雙
鳬天外下游仙花枝隔水飄香氣山色當窗挂雨泉何用御
風三島去登臨已覺思泠然　迴梁青陂迴復直朱梁曲帶
斜波底見人影藻深明日華藤花夾岸落風吹上別檣　爽
臺爽氣西山滿平臺夕照來披襟對蘭酌秋思轉悠哉竹色
寒青嶂梧陰匝綠苔詎同臨廣陌歌吹半塵埃　榮木軒林
木一何榮軒居一何敝山空白雲散游子發孤想已感霜鳥

泰伯梅里志　卷七　園墅　七

啼復値秋聲響毋使心傷悲遂歌郎中賞　雪艙月色波光
映翠微不勝寒氣上秋衣扁舟宛向山陰道風竹蕭蕭雪夜
飛　風[illegible]陵[illegible]松翳長雲列障秋樸樕靈風颯然起冰弦韻
有無夕卧西林下清謠以爲娛　松步仙木紛龍鱗寒濤半
空起瑤草産其下芳香飄徑裏步步入雲深將尋赤松子
椒庭山椒在竹上蒼翠落庭下游目夕陽佳幽姿滅清夜
沃邱魚戲邱下淵鶴鳴淵上邱竹風吹文藻向夕波光幽幽
人散髮把書坐不知林際浮雲過孤磬泠然出與煙隔[illegible]日
向咸池隍　鏡潭青山如女兒紅葉宛新裝傾散秋潭出大
開玉鏡光轉鷗下白雪別浦泛寒芳吾意無纖滓將君出處
忘　疏峯館列岫青簷端一一芙蓉紫擘之不在掌秋色寒
十指　醉石山山楓葉酣日日幽人醉醉即事幽肶白雲在
夢寐藉此黃石公閣然有仙思　王叔承三十二景詩　瀫
泉清流破苔花縷縷一痕綠恍惚聞酒泉山根吐寒玉　蘭
巖月白歌楚騷巖香灑幽翠采芳獨含情欲作湘君佩　石
道蘿蹊古翠重不是人間路日晚舊鹿歸朝來白雲去　遁
谷遁跡還遁心谷神澹玄理浮名一出山空洗潁川耳　晨
光隖輕煙橫淡樹鮮旭浮疏花開蕭寂無事欹枕餐青霞

屑磐壺中天地好萬疊翠微寬一巒峯巒滿峨眉掌上盤
花津避人俱作仙村隔紅雲裏迷卻問津船一片桃花水
含星瀨忽來銀漢槎恐是崑崙邸咫尺芙蓉瀨一天星亂流
鶴徑獨鶴下王喬見爾蒼苔石安期幾代孫門前棗花白
鳬嶼落日鳬鷖亂殘霞聞雪飛灘頭長施食應識芰荷衣
一葦渡一葉載朝嵐青山繞碧潭東風吹渡去只在杏花
南　上島鼇飛釣絲斷吹落蓬萊島蒼茫蜃市通仙樓插雲
表　中洲天中月如鏡水上洲如月山河影婆娑倒映明珠
闕　藻渚好鳥時一聲綠陰覆花霧幽夢枕青篢船頭沒深
樹　息磯磻溪入王夢嚴灘勞客星何如逃名者能釣寒江
青　素波亭蘭槳翻瑤雪鮫宮月色開素娥寒不耐水上弄
珠來　虛籟堂寸心忽自空萬籟一時寂嗒然開草堂六合
虛無色　景榭虛堂湛冰壺水月光相半琴書波底明藻荇
屏間亂　空香閣維摩病欲蘇恍對散花女花氣融霏霏石
牀映香雨　夕霽亭暮光銜半山紫翠千村結斜陽雨底聞
人家半明滅　蕭閣林端出孤樓千松透寒翠蕭然一鶴巢
紛紛夕陰碎　迴梁一曲朱闌渡飛梁螮蝀虹隔溪山對面
傳道十洲通　爽臺西山致爽陰萬竹凉通髓坐久入天空

泰伯梅里志　卷七　園墅　八

五內懸秋水　榮木軒嘉樹羅前軒拈杯綵華亂造物春有
私雜英開不斷　雪艙山陰狂客到江白片帆開萬壑千巖
香都隨雪色來　風弦障翠障天風細悠然奏玉琴誰知山
水意空外斷秋音　松步層林交洞壑步障擁天青掃葉連
雲片疏泉得茯苓　椒庭庭虛曉色懸空青蕩山影幽禽拂
座飛盃落藤花冷　沃邱滄溟半掬水大地一星邱欲問西
來意浮雲點沃州　鏡潭明淵徹無底空碧含山林皎如秦
宮鏡照見枯禪心　疏峯館鑿空抗高齋石根爽庭戺溪頭
數點峯日日臨書几　醉石一醉萬事消片石倚幽瞑冥然
葛巾翁夢在羲皇上　華仲亨秋夜再宿安茂卿西林次陳
性甫韻卻寄詩叢林合沓隱丹邱還指松頭倚畫樓蘭槳共
移明月夜綺窗遙對亂峯秋階前蟋蟀寒偏急池上芙蓉晚
更幽寄語陳遵莫投轄春來還擬復同遊　安希范西林燕
集詩淑景牽芳思尊開綠水涯機忘鷗自狎坐久日偏遲草
色侵衣袂林香入酒卮歸途霞綺合醉裏就新詩　安紹芳
西林燕集詩高木午蕭蕭空亭坐泬寥晴雲結林樾飛翠濕
山椒草藉元言洽鶯窺酒態驕文園消渴後轉覺世情遙
王永積西林詩四首蕭閣凌霄接素秋素波無恙恣遨遊空

香對設青蓮界上島遥兮白鷺洲饗出風弦松謖謖光涵景榭水悠悠含星瀨畔烟波渺一片斜陽下沃邱　咫尺花津近水汀閒從松步釆芳荅朝暉未散晨光鳴暮靄光凝夕霽亭榮木春深軒映綠蹤驛雨過館兮青風塵久息漁磯冷重上層盤露欲零　一滴滴瀸瀸潊視泉斜穿石道泛前川千盤逝谷神仙宅九曲迴粱兜率天獨鶴徑邊同夜月雙鳧嶼裏隔秋煙笑看一葦偕歸渡欲伴山房醉石眠　若個披襟過爽臺蘭若留待美人來數聲虛籟從空發十樹香椒帶雨栽藻渚深深通竇乳中洲曲曲隱蓬萊雪艙昨夜歸來晚一鏡澄潭亦快哉　安廣居步友人過西林韻詩林皋初過雨岩翠欲飛來浩落何年客荒涼此日臺小吟都會理大隱亦須才遺跡方堪挹轁凫去澤萊　安廣生立秋前一日侍葬從過西林詩早秋風日好挾伴其尋幽歲月拋塵外煙雲杖頭問情狎魚鳥殘照淡林邱坐卧不知晚歸歟還復留

國朝安詩尋西林三十二景得醉石一篆文猶存詩片石亦名醉塊然天地間臺榭久傾圮白雲來去閒當年醉□華吞船聽不豩金焦分兩點補以一角山寺舫迷咫尺渡頭灣復灣騷客挐櫓來柴扉不常關只今風流歇酒星何太頑老樹

鬱苔落倦鳥空知還餘霞半天赤霧鬚映酡顏篆文漸剝蝕荒草無人刪吾家羨門長墨灑桃花斑澗泉鳴咽聲日夕流潺潺

曉山芳圃明浦上舍文龍宅後别館也在羅溪之上溪接宛山湖中多古木與安氏西林門勝有賜閒堂拂雲□成趣軒皆傲軒天尺樓西來閣而小年菴爲最幽勝後歸於海虞瞿氏旋復旋圮其初文待詔徵明嘗游止小年菴中作圖二十四幅今猶有存者

嘉蔭閣在膠山嘉靖初安國築中有宏仁堂玄攬閣

明安紹芳登玄攬閣賦紹芳子生而誕靈長而鬱志歷落崎嶔伏匿山澤乘春散曠登元覽之閣徘徊慷慨悵然有感爰爲之賦曰伊春陽之煦煦兮漸淑景之熙熙淡萬卉之葳蕤兮欣茲蒴其俱甦爰憑高以縱睇兮暢形神其若怡山巃嵸以葱鬱兮水滉漾其瀰瀰繫白羽之翯翯兮惟元鳥之于飛瞻停雲之旖旎兮倏靉靆其若垂披條風之溫燠兮濇飄忽而吹衣覩麗景之宜樂兮胡躑躅其幽思哀時運之未逢兮悼長路之巇𡾰何迍邅而偃蹇兮徒蒿目而獻欷聊憑闌以徙倚兮慨杜若之菲菲蒙美人於天末兮安得解蘭佩以相貽嗟晨曦之易邁兮適昔替之遲遲感時序之倏忽兮形若槁而自嘆顧人命之易衰兮俟河清之幾時悲青歲之無聞兮懼朱顏之或馳嘗往轍之既蹶兮猶來者之及追彼康莊之末騁兮德驥見哂於猶狸搏扶搖而鎩羽兮威鳳速誚於鶩雞志固𣈲眾之所闚兮又奚恤乎世譏甯舉俗而尤人兮甘棄置其若遺恥窮途之涕泗兮羞擾跡於滑稽獨低徊而慘惻兮悵中心其若迷苟天命之或然兮雖戚戚其何裨爾阿可以考槃兮衡門可以棲遲遵剝復之相乘兮肆秉志以待期遵聖哲之退軌兮詎困窮而或虧

國朝安璿膠東山水志桂坡公遊膠山極銀峯鐵壁之勝以語楊文襄公楊曰君家深山富胸中邱壑必有佳園公曰諾而實無園也第

竹木數叢荒畦一區耳公歸曰吾生平不作誑語者奈何以園誑乃發粟千鍾役夫晝夜作急踐言也一月園成擴地成池積石成山誅茅成屋林故蓊鬱即有他植亦成長林客過之疑百年業不知爲一言起也予生也晚不及見其盛志其可見者方塘廣數畝藝芙蕖周遭石砌光膩無駁雜島高數丈峯巒洞壑皆具磊落杳折不復人間世雜樹花木林林其表垂垂其址依依拂拂其半塘而北堂曰宏仁石渠三面月臺前之渠北高岡湖石峩峩冠若笠若髡若少長肩立若者爲五老峯竹樹叢之堂東西徑以石渠通古柏高槐蔭滿兩涯塽而南高臺陵級而上敞閣曰玄攬傑出樹杪蒼峯環峙嘉蔭四揖園名所自也閣南下湖石爲臺參差曲折樽廿餘本亂綴石次花時香雪高下頷甚臺下爲澗引方塘水繞之跨澗斑竹千竿翠欲滴依澗或棚木香或架薔薇或古樹絆朱藤或橙橘雜古樹幽深閒靚青黃紫綠不可方物右園曰櫻桃左園曰桃李曰棗栗園前後曰菜畦菊圃各自爲垣統而不屬公自志云予性嗜山水嘗築小山後圃日吟嘯燕賞其中倦則就憩息神遊物表效古臥遊者公媚於詩好遊覽所過必刻石西華東岱匡廬雁蕩多其手蹟於是園亦富題

咏園剏於嘉靖初後授先太史廖峯公公授伯祖少峯公子
孫世守然兵燹以來荒而不治矣
安國家園雜興詩　夕陽西下陰滿臺梧桐滴翠蓮花開碧天
雨過淨如洗清秋佳景眞蓬萊　溪邊垂釣成獨坐得魚去換
村酒來仰天一醉發長嘯百年何苦勞形骸風塵馬跡成底
事何如山人了無榮辱眞悠哉　安希范嘉蔭園獨坐郎事
次中郎宿墅韻　山谷輕靄翠氤氳喚雨鳴鳩正喜閒堤上草
香行辨藥石邊松老坐看雲疏林斜日霞成綺曲沼微風縠
起紋試較輞川當日勝祇應詩句不如君　安紹芳大雪童
子鳴諸子集予[illegible]攬閣分得花字詩　晨光雪色亂林鴉小閣
凌寒竹徑斜卜築自知非謝客入門休說是袁家吹殘短笛
全疑月開遍疏梅不辨花醉索瑤琴歌白石眞慙玉樹倚蒹
葭　安廣居初夏家園郎事詩　青陰滿庭際惠風生坐隅散
步成獨往鶴影同清癯平疇草色鮮經雨菊苗腴藝葵三徑
密種竹數行數興會良不淺欣賞情亦殊常攜書一卷倦輒
據高梧彷徨起長歎灌園豈吾徒嘯傲滄海窄放懷今古迂
松濤清肺腑片石供蹣跚誰領此中趣其惟靜者乎　國
朝安璿春日過故園有感詩　十年高踞百城雄何處園林草

泰伯梅里志　卷七　園墅　十一

色中不斷荐霙連古樹乍翻新翠夾芳叢悲歌未解千秋
恨投筆空懷萬里功縱使封侯消息遠嶺梅先寄報花風
嘉遯園在鵞湖學士華察築有木石居忘言齋松筠閣碧山堂
知退軒避俗處清機閣學鷗舫水月軒面壁亭晴雪軒水竹
居虛白齋梅花硐能老窩碧山仙隱獨觀閣自適齋狎鷗軒
畱客處諸勝
王永積錫山景物略嘉遯園結於蕩口之平地爲鴻山華公
手闢當年縮地止四十畝示子孫可易舉也公殁後即蕪穢
不治歲戊辰予假館其間過橋登假山其族人指點曰主峯
名五老峯後爲舞袖峯前後六峯峯峯壁立環上下左右石
則錦川武康木則青松紫柏俱聽狂風互相壓倒石尺寸斷
松柏膚理裂石枕松松亦枕石盤松根大於石縫雨欲分離
又培護無人視爲棄物松石究纏無倖免者惟後山有柏一
株曲曲從石洞內穿出柏身已大於石柏愈翠石愈蒼爲一

奇玩主人又視爲棄物忽一日草堂數楹有力者拆之去五
老峯歸吳門申司馬葺費倍於石價爲一惋惜云
華察早春園居詩　樗散任吾眞翛然省己身不辭爲圃陋聊
給龍官貧荷鋤初經雨開畦正及春猶憐閒道晚應媿漢陰
人　又中甫過嘉遯園有作　大韶客至可留賞清陰方滿園
聊尋五嶽伴況在一山村永晝坐丹室薰風吹綠尊悠然已
忘世拙對復何言　又自題嘉遯園詩　用世無能早見機石
花日日到郊扉年來卻笑陶彭澤三徑將蕪始賦歸　木石
居詩　一徑逶迤萬木稠亂峯深塢草堂幽空山盡日無人到
曳杖時從麋鹿遊　忘言齋詩　幾年蹤迹在邱樊一室重關
可避喧窗外雲峯常滿目主人終日復何言　松筠閣詩　高
閣夜虛對遠峯綠筠無數閉蒼松清陰自與炎敲隔日向丹
梯陟幾重　碧山堂詩　碧山深處是吾廬面面迴塘勝石渠
風景不殊容鬢改向來贏得早焚魚　知退軒詩　日轉槐陰
午夢殘物情常向靜中看平生學易無他技獨有先幾在掛
冠　避俗處詩　新篁繞屋長千竿白日陰陰六月寒幽徑已
無塵跡到祇應高臥聽琅玕　清機閣詩　月上孤峯靜夜分
憑高四望絕塵氛天空萬籟聲俱寂惟有疏鐘在白雲　學

泰伯梅里志　卷七　園墅　十二

鷗舫詩　白首方知行路難江湖曾歷幾驚湍齋居已悟前修
意不涉風波夢亦安　水月軒詩　寒潭皎鏡月娟娟明燭須
塵眞了然夜色自生虛室白漫將流水付清絃　面壁亭詩
趺坐居然是達摩孤亭突兀對巖阿山深晝靜無人語惟有
丹崖掛薜蘿　晴雪軒詩　梨花香靄日初暄庭院無人鳥自
言一夜風吹千樹雪誤令詞客賦梁園　水竹居詩　檻外疎
篁映石渠水聲和月到林居清修自得幽人意不是持竿學
羨魚　虛白齋詩　歲晚山空夜氣清獨來幽室自通明眞機
獨向蒙莊悟一點天光靜裏生　梅花硐詩　疎梅照雪一溪
明白石離離瘦影橫最是幽人傷歲暮水邊亭畔更多情
能老窩詩　一從歸臥碧山深歲月悠悠白髮侵倦鳥但知巢
處樂扶搖萬里亦何心　碧山仙隱詩　瀛洲空羨列仙居何
似山中舊草廬高臥不聞金馬詔閉門時讀養生書　獨觀
閣詩　小閣聊成容膝安晴窗高對碧峯寒悠然獨得超然意
萬物皆從靜裏觀　自適齋詩　自信年來見道眞山中白髮
任相親杖藜隨處惟吾意俯仰何能復殉人　狎鷗軒詩　山
中長日掩荊扉溪水悠悠無是非老去漸知機事少相親惟
有白鷗飛　畱客處詩　琅玕千尺蓋陰陰片石蒼苔一徑深

盡日可淹佳客坐相看不改歲寒心　華叔陽飲嘉遯園作
斕顧朗生詩幽館臨湖燦攜君得其尋尊淹憐地勝衣冷怯
春陰竹隱山窗暝花藏澗戸深徘徊不知返歸鳥滿前林
施漸游嘉遯園詩游心已積歲聯袂及茲辰方悅東郊靜一
觀霜稼新漢漢霜零厚蒼蒼樹初殷虛堂承淸睎開館希雜
陳高談悉農圃協志非蟬巾躋踏琴書宴泛濫名理津卽席
有眞賞千里惟懷人乘旦旣信往惜昏仍燭新從
昔山中侶園綺諒爲眞微風墜桂樹返駕悵殷勤

樂榆園在嘉遯東亦華察築

東園西園在隆亭華察別墅後二園也西園岑華堂最勝多桂
樹疊石爲山名金粟嶺後歸倪氏　國初諸老猶時觴詠其
中今惟浩然堂尚存

華察東園雜詠詩石橋半壑飛梁影參差迸勢成迸泉一山
破片石兩崖生把酒空中嘯看花樹杪行更宜留客賞孤月

起江城　巖屋鑿坏宛成室偪側嵌危閣花發洞門陰雲生
石几涼隔巖通水氣幽隙引晨光豈是逃禪處塵心已坐忘
藝園野性好種植灌園甘自劬山居恒遠市客至易充廚
食肉已忘味茹蔬脩厭饗大烹豈不貴藜藿可常須　梅塢
索居宜歲晚寒樹已成林自得蕭疏意何傷遲暮心春歸隴
水外雪滿草堂陰獨臥江城月那堪長笛吟　洗心所屏居
湖上地一室見空明慮滌塵氛淨神閒夜氣淸探源恒得象
釋累且逃名總是蘅茆陋蕭然無俗情　華仲亨西園晚涉
詩爲厭區中擾而今物外情日暄梅動色風細竹無聲瘦石
扶雲立疏楊傍水生高樓供遠眺詩思陡然淸　華師召邀
客岑華堂賞桂次王元穆韻坐來碧月映青櫺高樹千尋隔
幔青花下笙歌斯萬籟林閒燈火奪疎星愁消長嘯看烏鵲
興到滿狂寄綠醽自喜小山逢勝賞香風拂座醉還醒　又
園居雜詠詩二首人道有客歡我道無客樂閒雲自卷舒幽
花任開落　野夫不入山似在深山裏暮暮送歸雲朝朝看
日起　國朝顧貞觀東亭桂滿庭芳詞徑敞深秋輪安浩
月綠衣裳對淸閒金泥衫冷颯沓委金鈿五夜紛氳不絕涼
如水勝挾飛仙乘風去蹤珠宮闕能得幾回眠　當年攜伴

侶小山沈醉鬥韻分箋縱閒愁吹墮不到航船欲覓狂歡舊
夢知誰在曲閣闌邊憑記取生香眞色寫照屬黃荃　閨媛
倪素玉九日金粟嶺登高詩家園金粟繞層邱滿苑淸光淡
欲浮籬畔黃花開舊節巖前紅葉襯深秋一行歸雁連雲際
數點棲鴉占樹頭漫說孟嘉
多勝事龍山未比小山幽

錢園在鴨城橋始爲安國別業緣橋而置名鴨城莊有涼風堂

忘暑軒後歸眞定知府錢普後又歸金華知府錢振先最後

爲戸部郎中秦墹別墅

明秦墹鴨城別墅詩夙志在巖壑披襟嵐靄蒼池垂翠柳蔭
野轉綠蘋光壘石猶存古空亭遠潄芳攀林梅欲綻繞徑簨
含香娟露披朝爽霏煙襯夕裝談玄揮玉麈浮白泛瓊霜月
出人皆醉詩成夜未央渭陽無限意那復論壺觴　國朝
錢肅潤古鴨城歌贈宗人疏九古鴨城鴨城莫養鴨吳王愛
鴨過愛慶紛紛玩物交相狎何如種竹與養魚范蠡治生良

足法千年古城已復隍後人好事作村莊園林美景不易得
李氏平泉裴氏堂共道桂坡有別墅滄桑閱盡三易主吾家
太守後先遊世業荒蕪向誰語惟吾宗人克繼之大相斯士
承其基不事繁華新耳目澹然木石相因依此中自是有佳
處喬松側柏青青樹綠陰深裏現樓臺誰料洞天別有路於
噫戲人生保家如保國固守猶虞蹈不測此地雖名古鴨城
范蠡於焉曾憩息從今善護
此良園種竹養魚符一轍

南花園鄒望家園也在徐塘遺蹟猶在

南林去膠山二里贈光祿少卿安希范別業有歲寒堂鴻冥閣

夕佳軒疎快軒諸勝又號入閒三島

國朝安璿膠東山水志膠山址有西林王弇州記之百武而
前曰南林先王父吏部尚書郎我素公讀書談道處也公建
言挂冠爲長是林海內重之山爲加輝水爲加潤先生長者
過之多題記夾而未傳也按林淸流環繞綠陰蔽天岡隴層

壘高下其徑松蘿夾道行且折渡小橋茅屋臨溪曰芳甸而北曰歲寒堂自志也桂叢叢爲門堂後長松拂雲聲颼颼絲竹林閒青山如黛東曰鴻冥閣志不得於時而高蹈遠引也然極登眺之勝西曰夕佳軒拂檻流泉斜陽西下紫綠萬狀閣折而北曰疎快軒香雪百樹繞屋作光豔如對百千萬億壽陽妝軒折而南曰嘉蓮亭水面紅妝臨風自媚或開並蒂迴於凡品故名堂後池廣可數十畝亦蒲葦亦菱芡亦芙蕖亦魚梁之方其中朱闌周之可燕賞曰七星橋池流東西分匯於芳甸周池之岸皆古木鬱然深秀茲林獨擅

安希范仲春晦日南林看梅得須字詩徑倚虛亭畔殘梅簇絳趺花將萁共落葉並柳爭敷玉笛聲休急金尊興不孤韶光菲久戀對酒更何須　又夕佳軒詩策杖度西嶺諸峯明落暉亂松棲鳥集野寺一僧歸山靜鐘聲近林深月色微前途煙樹合燈火映柴扉　又上元日南林探梅分得生字詩衝寒理遊屐入徑破苔行嵐氣紛紜上花香斷續生沙平鷗亂立樹冷鳥無聲爲惜芳時過清尊且盡傾　又林居漫興詩遊興依然愜昨秋煙波魚鳥共沉浮行逢茂樹多眠石坐傍清溪輒漱流青箬笠輕移小艇紫筠竿勁繫微鉤從今白

署五湖長快志甯輸牧九州　安廣居疎快軒夜集詩秋色滿衣襟相看盡素心席移三徑曲月到萬松深波影斜連漢林梢隱宿禽空山此夜永音動伯牙琴　又長夏偕退翁弟讀書南林詩纔囊同引竹閒車盛暑橫經擬石渠俗慮漸消緣謝客世情逾淡爲幽居閒看汀鳥時還往靜對山雲自卷舒敢叶謝家芳草夢漫從蘊簡涉三餘　又新夏飲南林詩綠爲簾幕翠爲屏半繞迴塘半繞亭午夢乍醒山欲紫高歌有伴眼逾青坐來月色林閒出醉去松風枕上聽一度清歡吟不倦卻疑仙思倚雲停　安廣譽秋日山居感懷詩空林轍跡自來稀蘿薜雲封晝掩扉彭澤菊松荒徑在宗周禾黍故宮非鶴糧半頃山田瘠鱸鱠中秋水國肥未敢羲皇誇穩臥側身天地正沾衣　又南林除夕詩空山無歷紀王正肝日乾坤滿甲兵筆削一時歸野史才名千古誤浮生兒童柏酒貧堪遣煙雨梅花晚更清羅雀豈眞因地僻畏人原合掩柴荊

已園　膠山安氏築

國朝安璿膠東山水志十畝之閒草莽莽樹蒼蒼不花不竹不亭不臺池十之一雨潦亦泱泱不藕不菱歲不杖屨一至聽漁若樵遊不禁噫亦園乎此得已者抑不得已者也計必垣之朵朵可不至也環池蓺桃柳蓺芙蕖臨池屋之綠筠旋繞千竿拂雲可以憩也西畦種梅凡百餘株爲亭高坪坐臥白雪東稻田春麥浪作滄海觀夏煙綠秋雲黃冬月如寒潭雪如瑤圃周高岡長松冠之石徑其中石臺其上蒼峯從松際來如松雪書致足樂也雖然嶂遠不可登水漚不可泛剎啄徑開斤斫雜沓嘗讀柳州潭西小邱記至有四面竹樹環合寂寥無人凄神寒骨悄愴幽邃之境不禁神往吾遑惜此區區而勞熟計哉得已而已耶抑不得已而已耶斯已而已矣曰已園可也已園予家園也有千古名園不再新荒畦十畝率吾眞年年燕子來相問若個蕭條是主人之句已園志也

明安希范呂子傳華芳侯移館荒園卽事詩家園荒穢未芟除僻陋何堪二妙居步屧尙存三徑竹盤餐新灌數畦蔬風生高閣時爭局涼入虛堂好著書迴合綠陰消溽暑從今吾亦愛吾廬

杏花樓在鵞湖明金大輅藏歌舞之地有自度杏花樓院本一時名士俱集焉

花笑亭在西莊華毅所構園林也秦鏞作亭記跋尾敘華氏園林興廢嘉遯廢而有樂榆樂榆廢而有浣紅浣紅廢而有花笑以寄其五十年閱岸谷之慨

華允誼花笑亭記往歲丁亥余避地君久之故居君久快人也率胸懷與人無蓋藏性厭囂喜寂去其居西北數十武築室居焉編竹爲扉插槿爲垣啟扉入堂三楹高卑合度不藻不飾而汛掃淨潔絕無飛塵遊絲侵拂人面坐次聞書聲則一子纔勝讀延心劬叔授句讀余與先弟卽銓部豫如公同叩焉左折由仄徑入足不能翔轉而新篁落落堪把一小室僅容几榻無餘坐余因知君久之居心約裁事省而寄趣遠也經歲再過之屋後已構一亭亭之東方架木爲小樓未竟

紅蓮架菱花低向荷衣下花笑亭花已秋蟋蟀聲中大火收鷺湖水一仙洲茶煙和月淡酒味入泉悠華林應不遠支遁高談慧水流岳僧書法煙嵐浮花笑亭花又冬寒爐撥火屠蘇濃鷺湖上數芎藭瘦成賈島樣肥與卜商同嘶雁何孤咽木奴窗下垂金紅果實相將諸父兄我笑花花欲老春風面柳多芍藥承恩早翠滿亭君莫掃蘭橈深罨畫溪邊東林有日西林曉卻喚袁州鄭鷓鴣侯家錦幕多霜草我笑花花似客山精及野獠來往殊顏色綠滿亭君莫惜蓮偷夜雨作滄珠流入迴欄聲淅淅投竿波動白魚鮮卷幔光搖丹鳥碧花笑君君且休種葍不用千戶侯種秫不須千畝邸風之夕月之夜此優游恰如詹丈橡盧舟亭更幽六朝臺樹無人管秋螢空門半閉樓衹聽黃昏鳥雀愁花笑君君且處瀑布非瀑千丈氷參禪非參千偈語風之夜月之夕此延竚坐破茅簷一老禪亭如許花入閒亭花倒眠亭作花臺亭四舉惟見寒沙散花雨

天然逸趣園在西莊華允藻構

浣香園在嘯傲涇江陰里詩人李崧築又號其所居曰夕陽邨題其室曰芥軒太史杜半樓詔尚書沈歸愚德潛時游止其中

侯晰寫浣香圖題贈芥軒詩肥遯雲山寄一椽門臨流水綠楊邊牽茆補屋剛容膝插棘編籬未及肩位置筆牀橫放榻經營茶竈曲通泉羨君清福能消受應是前生結靜緣　釋明際夜集芥軒中次韻詩不猭尋隱者焉識夕陽邨落拓田園廢蕭疎松菊存敲詩消歲月靜坐度晨昏棗栗常懷袖時分繞翃孫　沈德潛宿李芥軒邨莊詩二首又成今夕會寒雨草堂前別久疑殘夢顏衰憶往年深談呼翦燭縱酒欲忘天捧杖童孫侍欣看後輩賢　天亦難殘汝依然愛苦吟世人俱信耳此老不盲心有恨緣懷舊無眠只擁衾伯鸞遺跡在明發約相尋

釀花莊在馬家蕩南岸詩人華天衢所居四面臨流屹如孤島迄今數歲則居然一樂圃矣前臨曠野列樹梅數十株蓄華亭鶴二堂之西有浴鶴潤小樂窩窩以後有簡棲軒窄雅齋夕話廊由廊以達於亭鉅竹森挺周於軒於齋於廊於亭左右叢陰翁翠參天拂雲四時名花馥郁紛披應接不暇君久顧而樂之名其亭曰花笑問記於余嘻君久之樂其樂也亦云侈矣歲始雪霜未消梅衡寒早放臨風玉樹香光飄拂可襭可飧一也梅後羣品以次萌芽未葉未花而已若青紅紺碧歷落心眼二也首夏驟熱北窗臥起清風徐來新泉瀹茗細嘗飽啜何減羲皇上人三也時雨乍過修篁壓簷翠色染人衣裾坐深竹中蕭蕭虛宵人境如失四也亭俯清流眺遠岑飯飽欣然投竿而釣意不在魚恍有濠濮閒想五也高秋月朗渟泓明瑟四聽悄然無聲而砌蟲切切鶴唳橫空寥寂中有深致六也寒夜篝燈誦讀門外雪深幾許活火烹茶開命酒三四行相勞勉屏幙酬酬七也未也一室淨几楞嚴可以徵心離騷可以問世展晉唐法書滌硯臨池可以率意摹染於書尤愛雲林胸中邱壑筆底煙霞設色有無閒欽其高致而又有忘形雅遊相與技赤快談浮白歡呼醉而命題刻燭分韻焉往而不得所樂者而一以花笑何居余思之矣宋廣平特立嬌嬌不倚不流而賦梅花鍾情獨甚淵明子投版逍遙去一官不齊脫屣而籬邊菊下悠然遠寄乃至忘言濂溪先生光風霽月無一物著胸次而獨愛蓮花簪簪出濁泥類此心之不染杜少陵窮愁奔走蹭蹬無聊而偏能卜築浣花使夔門山水遂占名勝誠曠世之逸尚也豈有意乎君久逡巡避席曰非敢然也吾聊以適吾耳盍吾侻察品彙啁妻時候陰陽向背似各具一性情分風爭日露泫煙銷每每別開一想而當獨立清曉行行有覩花亦若嫣然而笑樂有知已者吾主花客之花主吾客之吾與花代主而溪聲鳥韻松風竹月交客之吾聊以適吾耳且吾幸為散人逸於取未始不淡於舍而竊笑夫物役者之太勞也而人亦笑我子則迂矣吾安知吾之是而人之非耶余曰嘻其然歟與點竟何意富貴焉可擬笑笑誰是非花亦應莞爾遂書以為記君久自號寒沙居士云

呂陽花笑亭歌花笑亭花正春鶯啼楊柳含情新鶯湖畔啟荆榛俯仰開華甸登涉小平津隔岸桃花發兒童引我入幽閒滿院繁花㶉鶒茵花笑亭花入夏黃相初雨黃鸝嫁鶯湖邊人轉眼高吟覺有餘一夢渾無詑薰風來晚涼芳庭手把

竹木陰翳幽絕塵寰

華天衢自題詩春鳥依依擇木棲架閒茅屋渡頭西一隄截水聊通路三戶爲鄰尙隔溪牧笛橫吹芳草亂漁簑斜挂夕陽低此中大有逍遥處羸得新詩日日題　精衛何知結構難今來處處足盤桓繞林流水清堪枕排闥青山秀可餐髙唱竹枝歡進酒輕拈蓮葉戲爲冠故人有意抱琴至好就西窗石上彈　李崧感舊詩丈夫不得志歸作釀花翁書屋牽蘿補漁村借渡通縱横千古上睥睨百年中欲作招魂賦崇蘭氾曉風　華炳徵過釀花莊詩柳根斜日繫孤蓬乘興追尋湖水東物外久忘秦世事此中還有晉人風古梅瘦鶴林逋客白酒黃花彭澤翁我自入林猶未密卜居鄰近往來通

華振先題釀花莊詩不辭與世日棲棲水竹幽居野渡西客至漫呼彭澤里我家何似浣花溪晴來排闥青山近風起窺簾綠樹低稍覺此中堪避跡醉餘粉壁自留題　李大本訪摩赤故居詩秋老意蕭瑟風吹蘆葉黃偶尋舊茅屋重到水雲鄉鬥鴨竹闌在種魚萍沼荒伊人渺何許我復涕沾裳

樂志園在白擔山水渠舉人秦鄹洺讀書處

秦尙渭樂志園記大凡人之有志則天必從天既從則樂自生矣非必富之貴之之樂也予兄弟有三人焉每念幽居僻地耕田而食鑿井而飲與世無所爭始適吾志故卜宅數年而未有可居之地予兄弟俱遊於外有遊燕者有遊越者更有隨地以游者癸未秋悉歸徧覽奇勝務期必獲自樂之地丙戌春始得一地周圍水繞不通人跡有小橋出入於其閒俗名之曰水渠渠縱廣十數畝中立一小山長數丈高三仞花木竹石俱蕭疏可愛於是構茅屋數楹覓花果百餘株手植之其中荆棘榛莽計三年乃盡焉遂令子姪輩春夏之交耕於田秋冬之際讀於室至如藝桑植麻養魚種竹靡不遵老圃老農之制三人時棹小舟浮渠中或銜杯邀月或縱綱得魚既醉則登小山北顧膠嶺西視龍峯朝曬晚照曠如也予兄弟始喟然歎曰是樂也乃云自得非然則有悲而已矣何樂哉故吾之樂非效古人之樂而樂亦非薄今人之樂而樂吾之所以樂者樂吾三人志之遂耳天之與我者顧不厚哉遂名之曰樂志園

郈南煙舍在版郈南蔡紹元構

浦起龍郈南煙舍記自昔能詩之士必有幽棲別築以託興焉莫著於摩詰之輞川莊子美成都之浣花夔東西之屯之瀼後人誦其遺篇而想見其處直名之詩藪可也詩之與幽棲別築一物也然或牽於仕宦或遷轉於客游有其處而不久其跡讀所爲鑠松筠封蜘網之句則又不能無慨然者矣郈南煙舍者蔡子文清之所築也連林藩之迴流帶之敞扉行竹个當風立意似延客行經坐止處未欲止問醉月軒以憩天光激蕩俯前池斜睨釣艇陸而闌檻者也方倚榻箕踞鳥喧喧聒軒後起步卉木朋坡陀錯迕可小閣可亭語主人曰毋據今爲斷手年也相與啜果茗以反同游者王子五福與主人而三主人行吟坐哦雅欲追摩詰子美而從之惜子老退未能即事小詠爲茲游發興徙借展王子便面各賞其新斷句而已然吾觀主人日涉於此以邀月當軒爲詩境魚跳鳥哢爲詩材不官守而閒不旅次而適則詩懷淨詩趣恬輕舠短笻舁從之與偕族郈朋游之與接而詩侶亦萃固將上下五柳玉山之閒視輞莊屯瀼不能以詩藪久其跡焉蔡

子所得不既多乎煙舍距蔡子家一里買其族之棄地爲之經始雍正辛亥予與蔡世講又姻附其令五兄蔡子屬予記記之年乾隆乙丑也

養竹山房在泰伯鄉西莊橋錢易讀書處曾繪山房圖遺其子泳索當代文人題詠

錢俊選養竹山房圖說竹植物也而衞風美其猗猗菁菁以興君子豈不以其中通外直有節有筠色著清標聲無俗韻有似君子之品槪乎然則淇澳之詩可以言興亦可以言比也若夫會稽之箭大夏之管有材之者矣鄠杜之饒渭川之種且有利之者矣因天產之奇而收其用乘地生之富而阜其財鮮有云養之者族叔錦山翁貞蠱上之節樂泌水之飢閉戶下帷研賾詁易顏其讀書之室曰養竹山房其少君梅溪弟爲之圖以示予曰此家嚴本之白大傅而意自有在者兄能爲說之乎夫竹之中通外直有節有筠者其天性而無待於養也惟是扶植灌溉長其孫枝勿翦勿伐蕃其根幹使

新篁凝碧接於目而蒼然翠篠迎風接於耳而倚然若王徽之之不可一日無此君以是為養竹之韻事云爾然而翁之意且以竹而內自省也嘗夫掃徑臨窗盤桓綠蔭想其中通吾何以實腹而虛心觀其外直吾何以扶質以立幹撫其筠與其節吾何以貞而不諒和而不流由是名在寰中品高物外皆於竹有會心焉然則風人以竹比君子而翁蓋將比德於竹也若曰取材而用之利賴而殖之夫豈養之之意哉妥僭為之說

袁枚詩梅里先生愛養竹當作兒孫常伴讀閉戶疑聞風雨聲開窗便駭鬚眉綠有子能詩抱逸才與余談論輒心開他年門外風枝響防是袁安雪後來　錢大昕詩無竹令人俗此語聞大蘇先生家梅里繞屋青簇簇午風倚然來萬个鳴笙竽桃李自穠華一笑非吾徒藏弆無長物獨有牙籤書樸學啟後人卓然鄒魯儒山房秀而野何減下澤居日涉自成趣客滕聊可娛我亦性嗜竹百里路未迂異時容敲門繞筍晚飯俱　許寶善詩茅齋習深隱鎮日閉元關靜對數竿竹遠看無盡山地幽心自迥客少徑常荊尚直羊求侶何妨相往還　趙翼詩種樹十年計不如覓橙栽橙又不如竹本具

泰伯梅里志　卷七　園墅　十三

干霄材此豈待人力養之從根荄山房有高士乃復勤滋培芟柞芟棘叢畚除瓦礫堆生意益以足出地奮蟄雷佇看旬月間直上青雲開默隨風輪長不煩羯鼓催重之青琅玕用其不凡才釣竿拂珊瑚海蟾管鳴鈞臺書籙絢五色魚須搢三台始知惠養功迥勝手植槐　法式善詩養竹非種竹新篁異霜筍灌溉脩防之癡一固不可培護及斲稚芟除到叢簍竹翁治竹法不惟竹帖安施諸黎庶開保赤心猶煩柰翁不出山悄對寒綠坐此君太蕭疎無人來道左秋竿令矗矗吟詩涼月墮清聲畲石瀨瘦影照陰火梅花溪上行一枝看斜譚　孫原湘詩山居倚然已殊俗況有蕭蕭一房竹不放芙蓉獨自青寒影碎搖天地綠幽人閉戶方尋秋涼月自在山頭流半空蒼龍嘯寒雨吹斷小樓秋不語此時一掃萬慮沈以人養竹竹養心起看瑠璃碧天淨纖雲不許來深林一夜龍孫逆蒼玉自署頭銜竹司牧世間理亂百不聞日聽平安報空谷

泰伯梅里志卷七

東院道士許均鑄覆校

泰伯梅里志卷八

江蘇候補知縣署金匱縣知縣禎字後裔保山吳　熙編輯

邑人安起東浦傳桂原稿　邑人過鑄劉繼增參訂

泰伯廟住持上清宮提舉許巨楫校刊

寺觀

保安教寺十大刹之一　載咸淳毗陵志江南通志　邑志在城南五里景雲鄉始刱於梁大同初巫樞密捨基案王仁輔志堰橋西北岸舊有巫樞密故居　僧超然鼎建宋紹興元年僧永壽重建乾道中賜額保安禪院元末廢明洪武二十八年僧道實重建改稱教寺正統間僧處實修

泰伯梅里志　卷八　寺觀　一

之嘉靖間僧廣才等拓而新之萬厤間僧會圓智徒孫行固昭明修建天王大雄穢跡諸殿及山門月臺甬道禪堂僧院常州府志云十月十三日錫邑士女進香保安寺傾國而至　有禪堂七佛閣閣為邑人華珂鳴建　國朝康熙中僧明瑜重建禪堂乾隆二十六年僧寶輪建萬佛閣嘉慶六年僧九峯重建山門道光二年僧西懷募建齋堂錫山景物畧云寺之妙在愈近愈僻入寺之妙在愈轉愈冷去南禪寺二里即保安寺寺門流水泓然古木蓊然入寺兩僧房夾之喬林修竹鬱鬱然前殿供世尊後殿供穢跡金剛菩薩菩薩三頭八臂丈六身兒女望之懾懾然

後爲禪堂供大士龍深幽潔忞務課誦其中黝黝然寺內舊有東林精舍爲邵文莊公與華補菴讀書地基地約三十畝

兔科寺內產薄荷亞於蘇郡之龍腦

明鄒迪光保安寺法堂修淨業記今之學佛者大率有二禪宗淨業是已蓋如來普度衆生發大誓願能皈依我法者託生蓮臺入我國土各以次補位阿鞞跋致曾無退轉而後人因之有淨土之業蓋依佛以求佛也其後達摩大師乘蘆渡江西入中國不立文字直指人心而示之曰即心即佛即佛即心心外無佛外心非佛而一時南陽永嘉百丈馬祖趙州之徒曉暢宗風傳爲心印洞洞屬屬即呵佛詈祖而有所弗忌於是有禪宗之教蓋舍佛以成佛也夫佛一耳舍之而可以成依之而可以得此何以故總之心也依佛即依心外佛非外心也然舍之而成者上智依之而得者上智以至於下凡夫人上智者百而一而下凡者十而九則舍之者卒不若依之者爲當於是厲想玄珠苦心道岸之士始專言淨土矣

淨業之法二六時中誦佛翻經持偈禮拜習靜放參各有晷候而要嚴於十六觀觀日觀水觀佛種種莊嚴觀金銀琉璃世界觀瓔珞寶珠之屬乃至三品九等各各成觀大要使吾六根六塵六識一無所依而依之佛夫佛大慈悲父也中材之子有父箕裘則堂構有託未有日侍其家之嚴君而偃然蹟厥家聲者彼舍佛求佛者非甚克肖子疇能廢義方而紹述哉故曰舍之者不若依之者爲當也保安寺僧行固者研求三藏究竟一乘既已自利而猶欲利他乃建法堂宏開淨業延四方赤髭白足之衆朝經夕唄其中夫行固非限人以下凡而阻上智者之趨也欲下凡之卒歸於上智而人人佛也

又保安寺重建穢跡金剛王無梁殿募緣疏蓋聞佛由心印教以象興倘瞻式之無門曾皈依之有地故造寺造塔歷輪轉尚可生天捨宅捨金此檀那漸能證道吾錫城南之墅有寺字曰保安有菩薩曰穢跡出如來之左脅垢者跡而淨者心催塵界之邪魔權穢形而袪穢事世當五濁方睹法象以旁皇劫未三災忽歎禪宮之銷歇青䮕穿書壁諸天寶日孤懸蒼兔走苔階古佛銖衣半蝕布金之福地既一木難支振錫之名流將六時安託寺僧行固者德期尊宿學擅瑜珈持戒律若救頭護法門如衛足睠茲古殿淒淒與落月俱橫悼彼彫甍寂寂伴殘霞並覆欲取興于廢且去木而磚瓦不淨而爲不垢之區假無梁而示津梁之用顧有支遁買山之志曾乏秦王鞭石之威雞肋幾何可作龍宮百丈蠅頭安出能成猊座千重必革故而鼎新須因人而成事特下青山綠樹來窺白屋朱門若宰官若居士若長者願各發慈悲心或赤仄或白粲或黃金惟毋生慳悋識未施者信施何妨最後檀樾已施者不住能明極上菩提庶寶域重開瓦礫區盡成蘭若金篦再照煩惱境化作栴檀昔尊者拘羅以梨勒菓餉僧歷百劫而享天人之報彼國王阿育取閻浮提濟世經數反而證聖覺之因固知施不別于芥子須彌福可植于天宮佛界謹疏

管志道募建穢跡殿偈無爲爲因有爲爲果無有是處理違事故有爲爲因無爲爲果無有是處事違理故不離無爲而示有爲是眞無爲理攝事故不離有爲而證無爲是眞有爲事歸理故爰有古佛穢跡金剛內蔽外嚴爲護法故所護爲誰於兄出世彼攝我折理事融故藐焉沙門誓發宏願昔發今營仗佛力故一生之因萬劫之果因正果正佛所證故我不談因亦不談果爲告十方作佛事故

高攀龍保安寺建養老堂疏引昔者聖王老老長長幼幼之化行舉天下之民自生迄死皆有恃而無恐王政熄而二氏興民之幼而無養老而無歸者皆入焉今浮屠氏之徒徧天下能得其道者百千萬人不可見一二而入焉者資以爲養而已韓昌黎曰人其人火其書廬其居明先王之道以道之鰥寡孤獨有養也則庶乎其可也夫曰鰥寡孤獨有養者是矣而未盡也田不井授民無恒產無養者豈惟鰥寡孤獨云爾哉無錫有保安寺在邑之南鄙四方僧徒過於此者得小憩焉寺僧某欲建養老堂以處其老且病者欲余爲引其疏余既悲夫養老者歸之浮屠氏而復憮然曰以天地言之皆人也以老者言之皆養也是宜亟與之而亟勸之且勸四方之賢者亟助而成之古之聖人曰一夫不獲是余之辜吾儕當曰一夫而獲亦余之幸可謂仁之方也已

元華幼武詩保安南鄙寺野色淨相連古屋依林墅空門隔市㕓梵音修竹裏燈影暮鐘前欲借山房宿其如不語禪

明邵寶詩獨憐古寺近南城白酒青燈坐二更北極天高星正迴東林煙散月初明十年禪榻還尋主千里還車莫問程便欲作亭依舊竹流金爲影玉爲聲

王穉登詩破殿何年

寺殘碑記赤烏瓦穿藤向蓋梁壞木難扶落葉如相語寒蛩
只自呼遠公嘗送客曾過虎溪無　周炳謨送寒泉上人自
京師住持保安詩杖鉢辭丹闕青山主白蓮來時原爲法歸
去好參禪社結忘機客茶烹帶月泉孤川多勝槪相訪在他
年　濟南劉士驥前題空門無住着來往偶隨緣客路白雲
遠禪心明月懸聞鐘尋野寺洗鉢向寒川想到東林下天花
滿法筵　嶺南黃儒炳前題振錫趨無錫還山勝出山經幡
諸品裏心妙一無閒月印泉迎靜雲歸鶴與閒上方開象教
玄度日追攀　醉李姚士愼前題誰向長安道猶能憶故山
因知雲水意不在市朝閒石磵新泉色松根舊蘚斑一燈鐘
磬裏懷爾掩重關　虎林吳大山前題賜紫卽還鄉空山禮
法王循緣仍乞食有帙自昇堂去日煙霞冷歸航雲水長栴
檀上方蓺南國盡聞香　王永積和邵寶韻詩蕭蕭蕭寺枕
南城閱盡山河幾度更一榻靜禪香座冷千年佛燄燭花明
聽經西域誰留偈問渡東林不計程踏遍迴廊先哲杳隨人
領取是松聲　釋雪徑贈寒泉老師詩雨過山凝翠幽人自
透逸破塵書貝葉洗鉢向蓮池春至生新草雲空少故知本
雲情慘淡揄若自論詩　王家植前題信步神京禮上乘一

泰伯梅里志　卷八　寺觀　四

肩錫衲日騰騰惠山風雪梅花發自汲新泉轉五燈　國
朝張儲去公招遊保安寺詩陰陰竹柏自幽遐門繞秋塘石
徑斜禪榻碧幢翻貝葉香臺清磬落曇花溪橋復見成三笑
嚴壑從來是一家屈指風流君獨擅何妨隨處賦丹霞　徐
崧壬子閏七月過保安寄去和尚詩紹興遺寺盡禪單何處
惠山聽講壇樹色晚迷溪上雨泉聲秋度澗邊寒相逢只有
清風在久別應驚白髮看縱使空門無住着欲將襆被保平
安　又中秋夜宿去和尚方丈聽雨詩此夜清光何處無不
堪年老客心孤繩牀臥聽空庭雨只覺聲聲上井梧

祇陀講寺　十大剎之一載咸淳毘陵志江南通志　在祇陀里梁大同二年邑人王
建　梵剎志作王達　施宅爲寺隋大業五年廢唐上元初重建會昌中
又廢　案唐會昌年除毀天下佛寺大中初再興唐部圖胡氏亭畫記云吾后帝宇之五年汙叛帖夷萬方無事於是
大夫蠱人之疾以浮圖氏爲最詔走御史監毀域內之祠凡雲構山峙之宇一時而壞　乾符三年修復

之宋淳化二年賜名崇教禪院元末廢明洪武元年僧道泉
重建二十五年仍改今額萬厤中僧圓清道一各建樓房萬
厤四十三年僧眞覺重建山門四十六年寺僧德化重修正
殿及甬道香花橋中有聽秋軒去倪瓚清閟閣數十武清幽
儆麗軒外兩水迴環清瑩秀澈水聲潺湲前有高岡植梧數
千株望若碧天名曰梧岡與寺中古木修篁相爲蔭翳及秋
冬之際微風吹動淅瀝蕭颯韻和波濤雲林每與友人唱和
其中寺中有瑪瑙軒寺前有瑪瑙街瑪瑙石橋爲寺名勝基
地約三十畝厤朝不科糧傍有錦樹林明女道士卞玉京葬

泰伯梅里志　卷八　寺觀　五

處今湮
國朝秦鏞重修祇陀寺記凡剎之建或以名山水著或以林
木著又或以其人著而所謂人者或以禪宿或以名賢是數
者苟無一焉則吾知其朝金碧而夕蔾莽矣東里祇陀寺者
十大剎之一也邑之湖山勝處往往名剎布列而此獨孤峙
於梅里之墟古一方之勝考自梁大同初王建舍宅栿寺其
來舊矣萬厤中寺僧屢有與復而秉拂宏化者無人焉寺有
聽秋軒瑪瑙軒瑪瑙石橋爲名勝地今僅存遺址崇巖氏曰
凡物可猝致惟喬木不可猝致邑古剎中能存千百年古木
者獨推祇陀寺云余獨以爲物之不能勝人久矣夫此祇陀
故里固雲林高士倪元鎭先生之所居也先生足跡不入城
市而所謂清閟閣者去此不數武而近其吟咏眺覽於茲固
匪朝伊夕今讀其所咏聽秋軒詩則此古木數株非先生之
靈所式憑之者乎顧寺圮而喬木亦僅存一二而先生之流
風餘韻亦罕有存者甚可惜也有慧基禪師者蜀人也道貌
絕類初祖得法於三峰大樹初住靜九龍第五峰下旣而來
居於寺觀行精嚴辨才無礙道風所播遠近瞻仰於是鉢資

泉委榛材雲集鼎新復故卓有成模先於山門濬河建橋以
達其地脈之秀復建法堂三間次佛殿次房廊庖湢不三年
寶坊從地湧出師方欲於寺東隙地別爲三楹以特祀倪先
生爲吾鄉廉頑立懦之一助甚盛舉也顧業未竣而師遂奄
然化去今其法嗣某公將卜地建搶於寺之東北而大圓居
士實相其成其必能繼前人之烈益光而大之也夫惠山之
祀桑苧廖山之祀忠定德慶之祀信國皆以名賢一瓣香助
揚佛化以久其傳則倪先生之祀又烏可已哉吾姑爲之記
以俟夫後之好義者舉焉庶幾先生與慧公皆以其人著而
能使寺之久存而不廢也
元華希顏祇陀寺詩古石橋平苔徑幽藕花白白竹翛翛歸
來結宇松同指趺坐談經石點頭禪本虛空隨物悟心無住
着與天遊老夫久厭塵埃縛擬借僧房過一秋　倪瓚聽秋
軒詩聽秋軒裏聽秋雨定起山僧坐翠微隱隱煙濤搖夜席
濛濛花雨着人衣驟如崖瀑衝雲落宛似湘靈鼓瑟希六用
塵根今已淨松篁陰下共香霏　范致大自仙源過祇陀懷
元鎮詩扁舟蕩槳出東城最愛新流拍岸平霽雨蘭苕來翡
翠晚風楊柳送鶬鶊盈盈溪女臨沙浣歷歷郊農傍隴耕謬
倚林齋望東郎憶君清話不勝情　明邵寶華從龍往祇陀
讀書詩以問之別我詩仍物先天第一花新春乘野艇斜日
到僧家雨化曾無力風光漸有涯相過知不遠石鼎試新茶
　又從龍之祇陀林讀書欲往送之不果用韻致意雲林曾
楊處數里到君家松結千年頂梅留二月花情知資浩博力
欲謝浮誇忽起懷人思悠然天一涯　又華從龍在祇陀饋
鶴頂梅次韻十箇梅題鶴頂丹僧家瀋泊助清酸病須入藥
非無用老負調羹正未安他石倚雲風骨瘦我泉落澗露華
寒報君欲搨唐人篆雨蝕莓苔跡已漫　華雲讀書祇陀寺
中寺僧爲言先世曾還所得侵地內有碑記詩讓地還僧作
雁堂殘碑橫草近陰廊福來未敢論冥應廣廈眞能託善祥
二百年前吾是主一重門外樹爲牆杏花零落風光寂一讀
遺文一感傷　周肇送卞玉京入道詩卞家碧玉總傾城片
片雲鬟別樣輕一捻蠻腰拋細舞半簾嬌燕話長生蕃釐花
暖裙猶在桃葉潮來暈不平我自蹉跎君未嫁薛濤箋尾署
瑤京　吳偉業過錦樹林玉京道人墓詩并傳玉京道人莫
詳所自出或曰秦淮人姓卞氏知書工小楷能畫蘭能琴年
十八僑虎邱之山塘所居湘簾棐几嚴淨無纖塵雙眸泓然

日與佳墨良紙相映徹見客初亦不甚酬對少焉諧謔間作
一座傾靡與之久者時見有怨恨色問之輒亂以它語其警
慧雖文士莫及也與鹿樵生一見遂欲以身許酒酣拊几而
顧曰亦有意乎生固爲若弗解者長歎凝睇後亦竟弗復言
尋遇亂別去歸秦淮者五六年矣久之有聞其復東下者主
於海虞一故人生偶過焉尚書某公者張具請爲生必致之
衆客皆停杯不御已報曰至矣有頃迴車入內宅屢呼之終
不肯出生悒怏自失殆不能爲情歸賦四詩以告絕已而歎
曰吾自負之可奈何踰數月玉京忽至有婢曰柔柔者隨之
嘗着黃衣作道人裝呼柔柔取所攜琴來爲生鼓一再行泫
然曰吾在秦淮見中山故第有女絕世名在南內選擇中未
入宮而亂作軍府以一鞭驅之去吾儕淪落分也又復誰怨
乎坐客皆爲出涕柔柔莊且慧道人畫蘭好作風枝婀娜一
落筆盡十餘紙柔柔承侍硯席間如弟子然終日未嘗少休
客或導之以言弗應與之酒弗肯飲踰兩年渡浙江歸於東
中一諸侯不得意進柔柔奉之乞身下髮依良醫保御氏於
吳中保御者年七十餘侯之宗人築別宮資給之良厚侯死
柔柔生一子而嫁所嫁家遇禍莫知所終道人持課誦戒律
甚嚴生於保御中表也得以方外禮見道人用三年力刺舌
血爲保御書法華經既成自爲文序之緇素咸捧手讚歎凡
十餘年而卒墓在惠山祇陀菴錦樹林之原後有過者爲詩
弔之曰　龍山山下茱萸節泉響琤淙流不竭但洗鉛華不
洗愁形影空潭照離別離別沉吟幾迴顧遊絲夢斷花枝悟
翻笑行人怨落花從前總被春風誤金粟堆邊烏鵲橋玉孃
湖上蘼蕪路油壁曾聞此地遊誰知即是西陵墓烏桕霜來
映夕曛錦城如錦葬文君紅樓歷亂燕支雨繡嶺迷離石鏡
雲絳樹草埋銅雀硯綠翹泥涴鬱金裙居然設色倪迂畫點
出生香蘇小墳相逢盡說東風柳燕子樓高人在否枉拋心
力付蛾眉身去相隨復何有獨有瀟湘九畹蘭幽香妙結同
心友十色牋翻貝葉文五條絃拂銀鉤手生死栴檀祇樹林
青蓮舌在知難朽良常高館隔雲山記得斑騅嫁阿環薄命
只應同入道傷心少婦出蕭關紫臺一去魂何在青鳥孤飛
信不還莫唱當時渡江曲桃根桃葉向誰攀　陳文述錦樹
林訪玉京道人墓詩九龍山下傷心路當風錦樹紛無數春
草紅心怨落花云是佳人埋玉處埋玉佳人字玉京秦淮舊
院早知名門前一片清溪水照見嬋娟最有情嬋娟從古宜

佳偶多少娥媌好妾首市隱闊中學畫眉絳雲樓上同攜手延陵季子出羣才曾向當筵一顧來應是紅絲慳夙慧羅浮風雨竟吹開白門楊柳花如雪紅紛青衫相訣絕讀到琴河感舊詩多情薄倖何從說更惜蛾眉命不辰南都又見劫灰新黃絁入道囊琴去怕說宮中第一人玉顏小妹終何似侍兒也爲將軍死剩有空山出世人一抔零落祗園址祗鬥當日屬雲林清閟風流不可尋一片芙蓉湖水闊美人名士總銷沉　楊芳燦過錦樹林弔玉京道人墓詩嬌魂夜泣茱萸嶺淚花飄落燕支冷流作山根一掬泉冥冥照出棠梨影仙姬蛻去荒山巔衰螢如雨飛愁煙古臺石磴人不到土花千點圓如錢秦淮流水鍾山月斷雨零雲歸不得半畝黃蒿長似人下有舊時歌舞骨巖頭飄落椒花紅淒淒破冢吹桐風遊魂莫戀板橋路雌龍悲嘯秋江空慘澹楓林夕陽下蒼狸踏碎鴛鴦瓦一翦幽蘭帶露啼錯認卿家生色畫向空澆酒傾銀罌西陵翠燭光熒熒風鬟霧鬢渺何處老鴉弔月啼冬青　秦瀛梁溪雜事詩午榻茶煙得淨名雲林清閟畫難成于今舊業斜陽裏芳草祇陀葬玉京自注倪雲林自號淨名居士所居爲清閟閣高季迪贈詩午榻茶煙病叟禪卞玉京葬祇陀庵即清閟閣故址

膠山教寺十大刹之一載江南通志　咸湻毘陵志作崇親報德禪寺云紹興閒李丞相綱請爲墳刹改今額　在膠山西坡梁太清初蕭侍郎施宅爲寺據山北向名彌勒寺隋大業五年重建唐咸通中改依東峰與慧山相望其寺門亦東西相對不爽尺寸宋至道中賜額興化建炎中李忠定綱請奉先祀改崇親報德禪院元末廢明洪武元年僧續振重建仍請賜額膠山教寺正統嘉靖閒僧道演廣勤先後重修寺右爲李忠定公祠祠右爲湛然講堂東泉書院翠屏閣左有上方環翠聽松分翠秀峰諸軒俱無存基山約三十畝

明王召重修膠山寺記夫天下之山多矣然而土阜荒蕪亂礫堆積而無巒峰之秀泉石之美者不足謂之名山也天下之寺多矣然而瓶丘未久規模卑陋而無聖像之巍峩僧徒之繼盛者不足謂之古刹也若夫膠山寺則併二美而有之矣茲者山僧東泉重修本寺事成請予爲記予不能辭姑卽所見以爲記云夫此山盤踞於錫邑之東北其勢與惠山相望此固載之志書而有可稽者若言其形勝之美物產之盛則高大聳拔翠壁蒼崖松石盤鬱遊人墨客之所往來禽鳥麋鹿之所藏宿四時佳景變化不常野蔌山花生意各足此則近而易見者自遠望之若蘇之陽山邑之諸山常之虞山澄江之定山四圍環繞而又有太湖以爲襟長江以爲帶其形勝之宏大有如此而山之下有寺焉寺之建也其來久矣蓋梁天監二年名曰膠山寺後梁大清之初號曰膠山彌勒寺迨夫宋至道年閒改稱膠山興化寺比遭兵燹以至宋丞相忠定李綱請爲崇親報德禪院後亦廢弛夫寺一也而或廢或興或爲寺或爲院其亦時之使然也歟迨我皇明洪武初年有僧演古禪師重建殿宇賜額世稱膠山寺寺之中有寶乳泉香花橋蕭卿墓碎石塢礪劍石其古跡有如此者若

夫金牛跡滌硯池梵王宮則有湮沒而不可尋矣及夫湛然僧繼出與二泉邵文莊公重整忠定公祠立像而禮拜焉而桂坡安公割田歲供二祭復濬寶乳泉而茸其亭亭之扁曰蒙齋泉左有湛然講堂堂之前有萬玉亭皆有詩銘碑刻存焉今湛然之曾孫廣勤克念前烈率徒定欽力于嘉靖改元重建山門甲午建梵王殿塑金容將頹復于庚戌重修又構軒堂樓閣于其左扁曰翠屏曰環翠曰分翠曰聽松皆依舊名也夫寺之興廢無常以至於今整舊業於膠山之麓以其有僧在也由是觀之則僧之賢也有是哉嘉靖辛亥冬　瞿景湻重修膠山寺記隸之常與予蘇鄰郡也其屬有錫與子虞鄰邑也錫之東南隅有膠山山頗勝有碎石塢礪劍石寶乳泉蕭卿墓香花橋其湮沒而不可尋者則金牛跡梵王宮滌硯池也山閒有寺頗久蓋肇自梁天監六年後梁太清之初則曰彌勒寺歷宋至道閒改名興化遭兵燹既而丞相李公請于朝爲崇親報德禪院迨我明洪武初僧演仍請賜額膠山寺宏治閒僧湛然與邵文莊公構立忠定祠暨桂坡安公濬寶乳泉作亭於其上其左則有湛然講堂東泉書院翠屏閣而寺益增麗焉然山勝則探奇好遊者之來不可紀寺

久則圯壞無復之相尋也不可窮迺今而有僧靜菴者出割地捐貲復遷造大佛殿前有十笏堂若干楹又增搆金剛殿於山門之內于是圯者起壞者修隘者擴缺者增輪奐聯繹煥然改觀是非山之靈而僧之賢也何以致哉嘉靖甲子歲膠峰安公如山乃得尋滌硯泉之源而濬之而公之弟十峰君如岳復捐田四畝銀三十兩以助修葺之資所謂東泉書院翠屏閣者皆君所捨而山前榭樹爲兹山喬木亦僧受君之直而存之者也余自比角時往來外氏鄒知山寺與其家相去爲甚近而弗及一履其地自恨不得預於探奇好遊者之末每思之而不能置隆慶改元丁卯春余養疴家居適舅翁鄒月江過訪命爲重修記余念山之勝益之者有人而慨昔之不獲登也追寺之久施之者有人而幸今之復新也嘉僧之賢而有以致月江翁之命也文容辭哉遂爲敘其顚末而記之兼以示後之住山者俾之世守以無負乎檀樾捐貲之意云　國朝安璿膠東山水志膠山寺有梵王宮廢不知幾何年矣有軒曰環翠聽松古跡曰碎石塢金牛跡湛然講堂東泉書院翠屏閣亦淹沒而不可尋所存者寺門金剛殿與香花橋而已塵遠堂大樹和尚法嗣機公新構奉天竺先生像世宗時寺尚有大雄寶殿先高祖戶部郎桂坡公修之海虞瞿公景淳記碑猶子子立殿則黍離離基矣古蹟惟蕭郎墓草獨青礪劍石可物色諸荒煙蔓草間

宋蔡載題膠山寺繡佛詩妙相奪天眞針針巧入神幾多瞻佛者還想用心人　蘇紳膠山寺詩驅馬款禪扉松風冷拂衣紅塵不到處青嶂此忘歸鳥望生臺下雲侵講座飛楞伽味眞趣轉覺俗緣稀　又上方詩疊石構巖扃僧居在杳冥澄心蟾海白縱目鶴天青衣上煙霞色窗間草木形我來憑檻久塵慮恍然醒　焦千之秀峰軒詩可憐均是山中寺惟有幽軒對此山雲擁秀峰來戶外煙和濃翠入窗間迴環似覺天形曲登眺應疑地勢慳他景縱能窮目力爭如疏靜養疏閒　楊介環翠軒詩一上十餘里攜筇始可尋山形三面合林影四邊深壁暗苔爭長階荒草亂侵凭高獨覽處煙靄滿衣襟　唐皞上方詩佛龕經閣等嚴敎地在山中此最高日出四楹浮寶氣雲開百里見秋毫登臨暫得心機靜徙倚翻嫌月力勞況是雄飛先上者强揮吟筆繼詩豪　元擧題膠山寺壁詩闔頭鴉鳴定欲嘆晴雨驅車指東山山下寺亦古道人雙眼青霅齒起柔語松回萬壑風落絮趁輕舞日暮詠歸歟扁舟在煙渚　明徐府膠山寺詩遠向西山過北山白雲相引到禪關舊傳寺從萬里還香隨天花何冉冉泉流寶乳自潺潺獨憐塵世方炎熱得與空門一日閒　文徵明贈膠山寺古林上人詩坐把爐薰聽講餘蕉花方丈竹窗虛人遊佛地詩成偈飯熟僧厨筍當蔬石鉢淨臨寒澗洗山田暖帶濕雲鋤塵蹤暫假安禪榻漫閱瑯函貝葉書　安廣居宿膠山寺詩山僧絡繹汲新泉竹色青青亂晚煙叩戶無人空谷應飄香何處廢基傳斜通石徑安禪悅幻入秋林挂月圓夜半清音來臥榻枕流聒聒聽潺湲　安廣輿膠山寺次唐盧綸題興善寺後池韻不辭元亮酒白社許爲鄰松勁百年樹僧癯萬里人空潭迴靜影明鏡絕纖塵半偈能忘世今生度此身　國朝安璿膠山寺詩雲影招提古微茫一徑連藤蘿堪挂月宮殿欲披煙石佛堆蒼蘚松根漱乳泉蕭郎千載後墓草向芊緜　釋道章詩山頭木吐三更月枕上惟聞萬壑風疑是怒濤聲不散夜深微雨過寒空　秦金詩登登山路引肩輿望入長空病眼舒萬里天風吹落鬢十分秋色到茱萸洞簫聽罷聲繁甚寶乳嘗來味淡如此日勝遊遊未了短吟隨興漫成書　秦鐄詩雲際起伏斷還連古剎深藏不計年遊興那堪雙屐倦歡悰不及十年前平生願識膠山寺今日來嘗寶乳泉勝跡尙餘無處覓半岩斜日促言旋　秦府齋膠山寺次先參憲樂易府君韻遙峰斷處倩雲連我祖題詩已百年羌唄半生知佞佛弓裘一脈愧光前應憐[illegible]猶濁水試鬥膠山寶乳泉弔古逃禪眞足樂閒身遊賞不知旋　安詩宿膠山寺詩冒雪登膠山遮頭箬皮笠梨花著身飛衣重如束濕向陽地不積一步屐齒入險面寒未蘇燒痕躡枯蹬高低轉山腰石子不成級僧雛方掃門見我乃合十同至方丈坐老僧擁破衲甕裏熟新芻款客設米汁土銼焰無紅自將松卯拾泉聲斷寶乳隨取短綆汲鴻爪迷處所空中歸影急萬竹隱深翠當戶一峰立碎碑壁猶漬鏽紙模糊搨手指凍欲僵不敢繙梵夾了倒稻草鋪奇溫借禪榻夜靜人語絕窗隙風呼吸

嵩山禪寺十中剎之一舊隸南禪載江南通志在嵩山山初名少孤相傳有黃頭陀者居此因易今名其菴院久廢無可考元至正二十三年

僧志道即其舊址剏建觀音禪院明洪武六年里人楊巘楊
倫捨地二百三十畝大剏臺殿遂成名刹姚廣孝記之有杪
欏林在山之東即朝陽菴 薝蔔林在寺左茂林中 來月軒在寺中 聽松堂即禪堂 紫
芝室以庭產瑞芝而名 流翠軒在寺北山麓高曠攬一山之勝 白鷺池在寺門外 望湖亭
在山巔登之可望太湖 八景向書孫原貞輩皆有題詠羅漢座四圍砌
鑴石金剛經亦名筆宣德八年僧淨安奏賜今額萬厤九年
僧照熙剏建雷音殿九閒四十六年照熙延請蜀僧登選募
修大殿山門前銀杏二株旃檀殿前古柏四株其巨爲邑之
最品　國朝康熙元年僧超杲重修建大悲樓供奉　世
祖章皇帝御筆畫超杲立像乾隆六年嗣法際旭建鐘樓於
寺東隅相傳寺舊有鐘聲聞五十餘里前明嘉靖三十三年邑令王其勤以譙樓鐘互易之今鐘是也 四十
九年僧朗悟重修嘉慶元年燬七年僧瑞日募捐重建咸豐
九年重建山門有天王殿栴檀殿大佛殿雷音殿藏經樓寺
東偏有古井爲超杲重浚

明姚廣孝無錫縣嵩山觀音禪菴記天下名山勝地多僧居
之僧之有道者因之以樹大幢刹宏佛之敎而化度於人繼
繩而垂於無窮也蓋有道者得名山勝地居之則德益尊而
化益盛名山勝地得有道者居之則名益彰而境益勝也然
人境之相得莫不屬於前定亦豈偶然也哉常州府無錫縣
嵩山按縣志云去城東不五十五里有山曰嵩山又曰少孤
山父老相傳云昔有異人嵩頭陀居此因名焉山雖不甚峻
拔嵐翁綿緲林木鬱茂秀色可攬舊有圓通寺勝國之季兵

後荒弛是山也化爲菅荆之墟狐兔之囿也物外禪師因周
游山水閒至此欲卓錫而居之遂敷草坐於山巔不避虺虎
既久鄉民異之咸餽餉以給事有大姓家楊德彝者地之主
也慕師之道迺謀諸族以山地二頃餘施與爲唱導之地於
是禪師化風遠振壇施紛集其徒師昱暨智貴智聰僇力贊
佐展拓其址遂建幢刹其中奉佛之殿說法之堂栖禪之室
行道之閣至於山門廊廡庫庾厨湢之所無不畢備其綺嚴
宏壯可與大方相頡頏而以觀音禪菴名者禪師固抑而不
欲張大其事也剏始於至正癸卯完於聖朝洪武戊申禪師
諱志道物外其字也台之臨海人得法於南堂欲公其操行
也肅然若秋月霜其說法也沛然如夏時雨雨住名刹四方
衲子參叩者踵相接禪師年耄倦於酬應至二十六年癸酉
五月七日會衆付囑沐浴更衣端坐而去其上首弟子師昱
奉禪師全軀瘞菴右而墖焉禪師存日度弟子一十三人曰
師昱智貴智聰智銘景福原實淨觀淨安善馨慧日妙照一
葦德純皆能守禪師之業淨觀等念菴成已久未有銘刻恐
歲遠湮没禪師之道德光明非孝之道也今年秋七月淨觀
具菴之始終事寔走京師請余記余故弗拒而爲之書禪師
之法語有錄山門景致頗多他記備詳茲不復載永樂七年
巳丑冬十二月　陳玘嵩山寺記錫邑東五十里有山曰嵩
山崒然起於莽蒼之中形勢巀嵲林木暢茂山之下魚田鱗
次泉塘鑑開輪蹄不及歌吹無聞此天地之奥區亦禪林之
勝境也自嵩頭陀剏建禪菴後元末兵燹蕩洗且盡有僧志
道物外不遠數千里振錫而來香燈再續外公道行高妙尤
優於文墨乃海內十高僧中人物洪武二十六年無疾脫去
其徒淨安續成之大殿佛堂山門經閣廊廡佛像次第畢舉
而寺名未立宣德末年奏請行在奉旨欽依着做嵩山禪寺
踰年安公復示寂其徒一葦始具顛末囑余爲記余惟金仙
氏之敎大而能容自漢明帝時摩騰得入中國後益延蔓要
其獎勸世人一意爲善此亦陰翊王度之一端也今觀嵩頭
陀與物外淨安一則開基建業一則繼志述事皆叢林之表
表者其視流輩挾禍福之說以邀利於愚蒙者豈不大相逕
庭哉後之承繼者心前人開建繼述之心志前人開建繼述
之志修道戒行則嵩山之香燈與日月同悠久佛法昭彰使
人物脫三毒八難十纏九惱無施而不可是亦達摩之流也
豈必生於西方然後爲佛子哉葦公適然而謝曰命之矣遂

書而刻諸石正統元年龍集丙辰十月　孫原貞無錫縣嵩山禪寺記嵩山在常之無錫縣東五十里初名少孤山故老相傳後有異人嵩頭陀居此故易今名其菴院廢久無可考國朝洪武初台之臨海僧物外道禪師北遊至是愛兹山之秀謂可以爲棲禪之所遂止之時兵火之餘民鮮少豺虎蛇虺橫從其閒師入數日不出山下之人意其死矣乃相率尋訪見師趺坐石上其氣充然衆皆驚異相與誅茅去菅結菴以居師自是遠近聞之起敬而作禮者雲集賫糧而給餉者蟿至工部員外郎楊德彝敬師之道行首施山塲二百畝以樹幢刹未幾富而好善者施財貧而從化者施力師乃大建梵宇堂殿門廡寮舍之所無不畢具又繚以藩垣植以竹木不數十年蔚然成叢林僧徒日衆名聲日揚號爲觀音禪菴山中復取八景曰聽松堂望湖亭白鷺池紫芝室與夫桫欏薝蔔二林來月流翠二軒故少師榮國恭靖公姚廣孝爲僧時與師交契嘗有賦詩留山中洪武二十六年師乃坐亡時方暑月越五日而龕斂神色猶如生者其徒淨觀等奉全軀塔而瘞之山右師既入寂其徒淨安復能拓而大之今則嵩山之勝甲於是邑矣宣德八年淨安及其徒遵義念師之道

恐久湮没兹菴之盛實爲祝釐之地具師之行建造之由同走京師乞請寺額禮部奏奉聖旨陞爲嵩山禪寺淨安既示寂十年鄉之豪橫利山之風水盜葬寺後主僧曰太虛累訟有司不能決遵義曰吾教雖無爭不則他日以寺爲墳乎乃命徒道澄疏於朝始得遷出今遵義又建鐘樓於廡之左建藥師殿於山之腰丹漆護塗煒煒美觀而山門廡悉大而新之增葺園田修治墮廢種種完整請記其成夫刱業艱難道師之力也繼續不易安輩之功也是皆可記也惟佛教之來中土智愚無不翕然而信從之然智者有根愚者有疾信從則一也雖萬有不齊大約則有四焉上焉者直超頓悟諸緣悉空智根之利也次焉者猶滯於有由教由律由禪而以漸至智根之鈍也下焉者徼其福謂其眞能富貴壽康於我愚疾之微也又下焉者必有所感觸必有所嚴憚境變心移畏威寡過愚疾之劇也然則佛教之夸靡烜赫於其居處像設者殆劇疾之藥歟苟服其藥從善多矣其於世教不爲無補也此歷代之人君我朝之列聖皆崇尚其教者其亦以是也歟景泰七年丙子冬十一月　卞榮嵩山禪寺記成化戊子秋八月朏余來無錫遊嵩山寺寺住持德明號曉堂者率其

徒前導以觀寺之遺跡與山之勝槩既而登來月流翠二樓於藥師殿前之左右樓對峙皆極高明一覽嶠之下之衆山若兒孫羅列然而寺之種種諸妙了在心目問寺故[illegible]景來月流翠二軒預焉命樓則因軒也樓爲德明所建建之年爲天順辛巳至壬午訖工且闢田園疏河沼歲蓄所入修葺其殿泊兩廡各僧舍煥然若新象教彌振惟德明戒行有嚴祇蹇有懇明而人助之幽而神佑之其所謂香火道塲者不過佚於前而有以啓迪於後也粤嘗稽之山初名少孤有異人嵩頭陀居之乃名嵩山洪武閒爲臨海道禪師所[illegible]錫工部員外郎楊德彝施山田二百畝卒成叢林又號觀音禪菴少師姚廣孝嘗即其八景爲詩繼禪師者僧淨安其徒孫遵義道澄宣德癸丑特陞嵩山禪寺鄉人有潛爲墓于寺側者僧慧日疏於朝尋徒去嗚呼寺之所由來遠矣而其剏述者亦難矣德明不敢怠忽其剏述者不忘其所由來也又從而拓大之不謂之出幽遷喬者乎世之人有甘於荒墜前人遺緒而略不知媿曾一緇流之不若爾德明亦可嘉尚哉德明以寺記徵於予庸摭實書之同遊者趙君廣洋盍好事君子以余記之樂爲之伐石鑱之用垂於永永云成化七年春三

月既望　國朝浦起龍嵩山禪寺興建鐘樓方丈募緣引吾邑嵩山寺者千二百年古叢席也開於梁延於唐於宋顯晦支綴於元明而我　朝爲盛自泫師印法龍池受知世祖賜帑鼎興克還舊觀一傳爲不師再傳璞師善師三傳廊師徹師起師洎今之日師自不師而下代有恢置而日師爲盛以累朝洪護之脈鍾於一朝以諸師縣衍之神會於一師時與人合寺之興也無疑矣嵩山在邑東四十里蓊勃蒼秀寺負山之陽有鴨藏之層級之門像設之殿藏經禮佛之閣卓拂之席止靜安禪之寮齋庖湢田作之舍日師領衆次第增新願立而事集而日師曰鐘在殿隅聲弗遠也丈室在閣隅氣弗揚也度地寺之東偏將爲樓以覆鐘爲堂以安据室之座計需貲七百有奇請予爲其緣之引方日師初承寺事垣歆瓦脫困無斗儲積官私逋且二百而五年之閒舉廢補缺嬴粟益阜以往証今理宜可據會予與邑明府王公遇於客廨語及之公欣然樂爲之倡蓋公嘗以事至嵩山喜其寺得地而僧不汨法出俸餘給茶本使種茶茶殆蕃矣公於斯如有宿契而樂爲邑人士之先吾見緣之合將不歷而來而鐘樓丈室之成將不轉瞬而觀則寺之興信其時日師

信其人也無疑矣　又嵩山禪寺請藏供藏引儒有六經羣史佛有三乘十二部信納流之淵海而利涉之舟航也自彼直指教開且隙光暮印可撈得借多不識字掉花舌漢滿地開堂反呵他結習老椎流傳故紙其熾也儒亦慕之相與講静坐屏遺文不知賈鄭服戴爲何人長編紀傳爲何物吁其始有端其習有援安其學寡而聲高已耳嵩山禪寺地偏林深　國家百餘年來繼序得人規模歲茂而閣中猶有虛左待者惟大藏經歲戊辰三山居士年七十詣寺發辨香新舊堂頭宜接有禮半定居士曰叨延世算貧不任作佛事敬爲寶坊圖奉寶典請以一毫轉全輪開願可乎堂上下皆大歡喜會有機湊迎而起因距今三年願未盈資少集核之有錢六十繼矣請供各費向需倍是者三於是主席日公任事月長老來告曰居士有願而豈縣諸居士笑曰昔人云不勉已而勉人難哉雖然世不斷讀書種子空果感者空華應寔法證者寔學與假一旦鐘響鼓騰囊裝捆運者充棟而駢架矣禪聲而經寔矣吾徒志士環而震之有不豐然自抑其家寶者非情也則是三乘十二部之請之供乃吾徒寢經餐史之大導師也方今　聖治右文徵召寔學吾士友咸志服古居

士畢斯言爲提唱將不待辭畢而踵輸而尖合可必矣何懸願之足云

明釋志道嵩山八景詩桫欏林結屋在嵩山下有桫欏樹生長漫成林鬱鬱靜而闃九夏自生寒三冬不改翠兀兀林間人深得物外意　薝蔔林愛彼薝蔔林葉密翠如織朝從薝蔔遊暮倚薝蔔息日暮花氣浮月冷香露滴託根在巖阿不凝桃李色　來月軒明月不用招流輝射戶牖照見軒中人白髮垂過肘心月兩忘監光境一何有坐久又西垂明夕還來否　聽松堂虛堂坐深夜長松發幽響皇皇太古音寂寂無人賞　上山洗韶濩下山空板蕩耳松不相到明月滿穹壤　紫芝室道人居林邱靈崗產石室煌煌玉葉光濯濯朱柯色嘉瑞徵明時微馨發幽德昨朝思甘泉題遍山中石　流翠軒道人性深靜置屋傍幽澗四檻山泳瀉萬壑松濤傳清秋爽氣集落日衆鳥還過客坐來久愛此非塵寰　白鷺池皎皎白露翩湛湛空池水人世自古今水鳥忘爾汝辭班青雲端刷影明鏡裏翩然沐清風翔集長松樹　望湖亭憑闌肆遐眺湖光淼無際風帆散秋葉雲樹羅幢旆魚龍竟浮沈鷗鷺若忘世不見鴟夷人登臨一長嘯　釋明時嵩山寺詩

嵩山形勢鬱嵯峨祇樹疏枝掛薜蘿長史布金千載勝頭陀遺跡兩朝過異香繞座天花落梵韻摶空海衆多一自上皇優典及至今荒草沐恩波　安紹芳詩洞壑探靈勝攀躋到夕曛徑紆青篠密松冷翠氤氲霞酒吹殘月尋僧踏亂雲許由高蹈處八境絕塵氛　國朝敖曦遊嵩山寺詩紆步入山路冒雲尋澗曲青松落高陰點衣漬輕綠午鐘隔林度妙香微斷續禪心縱莫探而得謝塵俗幽夢十年借風清味亦足日夕歸去來毋乃非心欲　呂大呂圓水和尚重建嵩山寺詩巍巍嵩山寺吳越地之維名垂誌書久建立知何時神僧屢飛錫傳燈派有支頭陀嵩和尚衣鉢留於茲佛化幾千載昔同瑜不歎明有姚廣孝發跡亦如斯沙門比丘長入朝掌綸絲偉哉少師力爲世大住持古刹頓生色頂禮皆虔祇無如世漸遠不免日陵夷鴻鐘聲千里墮落埋蒺藜蕭蕭舊殿宇棟折榱爲疲幾幾化灰燼作歌悲黍離天啟　皇清運眞僧應鴻禧苦心參經卷苦行追阿彌淨體塵不染端坐意無私妙悟得道奧菩薩常相隨鈴鈴振金策北望　帝識拔

敕青一朝下　欽召入　丹墀說法　清禁裏　天子爲解頤　御賜紫袈裟卓爾坐象獅試辨風旛動公卿

侍側咨虔奉　皇叔命招提興故基起頹振彫敝荆棘親自披締營無旦暮寒暑日孜孜傾歎已百歲今始得改爲莪莪新殿閣比昔尤壯麗瞻仰頌功德功德歸伊誰歸之于帝力　帝亦遜且辭還歸請長老長老勞不施默默問蒼旻蒼旻陰爲司人闢　皇朝守生師何其遲吾非無所見括井浮神碑碑中何所勒世界清無疑水到渠自成令人歎神奇清乃今　國號水到應大師此山興此日　皇圖卜永垂江南貧百姓企望洒楊枝　釋性乾嵩山八詠詩娑羅崖五葉峰頂一枝眞後出龍池葉愈新此地虛名延歲久信乎根幹盡超塵　流翠閣畫棟千臨腦鶴中詹前松竹盡浮空山從夜靜寒分楊桂到秋深香滿風　雷音堂到此思聽圻地聲六窗虛豁古今清了無一字遺人耳爍有乾坤震動名來月樓皎坐蒲團更已闌渾忘理事體如磐一輪皓月臨窗白瘦影森森竹數竿　聽松齋拂拂風生萬樹深高山流水靜禪心伯牙到此徵堪會應道元音不獨琴　白鷺池峰前碧水草芊芊雪羽時來立冷煙一片月明孤鶴淚相逢應亦下遙天　望湖亭開亭倚曉白雲浮萬頃湖光一望收細數落鴉晴樹外遙山幾點碧天秋　薝蔔林林蘭一種異人間

何日移來滿鷲山可愛芳枝花似玉薰風香透款禪關　李
崧重過嵩山寺詩蒼茫荒草合斜日下沙灘苔石經霜瘦山
鐘入暮寒登臨感歲月瞻仰肅衣冠塵汙曾題處僧雛掃壁
看　陸楣嵩頭陀寺詩傑閣崚嶒勝氣凴荒碑歲月紀龍興
嬾殘客去誰分芋支遁身閒亦愛鷹秋雨煙林黃葉寺
夜鐘燈火白頭僧相逢欲話南朝舊花落禪關喚不譍
圓通禪寺十中刹之一舊隸華藏載咸淳毘陵志江南通志在延祥鄉唐乾元初建本
名乾元或云里人張氏之宅威惠梵刹志作威德夫人施爲浮圖見宏
治志或云吳赤烏年婁侯張昭施宅見乾隆邑志案三國吳書張昭卒於嘉禾五年後二年
始改元赤烏又案江南通志張昭宅在江甯縣治丹陽記云大長干道西有張子布宅對瓦官寺門會昌中廢
咸通八年重建宋景祐時賜今額府志云有石刻金剛經今廢華察有詩　明永
樂八年僧希進重建正德間僧能敬重修萬厤中僧智怡增

泰伯梅里志　卷八　寺觀　十八

建禪堂四十三年僧明順重建大殿有香花橋大雄殿左禪
堂後方丈經樓　明華察歲晚過圓通寺詩扁舟一乘興歲晏訪禪林落日空門迥長松古殿陰溪聲晚風急野色寒雲深坐久無生境因窺靜者心　案嵩山亦有圓通寺元季廢見姚廣孝嵩山寺記及捨山書
甘露寺十中刹之一舊隸泗洲寺載咸淳毘陵志江南通志在延祥鄉甘露鎮唐乾符二
年建名甘露禪院宋太平興國八年改名廣濟院明洪武十
四年僧宗晟重建易今名隆慶六年華察重修萬厤丁酉僧
眞覺重建山門大殿今頗荒落大殿全圮
明呂陽隱仙僧畫圖小引嵩山之麓迤邐而東竹洞經聲石
樓鐘鼓夾水瀕而棲者甘露禪院也其間蒲荷夕泛則謝蕩

西來黍稌晨收則濠湖南注看花鴨市有風流晉掾之名釆
芰鷺濱有蕩槳吳姬之目隱爲樵則綠槲盈車隱爲牧則青
牛載路漁隱耶鴻溪一釣蓑稼隱耶歷山多舜草隱於泉美
人遙睇木蘭船隱於茗自挈龍團灌香井爲壺公隱則幾層
雲磴幾松關藥苗滿案爲君平隱則牛在丹崖牛城市周易
連牀而隱駸駸乎欲仙矣獨怪陳希夷盧養浩之徒玉簫吹
斷空復斜陽鐵劍橫飛徒聞化鶴依人海燕避塞南鴻須臾
逝矣庶幾哉白牛谿酉笠閣之閒可以相攜愛馬同訪誌公
乎而窈窕祇園獨然閑月客來敲椰瘦僧去掃松毛落落而
已近得我隱仙弟爲甘露寺招提於是乎酒浸清樽燈留浴
院可以家香積而醉泥洹也樂矣哉緇衣草履編爲瀛島之
花錫虎盂龍散作崆峒之客而隱於是乎仙矣藉曰苾蒭者
流毋醞中山之釀毋彈靜夜之絃毋披輞川之圖毋架蘭亭
之筆是猶蟋蟀爲階下之吟而封其股使勿動絡緯爲林中
之織而掣其肘使勿梭也可乎哉然吾聞之謝蕩多魚濠湖
多芡甘露市多酒魚可觀不可釣芡可餐不可飽酒可飲不
可沉湎則余於隱
仙將終勉之矣

泰伯梅里志　卷八　寺觀　十九

崇先禪寺載江南通志在泰伯鄉府志在縣東南四十五里宋紹興五年超法師
建賜名普利咸淳毘陵志云榜以惠山舊額案惠山寺宋至道間賜額普利蔣僕射芾請爲
墓刹改今名元廢明洪武中僧永福重建萬厤時已廢梵刹
志列入廢刹
泗洲教寺十大刹之一載江南通志在泰伯鄉宋嘉定十六年僧了忠建曰
崇報菴端平中易名泗洲寺德祐乙亥燬於兵元大德十年
僧懷信重建尋廢明洪武二十三年僧大通修復之永樂十
二年又鼎建殿宇隆慶四年華察重修又燬萬厤已亥里人
唐汝捐貲僧圓炯復建國學唐穀捨田十畝　國朝乾隆閒

僧戒三重修道光初僧定慧建大悲閣舊有淨因堂環翠翫
花二園有披香池聽月樓望湖亭清風閣諸勝俱廢
元鄭元祐重建泗洲寺記無錫泰伯鄉泗洲寺其先爲崇報
菴也宋嘉定十六年鄉之建安菴第七代僧了忠母劉氏所
建仍捨坊莊田一十八畝歸於菴菴之稱寺者端平間忠請
有司以海虞泗洲寺故名易之是已而忠爲寺之第一代祖
焉置田八頃三十餘畝飯其徒以守之第十代宗永遭宋亡
而寺毀頓田竟爲張宣差者豪據更久之田之歲入又爲平
江北禪寺冒收寺徒星散香火且覆墜僧元吉亦自禮垂慶
鄉祈福菴皎公爲師去矣大德十年建安僧懷信追惟乃祖
忠公母子開山艱難不易率其徒智明走京師以陳時仁宗
皇帝在青宮降口旨歸泗洲寺田仍蠲田稅信與明之走京
師也實明之先人朱府君相之資以行及帝正宸極改元皇
慶二年癸丑特降璽書口護俾僧契理住持以甲乙授受今
寺之住持稱長老者自理始理既董寺事營山門建覺皇殿
方丈庫堂廊廡庖湢凡叢林之宜有者無一不備與夫設金

像寶幢擊鐘魚鼓磬以嚴其寺之制於是遂增大而更煥焉
行者悅居者樂若遠與近莫不美爲無錫一勝妙覺場矣蓋
理之中興斯寺也明實相之明爲理孫越二代而繼主席山
門益盛大僧徒彌眾相繼爲其徒者如月普潤法印妙常大
通海慧師振修學若干人明以寺之經始并從師恢復之緒
餘來告且乞爲誌勒之金石傳示永久於戲明也一介沙門
而能奮厥志起厥業光昭前烈使區以泰伯之偏蹊側壤偉
乎美觀爲時具瞻詎可謂非其事功與佛之願力也哉然佛
之道視世相不啻空花陽燄無本可據若乃梵行自律口口
自進非特幻相不替口口則又在寺之子孫監之敬之懋勉
以勵之也至正十四年　明王達泗洲寺記佛自東漢入中
國其教迨今彌闡學者往往夸大其居使四方耳目以爲快
視詎不若是則不足以起人人之向信也無錫縣泰伯鄉有
寺曰泗洲其鄉初無寺也先有菴焉曰建安其七代僧了忠
於宋嘉定十六年與其母劉氏別剏菴曰崇報端平間忠又
請有司以海虞泗洲寺廢額易菴爲寺營田八百三十餘畝
以甲乙授受住持忠爲第一代祖焉後歷兵燹業頗墜所營
之田竟爲豪右奪僧有元吉者見寺之不續別禮垂慶鄉祈

福菴皎公爲師自爲一派去矣至大德十年建安僧懷信者
出回盼昔時躊躇太息追痛乃祖忠公母子剏建之艱率其
徒智明跋涉萬里訴於朝而田悉歸信之師契理起董事構
山門暨覺皇寶殿廊廡庖湢琢雕藻繢絢爛溢目嶄然一新
然雖中興而明實相之明迺理孫越二代而繼主席祖孫協
功泗洲遂爲一大叢社奈何人事不齊運去物化元末四海
擾攘又成煙蕪野棘悲鳶而鳴狐矣明之孫大通拊髀嘆曰
咄哉吾祖宗殫力廢而復興吾何忍此而不懋耶由支傾植
仆載闢載基劬勸四十年當我此日祖菴建安田六頃餘畝
歸我奉春秋祀事禮也在我朝混一於後增合土田計一十
六頃九十畝有奇宋桷之修葺甃甓之繕治佛像侍衛之森
嚴花香物器之周足鼓鐘鏗鍧過者凝駐較夫祖業雖未克
復舊觀然去其煙蕪野棘鳶悲而狐鳴者亦足以踵於前武
者矣明之徒曰如月普潤法印妙常大通海會師振修學德
薰而大通者魁傑高遠爲今住持而修學者造道明達任無
錫僧會故具顛末請予記焉嗚呼佛之道以眞空爲本一廢
一興故無能罣礙然不即世間亦不離世間其示現有爲而
作佛事似非夸大以炫人也欲人之覩相生信以有爲悟無

爲也今觀忠公剏于始信公成于中通公復于後百餘年間
而屢傾屢復若三師者可謂知所本矣吾聖人以仁義忠信
綱紀古今讀其書者日事游談無少補於吾教得不媿於斯
人歟予姑述其興廢之繇并三師用心之篤抑又爲師之後
世子孫繼繼相承者勸云洪武二十一年歲在戊辰九月
附鄒迪光重修泗洲寺覺皇殿募緣偈吾梁谿之泰伯鄉有
寺曰泗洲其地廣不踰二畝其刹崇不及三丈其廊廡庖湢
之類僅取充數而止不過一拘吒迦等耳而剏自宋葉迄于
今茲所從來久遠中間倏廢倏興旋振旋落滄桑陵谷不可
端倪而今又廢壞極矣是振而興之時也寺僧法炯者力紹
法寶志恢前業慨大殿之久湮圖叢林于再造謀及居士以
告有眾某合掌和南而作偈曰我聞拘留孫佛時有一長者
名毘沙廣起園林一由旬純以金板布其地旛幢寶蓋各具
足奉施如來以說法乃至第五拘那含長者名爲大家主以
及第六迦葉波長者名爲大旛相一一舍地作梵宇累劫以
來靡不爾故我釋迦牟尼佛須達長者寔好施布金祇陀太
子地二人同心立精舍迎佛奉養在其中雞林鹿苑從茲始
爾時更有天竺國所置招提極奇妙遺彼闍提茂戾車白馬

悲鳴而後已乃知建造雖粗迹此是法門一大事假令瞿曇
無蓋茅大藏且胥而烏有令我東土閻浮提祇林處處無不
是泗洲之寺如半粒米室于今已千載中間興廢與廢者亦
爲一寺小三災青鷲荒涼狐鼠竄天龍不復來呵護浴池香
積半蒿草赤髭不復來託宿如彼濟川大寶舟帆檣樓櫓盡
朽敗如彼尼拘律陀樹婆娑枝葉日就萎以茲慈務咸歎息
伽藍何獨棄於此願以無生法忍心觸忤受辱而告衆生願
以勤苦精進心奔走霜雪而告衆生願以說法倡導心廣陳
因果而告衆生願破一切慳悋識皈依如來法雲地頭目手
足非我有而況區區財物者金銀錢刀布帛粟羊鹿車乘及
寶珠一一信施無顧惜一一懽喜無所住共得起壞而爲成
是則名爲大檀樾六欲天中宮殿出二梵之福亦可造不見
是身如電泡朝時赫嚧夕隕滅七尺之棺在黃土其中實物
能有幾一物仍與一切人一施仍受一施報何不多種尼哆
樹將來結實如河沙若只慳貪自閟藏卻種他生惡叉果人
生種貧不種福往往無復有是處
明呂敏宿泗洲寺詩纖月隱高林清風灑疏竹山僧沐相慰
雲榻留共宿座涼交竹陰爐溫藹蘭馥於焉爲申章庶以寫

幽獨

泰伯梅里志 卷八 寺觀 三二

報福寺 隸泗洲教寺 載江南通志 在垂慶鄉胡堰宋建炎中僧福禧建明洪
武末僧妙蓮重建萬曆中僧道傳裝塑佛像四十五年僧祖
義戒如定志增建觀音殿　國朝道光間重修咸豐九年里
人錢鋐捐寺前塲地二畝 案舊志俱稱寺嘉慶志稱菴非今俗名胡堰菴
金鷁菴 載江南通志 在隆亭西梁大同中建相傳上梁時有金色鳥
來集故名宋改普濟寶慶間僧法昌掘地得泉以施行人亦
名施水院去邑城九里今又稱九里菴中有古樹
恩覆菴 載錫山景物略 在允圖洪武二年允氏有糧長入金陵誤走御

遂下詔獄遊危疾見一白衣婦以楊枝水洒面而愈事白歸
見江渚有觀音壞像儼如獄中所見因載之歸建菴奉之菴
後有樓祀允徵君文徵君事母最孝母嗜魚去骨始進陳秋
林畫四圖於壁一釣魚圖一烹魚圖一選魚骨圖一進魚圖
嘉靖中燬於倭而菴尚存
湧蓮菴 載邑志 在保安寺前明崇禎中建　國朝康熙二十五年
縣給照免地稅
清和菴 載邑志 在景雲鄉保安下院萬曆三十二年華氏捨基建
後僧體音增建禪堂　國朝康熙二十五年僧見宥勒石縣

泰伯梅里志 卷八 寺觀 三三

給照免地稅
朝陽菴 載邑志 在堠陽
靈跡菴 載邑志 在膠山南麓明正德中安國建有靈跡泉因以爲
名萬曆間增建佛宇四十七年僧道廣建山門崇禎二年八
月庭產靈芝安廣居顏其堂曰芝生國嘗置田菴中後爲宅
氏侵蝕裔孫吉復之
藥師菴 載邑志 在安鎮城中藥師菴別院也
祈福菴 隸泗洲教寺 載邑志 在垂慶鄉俗名廟菴宋元祐初圓照禪師
建端平初僧得暹重建明洪武間僧惠日重建嘉靖中僧道

鎮重建萬歷二十九年僧定遠宗枝方明廣洽其徒常住田
二十畝菴有枯木堂今菴有圓照塑像基地五畝一分五釐
八毫
明周築嘗羅漢補像記嘗羅漢者世傳第十七尊者是也生
無錫垂慶鄉之布機浜去世既遂故老猶能言嘗公美□□
少出家靈巖嘗賦錫瑞光淨慈諸寺有黃行婆者以寶纓爲
業知嘗公神異每以纓獻之則易售如是者數年迨嘗公去
世啟室觀之所獻之纓具在鮮芳可食靈巖西施祠有妖人
遇之輒病公塞以石妖遂絕□門謂嘗公創宋宗本禪師也
考之神僧傳釋圓照諱宗本姓管氏常州無錫人性質直少
緣飾貌豐碩言無枝葉年十九師事蘇州承天永安道昇禪
師其住瑞光民有屠牛者牛逃而走奔跪若訴遂買而畜之
其住淨慈歲旱湖井皆竭寺西隅有甘泉自湧得金鯉魚因
浚爲井拔其開二餘人汲不竭張氏幼子死悲慟於其母門
我以罪爲蛇既覺得蛇柝下拮以蒞□乃爲說法復遣故處

泰伯梅里志　卷八　寺觀　三十四

俄有黑蟒翔桅上而蛇先所在毋復請木說法毋是夕夢女
曰一般已解脫矣其顯化異數類此及考釋氏通鑑言師爲
常之無錫人姓管氏諱宗本受業□□□元聞法瑞光淨寺
爲天衣懷禪師之法嗣也後移杭之淨慈寺至元豐四年辛
酉有詔闢相國寺六十四院爲八禪二律 [illegible]
習海一刹 [illegible]
嗟茶癸對□□□大體上目迷之回具慧僧也至哲宗元祐
元年丙寅八月詔入嵩福殿說法賜紫號淨照禪師請老歸
□靈巖制曰可至元符二年己卯十二月甲子入滅弟子奉
全體塔於靈巖寺閱世八十此其事行之顛□□錢君孟偕
其究由邑之新安鄉遷浜上居三世余聞故老談此浜爲嘗
公發跡之所而浜之東北有□□橋石梁猶在風清月白之
夜曳杖吟行若彷彿見公遊於叢篁古樹之間而若乃朗 [illegible]
浜上 [illegible]
以 [illegible]
示□□之子若孫尚世守而奉之羅漢慈悲深重慈於拔物
其報錫之福蓋未易量也偈曰佛之爲教□□□□遍滿十
方弗滅弗壞即其弗壞如大摩尼維阿羅漢能與守之六塵
既空萬劫不死說佛法言得佛法□第十七尊是爲嘗公能
見佛性於大眾中嘗公之先孫此□出去世千年猶有公跡
錢君孟偕世居此□□□公形於墻隙乃甃之龕能惟公是
奉香果燈茶歲設妙供□□嘗公錫之以年此龕永存弗墮
變遷成化十七年錢植立
明黃姬水新福菴詩過爾林居靜雲霞一逕通形驅百年內
心賞幾人同日晚花房竹秋深燕壘空物華閒玩久不覺夕
陽紅　屠隆贈新福二鹿苑齋飯詩寶座拈花後清江折葦行
法應空四相道已悟三生來赴龍華會先標鹿苑名公來目
法清老苔自槐巢明　土稱登贈祈福松溪禪師詩松同立奘
松同華堂水迎曹溪水合流五十年中何所事松聲溪影共悠
悠　華蓮進聽贈聽爭禪師詩振錫依蘭若焚修五十年道心
嚴戒律梵行學安心香勤經播具燈
明漏滿蓮將何洗心耳聽晨夜堂前
崇真菴（載邑志）在垂慶鄉
建安菴在泰伯鄉建安里（見鄭元祐泗洲寺記）

泰伯梅里志　卷八　寺觀　三十五

利濟菴（載邑志）在泰伯鄉元泰定中建
錫麟菴　般若菴　集福菴俱在泰伯鄉（載邑志）
龍徑菴（載錫山景物略）在泰伯鄉龍徑明山人唐詩故宅有堂扁曰白
雲高隱詩感應夢秦大士像於中後遂爲菴
山人白題白雲高隱詩幽閒秉夙好素業守故墟迴流隔塵
俗衡赤賦詩盧開隱遠岫分列盤佳木數時聞鳴春鳥俯羨
泝淵彭于詩足樓以遊遙綜摹圖連化推遷物理原與俱
惜非彭澤人況若武陵居沉寡其分守道貞慶如顧言永
不孤聊以名吾廬　華雲詩白雲高隱傍官河梵日青山迹
棹過林與幾人同夜月沙鷗隨處對春波不嫌梵字何相伴
自許蓮花精舍已多老我迷津偕甲子漁門一嘆意如何山姚
坤利詩精藍初建近長河渡世慈航盡日通法似儜應空有
象心同止水自無波香林閒寂塵緣絕夢覺樹清
涼廬陰多我欲從君聽說偈蒲團禪板竟如何

福緣菴隸南禪寺載邑志在泰伯鄉菴橋北俗稱泗水宋咸淳中僧宗
溢剏建明洪武十年僧德定萬曆二十年僧眞欽先後重修
基址三畝三分
善慶菴隸南禪寺載邑志在塘莊橋東宋咸淳中僧法喜建明洪武二
十三年僧明妙重建嘉靖三十三年僧德潤重修萬曆二十
六年僧眞鑑眞鐩重建大雄殿四十二年僧滿澄重建山門
香花橋兩房俱備僧廬法宇經樓基址六畝案明邑志止載此一卷
集福菴隸泗洲教寺載邑志在垂慶鄉界涇宋紹興二年僧普宏建明洪
武中僧大春重建永樂中姚少師廣孝以其族弟道正居此

爲修其殿宇萬曆五年丁丑僧祖洪重修四十年壬子僧通
際重建菴有少師賜勅一道念珠一串爲成祖以方孝孺等
諸忠臣遺骨爲之賜廣孝者近爲邨民所得古遺鎏金佛三
尊古磬一口基址七畝九分四釐四毫免科
明華舜欽雲川洪禪師剏建鐘樓疏里中有庵曰集福故宋
刹也廣袤不盈百武而殿廡儼如小以成小鐘樓矗聳廣業
具存又址界漕鵞兩湖閒修篁古蔓蔽芾交加良材數十株
異種合抱與波光雲影相爲摩盪稱勝區云邇因海寇猖迫
當事者計備軍資昇其鐘以去樓亦漸圮旋及殿廡草木變
衰覽者興咨歲乙丑守僧祖洪鋭志修復募結善緣手疏一
編詣余余韙之在昔先正有生平力排異端迨典郡則倡新
二氏之宮不少後殊駭人聽觀於時方阻饑他州民多委溝
壑惟是郡賴以獨全乃知先正此舉非謬也救荒之善策也
今湖壖之民疲困極矣頃潦旱稍稍失宜高下均儉登是筴

也將不可行乎洪涉書善鼓琴焚修無忝戒行吾輩多樂與
之游茲疏誠善事且適符所謂善策也凡都人士願相與共
成之弁其端嘉靖四十四年冬十月望日　王穉登雲川洪
禪師剏建法堂疏無錫集福菴者地在蕩口界涇之里剏自
紹興丙子之年僅有佛廬更無禪院兩足尊雖堪供奉千指
衆莫可栖遲敲月下之門滿地青苔羅漢豈能安布袋倚松
閒之錫透堦黃葉僧伽那得挂袈裟茲欲除菴東五畝種瓜
園伐石誅茅成之不日室自室而堂自堂將盡延海內十方
淨衆客腰裝負笠至者如雲坐則坐而食則食如斯勝事必
募良緣或富人或貴人凡居樂土皆從前世修來有餘粟有
餘布早種福田莫向今生蹉過偈曰鵞湖蠡水盡慈波瓢笠
紛紛自此過若得禪堂修淨業一聲金磬誦多羅　華師皋
集福菴募修禪院疏蓋聞眞人西滅羅漢東遊留妙像於罽
賓轉法輪於天竺身高梵世闢慈悲之門力滅須彌開仁壽
之路雖無名無色瑞相本空而不身即身神通如在道場曠
諡誰留於化城禪境閑淸將安於寶地界涇里號錫邑之靈
區集福菴擅鵞湖之勝境露臺含月無慙紫紺之宮金鈴響
風有跡白林之地望祇園而非遠瞻鹿苑以何殊精舍洞房

眞空自悟斷橋流水彼岸先登但聖跡永垂固千劫而不毀
而靈祠重建宜百世以常新釋子祖洪默契禪宗素修戒行
坦然夷易豁爾洞開觀心而五蘊皆空練性以六塵盡滅不
願無前作始務求奇麗之觀只欲因舊爲新早作修行之處
伏惟賢士達人善男信女大發慈心聿興願力何必鏤金刻
玉方成寶殿琪宮若得片瓦寸椽便就半間一室獅子之座
幡影搖臺說法之筵梵聲應塔淨界不磨法身常住萬曆壬
午春二月　釋法杲印川周禪師書經疏夫雜華經者法苑
之極闢慧林之初唱上品觸之而餅瀉下根擬之而丸塞語
智海則言言交照標法界則塵塵錯影繫風難以奏其玄歆
海莧能窺其涘毛刹並現秦鏡之燿巨得而齊心色互融帝
珠之網曲爲其喻止我世尊馬麥之深衷鷲峯之微韞徹底
之幽致彰性之雄辨也者而梁溪印公雞林抗跡龍樹棲神
退筆告塚著法拚乎鐵門單心爲城道價跂乎錫邑迺復精
營俊毀妙選神毫屏截浮緣誓揮大部兩度並經調墨一番
更擬和金誰捐蘇季之裝共飾毘盧之偈伏願減燕臺之峭
築資竺國之雄文形如瓜子不必求之蔡州塊似馬蹄或可
得之吳地章賢籯內且乞持來陸賈槖中不妨拈出請寶鑰

投六齊之篋俾琳宮添十兆之文庶乎遠近檀波同歸性海
云爾　姚少師敕文奉天承運皇帝制曰古者聖王之致太
子立師傅之官導以德義而三少之職亦專諭導所以輔成
重器茂隆國本其任甚重非老成敦厚操履純正者曷克稱
茲爾姚廣孝忠誠端謹學問博深簡重溫恭識量宏達事朕
藩邸啟沃良多奉天靖難之時克殫志慮裨益成功眷此勞
勤宜加顯擢特授資善大夫太子少師受任以來克共乃職
適久逾慎朕甚嘉之今特賜以誥命其體朕付畀之心益敬
乃職茂綏寵光永著嘉譽欽哉永樂十年二月初九日
國朝華䟽集福菴念珠記明成祖起靖難兵僧道衍功高封
少師不就職歸山集福菴僧道正少師族弟也以敕文一道
欽賜念珠三十粒俾正守護明季敕文散失念珠獨存余少
聞野老相傳菴藏念珠乃成祖以方正學諸公天靈蓋頸骨
爲之賜少師以誌慼也向菴僧索觀已爲泗洲寺僧攜去乾
隆癸酉春住持旭成偕其徒靜月輩以菴久破壞普告鄉里
計更新之遠近踴躍攜其舊殿增造前楹眾姓欲紀其事適
泗洲寺僧以念珠來歸余曰菴之興廢乃其常且鄉僻小菴
非名山大都著聲佛寺費至千萬緡者念珠爲四百餘年舊

泰伯梅里志　卷八　寺觀　三十六

物數十忠魂少師功業究在目焉少師幼爲相城鄉妙智菴
僧前接靈應觀道士席應珍授衍兵法出佐成祖屠戮名臣
無算身退之後遠相城百里閑僧居羅列多少師遺蹟故吾
里集福菴得藏念珠焉嗚呼少師志在用世耶盍昌富貴以
長子孫復棄去以緇衣終老志在出世耶盍遯林泉以求證
果偏使天下義士忠臣肝腦塗地彼席應珍者不自爲而令
道衍爲之余撫念珠反怪道其師而僧其徒而學術又出僧
道外也今之珍貴念珠不啻唐之佛骨矣因慨之者所不料
識者曰僧道知劫諸公靈爽奚必念珠況念珠事史乘稗野
皆不載
明彭年贈雲川洪禪師詩雲岩高座一川斜六月蕭然水木
華石榻經春滋碧蘚梅檀當夏吐琪花　文元發前題詩上
人高臥水雲鄉一片晴川映佛堂好待功成飛錫去慈航彼
岸自徜徉　文彭前題詩西來妙悟本無文放大光明照世
氛若見如來眞面目此心元是一川雲　王穉前題詩縹緲
春深寶一川花開花落梵宮前寂寂休驚無漏子游神已入
焰摩天　朱希儒前題詩孤雲冉冉出空山一水悠悠去不
還雲本無心川自逝老僧今已越塵寰　陸師道前題詩雲

出須彌山絪緼四天下須臾漾晴川恆河恐沾化萬象俱昭
融五朵交騰射譬彼琉璃光通徹非假借螢光燈燭光莫之
稱等亞　文嘉前題詩招提有眞境野衲結精廬川水定心
寂孤雲禪觀虛懷澄波滅處琴奏月明初試問歸空地行流
信所如　程大倫前題詩遠公有眞趣結菴傍雲林有時參
禪暇焚香亂鳴琴閑雲日來往逝川亦何心對之意俱適無
勞重招詩　趙興治前題詩偶攜湖上棹尋訪到禪林古木
藏高鳥蒼崖抱碧岑杯看陶令滿偈誦遠公深川逝雲飛處
應同不住心　吳季賢前題詩支郎道門秀冥心入梵天松
颼虛閣度花雨石牀眠止水迴香積孤雲挂佛筵澄然超覺
岸飛錫越迷川　王穉登前題詩聞師彈五絃一榻傍雲川
方技無非幻聲音亦是禪瀑流松塢月鶯囀石堂煙安得空
諸有惟將
一曲傳

興教禪院載咸淳毘陵志府志**邑志在縣東南四十里今地名包莊梁大**
同二年建名施陀宋紹興元年賜今額明提學高世泰重題

泰伯梅里志　卷八　寺觀　三十七

有竹友山房

古朝陽菴在嵩山東麓卽桫欏林密蔭蒼翠有屋數楹不知圯
於何時　國朝康熙中嵩山寺僧海素重建

國朝浦起龍古朝陽菴碑記嵩山古朝陽菴寺系樸如素禪
師靜雄師意誠師玉田應禪師累四葉而立者也寺在山塢
如抱抱外管及者可一頃勢類甌脫繡爲畜埸藁空稅糜主
者苦之樸公首衆課松栽焉及退領薙系結茆松旁守之菴
之立自此始系卽靜師意師也踰年易瓦覆前後皆三楹舒
左右兩个落之諸浮屠氏拮据當有者亦次第舉而意師斂
樹藝履夷疏畦先之以薙菝尋度徒今玉公初守員機尤練
事鑿渠屋四圍益治田渠東得可稻者於坡十之一進稅額
成恆產渠以內禱椽而場獎而圃而墟其屋之陰最後加五
楹其上挾兩掖汎除虛明顏曰我聞暇可以林賓至可以布
坐而松風謖謖拂戶牖西眺鬱然山亦若加而深矣是役也
白康熙某年寒暑五十易始斷手所成止是以是厲修守志

不忘其亦可矣雖然本所以寘此者豈封已焉已耶藉空賦弭𩑈牧樹聲援輔氣勢菴於勞而寺於効其指然也或者不察見有襲席徙住匡補而鴞侵牟者輒謂此作之始吁是與於食木之蠹而助之藉口而寺住之資緣日遺慮將不振此予所欲辭而闢之取忌怨有弗避者也玉公秉拂三年還未幾頭岑岑且經歲丐記甚懇予往視之爲道其本然者公矍然心開曰是能愈頭風彰往告來無以易此遂書以爲記乾隆二十四年

鐵山寺在鴻山相傳漢高士梁鴻曾寓於此寺即其故宅又名讀書處中有鴻隱堂文待詔徵明分書堂後層級而上爲大士殿殿右設鴻夫婦像　國朝咸豐九年重建

國朝李崧登皇山鴻隱堂詩緬昔梁伯鸞屢空竟如此貧賤志不移賃舂隱吳市賢如皋伯通猶作庸流視苟非孟光賢幾失此高士俛仰街深悲千秋歎知己我來登皇山軏獨景行止寥閴憑虛堂松濤洗雙耳

泰伯梅里志　卷八　寺觀　三十

大士菴在鴻山東嶺舊爲茅君行祠有迎暉閣拱秀軒今廢

普明菴隸潤洲教寺載邑志在延祥鄉鴻山南坡元至正中僧善心剏建明洪武十三年僧志明重建萬厤三十三年僧惠澄祖清道隆重建佛殿右寶善堂

永錫菴隸保安教寺載邑志在梅里鄉蠡埠俗稱六菴宋寶慶初僧名憲建明洪武初僧心源重建正殿萬厤十三年僧行安重修二十四年僧守誠增建卓錫堂基地約二畝免科

水月菴載邑志在延祥鄉東沙涇明萬厤元年僧天緣剏建三十四年僧明順重修四十一年僧性本重修

明華允誼東沙涇水月菴募置常住田記余考古今名刹志錫邑凡四大古刹一爲華藏禪寺寺之支分旁轄者有禪悅菴水月禪院在鵞湖之東沙涇者水月禪院也菴剏自正嘉閒天緣老師結茆爲焚脩地後有悅堂禪師自滇嶺來駐錫化骨於其舍之西偏再傳密菴而菴事興再數傳而爲今還空蓋百有二十餘年遠矣還空之爲守菴僧恂恂粥粥宛若儒者吾華之族樂從而香火之歷年建禪期列香臺招客緇懺華嚴皆還空率其菴之僧僚數人趨事惟謹空王之前幾楚楚矣乃甲申乙酉地變頻集丁亥幡華磬鼓盡付劫灰三四年來蕩而復集者再而菴之僧僚數人貧可知也遭此兵火弗靖諸僧猶日託鉢化城埽葉摶沙齊糧無所余族乃有賢而好事者倡議募田給之曰前年冬吾族黃孺人既捐其菴之基矣屬在桑梓人破慳錢一二令諸僧歲時脫粟二十斛衣衲稻粱出有恆矣計常住廿畝約值鏹百金推余老人心能動緣領袖其願余從之半歲而緣集開士嚴識宏本既力襄厥舉并請余作文鐫石法堂永紀其事余維禪院之有常住也供僧人歲無闕也二十斛又足紀乎哉雖然亦云剏始也諸禪僚以不住心用常住法自今日始矣佛法言眞空

泰伯梅里志　卷八　寺觀　三十一

如青蓮花出於汙泥終歸不惹不住故不惹不惹故見心見心故見佛見佛故心常住常住故粒粟如須彌如恆河沙寸絲如山河大地此區區者未必非福地清修堅牢果證也天下豈少富刹名藍珠宮貝闕哉忽而山林園池連延阡陌忽而罔風孽火盪沒無餘是何故非常住之不足據而心多縹劫也繼此之焚修此菴者能毋負天緣而下諸衲祖取其業拓而大之是在後人則千春萬秋處處皆衣糧心心皆護法常住在今日乎哉　國朝陸楯水月菴募修三大士殿引考邑志水月菴在東沙涇明萬厤中建當是時湖上多名賢絃誦之暇相與徘徊眺望於白沙翠竹波光雲影閒邀方外友梵唄華燈修香山白社之業此菴之所爲築也惜也其事不詳相傳初住爲月堂上人有道行　國朝順治閒玹水杲禪師嘗掩關習靜於此感伽藍示夢遂興嵩山菴之靈異有明徵矣堂供三大士像舊制卑隘月堂幾世孫某師欲增崇之併闢其前楹請予爲募緣之引予丱角數過其地愛其蕭閒淡蕩有塵外之趣比長遊四方每見通都名山雄觀傑構皆有士夫爲之外護是菴僻處水濱寂寥無聞蓋百年於此矣師奮然廓前人未逮意大士之靈實式憑之宜有振袂而

起傾囊以應者師謹籍其名氏子雖衰老尚能援筆爲之記俾後之修邑志者猶有考焉　又水月菴重建山門疏水月精藍湖干勝地林藏遠岫宛似爐峯戸枕流泉堪名洗鉢紅塵迴隔鐘聲隨欵乃浮沈綠野迴環蓮院帶菰蒲掩映望去垂楊芳草偎卧雙虹迎來竹杖芒鞵溪傳三笑實焚修之妙境亦登覽之名區住持慧昭早事空王頗聞淨業華山鳥道曾薰戒定之香蘭若鳩工已備莊嚴之觀茲者覩山門斬圯慮象法中微攢眉客過雙扉冷落秋風采藥人歸三徑蒼涼夜月匪藉檀那之蔭難成築舍之謀或囷餘紅粟飽分鸚鵡之餐或囊潤靑銅快縱飛蚨之翼乃至一椽片瓦並值艮因尺泉壺漿咸資善果將見崇閎麗日疑從鷲嶺移來傑閣蓮雲轉覺鶖湖生色孳由衆舉福不唐捐

潮音菴在鶖湖新橋

義盛菴在蕩口鎮明萬厤中舉人華祖勤建

天壽菴　廣濟菴　樾蔭菴　俱在延祥鄉蕺邑志

福慧菴在周打鼓橋明萬厤中里人鄒溫叟建地頗幽靜又稱靜室有潭影軒憩雲窩蓮花域文昌閣諸勝

國朝錢泳過福慧菴謁圓公埨院題壁詩艱難心事總成灰師自紅羊劫裏來收束儒書歸佛刹獨持禪悅老巖隈空門安用雕龍手舉世誰憐吐鳳才留得葡萄遺墨在焚香展讀不勝哀　廿年不到憩雲窩殿屋蒼涼挂薜蘿拂面紅塵成底事滿頭白雪又來過窮通有命悲誰問福慧難兼奈老何禮罷遺公舊時埨數聲淸梵莫雲多　錢慶曾過福慧菴詩莫怪豪華歇禪林任廢興可憐香積寺總缺白雲僧守戒誰三昧繙經漫上乘徘徊夕陽下影閃佛前燈　憶昔市朝變曾來卓錫傳禾薇甘隱遯遺墨尚珍留花落經幢靜雲涼埨院幽何時暢宗旨粲可復同遊

歸鶴菴在西莊橋明嘉靖中申明亭故址也後改爲菴名天威

國朝康熙中重建乾隆四十一年里人錢易倡捐重葺易今名道光九年重修

國朝錢慶曾重修歸鶴菴碑脫屣千乘逃蠻采藥之鄉浩歌五噫適越擔簦之路南浮蠡瀆五湖則大夫不歸東挹鯨濤三歎則美人已杳擁來錫杖泗寺遥鄰化去金娥香墳宛在則有維摩小築開士幽區題歸鶴以留仙容古龕而奉佛昔年耆老時飲鄉賓此日緇黃翻成禪窟論其草創幽人則秦洞歸來廓其規模鹿女則天華踏去固已茅茨方丈堂宇聿新庇經像以鶖宮分宗門於鷲嶺矣然而淨土時寂金剛不堅蓮有臺而常塵珠作幢而易碎如來弟子總近猿心菩薩門牆轉憂雀角遂使雙林闃寂八水混淆勝幡與朽宅同焚義網等化城俱滅飄零鴛瓦未經海水之吹雜沓龍宮莫見祇陀之舍從祖梅谿先生以梓里餘情見桑門久替慨深覆簣誓續前修適有里人李福德者助錢十四萬願襄此舉淮陰亭長竟樂施檀市上牙郎翻來供養乃於道光九年莫春之月揆日庀徒鳩工構宇黎陽漢吏即貢青泥海畔秦皇仍分怪石刻晷無繩以子午置圭自準乎朔南功起登憑事鍋雕繪因高就遠負阜面陵不崇四入之僧堂已納三千之沙

界栽來錦柏忽現菩提繞山曇華遂成瓔珞金姿寶相藉以閑安振錫浮杯於焉棲息可以宏敷八正可以合化四生何必夕露丹靑朝霞珠網堂開四證圖西蜀之眞形閣儆三休侈南朝之經藏哉沙門某早除元覽夙悟靈根涉愛河而無波得寶筏以便濟今屆知寺任俾奉神居石磬朝吟銅瓶夜滿設漿衢路飲蔭暍之游人灑露門庭延打包之行者僕常苕末辨衣鉢徒傳竊欣子夏之能文漫厠奚斯之監作爰徧獺祭表此龜珉庶不令石像崢嶸但記靈蹤於吳郡頭陀興葺獨刊金字於南邦乃爲銘曰延陵遺壤梁鴻舊墟穆然讓里蕞爾神居恆沙界小寶樹枝低燈然慧炬幢刷摩尼法本常空境亦時滅千劫未燒三災已歷風雨宵摧奐輪朝析從祖慨然力肩洪造起恭敬心行菩薩道材積優塡工鳩喻皓大壯摹規方中豎表成不三旬高殊九仞靈宇聿新香城載更法流津通禪枝風定旁睨亭皋背負邱徑元扃斯設晬容愈尊松疏月靜桂密雲奔白水羅砌靑山闢門朝鐘夕磬永建三幡

國朝錢慶曾晚至歸鶴菴待悟蓮上人不至詩散步沿溪行谿長屢回顧衰草澹斜陽空林靄煙莫雙松閉門深一磬古

龕度上堂僧已殘禮佛香猶炷經聲振琳琅禪心契幽素觀碑剝舊文題壁添新句欲待遠公歸東林月已吐

商太師菴在雙版橋南剏始未詳相傳明正統中湣安商文毅公輅因謁泰伯廟夜泊河干見佛燈直逼舟中旦日登岸見殿宇摧頽乃施金葺之因名　國朝順治初里諸生楊維植重建

一葉禪院載邑志在延祥鄉僧伽橋乾隆五年僧月潭募建其初有牧牛兒摶土爲大士像頗著靈異里人聞者捐田作基助月潭成之其徒朗悟復增葺規模宏整廊宇幽邃爲東鄉諸寺勝處道光閒山門燬

右佛寺

賁敬觀載邑志在隆亭西元學正華玠建舊在隆亭東北明學士華察移建今處　國朝康熙中重修

元陸文圭賁敬觀記　賁敬觀者隆亭華氏宜珍昆弟之所建也觀以居道家者流而名出於儒書何也華儒者也則曷爲從道非慕道也慕親也宜珍之父指山君力本以起家力學以起宗樂施予不求名所樹立甚宏閭里閒稱德人不幸中壽以殁大德歲丁未窆於梅里之呂橋厥施既遐二嗣競爽追孝於前人乃即其旁闢地數十畝築道士之廬河流縈迴地勢亢爽松柏茂蒨水竹靚深道過此橋者望之如化城之居鐘磬聲時出林杪居人指曰此賁敬之觀也夫敬一也邇之事父遠之事君孝可移而忠能竭其力則能致其身矣傷哉華氏之親不逮養也而猶幸雨露怵惕之懷有所託也事親之日止矣而猶幸事君之日長也華君致遠之器自今展拓此敬施之於家則男女正位勿嘻嘻也施之於朝則責難陳善勿沓沓也施之於民則經營盡瘁勿燕燕也是爲賁敬之義豈曰黃冠雅拜祝聖人壽而已乎豈曰深衣坐講席爲國人矜式而已乎存之以不倦之誠積之以必葺之勤保之以勿墜之訓則此觀與天壤俱存可也或曰華氏之先有隱德焉其子孫又封崇之九原可作安知其不迺飈風而上征載雲旗驂玉鸞以就羽人於丹邱乎而睠睠乎此土也曰是非儒者之言也大孝子不死其親而非此之謂也劉盛讀孝經曰誦此能行足矣焉用多讀而不行乎嗟哉此儒者之言也宜珍名玠嘗爲史學正與弟璋俱以孝友聞

國朝秦鉽重修賁敬觀記　東里賁敬觀剏自有元皇慶閒迄今四百餘載考之錫山志觀在隆亭艮方其先基址爲紫金山之麓四涇藩屏其前金塘襟帶其後遠迎龍惠之秀近接鴻㠊之華有樓有閣有殿有寮學士鴻山華公以世廟初年登第遂自鵞湖徙居東里其幼子禮部玄谷公復以穆廟龍飛聯捷乃遷賁敬觀於西大祖塋之旁右建武侯祠中列大士殿葢欲借神靈威德眷佑先塋一以禁采樵畜牧一以示世世子孫毋相害也墓上植古松千章干霄蔽日氣佳哉鬱鬱葱葱每當春夏之交翠陰迎幕金粉飄香鳥聲嚶嚶從深幽處出

不減絕壑高崖海雲初起日沈閣山雨欲來風滿樓可爲頌之遐想當年主此觀者有名羽士如就山周君五芝顧君畫仙風道骨無煙火氣與學士禮部爲世外交即衡山文太史眉公陳徵君及華亭董玄宰先生每過內家未嘗不遊觀登眺眞一時盛事也已而內家中落觀亦頹圮堂徑草深若與東里盛衰相爲終始後之主此觀者元隱馮君與修來華君屢欲鼎新有志而未逮歲丙辰得嗣緘費君伊徒麟振錢君資元唐君出囊貲修葺由殿堂歷庭戶輪奐重歌院外有古井歲久淤塞井泥不食舊井無禽曷勝太息而錢君叩募修之俾井甃无咎建亭於井上顏曰可用汲以便耕夫樵叟之憩息亦有足多者焉山門荒廢瓦礫崩鳴而錢君復發願募緣建靈官寶殿翼然偉觀誠能爲師祖父增光者是惡可以無記不佞宦遊歸拜內家同舅氏瓊武翁輩散步其地嘉費君師徒之克光前烈也因捌管而爲之記

悟眞道院在甘露鎮俗稱聖堂相傳始自宋代明虞山嚴文靖訥重爲題額前殿奉眞武像　國朝康熙四十六年燬五十

一年重建（載萬曆邑志）

正心道院在蕩湖新橋舊在僧伽橋明太倉諸生呂忠建名心菴後徙易今名

衍慶道院在蕩湖新橋明學士華察建僉事王問題額後有文星閣　國朝康熙五十年華謙益募建集里之能文者一月輒兩會課於此

三茅眞君殿在堠山自麓至頂凡三殿里人每於三月十八日行香賽會累千萬人竟日乃散

眞武祠在泰伯鄉南河橋北址相傳爲□時衢州知府休甯鄭

伯興剏造元季燬於兵明嘉靖四十二年里人顧守愚曹徵獻重建中供眞武像有託名僉事王問碑記文陋不錄今名福緣菴中供大士而以眞武設於山門咸豐十年八月山門又燬於兵

右道觀

泰伯梅里志卷八　東院道士許均鑄覆校

咸豐甲寅余從棗林安夫子游夫子諱起東字耐菴堠山安鎮人博學好古工隸書精研漢碑平時常展玩梅里志私竊謂之曰自明迄今數百年山川人物謬誤豈少意欲重修奈孤掌難鳴耳余唯唯受命心焉識之時有浦輪香先生傳桂與師訂莫逆交商榷數載遂采輯成帙會遭寇亂安師浦公相繼歸道山其稿散逸光緒初年巨楫自京旋里搜獲舊稿雖未窺全豹而大喜過望屢思付梓絀於資適止迨丙申秋質諸石香劉師曰須序其所由姑勿錄特攜稿去與過玉書大令悉心參訂經邑侯吳公編輯成書慫恿授梓巨楫爲守護聖廟之人分無推諉

慨然任之庶於典守表彰之責或可無缺陷焉工畢之日爰贅數語坿諸卷尾藉以播古聖王之遺澤并以誌諸明公之嘉貺云光緒二十三年嘉平月梅里羽流許巨楫謹跋

後記

無錫是中國吴文化的發祥地。七千多年悠久歷史與文明，造就了『梁溪明秀之區，衣冠禮樂甲於江左』的城市人文傳統和深厚的歷史文化底蘊。數千年來，文脉綿延，永世流芳。邵寶在《錫山遺響》序中曾經這樣描述：『錫之爲邑，在三吴間。山水清麗豐曠，生其地者，多沉雅秀整，以文名家，代不乏人。』文化已經成爲這座城市最本色的氣質。爲傳承吴地文明，建設文化名城，進一步彰顯無錫城市內在精神特質，經過幾年的精心策劃，旨在全面整理地方文化典籍的《無錫文庫》編纂出版工作於二〇一〇年全面啓動，二〇一一年起陸續與讀者見面了。

無錫的城市文化曾經爲中華文化寶庫作出過巨大貢獻。顧愷之、倪瓚、王紱、鄒一桂、賀天健、徐悲鴻、錢松喦、吴冠中，如松秀群嶺，在中國繪畫史上擁有很高的地位；華秋蘋、楊蔭瀏、劉天華、華彦鈞（阿炳），乃韵動天籟，對中國音樂發展發揮了重要作用；李紳、蔣防、尤袤、蔣捷、陳維崧、顧貞觀、嚴繩孫、周濟、劉半農，皆胸懷錦綉，在中國文學史上可謂各領風騷；計六奇、顧祖禹、顧棟高、秦蕙田、嵇璜、錢基博、錢穆、錢鍾書、錢海岳，可稱堂奥廣庭，學造淵源，在中國學術史上卓然大家；顧憲成、高攀龍之東林，唐文治之『國專』，徐霞客之游記，徐壽、華蘅芳之『格致之學』，陳翰笙、錢俊瑞、孫冶方、薛暮橋之經濟學，都堪稱中華文化史上的一座座高峰，至今閃耀着炫目的光芒。

深厚的歷史文化底蘊激發了無錫城市的文化自覺。市委、市政府滿懷對鄉土誠摯之情、對文化敬畏之感，以義不容辭的責任擔當，致力於文化强市建設，以科學的理念和方式對歷史文化遺産作全方位的觀照、深層次的發掘、系統性的保護，匯四海之智，舉全市之力，共襄文化建設盛舉。二〇〇六年十二月，無錫市成功申報國家歷史文化名城，標志着新一輪文化意識的覺醒，并迅速轉化爲文化自覺的實踐。近年來，我市全面啓動惠山、清名橋、小婁巷、榮巷、蕩口等五個歷史文化街區和十個古村落保護修復工程，『護其貌，顯其顔，鑄其魂，揚其韵』；鴻山遺址成功保護的經驗被國家文物局譽爲大遺址保護『無錫模式』，并被授予首批國家考古大遺址公園，闔閭城遺址考古發現則確立了歷史上無錫曾作爲吴王闔閭都城的地位；建成開放六十餘座博物館、名人故居和紀念館；對無錫的非物質文化遺産予以重點保護；每年春天舉辦的中國（無錫）吴文化節、中國文化遺産保護論壇成爲文化亮點，享譽海内外。這些舉措遵循規律，探索文化建設體制和機制的創新，形成了寶貴的『無錫經驗』，得到海内外學者、專家的一致肯定。

在注重保護歷史文化遺存的過程中，發掘、整理無錫歷史文獻著作，展示和弘揚無錫城市的思想精神世界，自然而然成爲大家關注的重點。二〇〇六年，市委宣傳部組織無錫文史專家、學者編撰的十七册三百萬字的《無錫文化叢書》正式出版，引起强烈反響，出版後供不應求，在二〇〇八年再版加印。《無錫文化叢書》集中反映了無錫城市文化精華，展示了無錫城市文化特質，彰顯了無錫歷史文化的厚重，同時也告訴人們，文化精神的傳遞是文化繁榮發展的重要内涵，一旦擦去歲月蒙塵，優秀的歷史文化就會轉化成爲取之不盡的精神財富。

爲了進一步彰顯城市歷史文化底藴，二〇〇七年，市委、市政府將全面系統整理無錫文化典籍擺上工作議事日程，明確提出編纂《無錫文庫》。由于無錫歷史文化底藴深厚，卷帙浩繁，内容豐富，編纂工作千頭萬緒，要想整理出一部簡明扼要而又内容翔實、主旨鮮明而又文質彬彬的文獻集成，難度遠大於預想。爲此，我們先後成立了《無錫文庫》工作委員會和編輯委員會，加强對編纂出版工作的組織領導與統籌協調，在尊重歷史、尊重規律、尊重科學、尊重專家的基礎上，積極推進文庫編纂工作。編輯委員會經過反復論證，明確原則，綱舉目張，有條不紊地開展工作。充分憑借地方文史專家的優勢，充分發揮高校人文學院、研究機構的作用，充分依靠出版機構的專業經驗，并邀請國内外著名文史專家指導、把關，形成了文庫編纂的工作合力。

在編輯過程中，我們力求使《無錫文庫》成爲經得起歷史考驗的鄉邦文獻集成。

全面規劃又保持開放結構。面對豐富的歷史文化積澱，没有規劃就不可能形成清晰的編纂思路。在前期編纂工作中，編輯委員會經過二十餘次的論證會和專題研討會，形成并確定了《無錫文庫》總書目，明確了收録範圍和内容主體，立足無錫市區，兼顧江陰、宜興，主要體現無錫本土内容，突出人文科學，適當兼顧其他門類。據此，《無錫文庫》收録圖書五百五十餘種，分爲五輯：第一輯『官修舊志』，收編無錫地方志（含江陰、宜興）；第二輯『地方史料專著』，收編反映無錫地方史料的專著與筆記；第三輯『年譜家乘』，收編無錫（含江陰、宜興）地方名人年譜和望族的家譜；第四輯『無錫文存』，收編歷史上無錫作家詩文和專著的精華；第五輯『近現代名家名著存目』，編撰無錫近現代名家名著的書目提要。爲使文庫具有更大的開放度和包容量，《無錫文庫》注重整體設計，在框架分類上既注意整合，又突出重點，考慮到文庫的涵蓋面和系統性；在書目選擇上既注重經典性，又強調代表性，兼顧到圖書本身質量和作者特點；在出版方式上既總體規劃、循序推進，又采取較爲靈活的方式，成熟一批出版一批，不編序號，爲今後增補書目預留空間。

尊重歷史又反映時代特色。《無錫文庫》注重歷史性與時代性相結合，以嶄新的學術角度和現代學科理念對城市歷史文化進行整理和弘揚。編纂工作充分體現對歷史傳統的尊重，儘可能减少評述性成分，杜絶截割、改篡、增删圖書内容，對節選本祇采取作者的自選本。與此同時，以現代學術視野來看待傳統史料，增加收録有價值的歷史資料和文獻，如對民國時期的一些稿本、期刊、會刊、紀念册也予以應有的關注，收入了部分重要的民間史料。

保持原貌又便于讀者查閲。《無錫文庫》除第五輯外，全部采用原版影印方式，力争選擇最優版本作底本，保持文獻著作的歷史面目。爲了便於閲讀、查證、使用、研究，每一輯均撰寫編輯説明，每種書撰寫提要，并編撰《文庫》書目索引。通過這樣的方式，使《無錫文庫》兼具工具書檢索的作用，增强文化典籍整理的實用功能。

如期完成又精益求精。《無錫文庫》作爲一項重大文化工程，編纂工作面廣量大，必須集中力量，一鼓作氣。我們明確，從編纂工作全面啓動開始，花三年時間完成《無錫文庫》出版工作。《無錫文庫》總書目形成後，五輯的書目編纂工作同時開展，整體推進。我們要求，《無錫文庫》編纂出版工作要强化精品意識，力求思想精深、内容精彩、選編精當、學風精良、裝幀精美。文庫編纂出版的每個環節都反復論證推敲，確保經得起歷史檢驗。

《無錫文庫》的編纂出版工作，得到了鳳凰出版傳媒集團的大力支持，鳳凰出版社在版本選擇、編輯出版方面做了細緻的工作；由於《無錫文庫》收録的資料有三分之二散落在全國各圖書館中，中國國家圖書館、上海圖書館、南京圖書館等一批國内知名圖書館爲此提供了積極的幫助；應邀擔任《無錫文庫》學術顧問的專家，都是無錫籍的文化名人和國内一流的古籍研究專家，他們有的不顧年事已高，有的不顧自身工作繁忙，爲《無錫文庫》的編纂工作付出辛勤勞動；《無錫文庫》工作委員會和編輯委員會成員以及編務人員在文庫編纂出版過程中做了大量的工作。在此，謹向他們表示崇高的敬意和由衷的謝忱！

由於《無錫文庫》收録内容涉及範圍廣、時間跨度長，部分書目已經散佚，可利用資料受到限制，加之編輯委員會水平有限，《無錫文庫》的編纂工作難免會有一些疏漏和錯誤，不當之處敬請讀者指正。

王立人

二〇一一年一月